中国
当代文学编年史

第七卷

1990.1～1995.12

主　编　张　健
本卷主编　张清华

山東文藝出版社

本书编委会成员

总主编

张　健

本卷主编

张清华

本卷编撰人员（按姓氏笔画排列）：

仇星瑜　甘　浩　师　娟　刘乐新　刘江凯

苗　绿　周　航　黄　鹂　焦红涛　谢　刚

总　序

20世纪90年代以降，一方面是唐弢、施蛰存诸先生“当代文学不宜写史”的劝诫言犹在耳，有关当代文学学科内涵和属性的讨论众说纷纭，另一方面则是中国当代文学史研究所取得的实质性进展。据不完全统计，1990-1999年，学界共出版了“中国当代文学史”著作44部，2000-2006年则为15部。① 这类著作不仅出版数量越来越多，而且其中包含了一批可圈可点的精品力作。

洪子诚的《中国当代文学史》（1999）作为“当代文学史”著述中最早出现的个人著作，以20世纪中国文学“一体化”的形成及其解体为内在逻辑，为中国当代文学史的总体叙述提供了基本依据，并因其严谨的治学风范和简洁准确的史家语言而影响深远。陈思和主编的《中国当代文学史教程》（1999）作为十年“重写文学史”的思想总结和实际操练，以其“潜在写作”等体系化的新型话语，为当代文学的研究和学习另辟了新径。

① 参见王春荣、吴玉杰主编：《文学史话语权威的确立与发展》，第160-164页，辽宁人民出版社2007年版。

王庆生主编的《中国当代文学史》（2003）作为几代学人的成果集成，兼容并包，稳中求变，很可能是目前最适合于大学本科教学的教材之一。董健、丁帆、王彬彬的《中国当代文学史新稿》（2005）对于五四启蒙主义精神的守望，以及在这一守望过程中所体现出的思想锋芒、道德力量和批判勇气，在这个消费主义盛行的时代，令人感佩和警醒。陈晓明最近出版的个人专著《中国当代文学主潮》（2009），孟繁华、程光炜的《中国当代文学发展史》（2005），共同的特点是治史者高屋建瓴的驾驭能力，正是这种难能可贵的理论整合、穿透、评价的能力，使得这两部著作在当代文学史研究中匠心独运、别具一格。以这些作品为代表的一大批当代文学史著作，对当代文学的研究与教学已经和正在产生重要的实际影响。它们的出版，表明中国当代文学史的写作已经进入了一个人们期待已久的"百家争鸣，百花齐放"的时代。

中国文学史研究的体系化始于西学东渐的20世纪初。在当时，"文学史"还带有舶来品的新鲜印记，中国学界开始并未清楚地意识到文学史观在文学史叙述中隐秘的支配作用。经过了大约一个世纪的探索，中国当代的文学史研究者的"文学史观"意识逐步凸显且日趋成熟。文学历史的原生态往往是"混沌"的，而每一种文学史观都会给研究者和学习者提供一种组织"混沌"历史的方法或工具，人们依之形成一定的标准，建构起逻辑清晰的文学史叙事，变"混沌"为"澄明"，变"杂乱"为"有序"。文学史观在文学历史叙事中能动地位的确立，结束了"历史真实"唯一性的神话，从而极大激发了撰史者"重写文学史"的热情。20世纪90年代以来，中国当代文学史书写领域的新气象，在很大程度上是伴随着中国当代学界在"文学史观"问题上知识的增长与转换而来的。这种"知识的增长与转换"一方面有力地推动了当代文学史研究的发展，另一方面也提出了如何进一步深化这种多元互补局面的问题。

越来越多的研究者已经认识到，那些貌似“客观”的历史叙事背后往往隐含着特定的知识谱系、权力政治和现实意识形态的功利性。因此，我们以前认为不证自明的文学史叙述实际上是研究者从现代某些观念出发对于文学历史的当下理解和建构。这一发现，在当代文学史研究领域结束了“独断论”一统天下的局面，为文学史观和文学史书写的多样互补提供了包容的学术环境和一定程度上的合法性，是当代文学研究中的历史性进步。但它并不意味着历史真实的客观性与确定性可以被悬置。事实上，任何有效的文学史叙述，都只能是主体和客体、主观和客观之间相互依存而又相互制约的互渗互动的极为复杂的认识过程。新的文学史观可以不断“烛照”出新的历史事实，而不断丰富的历史事实又会反转过来不断地去校正和丰富已有的文学史观，并逐渐孕育出更新的文学史观，从而构成了文学史有效写作必须给予高度重视的“张力场”。这就意味着，在一个“文学史观”已经被激活，文学史的“重写”已经产生广泛影响的时代，对于当代文学“历史事实”进一步系统地发掘、清理、整理、考辨、阐释，显得尤为重要和紧迫。

以一种文学史观统制当代文学史，虽然能够使“混沌”的原生态历史呈现清晰的面貌，然而很可能却是以部分牺牲其自身客观存在着的复杂性和丰富性为代价的。当年，陈寅恪先生在《冯友兰中国哲学史上册审查报告》中曾提醒：“其言论愈有条理统系，则去古人学说之真相愈远”①，即是表达了对按照某种确定的观念和规则形构历史的忧虑。台湾学者龚鹏程说大陆的某些文学史写作是“画歪了的脸谱”，也是指大陆的部分文学史家往往短于对方法论的认识，不知每一种理论或方法都有自身适用的边界，热衷于主体“精湛”的史识，而忽视文学现象的常识，疏于历史文献的考辨，给文学史强构

① 陈寅恪：《金明馆丛稿二编》，第247页，上海古籍出版社1980年版。

出一个自己想象的脸谱。意见固然尖刻，但检视我们的文学史编纂现状，并非全无道理。

还有一点也是当代文学史写作可以关注的，即叙史体例和方式的多样化。表面看，这只是个技术性的形式问题，但实际上它与文学史所要表述的思想内容、所要记载的史料情况息息相关。不同的文学史观在叙史体例和方式上的需求很可能是不同的或不尽相同的。撰写体例和叙史方式上的多样化同样也应该被视为当代文学史写作的"多元互补"当中的题中之义。

正是在这种情况下，编年体作为章节体文学史的一种有益的补充，开始引起一些当代学者的注意。

无论中外，编年史都是一种传统的历史著述体制。西人的《罗马自建城以来的历史》（李维）、《编年史》（塔西佗），我国的《左传》、《汉纪》（荀悦）、《后汉纪》（袁宏）、《资治通鉴》（司马光）等，都是人类古典时期重要的编年史著作。古人选择编年体的原因，或许是因为"历史"究其原意，首先应该是一种时间的概念，从这个意义上说，编年体似乎最适合历史著作的品格。再者，编年体追求历史史料的梳理和辑录，不重撰史者主体判断的过度侵入，尽量显示历史复杂、多元的本相，或许更符合历史著作对于"信史"的追求。到了近现代的中国，编年体随着史学新思潮的兴起，逐渐受人冷落。从19世纪末20世纪初开始，中国的史学思想发生了越来越明显的变化。梁启超的"新史学"和美国鲁滨逊等人的"新史学"在这一过程中先后对其产生过重要影响。尽管这两者在其现实的针对性、具体内涵和对于中国史学现代生成所产生实际影响的直接与重要程度上明显有别，但它们在治史的总体原则上又同时具有着某些相通之处，即不约而同地都在强调为了"现在"而研究"过去"，强调观念和立场对于历史写作的关键作用。这种预设的目的论固然有其科学合理的一面，但它同时也必然会使现代史学更偏重撰史者史识的逻辑理性。在这种大的背景之下，重历史史实辑录的编年体自然会被视为一种基础性的“初等”体裁而退居偏隅。

在我国，文学史编年体著述的倡导始于现代时期，陈寅恪先生即是当时的积极倡导者之一。陆侃如先生在1937－1947年间耗时十载编纂了现代编年体文学史的前驱之作《中古文学系年》，后经多年修订，于1985年出版。同年，刘知渐出版了《建安文学编年史》。这两部史著在体例上尽管不尽相同，但都在史料的考订上花费了大量的心力和精力，对后来的研究有着较高的参考价值。20世纪90年代中期以后，一批古代文学界的学者陆续跟进，取得了进一步的研究实绩。傅璇琮主编的《唐五代文学编年史》（1998），曹道衡、刘跃进著的《南北朝文学编年史》（2000），刘跃进著的《秦汉文学编年史》（2006）等都是其中的代表作。当代文学编年史的出现是十分晚近的事情。2006年由陈文新主编的十八卷本的《中国文学编年史》，内容涵括古今，是第一部编年体制的文学通史。其潜在的目的是要反驳近代以来西方殖民理论话语对中国文学理论和文学研究的压迫，打破由某种文学史观宰制文学史写作而产生的文学等级化现象，注重文献的考辨和体例的安排，试图恢复中国传统的“文学”叙事和“文学”原貌。这部中国文学编年史，包含了於可训主编的“现代卷”和“当代卷”。於可训除遵循《中国文学编年史》总的编纂方针外，又根据现当代文学的自身特点进行了符合本学科实际的改进，既注重史料的钩沉，又注意“论从史出”，成为迄今最完备的现当代文学编年体史著。於可训的《中国文学编年史·当代卷》给了我们重要的启示，遂有编撰这部中国当代文学大型编年史的创意和后来付诸实施的可能。

多年来，撰写当代文学史，基本上是根据某种文学史观念，预设一个文学史框架，采取“以论带史”甚或“以论代史”的方法，以“经典”的名义择取“自洽”的材料，填充在一个顺时序的线索上。撰史者秉持新民主主义文学史观，当代文学史便是一部无产阶级文学日渐昌进的文学地理；撰史者秉持启蒙主义文学史观，当代文学史便是一部知识分子启蒙叙事受到压抑和逐渐复苏的文学图志。这种注重逻辑理性的做法虽然能够满足烛照历史的雄心，但也有可能造成剪裁历史的连带效果。相对完整地展示文学发展的历程，在这类文学史中似乎只能是一种真诚的期盼。本书作为一部中国当代文学的大型编年史，勉力勾画的是一幅眉目清晰、行貌完整的当代文学的“清明上河图”。为了显示这幅全息的动态图景，有时用的是浓墨，有时取的是淡彩，但不管浓墨还是淡彩，均无意强调其间的等级差别。浓有浓的用意，淡有淡的意味，本色依然，无关笔墨。经由细部出发，追求的却是全景，却是整体。至于是醉心小桥流水的清幽，还是喜欢勾栏瓦肆的热闹，那是读者的雅好，并非我等的赠予。本书想要建构的是一个可以共用的文学地理图志，供研究者在其间展开对话，而力避在自己的方域之地内自说自话。一个完整的、共同的当代文学言说对象（或者说当代文学的“地理图志”）的成功确立，必然会加强人们对当代文学的整体印象，既有助于当代文学的深入研究，同时又有利于当代文学学科地位的巩固。

文学编年史同样也是一种文学历史的叙事方式，只不过与流行的章节体文学史叙事相比，显得有些“另类”。它以文学史实发生的年、月、日的先后为叙述顺序，同时收入文学运动、文学思潮、文艺争鸣、社团流派、文学交往、文学会议、作家生平、作品发表、理论批评、文学报刊沿革、文化和文学政策的制定与沿革，以及与文学发展相关的社会、政治、经济、军事和文化事件等背景材料，主体的意志可以得到有效的抑制。这些史料没有传统文学史的语言逻辑为之勾连，只是以一天、一月和一年为统制编排在一起，看上去琐碎杂乱，但其特有的叙史方式就暗藏在这种特定的时间安排之中。表面看，文学编年史虽然也像传统文学史一样，按照历时性的原则铺排材料，但是，编年史的时间力量，不仅在于历史纵向渐进过程的呈示，而且更多地表现在共时态的叙述上。“某年”、“某年的某月”、

“某年某月的某日”等，不仅仅是同一、匀质的时间能指，琐碎散乱的史实共时态地铺排在这些时间段里，而且还形成了一个文学时代的多维空间，它使“复现”历史语境成为可能，并且可以帮助人们形成一种研究者必须具备的整体意义上的历史感。这种共时态和历时态相互交织的、琐碎散乱的“堆积”，正是编年史特殊的历史叙事方式，一种“静默的呈现”。传统文学史往往告诉接受者历史“应当是什么”，它的叙史方式是教诲，是启蒙，是对于接受者自上而下的“灌输”。而“静默的呈现”则是谦恭，是对话，它暗示历史的“事实是什么”，把解释那些“地理现象”之间关系的权力交给了接受者。接受者不再被动地视文学史为布道者传递的福音，而如置身于一片由材料构成的风景，游目四望，那些看似“琐碎散乱”的材料间原来存在着“相依为命”的多重关联。本书努力完成的，就是这样一部由一个个被“复现”的历史场景勾连而成的当代文学史。我们希望这部《中国当代文学编年史》能够接近陈寅恪先生当年的要求：“苟今世之编著文学史者，能尽取当时诸文人之作品，考定时间先后，空间离合，而总汇于一书，如史家长编之所为，则其间必有启发，而得以知当时诸文士之各竭其才智，竞造胜境，为不可及也。”①

写好这样一部大型的当代文学编年史，首先需要有扎扎实实的史料建设。傅斯年曾经强调过：“史学就是史料学”，“史学的对象是史料，不是文词，不是伦理，不是神学，并且不是社会学”。② 近些年，现当代文学界的不少学者以基本的史料为依据，采用案例分析的方法，对历史对象进行“知识考古”式的动态考察，给人的启发良多。不过，这些研究大都围绕经典文本进行，以点状的形态出现，尚缺少面上的延展。刘增杰先生曾经呼吁建立现代文学

① 陈寅恪：《元白诗笺证稿》，第9页，上海古籍出版社1978年版。

② 傅斯年：《史学方法导论》，《傅斯年全集》第2册，第6页，台湾联经出版公司1980年版。

史料学，即是不满足于史料学的建设只作边边角角的敲打，认为它应该更具规模和更加规范。① 当代文学已经经历了60年的风风雨雨，随着中国社会开放程度的不断提高，当代文学的史料学建设亦应明确地提上日程。在一定意义上，十卷本《中国当代文学编年史》正是这方面的自觉尝试。

编纂当代文学编年史的一个基础性任务，就是进行大规模的资料搜集、考辨、钩沉、整理和编排，这本身就包含着史料学的工作。当代文学史料学的建设，可以为当代文学编年史打下坚实的基础，使“千千万万”个点聚合成面，从而形成一个状貌相对完整的、内容相对丰腴的文学地理图志。我们在这个文学地图上不仅可以比较准确地找到作为研究对象的具体之点的坐标，而且还能够看到周边的环境及其相互的勾连。当然，文学编年史毕竟不能等同于专题研究本身，它不必对那些“地理现象”之间的关系进行直接的解释，而只能是“静默的呈现”。它给研修者提供的帮助是基础性的，同时也是有限的。应当说，本书取胜之际，才是真正问题的开始之时。

像其他类型的文学史一样，文学编年史同样有着自己的局限，这也正是我们主张当代文学史写作一定要多样互补的原因。为了同一般意义上的文献索引、资料汇编和大事纪年划清界限，我们在整个编纂过程中，一再申说着“编年史也是史”的写作理念。既然是写史，就不可能没有学术上的要求。撰史者同样需要“史胆”、“史识”和“史笔”。因此我们要求材料的筛选、编排，结构的设计，文字的表述，均要能够体现出撰写者“历史的眼光”和“良苦的用心”，希望以此在一定程度上来抑制材料的“散与乱”。这当然也是一种“主体性”，不过它应该是一种懂得自律的主体性，目的是让文学的“历史事实”尽其可能得以“客观地呈现”。

本书共分六大部分，总计10卷。第一部分为“十七年文学”（1949.07 –

① 刘增杰：《建立现代文学的史料学》，《中国现代文学研究丛刊》2004年第3期。

1965.12)，下辖3卷；第二部分1卷，为“文革文学”（1966.01－1976.09）；第三部分是“八十年代文学”（1976.10－1989.12），下辖2卷；第四部分是“九十年代文学”（1990.01－2000.12），下辖2卷；第五部分1卷，为“新世纪文学”（2001.01－2009.06）；第六部分1卷，为“台港澳文学”（1949.07－2007.12）。每部分的首卷均设有有关该时期文学发展路径及其特点的绪论，6篇绪论表达了我们对中国当代文学进程的整体认识。每卷的末尾均附有主要作家的人名索引。此外，尚需说明的是，在本书当中，作家的传记性材料一般会出现在其建国后首次发表作品或参与重大活动之时，表述采用写实性文字，不求文采飞扬；建国后已逝的重要或比较重要的作家，去世之时会有集中的评价，但以史料（观点摘编）的形式出现；重要的文学作品、重要的文学现象和重大的文学事件，均有专题性的集中评说，评说仍采取史料摘编的形式。

所有这些“以类相从”的技术性安排，都为着一个共同的目的，即帮助读者在“散乱”中建立“秩序”，在“琐碎”中提供“线索”，扬编年体之长，避编年体之短，借以更好地满足不同人群阅读、学习和研究的需要。

从接受编纂任务到现在，业已两年有余，诸位同仁为之付出了巨大的辛劳，其间的甘苦自知，恐怕不是我一句简单的“谢谢”所能表达得了的。但是，我仍然要对各位分卷主编和编纂组的全体成员送上真诚的谢意，感谢他们对于北京师范大学文学院当代文学学科的关爱，感谢他们对于学术事业的责任感，感谢他们的团队意识与合作精神！

尽管我们是以一种极为认真的态度来对待这次编纂工作的，但是由于经验和能力所限，加之一些客观条件的制约，这部有近百人参与编纂的《当代文学编年史》必然还会存有缺憾，对此给各位读者带来的不便，在此一并表达诚挚的歉意。同时，也欢迎各位同行给以批评、补充和订正。

最后，我要感谢山东文艺出版社。在一个浮躁喧嚣、急功近利的时代，这家出版社一直恪守着支持几乎无利可图的学术著作出版的可贵传统。这一次是他们把十卷本的《中国当代文学编年史》列为重点出版项目，付出了大量的人力和财力。正是在他们的大力支持下，才有了本书最终的面世。

张　健

2009 年 6 月 25 日

导　言
九十年代文学

张清华

一　作为文学史概念的"九十年代文学"

勃兰兑斯在他的名著《十九世纪文学主流》中，曾为我们提供了一种诗意并且带有整体性的历史修辞，他的历史架构的基础，当然是黑格尔的历史哲学，进步论、本质论和必然论，但在今天看，作为一种文学史的观照和研究方式，它仍然富有启示，并且富有实践性。他在《引言》的开头用了这样的一个句子："暴风雨的一八四八年是一个历史转折点，因而也是一个分界线。"历史的整体性修辞就这样简明有力然而也深入灵魂地被他划定了。接着，他又用同样精粹的一句话涵盖了他的整部书的思想："这部作品的中心内容就是谈十九世纪头几十年对十八世纪文学的反动，和这一反动的被压倒。"①

① 勃兰兑斯：《十九世纪文学主流·引言》，见《第一分册·流亡文学》，第1页，张道真译，人民文学出版社1980年版。

这仍然是黑格尔式的逻辑，是十九世纪革命时期的思维，但这样一种文学史的描述方式，无疑又是最精练、诗意和有效的。

“编年史”方式也许在某种程度上能够“矫正”上述“整体性历史修辞”的某些问题，但它同样也有局限。首先，我们并不能做到像米歇尔·福柯那样的极端的“历史编纂学”所设想的，把边缘的历史材料放置中心，将原有的主流与主导性的历史材料逼挤到历史的边缘地带，以形成一个真正的反主流的奇怪的“稗史化”的历史格局；其次，任何一大堆材料堆积在一起的意义都是让人质疑的，它究竟要呈现什么？表明和“暗示”什么？读者能够从中读出“历史的轨迹”或编者的“用意”吗？包括新历史主义者所试图要建立的五光十色的“历史的交叉文化蒙太奇”（朱迪丝·劳德·牛顿语），事实上也只能是对已有历史文本或修辞的颠覆，而并不能比别的文本更加逼近历史本身。因此，从这个意义上，“导言”所起的作用，就是要试图建立整体性的“历史想象”，以弥补所谓“编年实录”所带来的“时间暗径”中事件的流水化和历史逻辑的晦暗不明。

对“九十年代文学”的整体性的论述，迄今为止其实并不十分多见，尽管大家都在不约而同地使用这一概念。然而这一个历史时期是如此地带有自然的修辞感：它的前夜的同样具有断裂感和“暴风雨”意味的历史事件，将思想浮动、景象驳杂、波澜壮阔、风起云涌的“80年代”彻底送走，并将之定格在这个历史转换的标志性时间节点，然后又开启了一个“新的时代”。“90年代”也因此而“过早地”出现了，成为一个在当代中国历史中赫然而立并具有自己独有的逻辑内涵的一个时代。人们关于“90年代”的文学修辞也因此而变得格外敏感。1992年9月，在北京大学召开“后新时期：走出80年代的中国文学”研讨会上，虽然与会者对时下的文学理解与评价不一，但都不约而同地敏感地意识到随着80年代的过去，“新时期文学”也宣告终结。这是一种自觉的告别，虽然对即将发生的“后新时期”的文学究竟是怎样一种文学还不好预见，但历史内部深刻的断裂则已然成为共识；1993年，欧阳江河十分具有预见性和整体性地讨论了当下的诗歌状况，并将其命名为“1989后国内诗歌写作”，他明确地阐述了当代诗歌历史的“恍如隔世”的断裂性质；1995年冬，陈晓明在他的《剩余的想象——90年代的文学叙事与文化危机》一书中“正式地”提出了“90年代的文学”的概念，这当然不会是一个完成性的概念，因为90年代还刚刚只是过去了一半，还在继续之中，但陈晓明反复强调，与上个时代的文学不同，“90年代的文学不会像新时期文学那样，怀着强烈的意识形态冲动去制造一系列历史……而只有纯粹的文学要求”，“基于这种态度，我对‘后新时期’（90年代）的文学现实，给予了必要的理解和阐释”①；1997年，程光炜在他的《90年代诗歌：另一意义的命名》一文中，非常清晰地提出了一个整体性的文学概念而不是时间概念——“90年代诗歌”，从文本、作者、语言策略等方面阐释了这个年代诗歌的独立内涵②；1999年，洪子诚在他的《中国当代文学史》中，首次正式将“九十年代文学总体状况”写入文学史，使之最终变成一个“总体”的文学概念，尽管他对这个文学时空的阐述仍比较粗略，但毕竟使之“进入了文学史”，接近于成为一个完成性的文学史概念。此后，文学史著述中大都出现了“九十年代文学”的说法。

以上算是一个粗略的梳理，相信不是创造“九十年代文学”的全部历史关节。事实上一个真正的文学史概念不是哪几个人就能够“创造”的，它是历史的一种会心，是时代的巨大文化磁场的一种奇妙的意义汇聚。需要强调的一点是，时间本身在这里创造了时间，这是和其他历史阶段颇为不同的一个特点——很明显，近在咫尺的“世纪末”，使得“90年代”的历史被“提

① 陈晓明：《剩余的想象——90年代的文学叙事与文化危机·自序》，第3-5页，1997年7月版。作者自序中标注的写作时间为1995年12月。

② 载《学术思想评论》，1997年第1期。

前完成”了，也使得九十年代文学提前浮出了水面。因为“世纪末”这种倒计时法所产生的历史转换的暗示意味是不言自明的。所不同的只是，这个时代是从悲剧开始而以喜剧结束的，这本身是富有诗意的、戏剧性的。“世纪末”所蕴含的历史宿命的、结束或开始的、“新千年”的、节日狂欢的……种种喜剧情绪，都给这一文学时空打上了戏谑、狂欢、哲学甚至宗教的意味与色调，同时也赋予它世俗的、粗鄙的、无厘头和无法预料的荒诞感。因此也就难怪，正是在十年后的1999年的春天，在北京郊区召开的一场叫做“世纪之交：诗歌的态势与展望”的会议——后来被戏称为“盘峰诗会”——之上，来自京城和外省的两拨观念不同的诗人，以“论剑”的方式、激烈的争吵，结束了这个“细雨霏霏”的时代。这也是富有象征意味的一种说法，一种等待在遥远的历史时空中成为“传奇”的奇妙预设。

二 历史分期

简单来看，所谓“九十年代文学”似乎可以分为这样几个阶段：从1990年到1992年初是第一个时期。经历了80年代末的社会动荡，政治的敏感神经在这段时间又过度紧绷起来，文学的大环境处于低沉和压抑之中。80年代中后期波澜壮阔的观念变革与形式试验，在这一时期面临大面积的合法性质疑。在此情形下，知识界和作家们不得不寻找另外的合法替代形式，来延续文学变革的成果。很明显，简单地走回头路是不得人心和行不通的，人们需要做的是如何转换方式、改换名目，来继续维持和推进新潮文学的脚步。

因此，一个名词被选中了——这就是“新写实”。本来，南京的《钟山》杂志自1989年的第3期，也就是5月份，即开设了“新写实小说大联展”的栏目，这个开头与特定的政治事件造成的历史断裂显然并无关系。刊物的编者这样阐述他们所倡导的“新写实小说”的含义：“不同于历史上已有的现实主义，也不同于现代主义‘先锋派’文学，而是近几年小说创作低谷中出现的一种新的文学倾向。这些新写实小说的创作方法仍以写实为主要特征，但特别注重现实生活原生形态的还原，真诚直面现实，直面人生。虽然从总的文学精神来看，新写实小说仍划归为现实主义的大范畴，但无疑具有了一种新的开放性和包容性，善于吸收、借鉴现代主义各种流派在艺术上的长处。”① 显然，这一说法的出现有两个基本背景：一是原有的“现实主义文学”已然不符合读者的新需求，二是“先锋文学”的形式追求与难度书写对一般读者来说又太难。这就要求有一个比较“折中”的方案，而新写实小说既有比较传统的叙事规范，同时又能够表达变化了的文学观念，所以是一个很好的选择。

可以说，即便没有特定政治事件的背景，新写实小说也会出现并产生广泛影响。但是突发的历史转折使它有了更为重大的使命：在文学新思潮面临着种种质疑的时候，它“被选择”成为了90年代初期最富有合法性身份的文学主流。这显然是一个妥协的结果，因为文学很难走回头路，但在必要的时候可以且必须“迂回”，“新写实主义”的迂回性挽救了这个时期的文学，也保护了作家和文学正常的生产。说到底，新写实之所以得到多数作家和读者的认可、精神上的回应，是因为它所起的作用和五四新文化运动退潮之后的文学是一样的，表达的是灰暗的日常生活，再度返回世俗与欲望世界或堕入“历史”虚拟空间的一种无奈，种种价值降解后的小市民式的意识形态，还有精神压抑、萎靡、堕落和变态的种种情绪。为什么池莉、方方发表于1987、1988年的《烦恼人生》、《风景》等作品再度被“发现”和过度诠释？为什么刘震云的《一地鸡毛》、《单位》、《官人》等一类描写小人物的灰色生活的小说被反复放大了其意义？都是由于它和90年代之间隐秘的呼应与契合，甚

① 《新写实小说大联展·卷首语》，《钟山》1989年第3期。

至，为了使“新写实”的内涵和外延得以充分扩大，批评界还不分青红皂白地把许多虚拟性的历史叙事而不是书写当下社会生活的小说，也纳入到“新写实”的篮子之中，把余华的《呼喊与细雨》、苏童的《米》、刘恒的《伏羲伏羲》，还有叶兆言的大量历史小说也放到了这个序列中。而事实是，这个时期先锋小说的叙事大都转移到了历史空间，而这个历史叙事并不像以往的历史小说那样，依托于实有的历史事件或人物，而是只虚拟了一个“非现实时空”，通过历史叙事来曲折地表达对现实的理解和看法。在苏童的《妻妾成群》、《红粉》、《米》中，在格非的《敌人》、叶兆言的“夜泊秦淮系列”中都可以看出，历史和现实之间其实并无什么界限，种族的根性、文化的宿命、历史的重复，都在当代的生活中得到了印证。

这就是为什么在 90 年代初期“新写实主义”和“新历史小说”大行其道的原因。它们是历史与现实、文学与政治、精神与消费、妥协与抗争种种参与因素合成的结果，是对上个时代的精神续接和现实回应。不过，如果单从文学性本身来看，这个时期不但没有出现下降或崩溃的危机，相反它变成了一个非常难得的收获期，很多优秀的小说家都是在这个时期才逐渐得以成熟和经典化，并写出了其最主要的作品的。

在诗歌领域的情形有些相似，只是诗歌与现实的紧张关系，在这个时期显得更加严峻一些。80 年代这种关系曾经为上一代诗人（朦胧诗一代）创造了难得的历史机遇，他们在压力中得以成名，成为时代和读者的精神偶像——“如果海洋注定要决堤，/让所有的苦水注入我心中；/如果陆地注定要上升，/就让人类重新选择生存的峰顶”（北岛：《回答》）；而历史再现了相似的一幕，第三代诗人再次从严峻的现实环境中得到了历史的厚爱，他们很快在时代的巨大投影中获得了始料未及的精神意义与道德力量，成为这个时代价值坚守和人格承受的象征，并且在“减速的中年”（肖开愚语）体验中深化了写作的专业性，纯化了“语言炼金术士”（西川语）的角色，在沉寂的长夜中完成了自己的形象，并很快得到了经典化的地位。本来，这是以“喜剧的角色”出场的一代，他们在80年代中期曾制造了针对朦胧诗权威的叛逆事件，显现了他们类似于“达达”、“未来主义”、“垮派”或“超现实主义”等现代主义运动一样躁动不安的特征，但这时，他们却戏剧性地充当了普罗米修斯式的角色，成为了想象中的“诗歌中的亡灵”①，并且拓展出90年代诗歌特有的美学与修辞特征的雏形：从对西方观念的接受，到对本土现实的承担；从群体化的较为简单的观念化表达，到通过个体的叙事、隐喻以及对日常情境的人格化抒写等方式，建立了多样的个体诗学。90年代诗歌开始走上了深沉而广远的探求与收获之路。

1992年春邓小平的南方讲话，开启了新一轮的市场化进程。这几乎是最近的十几年中最具有深远影响的事件了。在这之后，市场、市场经济、资本运作，这些原来充满风险的事物与概念一夜之间合法化了，80年代延续下来的文学体制、文学生产与价值观念的体系也随之面临着深刻的变化和调整。因此，九十年代文学迅速地进入了第二个时期，即价值调整与观念纷争的时期。持续三四年时间的“人文精神大讨论”正是在这样的背景下出现的。这个时期大致应该包括1993到1995的三年时间。

最先敏锐地感受到这种变化的应该是王蒙，他在1993年第一期的《读书》杂志上发表了《躲避崇高》一文，借王朔的小说表达了对一个时期以来文学与现实过于紧张的关系的厌倦，对于一种揶揄式、喜剧式文学观念的欢喜和认同。这个观念很快引起了更多人的关注，伴随着1993年贾平凹《废都》的出版、王朔小说的走俏、通俗文学的崛起（如《曼哈顿的中国女人》的热卖）、后现代主义理论的凌空虚蹈、市场经济对人群的道德状况的冲击，

① 欧阳江河：《89后诗歌写作——本土气质、中年特征与知识分子身份》，《今天》1993年第3期。

一场旷日持久、参与者众多的论争在《上海文学》、《读书》、《文艺争鸣》、《中华读书报》等报刊开展起来。1993 年《上海文学》在第 6 期发表了王晓明、张宏、徐麟、张柠、崔宜明的谈话《旷野上的废墟——文学和人文精神的废墟》，首先提出了人文精神危机的问题，随之在 1994 年《读书》杂志从第 2 至第 7 期专门开设了“人文精神寻思录”的专栏。数家报刊统共发表了数十篇参与讨论的文章，其中“二王之争”（王蒙与王彬彬）、“二张之争”（张颐武与张承志）等具体的观念之争，也成为讨论的一部分。论争的焦点主要有这样几个方面：一是有无人文精神的危机问题，一部分人认为，随着启蒙主义思想运动的瓦解和市场经济时代的到来，道德标准与精神价值确实面临着瓦解的危险，而另一种观点则认为，是市场经济开启了相对自由的思想空间，才“可以讨论人文精神的问题了”（王蒙语）；二是重建什么样的人文精神，是“新理想主义”（孟繁华语）、“再启蒙运动”，还是倾向于倡导“独立自由人格的国民”（朱高正语），还是反思激进主义，“转而采取文化上的保守主义”（参见李泽厚、王德胜的对话①）；三是在一些具体的话题上，比如是“宽容”还是“不宽容”，是主张“崇高”还是“躲避崇高”，是寻求“清洁的精神”还是要寻找与大众文化之间的对话关系，等等。所有这些讨论最终都没有出现结果，也不可能出现结果。因为事实上两者的观点虽在不同的出发点上，而归结点又可能是一致的。所谓殊途同归，“抵抗”还是“顺从”，不过是因为市场价值的出现使得知识分子的价值系统出现了一个相对主义的困境，原来是一个二元对立，现在则是三足鼎立，而市场价值本身的暧昧的“双刃”属性对于知识分子的价值选择来说，当然就是一个魅惑和考验。

总体上看，人文精神的讨论透露出了当代中国文化格局根本变化的敏感

① 李泽厚、王德胜：《关于文化现状道德重建的对话》，《东方》1994 年第 5、6 期。

信息——即当代知识分子群体的内部分化，这是市场化体制确立之后的必然。它表明，当代中国的知识分子正在对整体文化格局的变化做出反应，尽管没有结论，甚至也没有讨论之后的一个“进步”，但毕竟，一个二元结构的文化格局结束了，自由生长的空间正逐渐开启，尽管这空间也如潘多拉的盒子，带着无数的疾病、污染、危险与问题。

作为一个文学时期，1993 年到 1995 年几乎是一个黄金时代——自新文学诞生以来最令人激动的一个时代，大量优秀文本的出现确立了这个充满争议的时代的意义。1993 年《白鹿原》、《废都》的问世，1995 年《许三观卖血记》、《长恨歌》、《丰乳肥臀》的出版，还有更早先出现于 1992 年的《活着》、《九月寓言》等，都可谓是新文学诞生以来最重要的文本。它们无论是从内容还是形式上，较之 80 年代出现的长篇小说文本，都表现出空前的丰厚和成熟。这一点，后面还会谈到。

1996 年以后到 90 年代末，可以看作是第三个时期，这是一个市场化的深化和完成时期，这个阶段的文化流向出现了明显的弥散和平面化趋向，社会生活相对平稳，经济快速发展，大众文化、市民意识形态和人们对物质的消费欲望一起急剧膨胀、迅速发育，这使文学的内部结构与观念进一步出现分化，文学的职能也发生深刻改变。首先，文学的“市场划分”彻底改变了原有的格局，注重形式探索与哲学寓意的先锋小说、注重历史书写中的道义诉求与民间文化趣味的新历史小说、注重“潜意识场景”与女性精神探求的女性主义书写都出现了衰落迹象，而更趋于消费性叙事的“新生代小说”，持续的长篇小说热，特别是经过商业包装的“70 后”、“青春写作”、卫慧和棉棉式的欲望化书写，代之成为最抢眼和火爆的现象。第二，随着体制改革的深化出现的种种民生问题、结构性的社会问题的逐步暴露，现实主义的写作重新抬头，在 90 年代的中后期出现了一个相当强劲的“现实主义冲击波”，以谈歌、何申、关仁山、刘醒龙等为代表的关注现实的小说流向替代了 90 年代初期流行的新写实小说，将寓言化的生存图景变成了急迫而逼真的现实问题的书写，这种写作潮流在一定程度上强化了文学与现实之间的关系，对社会公正问题、体制弊病以及底层民众的生活有一些触及。但问题也比较明显，一是停留于“问题小说”的层面，文学性上打了折扣；二是立场不免暧昧，因为触及到“体制”的问题，不得不采取了“分享艰难”的态度，这也在很大程度缩减了小说的人文性价值；第三，市场化也催熟了写作的职业化，作家身份与心态的变化。九十年代后期，随着文学与现实紧张关系的逐步消除，作家从写作中所获得的不再是精神意义上的成就与荣誉感，而更多是现实利益的分配，尤其新潮文学经过了将近20年的发育发展，一批作家和诗人得以被经典化，加上影视改编对文学介入产生的强力的杠杆作用，海外传播带来的利益与名声，所有这些都使写作者迅速地“脱贫致富”，进入了“中产阶级”行列（文化意义上的），这给当代文学带来了另一个更深层的变化：人文性的下降和职业性的增强。以“盘峰诗会”为标志，在诗歌界，这种利益分配的不平衡甚至导致了诗歌界内部的一场激烈论辩。

从写作的实绩来看，90年代后期的文学呈现了一个明显的下降趋势，消费主义和欲望化的写作占据了主导地位，富有批判精神的现实与历史书写则日益衰减，特别是长篇小说的写作有明显的下滑趋势，再也没有出现1995年之前那样产生巨大影响力的作品。倒是在新世纪之初，长篇小说出现了复苏的迹象，出现了莫言的《檀香刑》和《四十一炮》、李洱的《花腔》、艾伟的《爱人同志》、格非的《人面桃花》和《山河入梦》，以及余华的《兄弟》和贾平凹的《秦腔》等小说。这也表明，上述衰减的趋向并非一定属“历史大势”，也许只是一个偶然的间歇，但从一个整体性的文化格局与历史景致来说，也许我们的文学在经过了一个辉煌和丰硕的收获期之后，真的进入了一个不可挽回的衰败期，毕竟历史的风云际会、时势的精神荡激，都是有宿命和周期的。

三　九十年代文学的背景：精神史与心理史

还是勃兰兑斯的说法："文学史，就其最深刻的程度来说，是一种心理学，研究人的灵魂，是灵魂的历史。一个国家的文学作品，不管是小说、戏剧还是历史作品，都是许多人物的描绘，种种情感和思想的表现。""只要细心观察文学主流，就不难看出这些活动都为一个巨大的有起伏的主导运动所左右。""我准备描绘的是一个带有戏剧的形式与特征的历史运动。"① 就像莎士比亚的历史剧一样，勃兰兑斯声称自己的文学史著作也是一个带有戏剧的形式与特征的"作品"。这我们当然很难做到，但如果来探究这段历史，精神的脉络是不能无视的，而且它也的确是戏剧性的、诗意的、精神性非常之强的一段文学历史。

与80年代不同的是，90年代出现了一个对中国当代作家来说陌生的然而却一步步主导了文学走向与价值基础的元素——那就是"市场"。如果说最初面对的政治环境的紧张，对他们来说并不陌生，并且还给很多作家带来了暗中的"机遇"的话，那么市场经济时代的突然来临，却着实令人有些措手不及。当代中国作家曾承受过一些政治的压力，但总的来说他们并没有长时期处在类似前苏联作家的那种重压之下，80年代"乍暖还寒"的气候说到底都有很强的阶段性，随着政治改革和国家开放程度的逐步加大，原有的问题很快荡然无存，文学与现实的紧张渐次松弛，这使得80年代的文学在承受政治压力的过程中，也最终变成了带有很强的"国家寓言"性质的"正统叙事"，无论是"伤痕"、"反思"、"改革"、"寻根"、"现代派"、"先锋戏剧"甚至

① 勃兰兑斯：《十九世纪文学主流·引言》，见《第一分册·流亡文学》，第1－3页，张道真译，人民文学出版社1980年版。

“新潮小说”等，都最终成为国家文化变革与文学进步的合法的历史记录。但在90年代初，这种紧张关系的重现中又掺入了市场经济的异质因素，它使得文学内部的价值系统变得空前复杂了，人们之间的分歧也空前加大了，各种价值定位之间都失去了边界，各种言说之间都充满了模糊与暧昧的地带，各种自我标榜和表白都失去了有效性。

早有敏感的学者意识到了历史转换的巨大可能性，1992年9月，就在邓小平南方讲话发表之后半年，随着一片“下海”热的兴起，北京大学就召开了一次影响并不巨大却很有精神象征意义的讨论会，谢冕在这次会上敏锐而意味深长地指出：“我们不想在这里探讨为什么新时期文学会选择80年代的结束宣告它的结束，但文学的阶段性发展事实上是以这个十年的结束为标志的。”“从80年代后半期开始，新时期文学的内部便有新质产生并开始它的裂变：后新诗潮以反对崇高和优雅为目标地向着新诗潮的挑战；先锋小说对于传统艺术方式的强刺激；后现代主义思潮对创作的渗透以及通俗文学对纯文学的大步进逼。更为重要的是，新时期文学发展的事实，已证明它有必要通过自身的调节和应变以适应继续前行的需要。”显然，谢冕已意识到无论是外部的历史原因，还是文学的内部运变，都使九十年代文学的精神深刻地区别于上个时代。他已经模糊地感觉到文学本身从精神特征到美学形式的一种必然变化：

中国后新时期文学处在一个百年的尾声，世纪末的苍茫弥漫无际，中国历史的沉重负担加深了这一阶段中国文学的悲凉感，以及这种情绪的变种或派生物如调侃或闲暇等。社会的政治经济因素、文学自身的调整和发展，再加上历史、文化、民族心理的沉淀，这一切的综合所产生的文学追求，使我们对当前文学的历史转型进行概括持有信心。①

① 谢冕：《新时期文学的转型——关于“后新时期文学”》，《文学自由谈》1992年第4期。

显然，以“新时期的终结”来涵盖或替代性地描述“九十年代文学”的新内涵是一个契机，所谓“新时期文学”所带有的历史合法性，即在思想上上升的、与主流政治形成了特殊的对峙又互动关系的、在美学上追逐现代主义的、在思想方式上充满启蒙主义特征的种种属性，应该随着一些标志性的历史事件的出现而宣告终结。抑或可以简单地说，“九十年代文学”的精神确立，将随着“新时期文学”的结束而完成。这十分多义地暗示出了九十年代文学的断裂性、独特性，以及可能的前景：向着民间、市场、大众文化，向着更独立的专业精神，向着更内在的艺术造诣，特别是属于个体经验而非公共主题的深化或者滑行。

但非常奇怪的是，“后新时期”的说法并未得到更大范围的呼应。这表明，要么是知识界没有深刻地领会提出者的意图，要么是提出者的表述因为种种原因而流于含混和暧昧。还有一点，可能就是“后……理论热”所带来的各种误解与负面效应，所以这个说法并未得到公认和通行。90 年代的文学已经来到了人们周身，可是它的精神特征依然暧昧不明，不能获得清晰的表述。直到 1994 年陈思和提出了他的“民间”理论，关于文学的时代性变换的内涵才得以比较深入的、富有本土历史经验的揭示。陈思和的理论主要由两篇文章组成：一篇是《民间的浮沉：从抗战到“文革”文学史的一个解释》，另一篇是《民间的还原：“文革”后文学史某种走向的解释》。① 这两篇文章的重要性在于既从文学史的“经验”的角度，又从当下的文化氛围与精神背景出发，有效地解释了几个基本的文学现象：一是“民间隐形结构”在很多时期挽救了文学，支持了革命时代在政治的严密控制之下的文学的文学性；二是“文革后”——也就是“新时期文学”的某种进步的过程，即民间文化重新复活、民间美学因素逐渐活

① 分见《上海文学》1994 年第 1 期，《文艺争鸣》1994 年第 1 期。

跃的一个过程。与此相对，知识分子“身在广场，心向庙堂”的时代应该结束了，而“返身民间，坚守岗位”则成为当代知识分子新的使命。显然这是一个很有眼光并且富有现实的针对性的论断，它其实也在整体上暗示了90年代的文化价值走向，以及文学的基本精神的走向，即“民间文化”作为一个想象空间所产生的一系列与现实空间相对应的价值。对于这个知识者备尝孤独的时期来说，“民间”犹如安泰的大地，使文学和知识分子性获得了一块可靠的基石，并且成为此一时期先锋艺术精神的同义语。

人文精神的讨论，从纯粹精神的意义上也可以看做是一个寓言，它意味着在知识者内部出现了多元选择的可能，这无论如何都是一个进步，它以非常虚妄的勇猛、充满道德力量的话语，批判了看起来并不强大和威严的东西——知识分子内部的价值混乱，社会的道德废墟。精神之地被描述为一个“旷野”，这和艾略特所描述的战后的西方世界的文化景象有异曲同工之妙，一点点悲情，一点点愤怒，一点点修辞，暗喻了对不曾存在的精神乐园的怀想，对精神现状的不满足。“抵抗”什么？“不宽容”谁？谁的“旷野”和危机？似乎很清楚，但又不那么清楚。这就是90年代，刚刚出现了第二生存空间之后的中国，他们对现实有一点点惊惶，有一点点迷惘，有一点点忸怩作态的不适应，于是才发出了上述故作惊人之态的呐喊。然而，站在今天的历史位置上，我们却不能不对这个时代表示一份真诚的怀念，因为这也是中国作家和知识分子在集体的“中产阶级化”之前最后的声音。之后，他们在渐渐爬升为社会变革和财富重新分配的合谋中的分一杯羹者的时候，这种声音就再也没有出现过。1999年的盘峰诗会中所出现的“民间写作”与“知识分子写作”的论争，看起来似乎和这场论争相像，但已经变成了一场带有更多表演色彩的、更多考虑利益分配问题的争论，已经几乎变成了噪音。

用一个什么样的逻辑，来整体性地命名和分析九十年代文学的精神呢？也许用一个老旧的说法是仍然有效的。在90年代中期我曾经用“从启蒙主义到存在主义”① 这样一个说法来涵盖两个时代之间的逻辑转换，现在看来，这说法虽有武断之嫌，但还是简单而传神。80 年代的文学虽然思想活跃，观念林林总总，但总体而言并未超出启蒙主义的思想范畴，包括萨特的存在主义哲学，虽炙手可热，但也只能是属于“知识范畴”的东西，而不是“思想范畴”的东西，更不可能成为人们的“世界观”。换言之，在 80 年代，一切思想对于中国人来说都是属于“新知”，在功能的意义上都属于启蒙主义的范畴。而在 90 年代则不一样了，个体已经上升为真正意义上的主体，“群众”已经瓦解，“为真理作判断的集会已经不存在”（克尔凯戈尔语），无论是先锋文学所衍生出来的新写实主义、新历史小说、女性主义小说，还是“新生代”与“70 后”作家的写作，还是以海子的诗歌为精神先兆、以顾城的自杀和杀人为悲剧寓言的先锋诗歌，还有延续了先锋戏剧运动的小剧场话剧等，所传达的哲学精神、价值观念，都告别了启蒙动机，而进入了充满危机与自我拷问的、充满虚无与荒诞体验的存在主义范畴。这当然说不上是进步或者倒退、上升还是下降，只是表明，文学的精神状况变得真正复杂和多元起来，它的放射和弥散的状态，虽然犹如烟雾一样失去了方向，但也在黑暗的存在与精神的幻象中放射出诡异与奇幻的光芒。

四 如何评估九十年代文学的成就

如何公正合理地评价九十年代文学的成就，并不是自然和水到渠成的一个问题。迄今为止，我们看到的对于这个年代的评价仍然是含混和吝啬的，人们对它有太多的指摘和疑虑，而没有真正充分地发现它的辉煌和丰硕。其

① 张清华：《从启蒙主义到存在主义——中国当代先锋文学思潮论》，《中国社会科学》1997 年第 6 期。

实，站在今天的坐标，放眼整个汉语新文学诞生以来一百年的历史，我们应该对90年代有一个充分的估价：这是百年来文学少数的几个丰收期之一，这是一个由于出现了太多精神事件与文化现象而产生了深远影响的时代，这是一个文本丰收和新人辈出的时期，一个在形式、结构和美学神韵上复活了本土经验与传统气脉的时期，因而也必然是一个成就突出、艺术成熟的时期。

首先，思想或精神意义上的文化事件的频繁出现和影响的深远，是九十年代文学不可低估的一点。以海子之死为起点，以"盘峰论争"之后新的诗歌格局的出现为终点，中间经过了"后新时期"的命名、顾城之死、人文精神讨论、"二王"和"二张"之争、有关《废都》等作品的讨论、"民间"理论的提出、"现实主义冲击波"、"文化批评"的崛起与讨论、"逼近世纪末"……这些思想或精神事件，对于九十年代文学的文化内涵的生成与扩展，都具有重要的背景意义，同时也生成了当代文学历史上最丰富多元和自由多义的文化修辞。它象征着一体化文学制度和文化时代的终结，也象征着中国当代的知识分子在时代的悲喜剧中、在精神的曙光或迷途中再度找寻自我身份的开始。因此，这没有理由不成为一个重要的文学时代。基于这样的背景，不管是出于事先的预见与策划，还是出于事后的追认与诠释，90年代诞生了比80年代更为丰富和具有本体意义的文学现象："新写实"、"新状态"、"新体验"、"新都市"、"女性主义"、"新历史主义"、"新生代"、"70后"、"文化散文"、"先锋新散文"等写作现象与群落，这些命名也许不如80年代那些现象的命名响亮、那样贴切和言之有物，但要论作品的密度，其思想和艺术的含量，那又绝不是80年代的文学可以比拟、可以同日而语的。它们所表达的文化意念、经验的复杂程度、直至个体生存与心理隐秘的精神深度，也达到了新文学诞生以来的最大程度。

如果我们要追索九十年代文学的一些主要特征，那么就必须首先摒弃一个狭隘的社会学与道德判断的眼光。而这正是日常的文学批评活动中、文学史研究中最常见的价值误区和观念弊端。虽然我们应该毫不犹豫地肯定那些富有道德力量、精神承担和正义诉求的写作，但是评价文学中的道德力量与评价社会学意义上的道德行为，仍然是两个完全不同的问题。也就是说，尽管九十年代文学在道德上犯了许多的禁忌，背负了许多冒犯、亵渎、堕落和不义的骂名，但它整体上所显现出来的道义力量和批判精神，仍然是一个世纪以来最强大和最突出的，不站在历史的高度上，是看不到这一点的。在20世纪的血与火、歌与泪、战争与灾难、屠杀与暴行、悲剧与喜剧、葬礼与闹剧的风雨烟云中，在爱与欲、情与理、道德与历史、个人与集体、邪恶与正义的种种冲突的波澜壮阔中，有哪个时代的文学能够像90年代这样以博大和开放、多元和深入、精细入微和尽收眼底的姿态给予书写、给予复活和审判？《九月寓言》对农业文明的衰败和民间大地的崩毁的诗意的、悲剧的、长歌当哭般的描写；《活着》对当代历史背面的惊心动魄的生存之景的再现，对底层人物所承受的有如凌迟和绞杀一般的苦难与刑罚的再现；《长恨歌》对现代中国城市历史兴衰的富有沧桑意味的长度展示，对一个“生错了时代”的薄命红颜的命运的重述；《废都》对于当代知识分子从肉体到精神的全面溃败的预言，对于传统文化、精神气脉在当代的萎缩和消湮的深入骨髓的象征；还有《许三观卖血记》对于底层生存者“以透支生命来维持生存”的悲惨历史的以简胜繁、以少胜多的描摹，对于小人物心灵世界和卑微性格的不亚于《阿Q正传》的深度揭示；特别是，还有《丰乳肥臀》那样的对20世纪历史全景式的书写，对这个世纪里民间社会遭受侵犯的历史的秉笔直书，对于外部力量在挤压和摧毁民间社会、民间伦理的过程中底层人民所付出的代价和苦难的仗义执言，都表现了可贵与可敬的道义承担。这表明，不管在细部作家如何使用了亵渎和冒犯的笔法，在高处着眼、大处落墨的时候，还是体现了很强的知识分子性。这一点必须要充分给予肯定，如果我们要从道德上予以评判，那么必定是要从跨越历史的宏观道德上来评判，如果我们要寻找这个时代文学的道德力量，那也必须是在跨越世俗伦理而从历史伦理的高度上来寻找。

欲望在文学的世界中，从来就不仅仅是一个狭义的道德范畴，而是一个历史和美学的范畴。平面化地来理解欲望，当然是贬义的，但如果历史地来理解，那就有可能相反，可能是反抗、祛魅或者社会动力意义上的要素。犹如《十日谈》之于文艺复兴，“三言二拍”之于中国城市民间社会的发育以及白话小说的兴起，在文学中出现的欲望不但不一定是坏的东西，相反还有可能是合理的、符合人性和道德的东西。评价 90 年代的文学也应该持有这样的眼光。当代文学从未像 90 年代这样广泛地书写和张扬个人的欲望，但这不是偶然和单独出现的现象，中国人长期压抑的个人意志、对财富的欲求甚至性的合理冲动，正是在这个时期得以集中地展示和爆发，这其中有许多书写是寓言化的，是文化意义和生命意义上的张扬或者批判，而不是简单的和道德意义上的冒犯和宣泄。所以，评价九十年代文学中的欲望书写，最终要看这样的书写是否必要，其背后的批判或者张扬的目的是否合理。从这个意义上，我们对诸如贾平凹的《废都》、莫言的《丰乳肥臀》一类小说的评价，若如同对《金瓶梅》那样的古典名著的看法一样，就不会一叶障目；对于新生代小说中的“欲望叙事”，类似朱文的《我爱美元》、卫慧的《上海宝贝》一类小说的判断，也会公允和客观得多。还有，知识背景的变化是欲望书写背后的主题支撑，90 年代的作家普遍获得了人类学、生命哲学、精神分析学，还有女性主义、结构主义等理论的视野，所以他们对于性与欲望的认识也就复杂得多。比如女性主义叙事中对于女性欲望、个体无意识心理的种种描写，如果仅从道德的角度去进行解读，那无疑就是一种亵渎了。因此，解读 90 年代需要更加多维的文化视野和复杂的知识构成，需要更加深入的探查和理性的辨析，悉心了解其语境和寓意，只有如此才能解开这个年代文学的许多深层奥义。

还有形式、结构、美学以及艺术的本土经验等因素的发育和完善，这是评价九十年代文学成熟品质的一个必须考虑的要素。唯意义论的考察，唯形式论的评价，对于80年代的文学来说是可行的，对于《班主任》、《伤痕》、《人啊，人》、《乔厂长上任记》等一类作品，只要它们对于时代性的文学主题有所推进，只要它们引起了全社会的轰动，不管它们在艺术上有多么粗糙和稚嫩，我们都会承认其价值；对于马原、残雪、洪峰等第一波新潮小说家来说，不管他们的作品是如何为玄虚而玄虚，为形式而形式，甚至包括余华、格非等先锋小说家早期的作品，不管它们在形式上是多么极端和繁难，我们都会承认其作为精英文学的无上地位。但这种情形在90年代不会再继续了，如果一部小说没有将形式、叙事和内容合理地交融于一起，它便不会得到认可。如果我们仔细查看一个经典作家的成长，就会发现90年代与成熟几乎是同义语。比如苏童，他在80年代末的小说常常还是那么概念化和流于做作，《1934年的逃亡》、《罂粟之家》一类小说，要么是拥挤的概念化的历史讲述，要么是直露的欲望与精神分析，但是在90年代之后他的小说很快显现出浑然天成的自然，以及悠远绵长的传统韵味，《红粉》、《米》等小说中所透示出来的是艺术上的成熟，观念上的不露痕迹；余华在80年代后期曾写下了新文学有史以来最艰涩的小说，如《世事如烟》、《往事与刑罚》、《一九八六年》一类，但进入90年代他却写下了以简胜繁的《活着》和《许三观卖血记》，似乎一夜之间将新潮先锋小说运动所终成的“善果”送入了寻常百姓家。类似《许三观卖血记》这样的作品，可以说是能够与鲁迅的《祝福》、《孔乙己》，老舍的《骆驼祥子》相媲美的小说，正如余华自己所说的那样，它就是一首“有始无终的民歌”，以简单的旋律传唱到地平线的尽头。一个底层人物的命运，让他书写得那样真切和感人，那样平易和奇崛。某种意义上，说《许三观卖血记》创造了经典的小说形式绝不是夸张，它看起来最简单和充满细节重复的叙事，其实有多个进入的界面：老年人从中读出的是触目惊心的真实，是一段人生的苦辣酸甜与历史的沧桑巨变的合一；孩子从中读出的是有趣的人物，是人性里自然的天真、喜剧、小善以及微恶，是欢愉的故事、活泼的性格以及略带时光的忧伤的诗意；而专业读者从中感受的则是生存的悖谬和哲学的困境，是生命的履历和道德的拯救。它可以说是用简单创造了丰富、用浅近创造了深刻、用减法创造了形式的典范。这样的作品说它是百年文学的正果，应该不是夸张。

还有本土经验在小说结构与形式中的复活，这一点尤为重要，《长恨歌》、《废都》应该属于这样的作品。也许严格意义上讲，贾平凹和王安忆都不是最具有结构能力的作家，他们的很多作品写得松散而缺乏戏剧性和形式感，但这两部作品是例外。如同中国传统的小说结构拯救了巴金（使他用粗糙的文笔写下了结构匀称、风格优美的《家》），挽救了五六十年代那些并没有太高文化水平的作家（如同小学文化的曲波和知侠写出了《林海雪原》和《铁道游击队》）一样，中国传统小说的结构与叙事模式也挽救了这两位作家。他们分别采用了中国小说中最经典的世情小说叙事与家族叙事模式，以明代白话小说，还有《金瓶梅》、《红楼梦》式的结构方式，虚构了他们的人物与故事，并且使这两部小说获得了当代文学史上罕见的、真正的传统韵味，这无论如何也不是一件小事。它表明，经过了80年代的西向求索，经过了十多年的形式探寻，中国的作家终于发现本土经验对于一部小说美学质地的决定性的影响。正如俄国结构主义理论家普罗普所说，小说的内容是千变万化的，但讲故事的方式却总是有限的那么几种；一个民族的文学经验中最宝贵的，也许就是它独有的结构与讲故事的方法。《长恨歌》和《废都》一类小说对传统叙事的再发现，是当代文学走向成熟和确立汉语新文学的身份与属性的一个标志。

还有伟大结构的出现，这个例子就是莫言的《丰乳肥臀》。这部遭受了太多误解和中伤的小说其实是汉语新文学诞生以来气象最宏伟、结构最成功的一部。说它最成功是因为它把小说的主题和结构、思想和人物完美地融合在了一起，它内在的主题之核和外在的叙事之壳完全生长在了一起，不可分拆。生于1900年、死于1995年（这也是《丰乳肥臀》发表的年份）的母亲上官鲁氏，可以说是整个20世纪中国历史的亲历者和主体，她的一生是遭受外来力量侵犯和侮辱的一生，是饱尝苦难艰辛和收容一切创伤的一生，她可以说本身就是大地，她在被传统社会中的各种势力诸如夫权、兵痞等的压抑折磨中，不得不通过反抗和承受而生下了八胎共九个孩子，除上官金童以外，其余全为女儿。她和自己的这些女儿共同构成了中国原始的民间社会的象征。在她的一生中，各种外部政治势力——帝国主义、国民党、江湖力量、革命者等都是不请自来，她的这些女儿正是在各种政治势力的争斗和绞杀中一个个惨死，最终收容这一切灾难的只有无助的母亲。这一以母亲为结构核心、以众多儿女为叙事经纬的巨大的星座般的结构图式，链接起了20世纪中国所有外部社会势力与所有重大的历史事件，使之成为一个具有巨大包容性的意义空间。在这个结构关系中，母亲作为人民和民间社会化身、作为大地和生殖之母、作为道义象征和种族血缘之根、作为伟大的历史主体、作为一切苦难的承受者与收容者的悲剧形象得以确立，并且在悲剧中得以升华。可以说，在汉语新文学诞生以来，还从未出现过如此伟大的人物形象，她将小说的结构和主体紧紧地凝结在一起，建立起充满磅礴诗意和悲剧抒情力量的伟大叙事。这还不说另一个重要人物——由上官金童所派生出来的一部当代叙事，一部知识分子叙事，它和以母亲为核心的一部民间之书牢牢地系结在一起，成为交相辉映的双重结构和复线叙事，这也是值得赞许和肯定的。可以说，这样的作品在整个新文学史上都是罕见的，可遇而不可求的。

评价90年代的文学，上述可以看做是一些参照的角度，当然还有诗歌、散文、戏剧和其他的文体。前文已述，90年代的诗歌写作也取得了前所未有的成就，散文和戏剧也有了新的格局，出现了众多优秀的文本。在以整体性眼光来考察这段历史的时候，必须要对之做出肯定。

肯定90年代的文学当然不是出于简单进化论的眼光和逻辑。事实上，在进入新世纪之后，文学在娱乐文化、大众文化、网络文化的夹击之下，也面临前所未有的挤压和萎缩。念及这一点，90年代便更加让人怀念。在一体化社会解体、多元化社会诞生发育的历史夹缝里，造物主的疏忽为中国当代文学留下了一个黄金般的间隙，留下了一段可歌可叹的岁月，这样的幸运足以值得我们珍惜。

目录

1992 年

1993 年

1994 年

1995 年

1990年

1990

一月

1 日，赵本夫的中篇小说《陆地的围困》、吕新的短篇小说《秋水》发表于《作家》第 1 期。赵本夫（1947 – ），江苏丰县人。高中毕业后曾回乡务农。1971 年参加工作，做过丰县宣传部新闻干事、广播站编辑、文化馆创作员。1981 年发表处女作《卖驴》，获当年全国优秀短篇小说奖。1984 年考入中国作协讲习所（后改名为鲁迅文学院），1988 年南京大学中文系毕业，1990 年任江苏作协专职副主席，现任《钟山》杂志主编。主要作品有长篇小说《刀客和女人》、《混沌世界》、《黑蚂蚁蓝眼睛》、《天地月亮地》、《无土时代》等，小说集《寨堡》、《走出蓝水河》、《空穴》等，短篇小说《天下无贼》被改编为同名电影热映，另有作品被改编为电视剧。吕新（1963 – ），山西雁北人。1986 年开始发表作品。主要作品有长篇小说《黑手高悬》、《梅雨》、《抚摸》、《草青》、《光线》、《成为往事》、《阮郎归》等，小说集《夜晚的顺序》、《山中白马》等。

田中禾的中篇小说《坟地》、周大新的中篇小说《铁锅》发表于《当代》第 1 期。田中禾（1941 – ），原名张其华，河南唐河人。1959 年入兰州大学中文系就学，同年出版长诗《仙丹花》，并被文化部选送到巴黎儿童读物博览会展出。1961年主动退学到郑州郊区务农，当过民办教师，办过街道小厂。“文革”中遭冤案，1980年平反后到唐河县文化馆任创作员、馆长，1982年开始发表小说。1985年5月在《山西文学》发表短篇小说《五月》，该作品获1985－1986年全国优秀短篇小说奖。1987年调省文联从事专业创作，后曾任河南作家协会主席。主要作品有长篇小说《匪首》、《城廓》，小说集《月亮走我也走》、《故园一棵树》、《轰炸》、《落叶溪》等。

孙春平的中篇小说《换子记》、张笑天的短篇小说《各领风骚的作家们》、陈世旭短篇小说《模仿太阳的事业》发表于《海燕》第1期。

周克芹的短篇小说《小说二题》发表于《现代作家》第1期。同期发表裘山山小说辑，包括短篇《房间里的女人》、《舞场上的女人》，中篇《春天里落叶满地》，创作谈《几句无奈的话》，以及何开四文学评论《关于裘山山小说的解读》。裘山山（1958－），女，生于浙江杭州。1976年入伍，1983年毕业于四川师范大学中文系。曾任成都军区部队文化教员、文学刊物编辑等。1978年开始发表作品。主要作品有长篇小说《我在天堂等你》、《到处都是寂寞的心》、《春草开花》等，长篇传记文学《隆莲法师传》、《从白衣天使到女将军》等，小说集《白罂粟》、《落花时节》、《一路有树》等，另创作有部分电影和电视剧本，曾获鲁迅文学奖等多种文学奖项。

反映第二次世界大战期间9名中国驻外使节惨遭日军杀害的长篇历史纪实著作《魂系中华》由南京大学出版社出版，该书以大量珍贵的历史图片、资料揭露了震惊世界的历史事件。《光明日报》刊登了季羡林、钟敬文、臧克家、刘绍棠的贺词。

2日，《人民日报》第6版发表龙世祥的报道《〈新时期银幕人物形象回顾〉研讨会》，介绍了近期召开的“新时期银幕人物形象回顾”研讨会概况。这次研讨会由《中国电影周报》与长影《电影文学》杂志联合召开，邀请首都电影界、文学界20余位专家、学者就新时期银幕人物形象的塑造进行回顾和研讨。与会者认为，电影创作呼唤真实与崇高，应该塑造一批具有社会主义精神力量和人格力量的银幕形象，以净化人们的灵魂，激发人们的理想，催人奋发向上。

3日，《中国电影报》在中国影协召开青年导演黄军执导的处女作《童年在瑞金》观摩座谈会，这次会议也是《中国电影报》的一次告别会（该报已于1989年12月25号最后一期中宣告将在1990年停刊）。

4日，赵德发的《通腿儿》发表于《山东文学》第1期。赵德发（1955－），山东莒南人。1988至1990年在山东大学作家班学习，曾任教师、机关干部，现为山东省作协副主席兼日照市文联主席、作家协会主席。1980年开始文学创作。主要作品有长篇小说"农民三部曲"《缱绻与决绝》、《天理暨人欲》（原名《君子梦》）、《青烟或白雾》，另有长篇小说《双手合十》，短篇小说《通腿儿》、《选个姓金的进村委》先后获《小说月报》第6、第8届百花奖，有小说集《中国当代作家丛书·赵德发卷》、《赵德发自选集》等出版。

5日，熊正良的中篇小说《飘香松林》发表于《星火》第1期。熊正良（1954－），江西南昌人。早年曾下乡插队务农，后历任电影院美工、县文联干部，1989年毕业于西北大学中文系，现为南昌市文学院专业作家、《星火》杂志社主编。1984年开始发表作品。主要作品有长篇小说《死亡季节》、《疼痛》、《别看我的脸》、《隐约白日》、《闰年》等，小说集《红绣》、《乐声》、《谁在为我们祝福》等。

张旻的中篇小说《邂逅》、田中禾的中篇小说《青草地》、鲁枢元的文学评论《语言的渊薮》发表于《莽原》第1期。张旻（1959－），上海人。1976年曾下乡插队，1982年毕业于上海师范大学中文系，做过教师和文化局创作员，广东省作协、上海市作协签约作家。主要作品有长篇小说《情戒》、《成长是多么不容易》等，小说集《情幻》、《自己的故事》、《犯戒》、《爱情与堕落》等，90 年代中期被认为是“新生代小说家”的代表人物之一。陈晓明在评论张旻的小说《生存的意味》时，曾分析了他的方法与内容之间的统一关系：“不断运用倒叙的手法，去发掘生活中……那些宿命论的根源。这种强制性的因果解释链构成的叙事，反倒使生存敞开不可洞见的神秘性。”但张旻的小说“总在重复一个故事母题，即男教师与女学生的暧昧关系”，“张旻的叙事从总体上看是封闭性的，……那些关于女人身体的描写，女人主动的性欲，如同男性的白日梦绵延不绝，似乎执意要开创当代‘新鸳鸯蝴蝶派’”。（陈晓明：《表意的焦虑》，第 152 – 153 页，中央编译出版社 2002 年版）

刘毅然的中篇小说《遵守军规》、聂鑫森的短篇小说《书巢》发表于《小说月报》第 1 期。刘毅然（1955 – ），江西南昌人，生于广东湛江。幼随父母入北京，1970 年随父母下放到干校，1972 年参军，1990 年毕业于北京师范大学，获文学硕士学位。曾任解放军艺术学院文学系副教授。主要作品有长篇小说《青春游戏》、《欲念军规》、《奔逃》、《老故事》等，中篇小说集《摇滚青年》、《流浪爵士鼓》、《孤独萨克斯》、《油麻菜籽》、《我的夜晚比你们的白天好》、《挥霍青春》等，有《刘毅然文集》（四卷）出版。另为电影《摇滚青年》、《都市奇缘》、《女贼》等编剧，茅盾《霜叶红似二月花》、郁达夫《春风沉醉的晚上》等中国现代文学名著系列电视剧的导演。

阿成的短篇小说《人间俗话》、《老国兵》发表于《北方文学》第 1 期。阿成（1948 – ），黑龙江尚志（原称珠河县）人，原名王阿成。黑龙江省作协副主席，哈尔滨市作协主席。主要作品有长篇小说《马尸的冬雨》、《忸怩》、《咀嚼罪恶》、《绝世风姿》、《遗恨瓜洲》、《缔造者计划》、《俯仰之间三级跳》等，小说集《年关六赋》、《胡天胡地风骚》、《东北吉普赛》等近十部，散文集《馋鬼日记》、《哈尔滨人》、《春风自在扬花》等。短篇小说《年关六赋》曾获 1987 – 1988 年全国优秀短篇小说奖，短篇小说《赵一曼女士》

获中国首届鲁迅文学奖。

5－10日，中宣部、文化部在北京召开全国文化艺术工作情况交流座谈会。会议就如何准确估计平息“反革命暴乱”以来的文化工作形势，如何认真地、全面地回顾反思十年来特别是近年来文化艺术工作的经验教训，如何正确地实事求是地确定今后文化工作的任务，交流了情况，交换了意见。江泽民、李瑞环、李铁映、丁关根等会见了与会全体成员。在大会开幕式上，中宣部副部长、文化部代部长贺敬之谈到当前文化工作的形势时认为，“平息‘反革命暴乱’半年来文艺战线的形势是好的”，“文艺队伍是好的，总的说，经受了严峻的考验”，但是问题还不少，“反对资产阶级自由化的教育和斗争刚刚开始，许多任务还远远没有完成”。谈到全面科学地实事求是地进行回顾反思、总结经验教训的问题时，贺敬之阐述了成绩与问题、反“左”与反右、整顿与繁荣、稳定与反对资产阶级自由化、社会效益与经济效益等五个方面的关系。会议结束时，中宣部部长王忍之发表了讲话，他强调宣传工作和意识形态工作都要树立稳定压倒一切的思想，都要着眼于稳定局势、增强信心、振奋精神（《王忍之在文艺工作情况交流座谈会上强调 稳定局势 增强信心 振奋精神》，《人民日报》1990年1月12日第2版）。

6日，第2届宋庆龄儿童文学奖授奖大会在人民大会堂举行。本届授予科学文艺。一等奖空缺；二等奖3项：《神翼》（郑文光），《梦魇》（叶至善、叶小沫），《大熊猫的故事》（潘文石）；三等奖5项：《乔装打扮的土狼》（吴树敬、吴树逊），《肖建亨获奖科学幻想小说选》（肖建亨），《数学司令》（李毓佩），《少年李四光》（郑严慧），《带电的贝贝》（张之路）。黄华、严济慈、廖汉生、谷牧、钱伟长等到会祝贺并向获奖者颁发了荣誉证书。宋庆龄基金会副主席吴全衡宣读了宋庆龄基金会主席康克清给大会的贺信和作家冰心的贺词。

《文艺报》第1期第3版载朱辉军的理论文章《马克思主义文艺理论与现

代中国文学》，梳理了马克思主义文艺理论对现代以来中国文学的影响，总结了这一影响发生过程中的规律和经验。“六十年来，马克思主义文艺理论由传入中国的众多西方思潮的一种，而逐渐成了中国文艺的指导思想，使中国文艺的面貌发生了巨大变化。”“马克思主义文艺理论被赋予中国特色。”“毛泽东在延安文艺座谈会上的讲话，正是集中了瞿秋白、周扬等中国文艺理论家的探索，而对马克思主义及其文艺理论与中国现实和传统的结合做出了总结。……独立形态的中国马克思主义文艺理论便由此诞生了。”“还有一个富于特色的地方是，中国马克思主义文艺理论，并不是直接从文艺实践中总结出来的。它先于文艺创作，在创作之前指导和引导创作，它本身具有相对独立的价值和意义。”“被赋予中国特色的马克思主义文艺理论，或中国自己的马克思主义文艺理论，由于更注重具有鲜明政治倾向性的现实主义，更注重文艺的民族形式和大众接受能力，并能积极有效地指导和引导创作，因此，它使现代中国文学一改过去那种纷乱嘈杂的局面，而引发了新现实主义创作和大众文艺运动的兴起，并逐渐成了现代中国文学的两大主流。”但是，“马克思主义文艺理论与中国现实、中国民族传统结合之后，一方面使它更有效地指导了中国文艺的创作实践，另一方面毋庸讳言，也付出了一定的代价：那就是中国文艺理论家们实际上是根据他们对中国现实和传统的理解，来从马克思主义文艺理论中获取他们在现实中所需要的，这就势必会突出马克思主义文艺理论的某些方面并发展它们，而同时忽视了它的另一些方面”，“必须完整地、全面地理解马克思主义文艺理论”，这是“历史的启示”。

《文艺报》第1期第4版发表对“五四”女作家凌叔华的访谈录《往昔的旋律》，第6版发表王泉根的儿童文学评论《十年少年小说系列人物形象的嬗变》。

7日，《人民日报》消息，张洁的长篇小说《沉重的翅膀》在美国翻译出版。这部长达308页的小说，由美国人霍华德·戈尔德布拉特翻译，由美国格罗夫·威登菲尔德出版社出版。(《张洁小说〈沉重的翅膀〉在美出版》，《人民日报》1990 年 1 月 10 日第 4 版)

孟晓云的报告文学《开发者之歌》于《人民日报》发表。孟晓云（1955 – ），湖北石首人，长于北京。1970 年毕业于中国人民大学新闻系，1981 年毕业于中国社会科学院研究生院新闻系，获文学硕士学位。历任河北沧州一中教师，《华北石油报》记者，《人民日报》记者、海外版记者部主任。1980 年开始发表文学作品。主要作品有报告文学集《胡杨泪》、《印象与独白》、《中学生三部曲》、《你生命中那时光》、《流行色》、《青春期躁动》、《走出混沌》、《非隐私访谈录》等。

9 日，《人民日报》第 6 版发表李炳银的评论《报告文学的选题——兼谈〈昆仑〉近年来的报告文学》。文章认为，自 1989 年开始，报告文学创作产生了危机苗头，阵脚出现了某种迷乱，但《昆仑》未被这种创作的态势所干扰，陆续发表中夙的《侨乡步兵师》、正言的《国之大事》、郭高民的《错位的星群》、杜守林的《瘦虎雄风》、王友齐的《脚踏着祖国的大地》、中夙的《大势》、张嵩山的《星辉》及李荃的《中华之门》等作品，表现出一种坚定不移、浑厚沉雄的精神与品格。《昆仑》发表的这些报告文学，突出、集中地以部队现实生活状态和军人的心灵为报告对象，在选题上不趋热求新，而是有所坚持，报告文学“产生了小小的题材危机，题材保密的怪现象”，“影响了社会问题报告文学的严肃性，也危害了报告文学去着力对真正的社会热点问题的发现与报告。在报告文学的题材表现出多样花色的风潮时，《昆仑》以一种持久的冷静和耐力在专心设计着自己的营垒。结果在纷攘过后，他们却从军队生活这一面走向了社会生活的中心，走到了生活现实的真正热点，最终完成了对现实生活作近距离的，同时又是深层次的描述与报告”。

《人民日报》第 6 版发表余斌的文艺评论《走向世界与“西洋情结”》，就主张淡化甚至放弃民族性以“走向世界”的观点以及主张“民族文学同步于世界潮流"的观点，做了辩证的分析，认为走向世界还是要以民族性为起点，因此必须甩掉西洋情结。

《人民日报》第 6 版发表章德益的评论《富有魄力与风度的诗——周涛散文读后》，认为周涛由以诗闻名转向散文创作，他的散文"俊美而潇洒，浑雄而深湛，无疑是另一形态上的更广义的诗，是更具魄力与风度的诗"，因而周涛在向"灵魂的成熟"的境界前进。

10 日，江泽民、李瑞环、李铁映、丁关根等在人民大会堂会见全国文化艺术工作情况交流座谈会、全国话剧戏曲创作座谈会的代表。中共中央总书记江泽民说，希望所有的文艺工作者弘扬民族优秀文化，深入到社会主义建设和实际生活中去，反映伟大时代的风貌，创作出无愧于我们这个时代的振奋人心的作品。李瑞环作了《关于弘扬民族优秀文化的若干问题》的讲话，强调指出，繁荣文艺必须大力弘扬民族优秀文化；弘扬民族优秀文化是全党全社会关心瞩目的一个重要问题，也是文化战线面临的一项迫切任务；在当前的国际和国内形势下，弘扬民族文化不仅直接关系到文化的兴衰，而且在政治上具有重要意义。(《人民日报》1990 年 1 月 12 日第 1 版发表要闻《江泽民等会见文化艺术界代表时希望 创作无愧于伟大时代的作品 李瑞环作〈关于弘扬民族优秀文化的若干问题〉讲话》，李瑞环的讲话全文见 12 日《人民日报》第 3 版综合新闻《李瑞环在全国文化艺术工作情况交流座谈会上发表讲话 繁荣文艺必须大力弘扬民族优秀文化》)

11 日，国务院总理李鹏签署命令并发表电视讲话，宣布从 1 月 11 日起解除对北京市部分地区的戒严。同日，北京市政府也发布了关于解除戒严的相应命令。《解放军报》11 日社论称，"开始于去年 5 月 20 日的对北京市部分地区的戒严，是为了制止当时日益严重的动乱而采取的果断措施。半年来的实践充分证明，实行戒严是非常必要、完全正确的。戒严对平息发生在北京的'反革命暴乱'、恢复首都正常秩序、稳定全国局势，起了极其重要的历史性作用”，而解除戒严是“稳定的标志、正确的决策”，“大局的稳定是解除戒严的基本依据”，“解除戒严的决定是建立在对形势的科学分析基础上的”。11 日，国务院发言人袁木在外交部新闻发布会上说，中国经济发展趋势是好的，这是解除北京市部分地区戒严的重要依据；李鹏总理宣布的这道命令是一个“水到渠成、顺乎自然”的决定（《人民日报》1990 年 1 月 12 日第 1 版发表要闻《国务院发言人袁木说 首都和全国局势稳定 解除戒严“水到渠成”》，第 2 版载《袁木在我外交部新闻发布会上说 中国经济发展趋势是好的这是解除北京市部分地区戒严的重要依据》）。继之在 12 日，《人民日报》第 4 版又发表国际新闻《〈欧洲时报〉发表社论指出解除戒严表明中国政局稳定》、《奎尔副总统和白宫发言人表示美政府欢迎北京解除戒严》、《日本官方和经济界人士说北京解除戒严表明中国对恢复社会稳定充满信心》。

王蒙的文章《作家是用笔思想的》发表于《读书》第 1 期。同期还发表张中行的文章《叶圣陶先生二三事》。

刘恒的中篇小说《教育诗》发表于《小说林》第 1、2 期。

《诗刊》1 月号刊出“《诗刊》顾问、编委话《诗刊》”栏目，刊发臧克家的《且看这几年》、邹荻帆的《乱弹录》、李瑛的《几点随感》3 篇文章。臧文认为几年来“诗创作”和“诗论”“复杂而混乱”，“现代派”压倒了“主旋律”，“应该旗帜鲜明地反对自由化”。邹文指出“《诗刊》应对评论有所侧重”，“多推荐青年诗人”，“建议继续组织诗人到生产第一线去，到火热的生活中去”，“特辑或专栏应有计划加强和提高”。李文主张，对于受西方现代派影响的诗作“不做分析地全盘肯定或简单化地一概否定都是不对的”，但“抒写个人感受和个人直觉”“应与时代紧密相连”，同时建议《诗刊》应及时刊载国外诗坛动态。

中国和意大利合拍的中国影片《末代皇帝》在古巴被评选为 1989 年十佳影片之一。（《〈末代皇帝〉在古巴被评为十佳影片》，《人民日报》1990 年 1

月10日第4版）

11日，秦牧的散文《迎九十年代第一春》在《光明日报》上发表。

13日，《文艺报》报道：中国作家协会主席团推举玛拉沁夫为中国作家协会书记处常务书记。中国作家协会主席团同意唐达成辞去中国作家协会书记处常务书记职务。

《文艺报》第3版发表何镇邦的理论文章《当代长篇小说文体的演变及其思考》。文章指出，当代长篇小说发展态势告诉我们：强化作家的文体意识和加强长篇小说的文体研究已经提到了议事日程上来；当代长篇小说问题演变趋势是作家史诗意识的淡化与文体意识的强化，从单一化的史诗型向文体多样化发展；提出了关于当代长篇小说文体演变的一些思考。

15日，《人民日报》第6版发表张一的理论文章《对当今社会主义和资本主义新现象的看法》，就什么是社会主义和资本主义质的规定性、社会主义经济为什么没有充分发挥其活力、怎么看待资本主义国家的社会改良和至今还有生命力等问题发表了看法。

董健、黄毓璜、陆建华、丁帆、费振钟、准淮等评论家的《“新写实小说”笔谈》刊发于《钟山》第1期。1989年第3期《钟山》推出“新写实小说大联展”栏目，这些作品因表现手法与传统现实主义有明显的不同，故被命名为“新写实小说”。之后在一年多的时间里，该刊连续刊登新写实小说，并刊载部分评论家对这些作家的创作以及新写实小说现象的相关批评文章。董健的文章《提倡新现实主义》认为，“新写实主义应有两层内涵：一是提倡以现实主义精神真实地、深刻地反映我们时代的现实生活，二是提倡以大胆创新的精神丰富和发展现实主义……两者兼备，是为新写实”。丁帆以《时代，读者和历史将做出选择》为题的文章认为，新写实主义不是“现实主义的胜利”，不是旧的现实主义美学原则的回归，而是在“东西方文化碰撞中寻觅到的具有现代中国人审美特征的美学原则”，其作品释放出强烈的“平民意识”。费振钟的文章《写实的生命力》认为，由于刘恒、叶兆言、池莉等人的创作表现出的“对现实所采取的态度”，使“故事的叙述”、“表现现实所使用的方法”、“语言情态”都与过去的现实主义不同了。准准的文章《时代呼唤新写实小说》指出，一批年轻的小说作者“融会和糅合传统文化和现代派新潮”，适应时代的要求，他们的创作所体现的现实主义特点正是“新写实小说”。黄毓璜的文章《虚实相生与总体意蕴》也表达了大致相同的观点。陆建华的文章《现实主义依然风流》质疑池莉《烦恼人生》与几年前谌容《人到中年》在创作手法和反映生活上“究竟有多少原则上的差别”，但是，仍然承认新写实的提法有积极意义，它摒弃了旧现实主义流派的某些弊端，极大地丰富了现实主义的创作方法。同期《钟山》还发表了王蒙的《〈红楼梦〉二题》，“新写实小说大联展”栏目发表梁晓声的长篇小说《龙年：一九八八》、程乃珊的中篇小说《供春变色壶》、张廷竹的中篇小说《六十年旷野》等。程乃珊（1946－），女，浙江桐乡人，生于上海一个知识分子家庭。1964入上海教育学院英语班，毕业后任中学教师10余年，后从事专业创作，1990年赴香港定居。1979年开始发表文学作品。主要作品有长篇小说《银行家》等，小说集《天鹅之死》、《调音》、《丁香别墅》、《蓝屋》等，散文集《香江水，沪江情》、《你好，帕克》、《让我对你说》、《双城之恋》等，译著《上海生死劫》（合译）、《福乐会》（合译）等。

《文艺争鸣》第1期“作家者言”栏目发表了余华的《走向真实的语言》、迟子建的《保护文字》。同期还发表了张颐武的《第三世界文化与中国文学》，张颐武认为，在我们探索第三世界文化时，有几个方面值得注意：首先，第三世界文化是一个空间的观念，在其中包含了经济、政治、文化的多重关系；其次，第一世界和第三世界一方面都是各自整体化的，但又不是完全稳固的；第三，第一世界/第三世界的文化上的二元对立并不总以冲突的形态出现，它也必然包含着交叉、渗透、融合而提供诸多的可能性。但就总体而言，“第三世界文化”的出现无疑是一种带有本土主义立场的理论。

16日，《人民日报》第6版发表仲呈祥的文艺评论《弘扬民族浩然正气——观8集电视连续剧〈铁人〉感言》，赞扬新年伊始中央电视台播放的由中国电视剧制作中心、大庆石油管理局和长春电影制片厂联合摄制的8集电视连续剧《铁人》“是一出足以使人灵魂为之洗礼、精神为之升华、斗志为之振奋的好戏，是中华民族浩然正气的一曲颂歌”。《铁人》中“不独颇为成功地塑造了‘这一个’铁人形象，而且出色地掌握艺术辩证法塑造了各具风采的一群大庆人形象”。为了总结《铁人》的创作经验，促进电视剧创作的健康发展，《人民日报》文艺部、中央电视台、电视剧制作中心于2月中旬在北京联合召开了座谈会，有关方面负责人及影视评论家50多人出席了会议，《铁人》创作集体的代表也出席了会议。(《人民日报》1990年2月13日第6版发表《弘扬时代精神 塑造民族灵魂——电视连续剧〈铁人〉座谈会纪要》，刊登了部分与会者的发言摘要)

《人民日报》第6版发表饶彬的文艺评论《文艺批评应该有价值标准》，文章针对目前批评在实践中价值标准的失落、批评家对文学作品中无价值标准可言的认同、批评对价值的忽视、冷落以致否定等现象，指出，价值判断是文艺批评所不可回避也不应回避的。

18日，《中国戏剧》第1期发表社论《认真学习〈邓小平论文艺〉，在戏剧界深入开展反对资产阶级自由化的斗争》以及张庚的《戏曲界要有社会主义理想》。同期，发表张炯的《话剧的危机与出路》和丁扬忠的《关于中西戏剧的现状与未来》。

《文汇报》第4版发表张德林《关于文艺的审丑与价值判断》一文，就西方美学和西方文论中的审丑理论提出疑问：审丑能否代替审美？并指出，文学艺术中的丑不同于生活中的丑；“化丑为美”的关键在于创作主体的审美导向。

20日，诗人唐祈在兰州逝世，终年70岁。唐祈（1920－1990），“九叶诗人”之一，著有诗集《诗第一册》、《唐祈诗选》、《九叶集》（合著）等。另一位“九叶诗人”成员郑敏评论他说：“从诗的艺术来讲，诗人曾说他有过青年的抒情阶段，又有过成年的现实主义象征主义，或者按照诗人自己的理解就是他的现代主义阶段。或者他说应当归于四十年代的英美现实主义大师如奥登、艾略特，和法国象征派及奥地利现代主义诗人里尔克对他的启发。”（《唐祈诗选》，人民文学出版社1990年版）与之同为“九叶诗人”的唐湜评论《诗第一册》道：“这虔诚的声音，要圣者分给孤寂的片刻的要求，正是现代的优力赛斯们的深思的叫喊。生命在这里凝定为蓝色的花朵，瑰奇而不凋谢……那些‘无知的柔和’里可有盈盈欲滴的牛命的朝露在迎风滚动，完全是清新的俊彩，无纤尘的透明，那篇九行的《旅行》里有千言万语在奔涌，可又宁静如雕塑的石像：默默无言。‘沉思里，我观看星宿……’，一个独往独来的精灵，一个与天地相往还的形象闪现在我的面前，那是亚伯拉罕那样的圣者，流动不居的‘光’。”（《严肃的星辰们》，《诗创造》第12期诗论专号）“他是以历史学家超然的冷静态度，沉下自己的激情，纯然以刻画历史的面貌的笔来抒唱的。从艺术上看，诗人的气质是冷凝而克腊西克的（Classical），处处有超然的艺术自觉，与我当时在《严肃的星辰》里一起论到的另一诗人莫洛的《正义的战士》的自觉不同，他有着现代主义者的艺术创作上的自觉；而在政治上却正由自然走向自觉，虽说，一种深情与深思交融的河流仍然在他的诗与心之间流荡，使他不能不脉脉含情地与物象时时呼应，时时有‘更大失声的欢呼、大笑’。”（《诗人唐祈在四十年代》，《诗探索》1998年第1辑）

《西北军事文学》编辑部在京举行《藏北游历》讨论会，认为青年女作家马丽华的长篇散文《藏北游历》是描绘藏北的恢弘长卷，是当代文学的一个突破。《藏北游历》自1989年8月在《西北军事文学》上问世以来，先后在西藏和北京引起强烈反响，后由中国外文出版社、中国文学出版社出版其英、法、日文版本。(《文艺报》1990年2月3日第4期第1版)

莫言的中篇小说《父亲在民夫连里》、邓友梅的散文《汉堡之行》发表于《花城》第1期。

阎连科的中篇小说《斗鸡》发表于《昆仑》第1期。阎连科（1958－），河南嵩县人。1978年参军入伍，1980年开始发表作品。1985年毕业于河南大学政教系，1991年毕业于解放军艺术学院文学系。做过战士、排长、秘书、创作员，第二炮兵电视艺术中心编剧，河南文学院专业作家，现为中国人民大学文学院教授。主要作品有长篇小说《情感狱》、《最后一名女知青》、《生死晶黄》、《日光流年》、《坚硬如水》、《受活》、《丁庄梦》、《风雅颂》等，中篇小说《夏日落》、《耙耧山脉》、《耙耧天歌》等，小说集《和平寓言》、《乡里故事》、《黄金洞》、《横活》、《朝着天堂走》、《欢乐家园》等，散文随笔集《回望乡土》、《桎梏》等，另有《阎连科文集》（五卷）出版。朱向前认为："阎连科的农民军人系列小说从一个侧面为我们开设了一个小小的窗口，让我们通过对当今中国农民军人生存环境、生命意识和生存状况的写真，观测到了当代农民走向明天的复杂而痛苦的转化与蜕变过程。"(《农民之子与农民军人：阎连科军旅小说的创作定位》，《当代作家评论》1994年第6期）洪治纲认为："阎连科是一位对极致化审美境界充满痴迷的作家。他常常带着异常充沛的叙事激情、狂放无度的艺术想象、悲喜并举的叙事语调，在各种极端化的生存境域中，为人们打开许多撼魂动魄却又令人深思的生存场景。"(《乡村苦难的极致之旅：阎连科小说论》，《当代作家评论》2007年第5期）郜元宝则认为："阎连科站在传统背景中，拒绝外来的'思想'，有资格解释这片亘古不变的土地，从而拒绝'农村题材小说'的传统。但他的坚守由于缺乏新思想和新话语，而不得不退缩到表达纯粹的身体，成为一种无历史和历史的抽象、绝缘而不断重复的独舞。"(《论阎连科的"世界"》，《文

学评论》2001 年第 1 期）

叶楠的短篇小说《遥远的乡情》、林希的短篇小说《娱乐二题》发表于《人民文学》第 15 期。

22 日，详细描述英雄少年赖宁成长历程的长篇小说《赖宁的世界》完成，由北京少年儿童出版社出版。全书 20 万字，以生动的情节、活泼的语言、明快的节奏，艺术地表现了赖宁是英雄也是孩子的内心世界和外部世界，同时刻画出一群有血有肉的当代少年群像。（《长篇小说〈赖宁的世界〉将出版》，《人民日报》22 日第 3 版）

23 日，中共中央宣传部、广播电影电视部和文化部联合发出通知，要求各地重视创作和发行放映农村题材故事片。

25 日，杨争光的中篇小说《黑风景》、王蒙的短篇小说《我又梦见了你》、阿城的短篇小说《专业，炊烟，大风》、林白的短篇小说《大声哭泣》发表于《收获》第 1 期。林白（1958 – ），女，原名林白薇，祖籍广西博白，生于广西北流。上大学前做过民办教师，1982 年毕业于武汉大学图书馆学系。曾在图书馆、电影厂、新闻杂志等处工作，现为武汉文学院专业作家。早年曾写诗，后写小说。主要作品有长篇小说《一个人的战争》、《守望空心岁月》、《青苔》、《说吧，房间》、《玻璃虫》、《万物花开》、《妇女闲聊录》、《致一九七五》等，小说集《同心爱者不能分手》、《玫瑰过道》、《子弹穿过苹果》、《回廊之椅》、《致命的飞翔》、《猫的激情时代》、《日午》等，另有《林白文集》（四卷）出版，被认为是 90 年代中期“女性主义小说”写作的代表人物之一。陈晓明评论说：“在当今女作家中，林白也许是最直接插入女性意识深处的人。她把女性世界的经验推到极端，从来没有人（至少是很少有人）把女性的隐秘世界揭示得如此彻底，如此复杂微妙，如此不可思议。我无法推断这里面融合了作者多少个人的真实体验，但有一点是不难发现的，作者给予这些女人以精湛的理解和真挚的同情，甚至不惜融入自己的形象。

这种坦率和彻底在某种意义上构成妇女写作的首要特征。”（陈晓明：《勉强的解放：后新时期女性小说概论》，《中国女性小说精选·序言》，甘肃人民出版社 1994 年版）张清华评论说：“对传统话语与男性权力叙事的规避与抗拒在林白这里同样是鲜明和有力的。她以‘反经验’的感受方式与话语方法营建了她相当庞大的‘女性神话谱系’。她笔下的女性大都有着古怪的名字：邸红、朱凉、李莴、艾影、多米、北诺、七叶、二帕、都噜、蓼……她们像一些醒目的标记，构成了与男性传统审美经验的界线。她以对她们的自我意识与精神潜质的精致刻画，展示出女性世界丰富奇异的感受和经验方式。”（张清华：《中国当代先锋文学思潮论》，第 338 – 340 页，江苏文艺出版社 1997 年版）

余华的中篇小说《偶然事件》、北村的短篇小说《劫持者说》、马原的短篇小说《北陵寺等候扎西达娃》发表于《长城》第 1 期。北村（1965 – ），福建长汀人，本名康洪，1985 年毕业于厦门大学中文系。曾为《福建文学》编辑。1986 发表小说处女作《黑马群》。主要作品有长篇小说《施洗的河》、《武则天》、《望着你》、《玻璃》、《鸟》、《台湾海峡》、《愤怒》、《发烧》、《我和上帝有个约》等，小说集《老木的琴》、《周渔的喊叫》、《公民凯恩》、《消失的人类》、《长征》、《玛卓的爱情》等，另有《北村诗集》及多部电视剧本。90 年代中期以前，北村的小说表现为三个主要特征：“一是表象语言；二是隐约的寓意；三是镜像结构的复映。”而后的小说开始“注视人类的精神困境和出路，追问存在的意义”，“在日常景象之中察觉苦难，察觉精神的陷落与抽空，察觉人的无力和罪恶，直至这一切产生惊心动魄的效果”。（南帆：《先锋的皈依：论北村的小说》，《当代作家评论》1995 年第 4 期）也有论者认为，北村的小说“一方面否定世俗，另一方面又借助世俗情怀来克服超越性带来的虚无意识时，其实只是对虚无的遮蔽”。（涂险峰：《神圣的姿态与虚无的内核：关于张承志、北村、史铁生、圣·伊曼纽和堂·吉诃德》，《文

学评论》2004 年第 1 期）

《当代作家评论》第 1 期辟“朱苏进评论小辑”，发表了费振钟的《非战争经验的叙述——关于朱苏进小说创作发生的假定性判断》，郭银星、辛晓征的《军事以外的文学的世界——评朱苏进的几部中篇小说》和王干的《战争之外——朱苏进小说的价值取向》。

26 日，《文汇报》第 4 版发表金涛的《关心儿童科学文艺创作》一文，就第 2 届宋庆龄儿童文学奖揭晓，作为这次评奖评委会成员之一的作者指出，十一届三中全会以来，我国儿童科学文艺的创作和出版出现了空前繁荣的局面，但还不能满足现实的需要，因此需要大力提倡和保证儿童科学文艺的创作和出版。

28 日，《剧本》第 1 期的《新年寄语》中写道：“我们必须把那些热情反映我们时代，宣传社会主义思想、爱国主义思想、集体主义思想，表现艰苦创业、奋发向上、奉献精神，能对建设社会主义精神文明起积极作用的剧本放在我们刊物要发表的首要位置，努力推荐具有深刻主题思想、强烈时代精神、浓郁的生活气息、生动的人物形象，并具有鲜明的民族风格、革命现实主义、表现主旋律的优秀作品。而那些黑色和灰色的作品、低级趣味的作品、闭门造车缺乏生活的作品、脱离千万人民审美要求和欣赏习惯的作品，都不应出现在我们这块社会主义戏剧园地上。”

据该刊报道：北京人艺的《天下第一楼》自 1988 年 6 月公演以来，在不到一年半的时间内，连续演出超过 200 场，上座率达到 98% 以上，这在人艺的历史上堪为称奇。该剧被邀请参加了首届中国戏剧节和第 2 届中国艺术节，并在北京市新创作剧目的调演中，荣获集体优秀演出奖、剧本创作奖和最佳导演奖。

《上海戏剧》第 1 期刊登朱镕基在与参加第 2 届中国艺术节的上海演出团部分同志座谈时的讲话《更好地发挥社会主义文艺对人民群众的鼓舞、激励、推动作用》；从本期起，开辟“关注话剧”专栏，就话剧发展现状、前景问题展开讨论，陆续发表黄佐临的《话剧界面临的是“人心”问题》、周本义的《话剧要有自己的理想和追求》、陈恭敏的《剧作家不能置时代与现实于不顾》、焦晃的《话剧舞台真正有生命力的是人物形象》、荣广润的《两次刺激后的思考：剧作家能与时代、能与人民的需求共鸣吗?》（第1期）；王胜华的《寻找话剧之船的不冻港——话剧艺术两极化刍议》、花建的《发展戏剧批评》、刘永来的《中国先锋戏剧的彷徨》、余叔芹的《现实，又在召唤现实主义》（第2期）；朱伟国的《在大众传播中推销话剧》、汤佩逸的《多元并存 各显神通——九十年代中国话剧展望》（第3期）；马骏的《我看话剧危机》、唐卫宸的《戏剧危机中的戏剧批评》、范立的《走一走这条路》、李晓岚的《拿你自己的特长与别人竞争》（第4期）；吴俊的《门外剧谈》、陈思和的《舞台下的外行话》、梁永安的《话剧漫议三题》（第5期）等文章。

30日，由《外国文学评论》、《世界文学》、《外国文学》、《译林》等刊物以及杭州大学、衢州化学工业公司联合举办的“外国文学现状研讨会”在浙江衢州举行。与会60余位外国文学专家和翻译家就世界文学的现状、前景以及如何加强我国的外国文学研究工作交换了意见。与会者梳理纷纭变幻的世界文学现状，认为深刻地反映现实，与民族和人民共忧患，仍然是各国文学的主流；世界文学的多元化趋势、文学更注重探索人的精神世界，是共同特点。当前我们在引进和介绍外国文学时，要同时克服完全封闭和完全接收两种极端倾向，尤其要注重对引进的东西进行选择和消化；应建立有民族特色的批评学派，用我们自己的眼光分析和评价世界文学。（《“外国文学现状研讨会”举行》，《人民日报》1990年1月30日第6版）

31日，由新加坡“中侨”集团主办的“华语电影节”在新加坡“黄金大戏院”举行开幕式，并放映了北京电影制片厂摄制的电影《红楼梦》。“华语电影节”为期两周，是新加坡为庆祝独立25周年而举行的“华族文化月”活动的重要内容。电影节期间上映了14部新加坡、中国和中国台湾省及香港的影片。(《新加坡举办电影节开幕式放映〈红楼梦〉》,《人民日报》1990年2月5日第4版)

本月,《太姥山妖氛》的作者唐敏已被厦门市中级人民法院判定犯有诽谤罪,处以有期徒刑一年,并赔偿原告损失费2000元。唐敏成为国内首个因诽谤案坐牢的女作家。福建省青年女作家唐敏在文学期刊《青春》1986年第2期上发表了中篇纪实小说《太姥山妖氛》,小说以荒诞的手法,描写了太姥山下磻溪大队民兵营长王练忠,在"文革"期间依仗其担任磻溪公社党委副书记、武装部长的妻舅的权势,混进党内,推行极"左"路线,横行乡里,鱼肉百姓,死后"佛显神威",被轮回为牛的故事。原告指控唐敏在小说中捏造事实,公然侮辱和诽谤他人,侵犯他人名誉权。唐敏因此被判诽谤罪,原告又将《青春》期刊告上法院,要求其承担民事责任,杂志社表示他们将"保留对此无理诉讼而追究责任的权利"。

由中国少数民族文学学会举办的首届中国少数民族文学研究成果奖揭晓:钟敬文、贾芝、马学良等17人获个人荣誉奖;《中国少数民族文学》等4部著作获著作荣誉奖;《文艺民族化论稿》等7部著作获最佳著作奖;《屈原族属初探》等3篇文章获最佳论文奖;《民谣研究》等34部著作获优秀著作奖;《新时期蒙文诗歌的发展》等48篇文章获优秀论文奖。

残雪的短篇小说《一种奇怪的大脑损伤》发表于《特区文学》第1期。

《诗刊》社编的《一九八八年诗选》由人民文学出版社出版。

上海文艺出版社编选的《八十年代诗选》由该社出版。

胡世宗的《当代诗人剪影》(续集)由春风文艺出版社出版。

周良沛的论文集《诗就是诗》由人民文学出版社出版。本书系"百家文论新著丛书"之一种。

李怡的《中国现代新诗的进程》发表于《文学评论》第1期。文章概述了现代新诗的进程，即“白话诗阶段”、“浪漫主义”阶段、现实主义阶段和“现代主义”阶段。“中国现代派诗歌在中西融会的道路上较前辈进一步接近了古典美学的理想境界，赢得了更多的中国读者，但也因而未能从深层的文化精神中突破传统、转化传统。生活在20世纪工业文明冲击中的中国现代诗人，实际上已不大可能维持古典文化的‘虚境’体验了，有意识创造的‘意境’终究也不能与古人无意识迷醉的人生境界媲美。这是历史所赋予的必然差距，它从根本上决定了一个现代人折返传统时所难以避免的精神瞀乱。”并指出，“穆旦的成功在中国现代新诗阴霾的前景中划出了一道闪电，它启示我们，一切从对中国传统的深入体验和突破开始吧，只有在勇于开拓中，中国新诗才有走向世界、走向现代化的希望”。

肖开愚、孙文波编辑的诗歌杂志《反对》在四川创刊，共出12期，于1992年7月停刊。

由孟京辉执导、英国剧作家哈罗德·品特编剧的荒诞戏剧《升降机》在中央戏剧学院演出。孟京辉（1964－），原籍北京，生于长春。1986年毕业于北京师范学院（今首都师范大学）中文系。1991年中央戏剧学院导演系研究生毕业，现为中国国家话剧院导演。主演的作品有《犀牛》、《士兵的故事》等，导演的主要作品有《送菜升降机》、《深夜动物园》、《秃头歌女》、《等待戈多》、《思凡》、《阳台》、《我爱×××》、《温床》、《第十二夜》、《百年孤寂之第八年——万岁万岁万万岁》、《阿Q同志》、《爱情蚂蚁》、《坏话一条街》、《一个无政府主义者的意外死亡》、《恋爱的犀牛》、《臭虫》等，以及电影《像鸡毛一样飞》，编著《先锋戏剧档案》。

莫言的长篇小说《十三步》由台湾洪范书店出版。

霍达的报告文学《大西洋上打鱼船》发表于《十月》第1期。

光明日报社主办，林默涵、魏巍主编的综合性理论评论刊物《中流》创刊。

二月

2日，《作家》发表雷达的文章《现实主义艺术形态的更新》。文章通过对当代文学的整体把握，考察新现实主义艺术形态在当代的嬗变和更新。作者具体分析"十七年"和新时期作家的创作，认为"世界现实主义的模式不可能完全地、严丝合缝地适用于中国文学"，中国的现实主义文学应该"自己艰难地摸索，在实践中完善自身"。

4日，马海春的中篇小说《七叶火绒草》发表于《山东文学》第2期。

6日，《人民日报》第6版发表艾斐的文艺评论《"探索"、"创新"与艺术发现》，指出：淡化或抛弃探索与创新过程中的"新"与"美"的机体和核质，片面地、无条件地追求所谓的"新"，而忘记和摒弃"美"，"探索"、"创新"等概念的内涵就会发生改变。文艺领域内很多人追求的所谓的"新"，在很大程度上和多数情况下，并没有成为真正的"新"，"只不过是一知半解、不加选择、生拉硬扯、抄袭模拟地捡拾一些西方思潮和西方现代派文艺的唾余而已"。

李准的文艺评论《马克思主义指导和文艺繁荣》发表在《人民日报》上。

《电影艺术》在京召开"第四代导演研讨会"，与会者肯定了第四代导演在中国电影中的承前启后、开创新时期电影的重要意义，并对其创作进行了深入的分析。

7日，以弘扬中国学术文化为宗旨的大型学术专刊《中国文化》创刊。此刊由三联书店和香港中华书局在内地和香港同时出版，系中国艺术研究院《中国文化》编辑部编辑，并聘请20余位国内外人文学科领域的专家担任学术顾问和特邀顾问，每年出春季号、秋季号两期，以发表高水准的学术论文为主，重点对文化现象作学术研究。《中国文化》后陆续出版台湾版和英文提要本。（《学术专刊〈中国文化〉问世》，《人民日报》1990年2月9日第3版）

8日，《文学报》第3版刊登杨树的文章《王朔：在“真人”与亵渎者之间》，作者认为“王朔小说给我们的，首先是对生活、对一切神圣事物的亵渎”，王朔笔下的人物大都是落魄的干部子弟和经济领域中的边缘人，在他们身上“旧的信念瓦解了，新的信念又无法建立，其理想的立足点就成了一片空白，……一种虚妄”。作者还强调“王朔在精神上并没有比他笔下的人物高出多少，他与他们之间缺乏一种必要的距离”。

9日，中共中央宣传部文艺局、中国电视艺术委员会、中国电视家协会在京隆重举行表彰大会，表彰电视剧《铁人》、《长城向南延伸……》。这两部电视剧分别取材于60年代大庆石油会战中铁人王进喜的动人事迹与不久前中国考察队第一次远征南极建立“长城站”的伟大创举。（《文艺报》1990年2月17日第6期第1版）

9日，江苏省京剧院梅派传人、京剧表演艺术家沈小梅，著名丑角演员朱鸿发，琴师沈福庆，在美国夏威夷参加了为他们举行的授奖仪式。由沈小梅等三人组成的江苏京剧小组，1989年8月应邀赴美国夏威夷大学讲授京剧《玉堂春》。这是夏威夷大学四年一次专门研究亚洲艺术的一项教学计划。夏威夷大学戏剧系决定二月十日在肯尼迪剧院公演《玉堂春》。（《江苏京剧小组饮誉夏威夷》，《人民日报》1990年2月11日第3版）

9－20日，由青年电影制片厂摄制，谢飞执导的电影《本命年》参加第40届西柏林国际电影节，获得银熊奖。

10日，《文艺报》第5期第5版发表李正忠的评论《评“〈讲话〉后现象”说》，文章针对《从中国音乐史看毛泽东文艺理论》（《人民音乐》1988

年第10期）一文提出的"《讲话》后现象"说提出异议。《从》文观点认为，"我国近代音乐史上堪称'划时代'的作品，大部分都产生在《讲话》之前"，"对我国音乐史作出划时代贡献的大作曲家，如聂耳、冼星海、刘天华、黄自等人，也都产生于《讲话》之前"，"《讲话》之后直到'文化大革命'的三十年间，再也未能产生划时代的音乐巨人"，"中国近代音乐史上出现了像贺绿汀、吕骥、麦新等许多作曲家在1942年后创作活力明显衰退的现象，这不能不说是一个令人费解的'《讲话》后现象'"。李文认为，这些观点站不住脚，不符合我国近现代音乐史的实际情况，它对一些问题及某些音乐现象的解释是主观唯心主义的，并对此进行了批驳。

中国作协党组书记、副主席、作家马烽致函中共中央政治局常委李瑞环，呼吁重视农村题材影片的发行放映工作。

新闻出版署发布《关于对描写中央主要领导同志的出版物复审和报批的通知》。2003年8月26日，该文件被新闻出版总署令第21号《废止的一批规章及规范性文件目录》废止。

《读书》第2期发表了王蒙的《讲点逻辑》，黄子平的《散文和男女》，张颐武的《在孔洞中展示世界》，汪政、晓华的《人到中年与文到中年》等文章。《人到中年与文到中年》一文通过陆文夫复出后的创作，仔细考究陆文夫一类当代作家们的心理历程，并认为这也许就是中国当代中年知识分子的独特性格。

11日，上海文学发展基金会正式成立，巴金任会长。

《文汇报》第3版发表晓博的文章《坚定不移地贯彻党的知识分子政策——学习邓小平同志关于知识分子工作的论述》，重申：必须充分认识知识分子在现代化建设中的重要作用，必须坚持"知识分子是工人阶级的一部分"这一科学论断，真正树立尊重知识、尊重人才的观念，充分发挥知识分子的作用，引导知识分子自觉承担起自己的社会历史责任。

12日，《人民日报》第1版发表安治国的《为什么中国反对资产阶级自由化?》一文，就“自由化”概念的提出、内涵、中国反对资产阶级自由化的由来、国外对于中国反对资产阶级自由化的一些误解做了梳理和澄清，最后肯定地提出，反对资产阶级自由化的斗争关系到中华民族和人民共和国的前途和命运，“不可能设想，中国会在这样重大的问题上退让”，“但是，这个斗争将是长期的”。(另见《文汇报》1990年2月13日第1版)

由珠江电影制片厂导演王进执导的影片《寡妇村》在第6届蒙彼利埃中国电影节上荣获金熊猫奖。本届中国电影节于2月2日至11日在法国南部蒙彼利埃市举行，参赛影片有来自中国大陆、台湾、香港以及由美籍华人导演的10多部作品，其中有《人·鬼·情》、《远离战争的地方》等。金熊猫奖的获得者王进将在下一届电影节上接受颁奖。电影节期间还举办了上届蒙彼利埃中国电影节金熊猫奖的获得者、电影《芙蓉镇》的导演谢晋的电影艺术回顾展，并介绍了中国电影艺术前辈孙瑜以及中国30年代的电影作品。(《〈寡妇村〉获蒙彼利埃电影节金熊猫奖》，《人民日报》1990年2月14日第4版)

13日，《文汇报》第4版发表刘泽华的《不宜从儒学中刻意追求现代意识》一文，就1989年举行的“孔子诞辰2540周年纪念与学术讨论会”部分学者对孔子与儒学的评价越来越高提出疑问，认为对儒学的“中和”概念、人格尊严内涵等的认识在当代产生了偏颇。

15日，中国艺术研究院马克思主义文艺理论研究所和《文艺理论与批评》编辑部在京召开“关于文艺的党性原则问题”讨论会。与会者就文艺党性原则的重大意义、基本内容，党性与人民性的关系，党性与创作自由、创作个性的关系等问题进行了讨论。

《中国京剧史（上卷）》在北京老舍茶馆举行首发式。该书由北京市艺术研究所和上海艺术研究所编著，中国戏剧出版社1月出版，是国内出版的第一部京剧史。该书集中了我国数十位戏曲专家的研究成果，是纪事体与纪传体的结合，全书近150万字。(《大型学术专著〈中国京剧史〉问世》，《人民日报》1990年2月16日第3版)

16日，《文汇报》第3、4版发表王忍之的《关于反对资产阶级自由化》一文，就资产阶级自由化思潮的出现、发展和泛滥，几条主要的教训和结论做了详细的总结和介绍，并指出要旗帜鲜明地进行坚持四项基本原则、反对资产阶级自由化的教育和斗争。文章认为，“资产阶级自由化与四项基本原则的对立，不仅是思想理论斗争，而且是政治斗争，斗争的根本问题是颠覆还是保卫社会主义人民共和国”，这种对立“在很大程度上表现为是推行资本主义化的改革还是社会主义改革的斗争”，它“是不可调和的，对自由化一味软弱退让，就意味着走向灭亡”。

16－21日，全国故事片创作会议在北京举行。20日，中共中央政治局常委、书记处书记李瑞环参加会议座谈，听取来自第一线的实践者对电影现状的介绍和事业发展的构想，并就新形势下面临的问题共同商讨。会议集中讨论了如何端正电影创作的指导思想、亟须理顺的电影生产机制和处于困境的电影经济等问题。李瑞环指出，要把“二为”、“双百”统一起来，大力繁荣我国电影事业。(《李瑞环同志参加全国故事片创作会议代表座谈并提出把“二为”“双百”统一起来大力繁荣我国电影事业》，《文汇报》1990年2月22日第1、2版)

17日，《人民日报》第8版载文介绍《中国美学思想史》。敏泽新著《中国美学思想史》共3卷，分为7编，54章，由齐鲁书社出版。该书第1卷自史前期至南北朝，第2卷自唐代至明清，第3卷为清代和近代。此书以我国民族的审美意识、观念、审美活动的本质和特点的发展历程为研究对象，从审美意识的发生与发展入手，走综合研究的道路，科学地论述了我国美学思想体系的形成和发展。

《文艺报》报道：中国作家协会主席、副主席联名向中国作家协会理事会提议，增选马烽为中国作协副主席。经理事会进行无记名投票，马烽当选为中国作家协会副主席。

19日，“上海电影文艺沙龙”开始试营业，它将致力于发展和繁荣中国的电影文化事业。该“沙龙”的董事长由著名表演艺术家秦怡担任。

23日，新闻出版署发布《关于对部分进行调整的报刊重新登记注册的通知》。

24日，《文艺报》第7期第3版发表王宁的理论文章《马克思主义与中国的外国文学研究》，就“五四”以来至新时期的5个阶段马克思主义在中国的外国文学研究中的地位、作用与成果做了总结和回顾。第4版转载了弋人发表于《文艺理论与批评》1990年第1期的《涿州会议的前前后后》。涿州会议是1987年4月6日至12日《红旗》杂志文艺部、《光明日报》文艺部和《文艺理论与批判》编辑部在中共中央宣传部的指导下在河北涿州市召开的一次组稿座谈会。弋人的文章披露了这次会议的由来、中心任务和会议结束后的一些情况，对清除精神污染和文艺界资产阶级自由化思潮的运动做了深刻总结。第7版载刘季星译、苏联作家萨·丹古洛夫写的回忆文章《老舍、郑振铎、茅盾、艾青、曹靖华谈鲁迅及其他》，原载于《真理报》1989年8月18日，原题《留给生者的遗训——关于鲁迅及其生活，作为作家，他希望以兄弟民族待我》。

27日，魏巍的评论《红杜鹃——纪念诗人陈辉牺牲四十五周年》、程代熙的文艺评论《文艺工作者的重大课题》发表于《人民日报》。

28日，《剧本》第2期发表邵宏大（执笔）、高峻山的大型话剧《腾飞之歌——少年周恩来》，房纯如、杨舒慧的七场话剧《富有的女人》。从本期起开辟“弘扬民族优秀文化　讴歌伟大时代风貌”专栏，发表郭汉城的《弘扬民族优秀文化 振兴戏曲艺术》、胡可的《正确地认识时代、反映时代》和赵寻的《努力发展和繁荣社会主义戏剧创作》等文章。

本月，解放军文艺出版社和沈阳军区政治部、文化部联合召开的刘兆林长篇小说《绿色的青春期》讨论会在吉林市举行。与会作家、评论家肯定这部作品在思想和艺术方面的新探索。

中国作协党组宣布《文艺报》社新的领导班子，领导班子由主编陈涌、郑伯农，副主编吴泰昌、钟艺兵、李兴业组成。

中国文学艺术界联合会第5届主席团决定，孟伟哉任中国文学艺术界联合会秘书长，免去刘剑青中国文学艺术界联合会秘书长职务。

中国作协广东分会在穗举行第4次会员代表大会，大会选举了作协广东分会第4届理事会，陈国凯当选广东作协主席。

孙静轩的诗集《孙静轩诗选》由四川文艺出版社出版。

阿红的《当代诗歌百技》由四川文艺出版社出版。本书系“写作技巧丛书”之一种。

周政保的《诗的感悟与理解》由花城出版社出版。本书系“花城诗歌论丛”之一种。

梁实秋的散文集《雅舍菁华》由湖南文艺出版社出版。

郭风的散文集《晴窗小札》由海峡文艺出版社出版。

《儿童文学新论丛书》中的《比较儿童文学初探》（汤锐）、《中国儿童文学理论批评与建构》（班马）、《童话艺术空间论》（孙建江）由湖北少年儿童出版社出版。该丛书以后陆续出版的有《儿童文学的审美指令》（王泉根）、《儿童小说叙事试论》（梅子涵）、《异彩纷呈的多元格局》（彭斯远）、《儿童文学接受之维》（方卫平）。

三月

1 日，《人民日报》开始连载逄先知的《毛泽东和他的秘书田家英》。

季红真的文章《新写实的支脉——论“寻根后”小说》发表在《作家》第 3 期上。文章认为在“寻根后”小说中，有一批直接取材于当下社会生活而又在技法上不太新潮的创作，他们与新潮小说有所区别，而与传统现实主义手法有更多的相似之处，季红真认为这些“新写实小说与形式感极强的新潮小说相对峙”，共同构成“寻根后”小说创作的一个支脉。对“新写实支脉”，季红真的文章概括了新写实小说的四个特点：以个体为本位去审视现实、人性的深度、故事的回归、性格的消解。

2 日，上海举行纪念中国左翼作家联盟成立 60 周年大会。“左联”是中国共产党领导下的第一个革命文学团体，开创了文艺自觉同无产阶级革命运动相结合的道路。以鲁迅为旗手的“左联”，在介绍和传播马克思主义文艺理论、倡导无产阶级革命文学、培育进步文艺队伍、建立与世界进步作家的联系、反击国民党文化“围剿”等方面，作出了巨大的贡献。上海市委副书记陈至立在纪念大会上讲话，“左联”老战士、上海文联主席夏征农作了专题报告。中国文联和作协向纪念大会表示祝贺。上海 800 多名文艺界人士参加大会。作为“左联”诞生地的上海，各文艺团体和单位连日来纷纷举办纪念座谈会和学术讨论会，“左联”会址纪念馆 3 日起对外开放，纪念“左联”成立 60 周年的电影周也同时举行。（《人民日报》2 月 3 日第 5 版载综合新闻《继承革命传统　繁荣文艺事业　上海纪念“左联”成立 60 周年》）《人民日报》3 月 6 日第 6 版载马良春的《珍视历史留给我们的经验——纪念中国左翼作家联盟成立 60 周年》一文，高度评价了“左联”在当时的巨大作用、对后世的深远影响以及光辉的历史地位。《文汇报》3月2日第4版专版刊载纪念文章：陈鸣树《中国革命文学史上的丰碑》，梁永安《发扬“左联”精神 开拓青年文学》，胡荣祉《“左联”与文学的大众化》，周斌《继承左翼影评的战斗精神》。《文汇报》3月3日第1版载《陈至立在纪念左联成立60周年大会上作重要讲话》。《文汇报》3月6日第2版载夏征农《发扬左联革命传统 繁荣社会主义文艺》。此外，《文艺报》3月3日起也开始以“弘扬革命传统，繁荣社会主义文艺”为题，发表纪念“左联”成立60周年笔谈，刊载夏衍、林默涵、臧克家、刘白羽、陈荒煤、艾青、吕骥、沙汀等现代作家撰写的纪念文章。

《新剧本》第2期发表耿汉、王娅的多场话剧《疾风劲草》和田小野的四幕话剧《这是我的家乡》。

3日，由中央新闻纪录电影制片厂摄制的大型文献纪录片《周恩来》首映式在北京人民大会堂举行。

5日，联合国教科文组织在巴黎总部举办京剧表演晚会，纪念中国传统京剧艺术诞生200周年。1500多名各国观众欣赏了我国大连京剧团的精彩演出。教科文组织助理总干事徐兆春代表马约尔总干事出席表演晚会并发表讲话。辽宁省大连京剧团在晚会演出《闹天宫》、《扈家庄》、《铡美案》和《八仙过海》等折子戏。晚会由教科文组织和中国常驻教科文代表团联合主办，出席者中有教科文总部的官员、各国常驻教科文代表、法国各界人士和旅法华侨代表以及中国驻法国大使周觉和中国常驻教科文大使秦关林。（《联合国教科文组织举办晚会 纪念京剧诞生二百周年》，《人民日报》1990年3月7日第4版）

四川省委宣传部、新闻出版局、作协四川分会在成都举行祝贺《艾芜文集》出版暨艾老创作66周年座谈会。（夏文：《祝贺〈艾芜文集〉出版暨艾老创作六十六周年座谈会在成都举行》，《当代文坛》1990年第3期）

6日，《人民日报》第6版发表李希凡的文艺评论《回顾反思　正本清源》，文章强调，在当前《邓小平论文艺》的学习中，首先应当以《邓小平论文艺》为武器，正本清源，还毛泽东文艺思想的本来面目，澄清被资产阶级自由化的"精英思想界"搞乱的理论是非。这样才能提高我们加强马克思主义学习的水平，才能树立起理论联系实际的正确学习态度。同时，"这也是我们革命文艺工作者的责任和义务"。

广电部电影局在北京召开全国故事片创作会议，来自全国16家故事片生产厂家的厂长、文学部主任和各省市的电影发行公司负责人参加了这次会议。李瑞环在中南海同与会人员进行了座谈，并作了重要讲话。会议在端正创作指导思想的主旨下，回顾了近几年的电影创作情况，认为就总体而言这几年的电影创作成绩是主要的，但在这种主流下，存在的问题也比较严重：由于受资产阶级自由化的影响，和"一切向钱看"思潮的冲击，一些电影创作人员，或脱离"二为"方向，远离政治，远离现实，淡化影片内涵的社会生活容量和思想性，使电影成了自我表现，自我宣泄的工具；或片面强调电影的娱乐功能而轻视、排斥教育作用，为了票房价值抛弃社会责任感和艺术责任感，使得电影创作的思想和艺术质量下降，文学性下降，格调下降，从而败坏了国产影片的声誉。会议强调，这种现象要迅速扭转。会议依照减少数量，提高质量，以社会现实生活和革命历史题材为主要内容，种类、样式多样化的总格局，确定了1990年全国生产100部故事片的目标。(《全国电影创作会在京举行》，《人民日报》1990年3月6日第6版)

7日，李瑞环同志同参加"全国出版局长会议"的代表座谈，鼓励大家多出好书。

《人民日报》第8版载《西柏林归来谈获奖——〈本命年〉导演谢飞访问记》一文，记录了谢飞导演的电影《本命年》在第40届西柏林电影节获得银熊奖的采访。《本命年》被认为"是一部表现了中国现实的动人的影片"，被授予导演“杰出个人贡献奖”。

7－8日,《小说月报》和《春风》文学月刊编辑部在长春联合召开东北文学研讨会。会议就东北文学的地域特色、民族风格、时代精神等问题进行了研讨。(孙玉良:《地域·民族·时代——记东北文学研讨会》,《文艺报》1990年4月14日第3版)

8日，中国作家协会党组书记、中国作家协会副主席马烽宣布《人民文学》杂志改组，刘白羽、程树臻为新任主编。

9日，陈占敏的短篇小说《水长流》、赵德发的短篇小说《那个夏天》发表于《山东文学》第3期。陈占敏（1952－），山东招远人。1976年毕业于山东栖霞师范学校。当过教师、农民、矿工。现为烟台市文学创作研究室专业作家。1974年开始发表作品，早期主要写作散文。1984年开始发表小说。主要作品有长篇小说《沉钟》、《红晕》、《悬挂的魂灵》、《金童话》等，小说集《陈占敏短篇小说选》，另有《陈占敏文集》（八卷）出版。

中国版权研究会在北京成立。宋木文任理事长。

10日，上海文艺出版社主办的“长篇小说大奖”揭晓。巴金任评奖委员会名誉主任。黎汝清的《皖南事变》等7部作品获奖，获奖作品是从该社1986－1988年出版的43部长篇小说中评出。(《“长篇小说大奖”揭晓》,《人民日报》1990年3月10日第8版)

京沪10单位联合举办的新中国成立40周年电影电视剧本征稿评奖在上海揭晓。电视连续剧《铁人》获一等奖。

孙方友短篇小说《骨肉》、李惠薪短篇小说《礼尚往来》、许谋清中篇小说《源头没有树》发表于《北京文学》第3期。孙方友（1950－），河南淮阳人。1968年中学毕业，1978年参加工作，历任淮阳县新站乡文化站站长、淮阳县文联秘书、河南省文化厅干部、《传奇故事》杂志编辑。主要作品有长篇小说《鬼谷子》、《衙门口儿》等，小说集《贪兽》、《虚幻构成》、《女匪》、《刺客》、《孙方友小小说》、《水妓》、《陈州笔记系列》等，因致力于小小说写作而引人注目。许谋清（1944－），福建晋江人。1968 年毕业于北京大学。当过中学教师、文化馆馆员，后为人民美术出版社编辑、《中国作家》编辑部编辑。1975 年开始发表作品。主要作品有长篇小说《女女过河》、《世纪预言》等，短篇小说集《初恋没有故事》、《海土》等，报告文学集《晋江人》（合作），散文集《寻找大师》等。

陆星儿中篇小说《同一扇石库门》发表于《文汇月刊》第 3 期。

《读书》第 3 期发表了林斤澜的《举重若轻》、萧乾的《“文”与“画”》、陈平原的《工诗未必诽高僧——说寄禅的“痴诗”》、张颐武的《解除与重造神秘》、王蒙的《旧体诗的魅力》、吕叔湘的《买书·卖书·搬书》、张中行的《闲话古今》等文章。

13 日，《人民日报》文艺部为在文学领域中深入反对资产阶级自由化思潮，总结经验教训，推进社会主义文学创作的进一步繁荣，邀请部分作家举行了以“正确地认识时代，更好地反映时代”为主题的创作座谈会。与会作家有刘白羽、臧克家、姚雪垠、魏巍、阮章竞、朱子奇、胡可、李瑛、管桦等。《人民日报》1990 年 3 月 13 日第 6 版刊出与会人员的发言：《社会主义文学创作的必由之路》（刘白羽）、《与人民同心，才能与时代同步》（臧克家）、《期望于文艺工作者》（魏巍），其余发言也陆续刊出。刘白羽《社会主义文学创作的必由之路》一文认为，生活与创作的关系问题是文学创作中根本性的、必须正本清源的问题，“必须坚持人类历史前进的法则，这是无往不胜的马克思主义真理的法则”，必须“坚定地、豪迈地”走社会主义文学创作的必由之路。臧克家《与人民同心，才能与时代同步》一文认为，作家要正确认识时代才能更好地反映时代，而要深入现实生活，与人民同心，才能与时代同步。魏巍在《期望于文艺工作者》中认为，在当前国内外形势下，文艺工作者要高举共产主义旗帜，与文艺领域泛滥的资产阶级自由化作斗争，立足民族、深入现实，树立好的文风。

14 日，纪念英雄少年赖宁牺牲两周年的长篇小说《赖宁的世界》由北京少年儿童出版社出版发行。

15 日，中国艺术研究院马克思主义文艺理论研究所和《文艺理论与批评》编辑部召开“关于文艺的党性原则问题”的学术讨论会。与会者对文艺党性原则的提出及其在我国革命文艺运动中所起的作用做了历史回顾，并集中讨论了列宁提出的文艺党性原则的重大意义、基本内容、党性与人民性的关系、党性与创作自由的关系等问题。（文理平：《革命文艺——应该坚持无产阶级的党性原则——一次讨论会侧记》，《人民日报》1990 年 3 月 13 日第 6 版）

在《钟山》1990 年第 2 期上，“新写实小说”评奖揭晓，共有 5 部作品获奖，分别是赵本夫的《走出蓝水河》、朱苏进的《绝望中诞生》、范小青的《顾氏传人》、刘恒的《逍遥颂》、高晓声的《触类》。《钟山》专门组织了由王干、刘坪、许志英、陆建华、范小天、费振钟、海笑、徐兆淮、黄毓璜等评论家、作家组成的评委会。本期《钟山》还发表潘凯雄、贺绍俊的文章《写实、现实主义、新写实——由“新写实小说大联展”说起》，该文总结了 1989 年《钟山》“新写实小说大联展”以来评论界出现的相关概念和理论见解的多样与丰富，指出存在着概念上的歧异和芜杂。文章对传统现实主义方法的谱系、局限以及当下的复归做了梳理和概括，同时对新写实的“新”和“独特性”也提出质疑。同期刊发的还有吴调公的文章《从深沉心态看历史浸润——有感于“新写实小说”》，吴文对新写实小说提出自己的界定方法。他认为当前文学出现的“新变”，是现实主义“写实”之变，也是现代主义“写实”之变，“现实主义从来不是封闭的”，近年出现的新写实小说“融现实主义于现代主义”，是对现实主义的发展。

17 日，《文艺报》头版刊登茅盾 1978 年 6 月 11 日致林默涵的信，茅盾认为“十七年文艺工作已经形成一条‘左’倾路线”，“这是不符合历史发展的实际的内在的因果的”，这种思想扩散开来“我怕会被四人帮余党所利用，造成思想的混乱”。

同期，以《以中流击水的精神坚持马克思主义的思想阵地》为题，报道了10日在北京举行的《中流》杂志创刊座谈会。该刊主编林默涵、魏巍，中宣部副部长贺敬之发表讲话。与会的文化界人士100余人，在主席台就座发言的还有艾青、姚忠明、欧阳山、臧克家、刘白羽、姚雪垠、孟伟哉、玛拉沁夫、董学文、梁光弟、魏传统、徐力群等。他们对《中流》杂志提出热情的评价和殷切希望，认为《中流》具有鲜明的原则，有独特的个性，敢于直面思想文化领域和文艺界的重大问题，理直气壮地批评资产阶级自由化，但又实事求是，以理服人，它是一个旗帜鲜明地坚持马克思主义的思想阵地，现在这样的思想阵地不是太大了，而是远远不够，《中流》显示了马克思主义思想阵地正在日益扩大。2001年8月，《中流》宣告停刊。

20日，刘醒龙的中篇小说《异香》发表于《长江》第2期。

《戏剧》第1期发表康洪兴的《试论徐晓钟的导演艺术》、丁罗男的《走中国戏剧自己的路——论黄佐临写意戏剧观的形成及其民族特色》、贺黎的《建构思想的雕像——论新时期话剧主题的嬗变》和吴戈的《中国小剧场戏剧的两次浪潮》等文章。

《剧作家》第2期发表杨利民的二幕十四场话剧《大雪地——两个冬天里的故事》和苍安民的二幕话剧《大江边上的小树林》。

汪曾祺的散文《寻常茶话》发表在《光明日报》上。

22日，国家语言文字工作委员会、新闻出版署发布《关于修订发布〈标点符号用法〉的联合通知》。

25日，格非的长篇小说《敌人》、李晓的中篇小说《最后的晚餐》、冯骥才的短篇小说《秋天的音乐，猫婆》发表于《收获》第2期。李晓

(1950－),作家巴金之子，原名李小棠。四川成都人。1982 年毕业于复旦大学中文系。现任上海市政协文史资料编辑室编辑。1986 年发表作品，主要作品有小说集《小镇上的罗曼史》、《继续操练》、《天桥》、《最后的晚餐》、《四十而立》等。

何申中篇小说《燕河之秋》发表于《长城》第 2 期。何申（1951－)，天津人。1976 年毕业于河北大学中文系。历任承德地区文化局局长，中共承德地委宣传部常务副部长，承德日报社社长、党委书记，河北省作家协会副主席。1981 年开始发表作品。与作家关仁山、谈歌被文坛称为河北“三驾马车”。主要作品有长篇小说《梨花湾的女人》、《多彩的乡村》，中篇小说集《七品县令和办公室主任》、《年前年后》、《信访办主任》等。

夏衍的散文《“左联”六十年祭》、余秋雨的散文《这里真安静》发表于《收获》第 2 期。

《当代作家评论》第 2 期辟“范小青评论小辑”，发表了黄毓璜的《现状和前景：范小青的人生小说建构》，晓华、汪政的《范小青的现在时》和喻季欣、吴跃农的《“返回”：文化的生命活力——范小青小说精神巡视》。

28 日，《人民日报》第 4 版发表两会新闻《弘扬中华民族优秀文化——部分文艺界代表审议政府工作报告》、《正是振兴戏曲时——政协委员魏明伦一席谈》。广东、云南人大代表审议《政府工作报告》，发言普遍表现出对弘扬民族优秀文化的强烈责任感。川剧作家魏明伦认为，中央提出弘扬民族文化，是作为典型的民族文化的戏曲发展振兴的大好时机。他在七届政协文艺组讨论中，一再阐述一个观点：“戏曲的本体非但没有衰败，还在振兴。说戏曲衰败，主要是指观众减少，尤其是青年观众为数甚少。”因此戏曲界在振兴中一定要坚持两手抓，“一手抓本体，一手抓观众”，除了在戏曲本体上不断创新、注入时代气息外，一定要下大力气培养观众。

《剧本》第 3 期发表韩静霆的多场话剧《远的云・近的云》。

《上海戏剧》第2期报道，由该刊和上海文化发展基金会、上海市演出公司共同主办的首届上海戏剧表演艺术“白玉兰奖”已经开始评选。“白玉兰奖”是经上海市人民政府、中共上海市委宣传部批准的上海市常设戏剧表演艺术奖。自1990年起，每年评选一次，当年评选上年度在上海舞台公开演出的话剧、戏曲、儿童剧、歌剧、舞剧的主配角演员。同期，发表焦晃的话剧《虎行匍匐》。

本月，孙幼军被提名为1990年国际安徒生奖候选人，9月参加国际儿童读物联盟（IBBY）第22届世界代表大会。孙幼军是我国第一位获得素有“小诺贝尔奖”之称的国际安徒生奖提名奖的作家。

赵玫的长篇小说《揾英雄泪》发表于《芙蓉》第2期。赵玫（1954－），女，天津人。毕业于南开大学中文系，现任天津市文联创作室主任。1986年开始发表作品。主要作品有长篇小说《我们家族的女人》、《朗园》、《武则天》、《高阳公主》、《上官婉儿》、《秋天死于冬季》等，小说集《太阳峡谷》、《岁月如歌》、《我的灵魂不起舞》等，散文随笔集《一本打开的书》、《从这里到永恒》、《欲望旅程》、《左岸　左岸》、《戴着镣铐的舞蹈》等。另著有《阮玲玉》等电视剧本。

刘恪的中篇小说《红帆船》、石钟山的中篇小说《大风口》发表于《十月》第2期。刘恪（1953－），湖南华容人。1980年毕业于湖南师范大学中文系。1991年毕业于北京师范大学中文系，文艺学硕士。1968年参加工作，当过教师、记者，现任教河南大学文学院。1983年开始发表作品。主要作品有长篇小说《寡妇船》、《蓝色雨季》、《城与市》、《梦与诗》等，小说集《红帆船》、《梦中情人》、《墙上鱼耳朵》、《欲望玫瑰》等，著有诗学理论著作《先锋小说技巧讲堂》、《现代小说技巧讲堂》、《词语诗学：复眼》、《词语诗学：空声》等。

刁斗的中篇小说《龙种》发表于《厦门文学》第3期。刁斗（1960－），辽宁沈阳人，原名刁铁军。1983 年毕业于北京广播学院，当过新闻记者、文学编辑，1977 年开始发表文学作品。早期主要以诗歌写作为主，1990 年以后主要写作小说。作品有诗集《爱情纪事》，长篇小说《私人档案》、《证词》、《回家》、《游戏法》、《欲罢》、《代号：SBS》、《我哥刁北的年表》等，小说集《骰子一掷》、《独自上升》、《痛哭一晚》、《为之颤抖》、《爱情是怎样制造出来的》、《重现的镜子》、《实际上是呼救》等。

吕进的《新诗文体学》由花城出版社出版。本书系“花城诗歌论丛”之一种。

张同吾的《诗潮思考录》由花城出版社出版。本书系“花城诗歌论丛”之一种。

谢冕、陈素琰的文章《论林子》发表于《文艺评论》第 2 期。作者认为，“她以温婉缠绵的方式传达的却是强烈地反抗既有的诗歌观念和诗歌环境的意愿，在那些纯情的咏唱中，她一往情深然而却是秘密地张扬属于女性自身的权力”，“由于《给他》及其系列续篇的发表，使当代的女性诗受到了启示和鼓舞。舒婷以后，至翟永明、唐亚平、伊蕾、林珂，以及许多年轻的后来者所获得的成就，均可以寻找到林子的诗给予影响的痕迹”。

叶橹的评论《人生悖论的诗情表现——论于坚的诗》发表在《当代文坛》第 2 期。作者说：“于坚的诗是一个完整的形态，并不只是那种调侃幽默的‘生活流’型的诗。我们从于坚的诗中所感受到的严肃和认真，是他时刻关注着人的生存命运。他调侃幽默，是因为他从人的生存环境和状态中感受到了一种难以挣脱的困境，感到了人的自身的不够完善。他并不简单地对这种生存困境表示认同，也不因人的自身的不够完善就丧失信心。当于坚把自己置于一种真实的环境状态之中时，他理所当然地会感受和体验到来自生活的各种方面的形形色色的力量的冲击。这样，就形成了他的诗中难以避免也无法摆脱的那种‘悖论’的形态。”“于坚的‘口语诗’显示出一种纯净的语言美，他绝不用粗鄙下流的语言来佯装‘平民化’和‘凡俗化’。……对于坚的诗，必须看到他时而调侃时而幽默的语言后面所隐藏着的深层意蕴。”他的价值“在于直面处于转变时期的中国现实，并且表现了他们这一代人对生活所持的真实态度”。

陈超的文章《实验诗对结构的贡献》发表于《文学自由谈》第3期。作者指出，“‘实验诗’概念的提出，除了意识背景与言语方式区别于朦胧诗以外，我以为，更直接显赫的根据是，在诗歌结构上，它背叛了朦胧诗。它要求于读者的注意类型和阅读态度，更为能动、自由，它永远处于召唤状态，它逃离了诗人自我中心的立场，变为文本中心”，“实验诗对诗歌结构的贡献就不仅是改变了它的形体和秩序，而是为之更新和提供了一整套包括意识背景、言语构成、语感声响、价值标准在内的新的写作方式和阅读方式”。

四月

1日，苏童的中篇小说《已婚男人杨泊》发表于《作家》第4期。该小说成为苏童早期作品中风格独异的一篇，带有这一时期流行的浓郁的“新写实”意味。

3日，《人民日报》第6版刊发4篇文学理论文章。其中，涂途的《认真分析评估“西方马克思主义”美学》一文就前一阶段学术界、美学界、文艺界由于资产阶级自由化思潮的严重泛滥，对“西方马克思主义”美学存在的不加分析、不加批判盲目“引进”的倾向进行了批评和分析。叶朗的《关于加强马克思主义学习的几点意见》一文指出：第一，要重视理论；第二，要重视调查研究；第三，要重视研究民族传统艺术和传统美学。李瑛的《到生活中去——在一次创作座谈会上的发言》再次就作家要进行创作就必须正确地认识这个时代、认识这个时代和社会的现实生活这一问题发表看法。韩照华的《读〈文学横向发展论〉》指出要重视文学的横向发展，并介绍了钱念孙著的《文学横向发展论》（上海文艺出版社出版）这一著作。

《光明日报》选载周克芹的长篇小说《秋之惑》。

孙惠芬的中篇小说《灰色空间》发表于《海燕》第 4 期。孙惠芬（1961－），辽宁庄河人。1986 年毕业于辽宁大学中文系。曾当过农民、工人、杂志社编辑，现为辽宁文学院专业作家。主要作品有长篇小说《歇马山庄》、《上塘书》等，小说集《孙惠芬的世界》、《伤痛城市》、《歇马山庄的两个女人》、《城乡之间》、《岸边的蜻蜓》、《民工》等，另有长篇散文《街与道的宗教》等，曾获鲁迅文学奖。

故事片《芙蓉镇》获得民主德国电影家协会颁发的 1989 年发行的最佳外国故事片评论奖。

5 日，方方中篇小说《祖父在父亲心中》发表于《上海文学》第 4 期。同期发表王干等人的《新写实小说的位置》，文章主要谈论了“新写实小说”的源起及特征，认为“寻根小说”“给新写实小说提供了文化上的准备”。“新写实小说”缓解了作家与现实之间的“紧张关系”，“拒绝传统理性、文化、哲学等对生活的既成看法”，是一种“平面叙述”，“它的每句话并不趋向于一个什么主题，主要侧重于把现实中的各种可能性表达出来”，因而“读者能全面进入新写实”。

毕淑敏的短篇小说《不会变形的金刚》、刘绍棠的短篇小说《谷秸》发表于《河北文学》第 4 期。

7 日，《文艺报》第 5 版刊登陈志昂的文章《〈心中的日出〉及其殒灭——关于〈河殇〉的“续集”》。文章就苏晓康等人继拍摄《河殇》之后，对这部电视片续集的策划、制作过程及其已经完成的提纲的思想要点进行了批判。文章指出，如果说《河殇》主要是“鞭笞祖宗”，那么，“续集”主要是评说“百年兴亡”。陈文说，现在看到的一份提纲题为《心中的日出》，共分为3部9集。提纲以李泽厚的所谓“启蒙与救亡的双重变奏”为中心论题，宣称“在强烈的民族情绪中，人们容易忘记中国的主题——忘记只有不断启蒙，才能真正救亡，只有继续取法西方以自强，爱国主义才有切实的内涵。于是救亡压倒启蒙，个人权利臣服于虚幻的集体意志；拿来主义变成蒙昧的闭关锁国；新创的文学形式让位给旧有的民族形式……不仅继续建设新文化的任务被弃，而且启蒙运动已经取得的成果也多有丧失”。一句话，中国共产党领导人民进行反帝斗争是犯了弥天大罪，它领导的反封建斗争也等于白费。在这样一个中心论题牵引下，这份提纲呼朋引类，呼风唤雨，罗列了一系列的自由化观点，如称“民主政治必须得到必要的文化前提和国民基础”；着重宣扬梁启超、严复，特别是陈独秀、胡适等人“功不可没地开风气之先”，闭口不谈李大钊、鲁迅；企图借一位德高望重的“五四”老人之口，强调“政府不善，学生得纠察之”，用心在于煽动学潮；称“‘五四’过去了70年，赛先生在中国的地位仍然悬而未决”，“作为最终价值尺度之一的知识本位，依然立足未稳”；他们还别出心裁地提出，“‘五四’这一天，并非笼而统之的所谓‘青年节’——它是‘学界节’，是‘知识分子节’，是中国现代知识分子的盛大节日”，妄图从根本上改变“五四”青年节的意义。文章还披露，这份提纲后来又作了很大修改。苏晓康在修改后的脚本中攻击毛泽东为“奇理斯玛型”的领袖，说奇理斯玛型的毛泽东“与群众非理性的、愚昧的素质结为连体”，结果使中国导向了非现代化；还说“中国的知识分子在‘五四’之后整体地失落了”；宣扬说：“今天，知识分子的首要问题是必须建立独立的人格和自由的人格，否则一切无法谈起。”明目张胆地煽动知识分子脱离党的领导，反对党的领导。陈志昂的文章还揭露了苏晓康等人在拍摄这部《河殇》“续集”时的一些“反动言行”。他们认为陈独秀当年追随托洛茨基反对苏联共产党是大智大慧、先知先觉，说他“比中国共产党内任何人都要早地窥见了苏联党的悲剧”，并表示对党内路线斗争的大是大非感到“极端厌恶”；他们吹捧胡适提倡的“少谈些主义，多研究些问题”是“至理名言”，说在“性急的中国人的‘革命急进军’中，独醒者只有一个胡适”；他们借褒扬蔡元培对阶级斗争理论的隔膜来攻击中国革命史。陈文针对苏晓康等人大肆散布的“个性解放、思想自由、人格独立、国民素质更新”等观点，从正面引述了马克思、恩格斯关于个人与集体，个性解放与阶级、民族、全人类的解放之间辩证关系的论点，指出：“苏晓康之流对于这种辩证关系显然是一窍不通的，按照他们的荒谬逻辑，似乎每个个体都不去为集体利益服务，而专心致志于自己个性的解放，中国社会会更早地进入现代化，难道这是可能的吗?”文章最后指出：“《河殇》对四项基本原则的攻击已经达到十分嚣张的地步，而《心中的日出》还要比它走得更远。为什么在我们的社会主义思想阵地上，一度能够让这样的东西畅行无阻？这里，难道不是有很沉痛、很深刻的教训，值得我们来认真总结吗?”

《文艺报》第13期第2版发表缪俊杰的评论文章《关于“非虚构文学”的创作问题》，回顾了近年来报告文学、纪实文学暨非虚构文学发展的过程，总结了创作中出现的问题。第3版载马焯荣的理论文章《艺术起源于宗教吗?》，就流行的“艺术起源于宗教”观点以及与“宗教起源于艺术”的争论发表自己的看法，认为前者是缺乏说服力的。

7－12日，文化部艺术局、中国戏曲现代戏研究会、山东省文化厅在济南联合举行中国戏曲现代戏研究会第8届年会暨戏曲现代戏创作座谈会。中宣部副部长、文化部代部长贺敬之出席会议并在会上作了重要讲话。这次年会的基本要求是：正确认识时代，更好地反映时代和突出主旋律，坚持多样化。与会者认真学习了中央领导同志的讲话，共同探讨如何促进戏曲现代戏的发展、把握时代主旋律等问题，并相互交流、总结了新时期现代戏创作与演出的经验。文化部在会上表彰了15个坚持编选现代戏成就显著的剧团。会议期间还上演了5台现代戏。这次年会是历届年会中规模最大、规格最高、人数最多的一次。《戏剧丛刊》第3期对此次年会进行了专题报道和总结。

8日，为贯彻落实十三届六中全会精神，中宣部文艺局召开在京部分文艺报刊负责人座谈会，讨论如何加强文艺与人民群众的血肉联系、进一步繁荣和发展社会主义文艺的问题。会议由文艺局局长梁光弟主持。他说，党的十三届六中全会向全党郑重提出密切党同群众联系的要求，并且做出了相应的决定。这对于推进我国社会主义建设和改革的伟大事业，抵制和反对敌对势力对我国实行和平演变的阴谋，有着重要的现实意义，必将产生深远的影响。对于文艺来说，这尤其是一个关键问题。文艺界应该进一步重视并且以实际行动来贯彻执行六中全会精神。（《中宣部文艺局召开首都部分文艺报刊负责人座谈会 进一步繁荣和发展社会主义文艺 强调文艺界以实际行动贯彻执行六中全会精神》，《人民日报》1990年4月9日第3版）

9日，赵德发的短篇小说《南湖旧事》、陈占敏的短篇小说《大轮回》发表于《山东文学》第4期。

10日，作家吴强因病在上海逝世，终年80岁。吴强代表作品是长篇小说《红日》，冯牧称之为“革命的战歌、英雄的颂歌”。（冯牧：《革命的战歌，英雄的颂歌——略论〈红日〉的成就及其优点》，《文艺报》1958年第21期）程光炜认为，“作为20世纪40年代后期战争革命战争‘史诗’的一个缩影，《红日》的成功不只在它描写了一支大军辗转千里的征战过程，还在于写出了一群英雄将士战争间隙中的‘日常生活’，和极其生动的音容笑貌”，“正是对这一农民意识和性格的敏锐觉察与描写，使《红日》至今都不失其文学的魅力，也是作品最光彩和饱满度的所在”。但是，《红日》对“日常生活”的描写在当时受到了主流意识形态的批评，“这种对‘史诗性’思想‘纯洁化’和‘宣传功能’的追求，实际表明，当代中国文学‘史诗性’的建构其实很大程度地表现在对国家意识形态的依附上”。（程光炜：《重建中国的叙

事——〈红旗谱〉、〈红日〉和〈红岩〉的创作策略》,《南方文坛》2002 年第 3 期)

诗人、翻译家罗念生逝世。罗念生(1904-1990),作家、翻译家,四川威远人。在古希腊文学翻译与研究方面作出过重要贡献。

《读书》第 4 期发表了郭小平的《那一代中国哲学家》、刘纳的《世纪初,有这样一个人——读〈无尽庵遗集〉》、王蒙的《话说“朝三暮四”》、张中行的《闲话北大图书馆》等文章。

《人民日报》第 8 版载黎华的文章《村上春树和〈挪威的森林〉》,介绍了日本当代小说家村上春树及其长篇代表作《挪威的森林》。文章称,《挪威的森林》是一部长篇纯情小说,一曲生死性爱的“青春哀歌”。小说文笔优美如诗,情节凄婉感人,哀怨感伤中流露着真挚而深沉的感情;从一些侧面反映了日本当代资本主义社会的畸形现实和精神危机,在那个高科技时代里的无情和冷漠,使青年知识分子感到生活空虚、精神孤独、前途迷惘,产生一种世纪末的悲哀;作品在某些方面宣扬了虚无主义、个人中心主义和性欲变态、性的感官渴求之类腐朽的资产阶级思想,这是不足取的。

唐湜的《忆唐祈——怀念他猝然的死》发表于《诗刊》第 4 期。

贾平凹的《太白山记又续(六篇)》、聂鑫森的《送灶澡》发表于《文汇月刊》第 4 期。

12 日,《光明日报》发表陆贵山的文章《对文艺的非理性主义的理性审视》。文章认为“西方非理性主义文艺思潮的产生有其特殊的历史文化背景,它虽有一定的进步意义,却也具有不可忽视的负面作用”,“非理性主义既不适合中国国情,也不利于文艺自身的发展。只有马克思主义科学的世界观才能救中国,才能使我们的文艺走向繁荣”。

17 日,据《人民日报》第 3 版报道,由人民日报总编室编辑、人民日报出版社出版的《关于反对资产阶级自由化》一书近日与读者见面。该书收集了王忍之、熊复、郑杭生、安治国等人的文章共13篇，比较系统地分析了资产阶级自由化的产生、蔓延及其危害，对经济、政治、教育、新闻、文艺领域的资产阶级自由化思潮进行了批判，是一本适合党政干部、高校师生政治学习和形势教育的良好读物。

同期第6版刊载严昭柱的《“纯审美论”是科学的美学吗?》、管桦的《我们需要什么样的作品——在一次创作座谈会上的发言》，以及洪安仁的《〈列宁论文艺和美学〉读后》。其中严昭柱的文章针对近几年文坛流行的“纯审美论”，认为它对于文艺创作、文艺批评和理论研究都有程度不同的消极影响，有必要考察它的理论内容和理论实质，澄清理论是非，并对此展开了具体分析。管桦的文章谈了目前在文学领域中存在的如何深入反对资产阶级自由化思潮、如何深入生活、反映现实的问题。洪安仁的文章介绍了漓江出版社出版的140万字的《列宁论文艺和美学》(杨柄编)。

18日，《中国戏剧》第4期发表欧阳山尊的《坚持社会主义文艺方向》。文章主要涉及话剧创作如何坚持“二为”方针，更好地贯彻“双百”方针，话剧“创作自由”，话剧作品的经济效益与社会效果之间的矛盾等问题。

21日，《文艺报》第15期第3版发表周良沛的《也谈所谓的丁、沈“文坛公案”：与周健强先生商榷》。文章反对“推波助澜”地把丁玲沈从文之间新中国成立前后的矛盾纠葛夸大为“文坛公案”，认为“他们既是有艺术个性的作家，自然也是有个性的人，有点个人的脾气，相互有些矛盾、冲突，都不是不可理解的。……节外生枝地搅是非，那就很不正常了”。

22日，北京人民艺术剧院在京演出话剧《田野……田野……》。编剧李杰，导演林兆华、任鸣，主演韩善续、林连昆、杨立新、梁冠华等。

23日，新闻出版署发布《对目前出版发行的新武侠小说的处理通知》指出，出版新武侠小说（指台港澳及海外华人创作的）需专题报批。近来，非法出版、印制新武侠小说的活动十分猖獗，有的盗用出版社的名义，有的买书号后偷梁换柱出版新武侠小说，甚至还伪造国家出版管理机关的批件。对此，各地出版管理部门应引起高度重视，凡查实属于非法出版的新武侠小说，一律按非法出版物处理，对非法出版活动要坚决打击。

24 日，《人民日报》第 6 版发表文艺评论《文学在理念化倾向中的失落》、《“压根儿不会说真话”浅释》。张永祎的《文学在理念化倾向中的失落》就当代中国一些模仿现代主义的文学创作，以主观自我作为主要表现对象的同时脱离客体的理念化的趋势进行批评，反对在创作中与现实生活背景相脱离来建立自己理论的空中楼阁。白藻《“压根儿不会说真话”浅释》批判了《当代文学：摆脱民粹主义的框范与奴性自缚》（载《天津文学》1989 年第 7 期）一文中“二十世纪中期前后大约三四个十年中至少有两代作家压根儿就不会‘说真话’”的观点。

24－28 日，新闻出版署发出《关于认真做好〈毛泽东选集〉重印、供应工作的通知》，要求各出版、印刷、发行部门高度重视，密切配合，保质保量，快速及时地做好《毛泽东选集》（1－4 卷）的重印供应工作。

26 日，《人民日报》第 3 版刊登报道，中共中央政治局常委李瑞环致信祝贺中国民间文艺家协会成立 40 周年。民间文艺家协会成立于 1950 年 3 月 29 日，郭沫若、周扬、钟敬文先后被公推为协会的第一、二、三任主席。40 年来，这个协会成就斐然，出版了《陕北民歌选》、《阿诗玛》等引人注目的民间文学丛书，编辑了《民间文艺集刊》，创办了《民间文学》杂志。尤其是发起编纂《中国民间故事集成》、《中国歌谣集成》、《中国谚语集成》等典籍，其规模之大，收集之多，实为空前。

28 日，“蜂花杯”上海 40 年优秀小说奖在沪举行领奖仪式。评奖活动由中国作协上海分会主办，共选出获奖作品 19 部（篇），其中有长篇小说《红日》、《上海的早晨》、《金瓯缺》等 5 部；中篇小说《小鲍庄》、《蓝屋》等 5 部；短篇小说《百合花》、《伤痕》、《黎明的河边》等 9 篇。

《文艺报》第16期第3版发表陈守礼、徐瑞应的《也谈“多元化”问题》和冯宪光的《中国的马克思主义文艺理论不是从实践中总结出来的吗?》。冯文针对朱辉军的《马克思主义文艺理论与现代中国文学》（原载于《文艺报》1月6日）一文中的观点提出异议，认为“还有一个富于特色的地方是，中国马克思主义文艺理论并不是直接从文艺实践中总结出来的。它先于文艺创作，在创作之前指导和引导创作，它本身具有相对独立的价值和意义”，这一观点不够妥当。

《剧本》第4期发表高援、陈欲航、朱静兰的纪实话剧《大潮中的旋涡》和陈建新的微型话剧《最后一束光》。

本月，诗人孔孚的山水诗研讨会在山东曲阜举行。文化部代部长、诗人贺敬之到会祝贺。与会的学者、专家、诗人对孔孚山水诗的艺术个性和思想内容进行了认真分析评价。

中国国际文化交流中心广东分会等单位，在广州共同主办犁青作品座谈会。与会者就犁青作品的艺术特色进行了座谈。

谢冕的《列车找不到终站——评台湾现代诗初潮》发表在《文学自由谈》第4期。作者认为台湾以纪弦为代表的现代诗刊、现代诗社的创立是中国新诗史上的大事，“它持续和延展了中国诗通往世界性的现代化进程，从而改变了30年代后期以迄于今的新诗发展单一取向的歧变”，“自那以后，现代诗派、蓝星诗派、创世纪诗派，都以各自的坚韧的努力为巩固中国现代诗的成长发展作出了贡献”。作者指出，“唯有不满足于现状、不墨守于旧规者，才能给艺术史和诗歌增进新质。从这点看，发生在本世纪五六十年代的台湾现代诗初潮，不论从那时迄今有多少是是非非，但体现在它的基本信条及创作实际的求新变革的观念，业已造出了诗艺术的奇迹，则是无须怀疑的事实”。

王干、费振钟、汪政、王玮四人在《艺术广角》第4期上发表题为《新写实小说的位置》的四人谈话。汪政认为“新写实小说……诞生不了史诗化的作品”。费振钟认为“这就是新写实小说必定要中止的原因。它诞生不了更大的作品”。王干认为“说到底新写实小说不过是中国作家创作上的调整，观念上的调整，技术上的一次调整”。他们一致认为新写实小说在小说艺术形式和语言方面做出了积极有益的探索和尝试。

俞平伯的《俞平伯散文杂论编》由上海古籍出版社出版。

张炯主编的《新中国话剧文学概观》由中国戏剧出版社出版。

葛一虹主编的《中国话剧通史》由文化艺术出版社出版。

樊希安、张宇宏的《公木评传》由长春出版社出版。

五月

1日，姜滇的长篇小说《摄生草》发表于《当代》第3期。

苏童的《我的自传》发表于《作家》第5期。

张志忠的文章《铅华洗尽拣天真——读长篇小说新作随记》发表于《解放军文艺》第5期，文章认为新写实主义为长篇小说创作的发展提供了新的前景。

高缨的短篇小说《音乐二篇》、阿来的短篇小说《槐花》发表于《现代作家》第5期。阿来（1959－），藏族，四川马尔康人。毕业于马尔康师范学院，曾任成都《科幻世界》杂志社社长、总编辑，现为四川省作协主席。1982年开始诗歌创作。80年代中后期转向小说创作。主要作品有长篇小说《尘埃落定》、《空山》（三卷），小说集《旧年的血迹》、《月光下的银匠》等，诗集《棱磨河》，长篇地理散文《大地的阶梯》，散文集《就这样日益在丰盈》。关于《尘埃落定》，有评论者说，“阿来在《尘埃落定》中通过对傻子少爷和翁波意西等人命运遭际的叙写，较为出色地表达了他对言说与存在这一人类命题的思考，这一命题不仅存在于现在，也存在于过去和将来。言说与存在的合一与分裂在傻子少爷和翁波意西等人身上的显现，不仅构成了一部关乎他们个人的命运史，而且构成了一部民族和文化的复杂历史，它们无不深刻地揭示了人类那难以言说的存在之悲哀”。（袁盛勇：《未曾落定的言说与存在：读阿来小说》，《文艺争鸣》2008 年第 2 期）

2 日，《新剧本》第 3 期发表欧阳逸冰的话剧《红蜻蜓》和徐频莉的创作谈《我与〈芸香〉》。

4 日，江泽民在首都青年纪念五四报告会上的讲话《爱国主义和我国知识分子的使命》发表于《人民日报》。讲话指出：“在当代中国，爱国主义与社会主义本质上是统一的……与人民民主即社会主义民主，本质上也是统一的”，要求知识分子“在新的历史条件下继承和发扬爱国主义传统”。在文艺方针上，“要继续贯彻‘百花齐放，百家争鸣’的方针。‘双百’方针同四项基本原则是统一的而不是对立的。要在坚持四项基本原则的前提下，努力发展学术自由和创作自由。要继续提倡不同学术艺术流派、不同学术艺术观点的争鸣，鼓励知识分子研究我国建设和改革的现实问题，研究国外的情况和介绍国外先进的东西，鼓励他们解放思想、畅所欲言，努力创造一种勇于探讨和创新的气氛，增进不同学术艺术观点之间的相互了解、相互借鉴”。

5 日，李珺平的《文学失落了什么?》发表于《文艺报》第 3 版。文章针对近年来文学刊物订数锐减的现象而反思“文学失落了什么”，指出“它失落的是深蕴于作品而又能唤醒读者认同机制的现实主义精神。我这里所谓的现实主义精神，既不是古典的，也不是机械反映论意义上的，而是作者深深钻进当代社会生活的细胞，把握其跳动着的脉搏和神经，特别是难以忍受的痛苦或无法抑制的欢乐，不受束缚地表现出来，从而显露出直面人生的勇气”。

刘玉堂的短篇小说《老三届们的歌》、陈应松的中篇小说《草荒》发表于《上海文学》第5期。陈应松（1956－），祖籍江西余干，生于湖北公安。1987年武汉大学中文系毕业。1973年插队下乡，后历任县水运公司职工、文化馆创作辅导员、湖北省文化厅艺术处干部、《芳草》杂志社编辑。现为湖北省作协专业作家、湖北文学院院长。1979年开始发表作品。主要作品有长篇小说《魂不守舍》、《失语的村庄》、《别让我感动》、《绝命追杀》等，小说集《松鸦为什么鸣叫》、《狂犬事件》、《马嘶岭血案》、《豹子最后的舞蹈》、《大街上的水手》、《黑艄楼》、《苍颜》等，随笔集《世纪末偷想》、《在拇指上耕田》、《小镇逝水录》，诗集《梦游的歌手》等。曾获鲁迅文学奖等多种文学奖项。

中央宣传部、新闻出版署联合发出《关于描写党和国家主要领导人的出版物加强管理的规定》。

7日，袁亮的文章《关于出版自由的是非问题》发表于《人民日报》第6版。针对“搞资产阶级自由化的人认为，出版自由是没有阶级性的，无须服从于一定的阶级利益和遵循一定的政治原则”的说法，文章反驳道：“我国现在实行的是社会主义的出版自由。它是我们党在长期的革命斗争中，为无产阶级和广大人民争取的基本权利之一。新中国成立后，先后通过‘共同纲领’和宪法予以确认和保障。新中国的出版自由，从根本上摆脱了资本的控制和束缚，反映了无产阶级和广大人民的利益与要求。它有利于社会主义两个文明建设，有利于社会主义制度的巩固和发展。与资产阶级出版自由相比，它具有极为明显的优越性。占人口绝大多数的无产阶级和广大人民，在旧社会根本谈不上有出版自由，到新社会才真正享有这种权利。”

8日，王仲的文章《在马克思主义指导下繁荣中国文艺》发表于《人民日报》第6版。文章指出：“我们今天当然要繁荣文艺，但我们要繁荣的是社会主义文艺。只有清醒地彻底批判文艺界的资产阶级自由化思潮，在文艺理论研究和文艺创作实践上重新确立马克思主义的指导地位，坚持‘二为’、‘双百’、‘古为今用’和‘洋为中用’的方针，深入广阔的社会历史生活，发扬英雄主义和理想主义的美学首创精神去开拓人类文艺史新的处女地，中国才有可能出现社会主义文艺的更大繁荣。简言之，只有在社会历史生活的土壤中，在马克思主义的指导下才能真正繁荣中国社会主义文艺。”

《人民日报》发表马烽的文艺评论《认真地向人民群众学习》。

9日，马海春的短篇小说《原上花》、于艾香的短篇小说《堡垒》、凌可新的短篇小说《早春的雪》发表于《山东文学》第5期。

10日，林白的短篇小说《我要你为人所知》、刘跃利的《祭日》、李清亮的《盛夏》发表于《雨花》第5期。

黄蓓佳的短篇小说《夫妻游戏》、丰子恺的随笔《致幼子新枚书信选》发表于《文汇月刊》第5期。

迟子建的短篇小说《花束》发表于《小说林》第5期。迟子建（1964－），女，黑龙江漠河人，1984年毕业于大兴安岭师范学校。1990年毕业于北京师范大学与鲁迅文学院合办的研究生班，获文学硕士学位。而后一直任职于黑龙江作协。1983年开始写作。主要作品有长篇小说《茫茫前程》、《晨钟响彻黄昏》、《热鸟》、《伪满洲国》、《树下》、《越过云层的晴朗》、《额尔古纳河右岸》等，小说集《北极村童话》、《白雪的墓园》、《向着白夜旅行》、《逝川》、《雾月牛栏》、《清水洗尘》等，散文随笔集《伤怀之美》、《我的世界下雪了》等，另有《迟子建文集》（四卷）出版。作品获鲁迅文学奖、茅盾文学奖、冰心散文奖等多种文学奖项。戴锦华评论说：“迟子建的写作显现了某种女性写作的困境，或许更为确切地说，是一份女性生存的困境：或则做女人、做母亲，丰饶、柔切；可能爱人，也被人爱；但也独自背负、咀嚼着不为人知的创楚。或则固执于漂泊，延宕着女人的宿命；但自由而脆弱，必须面对着生命的孤独与贫瘠。”（戴锦华：《迟子建：极地之女》，《山花》

1998年第1期）

《读书》第5期发表王蒙的《谈学问之累》、启功的《哲人·痴人》、何为的《书事二三》、金克木的《“道、理”·〈列子〉》等文章。

12日，由中国大众文学学会举办的，首届中国大众文学奖颁奖大会在京举行。浩然的长篇小说《苍生》获首届中国大众文学特等奖；颜廷瑞的《庄妃》等5部长篇小说及孟伟哉的《旅人蕉》等4部中篇小说获首届中国大众文学奖。李瑞环、王震、薄一波分别在颁奖大会上讲话。

延平的文章《文艺源泉·作家修养·民族风格》发表于《文艺报》第3版。文章指出，文艺的“源泉只能是人类社会的客观存在”；作家要学习马克思主义，自觉抵制资产阶级自由化，认真对待作品的社会效果；文艺家既然受到民族文化的熏陶，因而“一定的民族文化的价值观、思维方式、语言、艺术品格就必然深深地影响着文艺家和他的作品”，批判地继承民族优秀文化传统，是作家的重任。同期还发表高建平的文章《新时期公安文学的精神价值》。文章指出：“发轫于建国初期、兴盛于新时期的表现国家安全、公共安全、公众安全领域里斗争生活题材的公安文学，已经愈来愈为文艺界的有识之士们所重视……新时期以来于公安题材文学的发展是具有决定意义的……公安文学本身将在现实和今后一个时期特定社会生活的精神现象中占有比较重要的位置，公安文学将在民族精神和时代精神的融合中展开自己扇形般的路。”文章认为，公安文学的精神价值体现在“作家们以强烈的主体意识无情地揭示了我们传统的人格与民族现代化的历史进程是如何格格不入这样一种严酷的真实”；伦理价值则表现在“展示人性的全部丰富性和复杂性，展示人性在丑恶的搏斗中显现出崇高的优美上面”；其审美价值则在于“弘扬社会主义审美理想”的同时“呼唤英雄和理想”。

15日，《文学评论》第3期发表了陈伯君的《谁揭开了魔瓶》，对新时期涉性文学的起因、发展、变向、泛滥做出了自己的解释。作者认为新时期历史是以突破禁区作为行进标志的，文学的一支漫过爱情领域后即向性禁区浸染，如张承志《黑骏马》、古华《爬满青藤的木屋》、莫应丰《一个女人和两个男人》、张贤亮《男人的一半是女人》、王安忆的“三恋”等，主题是深刻的，探索态度是严肃的，性爱描写是审慎的。但是由此，当性禁区被突破缺口，大量的通俗文学报刊的色情内容便鱼贯而出，理论界对黄色读物的钳制自此失控。作者认为黄色瘟疫的泛滥在于理论上的混乱不清，因此需要解释黄色读物与涉性文学何以貌似神异，本质不同，同时要提高读者的审美水平。

《钟山》第 3 期发表蒋原伦的评论《老派小说读意义，新派小说读句式》。蒋原伦认为，以孙甘露、余华、苏童、马原、莫言等为代表的新派小说，句式的断裂或者语言上的圈套“无情地阻断了读者追求意义的道路”，“由注重故事到注重叙述本身，这是新时期小说中各种流变中的一种倾向”。产生这种现象的主要原因是“他们吸收了西方小说的叙事技巧”。这篇文章对先锋小说注重“怎么写”的叙事特点进行研究。同期，还发表周梅森的中篇小说《日祭》、梁晴的中篇小说《大院》、北村的中篇小说《披甲者说》，以及史铁生的短篇小说《钟声》、吕新的短篇小说《雨季之瓮》。梁晴（1952 - ），女，江苏南京人。1968 年赴苏北农村插队务农，后历任南京市《青春》杂志、南京市作家协会编辑，《雨花》编辑部副主编。1973 年开始发表作品。1989 年毕业于武汉大学中文系作家班。主要作品有长篇小说《清闲尘梦》、《冷月无声》、《过了雨季》、《红颜易老》等，散文集《烛影摇红》，中短篇小说集《红尘一笑》等。

19 日，林为进的《于平凡中寻找生活的意蕴——1989 年长篇小说综述》发表于《文艺报》。文章指出：“与往年相比，1989 年的长篇小说从数量上要少三分之一强，无欲无嗔似乎是这一年度长篇小说特点。无欲是看不到在创造性艺术追求的表现，无嗔是比较平和冲淡，观察者多，平静的叙述者多，思想者少，有强烈激情的作品少。”同期，发表余飘的《关于毛泽东文艺思想问题的论争》。文章针对“八九”前后文艺界存在的否定毛泽东和毛泽东文艺思想的倾向，从五个方面“正本清源”，即：“一、关于恢复毛泽东文艺思想的本来面目”，“二、关于确立毛泽东文艺思想的历史地位”，“三、关于正确评价《讲话》以来的革命文化实践”，“四、关于毛泽东晚年错误和毛泽东文艺思想的关系”，“五、关于邓小平同志对毛泽东文艺思想的发展”。

20日，四川举行纪念毛泽东《在延安文艺座谈会上的讲话》发表48周年活动，杨汝岱出席集会并讲话，他在讲话中强调“坚持‘二为’方针，繁荣文艺创作”。

梁晓声的中篇小说《鬼畜》、赵本夫的中篇小说《仇恨的魅力》发表于《花城》第3期。

邱华栋的中篇小说《叙述草莓山坡》发表于《长江》第3期。邱华栋(1969－)，祖籍河南西峡，生于新疆昌吉。1992年毕业于武汉大学中文系。在北京《中华工商时报》工作多年，现为《青年文学》杂志执行主编。1985年开始发表作品。主要作品有长篇小说《夏天的禁忌》、《夜晚的诺言》、《白昼的躁动》、《正午的供词》、《花儿花》、《戴安娜的猎户星》、《单筒望远镜》等，小说集《黑暗河流上的闪光》、《哭泣游戏》、《都市新人类》、《午夜狂欢》等，散文随笔集《绝色喀纳斯》、《私人笔记本》、《城市午夜的游走》等，文学文化评论集《和大师一起生活》、《挑灯看剑》、《世界电影大师108将》、《城市漫步》等，诗集《花朵与岩石》、《从火到水》等。孟繁华认为“对充满物欲的都市，既想占有自己的份额，又想保持自己曾经有过的那份向往，既有‘青春赌明天’的自信，又有一试身手后的失望与感伤，这种‘既/又’的矛盾，便构成了邱华栋小说的内在紧张和张力，从而也使他的小说在一个层面上生动地传达了这个大变动时代边缘青年的欲望与心态”。(《物欲都市的迷乱与反抗：评邱华栋的都市小说创作》，《山花》1997年第8期)

张宇的短篇小说《乡村情感》、林希的短篇小说《美人松》发表于《人民文学》第5期。张宇（1952－），河南洛宁人。1970年招工进洛阳，1979年回洛宁县广播站当记者。曾任三门峡市文联主席、河南省作协主席、《莽原》杂志主编，河南建业集团副总裁。主要作品有长篇小说《晒太阳》、《疼痛与抚摸》、《软弱》、《表演爱情》、《蚂蚁》等，小说集《张宇小说选》、《活鬼》、《苦吻》、《乡村情感》等，散文集《南街村话语》，电视剧剧本《黑槐树》等。另有《张宇文集》（七卷）出版。

严阵的报告文学《来自黑色王国的报告》发表于《花城》第3期。

21日，由华东六省一市7家戏剧期刊联合主办的第4届（1990）“田汉戏剧奖”评奖会在安徽歙县举行。评奖结果在6月份揭晓，共有12个剧本、16篇评论文章获奖。其中，剧本方面获一等奖的是《皮九辣子》（《剧影月报》，作者刘鹏春），《遥指杏花村》（《安徽新戏》，作者许成章）；评论奖一等奖空缺。

由新闻出版署发起，新闻出版署、儿童少年基金会、国家教委、文化部、广播电影电视部、共青团中央、中国少年先锋队工作委员会、全国妇联等8家联合举办的1982至1988年“全国优秀少儿读物奖”在北京中国儿童发展中心举行了颁奖大会。出席颁奖大会的有李铁映、费孝通、雷洁琼、刘德忠、刘德有、宋木文、叶至善、胡德华、李源潮等。孙幼军童话集《亭亭的童话》等9种获一等奖，二等奖31种，三等奖59种。

21－22日，纪念毛泽东《讲话》发表48周年学术讨论会在京召开。王震、宋任穷等党和国家领导人到会祝贺，贺敬之、林默涵、臧克家等600余位来自全国各地的文艺创作者出席了大会。会议以党的十三届三中全会提出的密切与人民群众的联系为中心，强调文艺必须从群众中来，到群众中去；人民需要文艺，文艺更需要人民。与会者还就反对资产阶级自由化进行了探讨。

22日，作家凌叔华在京病逝，终年90岁。在谈到凌叔华的第一个小说集

《花之寺》的时候，夏志清说："这本书很巧妙地探究了在社会习俗变换的时期中，比较保守的女孩子们在传统的礼教之中长大，在爱情上没有足够的勇气和技巧来跟那些比较洋化的敌手竞争，只好暗暗地受苦"的故事，其中的《绣枕》一篇"是中国第一篇依靠着一个充满戏剧性的讽刺的象征来维持气氛的小说。在它比较狭小的范围里，这个象征与莎剧《奥赛罗》里狄思特梦娜的手帕是可以相媲美的"，"在揭发旧传统的某些愚蠢观念上，《中秋晚》是可以跟鲁迅的《祝福》相媲美的"。"凌淑华虽然得到了一些欣赏力较高的读者的偏爱，却没能得到更大读者的赏识。到了 30 年代，她的为数极少的作品便被当时更重要的作家们的大量作品掩盖住了。但是作为一个敏锐的观察者，观察在一个过渡时期中中国妇女的挫折与悲惨遭遇，她却是不亚于任何作家的。整个说起来，她的成就高于冰心"。（夏志清：《中国现代小说史》，第 57 – 61 页，复旦大学出版社 2005 年版）

作家徐兴业逝世，终年 73 岁。徐兴业（1917 – 1990），浙江绍兴人。1937 年毕业于无锡国学专修学校。毕业后任中学教师多年。1957 年入上海市教育局研究室工作。1961 年任上海市教育出版社编辑。后执教于上海师范学院历史系。1980 年开始发表作品。主要代表作为长篇历史小说《金瓯缺》（四卷）。有论者认为，"细细读过这部 120 万字的长篇（指《金瓯缺》），不禁会由衷地赞赏作品涵盖历史生活内容之广博繁复，塑造历史人物形象之缤纷多姿，结构布局与艺术绘制之宏阔精细，以及如岳峙渊停般的浩然正气"。作者的"本意是要借兴亡之事，抒忧国之情，通过对十二世纪初、中叶北宋覆亡、南宋偏安一隅那一段战乱频仍的历史生活的艺术展示，抒写耿耿于怀的爱国赤诚与民族正气"。（韩瑞亭：《〈金瓯缺〉艺术创造成就初谭》，《文学评论》1992 年第 1 期）

23 – 29 日，由中国儿童文学研究会、昆明市文联、昆明市儿童文学研究会、云南少儿出版社共同主办的"90 年代中国儿童文学展望研讨会"在云南昆明滇池之滨召开。来自全国各地的80余位儿童文学作家、评论家、出版家和儿童文学教学工作与会。会议回顾和总结过去10年的儿童文学，展望了90年代中国儿童文学的发展趋势，研讨了有关繁荣我国儿童文学事业的一系列实践和理论方面的课题。

24日，《文学报》发表评论员文章《重新学习〈讲话〉 坚持“二为”方向》。文章说：“48年前，毛泽东同志《在延安文艺座谈会上的讲话》，第一次提出了和解决了文艺为了什么人这个根本的原则的问题，从而给中国革命文艺的发展提出了前进方向，开辟了道路。”针对1989年前后文艺界对《讲话》否定的声音，文章强调：“文艺界要坚持四项基本原则，要坚持反对资产阶级自由化，要繁荣社会主义文艺，就必须正本清源，把被颠倒了的理论是非和思想是非重新端正过来；就必须重新学习《讲话》，学习马列，重新确立起马克思主义文艺理论、毛泽东文艺思想在文艺领域中的主导地位。”

25日，叶兆言“夜泊秦淮”系列之一的中篇小说《半边营》、范小天的中篇小说《儿童乐园》、张欣的中篇小说《免开尊口》发表于《收获》第3期。叶兆言（1957－），江苏南京人，叶圣陶之孙。中学毕业后做过钳工，1986年毕业于南京大学中文系硕士班，获硕士学位。曾任金陵职业大学教师，江苏文艺出版社编辑，现为江苏省作协专业作家，江苏省作家协会副主席。1980年开始发表作品。主要作品有长篇小说《死水》、《走进夜晚》、《一九三七年的爱情》、《花影》、《花煞》、《别人的爱情》、《没有玻璃的花房》、《我们的心太顽固》、《后羿》等，小说集《夜泊秦淮》、《枣树的故事》、《去影》、《采红菱》、《魔方》、《五月的黄昏》等，散文集《流浪之夜》、《旧影秦淮》、《叶兆言绝妙小品文》、《叶兆言散文》、《杂花生树》等。另有《叶兆言文集》（共7卷）出版。论者认为，“能将一种难言的气氛转换成一个完整的故事，且从故事的背后洇出气氛的影子，隐隐约约，引人绮思”。（罗岗：《读叶兆言文集》，《文艺理论研究》1995年第4期）张清华说：“叶兆言极善在从容的叙述中展现那些纷纭多变的世相人生、善恶恩怨、悲欢离合、命运无常、世事变迁，这在他的小说中，都化作了流水行云，纹丝不乱。历史的真实性与沧桑感也得到了很好的结合，成为一部活生生的民间现代史或现代民间史，尤其在涉及现代史上的重大事件时，'民间视角'起到了令人意想不到的效果，将历史转化成了文化，把事件描绘成了风景，使'官史'分解还原成了'稗史'和民间故事。"（张清华：《中国当代先锋文学思潮论》，第211页，江苏文艺出版社，1997年版）张欣（1954-），女，祖籍江苏海门，生于北京。1969年应征入伍，做过卫生员、护士、文工团创作员、杂志编辑，1990年毕业于北京大学中文系。现为广州市文艺创作研究所专业作家。1978年开始发表作品。主要作品有长篇小说《浮华背后》、《泪珠儿》、《深喉》、《一意孤行》等，中篇小说《投入角色》、《永远的徘徊》、《首席》、《绝非偶然》等，小说集《岁月无敌》、《此情不再》、《爱又如何》、《你没有理由不疯》等，另有《张欣文集》（四卷）出版。曾获鲁迅文学奖等多种文学奖项。

《当代作家评论》第3期辟"叶兆言评论小辑"，发表了汪政的《叶兆言创作主体寻踪》、晓华的《〈死水〉迟评》和樊星的《人生之迷——叶兆言小说论（1985-1989）》等文章。

26日，北京少年儿童图书研究社宣布设立"冰心儿童图书奖"。该奖规定每年10月颁奖。

28日，《剧本》第5期发表周振天的多场话剧《海军世家》以及胡可的《建议重温〈讲话〉——纪念毛泽东同志〈讲话〉发表四十八周年》。

本月，全国毛泽东思想研究会成立10周年纪念会暨学术讨论会在延安召开。

荆歌的小说《大祸临头》、刘继明的小说《刽子手马三的死》发表于《芳草》第5期。荆歌（1960-），江苏苏州人。大学前曾在照相馆工作。1980年苏州师专毕业后，在吴江多所中学任教。1988年调至吴江文化馆创作部工作。1982年起开始写诗。90年代后专事小说创作。主要作品有长篇小说《漂移》、《粉尘》、《枪毙》、《爱你有多深》等，中短篇小说集《八月之旅》、《牙齿的尊严》等，诗集《旋转之际》、《风笛》等，散文集《相看集》、《不惊阁随笔》等。刘继明（1963－），湖北石首人。毕业于武汉大学中文系。历任湖北省歌剧团专业编剧，《长江文艺》杂志编辑，湖北省作家协会专业作家。1985年开始发表作品。主要作品有长篇小说《仿生人》、《漂泊南洋》、《柯克或我经历的九桩案件》、《一诺千金》、《带黑猩猩回家》等，中短篇小说集《我爱麦娘》、《中国迷宫》等。

范小青的中篇小说《豆瓣街的迷案》、铁凝的短篇小说《哀悼在大年初二》发表于《小说界》第3期。

汪曾祺的散文《萝卜》、铁凝的散文《我要执拗地做诗人》（外一篇）发表于《十月》第3期。

《林莽的诗》由中国妇女出版社出版。

吴晓的《意象符号与情感空间——诗学新解》由中国社会科学出版社出版。

六月

1日，马原的短篇小说《小人之心，第二种报应》发表于《作家》第6期。

2日，剧作家、戏剧理论家、中国话剧文学研究会会长陈瘦竹在南京逝世，终年81岁。田本相说："陈瘦竹先生对戏剧理论的贡献是多方面的，而观其全部著作可以看出他的戏剧理论研究是有着宏大的志向和构想的：即在广泛评介西方戏剧理论并深入结合中国传统戏剧的基础上，结合中国现代化话剧创作的实践，建立起一个宏大的、有序的戏剧理论体系。”“他的理论体系包括悲剧、喜剧、悲喜剧这三大分野，贯通创作、表演、接受三大过程，融进冲突、情境、剧场这三大因素，既具有缜密的科学性，又具有鲜明的独创性，更有着开放性。从特定意义上说，是对中国戏剧理论现代化和民族化的追求。……他为中国戏剧学的创建和发展所作的贡献是永远值得我们纪念的。”（《陈瘦竹对戏剧理论的贡献》，《剧本》1991 年第 8 期）

4 日，应苏联作协邀请，以冯德英为团长的中国作家代表团离京赴苏，进行为期两周的友好访问。

6 日，国际儿童读物联盟中国分会（CBBY）成立大会在北京隆重举行。新闻出版署秘书长于永湛、宋庆龄基金会副主席吴全衡出席了成立大会。会议由新闻出版署外事司司长、CBBY 筹委会负责人周洪力主持，大会通过了《国际儿童读物联盟中国分会章程》，选举了主任委员、副主任委员，秘书长和副秘书长等。著名儿童文学家严文井当选为主任委员，新闻出版署副署长、中国少儿读物基金会领导小组组长刘杲，宋庆龄基金会副秘书长吴克良当选为副主任委员。新闻出版署外事司司长周洪力当选为秘书长，中国少年儿童出版社社长杨永源和新闻出版署图书司副司长潘国彦当选为副秘书长。国际儿童读物联盟中国分会由中国 30 多家少年专业儿童出版社组成。

小雨的《“让文学回归文学”质疑》发表于《文艺报》第 3 版。文章质疑了近几年文学批评界提出的“让文学回归文学”的口号，指出：“这个口号对文学创作的理论和实践都造成了极大的混乱，特别是一些对马列主义理论知之甚少、对毛泽东文艺思想了解不多的青年文学工作者，更是被这个口号所迷惑。”“事实证明，这个口号很快就被文艺界一些坚持搞自由化的人所利用。”文章最后指出：“我们既反对政治观点错误的艺术品，也反对只有正确的政治观点而没有艺术力量的所谓‘标语口号式的倾向’，毛泽东同志的这一主张，在今天对于我们创造具有中国特色的社会主义文学，有着巨大的现实意义。”同期还发表了张德林的《主旋律·多样化》。文章指出：“提倡作家表现时代的主旋律，不要把它与单一化等同起来。”“重大主题——时代主旋律，也可以通过各种途径和方式表现出来……创作中体现时代的主旋律与艺术的多样化原则并不矛盾。”同期，发表胡德培的《论“公安文学”视野的开拓》。文章强调：“‘公安文学’要有新的突破和提高，必须……尽力拓展其生活视野和艺术视野，在自然属性上努力加强艺术笔墨和艺术形象，在社会属性上努力增大社会作用和社会影响。”

10日，《读书》第6期发表了张颐武的《第三世界文化：新的起点》、张中行的《由吴起起的东拉西扯》、王蒙的《东施效颦话语词》等文章。

《文汇月刊》第6期发表巴金的《致黎烈文夫人许粤华女士》、俞平伯的《俞平伯致周颖南书》。

12日，《戏剧丛刊》第3期发表翟剑萍、茅茸、刘庆元的大型话剧《布衣孔子》。

12－16日，中国当代文学学会第九届年会在丹东市举行。全国各地从事当代文学教学和研究的专家学者130余人到会。会议的中心议题为“社会主义的改革与文学的繁荣”。姚雪垠主持会议，并作了《我们的希望和信心——对中国当代文学的思考》的专题报告。

15日，中国戏剧家协会《中国戏剧》主办的第7届中国戏剧梅花奖发奖大会在京首都剧场举行。李瑞环、王震、宋任穷、习仲勋等出席大会。共有22位戏曲、话剧、歌剧演员获奖，其中话剧演员是贾占红、张志中、杨青、魏积安、谭宗尧。

国家版权局发布《关于适当提高书籍稿酬的通知》，规定自1990年7月1日起实行。2003年12月4日，该文件被国家版权局发布的《废止一批有关著作权管理的规章、规范性文件》废止。

18日，《中国戏剧》第6期开辟“纪念《在延安文艺座谈会上的讲话》

发表48周年”专栏。同期，发表王蕴明的《时代呼唤着怎样的戏剧?》和葛一虹的《一个史的考察：中国话剧的革命传统》。

20日，方方的纪实小说《冬日苍茫》发表于《人民文学》第6期。

严阵的报告文学《来自黑色王国的报告》发表于《花城》第3期。

22日，浩然出任《北京文学》主编。

26日，国家税务局发出《关于对稿酬收入减征个人收入调节税的通知》。指出对投稿、翻译取得的收入征收个人收入调节税可进行减征照顾：每部书的稿酬收入不超过20000元的，按《中华人民共和国个人收入调节税暂行条例》规定计算的应纳税额，减征30%；每部书稿酬收入超过20000元的，仍按现行规定征税。规定自1990年7月1日起执行。

28日，《剧本》第6期发表童汀苗、房子、顾天高的大型多场次话剧《日蚀》和林种的多场儿童剧《孩子剧团》。

北京人民艺术剧院在京复排演出曹禺名剧《北京人》。导演夏淳，主演张瞳、吴刚、龚丽君、江珊、马星耀等。

本月，为迎接世界反法西斯斗争胜利50周年，重庆出版社编辑出版了《世界反法西斯文学作品选》。包括契诃夫的《绞刑下的报告》等世界各国一批反法西斯小说、戏剧、诗歌、散文优秀之作一起将陆续编入该书。概述顾问由卞之琳、冯至、萧乾、季羡林等担任，总主编为刘白羽。

《文艺理论与批评》第6期发表宜明的《〈WM（我们）〉风波始末》，文章对1985年上演的探索话剧《WM（我们）》所引起的风波做了回顾，重申该剧“内容颓废、阴森、沉闷，演出形式虽新，但格调不高，低级庸俗的东西不少”，并认为“‘《WM》风波’是文艺界一些人士在资产阶级自由化思潮泛滥的气候下所组织的一次示威”。

《叶延滨诗选》由明天出版社出版，诗集附有《叶延滨创作年表》。

施蛰存的文章《论老年》发表于《文汇月刊》第6期。

柯灵的著作《墨磨人》由百花文艺出版社出版。

贾平凹的散文集《人迹》由广东旅游出版社出版。

周涛的散文集《稀世之鸟》由解放军文艺出版社出版，这是他的第一部散文集。

七月

1日，储福金的中篇小说《投影》、萧平的短篇小说《第十八个》发表于《作家》第7期。储福金（1952－），原籍江苏金坛，生于上海。早年曾插队下乡，1977年入金坛县文化馆，1980年至《雨花》杂志，任小说编辑。1984年入鲁迅文学院进修，后考入北京大学作家班，转学至南京大学中文系毕业。主要作品有长篇小说《心之门》、《奇异的情感》、《羊群的领头狮》、《紫楼十二钗》、《柔姿》、《雪坛》、《魔指》、《黑白》等，中篇小说集《神秘的蓝云湖》等，散文集《禅院小憩》、《放逐青春地》等。

朱秀海的中篇小说《空山》、尹卫星的中篇小说《兵道》发表于《解放军文艺》第7期。

4日，王延辉的中篇小说《空当儿》发表于《山东文学》第7期。

5日，梁光弟的文艺评论《加强和改善党对文艺工作的领导》发表在《人民日报》第5版上。文章批评了当前文艺界存在的“认同封建”论、官方文艺论、精英崛起论、无为而治论等几个错误思想认识，指出社会主义文化建设“必须坚持马列主义的指导，贯彻执行党的方针政策，必须坚持党的领导”，同时，也强调“文艺有自身的特点和规律”，因此，“党领导文艺，要按照文艺的特点和规律办事……既要加强和坚持对文艺的领导，又要使自己的领导更加符合文艺的规律”，强调“在坚持四项基本原则的前提下，实行创作自由和批评自由”。

5日，阎连科的中篇小说《故乡的叹息》、尹世林的中篇小说《遍地萤火》、杨匡汉的评论《叙事诗的策略》发表于《莽原》第4期。

王蒙的短篇小说《济南》、储福金的中篇小说《聚》发表于《上海文学》第7期。

刘醒龙的中篇小说《牛背脊骨》发表于《长江文艺》第7期。刘醒龙（1956 - ），湖北黄冈人。1973年毕业于英山县红山中学。做过英山县水利局工人，黄冈群艺馆文学部主任。现为《芳草》杂志主编，武汉市文联文学院专业作家。1984年开始发表作品，主要作品有长篇小说《威风凛凛》、《生命是劳动与仁慈》、《寂寞歌唱》、《往事温柔》、《市府警卫》、《爱到永远》、《痛失》、《弥天》、《圣天门口》等，小说集《秋风醉了》、《恩重如山》、《官场故事》、《黄昏放牛》、《大树还小》、《菩提醉了》等，散文集《女儿是父亲前世栽下的玫瑰》等，另有《刘醒龙文集》（四卷）出版。曾获鲁迅文学奖等多种文学奖项。

6日，张同吾的中篇小说《爱，不是选择》、聂鑫森的短篇小说《重阳菊》、迟子建的短篇小说《荒草》发表于《河北文学》第7期。

7日，吴元迈的《二十世纪西方文论与我们》发表于《文艺报》第3版。文章总结道：“随着我国进入改革、开放、社会主义现代化建设的新时期，在短短的数年里，我们在文艺领域几乎把国外近一个世纪的各种文论模式和方法，各种文学思潮和流派——从形式主义到解构主义，从阐释学到黑色幽默，都不同程度地拿来了，这对于我们了解20世纪世界文学图景和世界文学进程，对于开阔文学视野，探讨外国文学经验和促进我国新时期文学的发展，无疑是十分必要的。”

《电视与戏剧》第4期发表司达的《东北戏剧：徘徊在梦境边缘》，该文对“关东戏剧”的概念提出质疑。随后，第5期发表田志伟的《东北戏剧：

生长在坚实的现实中》一文，与司达进行商榷。由此拉开了关于“东北戏剧”的讨论与争鸣。

10日，《读书》第7期发表金克木的《虚字·抽象画·六法》、王蒙的《一篇〈锦瑟〉解人难》、张中行的《挥泪对藏书》、何为的《为京剧写的历史》等文章。

11日，电影家孙瑜逝世，终年90岁。有论者认为：“对于1930年的电影观众和影评人士来说，孙瑜的名字是与中国电影的复兴连在一起的……孙瑜作为一个电影艺术家日臻成熟，并在创作上形成了一种独特的风格，被沈西等誉为‘诗人导演’……解放后，孙瑜编导的影片《武训传》引起了一场全国性的大批判，尽管对这部影片还会有各种不同的评价，但《武训传》无可置疑地必将成为未来的中国电影史研究家们不可回避的话题。”（刘荧：《论孙瑜电影创作的艺术特征》，《电影艺术》1990年第1期）“孙瑜电影是中国电影中可以参与历史对话的不同声音。他有自己的梦和‘骄狂’，认为‘唯梦者狂者不自知为梦为狂’。他顶戴的‘诗人’的桂冠，也可视为典型理想的电影知识分子的意识形态。他的编导创作，显示了他在人格和电影上的追求，具有现实关怀和电影关怀的两重性，既对社会对个人怀抱有知识分子的价值理想，又努力冲击着现实的困囿，传达出浪漫主义的心灵之声。中国电影史上的社会派电影、人文派电影、浪漫派电影、商业电影，作为珍贵的电影话语资源，共同构成当下和未来中国电影发展的传统的滋养。”（丁亚平：《历史的旧路——中国电影与孙瑜》，《北京电影学院学报》2000年第4期）

15日，《钟山》第4期推出“女作家小辑”，刊出4位青年女作家的中篇小说：池莉的《太阳出世》、林白的《子弹穿过苹果》、范小青的《杨湾故事》、迟子建的《怀想时节》。其中《太阳出世》和《子弹穿过苹果》分别成为90年代热议的“新写实小说”和“女性主义小说”的经典作品。同期，还刊发陈思和的评论《自然主义与生存意识》，汪政、晓华的《新写实的真正意义——对一些基本事实的回溯》和於可训的《人生的礼仪》。陈思和的文章通过近年来新写实小说中所体现的生存意识与自然主义文学的表现方式之间进行对比，指出两者之间的相似之处。同时也指出，新写实的“还原生活本相”“这一特征与自然主义文学的原意是不一致的……它是现实中国社会的存在决定的，一种对现状困境由骚动不安、奋起反抗到无可奈何地认同和回避，一种由个性主义的高涨到低落抑制自暴自弃的毁灭，它不可避免地带有自身的局限”。“比较它们的异同，却有助于我们对近年来这一创作倾向的整体思考”。汪政、晓华的文章认为，“新写实小说”这个话题提出之初，人们还可以把握它，“然而争论之后，留下的只是无法清扫的歧义垃圾”，新写实这个话题“正由一个新兴的活泼的文学实践运动演变成理论界的概念游戏”。作者认为，在新写实小说创作潮流的命名、推出和发展过程中，“真正产生推动力和帮助的”是文学期刊和编辑们的努力，而批评家“理论再生产”反而造成了理论的歧义、暧昧和混乱，作者认为“这不是新写实所需要的”。

19 日，吕新的中篇小说《人家的姑娘有花戴》发表于《青年文学》第 7 期。

20 日，刘绍棠的短篇小说《黄花闺女池塘》、贾平凹的中篇小说《美穴地》、浩然的中篇小说《碧草岩上吹来的风》、邓友梅的中篇小说《相逢在巴黎》、范小青的中篇小说《老人角》、周涛的散文诗《时间漫笔》发表于《人民文学》第 7、8 期合刊。

天津人民艺术剧院首次将 18 世纪法国启蒙思想家伏尔泰的五幕话剧《中国孤儿》搬上中国舞台。该剧是伏尔泰根据我国著名元杂剧《赵氏孤儿》的情节重新构思创作的。演出特邀林兆华任总导演。该剧也是为了配合中国比较文学学会 7 月在天津戏剧博物馆举办的中法文化交流学术讨论会而排演的。

《剧作家》第 4 期发表杨宝琛的大型话剧《天鹅湖畔》。

肖开愚的散文《三种时间里的英雄》发表于《花城》第4期。

23日，现代报人、学者张友鸾病逝于南京，终年86岁。

25日，沈渭滨的《海派文化散论》发表于《文汇报》。文章在论述海派文化的源起、特点和不足后，总结道："作为观念形态的文化，各个不同的区域文化之间没有优劣之分，只有各自不同的特点，需要取长补短；作为一种区域文化，各个不同区域文化之间也没有谁领导谁的问题，需要在各自完善自身的能量，扩散自己的影响，这样才能为创建社会主义文化作出各自应有的贡献。"

《当代作家评论》第4期辟"刘兆林评论小辑"，发表了叶鹏的《军营文化的青春效应——评刘兆林的长篇小说〈绿色的青春期〉》和王必胜的《〈绿色的青春期〉别论》。并辟"阿成评论小辑"，发表了罗守让的《论阿成的小说》和刘火的《论阿成小说的语言力量》。另外，对"新写实"作了讨论，如谢海泉的《我看"新写实小说"——读书思考札记》、张德祥的《"新现实主义"的美学追求》。

熊正良的长篇小说《闰年》、洪峰的中篇小说《离乡》发表于《收获》第4期。

刘毅然的中篇小说《铁皮鸭子》发表于《黄河》第4期。

余秋雨的散文《漂泊者们》、吴强的散文《旅美通信》发表于《收获》第4期。余秋雨（1946－），浙江余姚人。1966年毕业于上海戏剧学院戏剧文学系。1969至1971年曾赴江苏吴江县太湖农场劳动。1975至1976在浙江奉化研习中国古代历史文化。曾任上海戏剧学院院长、上海写作学会会长、上海戏剧学院客座教授。主要作品有散文《文化苦旅》、《行者无疆》、《千年一叹》、《霜冷长河》、《山居笔记》、《笛声何处》、《寻觅中华》、《借我一生》等，以及《艺术创造论》、《观众心理学》、《中国戏剧史》、《戏剧思想史》等著作。孙绍振认为余秋雨的散文"力图把诗情和智性结合起来，从单纯的审美向审智建筑起一座桥梁”，“为中国当代散文开拓了一个新的艺术天地，提供了一种广阔的视野，从文化历史的画卷中展示文化人格的深度，开拓想象的新天地”。(《余秋雨：从审美到审智的“断桥”——论余秋雨在中国当代散文史上的地位》,《当代作家评论》2000 年第 6 期）也有论者认为“《文化苦旅》的精神实质就是一种毫无新意的感伤情调。作者写来写去的，无非是中国传统文化与现代文化对峙时的尴尬，以及作者对此生起的某种不可名状的执着和迷惘”。“这种情调作者已经倾诉得太过深情，以至于达到了滥情和矫情的程度”。(朱国华：《另一种媚俗：〈文化苦旅〉论》，《当代作家评论》1995 年第 2 期）

25－29 日，全国故事片制片工作会议在北京召开，会议就端正创作导向，加强制片管理，切实提高影片质量等问题进行讨论。

28 日，朱书华的《文艺批评应当有科学的标准》发表于《文艺报》第 3 版。文章指出：“社会主义的文艺批评应该有明确的标准，毛泽东同志在延安文艺座谈会上讲话时指出：‘我们的要求则是政治与艺术的统一、内容与形式的统一、革命的政治内容和尽可能完美的艺术形式的统一。’我认为这个精神没有过时。社会主义文艺批评应是思想标准与艺术标准的统一。”

29 日，《中国文化报》刊登白水的文章《“通俗文学的精神消费论”质疑》，作者不同意将“通俗文学作品是单纯的精神消费”的主张。作者认为现在的通俗文学作品“良莠不齐……其中一些作品格调不高，精神情趣庸俗，艺术质量拙劣”，“这些作品不仅毒害读者，尤其是青少年读者……而且干扰通俗文学作品创作的健康发展”，强调“进一步净化通俗文学创作园地，把好通俗文学作品这一精神食粮的质量关，仍是摆在当前创作界、出版界、理论界面前的一项严肃任务”。

在哥伦比亚第 7 届波哥大电影节上，中国影片《晚钟》获得最佳影片、最佳导演和最佳音响效果 3 项大奖。

本月，上海市委书记、市长朱镕基在中共上海市委宣传部召开的第 15 次理论工作者双月座谈会上强调：上海要在抓经济建设的同时，一定要重视思想建设和文化建设。他希望上海的文艺工作者要深入实际、深入群众，写出能反映我们时代精神，具有上海特色的、有感染力的群众喜闻乐见的文艺作品。

北京大学比较文学研究所在京召开讨论会，就“后现代主义与中国当代先锋文学”问题进行了探讨。讨论会由乐黛云主持，王宁、王逢振、黄式宪等在会上发言。伴随着西方社会的发展，西方文化呈现出不同以往的格局，后现代主义成为引人注目的现象。西方马克思主义理论家詹姆逊、列奥塔、哈贝马斯等思想家对后现代文化理论有不同的阐释。中国理论界不应该回避这种现象，而应该以马克思主义的意识形态理论和文艺观为指导，探索这些现象和问题，并对当下的文学创作予以分析和评价。《文艺报》21 日文章对此进行了报道。

阎连科的中篇小说《瑶沟人的梦》、刘恪的中篇小说《砂金》发表于《十月》第 4 期。

袁可嘉、杜运燮、巫宁坤主编的《卞之琳与诗艺术》由河北教育出版社出版。

张中行的散文集《负暄续话》由黑龙江人民出版社出版。

广电部重申 1987 年国家语言文学工作委员会和广播电影电视部发布的《关于广播、电影、电视正确使用语言文字的若干规定》的精神，要求各级领导把好使用规范的语言文字关，为全面提高节目质量，净化语言环境作出贡献。

从本年 1 月 15 日开始进行的全国出版社重新登记注册工作基本结束，有 492 家出版社登记注册。

八月

1日，述平的短篇小说《我看这样挺好》发表于《作家》第8期。述平（1962－），山东高密人，本名王述平。1984年入大连轻工学院机电系，1986年开始发表文学作品。先后在《新文化报》及《大家健康》杂志做记者和编辑。此间大量阅读西方小说，从事小说创作。后又开始影视剧本写作。先后参与了《鬼子来了》、《太阳照常升起》等电影剧本的写作。小说《晚报新闻》被张艺谋改编为电影《有话好好说》。

1－3日，由《20世纪中国小说史》（严家炎、钱理群主编，北京大学出版社出版）课题组举办的20世纪中国小说史国际研讨会在北京大学举行。来自国内外的30多位专家、学者就20世纪中国小说的特征，中国小说史的阶段性特征、文体流派、中国文学史分期和小说史研究原则及方法等问题进行了讨论。严家炎向大会提交的《对于20世纪中国小说特征的几点初步认识》论文中指出中国现代文学的三个基本特点。与会学者凌宇认为“20世纪中国文学的基质与总主题是民族文化的反思与重构；20世纪中国小说，是反思与重构民族文化的小说。”陈美兰在发言中指出，20世纪中国小说美感特征的三个方面：精神原动力——马克思主义文学说对小说美感特征形成的作用；主体力量——农民（包括由它衍化成拿了枪的士兵和开始与工业大生产发生联系的工人）对小说美感特征形成的影响；阶段性特征造成小说创作审美追求的变化。刘增杰从“时代大潮与小说形态”的关系谈到20世纪小说发展，他认为，“在中国大地上延续100多年的民族救亡社会思潮，一直时断时续、时隐时现地制约着20世纪中国小说形态的建构与发展。对这一社会思潮的认识、理解，直接影响着我们对20世纪中国小说的整体把握”。刘纳、季红真、赵园、吴福辉、王晓明、陈思和、杨义、陈平原、郭志刚、赵毅衡、张京媛等学者都作了发言。会上有些专家指出了这部著作已经出版部分的不足之处。台湾学者周锦和大陆学者黄修己都强调，写小说史虽不必追求通俗化，但应充分考虑到可读性问题，而“注重进程，消解大家”也不能一概而论。美国学者李培德和香港学者黎活仁分别向大会提交了题为《老舍的文学观》和《施蛰存小说中的魔女》的论文。《文学评论》第6期刊发文章《20世纪中国小说史国际研讨会述要》，对研讨会的主要观点作了详细综述。

4日，中国社科院外国文学研究所在京召开卞之琳创作及译作60周年学术研讨会。巴金专程托人从上海送来花篮表示祝贺，冯至托人献上诗歌，臧克家在会上发言。此外参加会议的还有李瑛、汝信、邹荻帆、王佐良、绿原、牛汉、杜运燮、张羽、陆耀东、柳鸣九等人，与会者赞扬卞之琳为培养指导外国文学翻译研究人才付出的巨大劳动，他一贯坚持严谨的学风，批判地学习古今中外的文化遗产，不泥古崇外而融古化欧，不独尊高雅或通俗而是兼容并收的博大的胸怀和开拓进取的精神。

赵德发的中篇小说《小镇群儒》发表于《山东文学》第8期。

《文艺报》报道，巴金获得首届福冈亚洲文化奖，颁奖仪式将于本年度9月3日在福冈市举行。同期《文艺报》刊登了由赵侃整理的文章《关于“新写实”小说讨论的综述》，文章概述了1989年下半年以来被命名为“新写实的小说”的作品，以及围绕着它们所展开的理论批评的不同观点。文章从四个方面概括了这场写作和批评潮流：新写实的缘起及对象；《钟山》对新写实的界定；新写实的基本特点；新写实小说的意义和前景。

《艺术广角》第8期发表陈晓明的文章《冒险的迁徙——后新潮小说的叙事转换》，认为当代小说“马原以后的‘后新潮’群体，尤其在苏童、余华、格非、孙甘露等人那里，小说叙事完全堕入个人经验的魔窟，叙事方式的转换流变构成当代期待已久的变革”。但是，这种叙事形式的变化“在客观

效果上确实创造了我们时代尖锐的艺术感觉，但是它又不可避免地构成当代文化危机的征兆”。作者正是以此作为对当代文学、文化内在变迁的有效理解方式。

5日，作家周克芹在成都病逝，终年53岁。周克芹的小说多取材于农村生活。长篇小说《许茂和他的女儿们》“照出了十年浩劫期中农村的动荡情景……传送着一股生活的前进力”。（洁泯：《人生的道路——评周克芹的长篇小说〈许茂和他的女儿们〉》，《文学评论》1980年第3期）在此后的短篇创作中，“作家又把热烈探求的目光，转向了当前新旧交替时期农村各方面出现的变化，比较敏锐地触及了现实生活中的新情况、新问题、新矛盾”。（陈朝红：《探索农村新人的心灵美——评周克芹近年来的短篇创作》，《四川大学学报（哲学社会科学版）》1982年第1期）总体而言，“他用作品艺术地把握现实时，往往带着坚信未来的明丽的诗意。他的作品几乎没有大悲大愤的痛苦失意的抒写，总是化深沉的痛苦为浅淡的忧愁，大有中国传统文学中‘哀而不伤’的品格”。（田原：《评周克芹的创作道路》，《四川大学学报（哲学社会科学版）》1990年第1期）

《福建文学》第8期发表冰心创作70周年纪念小辑，刊发冰心的文章《故乡的风采》，郭风的《记冰心》，谢冕的《最初的启迪》。同期还发表斯妤的散文《蓦然回首》。

10日，《读书》第8期推出金克木的《台词潜台词》、王蒙的《懂还是不懂?》、张中行的《书蠹行述》、汪晖的《道德的和不道德的》、黄子平的《书目和提要》、龙应台的《毒药》等随笔。

15日，《文学评论》第4期发表张炯的《密切文学艺术与人民的联系》，文章再次强调文学的“人民性”这个“曾是已基本解决了的问题”，是由于80年代中期以来“资产阶级自由化思潮严重泛滥，文艺与人民的关系也就产生了令人担忧的变化”，“在当前，重要的是文艺家必须在正确的世界观指导下深入人民的生活和斗争”。

16日，“鲁迅生平展览”在北京鲁迅博物馆开幕。

20日，周而复的长篇小说《江南一叶》发表于《当代》第4期。

21日，由北京图书馆、北京人艺、湖北省潜江市曹禺著作陈列馆联合举办的“曹禺戏剧活动65周年展”在北京图书馆开幕。

23－9月4日，中国电影代表团参加第14届蒙特利尔国际电影节，我国动画片《山水情》获得最佳短片奖；滕文骥因执导《黄河谣》获最佳导演奖。

25日，中华台港暨海外华文文学研究会在京成立，冰心为荣誉会长，艾青任会长。

28日，《剧本》第8期发表王夫丁（执笔）、左筱林的六幕话剧《则天大帝》。

中共中央宣传部、广播电影电视部发布《关于加强故事片审查把关工作的意见》，要求各电影故事片厂生产厂在影片剧本经所在省、自治区、直辖市党委或政府有关领导审查批准后，方可投产。

中共中央宣传部、中国人民解放军总政治部、广播电影电视部和文化部发出《关于重大革命历史题材影视作品拍摄和审查问题的规定》。文件对重大革命历史题材的影视作品的范围和剧本、影片、电视剧审批程序作了明确规定。

28－30日，北京市老舍研究会首届理论年会在京举行。会议围绕老舍先生创作的民族精神与地域特色这一中心议题展开了讨论。

29日，国务院发出《关于编纂中华大典问题的批复》。

30－9月12日，第3届全国书市在上海举办。全国400余家出版社的4万余种图书参加展销。

本月，由《绿洲》文学杂志社主办的“中国西部小说创作研讨会”在乌鲁木齐召开。与会代表就西部小说创作的现状和趋势，西部小说作家在文学观念、创作方法、自身素质方面存在的问题进行了讨论。

日本福冈亚洲文化奖委员会决定，将首届亚洲文化奖授予中国著名作家巴金。同时获奖的还有泰国作家克立·巴莫、英国中国科学史权威李约瑟，以及日本著名电影导演黑泽明和社会学家矢野畅。

作家张洁获意大利1989年度“玛拉帕尔蒂”国际文学奖。

《花城》刊出西川《七个夜晚》（诗7首）、骆一禾遗作《遗赠》（长诗2首）、海子遗作《最后的诗篇》（诗10首）。

屠岸的诗集《哑歌人的自白》由人民文学出版社出版。

刘湛秋的专著《诗的秘密》由中国青年出版社出版。

耿林莽编选的《中国当代优秀散文诗精选》由北方文艺出版社出版。编者在序言《献给你一束多彩的花环》中阐述了基本的编选原则：其一，重视时代性；其二，重视审美性；其三，重视多样性。编选范围限于80年代国内（不含港台）的散文诗作，更侧重于近年的作品。收录耿林莽、许淇、昌耀、沉沙等100多位诗人160多首诗作。

樊发稼的《儿童诗论说》由中国文学出版社出版。

九月

1日，述平的中篇小说《饮马河上的野鸭》发表于《作家》第9期。

1－10月7日，第11届亚洲运动会艺术节在京举行。共有来自全国15个省市的46台剧（节）目参加演出。其中话剧作品有北京人艺的《推销员之死》、《天下第一楼》、《北京人》、《茶馆》及中国儿童艺术剧院的《马兰花》。

2日，《新剧本》第5期发表夏有志的话剧《太阳刚刚升起的时候》。

4日，张炜的短篇小说《你的树》、《钻玉米地》、《公羊大角弯弯》发表于《山东文学》第9期。

5日，陈源斌的中篇小说《天行》、阿成的短篇小说《天堂雅活》（二题）发表于《上海文学》第9期。陈源斌（1955－），安徽天长人。70年代初曾下乡插队。历任小学校长，邮局职员，《清明》杂志社编辑，中共天长市委副书记，安徽省文学院院长，浙江省作协创联部主任，浙江作家画院院长等。主要作品有长篇小说《汩汩圣人血》、《无梦物秋》、《千秋万岁》等，小说集《万家诉讼》、《秋菊打官司》、《天惊维扬》、《美的饥饿者》、《天河》、《一案九罪》、《一步之遥》等，多以法制小说为主。另有纪实作品集《世纪访谈》、《世纪前瞻》、《业绩》等。

毕淑敏的短篇小说《苔藓绿西服》、聂鑫森的短篇小说《蝴蝶花开时节》发表于《长江文艺》第9期。

叶辛的短篇小说《小说三题》发表于《山花》第9期。

叶广芩的短篇小说《岸边》发表于《延河》第9期。

北村的短篇小说《钟起智之持刀杀人》、阎连科的短篇小说《走出蓝村》发表于《福建文学》第9期。

6日，王元骧的文艺评论《关于近几年文艺的心理学研究的思考》发表于《人民日报》。作者认为近年来文学研究开始注重创作活动中的潜意识、无意识的研究，但是，不少学者往往有意无意片面强调心理世界和物理世界之间区别，把创作活动的内部研究与外部研究、心理学研究与社会学、文化学研究机械地分割开来甚至对立起来，“使心理现象成为完全封闭的、与社会生活完全绝缘的东西”，“这种心理本位主义的倾向，不仅使我们对创作心理内容的理解趋向贫乏”，还使文学脱离社会生活，不利于“对文艺活动特点的正确认识，而且还必然导致在理论上对文艺的社会性质和社会作用的彻底否定”，被自由化思想所利用。

乔典运的短篇小说《香与香》、刘绍棠的短篇小说《鱼菱村的故事》、周大新的短篇小说《乡村教师》发表于《河北文学》第9期。

6－10日，中国作家协会新疆、陕西等13省区分会工作会议在武汉举行。会议期间，中国作协书记处常务书记玛拉沁夫，书记邓友梅、张锲等做了重要发言，他们希望各分会尽快把作家的注意力引到学习马列、深入生活、热情创作的轨道上来。

7日，张艺谋执导、作家刘恒改编自其中篇小说《伏羲伏羲》的影片《菊豆》首映，该影片入围1991年奥斯卡最佳外语片奖，是中国第一部入围此奖的影片，同时获1990年第9届香港电影金像奖十大华语影片之一，法国第43届戛纳电影节首届路易斯·布努埃尔特别奖，西班牙第35届瓦亚多里德国际电影节金穗奖、观众评选最佳影片奖，以及美国芝加哥国际电影节的金雨果奖。

第七届全国人大常委会第十五次会议审议通过《中华人民共和国著作权法》，自1991年6月1日起实施。这是新中国成立后制定的第一部著作权法。15日，《中华人民共和国著作权法》宣传和实施座谈会在北京人民大会堂召开。

10日，应意大利蒙德罗国际文学奖评委会邀请，中国作家代表团赴意大利进行为期两周的访问，并出席在巴勒莫市举行的蒙德罗国际文学奖颁奖仪式。代表团成员有刘文玉、陈国凯、俞天白、金坚范和王焕宝。

《读书》第9期发表乐黛云的《鲁迅研究——一种世界文化现象》，作者指出“鲁迅研究已成为一种世界性文化现象。在西方发达世界英语世界，研究者把以鲁迅为代表的中国现代文学作为一个参照来重新认识自己。……如果说以鲁迅作为一面镜子来反观西方文化的得失还只是一种潮流的开始，那么，把鲁迅创造的文化遗产作为世界文化的一个重要组成部分，参与对世界面临的共同问题的解决，则是西方世界的一种更普遍的共识”。

12－14日，电影局党史资料征集工作领导小组在北京召开《解放前电影大事记（1919至1949)》（初稿）征求意见座谈会。

孙方友的中篇小说《虚幻构成》、储福金的中篇小说《我是一个魔术师》、黄小初的短篇小说《运河的底细》、刘玉堂的短篇小说《错误集锦六题》发表于《钟山》第5期。

《文学评论》第5期刊登肖鹰的《近年非理性主义小说批判》，认为“非理性主义的一个本质特征就是信仰和理想的全面丧失”，当下“一批青年作家们的失误也不在于他们的创作引入了非理性因素，而在于他们执迷非理性，以偏概全，终于陷入非理性主义的泥潭”。这种现象阻碍了文学创作的进一步发展。

20日，苏童的中篇小说《妇女生活》、刘毅然的中篇小说《金属灵魂》发表于《花城》第5期。同期还发表钟鸣的散文《曼陀罗花》（外一篇）。

23－25日，广东省社科院、广东省文联、省作协等单位在广州联合举行“庆贺秦牧同志从事文学创作50周年暨秦牧文学作品研讨会”。年过70的秦牧在会上向来自全国14个省、市、自治区以及香港、新加坡的近200名作家、学者介绍了他的创作生涯。与会的作家、学者就秦牧的创作思想、艺术风格以及在文学史上的地位与贡献等问题进行了研讨。

25日，陆天明的长篇小说《泥日》、李晓的中篇小说《挽联》、田中禾的中篇小说《轰炸》、沈乔生的中篇小说《娲》、迟子建的中篇小说《炉火依然》、李庆西的短篇小说《卡雷卡的最后四十分钟》发表于《收获》第5期。同期还刊有吴祖光的散文《牙祟》。

《当代作家评论》第5期刊发一组新写实小说的评论文章，有於可训的《论作为实践形态的新写实小说》，作者考察近7年的创作实际，认为“‘新写实主义’主要作为一种实践形态的东西而不是或不仅仅是把它作为一个新的理论命题……更能看出这一倡导对于促进创作和为丰富现实主义理论提供经验的现实的意义”。陆晓光的《别把小说当小说——读〈钟山〉“新写实小说大联展”诸作》，认为新写实小说“既不像传统现实主义作品，又不像新潮小说，而成为‘不像小说’的小说了”。在把握新写实小说特点的同时，作者“也就承认了由此带来的创作和审美思维的正向变化”。郭银星、辛晓征的《告别新小说时代》，也对新写实小说的美学价值做出判断，认为“新写实小说在理论上有一个清楚的原则，就是重新对文学提供认识社会、认识人生价值、认识历史真相的可能性表示信赖和景仰”，它是在80年代中期新小说（先锋小说、寻根小说）之后“制造的一次批评热点或理论热点的转移”，因此把“新写实小说作为最后的希望”。

据《上影信息》载，上海的《电影故事》与《国际银幕》两家电影刊物决定于明年起合刊出版发行，刊名为《电影故事》。该刊由上海电影发行放映公司与上海电影译制片厂联合主办。

28日，《剧本》第9期发表台湾剧作家姚一苇的六场话剧《我们一同走走看》。

29日，钱钟书的《管锥编》荣获中国首届比较文学图书评奖一等奖。

台湾女作家、“纯文学出版社”社长林海音向中国现代文学馆寄赠所出版图书201册（集）。

本月，叶雨濛的长篇小说《血战三七线》、中杰英的中篇小说《天机不可泄漏》、陈昌本的短篇小说《八仙图》发表于《十月》第5期。

刘恪的中篇小说《寡妇船》、蒋孔阳的评论《谈谈悲剧性》发表于《百花洲》第5期。

叶延滨选编的《星星抒情诗精选》由四川大学出版社出版。叶延滨在前言中说明了本书编写的目的、宗旨和选择标准：“这本诗集是为了纪念《星星》复刊10周年而选编的，从10年120期《星星》中挑诗，入选的150多位诗人的作品。可以说是对《星星》的一次回顾，又是新时期10年（1979－1989）中国诗坛的一个缩影。”

唐湜的《新意度集》由三联书店出版。

《诗歌报》由四开报纸改为杂志，刊名为《诗歌报月刊》。

王安忆的长篇游记《旅德的故事》由江苏文艺出版社出版。

十月

1日，作家张一弓、霍达应美国依阿华大学国际写作计划邀请，离京赴美进行为期3个月的访问。

张廷竹的中篇小说《幸福的预备役团》发表于《现代作家》第10期。

赵玫的短篇小说《九号男婴》发表于《海燕》第10期。

邓刚的中篇小说《当代传说》发表于《作家》第10期。

第八届“大众电视金鹰奖”在南京揭晓。《篱笆·女人和狗》、《上海的早晨》、《海外遗恨》获优秀连续剧奖；《樱花梦》、《一个叫姚金兰的人》、《长城向南延伸》获优秀单本剧奖；《天仙配》获优秀戏曲片奖；《十六岁的花季》获优秀儿童剧奖。

5日，由中共湖南省委批准、湖南省委宣传部牵头编辑、反映湖南新时期十年文艺创作和理论批评成就的《湖南新时期十年优秀文艺作品选》丛书在长沙发行。这套丛书由湖南文艺出版社和湖南少年儿童出版社出版，共分11卷，15册，约450万字。

陈应松的中篇小说《一船四人》、刘继明的短篇小说《大桥》、白桦的散文《愿每一颗星辰都不要陨落》、邹荻帆的散文《从“珍珠”到“米兰花”》发表于《长江文艺》第10期。

杨牧之的中篇小说《青草滩，响马滩》发表于《延河》第10期。

阿成的短篇小说《甲子》、《田傻子》发表于《北方文学》第10期。

刘玉堂的中篇小说《温暖的冬天》发表于《上海文学》第10期。

5－7日，中央戏剧学院奥尼尔研究中心和山西省话剧院在太原联合举办中国第3届奥尼尔学术研讨会。会议就如何评价奥尼尔戏剧创作中的“悲观主义”及“悲观主义”、“乐观主义”概念的界定，奥尼尔剧作的语言风格和文学价值、时代特色等议题进行了探讨。会议期间，山西省话剧院上演了一出反映奥尼尔生平及创作的话剧《迷雾人生》（文学顾问廖可兑；编剧刘明厚［执笔］、谢亢；导演谢亢）。

10日，张承志的随笔《心灵模式——序〈热什哈尔〉》发表于《读书》第10期。

10－15日，第三届上海电视节在沪举行，来自35个国家和地区的350家电视台、制片公司的1200名代表参加了电视节。206部电视剧参加了“白玉兰”奖的角逐。我国参赛的电视剧《结婚一年间》，邱茹云的扮演者王频获“白玉兰”大奖最佳女主角奖。

11日，《人民日报》发表杨汉池的文章《关于“文艺自由”的思考》，认为错误的文艺自由观其实可以归结为“绝对自由”观，它集中地体现了资产阶级世界观的许多方面的谬误及其危害。而马克思主义文艺观指导下的文艺自由与错误文艺观指导下的文艺“自由”是势不相立的，绝不可等闲视之。

12－18日，上海市文化局、上海艺术研究所，上海市话剧艺术研究会、中国剧协上海分会和上海文化发展基金会联合主办“上海话剧发展研讨和话剧展演”活动。本次活动旨在繁荣促进上海地区话剧事业的发展，寻求振兴上海话剧的路径。与会者评议了由上海艺术研究所和上海市话剧艺术研究会联合完成的研究报告《上海话剧发展对策研究》，讨论了话剧创作主旋律与多样化问题，交流了各地话剧创作的经验，还就话剧院团的体制及管理问题展开了讨论。研讨会期间，还展演了《消失的雨点》、《魂兮何方》、《四弦琴》、《GBT 异常》、《生辰纪念》、《天边有一簇圣火》、《迷雾人生》等九台话剧。

15 日，文学家俞平伯在京逝世，终年 90 岁。毛泽东说：“俞平伯这一类资产阶级知识分子，当然是应当对他们采取团结态度的，但应当批判他们的毒害青年的错误思想，不应当对他们投降。”（1954 年 10 月 16 日，毛泽东同志写给中共中央政治局的同志和其他有关同志的一封信）李希凡在文章中写道：“从俞平伯先生对于后四十回读本的批评里，我们又一次领教了新红学派错误观点的毒害性。深深地感到，只有更进一步地用马克思列宁主义武装自己，和资产阶级反动的唯心主义思想彻底地划清界限，才能为党的文艺路线进行更有效的胜利的战斗。”（李希凡：《俞平伯先生怎样评价了〈红楼梦〉后四十回续本——对新红学错误观点批判之四》，《教学与研究》1954 年第 11 期）有论者认为：“对于俞平伯先生在红楼梦研究中的错误，近来有不少人写文章加以揭发和批判。他的错误的主要原因，是由于他中了胡适所散布的资产阶级反动思想的毒。现在我就他在研究方法上的毛病，略为说明。他的研究方法是非科学的，是反马克思列宁主义的。这主要表现在两点上：第一是他不承认事物间的矛盾。第二个严重的错误是他不承认客观事物的彼此间的联系性，孤立地看问题。”（冯沅君：《俞平伯先生在研究方法上的错误——在《红楼梦》第一次讨论会上的发言》，《文史哲》1955 年第 1 期）胡绳在讲话中谈到：“俞平伯先生是一位有学术贡献的爱国者。他早年积极参加五四新文化运动，是白话新体诗最早的作者之一，也是有独特风格的散文家。他对中国古典文学的研究，包括对小说、戏曲、诗词的研究，都有许多有价值的、为学术界重视的成果。……早在 20 年代初，俞平伯先生已开始对《红楼梦》进行研究，他在这个领域里的研究具有开拓性的意义。对于他研究的方法和观点，其他研究者提出不同的意见或批评本来是正常的事情。但是 1954 年下半年因《红楼梦》研究而对他进行政治性的围攻，是不正确的。这种做法不符合党对学术艺术所应采取的双百方针。”（胡绳：《在庆祝俞平伯先生从事学术活动六十五周年会上的讲话》，《文学评论》1986 年第 2 期）有论者认为：“俞老是新红学的代表人物，是本世纪红学的大家，有人问我对俞老有关红学的评价，我是后学，岂可妄评前辈。但新红学对旧红学是一次革命，是一次开创性的前进，这是人所共知的，这是历史的结论。要评价俞老的红学，首先要承认这个基本事实。要不是胡适、俞老的努力，红学还停止在索隐派的迷雾里，哪还可能有红学的今天？所以新红学派突破和粉碎旧红学索隐派的迷障，为后来的红学开辟新路，这是一大功绩。”（冯其庸：《祝贺俞平伯全集》的出版——在《俞平伯全集》出版座谈会上的发言，《红楼梦学刊》1998 年第 2 期）“俞平伯是继胡适以后红学的又一位代表人物。他虽然以红学名世，但他却更是多方位的古典文学大家，还是五四时代开创新体诗的重要诗人，而旧体诗词的创作也至为宏富。他既是文学研究大师，也是中国现当代文学史上重要的作家、诗人，而绝不是单打一的红学家。”（王湜华：《红学才子俞平伯》，第 3 页，北京大学出版社 2006 年版）张中行撰文写到：“琐琐碎碎谈了不少，对于这位老师，如果我大胆，能不能说一两句总而言之的话呢？说，总是先想到‘才’。自然，如车的两轮，如果有才而无学，还是不能在阳关大道上奔驰的。但我总是觉得，俞先生，放在古今的人群中，是其学可及，其才难及。……关于才，还想说一点点意思，是才如骏马，要有驰骋的场地，而场地，主要来于天时和地利，天地不作美，有才就难于尽其才。至少是我看，俞先生虽然著作等身，成就很大，还是未能尽其才。”（张中行：《俞平伯先生》，《读书》1989 年第 5 期）

15－24 日，《文学遗产》编辑部、广西师范大学中文系等 8 个单位在桂林召开全国“文学史观和文学史”学术讨论会。会议由吕薇芬主持，这次大会围绕着两个中心议题：文学史研究中的总体理论问题；文学史编写中的具体理论问题。与会120多位代表对传统文学史观和现当代文学史观进行了回顾与总结，探讨了中国文学史的总体特征、发展演变的形式和内在规律。蒋和森、韩经太、李修生、蒋寅、徐公持、谢桃枋、王忠陵等学者在会上发言。

15－26日，由中国话剧艺术研究会、中国话剧艺术研究会西南分会、四川省文化厅艺委会主办的首届西南地区话剧节在成都举行。这是自1964年以来西南地区举办的又一次大规模的戏剧活动。有14台剧目参加了演出，分别是：云南省话剧团的《在同一块天空下》、《雨后》；云南省文山壮族苗族自治州民族文工团和中国人民解放军老山前线守备部队政治部联合创作的《勋章》；贵州省话剧团的《傩愿》；贵阳市歌舞剧团话剧队的《谋生》；贵州省铜仁地区文工团和黔东南苗族侗族自治州话剧团创作演出的小戏专场《闹春》、《将军泪》、《月堂新歌》；四川人民艺术剧院的《母女风流》、《蝴蝶兰》；重庆市话剧团的《雾重庆》、《山魂》；成都话剧院的《哦，沙漠美人》、《死水微澜》；乐山市犍为县剧团的《赖宁》；自贡市曲艺剧团和南充地区话剧中心创作演出的小品专场《仙人掌》、《自行车骑人》、《情结》、《耗》等。《剧本》第12期发表对本次话剧节的述评文章《吐蕊于谷底的幽兰》。

19－26日，上海文化发展基金会、中国福利会、上海市文化局、电影局、教育局、广电局、团市委、市妇联等10家单位联合主办“1990年上海儿童戏剧展演、科教美术影片展映”。中国福利会儿童艺术剧院参加展演的节目有：歌颂英雄少年赖宁的《生命的瞬间》，曾参加第2届中国艺术节的童话剧《魔鬼面壳》，反映当代中学生生活的《四弦琴》，以低幼儿童为主要对象的《大森林里的小故事》，以及由童话剧《皇帝的耳朵》、历史剧《甘罗十二为使臣》、《花木兰替父从军》组成的独幕儿童剧专场。上海木偶剧团展演的剧目有木偶剧《红宝石》、《密林枪声》、《森林小学的孩子们》和一台木偶短剧集锦。此外，戏剧节还演出了一台皮影戏。

20日，陈冲的短篇小说《雨雪霏霏》、彭见明的中篇小说《炸湖》、储福金的中篇小说《分》发表于《人民文学》第10期。

23－25日，为纪念作家姚雪垠80寿辰，湖北省文联、中国作协湖北分会等单位在武汉联合举办姚雪垠从事文学创作60周年学术讨论会。与会者就姚雪垠的创作道路、文学追求及成就进行了讨论。

25日，祝贺曹禺同志从事戏剧活动65周年大会在首都剧场召开。中顾委常委胡乔木、全国政协副主席屈武、中宣部部长王忍之、文化部代部长贺敬之等领导出席大会。邓颖超写来贺信。与会者为曹禺半个世纪以来，长期在促进话剧事业的发展与繁荣，为振兴话剧艺术奋斗不息的献身精神给予了极高评价。祝贺活动还包括举办曹禺名剧演出，其中话剧有哈尔滨求索剧社的《蜕变》，北京人民艺术剧院的《雷雨》和《北京人》，北师大北国剧社的《镀金》、《雷雨》，中国青年艺术剧院的《原野》。

25日，《当代作家评论》第5期发表一组有关"新写实小说"的评论文章，包括陆晓声的《别把小说太当"小说"读——〈钟山〉"新写实小说大联展"诸作》，郭银星、辛晓征的《告别新小说时代》，於可训的《论作为实践形态的新写实主义——"新写实主义"倡导周年》。陆晓声从"新写实小说"与传统现实主义小说的关系方面进行了分析，在他看来，新写实小说"在创作中还原生活的本来面目，而舍弃了以所谓'实写'去达到'实现'的做法"，新写实小说的"写实""其实是创作思维嬗变的结果，它或者昭示着一场新的革命"。於可训的文章从文本创作的角度出发，将新时期写实主义文学的叙事作风的变化分为三个阶段："第一个阶段是对于'文革'十年极'左'的政治压抑的本能的反弹，时限即是人们通常所说的从'伤痕文学'到'改革文学'之间。在这一阶段，写实主义文学的叙事作风有三个明显的特征。其一是情感充溢，文风繁茂；其二是长于议论，崇尚思考；其三是富于悲剧性和理想主义色彩。这无疑是对'文革'十年的情感压抑、思想禁锢的艺术反弹，和对于悲剧性的历史的现实的反映及对于理想蓝图倾心向往的结果。……到了80年代中期，也就是人们常说的‘寻根小说’的兴起和以1985年为标志的先锋主义文化新潮出现前后，写实主义小说的叙事作风同时也发生了大幅度的变化。……部分写实小说的叙事作风趋于冷峻，文字也逐渐趋向简约和含蓄。一泻无余地倾吐情感，不再是写实主义小说征服读者的主要手段，相反，那些冷静地回味充分地运用细节的力量刻画人物的严谨的写实作风，重新成为这一阶段的部分写实主义小说追求的主要目标。”

本期《当代作家评论》发表一组刘庆邦评论小辑。高海涛的《浩烈情迷茫劫——刘庆邦小说的文化精神》主要从刘庆邦小说所蕴含的文化精神展开论述，他认为“刘庆邦有着很强的批评意识，但这批评的语象又似乎更多地出于文化的直觉或直观。他的小说读起来有一种浩烈之气，像是读李白的《侠客行》。然而其中又绝无传奇，唯有最质朴的现实人生。他的魅力在于情怀激烈、血性文章，在于见义勇为、不假辞色地向我们展示这人生的卑琐与悲哀”。张颐武的《话语　记忆　叙事——读刘庆邦小说》从叙事的角度开展论述，认为“刘庆邦用他平易的讲述和自我指涉的智慧，提供了一种特具本土性的叙事方式，我们不必拘泥于刘庆邦所写的煤窑、村子，而是在这些煤窑、村子的符码中看到了我们自己的镜像式的反射，看到了处于第三世界的中国的语言生存状况的反射。刘庆邦提供了一种碑铭式的记忆，一种意识形态与生存的冲突与综合，一种语言的交错缤纷的滑动，一种重组经验但最终被语言所重组的言语表演。他为第三世界文化的特异表意方式一汉语文学提供了一个有趣的见证”。

同期《当代作家评论》还发表一组池莉的评论。亦村的《忍与和的市民悲剧——池莉审美哲学臆解》说：“忍，作为一种东方式的情感道德哲学，起源于人类生命本体最基本的哲学冲突理性与感性的冲突。它往往以牺牲个体的感性生命需求为代价，达到同理性规范的暂时调和和统一。从忍到和，构成池莉笔下主人公圆形的情感逻辑和心灵轨迹。……归纳起来，池莉《烦恼人生》、《不谈爱情》和《太阳出世》三部曲的审美哲学其内在意蕴是从忍到和，外在表现形态则是一部部洋溢着生活酸甜苦辣的市民悲喜剧。”吴跃农的《现实生存策略——池莉小说阐释》则从不同侧面进行了论述：“池莉在结构一个浑然交融，既有中国文化深长意味，又有现实鲜活原生质感的人生状态—年轻夫妻的婚姻生活。印家厚、庄建非和赵胜天，他们……像蜗牛一样在生活的泥土中谨小慎微地缓缓蠕动爬行。然而，我以为，就是在对他们生活琐屑的叙事之中，池莉的小说有一种沉着安详、从容不迫的风度，也许这样的风度中涵容着池莉作为中国人应该特有的在历史文化与生活变革双向运动中的现实生存策略。”

25日－30日，曹禺戏剧创作学术研讨会在京举行。吴雪、赵寻、胡可、欧阳山尊、严正、李超、夏淳、李默然、田本相、陈恭敏等在会上发言。会上还宣读了40多篇学术论文。《剧本》第11期开辟“祝贺曹禺戏剧活动65周年”专栏，发表林默涵、贺敬之、胡可等人的发言文章。《中国戏剧》也从第10期起开始推出祝贺曹禺戏剧创作活动的系列研究文章。

《人民日报》发表王任重的文章《爱国主义的壮丽画卷——推荐李尔重的长篇小说〈新战争与和平〉》（这部书共6卷，300余万字，形象地描绘了从“九·一八”到“八·一五”15年的中华民族反抗日本帝国主义侵略的举世无双的艰苦斗争）。

27日，由江泽民题写片名的《圆明沧桑》在北京举行首映式，这是一部大型文史纪录片，分为上下两集：《名园遗恨》和《盛世重光》。

中日合拍影片《菊豆》在西班牙第38届瓦亚多利德国际电影节上获最佳影片“金穗奖”和“观众最佳影片奖”。

28日，《剧本》第10期发表孟冰、魏金虎、翟迎春的大型方言话剧《来自滹沱河的报告》。

30日，首届“冰心儿童图书奖”在人民大会堂举行发奖大会，《中国民间传说画丛》(希望出版社)等28种图书获奖。

31日，为适应不同读者需求，上海译文出版社开始以珍藏本、标准本、普及本三种形式出版外国文学名著。到1991年，15种珍藏本销售100万册，15种普及本销售600万册，其中1991年普及本发行量达360万册，几乎每天销出1万册。

本月，中国作协江西分会与江西百花洲文艺出版社合作，推出一套《江西新时期十年文学作品选》分《中篇小说卷》、《短篇小说卷(上、下)》、《报告文学卷》、《散文卷》、《新诗·散文诗卷》、《儿童文学卷》和《文学评论卷》，计7卷8册，共250万字。收入了江西作家、作者的近千篇(部)作品。

《长江》文学丛刊、《长江文艺》、《芳草》三家刊物在武汉共同举办刘醒龙作品讨论会。与会代表就刘醒龙作品的地域文化特色和时代特色进行了讨论。

叶兆言的中篇小说《十字铺》、浩然的长篇小说《活泉》、陈世旭的短篇小说《人之初》以及刘庆邦的随笔《许谋清印象》发表于《小说家》第5期。

马原的中篇小说《窗口的孤独》、刁斗的短篇小说《卜辞》发表于《芒种》第10期。

《戏剧》杂志社演剧研究工作室在北京电影学院表演系小剧场上演莎士比亚经典名剧《哈姆莱特》，导演林兆华。在该剧演出的导演的话中，林兆华说："我们今天面对哈姆莱特，不是面对为了正义复仇的王子，也不是面对人文主义的英雄，我们面对的是我们自己。能够面对自己，这是现代人所能具有的最积极，最勇敢，最豪迈的姿态。除此以外，我们没有别的了。"《戏剧》1991年第1期开辟专栏，对本次实验性演出的艺术实践进行探讨，发表杜清源的《舞台新解》、克欢的《人人都是哈姆雷特》、李健鸣的《排〈哈姆莱特〉有感》和牟森的《〈哈姆莱特〉1990》。

洛夫的散文集《一朵午荷——洛夫散文选》由上海文艺出版社出版。

中岛等编辑的诗歌民刊《诗参考》在北京创刊。

骆寒超的《新诗创作论》由上海文艺出版社出版。

十一月

1日，吕新的短篇小说《空旷之年》发表于《作家》第11期。

2日，《新剧本》第6期发表刘有宽的独幕话剧《齐宣王见颜斶》。

3日，中国电影家协会举行新闻发布会，宣布第10届金鸡奖和第13届百花奖获奖名单，李前宽、肖桂云（《开国大典》）和谢铁骊、赵元（《红楼梦》）并列最佳导演奖，张天民、张笑天、刘星、郭晨（《开国大典》）获最佳编剧奖。《开国大典》、《本命年》、《巍巍昆仑》获百花奖最佳影片奖。《开国大典》获金鸡奖和百花奖最佳影片、最佳编剧等8项奖。

5日，中国作家协会和中华文学基金会1990年度“庄重文文学奖”颁奖典礼在北京人民大会堂举行。“庄重文文学奖”是由香港爱国人士、中华文学基金会顾问庄重文先生出资设立的。本年度的“庄重文文学奖”决定授予新时期以来优秀文学创作丛书的编辑者和出版者。《江西十年文学作品选》等6套丛书的编辑者和出版者获此届文学奖。庄重文特从新加坡向颁奖大会发来贺电。中国作协党组副书记玛拉沁夫代表中国作家协会和中华文学基金会致贺词。

蒋韵的中篇小说《落日情节》、刘毅然的短篇小说《回首当年》、田中禾的短篇小说《落叶溪》发表于《上海文学》第11期。

张旻的中篇小说《初恋的代价》、毛志成的中篇小说《只属于男人的世界》发表于《星火》第10、11期合刊。

周绍义的中篇小说《雪界》、阿真的中篇小说《最佳表演奖》、孙方友的短篇小说《轮回》发表于《莽原》第6期。

鲍十的短篇小说《化雪的日子》、《秋水》发表于《北方文学》第11期。鲍十（1959－），黑龙江肇东人。当过农民、中专教师、文学期刊编辑。2004年入鲁迅文学院学习。现为广州作协副主席，《广州文艺》副主编。主要作品有小说集《拜庄》、《我的父亲母亲》、《跨花开放的声音—鲍十小说自选集》，长篇小说《痴迷》，《好运之年》等。中篇小说《纪念》曾被改编成电影《我的父亲母亲》。

谈歌的短篇小说《小城传奇》发表于《河北文学》第11期。

8－12日，中国现代文学研究会第5届年会在杭州召开。年会的主要议题是中国左翼作家联盟与30年代文学；吴越文化与中国现代作家。

10日，中国现代文学研究理事年会在杭州举行，推举杨犁、樊骏担任《中国现代文学研究丛刊》杂志主编，副主编由钱理群、吴福辉担任。

《文学评论》第6期发表吕芳的文章《新时期中国文学与拉美"爆炸"文学影响》。在文中，吕芳指出"拉美文学的成功，也使中国作家看到了自己民族的文学走向世界的希望之光。从而也导致了中国文学原本存在着的'寻求的焦虑'，找到了一个重要的突破口"。通过考察拉美文学对中国新时期文学的影响，"我们可以清楚地看到拉美文学的渗透所给予的这种有效与明显的作用。拉美文学在一定程度上帮助中国作家重新认识了自身的传统，发掘出传统文化的丰富内涵，在审美形态上则提供了不少成功的范例，并刺激了内在艺术潜力的爆发"。同期还刊登张炯的《繁荣社会主义文艺与反对资产阶级自由化》，文章认为"近几年我国文艺领域正是基于抽象人性论和个人主义的资产阶级人道主义相当盛行，而且在某些人中成为评价文学艺术现象的重要价值标准”。这种“价值取向与标准的颠倒是近年我国文艺领域发生的最令人深思的现象。这种变化综合地体现了资产阶级世界观、人生观、价值观和艺术观在这时期的嚣张状况。其危害于社会主义文艺是不言自明的”。因此，要在文艺界展开反对资产阶级自由化的思想运动。“在这样重大的问题上弄清思想和理论的是非，实在极为必要”。同期，发表陈慧的《论西方现代派的颓废性》，文章指出，“颓废性是西方现代派文学所生而有之的最明显、最普遍、最基本的属性之一”，“绝大多数现代主义流派及其代表作家、代表作品，都具有不同程度的颓废性”。潘必新的《意识形态与艺术的特征——兼与栾昌大、董学文同志商榷》认为，“艺术既有意识形态性，又有美的特性，这是我们从不同的层面（或不同的视角）来考察艺术而看到的不同的性质，这两种性质都是艺术本身所固有的，它们并不互相排斥”。

10－14 日由广西师范大学等 10 家单位联合主办的全国马克思主义文艺理论研究会第 11 届学术会议在广西柳州召开。来自全国各地的专家学者 150 多人出席会议。会议的中心议题是坚持和捍卫马克思主义文艺理论，反对文艺领域的资产阶级自由化思潮，同时，还对西方马克思主义理论、美学思想进行分析和评价。会上还对刘再复等人提出的“文学主体性”问题作了辨析和批评。

12－16 日，少年儿童出版社和中日儿童文学交流上海中心在上海教育国际交流中心联合举办的“90 年上海儿童文学研讨会”召开。国内 120 余位著名的儿童文学作家、理论家、出版家，及来自德国、日本、捷克和斯洛伐克等国的 12 位儿童文学专家出席了会议。日中儿童文学美术交流中心会长前川康男、新加坡文艺协会会长骆明，以及香港的一些儿童文学作家等给会议发来了贺信和贺电。研讨会的主题是“为了孩子的健康成长，为了儿童文学的进步繁荣”。会议共收到国内外代表的论文 73 篇。陈伯吹、束沛德、任大霖、中川正文〔日〕、米夏·朗姆〔德〕、王文田〔德〕、安德烈〔捷〕等 36 位中外代表作了大会发言。

13 日，以推动海内外文化交流、促进祖国和平统一为宗旨的中国南社与柳亚子研究会在北京成立，中国文联副主席尹瘦石任会长。由同盟会会员陈去病、高旭、柳亚子于 1909 年发起成立的南社是中国近代著名的进步文学团体。它以文学为武器，致力于民族独立和民主共和，广泛团结了清末民初先进的知识分子，成员多达千余人。在新文化运动中，柳亚子与邵力子、陈望道等又于 1923 年在上海成立新南社，后又在蔡元培等支持下，于 1935 年组织南社纪念会。1949 年在北平举行了南社、新南社联合临时雅集，纪念南社成立 40 周年，周恩来、叶剑英、李立三等曾到会祝贺。据悉，海外已成立了国际南社学会，并积极开展学术研究活动。中国南社与柳亚子研究会由屈武、赵朴初、胡绳以及柳无忌任名誉会长，周谷城、费孝通等 13 人任名誉顾问。

15 日，方方的长篇小说《落日》发表于《钟山》第 6 期，同期还发表王西彦的散文《家乡的旧宅》、林斤澜的散文《衣食住行》，以及有关新写实小说的评论。

16 日，由中国作家协会、国家民族事务委员会联合举办的第三届全国少数民族文学创作评选结束并举行发奖大会。这次评奖的范围是 1985 年至 1987 年发表的民族文学作品。获长篇小说奖的是《穆斯林的葬礼》（霍达）、《苏图克·布格拉汗》（赛福鼎·艾则孜）、《嘎达梅林传奇》（扎拉嘎胡）、《英雄博克》（夏莫斯·库玛尔）、《迷茫的大地》（益希单增）、《金牧场》（张承志）；获中、短篇小说奖的有《女人无泪》（钟铁夫）等 14 部集子；获诗歌奖的有《勒·敖德斯尔诗选》（敖德斯尔）等 10 部集子；获散文奖的有《童心集》（韦其麟）等 3 部集子；获报告文学奖的有《罗瑞卿大将》（穆静、冰如）等 2 部集子；获儿童文学奖的有《美丽的丑小丫》（贺晓彤）等 3 部集子；获评论奖的是《从边城走向世界》（凌宇）；获翻译奖的有哈达奇·刚等 4 人。为了发现并推出各民族的新人新作，鼓励人口稀少民族的文学创作，这次评奖特评出新人新作奖18篇、特别奖22篇。据了解，共有50个民族的作者在这次评奖中获奖。

17－19日，中国剧协在京召开工作会议。全国30个省、市、自治区剧协分会的负责人到会。会议目的是“沟通情况，统一认识，统一步调，互相借鉴”。与会代表听取了中国剧协副主席、书记处书记刘厚生所作的剧协两年来工作情况报告和中国剧协党组书记、常务副主席赵寻所作的剧协1991年工作设想的报告，并对两个报告进行了认真的讨论、交流。

19日，由中国电影合作制片公司与长城饭店联合举办的“中国对外合拍影片展”在北京举行开幕式，开幕式上放映大陆与香港合拍的影片《天使与恶狼》，影展历时10天。

20日，《小说评论》第6期发表“长篇小说讨论小辑”，包括绿雪的《长篇小说的整体格局和审美变化》、林为进的《从古典向现代过渡——嬗变中的长篇小说》、陈美兰的《当他们迈向长篇小说领域的时候——从几位年轻小说家的第一部长篇小说谈起》3篇评论文章，3位评论家从不同侧面探讨了当前长篇小说的创作。绿雪认为“1986年至1988年，长篇园地能够出现一批兼有艺术质地和社会反响、而美感样态和审美意蕴又相去甚远的代表作，不仅在诸多现象上见出长篇创作发展的逻辑性与审美探索的延续性，而且表明孜孜以求新的和独立的审美观念和审美视点，已成为长篇园地锻造10年的创作准绳和整体特征”。作者还认为就10年的发展脉络而言，长篇创作的审美格局主要会朝以下7个方面发展：“历史感与新型史诗的创造”、“纪实倾向与述史情结”、“现实的鉴照意义与社会的政教效应”、“风俗化与地域文化氛围”、“探索人性的和心灵的奥秘”、“反省与审丑”、“通俗化与文学市场观念”。林为进则认为，当前的中国长篇小说是出于一个从古典向现代过渡的状态，他认为在当前的长篇小说创作中，作者“尽可以放下全知全能的架子，把读者引进自己的创作中来”。与此同时，这些作家还“尽量避免戏剧效果”，“追求无技巧的技巧”，尽管有这么多的创新和改变，但是“我们只能客观地承认随着时代的发展，长篇小说的创作也在嬗变之中，而变化也是必然的事情。……我们可以说，在未来的很长一段时期内，将会有古典式和现代式的两种长篇小说同时存在”。陈美兰则分别论述了张炜、路遥和铁凝等年轻小说家的几部作品，“长篇小说对生活的把握是一种整体性的把握，因此，当小说家对一段整体性生活进行艺术浓缩或进行艺术重构时，就必然要对所表现的生活作出历史的、全面的考察和评判，尤其是像《古船》这样的作品，洼狸镇的世界以及它的近年历史，很明显是作为现代中国乡镇以至整个中国历史舞台的整体概括而出现的，因此，作家历史判断与艺术情感一旦偏斜，很容易就会掉入社会历史观的误区。使这部小说虽有史的巨大规模、有诗的情采气韵，却缺乏科学的史识做坚实的支撑，这不能不令人惋惜。……长篇小说在对广阔社会生活进行艺术概括时，当然需要作家有攀越历史制高点的能力，从而获得对生活高视角的观照和把握，但长篇小说也仍然需要有潜入生活深处的勇气，在对生活内视角的深层透视中去捕捉生活的更丰富的内蕴，路遥在前一方面显示了他的超越，但在后一方面，似乎又表现出对《人生》的后退。倘若我们的作家能保持住昔日中、短篇创作中已有的可贵体验，使它与今天所获得的高视点结合，那么《平凡的世界》将会在现有成功的基础上走向更大的成功。……过去我们的创作曾有过仅凭阶级意念、社会意念去片面写人的教训，如果今天我们又自觉或不自觉地凭着对抽象的人性意念去写人，这无疑又是走向另一极端，同样会损害了艺术形象的价值，损害了作品的价值。《玫瑰门》中司漪纹形象的成功和宋竹西形象的失败，说明铁凝在考察人、考察人性时在观念上还未完全获得一个准确的校正点，这样，当她凭借某种充分的生活依据去塑造一个不安分的灵魂司漪纹时，她的人性揭示充满着社会意义，而当她凭借某种抽象的意念为依据去塑造另一个不安分的灵魂宋竹西时，她的人性揭示就会变成一种无意义的宣泄，这种形象是难以唤起任何真正美感的”。

王朔的中篇小说《给我顶住》、海男的中篇小说《家园的祈祷》发表于《花城》第6期。

邓刚的中篇小说《虾战》发表于《人民文学》第11期，同期还发表袁鹰的散文《你为小苗洒上泉水》。

20－12月10日，中国剧协及各分会、中国深圳南方制药厂在京联合举办第2届中国戏剧节。开幕式于21日在人民大会堂举行。这次戏剧节的主要任务是“弘扬民族优秀文化，发展中国戏剧艺术”。来自全国22个省、市、自治区的27台优秀剧目参加演出。其中话剧有辽宁人艺的《金石滩》、沈阳话剧团的《生命之光》、中国青年艺术剧院的《詹天佑》、总政和解放军艺术学院演出的《天边有一簇圣火》。

23－27日，由中国戏剧家协会主办的第5届全国优秀剧本创作授奖大会暨全国剧本创作思想研讨会在京举行。8部话剧剧本获奖，分别是《天边有一簇圣火》（郑振环），《富有的女人》（房纯如、杨舒慧），《娲皇峪》（魏金虎、翟迎春），《天下第一楼》（何冀平），《布衣孔子》（翟剑萍、茅茸、刘庆元），《日蚀》（童汀苗、房子、顾天高），《中国，1949》（刘星），《火神与秋女》（苏雷）。另有10部戏曲剧本获奖。研讨会总结和分析了近几年戏剧创作的成绩，讨论了戏剧创作中的思想倾向和创作方向等问题。《剧本》第12期发表李勇对此次会议的综述文章《时代的色彩 生活的画卷》。

25日，陆天明的长篇小说《泥日》、海男的短篇小说《伴侣》、王安忆的中篇小说《叔叔的故事》、储福金的中篇小说《浮桥》发表于《收获》第6期。海男（1962－），女，云南永胜人，本名苏丽华，鲁迅文学院研究生班毕业，现为云南人民出版社《大家》杂志社编辑。80年代开始文学创作，主要作品有诗集《风琴与女人》、《虚构的玫瑰》、《是什么在背后》等，长篇小说《我的情人们》、《香气》、《坦言》、《蝴蝶是怎样变成标本的》、《我们都是泥做的》等，散文随笔集《空中花园》、《屏风中的声音》、《水性人生》、《香烟传》等，小说集《疯狂的石榴树》、《私奔者》、《罪恶》、《像幽灵一样飞》等，另著有自传《我的秘密之花》。

毕淑敏的中篇小说《看家护院》发表于《长城》第6期。

《当代作家评论》第6期刊登一组关于池莉小说的评论文章，有杨剑龙的《真切地展示烦恼人生的混沌状态——读池莉的烦恼三部曲》、吴跃农的《现实生存策略——池莉小说阐释》、亦村的《忍与和的市民悲剧——池莉审美哲学臆想》。三篇文章从不同层面对池莉小说创作进行解读，杨剑龙认为“池莉的烦恼三部曲立足于传统的现实主义的基石上……以冷静写实的手法再现生活，以新的审美形态展示生活，不注重塑造典型环境中的典型人物，注重对普通人物的生存状态和生命形式的显示；不注重故事情节中事件间的因果逻辑关系，注重发现生活原生态的混沌色彩；不注重对生活本质的概括揭示，注重对生活和生命的微妙感受，独特体验”，作者认为这“是池莉烦恼三部曲在传统现实主义基础上的出‘新’之处”。吴跃农从现实生存策略的角度来阐释池莉小说主旨，认为“池莉小说在确立一种文化传统精神在现实中的存在以及它所含有的现实生存策略内容”。同期还刊发了吴亮的《无指涉的虚构——关于孙甘露的〈访问梦境〉》，作者认为对于这样一篇罕见的小说理解的关键“不在于我们能从中读出多少象征意义，而在于我们阅读这篇小说时和它所形成的新颖关系，这才是至关重要的”，“一旦我们不去深究《访问梦境》本不存在的内在意义，仅止于它的无指涉的虚构性来予以描述，那么，有关它的秘密也就随之昭然若揭了”。本期还刊发季红真的文章《形式的意义》，这篇文章是一组讨论“后寻根小说”的文章中的一篇。文章首先指出到了寻根后的先锋试验小说家手里，文学的形式技巧问题才被推到了首要位置，他们几乎都是在对形式技巧的探索中发展自己的创作的，认为“他们对小说形式的重视，显然不仅仅出于纯粹技巧性的尝试。……这批小说家对形式感的强调，事实上乃是他们在变化的世界中，寻找着表达自己的最佳方式”。

28日，《剧本》第11期发表石笑、富强编剧，晓朱指导的八场现代话剧《旗长，塔赛努》，并转载宜明发表在《文艺理论与批评》第6期上的文章《〈WM（我们）〉风波始末》。（《文艺报》10月13日也予转载）

29日，《文学报》刊载施蛰存的文章《文学史不需要“重写”》。对近来上海一些青年文论家所讨论的“重写文学史”的问题，施蛰存“有点不理解”，他“从来没想到写文学史会成为一个问题”，“写文学史从来没有专利权……每一个文学史家、文学批评家都可以写一部自己的文学史”，这些文学史代表作者自己的文学史观。作者回顾1949年以前的教师讲授文学史，都是自己编教材和讲义，那时候“没有‘钦定’的文学史，也没有重写一说”。“现在一些人讨论的‘重写’文学史问题，其实这不是重写，而是另写”，这些文学史是作为大专院校的教材的文学史，作者认为“作为教材的文学史，不是学术性的文学史……不必提出重写的呼吁。他们即使重写、重编一百次，结果还只是一个教本”。

本月，冰心创作70周年讨论会在其故乡福建举行，国内近50名研究现代文学和冰心文学创作的学者和作家聚首福州，探讨冰心文学创作的成就。

《中国戏剧》和《文艺理论与批评》编辑部在京联合召开座谈会，座谈《〈WM（我们）〉风波始末》。赵寻、程代熙、郑伯农等出席座谈会。与会者一致认为，此文对文艺界，特别是戏剧界拨乱反正、正本清源起到了良好作用。《中国戏剧》第12期以《总结经验教训，促进戏剧工作的健康发展》为题，刊登了此次座谈会的部分发言。

周梅森的长篇小说《神谕——洪门演义》、于雷娃的短篇小说《红草地》发表于《中国作家》第6期。

陈村的短篇小说《布熊》发表于《小说界》第6期。

柯云路的短篇三题《梦非梦》、《冷房子》、《路尽头的黄昏》，赵天山的中篇小说《西圣地》发表于《十月》第6期。同期还发表陈祖芬的报告文学《孔雀东南飞》和袁鹰的纪实文学《八载秦城梦》。

张欣的短篇小说《嘎拉哈王》发表于《芒种》第11期。

陈世旭的《老商的欢乐颂》发表于《芳草》第11期。

孙文波在民刊《反对》上发表《读诗》一文，分析肖开愚、欧阳江河、张曙光、王家新等人诗歌创作的意义。

海子的诗集《土地》由春风文艺出版社出版。该诗集系“世纪末诗丛”之一种，收录了海子一首长诗《太阳·土地篇》和一篇诗学文章《诗学：一份提纲（节选）》。诗集正文前有骆一禾的一篇文章《我考虑真正的史诗》作为代序，文中对《土地》的美学特征作了分析，“海子在这种诗里运用绚烂奇想形成了对文字底蕴的吸引，使虚的一面充满了爆发力，这种深度语言是雄厚的”，“他在《土地》里完成了一个大型的象征体系，由生动的灵兽和诗歌神谱组成”。

骆一禾的诗集《世界的血》由春风文艺出版社出版。

黄佐临著的《我与写意戏剧观》由中国戏剧出版社出版。

张永健主编的《新时期诗萃精评》由长江文艺出版社出版。

十二月

1日，电影艺术家王苹病逝，终年74岁。王苹（1916－1990），女，江苏江宁人，生于南京。原名王光珍，回族。1934年加入左翼戏剧联盟南京分盟，曾在话剧《娜拉》中饰演娜拉，引起轰动。1935年入西北影业公司当演员，演出第一部影片《无限生涯》。抗战爆发后，在《春寒》、《雾重庆》、《家》、

《清明前后》、《大雷雨》、《一江春水向东流》、《万家灯火》、《丽人行》等多部影片中饰演角色。新中国成立后参与八一电影制片厂的筹建工作，影片《河川进攻》的拍摄使其成为新中国第一位女电影导演。1957 年独立导演了第一部故事片《柳堡的故事》，反响甚巨。其执导的主要影片有故事片《槐树庄》、《永不消逝的电波》、《霓虹灯下的哨兵》等，以及大型音乐舞蹈史诗影片《东方红》、《中国革命之歌》。

高缨的中篇小说《薛玛姑娘》、钟鸣的短篇小说《老余》发表于《四川文学》第 12 期。

杨泥的短篇小说《土湾百姓》、范小青的短篇小说《夏天无事》发表于《作家》第 12 期。

1－3 日，中国作协山西分会等单位，在山西沁水县联合召开山西省第 3 次赵树理（国际）学术讨论会。日本、苏联等国学者在会上介绍了赵树理作品在国外产生的影响。与会者还就赵树理的创作道路及其艺术成就进行了讨论。

4 日，“吴晗光辉的一生”座谈会在京举行，彭真为《故乡的怀念》题写书名。为纪念吴晗诞辰 80 周年、逝世 20 周年，吴晗的故乡浙江省义乌市编辑了《故乡的怀念》一书，由光明日报出版社出版，记述了吴晗的生平事迹及纪念吴晗的诗文。

5 日，张旻的中篇小说《寻常日子》发表于《上海文学》第 12 期。

7－12 日，通俗文学期刊研讨会在天津召开。会议强调要有“阵地意识”，要用社会主义通俗文学作品占领文化阵地，用健康有益的读物调整读者的胃口。

10 日，彭见明的中篇小说《三八妇女节阳光灿烂》、毕淑敏的短篇小说《匣子里的水牛》发表于《北京文学》第 12 期。

10－12 日，第 10 届电影金鸡奖、第 13 届《大众电影》百花奖在武汉颁奖。《开国大典》获金鸡奖最佳故事片奖，李前宽、肖桂云（《开国大典》）和谢铁骊、赵元（《红楼梦》）并列最佳导演奖，张天民、张笑天、刘星、郭晨（《开国大典》）获最佳编剧奖。《开国大典》、《本命年》、《巍巍昆仑》获百花奖最佳影片奖。

17日，中国文联举行主席团会议，与会者重申坚持文艺为人民服务、为社会主义服务的方向，贯彻双百方针，加强团结，繁荣文艺。参加会议的有中国文联副主席李瑛、马烽、尹瘦石、张君秋、吴祖强、才旦卓玛。中国文联秘书长孟伟哉向主席团作一年工作汇报。主席曹禺在书面发言中希望文艺界紧密团结在以江泽民同志为核心的党中央周围，为社会主义精神文明建设作出新的贡献。中宣部副部长贺敬之到会并讲话。

20日，文化部主办的纪念徽班进京200周年振兴京剧观摩研讨大会在京举行。党和国家领导人江泽民、万里、乔石、李瑞环、李铁映、宋任穷等出席开幕式。纪念活动持续到1991年1月12日，期间有四项内容：京剧优秀剧目荟萃演出、京剧艺术研讨会、振兴京剧艺术展览和第5届全国戏曲演员观摩讲习会。《中国戏剧》1991年第2期开辟了“纪念徽班进京200周年”专栏，详细介绍了此次活动。

《戏剧》第4期发表欧阳山尊的《论曹禺的三个代表剧作》和焦尚志的《试探曹禺现实主义戏剧美学思想的基本特征》两篇论文，以及胡星亮的《中国现代戏剧观念的衍变与发展》。

铁凝的散文《草戒指》发表于《当代》第6期。

27日，杂文作家、全国政协委员廖沫沙在京病逝，终年83岁。1961年10月，应《前线》编辑部之邀，廖沫沙同邓拓、吴晗开辟《三家村札记》专栏。在此前后，他还在《人民日报》上的“长短录”专栏和《北京日报》上发表了一些杂感和短文，很受读者欢迎。“文革”时期，《三家村札记》成为政治对手指责他们的口实。姚文元说：《三家村札记》“是邓拓、廖沫沙、吴晗合股开办的一个黑店”，“吴晗是一位急先锋，廖沫沙紧紧跟上，而三将之中真正的‘主将’，即‘三家村’黑店的掌柜和总管，则是邓拓”。（姚文元：《评“三家村”——〈燕山夜话〉〈三家村札记〉的反动本质》，《解放军报》1966 年 5 月 10 日）夏衍说：“在这一代勇敢而缺乏斗争经验的知识分子中，廖沫沙同志是一位杰出的、才华出众的杂文家和新闻工作者，他顽强地斗争了半个多世纪，他也被贫穷、疾病、‘左’风折磨了半个多世纪。”（夏衍：《风雨故人情——〈廖沫沙的风雨岁月〉代序》，《新文学史料》1986 年第 1 期）佘海宁说，廖沫沙杂文的特点，是“有的放矢，言之有物，循循善诱，主题含蓄而不隐晦，行文婉转而少曲笔”，“读过后，可以使人们感受到作者对社会主义的热爱，对祖国前途和人民生活的关怀和责任感”。（《书生意气战士高风——记著名杂文作家廖沫沙》，《社会科学战线》1983 年第 4 期）伍励矛说：“廖沫沙真可谓是名副其实的‘杂家’：他当过编辑、记者、作家、高干，写过社论、新闻、小说、诗歌、剧本等，但真正使他成名的是他的杂文。他有着深厚的文字功底，却没有顾忌‘狱’——这个由两条恶犬把守一个言字的象形文字。因此，让他获‘罪’的还是他的杂文。”（伍励矛：《成名获“罪”皆文章——廖沫沙记略》，《湘潮》1993 年第 6 期）

28 日，《剧本》第 12 期发表王予、闻风的大型话剧《龙舟湖恋歌》。

本月，冰心的散文《我梦中的小翠鸟》发表在《星火》第 12 期上。

诗歌民刊《发现》于北京创刊。创刊号由臧棣、西渡、戈麦编辑。主要作者有清平、西渡、西川、蔡恒平、臧棣、严力等。《发现》共出 3 期，1992 年底停办。

何立伟的短篇小说《小说二题》、凡一平的短篇小说《金属》、于雷娃的短篇小说《梧桐树》发表于《小说家》第 6 期。

全国首届穆木天学术研讨会、吉林师范学院学报编辑部编的《穆木天研究论文集》由时代文艺出版社出版。

程光炜的《朦胧诗实验诗艺术论》由长江文艺出版社出版，谢冕作序。上篇论述朦胧诗，下篇论述实验诗，涉及对舒婷、江河、北岛、杨炼、顾城、海子、欧阳江河、开愚、车前子、南野、杨牧等诗人的论述。

唐祈主编的《中国新诗名篇鉴赏辞典》由四川辞书出版社出版。

高文升著的《中国当代戏剧文学史》由广西人民出版社出版。

姜彬的《区域文化与民间文艺学》由中国民间文艺出版社出版。

本年

诗歌民刊《倾向》印行海子、骆一禾辞世周年纪念专号。

《今天》杂志在海外复刊，复刊号发表了北岛、多多、杨炼、张枣、李笠等人的诗作。

钟敬文为新创刊的《中国与日本文化研究》杂志撰写了《洪水后兄妹再殖人类神话》。

赵丽宏的《赵丽宏散文选》由三联出版社出版。

孟慧英的《活态神话——中国少数民族神话研究》由南开大学出版社出版。

朱可先、程建军编的《神话与民俗》由中原农民出版社出版。

王康等的《当代民间文艺学家》由中央民族学院出版社出版。

陈来生的《史诗·叙事诗与民族精神》由上海社会科学院出版社出版。

富育光的《萨满教与神话》由辽宁大学出版社出版。

上海民间文艺家协会编的《民间文艺季刊》（1990 年第 1 – 4 期）由上海文艺出版社出版。

《中国各民族宗教与神话大辞典》由学苑出版社出版。

1991 年

一月

1 日，蒋子龙的中篇小说《寻父大流水》、阎连科的中篇小说《婚幻》发表于《当代》第 1 期。

苏童的短篇小说《我的棉花，我的家园》、陈冲的短篇小说《铩羽麒麟关》、从维熙的评论《艺术的空灵（创作随想录之七）》、吴炫的评论《非文学·坏文学·好文学》发表于《作家》第 1 期。

《四川文学》第 1 期发表翟永明的组诗《变奏的乐章》、马识途的长篇连载《雷神传奇》(全年 12 期连载)。

《鸭绿江》第 1 期发表梁晓声的中篇小说《失聪》、叶君健的散文《小三峡、栈道与悬棺》。

《春风》第 1 期发表毛志成的中篇小说《土层深处》。

2 日，《文汇报》第 6 版刊登巴金的《〈巴金短篇小说集〉小序》，徐开垒的《不平常的团聚——〈巴金传〉续卷第一章第一节》和宗璞纪念冯友兰的文章《心的嘱托》；第 7 版刊登新凤霞描写魏明伦的散文《大意小魏》。

《新剧本》第 1 期发表孟冰的话剧《绿荫里的红塑料桶》，“理论探讨”专栏发表麻国钧的《戏曲危机与现代意识片想》、刘川的《戏曲文学创作与现代意识杂论》。

宗璞的散文《心的嘱托》发表在《文汇报》上。

3日，《人民日报》第5版发表张玉能的评论《对文学中“向内转”的反思》，认为“‘向内转’的概括是不确切的”，其“对过去文艺事实的描述是不科学的”，“对新文学的判断是错误的”，“对文学发展的预测是不切实际的”，其理论存在着“片面性”。“向内转”论“片面强调了文学中的心理层次”，“忽视了人的社会实践的根本特性”。

《人民文学》第1期发表迟子建的短篇小说《挤奶员失业的日子》、王润滋的短篇小说《回来吧，小哥》、石钟山的短篇小说《金脉》、廉声的短篇小说《开光》，以及西川的诗《幻象》（四首）：《眺望》、《鸟》、《南方》、《梦见诗歌》。

4日，《人民日报》第3版报道，“为了在高校文科教学和研究领域中坚持马克思主义基本观点，批判资产阶级自由化观点，国家教委从1990年5月份开始组织力量编写文学概论、史学概论、伦理学概论、新闻学概论、社会学概论、政治学原理、法学基础理论、宪法学、政治经济学、管理学、教育学原理等文科主要课程的教学指导纲要。目前，90%课程的教学指导纲要提纲已经形成，进入编写初稿阶段”。“为了做好这项工作，国家教委有关部门发动广大教师参加，采取广大教师研讨和专门班子编写相结合的办法，以提高教师马克思主义理论水平，建立一支马克思主义理论队伍，做到既出成果又出人才。目前，中国人民大学、北京大学、清华大学、复旦大学、武汉大学、山东大学、南开大学、吉林大学、北京师范大学、华东师范大学等国家教委所属高校及一些省、市、自治区所属高校的许多有经验有水平的教授和中青年教师都投入这一工作”。（刘凤泰：《国家教委组织编写高校文科主要课程教学指导纲要——教给大学生最基本的马克思主义观点》）

上海市政府决定设立上海文学艺术奖。

台湾女作家三毛在台北一家医院中自杀身亡，终年48岁。三毛自杀事件在大陆引起了强烈的反响，在出版界和读书界引发了“三毛热”。三毛于弃世前（1991年1月1日凌晨两点）曾致贾平凹信一封，贾平凹听闻噩耗后曾撰《哭三毛》、《再哭三毛》两文祭奠亡灵。三毛（1943－1991），本名陈澍平，生于四川重庆，祖籍浙江定海。曾留学欧洲，婚后定居西班牙属撒哈拉沙漠迦纳利岛。1981年返台。著有《撒哈拉的故事》、《闹学记》、《雨季不再来》、《送你一匹马》、《稻草人手记》、《哭泣的骆驼》、《背影》、《温柔的夜》、《万水千山走遍》、《梦里花落知多少》等短篇小说。

李晓的短篇小说《大洪山》、陈占敏的短篇小说《日月经天》发表于《山东文学》第1期。

5日，《文艺报》第1期第4版刊登“电视剧《渴望》座谈会发言选登”文章，包括聂人江的《〈渴望〉的积极意义》、王光的《时代主旋律的广阔天地及其他》、玛拉沁夫的《〈渴望〉给人的启示》。

迟子建的短篇小说《稻草人》、张抗抗的散文《墙》发表于《北方文学》第1期。

彭见明的短篇小说《泽国》、韩少功的散文《然后》、碧野的散文《山奇水秀人情美》发表于《湖南文学》第1期。

陈忠实的短篇小说《两个朋友》、张旻的短篇小说《多雨的季节》发表于《莽原》第1期。

徐迟的散文《在纽约的曼哈顿》、王家新的组诗《持续的到达》发表于《长江文艺》第1期。

张贤亮的散文《夜歌》发表于《朔方》第1期。

7日，中国京剧院和鲁艺戏曲改革研究会联合在京召开延安及各解放区京剧改革研讨会。与会者回顾了自抗日战争爆发后，在延安和各解放区利用京剧旧形式宣传抗战新内容的现代戏演出，学习、继承和整理、改编并上演传统戏，创作和演出新编历史剧，逐步解决现代戏的形式与内容的矛盾，以及京剧活动由业余发展到专业、专业与业余相结合等情况，并对其主要的历史经验和教训进行了探讨。

北京市表彰奖励大型室内电视连续剧《渴望》、京剧《画龙点睛》和大型民族乐舞《盛世行》，还决定设立“北京文艺大奖”。

林希的中篇小说《红黑阵》、江灏的中篇小说《谢谢你常记得我》、于坚的诗《我看见草原的辽阔》（五首）、韩作荣的诗《水质的声音（四首）》发表于《天津文学》第1期。

梅绍静的散文《三叔》发表于《花溪》第1期。

8日，中央政治局常委、书记处书记李瑞环在中南海怀仁堂同《渴望》剧组人员座谈。李瑞环给予《渴望》高度评价，认为《渴望》不仅丰富了人民群众的精神文化生活，而且为我国电视剧、电影的创作闯出了一条新路。

《文艺报》受中国作家协会委托在京举办马克思主义文艺理论研讨会。会议的主要内容是认真地、科学地总结文艺思潮，进一步思考一些深层次的理论问题，进一步澄清被资产阶级自由化搞乱的思想理论是非和历史是非。

漓江出版社在京为黄继树的长篇历史小说《桂系演义》举办研讨会。与会者就作品的艺术成就展开了讨论。

9日，陈墨的评论《“通俗文学”二题》发表于《中国青年》第1期。

10日，《人民日报》第5版“社会主义文艺性质和特征笔谈”专题刊登了陈涌的评论《关于社会主义文艺》，认为“文学的社会性质，总是由一定时代一定阶级的性质所决定”；“社会主义文学的本质特征”“首先取决于它所体现的社会主义共产主义思想理想”；“社会主义文艺，是社会主义共产主义思想理想和艺术真实的一致”；“表现社会主义和时代的新人”反对“无冲突论”。同期第8版发表了季羡林的文章《晚节善终，大节不亏——悼念冯芝生（友兰）先生》。

温儒敏的《学院派批评的启示》发表于《读书》第1期。该文对于香港文学批评家周英雄博士所写的《比较文学与小说诠释》一书提出了自己的看法。作者肯定了周对作品和创作现象的实际批评，其“路数属于学院派，读来有些生涩，却又有另一番味道”。他认为，周“从种种不同的角度发掘作品内涵，探究作家创作的深层意识”，结论大胆、深刻，然而其“发掘”和“深究”的操作过程更值得注意。这是“他将理论研究运用于实际批评的一种尝试”。他赞同周的“反对硬套西方理论方法”、“有节制有分析地运用”的做法，认为中西文学理论应互通有无。“如何正确对待外来文化，说说容易，做起来其实是非常难的”。

池莉的短篇小说《冷也好热也好活着就好》、马原的中篇小说《总在途中》、吴若增的中篇小说《青娘》、王立纯的中篇小说《天风》、邓刚的短篇小说《浪漫的悲剧》、张抗抗的散文《欲哭无泪》、赵丽宏的散文《我的音乐·老外》、周佩红的散文《忆昆明》发表于《小说林》第1、2期合刊。池莉的小说发表后，引起诸多反响，有关评论大多纳入“新写实小说”讨论的框架之中。1992年第5期《文艺争鸣》发表南帆的文章《新写实主义：叙事的幻觉》，认为“新写实主义的人物消失了心理空间。这些人物拒绝思想，他们不愿在好奇的驱使之下探究世界，他们更习惯于随遇而安，知足常乐”，“生存这个概念已经没有任何深奥的哲学内涵。生存也就是存活——想方设法地活着。池莉的一个短篇小说标题可以看作一个象征性的概括《冷也好热也好活着就好》”。孙绍振、谢有顺在1993年第2期的《文艺理论研究》上撰文《只有创造的文学，才是有价值的文学》，文章认为“文学正在越来越明显地偏离那条神圣的道路”，这类“过日子”小说带来的严重后果是，“日常性蛀空和替代了主体的存在，文学如同吃饭、睡觉、逛街一样的平常，毫无精神超越性可言”。但也有评论家乐于承认池莉小说的合理性，《天津社会科学》1995年第2期发表王德胜的文章《当代中国审美文化的批判性》，其中提到，类似于《冷也好热也好活着就好》的小说是对“精英”理想的批判，“以‘大众’淡化‘精英’”、“以‘市民意识’抹平‘精英’意识”。文章的结论是，“首先，当代中国审美文化之于‘精英’理想的批判，显示了一种文化意义上的策略转换；其次，对‘精英’理想的批判，表面上看，是大众话语对知识分子文化/政治批判话语的一次置换，而在更深一层上，则反映了90年代中国文化精神的变异”。《文学评论》1995年第6期发表戴锦华的文章《池莉：神圣的烦恼人生》，文章说，《冷也好热也好活着就好》“写出了一曲情趣盎然、无思无虑的老都市谐谑曲”，其“魅力在于一种平视，而绝非俯瞰的切入，在于对其中司空见惯的市民社区、寻常日子的认同与赞美。”

池莉的中篇小说《金手》、黄蓓佳的中篇小说《永不对陌生人说》发表于《时代文学》第1期。

沙青的中篇小说《个人道德》发表于《北京文学》第1期。

林希的中篇小说《高买》、周梅森的长篇小说《神谕——洪门演义（下卷）》、袁鹰的纪实文学《十年面壁，十年迷雾》、冰心的散文《关于男人（之十）》、高洪波的散文《井》发表于《中国作家》第1期。

12日，《人民日报》报道，《古本小说集成》在上海编纂出版，“这项编纂整理工作，是我国古籍整理工作在古代小说领域中一次大规模的尝试，规模远远超过《四库全书》，为出版史之最”。

《文艺报》第2期刊登张清华的评论《乡土诗：新的美学追求》，对1990年以来的乡土与农业题材诗歌热进行了讨论。同期还有刘绍堂的评论《情节和人物贵在逼真——读长篇小说〈雾霭与阴谋〉》，端木蕻良的散文《记陈迩冬》。

北京人民艺术剧院在京演出话剧《回归》。编剧A. 伽林［苏］，导演任鸣，主演吕齐、郑天玮、金昭、宋丹丹、郭冬临等。

13日，《文汇报》刊登余苇介绍法国当代哲学家福柯的文章《二十世纪最后的大师——米歇尔·福柯》。

14－17日，中国电视艺术委员会、北京电视艺术家协会在北京联合举办“大型室内剧《渴望》创作经验交流会”，12个省、市、自治区的代表到会。会议提出，在充分肯定《渴望》为室内电视剧的发展提供了宝贵经验的同时，也要对电视剧基地化生产方式给予足够重视。

15日，作家康濯逝世，终年71岁。

《民族文学》杂志社在京举办创刊10周年庆祝大会。

《钟山》第1期“新写实小说大联展”发表刘震云长篇小说《故乡天下黄花》、叶兆言的中篇小说《采红菱》、高晓声的短篇小说《陈奂生战术》、苏童的短篇小说《狂奔》。同期《钟山》还集中发表多篇有关新写实和先锋小说家的评论，吴炫的《写实与形式》，孙生民的《疏离后的突破》，王干的《朱苏进——以一个军人的名义》，木弓的《张承志——必要的乌托邦》、《格非——“物”的叙述者》、《王朔——知识分子文化的鄙视者》，蒋原伦的《王安忆——“庸常之辈”》等。

张洁的短篇小说《柯先生的白天和夜晚》、范小青的中篇小说《清唱》、史铁生的散文《我与地坛》、李杭育的散文《散文的又一种可能性》、陈村的诗《风景》发表于《上海文学》第1期。

《文学评论》第1期发表何国瑞的文章《是一元论还是多元论——评刘再复的“多元论”》。

15－22日，天津市文化局、中国话剧艺术研究会华北分会和中国剧协天津分会在天津联合主办华北地区首届话剧节。来自河北、山西、内蒙古、天津的6个话剧团体和北京军区战友话剧团共上演了10个剧目，分别是天津人民艺术剧院的《唐明皇与杨贵妃》、《护航》、《欲望号街车》，河北省承德话剧团的《女人》、《班禅东行》，内蒙古自治区话剧团的《旗长，赛努》，内蒙古自治区呼伦贝尔盟话剧团《鲜卑岩祭火》，天津儿童艺术剧院的《红蜻蜓》，山西省话剧院的《迷雾人生》，北京军区战友话剧团的《来自滹沱河的报告》。

《文艺争鸣》第1期发表王一川的《卡里斯马典型与文化之境（一）——近四十年中国艺术主潮的修辞学阐释》、王光东的《新写实小说的美学特征及其值得注意的问题》、于青的《走出“玫瑰门”——谈女性文学的自觉意识》、李新宇的《从天国到人间的回归与迷失——论近年文学作品中爱情的世俗化倾向》。王光东文章的宗旨是“探求新写实小说区别于以往时期写实小说的美学特征”，认为其最突出的美学特点是“审美态度的客观化，追求生活的原色魅力”，表现在其中的美学技巧是：1. 采取一种“局外人”的叙述方法；2. “重视人的生活流程而不是人物性格的典型性”。其意义与局限表现在：1. “新写实小说的美学特征与十七年的现实主义小说相比所发生的变化从根本上来看是对于世界、对于人的一种哲学态度的变化”，从政治化转向“人本主义”的结果就是“把自我的能动力量忽略了”；2. 这种创作的危机是“作家艺术个性的淡化”，其后果“容易带来作家创造力的萎缩”，也“意味着作品感人力量的削弱”。

中国电影艺术研究中心、中国电影资料馆、山东电视台、北京电影学院音像出版社在北京举行52集电视系列片《电影艺术欣赏》的首发式和新闻发布会。这部长达1560分钟的电视系列片广泛涉猎电影史和电影艺术构成、电影风格流派和电影类型样式等电影艺术的各个方面，对普及电影知识、推荐优秀的电影文化、帮助人们欣赏电影等都起到有益的作用。

17日，《青年文学》第1期发表赵琪的中篇小说《琴师》。

《作品与争鸣》第1期转载毛志成的短篇《雄性株》（原载于《作品》1990年第10期）、张贤亮长篇小说《习惯死亡》梗概。

20日，毕飞宇的中篇小说《孤岛》、刘绍棠的中篇小说《牛背》、沈乔生的中篇小说《天路逶迤》发表于《花城》第1期。毕飞宇（1964－），江苏兴化人，1987 年毕业于扬州师范学院（扬州大学）中文系，从教五年后调入江苏省作家协会，现为江苏省作家协会副主席。20 世纪 80 年代中期开始小说创作，主要作品有短篇小说《是谁在深夜说话》、《哺乳期的女人》、《男人还剩下什么》、《蛐蛐 蛐蛐》、《怀念妹妹小青》、《地球上的王家庄》、《彩虹》、《相爱的日子》，中篇小说《上海往事》、《雨天的棉花糖》、《青衣》、《玉米》，长篇小说《平原》、《推拿》，出版短篇小说集《慌乱的指头》、《祖宗》、《操场》等，以及《毕飞宇文集》（4 卷）。作品被译成法文等多种文字在国外出版。曾两度获鲁迅文学奖，多次获《人民文学》小说创作奖、《小说选刊》奖、《小说月报》百花奖、冯牧文学奖、庄重文文学奖等。李敬泽曾经这样评价毕飞宇的《玉米》、《玉秀》和《玉秧》："……在这本名为《玉米》的书中，我们看到的首先是'人'，令人难忘的人。姐姐玉米是宽阔的，她像鹰，她是王者，她属于白天，她的体内有浩浩荡荡的长风；而玉秀和玉秧属于夜晚，秘密的、暧昧的、交杂着恐惧和狂喜的夜晚，玉秀如妖精，闪烁，荡漾，这火红的狐狸在月光中伶俐地寻觅、奔逃；玉秧平庸，但正是这种平庸吸引了毕飞宇，她的玉秧充满体积感的迟钝，笨重中看出田鼠般的敏感和警觉。三个人，三个女人，她们生长于田野，她们都梦想远方。但通向远方的路崎岖、艰险，三姐妹中玉秧走得最远，她的所到之处却是幽暗、逼仄的'洞穴'；在她们的脚下和心中横亘着铁一般的生存极限，她们焦渴、破碎于干旱坚硬之地。""通过对'极限'的探测，毕飞宇广博地处理了诸如历史、政治、权力、伦理、性别与性、城镇与乡村等主题，所有这些如同血管在人类生活的肌肤下运行。对我们来说，读《玉米》是经验的苏醒和整理，上世纪 70 年代的乡土和城镇、那时的日常情境在毕飞宇笔下精确地展开，绝对地具体，因确凿直抵本质。"（李敬泽：《玉米·序》，江苏文艺出版社 2003 年版）施战军评论他说："毕飞宇是一个个人艺术标志渐渐确立的作家，他的形而上的品格与感性表达得自如洽合，他的泛悲剧气氛上的温情，他的超验

与经验的兼顾，从基质上充分地营造了个性追索的独到天地。”（施战军：《毕飞宇论》，《钟山》2001 年第 3 期）

《小说评论》第 1 期发表关于“小说形势分析”的两篇文章：张德祥的《近年小说叙述方式考察》、廖增湖的《当代小说的反思与超越》。同期还发表吴秉杰的《命运的交响与变奏——对近年长篇创作中一种主题意向的鸟瞰》、徐亮的《在场——文学真实性新题》。

22 日，《文汇报》刊登贾平凹的文章《哭三毛》。

《啄木鸟》第 1 期发表毛志成的中篇小说《宾馆疑雾》。

23 日，《文汇报》第 6 版集中刊登几篇老作家的随笔，冰心的《漫谈“视听之娱”》、施蛰存的《香囊罗带》、林斤澜的《“夜半歌声”的歌者》、冯亦代的《时来运不来》及孙犁的《耕堂读书随笔》（二）；第 7 版刊登曾卓的散文《那簇淡蓝色的小花》。

24 日，《人民日报》第 5 版“社会主义文艺性质和特征笔谈”专题刊登了李准的文章《社会主义文艺和理想的追求》，认为社会主义文艺“不但要真实地揭示出社会生活的本质，而且要用革命理想的光辉照亮历史和现实，用革命的理想和道德去感染人、鼓舞人”。

《文汇报》第 3 版报道，我国首部大型科幻童话连续剧《小龙人》日前在北京人民大会堂举行了隆重的开机仪式。

《文艺理论与批评》第 1 期发表严昭柱的《论文学本质多元论的实质》，刘庆福、傅希春、梁仲华的《评刘再复的人道主义文学观》。

25 日，作家王愿坚因病在京逝世，终年 62 岁。冯牧曾如此为他的小说定位：“真实可信的英雄人物形象，构成了王愿坚的作品的中心内容”，“努力通过艺术的概括手段，来刻画那更能反映生活的真实面貌的典型环境和典型人物”。（冯牧：《有声有色的共产党员形象——略谈王愿坚短篇小说的若干艺术特色》，《文艺报》1959 年第 1 期）王燎荧总结了王愿坚小说中对情节处理的特色："他的小说的情节发展完全服从着主题的需要"，"他对情节的处理是颇具匠心的"。对于王愿坚没有参加过红军长征却写大量红军长征的作品，"这是由于作者除了能够寻找到相似的生活感受来做补充以外，也由于他能注意用最精炼的形式来写他所没有亲身经历过的生活"。（王燎荧：《从情节说起——漫谈王愿坚的小说》，《人民文学》1959 年第 5 期）陈绍华则这样来理解王愿坚的小说特色："王愿坚初期的短篇，有着强烈的激动人心的故事性。"对于他后来的创作，则认为，"他并没有以讲故事为满足，而是努力去开掘革命前辈的高尚品质和美的精神世界"。（陈绍华：《试谈王愿坚的短篇小说》，《齐鲁学刊》1975 年第 5 期）后来的研究者田宏虎、范胜田总结了王愿坚短篇小说的特点："教育意义大，感染力强"、"篇幅短，容量大，蕴含深"、"故事性强，情节动人"，并特别指出，"王愿坚的小说，在努力表现人物的人性美和人情美的同时也笔酣墨饱地写了大量人物身上的普通美，平凡美，使平凡与伟大产生了和谐的统一"。（田宏虎、范胜田：《王愿坚小说论》，《中国民航大学学报》1990 年第 3 期）对于王愿坚小说的缺点，一般认为多有雷同之笔，有单调之嫌，归因于他生活基础还不够丰厚。

由浩然任主编、河北省三河县文联编辑出版的《苍生文学》季刊创刊号，在三河县城举行首发式。

周大新的中篇小说《左朱雀右白虎》、皮皮的中篇小说《彼此的背面》、徐光耀的短篇小说《千萌大队》、梅洁的报告文学《伤残世界》、铁凝的随笔《您的微笑使我年轻》发表于《长城》第 1 期。

杨争光的中篇小说《赌徒》、陈村的中篇小说《最后一个残疾人》、阎连科的中篇小说《乡间故事》、北村的中篇小说《聒噪者说》、陆星儿的中篇小说《小凤子》、墨白的中篇小说《同胞》、陈染的短篇小说《空的窗》、汪曾祺的散文《贾似道之死》、周佩红的散文《今生今世》、从维熙的随笔《人生绝唱——萧军留下的水歌》发表于《收获》第 1 期。

钟道新的中篇小说《经济场》、蒋韵的中篇小说《太阳下的故事》、韩石山的中篇小说《西边的森林》发表于《黄河》第1期。

25－2月4日，以滕文骥为团长的中国电影代表团一行3人参加第14届瑞典哥德堡国际电影节，《黄河谣》、《南行记》、《本命年》、《哦，香雪》、《老井》等片参加专题展映，这是中国影片第一次参加该电影节展映。

26日，《文艺报》第4期第1版与第4版刊登贺敬之的《关于文艺思想理论的几个问题——在全国音乐思想座谈会上的讲话（摘要）》（原载于《人民音乐》1991年第1期），第3版刊登严昭柱的文章《一种“人道主义文学观念”的名与实》，第7版刊登叶君健的随笔《陈西滢和凌叔华——中国现代文学史中的一页》和刘绍堂的散文《今年没白活》。

28日，《剧本》第1期发表许雁的多场次话剧《情结》。

《上海戏剧》第1期发表赵丽宏的评论《戏台下的杂想》。

29日，上海作协主办的《海上文坛》创刊。

日本作家井上靖去世。中国作家协会、中国笔会以及巴金、冰心、刘白羽、张光年、马烽发去了唁电。（《文艺报》2月2日第1版消息）

30－2月1日，上海文艺工作会议举行，上海市委书记、市长朱镕基号召文艺工作者深入生活，更多创作和演出反映伟大时代的优秀作品和剧目。

本月，天津《小说家》杂志发起“精短中篇擂台赛”，第1期发表刘震云的中篇小说《一地鸡毛》、苏童的中篇小说《红粉》、张宇的中篇小说《城市逍遥》、吕新的中篇小说《葵花》。同期，还发表林希的中篇小说《黑罂粟》、张锦江的中篇小说《飞虱》、韩静霆的中篇小说《蓝蓝的天上白云飘》、汪曾祺的文论《读萧萧》。

《文学自由谈》（季刊）第1期发表王蒙的《〈红楼梦〉的写实与其他》、李国文的《宝钗这个人》、陈平原的《我爱读的书》、蔡翔的《札记两则》、韩少功的《比喻的传说》、陆星儿的《寻找读者》、吴秉杰的《长篇的困难》、木弓的《从理论角度看通俗小说》、季红真的《文化“寻根”与当代文学》、李洁非的《逃避语言》、蒋原伦的《由刘毅然小说谈起》、何立伟的《关于史铁生》等。

《当代文坛》第1期发表宏达的文章《“新写实小说”的导向问题》。文章一开始就肯定了其对本土小说传统的继承关系，表现在以下方面：1.“关注‘整个真象’，既是‘新写实小说’的根本特征，也本是中国古代写实小说传统之一”；2.“运用纪实的手法造成逼真的幻觉，追求事实与虚构交互作用所产生的复杂意味，并在两者的配置、调适之间开拓文学创造的空间”；3.“直面现实，无畏抉取人生真相的求真精神与真诚无隐的写实态度”。综合以上三点可看出，“‘新写实小说’与中国传统小说之间，或在根本精神，或在具体手段，均有千丝万缕联系”。他认为“新写实小说”的高明之处在于：“它似乎更注重对现实人生的感知印象，似乎无意‘挑剔’，似乎是小心翼翼唯恐‘走样’，仿佛堕入了‘模仿’的很低层次，实则是借以追求本体的象征意义，或借以观照生命存在的本相，又擢升于‘写实’的很高层次”。他分析了“新写实小说”“灰冷色调”的成因，认为这是此类写实作品需要注意克服的问题。

《当代作家评论》第1期发表“贾平凹评论小辑”：江开勇的《定势：起步的基石和超越负累——对贾平凹创作整体的一种把握》、阎建滨的《月亮符号·女神崇拜与文化代码——贾平凹创作深层魅力新探》。同期还发表陈晓明的《暴力与游戏：无主体的话语——孙甘露与后现代的话语特征》、李万庆的《“内陆高回”——论昌耀诗歌的悲剧精神》、朱希祥的《顽童们抛水的圆圈涟——对马原、洪峰、格非三篇小说的演进特征批评》。

柯云路长篇小说《新世纪(上卷)：气功·人体特异功能之谜》发表于《十月》第1期。同期发表权延赤的纪实文学《陶铸和他的哥哥——〈女儿眼中的父亲〉之一》。权延赤（1945－），内蒙古赤峰市人。1970年毕业于北京工业学院。历任空军某部无线电技师、宣传干事、大队副政委，北京空军政治部文学创作室专业作家。1996 年转业。1975 年开始发表作品。著有长篇小说《多欲之年》、《狼毒花》，长篇纪实文学《走下神坛的毛泽东》、《走下圣坛的周恩来》、《红墙内外》、《共和国密使》、《龙困与微行》、《红朝传奇》等。

毕淑敏的中篇小说《转》、彭见明的中篇小说《昨天的湖》、母国政的中篇小说《山的记忆》、洪峰的中篇小说《明朗的天》、聂鑫森的短篇小说《雪灾》、范小青的散文《访苏记趣》、吴调公的评论《主体意识：锲入于历史画卷中——评论长篇小说〈横波夫人〉》发表于《百花洲》第 1 期。

荆歌的短篇小说《断竹》、戴厚英的短篇小说《人之将死》、张旻的短篇小说《二女生》、张炜的短篇小说《冬夜三章》发表于《小说界》第 1 期。

《小说月报》第 1 期转载刘震云的中篇小说《一地鸡毛》（原载于《小说家》1991 年第 1 期）、何申的中篇小说《七品县令和办公室主任》（原载于《长城》1990 年第 5 期）、王蒙的短篇小说《济南》（原载于《上海文学》1990 年第 7 期）、格非的短篇小说《唿哨》（原载于《时代文学》1990 年第 5 期）、汪曾祺的短篇小说《笔记小说两篇》（原载于《东海》1990 年第 10 期）。

林染的诗《乌鞘岭以西（组诗）》、李发模的诗《短吟（三首）》发表于《中国西部文学》1 月号。

诗歌民刊《尺度》于北京创刊，仅出版 1 期，为对开 8 版报纸。主编阿吾，主要作者有臧棣、邹静之、西川、岛子、殷龙龙、斯人、阿吾、野舟、麦子、刘自立等。

由孟京辉执导、尤金·尤奈斯库编剧的荒诞戏剧《秃头歌女》在中央戏剧学院演出。作为一次实验性演出，该剧在“演出者的话中”指出：“我们选择了这一剧本，我们把它排出来了。我们按照自己的理解，诚心诚意地把懂和不懂的拿出来给大家看。做了，排了，演了，完了。谢谢支持帮助我们的朋友!”

文化艺术出版社出版《〈渴望〉的世界》，由汤恒主编。该书收录了电视剧理论界高鑫、仲呈祥、钟艺兵、汪岁寒、朱汉生、王云缦等人对我国第一部长篇室内电视剧《渴望》的评论文章，探讨了长篇室内电视剧的创作方式和艺术规律。

王辽生的诗集《黑蝴蝶》由江苏文艺出版社出版。

二月

1 日，中国老舍研究会等 6 单位在北京共同举办老舍诞辰 92 周年、逝世 25 周年座谈会。

高晓声的短篇小说《小说五题》、王浙滨的中篇小说《生为女人》、池莉的散文《游荡西藏心得种种》、张同吾的理论文章《诗的本体与诗人的自觉》发表于《作家》第 2 期。

《新剧本》第 2 期发表郑建昌、陈欲航、蒋光琳的话剧《生命之光》，“理论探索”专栏发表“当代意识和历史题材”一组文章：刘平的《时代感和生命力》、丁奕明的《当代意识我见》、孟繁树的《古代题材与当代意识》。

2 日，《文艺报》第 5 期第 4 版刊登玛拉沁夫的文章《虎坊艺谭》，文章联系电视连续剧《尹湛纳希》，谈了他对改革开放中有关意识形态工作的一些思考，从“认定文化优势”、“确定时代方位”、“选定艺术焦点”等三方面做了论述。

3 日，《人民文学》第 2 期发表浩然的纪实文学《东村的乡亲们》、关仁山的短篇小说《苦雪》、郭风的散文《妈祖》（外一章），王家新的诗五首：

《北方札记》、《光明》、《铁》、《楼梯》、《一个劈木柴过冬的人》。

4 日，赵德发的短篇小说《蚂蚁爪子》、《公枕》发表于《山东文学》第 2 期。

5 日，《文汇报》第 3 版刊登三毛的遗笔《致贾平凹》、陶然的随笔《记忆中的风景》。

马丽华的散文《走了一趟瑞士》发表于《西藏文学》第 2 期。

6 日，《文汇报》第 6 版刊登随笔一组，有施蛰存的《西明寺》、蒋子龙的《和气生财》、汪曾祺的《水浒人物的绰号——浪子燕青及其他》、张承志的《夏台小忆》；第 7 版刊登舒婷的散文《多情还数中年》。

林斤澜的短篇小说《老师三题》、海男的短篇小说《农庄上空的红鸟》发表于《天津文学》第 2 期。

9 日，《文艺报》第 6 期第 1 版刊登消息“李准出任中国现代文学馆馆长”；第 3 版刊登叶朗的文章《京剧的意象世界——为纪念徽班进京二百周年而作》；第 4 版刊登消息文章《杨沫谈 1959 年对〈青春之歌〉的修改》（消息出处：杨沫发表于 1991 年第 1 期《山花》上的文章《〈青春之歌〉的创作原因和诞生经过及发表后的反响》）。

10 日，杨绛的《记杨必》、张颐武的《回忆：书写梦境》、汪曾祺的《人之相知难也（为〈撕碎，撕碎，撕碎了是拼接〉而写）》发表于《读书》第 2 期。

《北京文学》第 2 期发表毛志成的中篇小说《清浊之间》、叶延滨的诗《感谢生活》、梅绍静的诗《天坛》。

11 日，上海文学发展基金会正式成立，著名作家巴金担任会长。文学前辈夏衍、著名学者赵朴初担任该会顾问。

中共中央办公厅、国务院办公厅发出《关于压缩整顿音像单位的通知》，提出对犯有严重错误，不具备条件的音像出版、复制、发行、放映单位给予撤销、停办或合并，对保留下来的进行思想、组织、出版秩序整顿。

15 日，王安忆的中篇小说《妙妙》、苏童的短篇小说《吹手向西》、石钟山的短篇小说《山洞那一边》、贾平凹的短篇小说《烟》、刘庆邦的短篇小说《新娘》发表于《上海文学》第 2 期。

梅绍静的散文《人生的帷幕》发表于《青年文学》第 2 期。

阿成的短篇小说《纸美人》发表于《芒种》第 2 期。

17 日，由林默涵口述、黄华英整理的文章《胡风事件的前前后后——林默涵问答录之一》发表于《作品与争鸣》第 2 期。

22 日，作家林漫在河北逝世，终年 77 岁。

26 日，中共中央宣传部、中共中央组织部、广播电影电视部、文化部、中华全国总工会在北京人民大会堂举行电影《焦裕禄》的首映式。

中国儿童电影制片厂摄制，王好为执导的影片《哦，香雪》获第 41 届柏林国际电影节最佳儿童片奖——国际儿童与青年电影中心艺术大奖。

28 日，《剧本》第 2 期发表苏雷的大型话剧《父亲的车站》。

本月，由芒克、唐晓渡等编辑的诗歌民刊《现代汉诗》在北京创刊，发刊词称，“《现代汉诗》为纯文学交流资料，以促进和发展现代汉诗为唯一宗旨。《现代汉诗》致力于汇集和发掘各种风格各种流派的优秀作品”。编委由全国各地的三四十位诗人共同担任。在北京、深圳、杭州、上海各地轮流编辑。《现代汉诗》每年编辑 4 卷，以春夏秋冬为序。《现代汉诗》主要同仁有默默、孟浪、刘漫流、余刚、梁晓明、吕德安、郁郁、黄灿然、南野、韩东、芒克、唐晓渡、西川、邹静之、蓝马、唐亚平、柏桦、岛子、欧阳江河、于坚、陈超、尚仲敏、朱大可等。刊出过许多有影响的诗作，如杨炼的《战争纪念馆》、唐亚平的《意外的风景》、周伦佑的《永远的伤口》、翟永明的《死亡的图案》、王家新的《转变》、唐晓渡的《死亡玫瑰》、李亚伟的《飞行》、柏桦的《纪念朱湘》、韩东的《甲乙》、于坚的《对一只乌鸦的命名》

等。《现代汉诗》设“现代汉诗奖”，由编委组成评委会，评选产生年度优秀诗人一名。实际该奖只颁发过两次，一次在1992年，获奖者为孟浪；第二次在1994年，获奖者为西川。《现代汉诗》共出版9期。1995年底终刊。唐晓渡（1954－），曾用笔名晓渡、萧犊子，江苏仪征人。1968年初中毕业后插队3年，当工人6年。1982年毕业于南京大学中文系，到中国作家协会《诗刊》编辑部工作，先后任编辑、副编审。1998年2月调作家出版社，现为编审，兼职北京大学新诗研究中心研究员。大学期间开始诗歌和文学评论写作，1981年开始发表作品。著有《不断重临的起点》（文化艺术出版社1989年版）、《唐晓渡诗歌评论自选集》（贵州人民出版社1993年版）、《唐晓渡诗学论集》（中国社会科学出版社2001年版）；译著《小说的艺术》（米兰·昆德拉〔捷〕，作家出版社1993年版）等，编著十数种。论文《时间神话的终结》曾获“首届（1995年）《文艺争鸣》理论奖”。由谢冕、汪晖、陈思和、王晓明、童庆炳5人组成的评委会对《时间神话的终结》一文的评价如下：“本文所揭示的‘时间神话’之说，切中了本世纪以来知识分子思维模式中的一个重要问题，并对当前文学研究和文学批评中的某些现象做出了坦率和尖锐的批评。文章由于其深刻性给人以诸多启发，其观点和胆识对清理20世纪的思想，具有较大的意义。”

红柯的中篇小说《老人河》发表于《中国西部文学》第2期。红柯（1962－），原名杨宏科，陕西岐山人。曾在新疆生活十年，后工作于宝鸡理工学院，2005年到陕西师范大学任教。主要作品有小说集《美丽奴羊》、《黄金草原》、《跃马天山》、《太阳发芽》等，长篇小说《西去的骑手》、《大河》、《老虎！老虎!》、《乌尔禾》等。曾获鲁迅文学奖、冯牧文学奖、庄重文文学奖等奖项。

刁斗的短篇小说《阿曼家族断片》发表于《春风》第2期。

陈应松的短篇小说《八爷》发表于《芳草》第2期。同期还发表於可训的评论《论现阶段小说创作中的新写实主义浪潮》。

《小说月报》第2期转载李国文的中篇小说《茧》（原载于《时代文学》1990年第6期）、王安忆的中篇小说《叔叔的故事》（原载于《收获》1990年第6期）、池莉的短篇小说《冷也好热也好活着就好》（原载于《小说林》1991年第1-2期）、柯云路的短篇小说《梦非梦（外二章）》（原载于《十月》1990年第6期）。

王尔碑、流沙河编的《小诗百家点评》由重庆出版社出版。

张默选编的《台湾青年诗选》由人民文学出版社出版，收录了简政珍、杜十三、白灵、陈义芝、王添源、向阳、夏宇、焦桐、林彧、刘克襄、侯吉谅、陈克华、林耀德、罗任玲、许悔之、颜艾琳等30余位诗人的200多篇诗作。

牛汉与蔡其矫主编的诗集《东方金字塔——中国青年诗人13家》由安徽文艺出版社出版。

三月

1日，中共中央邀请文艺界知名人士到中南海座谈，共商繁荣我国文艺事业、建设社会主义精神文明的大计。江泽民总书记作题为《团结奋斗，繁荣社会主义文艺》的讲话。

中共中央宣传部、文化部、广播电影电视部联合下发《关于当前繁荣文艺创作的意见》。意见具体包括以下十条："一、组织和引导作家艺术家学习马克思列宁主义、毛泽东思想，学习党的路线、方针、政策，学习科学文化知识。二、采取多种形式，组织作家艺术家深入生活。三、加强创作规划和对重点创作的领导。四、搞好二度创作，调动导演、表演、指挥、演奏、音乐、美工、摄像、录制等各类创作人员的积极性，合力推出高水平高质量的艺术品。五、建立一支宏大的专业与业余相结合的创作队伍。六、加强文艺作品传播手段的管理。七、加强和改进对文艺创作的评论。八、加强文艺创作的对外宣传推荐和中外合作创作的管理。九、设立创作基金，改进奖励制度。十、加强文艺法制建设，促进文艺创作繁荣，保证文艺事业健康发展。”

黎汝清的长篇小说《碧血黄沙》、柯云路的中篇小说《陌生的小城》发表于《当代》第2期。

范小青的中篇小说《门神》、阿成的短篇小说《远客》、赵琪的短篇小说《夏日的欢乐》、王晓明的随笔《追问录（7-11）》发表于《作家》第3期。

阿来的短篇小说《狩猎》、《银环蛇》、《电话》发表于《四川文学》第3期。

马原的中篇小说《双重生活》、迟子建的短篇小说《罗索河瘟疫》发表于《鸭绿江》第3期。

毛志成的中篇小说《落叶萧萧》、程乃珊的短篇小说《心曲向谁诉》发表于《广州文艺》第3期。

2日，中国孔子基金会、中国文联理论研究室、武汉市文联等单位在京联合举办杨书案的长篇历史小说《孔子》研讨会。与会70余名代表就作品的特色及意义等问题进行了研讨。

《文艺报》第8期第2版发表吴明整理的对话文章《笔下有雷声——谈新诗高扬时代主旋律》；第3版刊登蓝砚文章《论“刘再复现象”》；第4版刊登陈登科的文章《遥寄吾师报天知——悼康濯》；第8版刊登邓友梅的文章《别愿坚 忆当年》。

《新剧本》第2期发表郑建昌、陈欲航、蒋光琳的话剧《生命之光》。

3日，关仁山的报告文学《播火者》、叶文玲的纪实文学《量海楼主》、海男的诗《花园》、季红真的散文《永恒的迷恋》发表于《人民文学》第

3 期。

5 日，益希单增的中篇小说《走向西藏》发表于《西藏文学》第 3 期。

何玉茹的短篇小说《大英和她的婆婆》发表于《莽原》第 2 期。

刘心武的散文《硬木棍》发表于《山花》第 3 期。

杜鹏程的散文《他对生活充满激情》发表于《延河》第 3 期。

6 日，何申短篇小说《乡干部老秦》、创作谈《我与“老秦”》发表于《河北文学》第 3 期。

7 日，中国文联在京召开全国青年业余文艺创作者会议。中国文联党组书记林默涵作题为《为社会主义文艺的繁荣而团结奋斗》的报告，中国文联主席曹禺给大会写来了书面发言《我的希望》，中宣部部长王忍之出席开幕式并讲话。

王蒙的短篇小说《室内乐三章》、刘心武的中篇小说《永恒的微笑》、苏叔阳的纪实文学《初访马六甲》发表于《天津文学》第 3 期。

8 日，第 3 届茅盾文学奖在京揭晓。路遥的《平凡的世界》（中国文联出版公司 1986 年 12 月版）、凌力的《少年天子》（北京十月文艺出版社 1987 年 8 月版）、孙力、余小惠的《都市风流》（浙江文艺出版社 1989 年 2 月版）、刘白羽的《第二个太阳》（人民文学出版社 1987 年 11 月版）、霍达的《穆斯林的葬礼》（北京十月文艺出版社 1988 年 12 月版）等 5 部长篇小说获奖。另外，萧克的《浴血罗霄》（解放军文艺出版社 1988 年 8 月版）、徐兴业的《金瓯缺》（福建人民出版社 1980 年 12 月版）等两部长篇小说获荣誉奖。本月 29 日在京举行了颁奖大会。

《诗刊》社主办的“李季诗歌研讨会”在北京举行。《诗刊》5 月号刊出“本刊记者”文章《与时代同步与人民同心——李季诗歌研讨会综述》，综述说，在此次研讨会中，中宣部副部长、文化部代部长贺敬之来信表示祝贺，老诗人臧克家寄来书面发言，中组部副部长赵宗鼐以个人身份参加了会议，首都诗歌界的学者、诗人、诗评家及李季生前的战友、亲朋，包括李季妻子李小为等数十人应邀出席了会议。文章提到，会议由《诗刊》主编杨子敏主持，参加讨论的人员主要有柯岩、钟敬文、阮章竞、李瑛、魏巍、钱光培、朱子奇、江波、张器友、奥芝兰、纪鹏、宋垒、杨拯民、张僖、邹荻帆、程树榛、周明、王朝垠、查干、李德润、杨金亭、丁国成等。文章还说，此次研讨会正值李季忌辰十一周年，与会人员共同表达了对李季的深切缅怀之情，一致充分肯定了其诗歌成就。“李季是新诗史上抹不掉的诗人!”（柯岩语）同期专辑发表了李瑛的《致力于新诗和人民群众结合的典范》、江波的《忆念人民诗人李季》、张器友的《李季与新诗民族化、大众化》等3篇文章。

9日，《文艺报》第9期消息，《中国新文学大系》全部出齐，由上海文艺出版社编辑出版，共50套，3000万字。

10日，王安忆的随笔《写作小说的理想》、王蒙的随笔《批评或有之隔》、李杭育的随笔《既朴实，又奢侈》发表于《读书》第3期。

阎连科的中篇小说《中士还乡》发表于《时代文学》第2期。

11日，在丁玲逝世五周年之际，姚雪垠、朱子奇、柯岩、雷加、草明、魏巍等30多位在京老作家和生前好友举行纪念座谈会。

12日，《人民日报》第3版报道中国文联机关党委近3个月来接连举办学习社会主义理论读书班，对党员干部进行社会主义教育，使大家坚定社会主义必将战胜资本主义的信念，增强无产阶级党性。

14日，《人民日报》第5版刊登袁可嘉的文章《现代派与“反传统”》，认为我国文艺界有人以“反传统”为据，“盲目鼓吹对一切传统的逆反精神，造成了思想上的混乱和实践上的失误”，而实际上“现代主义文学包括不同的支派，它们对传统持有不同的态度”。

15日，《人民日报》第3版转载贺敬之的《关于建设有中国特色的社会主义文化的几点看法》的第三部分。文章提出了建设有中国特色的社会主义文化的必要保证："坚持马列主义、毛泽东思想对文化工作的指导"；"加强和改善党对文化工作的领导"；"确立文化事业的正确方向，坚持文化为人民服务、为社会主义服务"；"实行文化领域中的社会主义民主，坚持'百花齐放、百家争鸣'的方针"；"继承革命文化优良传统，坚持文化工作中的社会主义改革"；"弘扬民族文化的优秀传统，推动文化开放和中外文化交流"；"建设一支宏大的又红又专的文化工作队伍"；"充实、完善实现文化工作总方向和基本方针的一系列具体的方针政策"。（原文发表于《求是》杂志1991年第5、6期）

《钟山》第2期继续"新写实小说大联展"栏目，刊登刘震云的长篇小说《故乡天下黄花》，同栏目还发表林谦的中篇小说《爱情故事》、许谋清的中篇小说《鬼街》、皮皮的中篇小说《危险的日常生活》、王立的短篇小说《四姑》、赵毅衡的短篇小说《芜城》等。同期还发表鲁羊的短篇小说《仲家传说》，以及朱伟的《刘索拉小记》、黄毓璜的《面对共同的历史——周梅森、叶兆言、苏童比较谈》、周梅森的《李贯通——别有洞天》等评论。

殷慧芬的短篇小说《蜜枣》、朱苏进的中篇小说《金色叶片》发表于《上海文学》第3期。

陈应松的中篇小说《无所依托》发表于《江南》第2期。

《文学评论》第2期发表董学文的文章《评新时期刘再复的文学理论观》。

《文艺争鸣》第2期发表王一川的《卡里斯马典型与文化之境（二）——近四十年中国艺术主潮的修辞学阐释》、南帆的《主体与符号》、潘凯雄与贺绍俊的《通俗文学：显现和疏散社会心态》等文章。

16日，第8届《中国戏剧》梅花奖评奖揭晓。白淑贤、胡小凤等22位戏曲演员获奖。话剧演员获奖者是中国儿童艺术剧院的刘晓明。5月8日，颁奖仪式在北京人民剧场举行。

20 日，《小说评论》第 2 期发表张韧的《近期小说中文学价值意识的演化》、孟繁华的《小说本体研究述评》、王仲生的《从与农民共反思走向与民族共反思——评陈忠实 80 年代后期创作》、杨剑龙的《烦恼人生的真实写照——谈池莉的小说创作》、垄耘的《开掘着的人生系列——路遥初论》等文章。

《上海文论》第 2 期发表一组讨论电视连续剧《渴望》的文章，撰文者有汪天云、方克强、陈思和、梁红英、任仲伦、王文英、生民、鸣亚、张振华。

张洁的中篇小说《日子》发表于《花城》第 2 期，同期还发表陈祖芬的报告文学《人和自然保护区》，王家新的诗《最后的营地》、《帕斯捷尔纳克》，黄灿然的诗《感怀十四行》，海子的遗诗《喜马拉雅》。

朱苏进的长篇小说《炮群》发表于《昆仑》第 2 期。

《戏剧》第 1 期发表林克欢的《人的形象及其象征》。文章认为，人的形象及其象征是“徐晓钟导演艺术最主要的精神内涵与舞台表现的特征”。

《剧作家》第 2 期发表杨利民的话剧《大荒野》、黄肖华的话剧《水婚》和阿瑟·密勒〔美〕著、春梅译的话剧《我什么都不记得了》。

21 日，中国茅盾研究学会和中国现代文学馆在京联合举办纪念茅盾逝世 10 周年座谈会。与会者高度评价茅盾对中国现代文学开创性的贡献。

23 日，《文艺报》第 11 期第 1 版消息，中国作协工作会议在京召开。会议中心议题是：贯彻落实党的七中全会精神，贯彻落实江泽民同志 3 月 1 日讲话精神，进一步团结壮大文学队伍，进一步繁荣社会主义文学创作；第 3 版刊登曾镇南的文章《为什么说“向内转”是贬弃现实主义的文学主张?》。

25 日，《文艺理论与批评》第 2 期发表陆贵山的《“文学主体性”理论与审美乌托邦》、罗守让的《关于“重写文学史”的辨析》、程俊的《应当怎样评价中国当代文艺——兼与李泽厚同志商榷》等文章。

《当代作家评论》第2期发表“余华评论小辑”，有莫言的《清醒的说梦者——关于余华及其小说的杂感》、赵毅衡的《非语义化的凯旋——细读余华》、张王夫的《现实一种——论余华小说》等文章。

《人民日报》第8版发表臧克家的评论《“诗就是诗”辩》，认为“‘诗就是诗’就是所谓‘纯诗’的另一种提法，它宣传、倡导写诗要撇开政治，远离时代，闭口不谈人民性、社会效果，好似和这些要素一沾边，就不能成为高雅的艺术品，失去了诗艺的美感和它的永恒价值。我们的看法恰恰相反。诗，应该是抒发诗人的思想感情的，但如果这种思想感情不同群众息息相关，心心相印，写出的东西决不会为人民所喜爱”。

北京图书馆、中国现代文学馆、上海图书馆、中国电影出版社在北京图书馆联合主办“夏衍文学创作生涯60年展览”开幕式，并举行“夏衍文学创作生涯60年”电影周开幕式。

徐迟的长篇小说《江南小镇》、崔京生的中篇小说《长江口》、廉声的中篇小说《月色狰狞》、林白的中篇小说《亚热带公园》、刘毅然的中篇小说《孤独萨克斯》、吴亮的短篇小说《吉姆四号》、鲁羊的短篇小说《忆故人》发表于《收获》第2期，同期还发表张辛欣的散文《焚稿》、汪曾祺的散文《随遇而安》。

李锐的中篇小说《传说之死》、成一的中篇小说《商家风景》、张平的中篇小说《妮儿》发表于《黄河》第2期。

何玉茹的中篇小说《倾斜的门楼》发表于《长城》第2期，同期还发表铁凝的评论《醒来的独唱——何玉茹小记》、封秋昌的评论《女性世界的审视——论何玉茹的小说创作》、南帆的评论《北村的小说图式》。

27日，北京市作家协会儿童文学委员会和《东方少年》编辑部共同举办孙幼军作品讨论会，祝贺孙幼军获1990年“国际安徒生奖”提名奖。30多名与会者就作者的创作道路、作品艺术特色及总体成就等问题进行了讨论。

与会者认为，孙幼军童话作品继承和发展了我国民族童话的优秀传统，并形成了自己的风格。

《人民日报》第 8 版刊登沙汀的文章《怀念茅盾先生》。

28 日，《剧本》第 3 期发表张莉莉的三幕话剧《街边女 街边仔》。

30 日，《新华月报》第 2 期转载贺敬之发表于 1990 年 12 月 6 日《人民日报》上的文章《争取民族的社会主义的歌剧艺术的新繁荣》。

本月，《文学评论》等单位在京举行"新写实主义"问题座谈会。与会者就当代小说创作中的"新写实主义"问题展开了讨论。关于这次座谈会的具体内容，《文学评论》于本年第 3 期发表《"新写实"小说座谈辑录》，署名"中国社会科学院文学研究所当代文学研究室"。张炯主持了会议。他认为"新写实小说"尽管有"新现实主义"、"新写实主义"、"现实主义自然化"等不同称谓，但这种创作现象是存在的，却又"难用简单的几条理论概念去加以概括"。"新写实"小说家的创作虽各有特点，但相似之处也明显，"比如，一般都倾心于描写普普通通的小人物的生活，并且尽量淡化社会历史背景中的重大历史事件和重大社会冲突，淡化阶级关系和阶级意识，而着力通过琐屑的生活现象的描写，表现人的生命意识、生命体验和生命冲动，凸现人的生存困境、生存挣扎和生存悲剧"。他认为，"'新写实'小说的'新'就'新'在它着意表现人的生命体验、生命冲动和生存状态、生存困境，然而它的局限也恰恰在这里。它不是在完整意义上表现生活的'原生态'、'生活的本相'，而是在自己的选择中有意忽略和淡化生活中本来有的重大社会冲突和标志不同社会形态的带有本质性的社会关系（包括阶级关系、党派关系）以及受这种关系所制约的人物性格的社会内涵（包括阶级意识和心理、政治欲求、道德伦理观念、宗教和哲学信仰等）"。他认为，其局限性在于"亮色不足"、"缺乏被革命理想之光所照耀的进取的信心"、"多半缺乏一种完整的人物性格所应具有的丰富性和深刻性"，"很难感受时代的主旋律"。

金惠敏认为，“新写实”小说突破了正统现实主义的现实观念和理想主义，具体有三点：1. “由哲学—政治意味的‘现实’转向‘现象’”；2. 理想主义从现实中“默默遁隐”，“取而代之的是一种新的存在哲学——活命哲学”；3. “从新时期文学的忧国忧民的现实主义母题，转变为忧人——对人的一般的永恒的存在的关心”。他总结道：“新写实小说已经从精神上走出了现实主义的疆域，从根本上瓦解了正统的现实主义体系。”张韧不同意新现实主义或新写实主义的提法，他坚持肯定自己的“新写实小说”的命名。他从分析对比80年代中后期的五种文学现象——“占主导地位的现实主义、寻根文学、现代主义、纪实文学、新写实小说”出发，提出肯定“新写实小说”的理由，包括：1. 新写实小说“从‘小’处落墨，以日常平凡生活为审视对象，淋漓尽致地展示了传统小说那种以小见大、平中见奇的艺术优势”；2. 新写实小说既“寻求形而上的人生哲学”，也“探求中国式的人生价值理想和哲学的超越”，“给人以亲近与亲切感，以致它在烦恼、冷峻之中也透出温馨之情”；3. “崇尚真实、务实和求实的今天读者，从新写实小说体验到如临其境的真实记录的魅力，在实拍似的人物画面中见到自己的影子，找到自己的悲欢。所以社会读者将偏爱与理解给了新写实小说，而不大满意那些疏离时代生活而又故作姿态的作品”。他总结道：“新写实小说已为我们当代文学提供了一种崭新的认识世界的观照方式，一种透视人的新的角度，它对认识现代人的生存状态、生活方式和怎样活法是有独特价值意义的。”董之林认为，新写实小说的提出，是“对文学的意识形态的疏离”，“是一种开放性的文学价值结构在创作中的具体表现”。他认为，新写实小说是对西方批判现实主义与现代主义等文学遗产的继承，但“最重要的是”，其“正逐渐与本土的‘实’融合在一起。并且，在这种由‘浮躁’而转向沉思之后的选择中，‘新写实小说’为文学的发展留下不容忽略的一页”。张德祥对新写实小说的特征与性质进行了评定：1. “这些小说共同关注的是当代普通人的生存现实”，“体现出文学的现实主义精神”，“因此，生存意识的强化是‘新写实’小说的一个基本特征”；2. “这些作品基本上是按照生活的本来面目反映生活”，“这一文学现象实质上是现实主义适应当代社会现实、文化思潮、审美意识而产生的一种形态”；3. “这一文学现象的出现，不是为领新标异而先人为地亮出旗号，恰是文学处于‘低谷’中悄然孕育、自然生发”，“它的真正内涵和使命就应当是完成一个历史性的综合，即站在一个新的历史与美学高度，把中国的历史进程、现实存在、文化形态、民族的生存境况与精神状态整体地纳入文学视野进行观照开掘，把各种新的艺术手段和审美因素融化和统一到文学的现实主义精神上，使中国当代文学走向更深一步切入和反映时代现实的新境界”。陈晓明认为，对于“新写实主义”，“只有从‘历史/意识形态/美学’构成的多边关系中才能得到比较恰当的理解”，“‘新写实主义’的含混性同时具有极大的包容性”，“正是‘先锋派’向现实主义表示出的‘臣服’，使得这次救赎与皈依的仪式显得异常生动”。他为新写实主义划分了两个“群体”或“趋势”：一是“面对现实的群体”，包括刘恒、刘震云、方方、池莉、李晓、李锐、朱晓平、周梅森、刘毅然、叶曙明、王朔、范小青等；二是“面向历史”的群体，包括苏童、格非、叶兆言、余华、北村等人。前者是“新写实主义”的主力军。他提出，谈论“新写实主义”，不能忽略“先锋派”转向讲述历史故事的事实。蒋守谦认为，如果处理不当，“新写实主义”有走向自然主义的危险，认为有些论者对这种创作现象的特点“说得过于玄乎”。他认为，“‘新写实小说’的可取之处，恰恰在于它看上去似乎在表现‘小人物’的卑琐而实则进行了思想上的超越，看上去似乎是陷入了自然主义而实质上却触及了生活中最本质的问题”。高鸣鸾从话剧与电视连续剧的实例来证实“新写实”倾向的存在。他认为，存在一种“创作上现实主义回复的现象”，但是，“现实主义没有一个恒定的模式”，“新写实主义作品又有新的拓展，特别是以描写细腻和具有强烈生活实感而见长，体现了现实主义在当代社会条件下的一个新的历史性变化”。他同时也提出这类作品中的“自然化”的倾向。曾镇南强调要多研究“新写实小说”的作品，“而不要急于发明、鼓吹、弥缝种种新名目”。他通过分析比较方方与池莉的作品来得出“新写实小说”的特点。他认为，“着眼于现实主义的存在和发展，用现实主义的，尤其是典型化的尺度去衡量‘新写实小说’这名目笼罩下的作家作品，我认为是比较切合实际的”，而去“强调这些小说异于传统现实主义的地方，这是非常勉强的”。何火任用“现实主义小说的开放意识”来表述对“新写实小说”的“初步认识”，认为其“开放意识”表现在：1. 真实性上；2. “典型”意蕴的拓展上；3. 各种有益的艺术表现手法的广泛吸收上。

《女子文学》月刊社主办的首届中国女子诗歌大奖赛评选揭晓。孙大梅、吕新、郑天玮等获“十佳女诗人”称号。

陈染的中篇小说《空心人诞生》、陆星儿的短篇小说《请罪——〈天生是个女人〉之二十》、庞瑞银的长篇小说《漂泊的少女》、毕淑敏的散文《如果你没有看到过钻塔》、邹荻帆的散文《威尼斯游柬》发表于《百花洲》第2期。

黄蓓佳的中篇小说《水边的阿蒂丽娜》、李庆西的短篇小说《人间笔记》（两题）发表于《小说界》第2期。

《十月》第2期发表叶楠的中篇小说《淹没不了的往事》、肖复兴的散文《最后的海菲兹》、洪烛的诗《大豆高粱》、孟晓云的报告文学《我们曾经那样生活过——关于电视剧〈渴望〉的采访手记》和郑晓龙、冯小刚的剧本《遭遇激情》。

《中篇小说选刊》第2期转载王安忆的中篇小说《命运交响曲》（原载于《时代文学》1991年第1期）、刘震云的中篇小说《一地鸡毛》（原载于《小说家》1991年第1期）、贾平凹的中篇小说《美穴地》（原载于《人民文学》1990年7、8期合刊）、池莉的中篇小说《金手》（原载于《时代文学》1991

年第1期）。

何顿的中篇小说《真寐假寐》发表于《芙蓉》第2期。何顿（1958－），原名何斌，湖南郴州人。1983年毕业于湖南师范大学美术系。1977年赴湖南省开慧公社插队务农，后历任长沙市光电二厂子弟学校教师，长沙市第九中学美术教师、文联创作室专业作家。1984年开始发表作品。1989年在《芙蓉》上发表中篇处女作《古镇》，从此走上文坛。发表小说200余万字。出版长篇小说《我们像葵花》、《就这么回事》、《荒原上的阳光》、《喜马拉雅山》、《眺望人生》、《荒芜之旅》等，中篇小说集《生活无罪》、《太阳很好》、《只要你过得比我好》等。被评论界视为“新生代”和“新现实主义”的代表作家之一，部分作品被国外翻译出版。

张梅的《冬天的大排档》发表于《作品》第3期。张梅（1958－），女，广东梅县人。1985年毕业于广州市业余大学中文系。1978年参加工作，历任广州机床厂技术科干部、广东人民出版社编辑、广州市文学创作研究所干部、《广州文艺》杂志主编、广州市政协委员。1988年开始发表作品。著有小说及散文随笔集《千面人生》、《赴爸爸的婚宴》、《酒后的爱情观》、《此种风情谁解》、《此物最伤情》等。中篇小说《殊途同归》获广东省第7届新人新作奖，散文集《木屐声声》获第2届广州文艺奖。

《芒种》第3期发表顾城的诗《堆》、《停》。

《小说家》第2期发表6个中篇小说：储福金的《重影》、王安忆的《歌星日本来》、张石山的《长考》、李佩甫的《田园》、沈乔生的《长歌》、姜宪章的《驴头礁》，同期还发表何镇邦的《说长论短看“擂台”》、蒋原伦的《我的阅读感受》、雷达的《四种视角 四重境界》、潘凯雄的《我的“裁决”》等4篇评论。

《中国西部文学》第3期发表韩天航的中篇小说《真拉玛依的一天》、蔡宇知的中篇小说《男人的悲哀》、杨牧的组诗《蓦然回首》。

《小说月报》第3期转载叶兆言的中篇小说《半边营》（原载于《收获》1990年第3期），张洁的短篇小说《柯先生的白天和夜晚》（原载于《上海文学》1991年第1期），石钟山的短篇小说《金脉》（原载于《人民文学》1991年第1期），雷达、何镇邦、潘凯雄、蒋原伦的《〈一地鸡毛〉四人谈》。

谢冕的《地火依然运行——中国新诗潮论》由上海三联书店出版。本书系洁泯主编的"文学新论系列"之一种。该书再次强调以"新诗潮"取代"朦胧诗"的命名，对新时期的青年诗歌探索诗潮进行了全景式扫描与批评。

叶橹的《〈慈航〉解读》发表在《名作欣赏》第3期。作者认为，诗人昌耀借用"慈航"一词，"本质是为了体现一种精神的超度和彻悟，而不是仅仅向读者用诗的形式来叙述一个人们早已熟悉了的俗套故事"。作者把《慈航》比之但丁的《神曲》，"因为这二者在'形而上'精神一致。尽管前者写的是人间实事而后者出之以鬼神幻境，可是除了时代背景的不同而外，在人类精神的普遍意义上，却有异曲同工之妙"。作者指出，"人们无须为这种不完整性而斤斤计较和感到遗憾。因为一方面，昌耀的本意并不在于详尽地向人们叙述一个详细而完整的故事，另一方面或许也可以说，这正是他试图以零星破碎的生活场景所造成的'空白'和'短路'来给予读者更多的'形而上'思考的机会"。作者还认为《慈航》的最大特点之一，正在于它那"简洁明净的语言风格，以及渗透在语言中的充满内蕴和力度的意象"。

耿金声编的《铁依甫江·艾里耶夫、克里木·霍加、艾利坎木·艾合坦木研究合集》由新疆人民出版社出版。本书系"中国当代文学研究资料丛书"之一种。

骆寒超的《骆寒超诗论集》由浙江大学出版社出版。本书系"现代诗学书系"之一种。

《诗刊》社编的《一九八九年诗选》由人民文学出版社出版。

李泱等编的《张志民研究专集》由新疆人民出版社出版。本书系"中国当代文学研究资料丛书”之一种。

《文艺学习》第2期发表大型室内剧《渴望》大家谈5篇文章，并加了编者按：“50集大型电视室内剧《渴望》自去年冬季在北京电视台播出后，轰动了首都荧屏，广大观众认为这是一部成功之作，反映强烈。中央电视台从元月7日起又在黄金时间连续播出该剧。”

《戏剧艺术》第1期开辟“探索剧”讨论专栏，在编者按中，该刊指出：“始于80年代初，盛于80年代中的‘探索剧’，到80年代末，已积累了一批著名的剧目，形成了一个以剧作家、导演、舞台美术家为核心的创作群体，引起国内外剧坛的关注。但是80年代末以来，‘探索剧’的势头减弱，渐趋彷徨，对‘探索剧’的评价，‘探索者’今后如何探索，已成为关注中国戏剧发展者极感兴趣的问题。”本期发表丁罗男的《探索戏剧的价值与走向》、蓝凡的《上海话剧精神的新内在张力》、赵耀民的《“探索戏剧”得失谈》、雷国华的《寻找戏剧——手术台上的祭品》和夏写时的《论探索剧》。

冯秋子的散文《婴儿诞生》发表在《中国作家》上。冯秋子（1960－），女，原名冯德华，内蒙古人。1983年毕业于北京广播学院文艺编辑系。毕业后留校任教，1985年后历任作家出版社编辑，《文艺报》副刊部记者、编辑、副主任、主任，副编审。1983年开始发表作品。1995年加入中国作家协会。出版有散文集《太阳升起来》、《寸断柔肠》、《生长的和埋藏的》，主编过1990年至2002年全国优秀散文随笔集《人间：个人的活着》。作品《白音布朗山》、《我跳舞，因为我悲伤》、《冻土的家园》列入1998、2001、2003年度全国优秀散文排行榜，《没有土地的村庄》获《人民文学》优秀散文奖，《尖叫的爱情和其他》获《北京文学》老舍散文奖。

《萌芽》第3期发表阿来的组诗《梭磨河》。

我国第一部《电视艺术辞典》（王云缦、果青、张掮中主编）由中国视协研究部、中国视协湖北分会、山西省文联、山西省广播电影厅合编，学苑出版社出版。

四月

1 日，《鸭绿江》第 4 期发表洪峰的短篇小说《九路汽车》、阿成的短篇小说《秋天的面目》。

3 日，《人民文学》第 4 期发表柯岩的散文《散文三题》。

4 日，萧平的中篇小说《拉拉环》、卢万成的短篇小说《公路边的小屋》发表于《山东文学》第 4 期。

《延河》第 4 期发表陈忠实、田长山的散文《高原、魂魄》、张新泉的诗《抒情诗二首》。

5 日，《青海湖》4 月号发表昌耀的“诗文小辑”：诗《凶年逸稿（在饥馑的年代)》、评论《纪伯伦的小鸟——为〈散文诗报〉创刊两周年而作》、散文《记诗人骆一禾》、跋《淘的流年》。同期还发表李亚伟的组诗《无根的情人》。

《北方文学》第 4 期发表刁斗的短篇小说《小说二题》。

《湖南文学》第 4 期发表“沉痛悼念康濯同志”的一组文章：刘绍棠的《悼恩师康濯同志》、谷曼的《哭康濯》、未央的《学习康濯同志的园丁精神》、张扬的《永远的怀念》。

6 日，《文艺报》第 13 期第 3 版刊登马龙潜的文章《评所谓“宏观的方向和方法”——对李泽厚学术研究方向和方法的考察》。

10 日，《小说评论》杂志与咸阳市文联在咸阳举行王海小说集《鬼山》讨论会。与会者就作者的创作特色等问题展开了讨论。

杨沫的随笔《往事悠悠》、晓白的中篇小说《一桩好事》、顾工的叙事诗

《我有我的连续剧》发表于《北京文学》第4期。

《读书》第4期发表陈平原的《也与武侠小说结缘》、何平的《侠义英雄的荣与衰——金庸武侠小说的文化解述》、冯至的《诗的呼唤——读赵瑞蕻〈八行新诗习作〉》、刘湛秋的《痛苦地体验生命的诱惑》、周国平的《悲观·执着·超脱》等文章。

13日，《文艺报》第14期第1版发表短论《文艺人才外流问题令人担忧》；第3版发表李万武的文章《不诚实的“还原生活”——对一种小说新观念的质疑》。他认为，小说难以做到绝对客观地还原生活，能做到的是，“不去精心于对完整情节和生活故事的构造”。他还认为，“新写实小说”所倾心的“生态群落”、“生态群体”明显只是人性中那些动物性的一面，其还原的也只是生活中的丑恶乃至龌龊的一面，这不是生活本身的全部，生活还应有亮色，人性也不仅是畸怪和恣肆。第6版发表叶君健的评论《开发新的“创作资源”》。

15日，权延赤的中篇纪实小说《陶铸出行》、吕新短篇小说《太阳》、冯德英短篇小说《九嫂》、唐晓渡诗四首、贾植芳的散文《一段难以忘却的记忆》发表于《上海文学》第4期。同期发表蒋原伦的评论《小说·历史·意识形态——周梅森、格非小说中的历史》。

15-18日，中宣部文艺局、文化部艺术局、中国艺术研究院、中国剧协、中国戏曲学会、中国京剧院、中国评剧院、中国戏曲学院、中国艺术研究院戏曲研究所在北京人民大会堂联合举行纪念毛泽东题词“百花齐放，推陈出新”发表40周年大会。与会者一致肯定了题词发表以来，戏曲改革与戏曲艺术实践所取得的成就，指出只有深刻地领会、理解毛泽东同志的文艺思想，坚持党的文艺路线，遵循“百花齐放，推陈出新”的方针，戏曲艺术事业才能在新的历史阶段取得更大的成就。大会还号召全体戏曲工作者在党的领导下，为振兴戏曲艺术做出努力。1951年4月3日，毛泽东同志为新建成立的中国戏曲研究院题词："百花齐放，推陈出新"。这一题词成为指导戏曲艺术以及整个文化艺术事业的重要方针。《剧本》第5期开辟纪念专栏，发表张庚的《要解决对戏曲现代化的认识问题》和郭汉城的《毛主席题词四十年感言》。

17日，甘肃民族出版社出版的《格萨尔学集成》一至三卷首发式在京举行。

《作品与争鸣》第4期继续刊登电视剧《渴望》的争鸣文章，有成志伟的《〈渴望〉三议》、陈尚华的《也谈〈渴望〉——兼谈人的阶级意识》、张炯的《瑕不掩瑜——我看〈渴望〉》。

18日，《人民日报》第5版刊登冯牧的评论《浓郁的地域特色和社会风貌——读周大新小说近作》。

18－22日，由华东7家戏剧期刊联合举办的第5届田汉戏剧奖（1991年）在浙江奉化评选揭晓，有13个剧本、15篇评论、2个短剧获奖。发奖大会于4月28日举行。本届剧本及评论一等奖空缺，《女儿城》（代路）、《大排山》（陈明正）、《留守女士》（乐美勤）等8部剧本获剧本二等奖，韩冬的《人性的"怪圈"》等12篇评论获评论二等奖。

19日，《青年文学》第4期发表刘震云的中篇小说《官人》、周大新的短篇小说《儿女》。

20日，《文艺报》第15期第3版发表刘谦的文章《文艺学能以实践本体论为基石吗？——评〈主体论文艺学〉》。

25日，国务院总理李鹏在钓鱼台国宾馆会见著名英籍作家韩素音及她的丈夫陆文星。

26日，《人民日报》第8版刊登阮章竞的文章《忆李季》。

27日，《文艺报》第16期第1版刊登《加强理论探讨，繁荣小说创作——小说创作研讨会在京召开》一文。文中说到在北京《人民日报》文艺部和中国作家协会创作研究部联合召开的小说创作研讨会上，与会者针对“新写实主义”小说，进行了广泛理论探讨，并且对小说创作如何开阔视野，进行创新，突出旋律，进一步满足时代和群众的需要等问题交换了意见。这次会议宗旨是总结近期小说创作的经验教训，推动小说的繁荣与发展。从这次参加会议的人员来看，有在京的文学评论方面的专家学者，有代表性的文学期刊、出版社的负责人，会议评估了近几年来小说创作的现状和发展态势，从理论与实践的结合上分析了近年较为突出的作家及其创作。文章观点集中于：1. “新写实主义”吸收了80年代中期以来寻根文学、先锋小说的艺术养分，对其有意疏远时代生活做出补救；2. 它脱胎于现实主义，但不能简单归入传统现实主义；3. 其弱点是缺乏理想精神，由于滤掉了时代变革的影响，所以也有不真实的一面。同期，第3版发表蔡桂林文章《论时代对艺术的要求与艺术对时代的满足》、潘守杰的文章《言情小说与武侠小说》。

28日，《剧本》第4期发表田万里、张伟的评论《试论京剧的走向》。

30日，《人民日报》第5版刊登评论《把好图书出版质量关》，指出：“近十年来，我国图书出版事业发展很快。出版社由1978年的105家猛增到1990年的500余家；各类刊物1978年仅有900余种，1990年发展到5800余种；图书品种1978年为1.5万种，1990年已高达7.9万种……但是，图书出版工作中问题也不少，而且有的问题还相当严重。”“坏书屡禁不止。据不完全统计，从1989年下半年以来，由国家新闻出版署直接定性查处的非法出版的书有20种、期刊有213种，由各省、市文化出版部门查处的有千余种。”“武侠小说泛滥成灾。按规定，对武侠和古旧小说适当出版一点是可以的，但品种和数量要适度。1989年，国家新闻出版署只批准了1种，1990年也只批准出版10余种。但目前出版的平庸的新武侠和古旧小说却泛滥成灾。”“以钱买名乱出书。”“学术理论专著仍然出版难。据对中南地区5家出版社调查，发现没有一家愿意主动出版学术著作的。”

本月，《文学自由谈》（季刊）第2期发表冯牧的《对中国当代长篇小说创作的有益探讨》，刘方、白莳的《新潮文学的终结》，王安忆的《看电影也是读书》，铁凝的《心灵的牧场》，阿成的《杂感小说》，北村的《失语和发声》，冯骥才的《享受这片月光》，金克木的《无声的惊雷》，李国文的《贾政的“生的门答”》，王蒙的《秦钟与长篇小说的局部与整体》，木弓的《报告文学与小说》。

迟子建的中篇小说《烟霞生卒年表》、《白雪的墓园》发表于《春风》第4期。

《芳草》第4期发表叶君健的散文《小妞》、《老四》。

《小说月报》第4期转载林希的中篇小说《高买》（原载于《中国作家》1991年第1期）、洪峰的中篇小说《明朗的天》（原载于《百花洲》1991年第1期）、高晓声的短篇小说《陈奂生战术》（原载于《钟山》1991年第1期）。

中央戏剧学院上演爱尔兰剧作家贝克特的荒诞戏剧《等待戈多》。导演孟京辉。在演出导演的话中，孟京辉说：“我们坚信戏剧不是被病人住滥了的医院，也不是被诗人用滥了的词句。戏剧作为‘理想的现代艺术’总是站在最高处向人类心灵的最阴暗面宣战。我们将确立自己用另一种眼光注视世界，从永不丧失的执着的热爱中，从星星眨眼之间深深的诗情中，从喷发着情欲的灿烂的阳光中，找到能够奔跑、跳跃以至自由飞翔的凭借，使我们身上新鲜的东西从陈陈相因的桎梏和毫无才气的恶习中解放出来，使我们心灵里高贵的东西在自由的空气中畅快地呼吸。”（孟京辉编著：《先锋戏剧档案》，作家出版社2000年版）

由森子等人创办的诗歌民刊《阵地》第1期在河南出版。

邹建军的《台港现代诗论十二家》由长江文艺出版社出版。

残星、义海等选析的《先锋派诗》由花城出版社出版。

《丁玲文集》八卷由湖南文艺出版社全部出齐。

五月

1 日，王小波的短篇小说《夜行记》发表于《四川文学》第 5 期。

《解放军文艺》第 5 期发表苗长水的中篇小说《水杉树》、焦景周的中篇小说《野牡丹》。

《作家》第 5 期发表于坚的诗《近作四首》、雷达的评论《关于小说创作的若干思考》。

2 日，作家吴运铎因病逝世，终年 76 岁。他 1917 年出生于江西省萍乡一个煤矿职员家庭，1953 年出版自传体长篇《把一切献给党》。1951 年 10 月，中央人民政府政务院和全国总工会授予他特邀全国劳动模范称号，并将他誉为“中国的保尔·柯察金”。

由北京大学中国新诗研究中心主办的“1991：中国现代诗的命运和前途”学术座谈会在北京大学举行。研讨会由谢冕主持，屠岸、杨匡汉、洪子诚、任洪渊、蓝棣之、吴思敬、孙玉石、张颐武等 20 余位诗人、批评家与会。6 月 25 日，《诗人报》增刊出版这次学术讨论会的专号。

《新剧本》第 3 期发表欧阳逸冰的话剧《我的童年在黑土地》，“理论探索”专栏发表关于“当代意识和历史题材”的一组文章，有万千的《现代意识与新编历史戏》、陈仓仓的《不要装糊涂——读丁奕明文章有感》、张永和的《简议新时期新编历史剧的当代意识》。

3 日，《人民文学》第 5 期发表刘醒龙的短篇小说《冒牌城市》、张行健的散文《婆娘们》、蔡其矫的诗《人和自然》(四首)。

4 日，《文艺报》第 17 期头版发表贺敬之的《关于当前文化工作任务的一些想法——答〈文艺理论与批评〉记者问》文章。贺敬之认为“必须继续坚定不移地贯彻党的基本路线，全面贯彻党的文化艺术方针”。

苗长水的短篇小说《字典·诗歌》、宗良煜的短篇小说《一个关于血的故事》、王方晨的短篇小说《绿地》发表于《山东文学》第5期。苗长水(1953－)，山东沂南人。1986年毕业于解放军艺术学院文学系。1970年应征入伍，历任班长、报道员、《前卫报》文艺编辑，济南军区政治部创作室专业作家，山东省作家协会副主席。自80年代中期以来，共发表、出版作品近300余万字。出版有中短篇小说集《犁越芳冢》、《染坊之子》，长篇小说《我们梢息立正》、《等待》，散文评论集《心灵的种子》，长篇报告文学《往来香港的军车》等。

5日，《延河》第5期发表刁斗的短篇小说《我所享受的如此丰富的爱情》、杨争光的短篇小说《黑俊》。

8日，诗刊社在北京举行“李季诗歌研讨会”。

10日，骆宾基的《生活是文学艺术之源》发表于《北京文学》第5期。

上海电影评论学会评出1990年十佳影片：《焦裕禄》、《北京，你早》、《我的九月》、《老店》、《兵临绝境》、《龙年警官》、《别哭，妈妈》、《血色清晨》、《假女真情》、《大气层消失》。

《时代文学》第3期发表毕淑敏的中篇小说《伴随你建立功勋》、梁晓声的中篇小说《老师》。

《小说林》第3期发表许辉的中篇小说《三五个朋友》、范小青的中篇小说《晚唱》。

10－18日，中国作家协会主持召开的“全国诗歌座谈会”，以及中国作协诗刊社、桂林市文联、桂林市作协等单位联合主办的第3届漓江诗会在桂林举行。《诗刊》1991年7月号刊发朱先树的《正本清源团结奋斗，繁荣社会主义诗歌——全国诗歌座谈会侧记》和杨子敏的《把握方向，在时代的海洋上破浪远航——在全国诗歌座谈会上的发言》。

11日，《文艺报》第18期第2版刊登雍文华的文章《仍然需要提倡革命现实主义》，针对新写实小说的“不承认生活本质属性”的观点，提出了质疑。他认为，这种论断使人感到茫然，一切事物都存在着现象与本质两个方面，谁都不能否认，文学现象是社会生活的一种，理论家与评论家对“新写实主义”小说进行理论概括，也正是从中寻找它们之间那些共同的、普遍的、本质的、规律性的东西。他认为，绝对不能否认生活存在的本质属性，否认文学要反映社会生活的本质与规律。

《北京文学》第5期发表浩然的评论《对泥土的深情厚谊》。

《中国作家》第3期发表刘富道的报告文学《人生的课题》、从维熙的中篇小说《黑伞》、邓友梅的中篇小说《死亡之乡》、晓霖的纪实文学《对床夜雨——忆父亲郭小川的二三事》、荒煤的散文《我所认识的巴金老人》、冰心的散文《关于男人（之十一）》、斯妤的散文《白旋涡》。

15日，中宣部文艺局、中共山西省委宣传部、延安文学研究会等九家单位在京联合召开“发扬延安精神，繁荣文艺创作”座谈会。

《文汇报》第3版登载陈思和的《再谈“海派”文艺》。

《钟山》第3期继续“新写实小说大联展”栏目，发表苏童的长篇小说《米》、高晓声的短篇小说《种田大户》、罗望子的短篇小说《白鼻子黑管的风车》，同期发表李洱的短篇小说《惘城》。李洱（1966－），河南省济源人。1987年毕业于上海华东师范大学中文系，河南省文学院专业作家，《莽原》杂志副主编。出版有小说集《饶舌的哑巴》、《遗忘》、《夜游图书馆》，长篇小说《花腔》、《石榴树上结樱桃》等。作品被译成德、意、法、英等多种文字。长篇小说《花腔》被评论界认为是对历史中的个人、对中国现代知识分子命运的深刻思考，在艺术上则是对上世纪80年代以来先锋文学探索成果的一次有力的综合。

叶兆言的中篇小说《挽歌》、陆星儿的中篇小说《黄昏》、徐光耀的短篇小说《布告》、峻青的中篇小说《秋肃蒋山》、王干的短篇小说《红蜻蜓故乡》、肖开愚的诗《草坡》发表于《上海文学》第5期。王干（1960－），江苏扬州人。毕业于扬州师范学院（扬州大学）中文系。历任江苏高邮市党史办公室、文联干事，文艺报社、《钟山》杂志编辑，曾任《东方文化周刊》主编，人民文学出版社《中华文学选刊》主编。1979年开始发表作品。1990年加入中国作家协会。策划过《钟山》、《大家》等多种文学刊物的小说及理论栏目。著有《世纪末的突围》、《迷人的语言风景》（合作）、《另一种心情》、《苦涩的世界》、《揭开朦胧之谜》、《文学十日谈》（合作），评论集《王蒙王干对话录》、《南方的文体》，散文集《静夜思》等。

《江南》第3期发表巴人遗作长篇选载《明日》、唐湜的《我的诗艺探索历程》、林染的诗《在中原土地上长大》（组诗）。

《文艺争鸣》第3期发表王一川的《卡里斯马典型与文化之境（三）——近四十年中国艺术主潮的修辞学阐释》、王庆璠的《论文学与无意识思维》、马焯荣的《中西宗教文学漫议》、李志宏的《论文艺的社会主义性质与审美属性的统一》。

17日，张海迪的长篇小说《轮椅上的梦》在人民大会堂举行首发式，余秋里、程思远、邓力群、邓朴方、陈敏章、徐惟诚等出席了首发式。张海迪（1955－），山东莘县人。5岁患脊髓病高位截瘫。自学小学、中学全部课程，自学大学英语、日语、德语和世界语，并攻读了大学和硕士研究生的课程。1983年开始从事文学创作，创作和翻译的作品超过100万字。先后翻译了《海边诊所》等数十万字的英语小说，出版《向天空敞开的窗口》、《生命的追问》、《轮椅上的梦》、《绝顶》等。1983年《中国青年报》发表《是颗流星，就要把光留给人间》，使张海迪获得两个美誉，一个是“八十年代新雷锋”，一个是“当代保尔”。邓小平亲笔题词：“学习张海迪，做有理想、有道德、有文化、守纪律的共产主义新人。”

《作品与争鸣》第5期转载刘恒的中篇小说《伏羲伏羲》（原载《北京文学》1988年第3期），并同时刊出张炯的文章《关于〈伏羲伏羲〉和“新写实”小说的对话——答〈作品与争鸣〉记者问》。

18日，《文艺报》第19期第1版登载中共中央宣传部、文化部、广播电影电视部于3月1日发布的《关于当前繁荣文艺创作的意见》、社论《进一步增强文艺队伍的团结》。

20日，《小说评论》第3期发表“小说形势分析”的两篇文章：丁永强整理的《新写实作家、评论家谈新写实》、南帆的《札记：关于“寻根文学”》。同期还发表李洁非的《小说母题刍议》、陈忠实的《文论两题》。丁永强整理的文章是他1990年11月21日至12月15日期间分别拜访了范小青、汪政、晓华、叶兆言、周梅森、苏童、王干、费振钟、刘震云、季红真、潘凯雄、贺绍俊、於可训、方方、池莉等15位作家和评论家后，就“新写实”这个大题目而记录下的各人的“感想与体会”。

王蒙的中篇小说《蜘蛛》、扎西达娃的中篇小说《野猫走过漫漫岁月》、欧阳江河的诗《太轻或太重》发表于《花城》第3期。同期还发表萧乾的《回顾我的创作道路》。

20－23日，中国少数民族文学学会等单位在湖南凤凰县联合举办全国民族文学民间文学暨沈从文学术讨论会。与会学者围绕沈从文的文学创作与民族民间文化的关系等问题展开了讨论。

21日，《文艺研究》第3期发表贺敬之的《关于艺术研究工作的几个问题》。

22日，《文汇报》第3版刊登杨白冰1990年12月23日的《在全军文艺创作座谈会上的讲话（摘要）》。《光明日报》和《解放军文艺》7月号也登载了该文章。

23－26日，由中国作协召开的全国青年作家会议在京举行，全国各省市自治区的22个民族的324名代表到会。大会意在引导全国青年作家繁荣社会主义文艺创作，旨在培养跨世纪的文学接班人。

25日，《文艺理论与批评》第3期发表庹祖海的《关于文学与人性、人道主义的讨论综述》。

《当代作家评论》第3期发表陈嘉平的《凡人的渴望与拒绝——从互文性看第三代诗人的一种姿态》、费振钟的《1985－1990：作为技术性小说作家的叶兆言》，同期发表"史铁生评论小辑"：胡河清的《史铁生论》、蒋原伦的《史铁生小说的几种简单的读法》。

《长城》第3期发表关仁山的中篇小说《太阳滩》、何镇邦的评论《关于新现实主义的断想》。

26日，王朔的长篇小说《我是你爸爸》、熊正良的中篇小说《老鱼》、韩东的短篇小说《同窗共读》、余秋雨的散文《风雨天一阁》发表于《收获》第3期。

27－29日，中国郭沫若研究学会、郭沫若故居等单位，在京共同举办"创造社"国际学术研讨会。50余名与会者就创造社在五四新文化运动中的建树、创造社作家的创作风格和艺术个性等问题进行了研讨。

28日，1990年度第11届全国优秀电视剧"飞天奖"评选在广州揭晓并颁奖。33部电视剧和21个单项创作获奖。长篇连续剧《渴望》获一等奖；《围城》、《辘轳·女人和井》、《宋庆龄和她的姐妹们》获二等奖；《杨乃武与小白菜》、《都市风流》、《公关小姐》、《深圳人》获三等奖。《辘轳·女人和井》编剧韩志君、韩志晨兄弟获优秀编剧奖，《围城》导演黄蜀芹、《宋庆龄和她的姐妹们》导演潘霞获优秀导演奖。

《剧本》第5期发表暴风、齐凤林的六场现代豫剧《焦裕禄》。

叶兆言的中篇小说《最后一班难民车》、聂鑫森的短篇小说《雷雨》发表于《小说界》第3期，同期“我看小说”专栏还发表冰心的《我看小说的时候》、钱谷融的《故事情节·人物形象》、鲁彦周的《小说应走入民间》、邓刚的《乱看乱想一二三》、叶辛的《小说：带着感情从细微处着眼的叙述艺术》、苏童的《短篇、中篇和长篇》、谢友鄞的《我的小说世界》。

王安忆长篇小说《米尼》发表于《芙蓉》第3期。同期还发表刘心武的散文《献给命运的紫罗兰》、彭燕郊的诗《漂瓶》。

《十月》第3期发表周大新的中篇小说《步出密林》、石钟山的短篇小说《“半截子”老炊》、权延赤的纪实文学《陶铸和他的哥哥——〈女儿眼中的父亲〉之二》。

《小说家》第3期发表6个中篇小说：池莉的《你是一条河》、赵本夫的《营生》、洪峰的《年轮》、肖亦农的《秋之惑》、梁园波的《老隋的故事》、孙菲的《大巴山栈道》，还发表刘恪的短篇小说《巢下》与迟子建的短篇小说《小狗》。

《小说月报》第5期转载权延赤的纪实文学《陶铸和他的哥哥——〈女儿眼中的父亲〉之一》（原载于《十月》1991年第1期）、周大新的中篇小说《左朱雀右白虎》（原载于《长城》1991年第1期）、杨争光的中篇小说《棺材铺》（原载于《小说家》1991年第2期）、贾平凹的短篇小说《烟》（原载于《上海文学》1991年第2期）、陈染的短篇小说《空的窗》（原载于《收获》1991年第1期）、关仁山的短篇小说《苦雪》（原载于《人民文学》1991年第2期）。

《文艺学习》第3期发表小骁的文章《读者推出的诗人——“汪国真热”实录》，文章开头说：“两年前还是名不见‘经传’的汪国真，现在已有三本诗选问世，20多家出版社向他约稿。他的作品将以诗集、哲思短语、字帖、贺年片、明信片、录音带等多种形式与读者见面。不断有报道说，汪国真在北京近30所大学讲演引起轰动，汪国真签字售书景况空前。沉寂的诗坛，冷清的出版界，让汪国真搅得沸沸扬扬。”

巴金的《讲真话的书》由四川文艺出版社出版。

萧乾的散文随笔集《八十自省》由上海文艺出版社出版。

汪曾祺的《蒲桥集》由作家出版社出版。

彭燕郊的《和亮亮谈诗》由生活·读书·新知三联书店出版。

六月

1日，《中华人民共和国著作权法》1990年9月7日在第七届全国人民代表大会常务委员会第十五次会议上通过，1990年9月7日中华人民共和国主席令第31号公布，本日起施行。

潘军的中篇小说《蓝堡》、韩东的短篇小说《杀猫》、沈善增的短篇《一个精神萎缩症患者的自白》、公木的散文《我的童年》发表于《作家》第6期。

陶纯的3篇短篇小说《快乐死者》、《粲然一笑》和《宁静港湾》发表于《解放军文艺》第6期。同期，发表徐怀中的散文《旧稿记忆》。

1–7日，第2届北京国际儿童电影节在京举行，参加展映的影片有《小歌星》（西班牙）、《指挥员的儿子》（苏联）、《圣诞节儿童奇遇》（法国）、《北京小妞》（中国）、《我的九月》（中国）等。

2日，由中国剧协创作委员会、中国现代文学研究会、中国话剧文学研究学会等6单位主办的“陈瘦竹戏剧理论座谈会”在京举行。来自中国社会科学院、中国艺术研究院、上海社会科学院和北京大学、南京大学、浙江大学、中央戏剧学院、北京师范大学等单位的40多名专家学者，就陈瘦竹的戏剧理论成就、戏剧美学思想及对中国现代戏剧研究的贡献等方面的专题展开了为期3天的讨论。

3日，阎连科的短篇小说《家诗》、冯德英的短篇小说《徐婆》、李瑛的诗《山草青青——写在老区的诗》、杜鹏程的散文《我最初的回忆》、赵丽宏的散文《音乐》发表于《人民文学》第6期。

4日，陈丹燕短篇小说《冬天很伤心》、姜树茂的短篇小说《流失的年代》发表于《山东文学》第6期。

5日，重庆市委宣传部、市文联和中国青年出版社在重庆联合召开小说《红岩》出版30周年座谈会。与会者高度评价作品的文学成就和深远影响。

刁斗的短篇小说《三重影》发表于《福建文学》第6期。

夏商的短篇小说《爱情故事》、傅天虹的诗《海之魂》发表于《山花》第6期。

朱新明的短篇小说《土匪马大》、陈占敏的短篇小说《路口》发表于《北方文学》第6期。

7日，广电部、中共湖南省委和湖南省人民政府在北京人民大会堂隆重举行影片《毛泽东和他的儿子》首映式。

8日，《文艺报》第22期第2版刊登玛拉沁夫的文章《青年作家的历史使命——在全国青年作家会议上的讲话》；第6版刊登杨沫的随笔《往事悠悠——创作随想》。

10日，《北京文学》第6期发表浩然的评论《要开启"水库"的闸门》。

11－14日，《厦门文学》和《小说月报》在厦门鼓浪屿联合举办特区题材小说研讨会。与会的30余名作家和评论家就特区题材小说创作的发展历程等问题展开了研讨。

12－13日，杭州市戏剧家协会、杭州市文化局戏剧研究室和杭州电视台在杭州联合举办左翼剧联成立60周年纪念活动。活动由纪念会、纪念演出和"左翼剧联在杭州"专题学术研讨会三部分组成。在其中的纪念演出中，分别上演了田汉、夏衍、丁西林等老一辈剧作家创作于不同历史时期的优秀独幕话剧：田汉的《南归》、《梅雨》，夏衍的《都会的一角》和丁西林的《三块钱国币》。

15 日，刘心武的短篇小说《缺货》、林白的短篇小说《日午》、西川的诗《远游》发表于《上海文学》第 6 期。

刘国明的短篇小说《水底的村庄》、杨泥的短篇小说《良缘》发表于《当代》第 3 期。

《文艺报》第 23 期第 3 版发表何国瑞的文章《关于社会主义艺术生产的几点思考》。

17 日，新华书店总店音像发行所正式成立。

《作品与争鸣》第 6 期转载刘震云的中篇小说《一地鸡毛》（原载《小说家》1991 年第 1 期），同期刊登雷达、何镇邦、潘凯雄、蒋原伦的文章《〈一地鸡毛〉四人谈》（原载于《小说月报》1991 年第 3 期）。

18 日，中央实验话剧院在京演出话剧《周君恩来》。编剧欧阳逸冰，导演吴晓江。剧本发表在《剧本》第 9 期上。

19－21 日，中国电影制片人协会在京召开电影版权保护研讨会。

《青年文学》第 6 期发表阎连科的短篇小说《最后一场冬雪》、关仁山的短篇小说《惑土》。

21 日，上海电影制片厂摄制的影片《开天辟地》首映式在北京人民大会堂隆重举行。

22 日，《文艺报》第 24 期第 1 版刊登江泽民的文章《加强党的理论建设》，第 6 版刊登陈荒煤的评论《有感于“乡土热”》。

28 日，中国剧协研究室、艺委会、创委会，《中国戏剧年鉴》编辑部，中国艺术研究院话剧研究所，中国戏曲学会，中国歌剧研究会，《戏曲艺术》编辑部，中国戏曲现代戏研究会等 9 个单位在京联合召开话剧、戏曲、歌剧三个专题座谈会。座谈会旨在庆祝中国共产党成立70周年，总结历史，展望未来，推动社会主义戏剧事业的进一步繁荣和发展。其中，参加话剧座谈会的有赵寻、胡可、曲六乙、魏敏、颜振奋、程式如、王浩、康洪兴等。会议主要围绕以下三个方面展开讨论：一是加强党的领导，坚持“二为”方向；二是正确理解“主旋律”与“多样化”的关系；三是“精品意识”及其他。

29日，《大决战》首映式在北京人民大会堂举行，国家主席杨尚昆在首映式上发表讲话。

30日，《新华月报》第5期转载5月10日《人民日报》文章《关于当前繁荣文艺创作的意见》（署名中共中央宣传部、文化部、广播电影电视部）、5月24日《人民日报》文章《〈讲话〉精神永照千秋——王震1991年5月23日在全国青年作家会议上的讲话》。

本月，西安市文联、作协在西安举行贾平凹创作讨论会。与会50余人就贾平凹创作中的探索和创新等问题进行了讨论。

池莉的中篇小说《你是一条河》（《小说月报》第7期转载）、赵本夫的中篇小说《营生》、洪峰的中篇小说《年轮》、肖亦农的中篇小说《秋之惑》、刘恪的短篇小说《巢下》、迟子建的短篇小说《小狗》发表于《小说家》第3期。

《春风》第6期发表邓刚的短篇小说《鱼性三题》、刘益善的短篇小说《空寂》、端木蕻良的散文《〈呼兰学人说萧红〉序》。

《中国西部文学》第6期发表王蒙的散文《四月泥泞》、张承志的散文《忆汉家寨》、马戎的中篇小说《黑火》、叶延滨的诗《贺兰山西夏王陵之谜》。

《小说月报》第6期转载李锐的中篇小说《传说之死》（原载于《黄河》1991年第2期）、杨争光的中篇小说《赌徒》（原载于《收获》1991年第1期）、阎连科的短篇小说《中士还乡》（原载于《时代文学》1991年第2

期)、迟子建的短篇小说《白雪的墓园》(原载于《春风》1991 年第 4 期)。

吕家乡的《诗潮·诗人·诗艺》由江苏文艺出版社出版。

常文昌的《中国现代诗论要略》由兰州大学出版社出版。

海梦主编的《中国当代诗人传略(第二集)》由四川文艺出版社出版。

《中国大百科全书·电影》卷出版。该书共收各类条目 1463 个，条目释文共 113 万字，其中有电影学、电影艺术、电影技术、中国电影和外国电影 5 个分支。

上海译文出版社签约购买外国文学作品《斯佳丽》版权，在中国大陆出版界中首次取得国外畅销书的独家版权。

七月

1 日，《解放军文艺》第 7 期发表徐志耕的长篇报告文学《莽昆仑》、唐挚的评论《赞〈莽昆仑〉》、胡居成的散文《梅岭二章》、殷红的诗《扁担上的中国》、柯原的诗《洪湖英雄歌》、叶延滨的诗《月色就是故乡》、范咏戈的评论《〈冰山情〉与部队的戏路子》。

《作家》第 7 期发表李国文的中篇小说《习作第三十五号》、徐贵祥短篇小说《某个夏日的话题》、范小青的自传文章《我的自传》、高洪波的散文《随笔三题》、斯妤的散文《心灵速写》、吴秉杰的评论《小说情调的转变——兼谈近年小说创作》、储福金的评论《关于“时尚审美需要”问答》。

《海燕》第 7 期发表孙惠芬的短篇小说《天高地远》。

《电视、电影文学》第 4 期发表黄允的电影剧本《上海一家人》(17 - 20 集)，叶孝慎的电影剧本《黔龙传人》，王兴东、王浙滨的电影剧本《纪委书记》，电影剧本有崔京生的《马路骑士》、王芸的《欲望的诱惑》、黄进捷的

《阿福哥的桃花运》，连波的中篇小说《蟀神》，朱天衣（台湾）的中篇小说《红尘故事》。

北京人民艺术剧院在京演出两幕生活喜剧《末班车上黄昏恋》。编剧王志安，总导演欧阳山尊，导演李廷栋，主演林连昆、金昭、岳秀清等。剧本发表于《新剧本》第6期。20日，中国剧协、中国话剧艺术研究会和北京人艺联合举行座谈会。与会者认为这是一部“贴近时代、贴近生活、贴近群众”、“讲求艺术质量”的好戏。它以“倡廉反腐”为宗旨，触及到当前我们国家安危兴亡的重大主题——“反腐败”，但又不停留在表面，而是着力刻画人物，塑造了共产党员耿长春以及周围一系列生动、真实的人物形象，对当下话剧创作有不少启示。

3日，《文汇报》发表曾卓的随笔《杂记与札记》、林斤澜的随笔《意大利美声》、施蛰存的随笔《武陵春》、黄秋耘的随笔《悔其少作与愧其少作》、舒芜的随笔《理解与代言》、李子云的随笔《服饰与文化》。在扩大版上发表万树玉的报告文学《茅盾在上海》。

《人民文学》第7期发表张林的《塔里木的太阳》、何安的《白火》、杨建的《山村ABC》、张雷激的《一颗种子》等4篇报告文学，有陈冲的《路灯下》、高岸的《世界正年轻》、任斌武的《光明行》、杨泥的《夜歌》、汤保华的《太阳·篝火》、樊天胜的《心海》、莫言的《怀抱鲜花的女人》、成一的《灯光冻》、裘山山的《好人一生平安》、苏童的《木壳收音机》、迟子建的《在松鼠的故乡》、方方的《幸福之人》、冯苓植的《方城》等短篇小说，黄渊泉的《月之呐喊》、黄晓萍的《好山好水》、庄荣的《有雨的日子》等3篇散文。

4日，《山东文学》第7期发表赵冬苓的短篇小说《空间》、于艾香的短篇小说《夜深人静》。

5日，《文汇报》发表汪曾祺的随笔《忙中不及作草》。

《莽原》第7期发表徐贵祥的中篇小说《守月》，阎欣宁的短篇小说《净土》，鲁枢元、二月河的《关于〈康熙大帝〉的通信》。

《延河》第7期发表杜鹏程的文章《漫谈文艺的路》（外一篇）、朱志伟的散文《南泥湾情绪》、吕新的短篇小说《雨季》。

6日，《文艺报》发表陈荒煤的《“神似”的奥妙——王为政小说、报告文学自选集〈傲骨〉序》、郑恩波的《刘绍棠的长篇小说创作的突破——〈水边人的哀乐故事〉的艺术特色》、秦牧的《熟悉作者，就会加深了解——谈〈广东当代作家传略〉》等文章。

10日，《中国作家》第4期发表毕淑敏的中篇小说《北飞北飞》、张宇的中篇小说《大街温柔》、唐栋的中篇小说《苍老的胡杨树》、叶兆言的中篇小说《日本鬼子来了》，李瑛的诗《血火岁月》、王蒙的诗《漫思》、西川的诗《低语》、梁南的诗《半是祈愿半是忧虑》，叶至诚的散文《叶至诚散文二篇》、张承志的散文《离别西海固》、艾煊的散文《吴山朦朦，吴水悠悠》，冰上梅、杨子建的报告文学《闯中原》。

《北京文学》第7期刊发纪念中国共产党建党70周年征文，其中包括陈模的报告文学《亲情》、毛志成的散文《漩流与帆影》、张树林的诗歌《走上卢沟桥》等。本期还发表吕晓明的中篇小说《简易楼》，王铁梁的报告文学《标牌闪光之后》，苏予的散文《蓟门烟树：土城·海棠花溪》，程黛眉的散文《远离城市》，浩然的评论《北京泥土文学丛书作者简介》，其中有《妙笔抒发赤子心》、《他在不断地自我超越》和《走自己的路》等。

《时代文学》第4期发表陈世旭的中篇小说《花儿》、叶兆言的中篇小说《绿色陷阱》、阿成的短篇小说《小说四题》。

《读书》第7期发表金克木的《无文的文化》、张中行的《关于读书明理》、唐湜的《迷人的中国十四行诗》、李欧梵的《狐狸洞书话》、张承志的《沙里淘金再当儿童——评连环画〈卡木依传〉》、冯亦代的《罗思的〈传统继承〉》等文章。

10－17日，上海人民艺术剧院在沪首演话剧《留守女士》。编剧乐美勤，导演俞洛生。剧本发表在《上海戏剧》1990年第6期和《剧本》1994年第3期上。

15日，《钟山》第4期发表余华的中篇小说《夏季台风》、潘军的中篇小说《流动的沙滩》、刘心武的中篇小说《七舅舅》、王祥夫的《好峁杂录》、何立伟的短篇小说《埃玛和她的巴黎》。同期还发表王蒙的随笔《伟大的混沌——与新闻学院学生谈〈红楼梦〉》，王菊延的文章《蜕变的意义——范小青作品讨论会述要》，王必胜的评论《刘恒——精神苦役者画师》、《刘震云——都市寻梦者的追求》，蒋原伦的评论《周梅森——只能写好男子汉》、《梁晓声——不断地榨取自己》，潘凯雄的评论《张炜——求变求深求力度》、《矫健——历史峡谷中的搭桥人》。

《文艺争鸣》第4期开设"第3届茅盾文学奖部分获奖作品评论"专栏，其中有白烨的《力度与深度——评路遥〈平凡的世界〉》、吴秉杰的《〈少年天子〉的艺术魅力》、丁临一的《评长篇小说〈都市风流〉》等文章。

《上海文学》第7期发表梁晓声的中篇小说《百发卡》、王蒙的短篇小说《搬家》、茹志鹃的文章《〈新加坡华文小说选〉主持人的话》。

《文学评论》第4期发表张国民的文章《论人的主体性和文学中的主体性问题——评刘再复的"主体性"兼及李泽厚的"主体性实践哲学"》。

17日，《文汇报》发表张中行的随笔《得失寸心知》、蒋子龙的随笔《酒话》、孙犁的随笔《耕堂读书随笔》，何满子的随笔《精神胜利与谱系学与佛道斗争》、陈钢的随笔《钢琴家的脚》、洁泯的散文《桐庐纪什》。

《作品与争鸣》发表张宇的中篇小说《乡村情感》、王敏的评论《其人虽已没 千载有余情——中篇小说〈乡村情感〉读后》、朱苏进的中篇小说《金色叶片》、曹凤的评论《独特的视点 独特的世界——读中篇小说〈金色叶片〉》、西龙的评论《能否这样描写首长的家庭及其人性？——〈金色叶片〉质疑》，本期还刊发思蜀的文章《方鸿渐与倪吾诚——谈谈“归来的文学”》。

18 日，《中国戏剧》第 7 期发表黄佐临的《我的“写意戏剧观”诞生前前后后》。文章中写道：“受了圣丹尼的影响，加上 1936 年读到布莱希特在莫斯科看了梅兰芳表演后所写的那篇文章，我的‘写意戏剧观’便油然而生了。当时并没有戏剧观这个词汇，是我 1962 年杜撰的。其实在我内心深处这个观念的本质早已潜伏着。1931 年当我写《萧伯纳与高尔斯华绥作一比较》一文中已经隐约地显露出这个追求。萧伯纳的作品政论性甚强，偏于说教，而高尔斯华绥作品却富于诗意。萧是哲学家，高是诗人。我本能地偏向后者，不赞成前者，虽然萧翁是我的启蒙老师，由于他我开始走上戏剧道路的。”“现在认识到，‘情与理，形与神，不可分割’——马克思这段简短的话是至理名言。等到拜圣丹尼为师之后，联系到布莱希特对梅兰芳艺术的欣赏，就形成现今的戏剧观念，姑且命名为‘写意戏剧观’。”

20 日，《小说评论》第 4 期发表陈晋的文章《毛泽东与古典小说〈续一〉》，鲁枢元、王安忆的文章《创作与评论》。王安忆在《创作与评论》中谈到：“我个人并不认为我有从爱情到性爱的过程。在我的早期作品里，虽写了爱情，但实际是以爱情去写别的，我以为写爱情是危险的，容易堕入通俗言情故事的巢穴。但爱情是永恒的大题材。所以，写爱情是一流作家和九流作家的事情，当我确信不会有堕落的危险的时候，我才决定写‘三恋’。一旦写爱情，性是无法抽去的。”“《流水十三章》如说受影响，是受罗曼·罗兰的《约翰·克利斯朵夫》的影响。他的古典主义的美学在今天看来，已成为悲剧，可我崇尚古典主义，我以为最伟大的艺术品是古典主义的。”

《花城》第 4 期发表从维熙的中篇小说《酒魂西行》、海男的中篇小说《圆面上跑遍》、张劲松的中篇小说《河东河西》、鲁羊的短篇小说《楚八六生涯》、刘心武的散文《生活赐予的白丁香》、吴亮的评论《关于“时装人”

的现代寓言》。

25日，《收获》第4期发表谌容的长篇小说《人到中年》、陈荒煤的散文《你是怎么想的》、柯灵的散文《回看血泪相和流》。

《长城》第4期发表秦兆阳的中篇小说《点线之间的笔记》、陈冲的中篇小说《暖冬》、蔡子谔的报告文学《当代戎冠秀》、梅洁的报告文学《选择》、莫言随笔《读史笔记二则》。莫言在《读史笔记二则》中写道："战争，即使不是人类历史的全部，也是人类史上最辉煌最壮丽的组成部分。……作为小说家，看待战争的角度，必须努力地不断变化才好。描写战争灾难，提示人性在战争中的变异等，都曾经是别开生面的角度，但'李杜诗篇万口传，至今已觉不新鲜'。用游戏观点看战争，把战争视为人类的游戏如何？我不是有大志者，但一直跃跃欲试。""历史在某种意义上就是传奇，这是我从个人经验中得出的结论。在写作《红高粱家族》的过程中，我反复体会着这个结论。当年我在高密做农民时，常与父老们一起在田间小憩，这时，一个坟包里可能埋葬着一位草莽英雄，一条河堤背后可能曾打过一场伏击战。……我发现这些故事在这种口头流传的过程中，不断地被加工润色，不断地被升华提高。英雄被传得更英雄，奇人被传得更出奇。历史被逐渐地传奇化了，历史故事实际上变成了文学性极强的传奇故事。由此推想，所有的历史都是如此，几十年的事情尚且被大大地渲染夸张成那等模样，何况数千年前的往事？哪一个流传者肯不在讲述或撰写这故事时注入自己的情感而加以渲染呢？因此，与其说司马迁是一位历史学家，毋宁说其是一位传奇文学作家。"

《黄河》第7期发表阎连科的中篇小说《晶莹十二岁》、邢英的中篇小说《雪在烧》、韩石山的评论《散文创作纵横谈》。

27日，首届"东方杯"传记作品评奖活动揭晓，王朝柱的《李大钊传》，刘家泉的《宋庆龄传》，何晓鲁的《元帅外交家》，聂荣臻的《聂荣臻回忆录》，李维汉的《回忆与研究》，林志浩的《鲁迅传》，杨建业的《马寅初传》，苏双碧、王志宏的《吴晗传》，吴崇其的《林巧稚传》，郑里、佳周的《李苦禅传》，红宇的《刘开渠传》，马烽的《刘胡兰传》等12部长篇传记文学获奖。

洁泯的文章《关于“新写实小说”》刊登在《文汇报》“文艺百家”版。文章写道：“看来人们立足于社会，生食于斯，所关心的无非是现实的时尚、生活的嬗变，人们对切身的事、习见的事，较之摸不着弄不清的空谷足音更觉亲近。有人归结为新写实的主要题旨是写着人们的‘生存本相’，或叫做‘生存的价值取向’，这有什么不好？如今的社会细胞的动向及其生活变奏的主要趋向之一是谋取生存。改革开放的形势所引起的变化，逐渐使人们的感受和思维方式趋于追求改变自身的生活现状，人们所着力的，是在生活的拼搏中改善并求取自身应有的位置。作家致力于这一描绘，同读者的心神所系、日夜所思对上了号，因而这类小说的受人注目和引人共鸣是很自然的。”文章还写道：“新写实小说恰恰相反是全力注重于生活的本来状态，对社会的弊端、疮疤，一切丑恶的嘴脸，毫不忌讳，尽力写去，这是通常读到的现实主义小说所不及的。新写实小说的这一拓展，与其说当作一个新流派的出现，毋宁看作是对现实主义文学的一种增益。现实主义文学是发展的，倘欲谋求自身更为丰满的血和肉，就不可忽视新写实小说的成就。”

28日，《剧本》第7期发表徐葆齐的大型话剧《之伢之——〈毛泽东〉三部曲之一》及评论员文章《坚持党的领导 繁荣剧本创作》。文章指出：坚持党的领导，是社会主义戏剧艺术不断繁荣的根本保证。同期，发表胡可的《谈我国戏剧的战斗传统》。

30日，《文汇报》发表赵丽宏的诗《山湖林烟》。

31日，《文汇报》发表冰心的随笔《咪咪和客人之间》、陆文夫的随笔《王愿坚的愿望》、蒋子龙的随笔《活着的学问》、林楚平的随笔《〈赵氏孤儿〉在欧洲》。

本月，天津《小说月报》第 7 期公布第四届（1989 - 1990）“百花奖”评选结果，特别奖 1 篇，为权延赤的《走下神坛的毛泽东》；中篇小说 6 篇，有池莉的《太阳出世》、阎连科的《瑶沟人的梦》、权延赤的《狼毒花》、刘毅然的《摇滚青年》、张宇的《乡村情感》、苏童的《妻妾成群》；短篇小说 10 篇，有王蒙的《坚硬的稀粥》、赵德发的《通腿儿》、冰心的《两个家庭》、李森祥《小学老师》、栗良平〔日〕的《一碗阳春面》、贾平凹的《王满堂》、林和平的《乡长》、毕淑敏的《不会变形的金刚》、刘恒的《教育诗》。

本期还刊发权延赤的文章《陶铸和曾志》、池莉的中篇小说《你是一条河》、从维熙的中篇小说《黑伞》、桑苗的中篇小说《怪杰》、方方的短篇小说《结婚年》、朱樵的短篇小说《绿豆糕矮子》、王干的评论《写实的多种可能——〈小说月报〉第四届百花奖获奖小说漫评》、李锐的创作谈《自己的歌哭》。

《当代》第 4 期发表发表徐宝琦的中篇小说《大凌河》、李硕儒的中篇小说《海外豪门》、王朔的中篇小说《无人喝彩》、李昕的中篇小说《望尽天涯路》、张长弓的中篇小说《金缕曲》、王宗仁的报告文学《死亡线上的生命里程——青藏风景线系列报告文学之二》、胡平的报告文学《秋天的变奏——八十年代中年男女的情感世界》、冯德英的短篇小说《刘壮大妈——寡妇胡同纪事之三》。

《十月》第 4 期发表曹桂林〔美〕的中篇小说《北京人在纽约》、王新华的中篇小说《野草》、刘玉民的中篇小说《海猎》、毕四海的中篇小说《泥砚》、韩克的短篇小说《走西口》、王海鸿的纪实文学《深圳股市风云》、吴祖光的剧本《感天动地窦娥冤》、巴金的散文《我仍在思考，仍在探索，仍在追求》、汪曾祺的散文《烟赋》、唐敏的散文《含羞草》、梁南的组诗《多种思索方式》、马书祥的组诗《爱的华尔兹》。

《春风》第7期发表侯树槐的报告文学《本色》，紫燕的短篇小说《小村人物》，范小青的短篇小说《茅山堂》、《坟上花》，费振钟的评论文章《范小青的“物语”小说》。

《芙蓉》第4期发表一组悼念康濯逝世的文章，其中有刘绍棠的《老师的遗言》，胡代炜、朱树诚的《春雨潇潇悼康老》，萧育轩的《醉酒遣悲》，勉思的《人部真情》。本期还发表公刘的诗《张家界》、李志荣的诗《黑森林》。

《昆仑》第4期发表张欣的中篇小说《真纯依旧》、项小米的中篇小说《遥远的三色槿》、赵立山的中篇小说《豁子》、刘家槐的诗《兵车行》、陈先义的评论《革命历史：军事文学创作的丰富宝库》。

《小说界》第4期发表高晓声的中篇小说《陈奂生出国》、叶辛的中篇小说《孽债》、苏童的中篇小说《另一种妇女生活》、蒋濮的留学生文学《东京恋》，同期还有蒋孔阳的《小说是时代的镜子》、陈村的《想象小说》、周梅森的《老调重弹》、陈冲的《多一点人生智慧》、俞天白的《小说：被甄择的生活》、陈思和的《又见陈奂生——致高晓声的一封信》等文章。

《星星》第7期发表雷抒雁的组诗《自然之恋》、冯云的组诗《桂林山水歌》。

《萌芽》第7期发表郑芸的短篇小说《燃烧的薄荷》、何玉茹的短篇小说《寻常记忆》、黑孩的散文《醉别》。

《文学自由谈》第3期发表王蒙的《小说的随意性与规定性》，叶君健的《儿童文学这个品种》，乐黛云的《中国女性意识的觉醒》，汪曾祺的《何时一樽酒 重与细论文》，何立伟的《重振“湘军”之我见》，苏童、李子干等的《小说的现状》，赵丽宏的《为中国知识分子写“史”》等文章。

张承志的长篇小说《心灵史》由花城出版社出版。

冯骥才的纪实小说《一百个人的十年》由江苏文艺出版社结集出版。

周俊、张维编的《海子、骆一禾作品集》由南京出版社出版。

汪国真、彭俐等著的《汪国真其人其诗》由中国友谊出版公司出版。

柯灵的《文心雕虫》由三联书店出版。

铁凝的散文集《草戒指》由百花文艺出版社出版。

古继堂的《台湾女诗人五十家》由湖南文艺出版社出版。

周红兴的《艾青研究与访问记》由文化艺术出版社出版。

八月

1日，《作家》第8期发表张笑天的中篇小说《金山客》、韩蔼丽的散文《天涯芳草》、王家新的诗《楼梯》（外一首）、马永波的诗《纸鹤》（外三首）、潘军的评论《时代赋予小说形式》。

2日，《文汇报》发表郑秉谦的散文《奇雾三探》、贾平凹的作画记《石鲁》。

3日，《文艺报》发表雷达的文章《说〈神戏〉》。

5日，《长江文艺》第8期发表方方的中篇小说《桃花灿烂》、童志刚的评论《“泛悲剧”意识与第三种声音——评中篇小说〈桃花灿烂〉》、潘宜钧的中篇小说《血色刀痕》、江岳的诗《月光曲》。

7日，《文汇报》发表邹荻帆的文章《千手佛的一指——对萧乾的一点印象》、朱崇山的文章《人民的作家——陈残云创作生涯五十五年》。

10日，《文艺报》发表李准的文章《时代的要求和我们的使命》、峻青的文章《三情的思索》。

《读书》第8期发表金克木的《信息场——无文深隐》、杨匡汉的《智慧的痛苦与欢乐》、黄裳的《榆下杂说后记》、冯亦代的文章《“飘泊的幽灵”——小泉八云》、李长声的《禅与日本》等文章。

15日，《上海文学》第8期发表潘向黎的短篇小说《西风长街》、阎欣宁的短篇小说《余音》、陈应松的短篇小说《诅咒》、张新颖的评论《理解吕新》。

15－17日，西安市文联召开第4次代表大会，贾平凹当选为市文联主席。

17日，《文艺报》发表巴金给家乡的两封信，同期还刊发消息，鞍钢举行“草明创作60周年研讨会”，并刊登研讨会的发言稿和魏巍的《研究草明现象，弘扬草明精神》、曾克的《向“安泰”型的女作家致敬》、雷加的《文学史上不可忽视的现象》。

《作品与争鸣》第8期发表石钟山的短篇小说《新兵三事》、林青的评论《对国民精神的深入探察——评析小说〈新兵三事〉》、王朝的评论《荒诞：一种深刻的生存体验——〈新兵三事〉中荒诞的表现及意义》、刘绍棠的中篇小说《牛背》、海蒂的评论《讴歌那片热土——读〈牛背〉》、师培的评论《手抚〈牛背〉说短长》、王安忆的中篇小说《叔叔的故事》、宋强的评论《“我”观“叔叔”——评〈叔叔的故事〉》、阎舒的评论《“叔叔”的困惑——谈〈叔叔的故事〉》。

18日，《中国戏剧》发表张云溪的《演员要明了程式动作的属性与含义》、张君秋的《何顺信的京胡艺术》、吴雪的《〈虎将军〉的魅力》、范咏戈的《近期部队话剧新人形象片谈》等文章。

19日，《青年文学》第8期发表迟子建的中篇小说《银饰》。

21日，《新华日报》发表冰心的散文《悼念许地山先生》。

22日，《文汇报》发表殷慧芬的随笔《一个女人的情怀》、沈嘉禄的散文《风稳》、陈祖芬的报告文学《荔枝节》。

24日，《文艺报》发表于逢的文章《孔捷生其人》。

25－28日，由中国作家协会、中华台港暨海外华文文学研究会、中国国际文化交流中心和浙江省金华市人民政府主办，《诗刊》社等协办的艾青作品国际研讨会在北京举行，《诗刊》1991 年 10 月号刊出童芜的《在浩瀚的大海面前——艾青作品国际研讨会侧记》。《文艺报》刊发《王震的讲话》、《艾青的答辞》、贺敬之的《在艾青作品国际研讨会上的讲话》。(《文艺报》8 月 31 日)

27 日，《文汇报》发表徐开垒的文章《把灾祸化作学问——贺柯灵写作生涯六十年》，贾平凹作画记《景阳冈之后》。

28 日，《剧本》第 8 期发表毛长富、刘玉和、李启昌的多场次话剧《使命》，代路的五场话剧《海边有个男儿国》，阳翰笙纪念“左联”成立 60 周年的文章《肩负起时代的使命》，田本相的文章《陈瘦竹对戏剧理论的贡献》。

31 日，《文艺报》发表杜鹏程的文章《严肃、真诚地表现生活——关于长篇小说〈女儿河〉的通信》、马加的文章《60 年创作回顾》。

本月，《春风》第 8 期发表阿成的短篇小说《航班》、《东北人，东北人》，赵大年的短篇小说《瓷无价》，林万华的短篇小说《不安的灵魂》，冯森的小小说《栅栏》，海男的散文《大西南走笔》，张韧的评论《人生·语言·天籁之声》。

《飞天》第 8 期发表唐栋的中篇小说《追捕》、吴坚的评论《西部风情与多民族色彩——甘肃文学 40 年》、周政保的评论《西部小说论二章》。

《小说家》第 4 期“中篇擂台”栏目刊发迟子建的《旧时代的磨房》、王朔的《修改后发表》、陈村的《愿意》、周大新的《握笔者》、刘恪的《家庭》。“点将台”栏目刊发《周大新点将季宇》、《陈村点将马原》。“裁判论坛”栏目刊发以下文章：王干的《去掉一个最高分 去掉一个最低分》、木弓的《多有得罪》、朱伟的《为难的评判》、盛英的《解读与希望》。“特约专稿”专栏刊发莫言的小说《幽默与趣味》。

《萌芽》第 8 期发表王大进的短篇小说《沼泽》、老开的短篇小说《野草莓地》。

《星星》第 8 期发表梁上泉的诗《古莲今花》、梁志宏的组诗《心居》、残星的文章《新乡土诗散论》。

《小说月报》第 8 期选载陈源斌的中篇小说《万家诉讼》（选自《中国作家》1991 年第 3 期）、张宇的中篇小说《没有孤独》（选自《人民文学》1991 年第 5 期）、王蒙的中篇小说《蜘蛛》（选自《花城》1991 年第 3 期）、陈丹燕的中篇小说《吧女琳达》（选自《作家》1991 年第 5 期）、何申的短篇小说《乡干部老秦》（选自《河北文学》1991 年第 3 期）、沈仁康的短篇小说《歌星》（选自《广州文学》1991 年第 3 期）、汤祥龙的微型小说《夫妻获奖》（选自《小说界》1991 年第 2 期）。

简宁的诗集《天真》由华艺出版社出版，收录 100 多首诗。谢冕的序《天真：透明的核心》中说，“对于简宁的诗歌风格，梦幻似的诡奇等只是一种表象”，“但是他一直据守着一个透明的核心，那就是天真，天真是他诗歌的灵魂。天真的歌声不再是诱惑，而是生存”。

《孔孚山水诗选》由明天出版社出版。该诗集收录了孔孚自 1980 年至 1990 年间创作的短诗 240 多首。

诗歌民刊《自行车》在广西南宁创刊，该刊主要作者有杨克、盘妙彬、麦子、非亚等。

陈良运的《诗学·诗观·诗美》由江西高校出版社出版。

王光明的《灵魂的探险》由海峡文艺出版社出版。本书系作者的诗文论合集。

野蔓的《诗，美的使者》由花城出版社出版。

柏彬著的《中国话剧史稿》由上海翻译出版公司出版。

九月

1日，《解放军文艺》第9期发表杨尚昆的文章《军事历史题材电影创作的重大收获》，郭兵艺的中篇小说《苍穹之谜》，权延赤的评论《郭兵艺其人其文》，方威短篇小说五题《风景线·男人们·红山羊·大风口·阳光下》，王瑛的评论《经过小说，我们走出走进》，李西闽短篇小说二题《玻璃马·雨中的男孩》，冯牧的散文《一个老兵的祝愿》，辛茹、刘牧的报告文学《走出华山》，柯平等的诗歌《怀念是一种光芒》。

《作家》第9期发表郁子的中篇小说《随风沉默》、朱竞的短篇小说《六楼阳台》、李卫的短篇小说《船行在江上》。

《新剧本》第5期发表王俭的话剧《特殊军营》。该剧于1992年4月由空政话剧团在京公演，导演林兆华。

《电视、电影文学》第5期发表黄允的电视剧本《上海一家人》（21－24集），斯民三、杨时文、陈光登的电影剧本《皇天后土》，谷白的电影剧本《英雄劫》，孙建康的电影剧本《没有终点的航行》，宋树根的电影剧本《冥王星，海王星》。

北京人民艺术剧院在京演出俄国剧作家契诃夫的话剧《海鸥》。导演奥烈格·叶甫列莫夫〔苏〕，副导演任鸣，主演吕中、濮存昕、徐帆、田冲等。

3日，《人民文学》第9期发表柯岩的中篇小说《高压氧舱》、石定的短篇小说《大水》、范小青的短篇小说《蓬莱古井》、墨白的中篇小说《失踪》、铁存的报告文学《北京的城中城》、许淇的诗《词牌散文诗》、孙大梅的诗《错觉》、于宗信的诗《黄河纤夫》、陈涛的诗《石潭》、晓雪的诗《只有夏天》、桑恒昌的诗《栽一片相思林》、姜金城的诗《白蒙蒙的雾散了》、赵镇琬的诗《深入时间》、萌娘的散文《想起春节》、虞敏华的散文《项链》。

4日，《文汇报》发表公刘的云南散记之一《可可》。

5日，《长江文艺》第9期发表池莉的中篇小说《一去永不回》、石钟山的中篇小说《方块军营三题》、映泉的短篇小说《杀麻雀》、半岛的短篇小说《长麦秸短麦秸》、张黎的短篇小说《第二粒臭弹》、王先霈的评论《探索性、通俗性、文化内涵》、赵国泰的评论《诗人气质论》。

《山花》第9期发表唐亚平的诗《形而上的风景》、简宁的诗《小星》、顾工的诗《笔挥洒着古往今来》。

7日，《文艺报》登载王朝闻的文章《我怎样走上美学研究之路》、陈登科的文章《运河一瞥》、鲁彦周的文章《骤雨惊洪》、梁长森的评论文章《从〈逆火〉看鲁彦周的小说创作》。

《花溪》第9期发表阿成的短篇小说《小说三题》、凌耀忠的短篇小说《对于肖像权的侵犯》。

四川人民艺术剧院首演无场次记事体话剧《辛亥潮》，编剧徐棻，剧本发表于《剧本》第5期。

10日，《中国作家》第9期发表罗盘的报告文学《塔克拉玛干：生命的辉煌》、简嘉的中篇小说《银手铐》、汤吉夫的中篇小说《新闻年年有》、贾平凹的中篇小说《五魁》、汪曾祺的短篇小说《小芳》、林斤澜的文章《注一个“淡”字——读曾祺〈七十书怀〉》、黄秋耘的散文《我错过了结识鲁迅先生的机会》、朱苏进的散文《天圆地方》、牛汉的散文《祖母的忧伤》、张学梦的组诗《十月情思》、伊蕾的诗《冬天的情歌》、昌耀的诗《干戚舞》。

《北京文学》第9期发表鲁剑的中篇小说《东边的日头一大堆》，本期北京作家栏目介绍的作家是浩然，其中包括浩然小传、浩然的文章《再往前边奔一程》、孙达佑的文章《浩然创作心态》。

《时代文学》第5期发表张洁的中篇小说《红蘑菇》，阎连科的中篇小说

《往返在塬梁》，毛岸青、邵华的诗《永远的雕像》，毛新宇的诗《便是寻常百姓家》，李存葆的诗《他心中的净土》。

《读书》第9期发表李锐的《从〈纲鉴易知录〉到第一篇史论》，同期还有吕叔湘的《苏东坡和"公在乾侯"》、张中行的《难矣哉如释重负》、金克木的《显文化·隐文化》、桑晔的《咱们玩儿盘棋》、冯亦代的《格林生前的最后一本书》、李欧梵的《狐狸洞书话》等文章。

11日，《文汇报》发表彭荆风的文章《病中的沈从文先生》。

14日，《文艺报》发表朱子奇的《艾青——世纪诗人》，公木、张德厚的《现实主义诗美原则的确立和胜利》，李希凡的《中国话剧史上的一座丰碑》等评论。

15日，《钟山》第5期发表女作家小辑，其中有张洁的中篇小说《上火》、谌容的中篇小说《花开花落》、王安忆的中篇小说《乌托邦诗篇》、林白的中篇小说《晚安，舅舅》、陈染的中篇小说《与往事干杯》、张抗抗的短篇小说《斜厦》、赵践的短篇小说《巷灵》、朱樵的中篇小说《春季到来绿满窗》、朱大可的散文《洗脚之歌》、周宪的评论《说小说家小说中的说》、周政保的评论《关于〈绝望中诞生〉的杂谈》。

《上海文学》第9期发表殷慧芬的中篇小说《欲望的舞蹈》、张旻的短篇小说《恭为人师》、李贯通的短篇小说《肉食鸡》。

《文学评论》第5期刊发陈晓明的文章《最后的仪式——"先锋派"的历史及其评估》，文章说："1989年，'先锋派'以其转向的姿态完成历史定格。我说过，我宁可认为这不过表明他们期待更深地回到自下而上的现实和本土文化的根基上来。然而作为'晚生代'，他们只能以非常特殊的方式与现实社会对话，因此，不难理解，他们暧昧的目光投向'历史'的深处。事实上，'先锋派'一直在讲述历史故事，只不过形式的探索一直压制了历史故事，现在，形式的外表被尽可能褪下，那些历史情境逐渐浮现，讲述'历史颓败'的故事成为1989年之后'先锋派'的一个显著动向。""也许人们已经看到'先锋派'的疲软和退却，然而我依然固执地相信，他们丢弃了'先锋派'这项刺眼的荆冠之后，正在酝酿一次至关重要的自我突破，'最后的仪式'远未完成，他们的生命苦旅不过刚刚开始。我想，这不仅仅是他们的自我期待，也是历史的和整整一代人的期待。"

17日，《作品与争鸣》第9期发表刘震云的中篇小说《官人》、朱铁志的评论《别样人性的无情展示——读〈官人〉》、照光的评论《独特的"震云风味"——〈官人〉的艺术特色》、张首映的文章《"写实"与"写意"的双重变奏——关于〈牛背〉的答问》。

20日，《花城》第5期发表莫言的中篇小说《白棉花》、周梅森的中篇小说《沉红》、王朔的中篇小说《谁比谁傻多少》、黄石的小说《远景》、赵刚的小说《足球城》、韩东的诗《工人新村》、于小韦的诗《凉菜上的颜色》、耿占春的评论《创世神话与诗的本质》、陈晓明的评论《末路寻踪：在都市与历史之间——1990年〈花城〉中篇小说综评》。

《小说月报》第5期选载杨争光的中篇小说《棺材铺》。

21日，《文艺报》发表李希凡的文章《大运河之子》和马识途的文章《也说现实主义》。

24日，首都集会纪念鲁迅诞辰110周年，江泽民总书记作题为《进一步学习和发扬鲁迅精神》的讲话。讲话强调"面对错综复杂的国际形势和艰难繁重的国内建设与改革任务，不仅文化战线的同志要义不容辞地学习鲁迅、宣传鲁迅，而且广大工人、农民、知识分子和各条战线的干部，都要进一步学习和发扬鲁迅精神"。

青年诗人戈麦在北京西郊万泉河自杀，年仅24岁。戈麦（1967－1991），原名褚福军，黑龙江萝北县人，1985年考入北京大学中文系，毕业后在《中国文学》杂志社工作，1991年9月24日自沉于北京西郊万泉河。代表性诗歌有《誓言》、《红果园》、《陌生的主》等，出版有诗集《戈麦诗全编》。西渡在纪念文章《死是不可能的》中写道："我深知他对自己要求之严，他的每一首诗都是一种新的写作方法的尝试，他不但不允许自己重复以前的大师，也决不允许重复他自己，用'日日新'这样一句话来形容他对创新的追求似乎还不够，因为他往往在一日之内就尝试不同的方式进行写作的实验。""以他的学识来说，他不但是一个有着狂暴的想象力的才华横溢的诗人，还是一个严谨的学者，他在出版社负责现代文学和评论两个栏目，工作是非常出色的。这就是他平素的作风，做什么事都非常扎实，下很深的功夫。""或许他不属于我们人类，他是一个半神，一个天使，他的一生是辉煌的。我对朋友说：他的一生是完美的，这死者中最年轻的一个，唯愿他得永生的自由。"（西渡编：《戈麦诗全编》，上海三联书店1999年版）。

25日，《文汇报》发表倪墨炎的文章《危难见真情——白色恐怖中鲁迅与党的紧密联系》。

《收获》第5期发表苏童的中篇小说《离婚指南》、鬼子的中篇小说《家癌》、韩少功的中篇小说《会心一笑》、李杭育的中篇小说《布景》、阎连科的中篇小说《黑乌鸦》、冯骥才的短篇小说《炮打双灯》、沈嘉禄的短篇小说《错位》、王蒙的散文《我说沈从文》、冰心的散文《说说我自己》、茹志鹃的散文《一炷清香》。鬼子（1958－），本名廖润柏，仫佬族，广西罗城人。当过农民、教师、文化馆员，1989年毕业于西北大学，同年曾考取该校的研究生班，后因生计艰难而弃学。现任广西文学院副院长。大学时代即尝试文学创作，引起关注则是90年代之后。代表作有中篇小说《被雨淋湿的河》、《上午打瞌睡的女孩》、《瓦城上空的麦田》等。出版作品集《瓦城上空的麦田》、《大年夜》、《谁开的门》、《苏通之死》、《被雨淋湿的河》、《上午打瞌睡的女孩》、《艰难的行走》、《你猜她说了什么》等多部。

《黄河》第9期发表部振国的中篇小说《内陆河》、陈冲的中篇小说《标准与标准小说》、张福祥的中篇小说《乡歌》、艾云的散文《入世之源》、韩毓海的评论《现实主义与形式主义》。

《长城》第 5 期发表何申的中篇小说《报道干事》、雷达的评论《乡土小说的变奏》、郭秋良的文章《何申印象记》、徐光耀的短篇小说《柏树林中的香火》。

26 日，文化部在京人民大会堂举行首届新剧目“文华奖”颁奖大会。中共中央总书记江泽民为“文华奖”评奖工作题词：“振奋精神，团结奋斗，繁荣文艺。”“文华奖”是文化部新设立的艺术奖项，分综合奖和单项奖。评奖宗旨在于坚持正确的导向，奖励优秀艺术人才，促进艺术创作演出的更大繁荣。评奖活动今后将每年定期举行。评奖范围是各艺术表演团体来京演出或参加文化部在外地举办的各项活动中演出的新剧目，以及各省、市、自治区文化厅局和其他有关部门推荐的新剧目。本次“文华奖”（90 年度）评奖的艺术门类包括戏曲、话剧、歌剧、舞剧、儿童剧（含木偶、皮影）。其中话剧获奖作品有《天边有一簇圣火》（解放军艺术学院）、《天下第一楼》（北京人民艺术剧院）获文华新剧目大奖；《火神与秋女》（中国青年艺术剧院）、《生命之光》（沈阳市话剧团）、《我也是太阳》（中国儿童艺术剧院）获文华新剧目奖；郑振寰（《天边有一簇圣火》编剧）、何冀平（《天下第一楼》编剧）、苏雷（《火神与秋女》编剧）获文华剧作奖；夏淳和顾威（《天下第一楼》导演）、张奇虹（《火神与秋女》导演）、苏金榜（《生命之光》导演）、黄意璘和董骥良（《我也是太阳》导演）获文华导演奖；杜振清、林连昆、魏积安、宋洁、谭宗尧、王琪、王笑等获文华表演奖。

28 日，《文艺报》发表陶纯的短篇小说《就像什么也没有发生过》。

《剧本》第 9 期发表欧阳逸冰的大型话剧《周君恩来》，台湾剧作家贡敏的四场话剧《蝴蝶兰》。

30 日，作家知侠逝世，享年 73 岁。《文艺报》9 月 14 日刊登“贺敬之致刘知侠生前所在单位的唁电”，写道：“知侠同志是一位坚强的、卓有成就的无产阶级革命文艺战士，创作了大量反映根据地军事斗争生活的好作品。”陈晓明在评论他的《铁道游击队》时说：“小说写得通俗生动，人物形象鲜明神奇，故事性强，情节紧张惊险，环环相扣，起伏多变。……这部作品显示了革命文学广泛吸收中国传统文学叙事方法的特点，把传统志怪小说、古典英雄传奇、野史笔记等文体的叙事方法与风格糅合在一起，使革命文学获得了一种‘极端效果’的美学表达方式。”（陈晓明：《中国当代文学主潮》，第24页，北京大学出版社2009年版）张健主编的《新中国文学史》这样评价他的《铁道游击队》：“小说的传奇特征主要表现在叙事方式和人物刻画上。……在叙事方面借鉴了《水浒传》等古典小说与话本小说的讲述方式，通过一个个比较戏剧性的或惊险刺激的单元性故事的串联，来结构小说的情节，扒火车、搞机枪、端炮楼、炸桥梁，这些获得了当然的政治与道德合法性的，然而与古代小说中的绿林匪盗行为又如出一辙的故事，构成了小说的基本构架。如果小说剥去特定的抗日民族战争和共产党组织领导这些政治主题，几乎就是一个民间世界的绿林侠客打家劫舍的传奇，因为所有这些情节和场景都有极大的‘娱乐性’，成了一种背负了正义性理由的‘打劫游戏’。”“在人物性格特征上，小说也尤其喜欢按照中国传统小说的塑造模式来设计，性如烈火的鲁汉、机智勇猛的林忠，看上去简直就是对鲁智深、林冲的模仿；刘洪、王强，除了他们作为革命者的果敢与智慧，与民间英雄人物也没有两样，他们爱喝酒、重情谊、好冲动、喜欢打抱不平的性格，都成为他们为工农兵读者所喜欢的理由。”（张健主编：《新中国文学史》上卷，第94页，北京师范大学出版社2008年版）

本月，1991年“陈伯吹儿童文学奖”评选活动在京进行，杜淑贞的小说《十二岁的故事》等22篇作品获奖。《文艺报》10月12日对此作了报道。

第9届“大众电视金鹰奖”在广州揭晓。《渴望》、《围城》、《宋庆龄和她的姐妹们》、《公关小姐》获优秀连续剧奖；《五朵金花的儿女们》、《大兰和星兰》获优秀单本剧奖；《赖宁》获优秀儿童剧奖；《黄山情》获优秀戏曲片奖。

《十月》第5期发表权延赤的纪实文学《陶铸和陶斯亮——〈女儿眼中的父亲〉之三》，林志浩的纪实文学《十年携手共艰危——鲁迅和许广平》，霍达的中篇小说《罢宴》，陈建功、赵大年的剧本《皇城根儿》（选载），叶梦的散文《创造系列》，屈塬的组诗《面世》，程宝林的诗《布履平生》。

《当代》第5期发表马役军的报告文学《黄土地 黑土地》、赵光鸣的中篇小说《西边的太阳》、柯云路的中篇小说《草帽山的传说——〈十年梦魇〉（1966－1976）系列之一》、朱晓航的中篇小说《昨天的故事》、李瑛的散文《倒影》、何士光的随笔《田野、瓦檐和雨》、晓雪的诗《桂林山水诗》。

《小说界》第5期发表彭见明的长篇小说《家长》、张欣的中篇小说《绝非偶然》、叶蔚林的中篇小说《九疑传说》、严力的随笔《趣味的抽象》、徐开垒的《巴金传》（续传），“我看小说”栏目刊发王蒙的《我不想谈小说》、徐中玉的《我爱读怎样的小说》、李庆西的《小说与自我》、陆星儿的《小说——心灵的历程》、阿成的《感谢上帝——我存在》等文章。

《芙蓉》第5期发表范小青的中篇小说《文火煨肥羊》、杨旭的长篇小说节选《半个冒险家》、叶梦的散文《创造系列》（之二）、未央的诗《我要升起我的五星红旗》、海男的诗《短歌五首》。

《百花洲》第5期发表刘恪的中篇小说《世纪末情绪》、熊正良的中篇小说《红蝙蝠》。

《戏剧艺术》第3期发表董健等的评论《论中国戏剧理论的基本建设》。

《小说月报》第9期选载陈村的中篇小说《愿意》（原载于《小说家》1991年第4期）、陈染的中篇小说《空心人诞生》（原载于《百花洲》1991年第2期）、邓刚的短篇小说《鱼性二题》（原载于《春风》1991年第6期）、何镇邦的评论《时代的投影 历史的回声——闽南地区小说创作巡礼》。

《巴金全集》1-17卷由人民文学出版社出版。

张炜短篇小说集《他的琴》由明天出版社出版。

李瑛的《对诗的思考》由解放军文艺出版社出版。

维吾尔族诗人铁木尔·达瓦买提的诗集《生命的火炬》由作家出版社出版，江泽民为诗集题写书名。

邹建军主编的《中国当代青年诗人诗萃精评》由长江文艺出版社出版。

十月

1日，《文汇报》发表罗洛的散文《我心中有一支歌》、刘绍棠的散文《我真痛快》、冯英子的散文《天在峰峦缺处明》。

《作家》第10期发表中篇小说专号，其中包括从维熙的《猫碑》、石钟山的《军校生前奏曲》等，本期还发表汪曾祺的散文《我的家乡——自传体系列散文〈逝水〉之一》。

3日，《人民文学》第10期发表林谦的报告文学《把我们的血肉筑成我们新的长城》，蒋亚平的报告文学《水太阳》，少鸿、周志华的报告文学《常德市抗洪抢险见闻录》，贾平凹的中篇小说《废都》，冯苓植短篇小说《茶楼轶事》。

4日，《文汇报》发表公刘的文章《〈金苹果〉随想》、柯岩的报告文学《春天属于你》。

5日，《长江文艺》第10期发表徐迟的短篇小说《楚王妃复苏记》，刁斗的短篇小说《雨意迷离的周末》，李国胜的短篇小说《不是玩笑》，晓苏的短篇小说《公家的核桃树》，刘国芳的小小说《吃酒》、《扳倒》。

《山花》第10期发表吴越的诗《银杏》（二首）、叶延滨的诗《风流江南》（二首）。

《北方文学》第10期发表修祥明的短篇小说《鞋》、凌可新的短篇小说《黑苞米》、李庆西的短篇小说《宣传队轶事》、杨争光的短篇小说《板兰她爸罗莫的最后一天》。

《延河》第10期发表庞一川的短篇小说《天年》、李炳银的文章《愉悦的美》。

7日，《花溪》第10期发表晓雪的文章《我的追求》、肖克凡的文章《存在的轨迹》。

9日，中共中央政治局常委李瑞环在京观看南京军区前线话剧团创作演出的大型纪实话剧《抗天歌》，认为该剧是一出主题鲜明、情节感人的好戏，它歌颂了伟大的党、伟大的人民、伟大的军队，歌颂了有中国特色的社会主义，表现了军队和人民紧密地团结在党的周围，不屈不挠战胜洪灾的英雄气概。

《文汇报》发表牛汉的散文《童心》。

10日，作家陈学昭在杭州病逝，终年85岁。《文艺报》10月26日刊发薛家柱的纪念文章《工作着是美丽的——悼陈学昭同志》，文章写道："一位'五四'的女作家，法国的文学博士，一位'天涯归客'，最后投入了革命的怀抱，这本身的经历就十分生动。陈学昭在她的代表作《工作着是美丽的》里做了真实而生动的反映。她发誓要为党和人民奋发地工作。……她一生都在顽强工作，自强不息。因为工作是美丽的，那么工作不止直到最后一息的老作家陈学昭呢，自然也是十分美丽的。她的人生是何等美丽辉煌！"其女儿在回忆文章中写道："母亲的散文淡雅清丽，不饰雕凿，不加渲染，让人沉迷陶醉，尤其五字一组、七字一阕天衣无缝的经典引文，更让人怦然心跳，激动不已。我喜欢阅读母亲的散文，更喜欢翻看母亲的照片，不论是发了黄的，

还是缺了边角的，它们让我了解母亲曾走过的道路。”（《陈学昭（文化人影记丛书）·序》，河北教育出版社2001年版）

《文汇报》发表徐中玉的散文《深夜戈壁滩上的金湖》。

《北京文学》第10期发表许谋清、石晶的报告文学《第二草国——关于中国的草原中国的肉食中国人的肠子的报告》，小小说专辑中有肖章的《红包》、徐卓人的《飞升的青烟》、刘国芳的《绳子》、谢志强的《其实我也这么想》等，本期还发表李功达的短篇小说《我的太阳》、石钟山的短篇小说《喇嘛山二题》、秦贞媛的诗《爱河之舟》（十首）、贺东的诗《雾的翅膀》（三首）、陈原的诗《黄河》、成志伟的评论《关于“双百”方针的随想》。北京作家栏目推出的作家是葛翠琳，其中包括《葛翠琳小传》、葛翠琳的文章《玫瑰云》、樊发稼的文章《不懈的探索 卓著的成就——简论葛翠琳的童话创作》。

《读书》第10期刊发彭燕郊的《千古文章未尽才——绀弩的旧体诗》、张中行的《读〈叶圣陶诗词选注〉》、施蛰存的《鲁拜·柔巴依·怒湃》、陈平原的《兼问苍生与鬼神》、李欧梵的《狐狸洞书话》、冯亦代的《约瑟夫·康拉德的新传记》、李贻荫的《易学在西方》等文章。

14日，梁斌的新作《一个小说家的自述》首发式在京举行，此书是自传体回忆录，被作者称为“自己写作的最后一本书”。《文艺报》10月19日第1版对此作了报道。

15日，《上海文学》第10期发表刘庆邦的短篇小说《闺女儿》、许春樵的短篇小说《季节的景象》、杨泥的短篇小说《月韵》、茹志鹃的短篇小说《跟上，跟上》、韩少功的短篇小说《鞋癖》、白桦的诗《春季中的十日》、李庆西的散文《故境往遇》（六题）。

《文汇报》发表冰心的散文《再写萧乾》。

16日，《文汇报》发表李子云的文章《巴金的早期思想及对创作的影响》。

17日，《作品与争鸣》第10期发表池莉的中篇小说《太阳出世》，以及池莉的文章《就是那一瞬间》、张首映的评论《意识流·生活链及艺术塔的倒掉——也从〈太阳出世〉谈起》、念文的评论《凡俗人生的还原与超越——由池莉的〈太阳出世〉谈起》。

19日，《文艺报》发表梁斌的新作《一个小说家的自述》、真骅的文章《我的太阳——悼亡夫知侠》。

23日，作家罗烽在京病逝，终年82岁。罗烽（1909－1991），原名傅乃琦，辽宁沈阳人。1929年参加革命工作。1935年加入左联，任上海文艺家协会驻会秘书。1941年赴延安，历任陕甘宁边区文艺界抗敌协会执委会主席（之一），陕甘宁边区政府文化工作委员会委员、秘书长，西满军区、吉江军区政治部宣传部副部长，中共合江省委宣传部副部长，东北人民政府文化部副部长，东北文联、中国作协东北分会第一副主席等职。20世纪30年代开始发表作品。著有长篇小说《满洲的囚徒》，短篇小说集《呼兰河边》、《横渡》、《粮食》，中篇小说集《归来》、《莫云与韩尔谟少将》，话剧剧本《国旗飘扬》、《台儿庄》、《总动员》，诗集《碑》（三部曲）等，另有《罗烽文集》1－5卷。

《文汇报》发表吴组缃的回忆文章《帚翁话旧》。

25日，《文汇报》发表白杨的文章《怀念》、方方的文章《"三特鞋"的启示》、俞平伯的遗作《四绝句》。

26日，《文艺报》发表陈涌的文章《有关鲁迅思想的几个问题》。

27日，作家杜鹏程因病在西安逝世，终年70岁。杜鹏程的夫人在纪念文章中写道："杜鹏程说在战场上，在牺牲的战友面前，他多次在心里默默下定决心，要把这一切写成书告诉后人，多少人为民族独立自由，为洗刷民族的耻辱，争取民族的尊严而浴血奋斗，甚至献出宝贵的生命。他是这历史的参加者，又是以笔为生的人，不写出这段惊天动地的历史，简直是罪过。说到这里，他心情沉重，感情激昂。”“当我整理他的文集时，竟吃惊地发现，1958 年他除了发表了一篇《大学门前的风波》的通讯外，再也找不出一篇写反右运动，或批判什么人的文章来了。1958 年他写了不少东西，大都不涉及大跃进，即使有两三篇以大跃进为背景的作品，也是从人物出发，写人的性格的解放和进步为内容的，这不是说他有多么高明，而说明他对创作采取了真诚严肃的态度，也说明他坚定的独立的人格。”（《杜鹏程文集·编后记》，陕西人民出版社 1993 年版）冯雪峰这样评价《保卫延安》：“这部作品在英雄史诗上的成就，在我们的创作上就有一种新纪录的意义，它的显著的创造性，显然有推动我们的现实主义创作运动的作用。”（冯雪峰：《论〈保卫延安〉》，见《保卫延安》序言，人民文学出版社 1954 年版）此外，《文艺报》12 月 14 日刊发纪念杜鹏程的文章，有胡采的《党和人民的忠诚的儿子》、贺抒玉的《追怀杜鹏程同志》，12 月 21 日《文艺报》刊发莫申的文章《泪洒长安祭豪雄——痛悼杜鹏程》。

28 日，《剧本》第 10 期发表曹一林的大型话剧《毛泽东的故事》，刘鹏春的五场现代戏《水淋淋的太阳》。

30 日，上海人民艺术剧院在沪首演话剧《太阳·雪·人》，编剧沙叶新，导演林荫宇。剧本发表于《新剧本》1992 年第 2 期。

31－11 月 2 日，由陕西作协召开的杜鹏程作品研讨会在西安举行。80 余位与会者就杜鹏程的生活道路和创作生涯、艺术成就和风格等问题展开了讨论。《文艺报》11 月 16 日对此作了报道。

本月，《萌芽》第 10 期发表阿来的短篇小说《欢乐行程》。

《飞天》第 10 期发表尧山壁的散文《忆林漫》、孙志诚的小说《等待天明》、叶舟的诗《四月露水五月麦花》、唐栋的评论《不该忘记的……》。

《小说家》第 5 期“中篇擂台赛”刊发李晓的《相会在 K 市》、铁凝的

《埋人》、叶兆言的《挽歌》、阎连科的《玉姣 玉姣》、刘毅然的《我的夜晚比你们的白天好》。“点将台”栏目刊发《叶兆言点将北村》、《马原——小说家》。“裁判论坛”栏目刊发罗强烈的《“裁判”的工作笔记》、耿占春的《这不是我曾经指望的智慧》。“特约专稿”栏目刊发朱苏进的文章《四千年前的闪击》。

《星星》第10期发表蔡其矫的组诗《名楼三叹》、林染的组诗《在中原土地上长大》、李小雨的组诗《沉默的盐》。

《小说月报》第10期选载方方的中篇小说《桃花灿烂》（原载于《长江文艺》1991年第8期）、曹桂林〔美〕的中篇小说《北京人在纽约》（原载于《十月》1991年第4期）、尤凤伟的短篇小说《沉默的格》（原载于《青岛文学》1991年第7期）、阿成的短篇小说《东北人 东北人》（原载于《春风》1991年第8期）、方方的创作谈《只言片语》。在《只言片语》中，方方谈到她的获奖小说《桃花灿烂》：“很难说我想通过两个青年人的爱情故事说清什么，倒是觉得好些事是说不清的。一个人失败的原因实在太多，而自己败在自己手上大概应占最大的比例。有很多思想深刻、目光犀利的人常常能理智地面对一个庞大的复杂的社会，但却不能正视自己。不知自己所短能使自己功亏一篑。常言中有‘一念之差’之说，这‘差’或许会左右人的一生。”

《文学自由谈》第4期刊发冯骥才、侯军的文章《一个作家的画语录》，马烽、傅汝新的文章《与马烽对话》，冰心、李辉的文章《与冰心谈巴金》，阿成的文章《拜见汪先生》，陈荒煤的文章《云南边地小说的现状和前景》，从维熙的文章《美人鱼与贝壳的夜话》，王蒙的文章《也算诗话》，海男的文章《培养时期》，李国文的文章《小奴才茗烟》，王安忆、安波舜的文章《旗帜之外的擂台赛》，陈祖芬的文章《血水赤婴》。

复刊后由诗人北岛主编的《今天》第3、4期合刊登出多多、杨炼、北岛、孟浪、陈东东、王家新、柏桦的诗作，以及奚密的《从边缘出发：论中国现代诗的现代性》、臧棣的《霍拉旭的神话：幸存的诗歌》等文章。

诗歌民刊《葵》于天津创刊，创刊号为32开本，主编为萧沉、徐江。萧沉执笔写的创刊词《关于〈葵〉》阐释了该刊的理念："《葵》的办刊初衷是严肃的、健康的，它将引导理解它的人们从欲望的生命转向目的的生命；它将朝向太阳，因为：在这金轮里掩埋着真理的面容。"《葵》第一辑刊出伊蕾、王向锋、郑单衣、西渡、梁晓明、徐江等人的诗，以及西渡《戈麦的里程》、严力《脊背上的污点》等文章。

莫言小说集《白棉花》由华艺出版社出版。

冯中一主编的《孔孚山水诗研究论集》由山东文艺出版社出版。本书收录冯中一、朱德发、袁忠岳、吴开晋、孙静轩、王尔碑、李新宇、章亚昕、吕家乡、唐晓渡、孙基林、耿建华、宋遂良等人的论文40余篇。前有贺敬之代序《诗的道路是广阔的——在孔孚诗歌研讨会上的讲话》，后附《孔孚山水诗研究文章索引》。《后记》说明了"孔孚诗歌研讨会"及本书编撰情况。

李复兴的《中国现代新诗人论》由山东教育出版社出版。

李元洛的《缪斯的情人》由湖南文艺出版社出版。

叶橹的《诗弦断续》由南京出版社出版。

朱先树的《诗歌的流派、创作和发展》由花城出版社出版。

十一月

1日，《作家》第11期发表张宇的短篇小说《返香》、刘心武的短篇小说《歌星和我》、林白的短篇小说《船外》、张新颖的短篇小说《绝·缘》、李庆西的散文《捕鱼记》、孙惠芬的散文《冬日》、王蒙的诗《怀念与温暖》（五首）、张宇的自传文章《张宇小传》、陈思和的评论《对人物传记的两点思考——〈人格的发展：巴金传〉后记》。

第2届中国话剧“金狮奖”在京举行颁奖大会。舒强、任德耀、孙浩然获“金狮奖”荣誉奖，刘世正、孙德民、栗茂章等获编剧奖，徐企平、胡导、沈元骥、刁光覃等获导演奖，魏启明、许承先、朱旭、濮存昕等获演员奖。

2日，《文艺报》刊登叶鹏的评论《生活是创作的源泉——评自传体小说〈高玉宝续集〉》、李瑛的文章《青春的歌——〈中国青年〉杂志〈青春的风〉征诗获奖作品读后》、柯蓝的文章《中国哲理散文诗面面观——兼评高顺利、刘定中哲理散文诗》、唐湜的文章《回忆林方》。

《新剧本》第6期刊发吴祖光的剧本《我的艺名——电视系列剧〈新凤霞〉第一集》。

3日，《人民文学》第11期发表李存葆、王光明的报告文学《沂蒙九章》。

5日，《长江文艺》第11期发表蒋杏的中篇小说《鱼王》、刘醒龙的短篇小说《雕塑·交通岗》、王炳辉的短篇小说《黄龙坪纪事》、钟星的诗《爱智者雨天的方式》、海南的诗《人体是一种语言》、易建新的诗《延安颂》、李运抟的评论《语言的“浮雕”——论当代小说中的一种描写艺术》。

《山花》第11期发表朱光君的诗《梵净山烟雨》、张剑波的诗《围棋》、饶绍君的诗《写给河水》、南帆的评论文章《概念的权力——现实主义与现代主义的论争》。

《延河》第11期发表杜鹏程的散文《为重播〈保卫延安〉而写》、李若冰的文章《序文三题》、梅子的诗《梦呓》（外一首）。

6日，《文汇报》发表陈村的散文《旧物》。

7日，《花溪》第11期发表赵朝龙的短篇小说《豹子沟》、李国清的评论

《对贵州古文化形象性的弘扬》。

9日，《文艺报》发表张炯的文章《现实土壤的执著耕耘——评毕四海的三部中篇小说》、柯岩的文章《榜样的力量——看辽宁人艺话剧〈爱洒人间〉》。

10日，《中国作家》第5期发表雷抒雁的诗《中国的大堤》、光未然的诗《粤海诗抄》。

《北京文学》第11期发表吕斌的短篇小说《辘轳绳》，王明义的短篇小说《女亲》，何玉茹的短篇小说《她和她的小屋》，马慧娟、啸客的短篇小说《阴晴圆缺》，温金海的短篇小说《绝唱》，刘连群的短篇小说《凉手》，管笛的短篇小说《锻炼锻炼》，许谋清、石晶的报告文学《第二草国（续）——关于中国的草原中国的肉食中国人的肠子的报告》，安然的报告文学《京城劲旅——记北京城建安装公司机械一分公司的劳动者们》，娟子的散文《秋天的向日葵》，舒丽珍的散文《艰难的步履》，梁上人的诗《黄河梦》（五首），杜军的诗《靠近泥土》，李志强的诗《爱的疑惑》，刘绍棠的评论文章《目标已经明确》。北京作家栏目介绍的作家是刘绍棠，包括刘绍棠小传，刘绍棠的文章《僵卧孤村不自哀》，郑恩波的文章《最可宝贵的》。

《时代文学》第6期发表周梅森的中篇小说《家仇》、王希坚的散文《真正的战士》、邓刚的散文《到布拉戈维申斯克》。

《读书》第11期刊发费孝通的《清华人的一代风骚》、金克木的《治“序”乱“序”》、桑晔的《残阳如血》、林斤澜的《论武松没有绰号》、冯亦代的《两本亨利·密勒的传记》、李欧梵的《狐狸洞书话》、李长声的《乌头草、推理小说与“模仿的社会学”》等文章。

13日，《文汇报》发表肖复兴的散文《老朋友是酒》。

15日，《钟山》第5期发表李国文的中篇小说《电梯谋杀案》、黄佳星的中篇小说《白马非马》、王蒙的短篇小说《成语新编》、陈世旭的短篇小说

《春江晚景》、李运抟的评论《立体的故事与角度的综合》，微型作家论推出丁柏铨的评论《张抗抗——多半靠理念取胜》、《张辛辛——力图描画出人物心态》，晓华的评论《黄蓓佳——对男性的无效反抗》，汪政的《陈建功——以俗为雅的文人心态》，吴毓生的评论《李晓——含笑含泪的“操练”》、《李存葆——分管“特拉戈获亚”》，艾煊的散文《鬼谷峡》，费振钟的散文《论养生》，朱鸿的散文《喜欢女儿》。

《上海文学》第 11 期发表范小青的中篇小说《王桃》、王鲁夫的中篇小说《无奈东京》、述平的短篇小说《盯住野狼》、陈世旭的短篇小说《风铃》、彭荆风的短篇小说《雷的回答》、牛汉的散文《童年诗情二题》、韩小蕙的散文《生命总不成熟》。

《文艺争鸣》第 6 期开设“文艺百家·贾平凹作品讨论会”专栏，其中有李星的《东方和世界：寻找自己的位置——关于贾平凹艺术思维方式的札记》、费秉勋的《谈贾平凹的小说新作》、白烨的《虚怀·虚静——贾平凹近作风度速写》、贾平凹的《在一次研讨会的发言》等文章。

《文学评论》第 6 期发表晓雪的文章《艾青的诗美学》。

16－20 日，由中国电影家协会主办的第 11 届中国电影金鸡奖和第 14 届百花奖颁奖活动在北京举行。《焦裕禄》获得“双奖”的最佳故事片奖。焦裕禄的饰演者李雪健荣膺双奖的最佳男主角奖。由电影界专家评定的“金鸡奖”，将最佳儿童片奖授予童影厂的《我的九月》，最佳处女作奖授予古榕执导的《老店》，奚美娟获最佳女主角奖。最佳男女配角和最佳导演、最佳编剧等重要奖项空缺。《大众电影》“百花奖”是有影响的群众投票评选的奖项。除峨影厂的《焦裕禄》外，北影厂的《龙年警官》和南海影业公司等单位拍摄的《老店》也获得这届“百花奖”的最佳故事片奖。“百花奖”最佳女主角奖授予在广西厂的《落山风》中扮演素碧的宋佳。在北影厂的《斗鸡》中饰演孙老倔的陈裕德，在《龙年警官》中扮演仲小妹的伍宇娟，分别获得最佳男女配角奖。11 月 23 日的《文艺报》对此作了报道。

16 日，《文艺报》刊发消息“悼念杜鹏程、研究杜鹏程、学习杜鹏程——杜鹏程作品研讨会在西安召开”。本期还发表刘白羽的《惊心动魄的壮美——读〈沂蒙九章〉》、阳翰笙的《〈中国影人诗选〉序》、柯原的《怀念郭小川》等文章。

《作品与争鸣》第 11 期发表布白的文章《关于“样板戏”的议论》。

20 日，《文汇报》发表公刘的散文《云南云》。

《花城》第 6 期发表迟子建的长篇小说《树下》、谌容的中篇小说《第七种颜色》、吕新的中篇小说《发现》、北村的中篇小说《迷缘》、蒋子丹的短篇小说《劫后》、韩东的短篇小说《假头》、邹静之的组诗《在山岗》、西川的组诗《命题十四行》、臧棣的组诗《我们时代的手相》、戈麦的诗歌遗作《北风》、钟鸣的散文《散文二题》、艾云的评论《论女性批评家》。

《小说评论》第 6 期发表钱谷融的文章《序〈20 世纪中国小说的文化精神〉》。

23 日，《文艺报》报道：中共北京市委和北京市政府决定，对北京人艺创作、演出的话剧《天下第一楼》予以表彰，并发给北京人艺奖金 5 万元。表彰决定指出：“《天》剧继承并发扬了人艺风格，对唤起人们对美好生活和真善美的追求，对繁荣首都的社会主义文化作出了积极的、出色的贡献。”

25 日，《收获》第 6 期发表余华的长篇小说《呼喊与细雨》（后更名为《在细雨中呼喊》）、王朔的中篇小说《动物凶猛》、张廷竹的中篇小说《太太》、残雪的短篇小说《饲养毒蛇的小孩》、胡健的短篇小说《林风花》、余秋雨的散文《寂寞天柱山》、曹禺的散文《雪松》、万方的散文《又一个夏天》、蒋子丹的散文《终结》。关于《呼喊与细雨》，陈晓明评论说：“这是一次绝望之作——所有的感觉与幻想，表达的欲望，内心的焦灼，语言与想象力等，全都登峰造极，我们时代最狂妄的挑战者已经扔下他的白手套了。……《呼喊与细雨》在某种程度上是近几年小说革命的一次全面总结，当然也就是一次历史献祭。”（《胜过父法：绝望的心理自传——评余华的〈呼喊与细雨〉》，《当代作家评论》1992年第4期）郜元宝评论说：“余华的《呼喊与细雨》是游荡在人文荒原上的弃儿关于自己‘早年’尽力的一部存在性的回忆之作。余华的回忆，代表了先锋小说某种典型的说话方式。一个人的回忆，通常总是抚今追昔……可是余华的作品中，我们看到是却是残缺不全的回忆。回忆成了单向度地追溯往昔并沉溺于往昔，‘今天’被省略了。”“余华果真遗忘了‘今天’吗？用今日一片空白的心境去重温当时就已经荒芜而如今更是烟雨凄迷的往昔，难道可能吗？……如果说余华有意在小说中省略了‘今天’，那么这种省略所包含的意味，正是力图以沉默和空白的方式对今日的某种言说。”（郜元宝：《余华创作中的苦难意识》，《文学评论》1994年第3期）余华自己的1998年的意大利文译本的前言中说：“完成于七年前的这本书，使我的记忆恢复了往日的激情。我再次去阅读自己的语言，比现在年轻得多的语言，那些充满了自信和勇气的语言，那些貌似叙述统治者的语言，那些试图以一个句子终结一个事物的语言，感染了今天的我，其节奏就像是竹子在燃烧时发出的噼啪声。”“我想，这应该是一本关于记忆的书。它的结构来源于对时间的感受，确切地说是对已知时间的感受，也就是记忆中的时间。这本书试图表达人们在面对过去时，比面对未来更有信心。因为未来充满了冒险，充满了不可战胜的神秘，只有当这些结束以后，惊奇和恐惧也就转化成了幽默和甜蜜。这就是人们为什么如此热爱回忆的理由，如同流动的河水，在不同民族的不同语言里永久而宽广地荡漾着，支撑着我们的生活和阅读。”（《在细雨中呼喊》，第4页，上海文艺出版社2004年版）

《长城》第6期发表钟道新的中篇小说《聚会》、张学梦的中篇小说《初潮》、老城的短篇小说《老人与鸟》。

《黄河》第6期发表田昌安的中篇小说《苦夏》、高芸香的中篇小说《女流》。

26 日，《文汇报》发表潘旭澜的文章《寄空中：致杜鹏程》。

27 日，《文汇报》发表峻青的报告文学《罗湖一页》。

28 日，《剧本》第 11 期发表郭启宏的大型历史话剧《李白》。

由黄健中、李子羽导演的《龙年警官》上映。该片于 1991 年获第 14 届电影百花奖最佳故事片奖，广播电影电视部 1989－1990 年优秀影片奖。

30 日，《文艺报》发表王玟石的文章《我心中的当代中国农民》、邹荻帆的文章《给一位青年诗友》。

本月，《当代》第 6 期发表中国民间文艺家何力力的中篇小说《环球同此凉热》、从维熙的中篇小说《落红》、蒋韵的中篇小说《裸燕麦》、冯艳玲的短篇小说《我的主治医生》、邹荻帆的诗《江南小品》。

《十月》第 6 期发表沙叶新的剧本《黄花魂》、冯其庸的散文《怀念朱东润老师》、新凤霞的散文《我和石景山》、韩小蕙的散文《人生难耐是寂寞》、李瑛的组诗《桂林的微笑》、郁葱的组诗《瞬间》、林染的组诗《在中原土地上长大》、蓝轲的组诗《四季之梦》。

《芙蓉》第 6 期发表沈乔生的中篇小说《小楼东风》、刘心武的中篇小说《蓝夜叉》、蔡测海的中篇小说《冥想》、汪曾祺的散文《山和人》、晏明的诗《献给各拉丹东的恋歌》。

《小说界》第 6 期发表沈嘉禄的中篇小说《风》、方方的中篇小说《行云流水》、路远的中篇小说《今晚你寂寞》、徐开垒的传记文学《巴金传》（续卷完），“我看小说”栏目刊发高晓声的《我看小说》、茹志鹃的《跟着感觉走》、池莉的《能吃的小说》、易丹的《解构小说》、孙甘露的《认识》等文章。

《星星》第 11 期发表高平的诗《瞬间的永恒》、方竟成的诗《初春决不是鹦鹉》、曹纪祖的诗《棋手》。

《百花洲》第6期发表叶兆言的中篇小说《路边的月亮》、李国文的中篇小说《埃塞克斯之死》。

《萌芽》第11期发表张旻的短篇小说《告别崇高的职业》、黑孩的短篇小说《罗曼隐情》。

《小说月报》第11期选载张洁的中篇小说《红蘑菇》（原载于《时代文学》1991年第5期）、铁凝的中篇小说《埋人》（原载于《小说家》1991年第5期）、张欣的中篇小说《真纯依旧》（原载于《昆仑》1991年第4期）、孙惠芬的短篇小说《天高地远》（原载于《海燕》1991年第7期）、阿来（藏族）的短篇小说《蘑菇》（原载于《民族文学》1991年第5期）。

沈奇选编的《西方诗论精华》由花城出版社出版。

陈仲义的《现代诗创作探微》由海峡文艺出版社出版。

刘扬烈的《诗神·炼狱·白色花——七月诗派论稿》由北京师范学院出版社出版。

公木主编的《新诗鉴赏辞典》由上海辞书出版社出版。

上海译文出版社与外国文学出版社合作出版的“外国文学名著丛书”、“二十世纪外国文学丛书”获第1届全国优秀外国文学图书特别奖，上海译文出版社出版的《泰戈尔抒情诗选》、《安娜·卡列尼娜》、《丧钟为谁而鸣》、《海涅诗选》获第1届全国优秀外国文学图书一等奖。

十二月

1日，《四川文学》第12期发表高缨的中篇小说《薛玛姑娘》、钟鸣的短篇小说《老余》。

《作家》第12期发表范小青的中篇小说《船出杨湾港》、昌耀的诗《一揽子诗稿》、汪曾祺的散文《我的家——自传体系列散文〈逝水〉之二》、张旻的短篇小说《阴谋》、鬼子的短篇小说《有那么一个黄昏》、王必胜的自传文章《梦幻与现实》、胡宗健的评论《“新写实”小说是什么？——兼谈苏童长篇近作〈米〉》。胡宗健认为：新写实小说总体特征是“新”，既新于现实主义，又新于现代主义。但“新写实”小说也不能对此做等量观，有时它在这一方面回归现实主义多一些，有时它在那一方面回归现代主义多一些。

1－7日，中国戏剧家协会、国际剧协中国中心在京联合举办亚洲传统戏剧国际研讨会，李瑞环、李铁映、丁关根、宋任穷、程思远、荣高棠等出席了开幕式。来自21个国家的50余名外国戏剧专家、学者与中国同行一起，围绕亚洲戏剧的不同形态、现状与未来、传统戏剧的继承与发展等问题展开了热烈讨论。

2日，霍达的长篇小说《穆斯林的葬礼》在台湾《世界论坛报》开始每天以整版篇幅连载。

2－6日，中国广播电视学会广州国籍联谊会主办，广州电视台、珠海电视台承办的“'91中国室内电视剧研讨会”在广州举行。与会者认为“室内剧”的理论界定有待科学化、规范化，因为它并不排斥室外镜头也允许少量的后期制作。应从实际效果出发，而非自缚手脚。肯定了这样的制作方法，有助于多快好省地生产电视剧。但它也只是电视剧百花园中的一朵，切不可“一窝蜂”盲目上马。

3日，《人民文学》第12期发表杨建的报告文学《走向大海》、庞祝君的报告文学《寻找“南泥湾”》、孟庆华的报告文学《心系五洲》、陶大钊的报告文学《中国第一大明珠》、陈国凯的短篇小说《相见时难》、岑隆业（壮族）的短篇小说《闰腊月》、彭荆风的短篇小说《杏花如雪》、高栋的短篇小说《狮吼》、高旭帆的短篇小说《崩岭规则》、张波的短篇小说《寻柴》、浦子的短篇小说《迷人的弧光》、黄港洲的散文《"赶山"的黑飘带》、张于的散文《禁声》、任保军的散文《半个月亮》、远方的散文《辽河渔情》。

4日，《文汇报》发表海贝的评论《历史内涵略显不足——评苏童的新作〈米〉》，居延的评论《揭示心灵深处的黑暗——读长篇小说〈米〉》，肖复兴、肖复华的报告文学《塔里木魂》。

《山东文学》第12期发表赵德发的短篇小说《残片》。

国家新闻出版署发布《关于期刊出版增刊有关事项的通知》，指出，期刊不得随意出版增刊，如确有必要出版的增刊（每种期刊每年只批准一期，一次申请只对一期增刊有效），必须经新闻出版行政管理部门批准，经批准出版的增刊须遵守期刊管理的有关规定。增刊的办刊宗旨、编辑方针、开本和发行范围应与正刊一致，并在封面刊印正刊名称和注明"增刊"。严禁出版社以书号出版期刊增刊。

5日，《长江文艺》第12期发表冯自明的短篇小说《归去来》、周平佑的小小说《瞬息》（外一篇）、陈兰芬的报告文学《我们代表中国》。

《山花》第12期发表赵晓铃的散文《先看到什么》、晓雪的诗《草原的歌》、胡宗健的评论《文学：反映论与主体论的龃龉》、陈超的评论《实验诗对结构的发展——兼谈如何阅读实验诗》。林树明的评论《大众化："新写实小说"的价值取向》认为："'新写实小说'之所以获得一定成功，其实质是它的大众化倾向，这种倾向包括：一、注重表现一般大众的平常生活，揭示他们艰难的生存处境和隐抑心态；二、尊重大众的审美鉴赏力，把阅读活动视为读者建构自身的一种动作，也是文学价值的主要来源。"同时，作者还认为："发挥个体的感知与想象能力，力避作者观念的过分扩张与直露，在重视情节与故事的同时，还要留下一定的空白点供读者玩索阐发，大概是当前文艺大众化的主要方向。'新写实小说'在这方面提供了新的经验。"

《延河》第12期发表郑闽江的短篇小说《彷徨》、海南的短篇小说《奇人何老弟》。

6日，《文汇报》发表萧乾的文章《关于国民性的探讨》。

7日，《文艺报》发表柯岩的文章《情之所钟——看话剧〈情结〉》、陈登科的文章《含笑而去——悼于寄愚》。

《花溪》第12期发表帕尼的短篇小说《遍地黄金》、黄晓延的短篇小说《位子》。

10日，《北京文学》第12期发表许谋清、石晶的报告文学《第二草国（再续）——关于中国的草原中国的肉食中国人的肠子的报告》，刘连枢的中篇小说《鸡血红纱巾》，毛朝辉的诗《毛泽东、辣椒及其他》，刘洁岷的诗《道诗四首》，鼓乐山的诗《京郊小城》。北京作家栏目介绍的作家是李方立，其中包括李方立小传、李方立的文章《随笔》、谭谊的文章《李方立其人其创作》。

北京人民艺术剧院在京首演话剧《李白》，编剧郭启宏，导演苏民，主演濮存昕、龚丽君、吕齐等。剧本发表于《剧本》第11期。周传家说："它通过李白骑驴上殿、醉写檄文、狱中以诗当酒、与吴道士白帝城下深夜对酌、长江抒怀、与夫人论诗、采石矶与老渔父倾怀豪饮、与明月对话等情节，通过演员形神兼备、气韵生动的表演，活脱脱地刻画出一位飘逸的谪仙、报国的赤子形象。李白热烈、真诚、透明、外在，他不像同时代的诗圣杜甫那样沉郁、老到、内在、含蓄，把痛苦深藏起来，独善其身，高扬人格。李白敢想敢说，敢怒敢骂，将内心的欲求、痛苦、矛盾和盘托出，尽情宣泄。"剧作家"没有去描写李白的一生和全景，而是选取安史之乱后李白晚年一段大起大落的际遇和生活，浓墨重彩地加以渲染，深刻揭示出李白内心深处儒和道、尘和佛、出世与入世的矛盾"。全剧"工丽的语言，明快的节奏，流泻出剧作家的才情、诗情和真情，显示出剧作家清丽典雅的艺术风格"。（《熔"庄""屈"于一炉 抒浩然之正气——话剧〈李白〉印象》，《文艺报》1992年1月

25日）邹红说："出现在舞台上的，是一个徘徊于剑与月之间，欲仕不能、欲隐不甘的李白。剧本通过对李白矛盾性格的刻画，深刻地揭示了以李白为代表的一代知识分子渴望报效国家、做一番事业而不得，归隐江湖、与明月共老而不甘的矛盾心态，并对封建社会压制、排挤知识分子才智之士的现象作了尖锐的批判。""剑与月，这是李白诗中屡屡歌咏的对象，也是剧中一再出现的两件道具，它们所具有的象征意蕴是十分明显的。""宝剑象征着李白的壮心抱负，象征着他辅佐明君、大济苍生的襟怀。""明月是故乡，是挚友，是没有纷争的方外之所。他望月怀乡，举杯邀月，把酒问月，月是自然，是永恒，是人格的象征，理想的寄托，人生的归宿。""剑和月分别代表了李白的两种人生选择，剑乎？月乎？他实在很难二者择一。""在李白这样的古代知识分子心目中，兼济天下和独善其身并非如冰炭之不能相容，而儒道互补，亦屈亦庄，正是中国古代知识分子的典型心态。"（《剑与月的悲歌——看话剧〈李白〉》，《剧本》1992年第2期）

《诗刊》12月号刊出第9届"青春诗会"的作品，刊有耿翔的《东方大道：陕北》、第广龙的《感情的石油》、杨然的《唱海》、李浔的《又见江南》等诗和宗鄂的《九一届青春诗会随笔》。本届诗会9月于江苏徐州举办，12位诗人参会。

《读书》第12期，刊发李慎之的《融贯中西，通释古今》、宗璞的《三松堂断忆》、金克木的《纪念欧阳竟无大师》、张中行的《看闲书二题》、王蒙的《话说这碗"粥"》、桑晔的《说破狗熊惊杀人》、冯其庸的《瓜饭楼上说金庸》、冯亦代的《辛格生前最后一本书》、李长声的《当大学教授的方法》等文章。王蒙在《话说这碗"粥"》中对自己的小说《坚硬的稀粥》进行了说明，文章写道："这是一篇幽默讽刺小说，其中有对人民内部的一些缺点、弱点的嘲笑。批评的主要矛头直指食洋不化、全盘西化、追逐时髦、盲目幼稚而又大言不惭的'儿子'，同时，小说也批评了偏于保守的'徐姐'，不负责任的‘爸爸’，侈谈民主而又脱离实际的‘堂姐夫’，以及这一家人多争论而不善行动的弱点。从这些内容上，得出的结论只能是作者呼唤一种健康的、实事求理的、建设性的态度，只能说明作者的思想观点在当时早已与全盘西化、侈谈民主、不问国情的那一套‘赵括谈兵’划清了界限，而不可能是相反。”

12 日，《文艺报》在京举行《高玉宝续集》座谈会。与会者就作品的艺术特色及“高玉宝现象”等问题进行了讨论，认为“《高玉宝续集》在当代文学创作中具有不可替代的价值”。

15 日，《上海文学》第 12 期发表贾平凹的《四十岁说》、汪曾祺的《有一种小说》、周政保的《忧柔的月光》等随笔，郜元宝的评论《作为小说家的“本性”》、沈乔生的中篇小说《今晚蓬嚓嚓》。

17 日，《作品与争鸣》第 12 期刊发争鸣文章何申的短篇小说《乡干部老秦》、罗守让的评论《朴实浑厚乡土味——评〈乡干部老秦〉》、王蒙的短篇小说《坚硬的稀粥》、淳于水的文章《为什么“稀粥”还会“坚硬”呢?》。

18 日，《文汇报》发表范小青的文章《设置障碍和跨越障碍》、王干的文章《淡山淡水 低吟清唱——范小青小说近作简评》。本期还发表曾卓的《杂记与札记》、公刘的《会见“阿诗玛的妈妈”》、林斤澜的《山外有山天外天》、高晓声的《嗑瓜子唠叨话》等随笔。

《中国戏剧》第 12 期刊登《全国话剧交流演出七人谈》。在“编者按”中，该刊指出：“今年是话剧的丰收年，据统计今年在北京上演的话剧有 53 出之多，创造了建国以来的最高纪录。文化部艺术局主办的全国话剧交流演出使今年的话剧运动出现了高潮。这样的盛况令人激动，有许多经验值得总结，有不少问题可以探讨。”为此，《中国戏剧》邀请胡可、蓝光、严正、周来、郑振环、陈坪、张仁里等 7 位戏剧家就本年的话剧创演情况展开讨论。

中宣部文艺局、中国文联、中国艺术研究院联合在北京召开“优秀文艺评论报刊表彰大会”，这是新中国成立以来首次文艺评论报刊的表彰活动。获得表彰的有17家文艺报刊：《人民日报》文艺评论版、《光明日报》文艺评论版、《求是》杂志文艺评论版、《解放军报》文艺评论版、《文艺报》文艺评论版、《中国文化报》文艺评论版、《中国教育报》文艺评论版、《文艺理论与批评》、《中流》杂志文艺评论版、《文学评论》、《文艺研究》、《中国戏剧》、《美术》评论版、《人民音乐》、《当代电影》评论版、《当代文坛》（四川）、《理论与创作》（湖南）。

21日，《文艺报》发表曾镇南的《略释周作人失节之谜》、郭风的《晴窗闲笔》、莫申的《泪洒长安祭豪雄——痛悼杜鹏程》等文章。

28日，《文艺报》发表马烽的文章《让文学为深化农村改革大唱赞歌——读长篇报告文学〈走向天堂〉》、雷加的文章《群众时代与散文》。

《剧本》第12期刊发“纪念田汉诞辰94周年，中国左翼剧联成立60周年”的文章，其中包括王震的《在纪念会上的讲话》、阳翰笙的《欣慰的纪念》、夏衍的《祝词》、曹禺的《题词》，本期还发表贺国甫的多场次话剧《大桥》，以及贺国甫的创作谈《生活之树常青》、白桦整理的《恢弘诗意话〈大桥〉》。

本月，《飞天》第12期发表诗歌专号，其中有光未然的《丝路短歌（十首）》、李瑛的组诗《写在老区的诗》、李云鹏的《庄重如山》、叶延滨组诗《感谢生活》、何来的长诗《侏儒酒吧》、林染的组诗《在中原土地上成长》、蓝蓝的诗《睡梦的长廊》。

《小说家》第6期“精短中篇擂台赛”栏目刊发陈应松的《男人之间》、范小青的《单线联系》、马原的《倾诉》、阿成的《胡天胡地风骚》、苗长水的《我爱你》。此外，本期发表谈歌的中篇小说《那一阵我正活的没滋味》、于斯的短篇小说《献给曲桑·帕玛小姐的哈达》、孙惠芬的短篇小说《肥土地》。谈歌（1954－），原名谭同占，河北顺平人。与作家关仁山、何申被文坛并称河北“三驾马车”。1984 年毕业于河北师范大学中文系，1971 年参加工作，历任河北宣化钢铁公司服务公司工人、宣传干事、车间主任、河北省作协副主席。1978 年开始发表作品。代表作有《家园笔记》、《校园笔记》、《大厂》、《绝唱》等。

《星星》第 12 期发表张新泉的诗《好酒、女人及其他》、林染的文章《疲软论》、公刘的文章《诗人不妨固执一些》，公刘在文章中写道：“诗人不妨固执一些，认准了什么路子，径直走下去，而不要理会四周看客们的唧唧喳喳。忠于良心，忠于艺术，可矣！”

《小说月报》12 期选载李存葆、王光明的纪实文学《沂蒙九章》（原载于《人民文学》1991 年第 11 期），阿成的中篇小说《风流慷慨过流年》（原载于《小说林》1991 年第 5 期），殷慧芬的中篇小说《欲望的舞蹈》（原载于《上海文学》1991 年第 9 期），李国文的短篇小说《戒之惑》（原载于《天涯》1991 年第 7 期）。

《戏剧艺术》第 4 期发表董健的《论中国传统文化对曹禺的影响》和曹树钧的《论鲁迅思想对曹禺剧作的影响》。董健在《论中国传统文化对曹禺的影响》中写道：“曹禺不仅从经史子集、古典文学等书面文本和古典戏曲的演出中接受了大量传统文化的信息，而且他是在传统文化所濡染化成的生活氛围中长大的。当他把目光转向西方文化、吸吮异域果汁时，存在于他头脑中的种种传统文化的信息当然要做新的排列和整合，但固有文化之‘血脉’毕竟给他的艺术创造打下一层底色，决定了他的人生态度、价值观念和审美的心理基本取向。”并认为：“曹禺的突出之处，他优于同辈剧作家之点，就在于他不是一般地为内容寻找形式，而是苦苦追求‘气盛化神’之境界，从中可以看出中国传统美学对他的熏陶颇深。”曹树钧在《论鲁迅思想对曹禺剧作的影响》一文中写道：“无论从作品的思想倾向，还是从艺术创作思想上，曹禺的心都是和鲁迅相通的。鲁迅的著作无论是小说还是杂文，都对曹禺产生过深刻的影响。曹禺始终对鲁迅的著作怀着崇敬的心情，奉为学习的楷模。他说‘鲁迅先生的著作是一面照见一切的镜子。我在这镜子里，也照见我自己，我看见我的平庸、渺小和无知’。”

诗歌民刊《现代汉诗》1991年冬季卷刊出欧阳江河的诗《傍晚穿过广场》、于坚的文章《拒绝隐喻》。

中国视协组织《电视文化丛书》编辑委员会，出版并向全国发行《当代电视剧文论选》、《电视剧审美特征探索》、《电视剧的实践之路》、《我的艺术生涯》和美国译著《电视表演》等五本集，共120多万字，由金钊、徐宏主编。

潘凯雄、蒋原伦、贺绍俊合著的《文学批评学》由人民文学出版社出版。

苏智华的《中国现代新诗史》由陕西师范大学出版社出版。

吕进的《中国现代诗学》由重庆出版社出版。

本年

钟敬文主编《中国民间文艺学四十年·中国民间文学四十年大事记》由兰州敦煌文艺出版社出版，其中收录了刘魁立的《民间文学研究四十年》、马学良的《四十年民族民间文艺采风录》、陈子艾的《民间文学搜集工作四十年》、一虹的《四十年民间文学书籍、期刊出版概述》等文章。

《中国民间文艺季刊》杂志改名为《中国民间文化》，另行编号，每年出4本。

截至本年底，中国大陆共有出版社504家，其中中央级191家，地方313家。出版图书89615种，其中新版图书58467种，总印数61.39亿册。期刊出版6056种。

1992 年

一月

3 日，裘山山的短篇小说《天天都有大月亮》、杜鹏程的散文《彭大将军接见记》、李存葆的散文《伏虎草堂主人》、王英琦的散文《走向成熟》发表于《人民文学》第 1 期。王英琦（1953 – ），女，安徽寿县人，安徽省文学院专业作家。出版过《守望灵魂》、《求道者的悲歌》、《背负自己的十字架》、《王英琦散文自选集》等 17 部散文集。早年写过电影文学剧本《李清照》（由西安电影制片厂拍摄）。散文曾获全国及省级奖。

4 日，新文学史家唐弢在北京逝世，终年 78 岁。胡绳指出："唐弢同志是在三十年代的激烈的阶级斗争中成长起来的文化战士、学者。他一生在文化园地辛勤耕耘，都是为了中国人民的解放事业和社会主义事业的胜利。他的杂文、散文和其他文章，他对鲁迅的研究和对文学史的研究，为后人留下了丰富的遗产。我们要学习他一贯为社会进步和人民利益而战斗的精神，学习他的严谨的学风和勇于创新的精神。"杨义在谈到唐弢先生对他走上学术道路产生了不可替代的影响时，对循循善诱的唐先生与后学者的关系有一个形象的比喻："唐弢先生对他的学生、弟子所出现的学术灵感，不是采取任从它随便流泻的做法而是处在一个很高的方位上，给你筑上一条堤坝，让你的学术灵感在他这条堤坝里面积蓄着，甚至痛苦地挣扎着，最后形成一个比较深的深潭。这就是导师制造一个机会，让学生自己来迎接挑战。”作家王蒙说：“对唐弢先生的道德文章，我非常地佩服。我认为唐弢老师确实是一个很值得尊敬的学者。在他身上有一种学者的风度，有一种令人尊敬的东西，这种风度不仅仅是表面上的，比如他经常面带微笑的样子，或者他的一些举止。我想更重要的就是像前边一些同志们所提到的，他的那种治学的作风，他的稳定性，他的严肃性。”他说：“这样一个令人尊敬的形象也像一面镜子，照耀出一些不令人尊敬的人和事来。所以我非常怀念他。”（《文学评论》1992 年第 4 期）

6 日，《光明日报》刊登中共中央办公厅调研室的文章《构筑国家级艺术殿堂的成功之路——关于北京人民艺术剧院的调查》。文章在回顾历史、分析现状的基础上，指出“北京人艺之所以能够永葆青春，源源不断地出作品，出人才，出理论，从根本上说，是得益于党的十一届三中全会以来的路线、方针、政策。同时，也与北京市委、市政府的领导和支持，社会各界、广大观众的关心与厚爱有着密切联系。就北京人艺自身来说，是因为他们在长期的艺术实践中创造了一套比较完整的、行之有效的经验。”这些经验是：一、始终全面贯彻党的文艺方针，大力促进剧院艺术生产的繁荣；二、志同道合干艺术，敬业奉献建剧院；三、领导集体团结稳定，艺术核心开明进取；四、制定规章制度，严格剧院管理；五、稳妥推进改革，增强剧院活力。

10 日，杨光治的评论《从席慕蓉、汪国真到洛湃——初谈热潮诗》发表在《诗刊》1992 年第 1 期上。作者在文中阐述了对“热潮诗”这一现象的看法：“这一诗歌奇迹是从 1987 年春点燃，跟着席卷全国的席慕蓉热开始的。……席慕蓉热的余温未冷，1990 年夏天，又爆出了汪国真热。……今年六月，当汪国真来到广州参加他的母校——暨南大学 85 周年校庆活动引发一阵热烈的掌声的时候，一股新的诗歌热潮，却在广东地区高等院校出现。毕业于某名牌医科大学，当了两年医生即投身商界的年轻小子洛湃，成了大学生们的热门话题。……三股诗歌热潮连接爆现，是中国文学史上空前的景观，但这绝不会是绝后的现象。”第二部分中指出，关于“热潮诗”的定名，也“有人提出叫‘通俗诗’或‘流行诗’，但马上遭到了反对。……有人提出叫‘平民诗’，但也很快被否决。……笔者提出‘当潮诗’的概念，取‘当代潮流的诗’及‘当代读者阅读潮流’的意义，但未获多数的赞成。会后细想，既然这种诗是以在读者中形成热潮为主要标志的，那就干脆称之为‘热潮诗’，它得到几位朋友的认可。”在谈到“热潮诗”的特点时，作者进行了如下的归纳：“席慕蓉是纯情型，她抒写的主要是爱情、人情、乡情。……汪国真的诗则以哲理的内涵取胜。……洛湃是以浪子的形象在读者眼前亮相的，诗行中闪现着决心掌握自己的命运、要当生活的强者的身影，跳动着在商品经济大潮中击波逐浪者的亢奋的脉搏，因而赢得了正在忙于编织未来的彩梦的青年朋友们的掌声。”关于“汪国真热”，另一位评论家孙景阳这样分析道：“汪国真的诗一反‘先锋’诗的晦涩难懂的诗风，以其清新质朴、明朗亲切的风格，使读者享受到一定的美感和愉悦，并通过对诗中意象的不断品味，获得人生的某些领悟和精神的升华。于是，‘汪国真热’便出现了。……如果说早期的朦胧诗是对‘帮八股’诗风的一种反动的话，那么，汪国真的诗同样是对‘新诗潮’的一种反动。如果说早期的朦胧诗曾在读者中产生过巨大反响的话，同样，汪国真的诗能在当前读者中产生轰动效应，也是一种历史的必然和完全可以理解的。……诗人既用了儿童纯真的眼光、恋人痴情的眼光，而且用了哲人沉思的眼光去审视和感悟人生百态。特别是他善于体察少男少女们的渴盼和期待，破译他们心灵的密码，渴望成熟、渴望潇洒、渴望理解人生而又被人理解。汪国真以其潇洒而富于理想主义的笔触，真切地唱出了少男少女们的心声，说出了他们想说而又说不出来的话，形象而生动地反映了他们对真、善、美统一的价值观念和理想人格的追求和期盼，使诗人的创作意图和读者的接受意识之间产生了十分融洽的关系，从而引起了意想不到的轰动效应。……汪国真的诗虽然在广大读者中引起了轰动效应，但在文学批评界却产生两种截然不同的反响，可说是鲜花和臭鸡蛋向他同时抛来。一些人把汪国真称誉为‘青春偶像’、‘诗坛王子’、‘灿烂新星’。另一些人则对他嗤之以鼻，认为‘汪国真的这些诗内涵较浅，想象力也说不上丰富。从他的诗中很难找到新鲜的意象’。这两种态度和看法都未免失之偏颇。我们既不能因读者中所产生的‘热’和‘轰动’而把汪诗抬得过高，认为他的诗已达到了臻于完美的地步，也不能因为发现汪诗中的某些不足之处，便以不屑的鄙夷态度去评头品足，把它说得一无是处。正如鲁迅先生所批评的那样‘乱骂和乱捧’，实际上是对作者的‘骂杀’和‘捧杀’，只会使读者与作者之间产生‘隔膜’。”（《评汪国真诗的轰动效应》，《中国文学研究》，1992 年第 2 期）

10－15 日，第一届海峡两岸暨香港电影导演研讨会在香港举行。这是 42 年来内地、台湾、香港三地导演的第一次正式聚会。出席会议的有以吴贻弓为团长，谢铁骊、谢晋为副团长的大陆代表团；以李行为团长，白景瑞为副团长的台湾代表团以及本届研讨会主席、香港导演会前任会长吴思远、本届会长陈欣健等香港导演 40 多人。会上，三地代表就“海峡两岸和香港电影的回顾、主流和展望”、“制作形式”、“异乡拍摄的苦与乐”、“海外发行”等专题进行了交流和研讨。研讨会并无一定结论，但加强了联络。研讨会将于 1993 年在北京开第二次，1994 年在台北开第三次。

15 日，刘玉堂的中篇小说《最后一个生产队》，汪曾祺的短篇小说三题《明白官》、《樟柳神》、《牛飞》，邹荻帆的组诗《青春万岁》发表于《上海文学》第 1 期。

梁晓声的中篇小说《表弟》、海男的中篇小说《没有人间消息》、半岛的中篇小说《路上或漂流物》发表于《钟山》第 1 期。

17 日，中美两国签署了《中华人民共和国政府与美利坚合众国政府关于保护知识产权的谅解备忘录》。备忘录第三条第九款规定，中美两国政府将于备忘录签字之后60天开始通过各自的法律保护对方国民的作品。

18－24日，中宣部和广电部委托重大革命历史题材影视创作领导小组、中宣部文艺局、广电部电影局、中国电视艺委会、中国电影家协会、中国电视艺术家协会在北京召开了“重大革命历史题材影视创作”会议。23日下午，中共中央政治局常委、书记处书记李瑞环，中共中央政治局委员李铁映，中共中央政治局候补委员、书记处书记丁关根在人民大会堂接见了出席重大革命历史题材影视创作会议的全体代表，并与代表们进行了座谈。李瑞环指出：“近年来反映重大革命历史题材的影视作品，在数量上有明显增多，在质量上有显著的提高，在编剧、导演、表演等方面有很多突破。……获得了广大群众的热情赞扬，产生了广泛而深远的影响，向党的七十周年生日献了一份厚礼。……召开这次会议，总结交流经验，不但对今后把重大革命历史题材的影视创作搞得更好有重要意义，而且对其他形式、其他题材文艺创作也有借鉴和促进作用。……影视工作者必须进一步学习马克思主义理论，用马克思主义观察生活，提高认识，指导创作，使作品真正反映生活的本质和历史的必然。必须进一步深入生活，向人民群众学习，在丰富的生活积累的基础上挖掘题材、提炼主题、塑造典型，使作品真正反映人民群众的奋斗和希望。必须坚持‘二为’方向和‘双百’方针，使影视艺术既保持为社会主义建设服务的大方向，又实现主题、题材、样式、风格的多样化，使群众在艺术欣赏方面有更多的选择。必须增强队伍的团结，形成团结、民主、和谐的环境和气氛，使大家心情舒畅，把聪明才智都用到繁荣文艺创作上来。”重大革命历史题材影视创作领导小组组长丁峤作了题为《总结经验，提高质量，为繁荣和发展重大革命历史题材影视创作而奋斗》的报告，中宣部副部长聂大江作了《乘胜前进，提高质量，创作无愧于伟大革命历史的革命史剧》的长篇发言，广电部电影局副局长代表局长滕进贤作了题为《再现光辉历史，弘扬时代精神》的发言。

19日，《文汇报》发表王铁仙的评论文章《关于〈我的财富在澳洲〉的通信》。在给这篇小说的作者刘观德的信中写道："这篇小说吸引我的，当然绝不是语言和风格。我还很赞赏其中自然蕴含的哲理，以及种种深切而又带有原色原味的人生体验。"（《关于〈我的财富在澳洲〉的通信》，载《文汇报》1992年1月19日）刘观德的《我的财富在澳洲》发表在《小说界》1991年第3期，上海文艺出版社1991年出版。这是一部纪实性长篇小说。它描写的是以牛（即作者）为主的几个中国留学生，在异国他乡的澳洲拼搏、奋斗的艰难经历及其心态。小说发表之后，在社会和文艺界引起反响。徐中玉、朱桦说，这是"一部真实性很强、生活气息浓烈，而且表现出不少人生憬悟，成为新起的'留学生文学'中第一部具有时代精神的优良作品"，"作品的价值主要即因它是一支虽很悲凉，但始终充满着爱国深情的动人的歌"。（《他的财富在澳洲，终属故土》，《小说界》1991年第6期）胡静波也说："作者以流畅、简洁的笔触，轻松调侃甚至不无自嘲的语气描述了漂泊澳洲的短暂生活，揭示了较为深刻的生活底蕴……于他们那种互帮互助、患难与共的描绘之中透出了积极向上的人生态度和奋斗进取的精神力量，尽管时时显露出生命的苍凉与悲戚，但其骨子里洋溢着的仍然是炽烈的民族自尊与爱国情操。这种身处异域、面临逆境与困境而后抒发的对祖国的依恋和对民族振兴的寄望，写来更具撼人心弦的撼动与激励。"（《悲凉的调子》，《作品与争鸣》1992年第8期）徐中玉、朱桦也同时指出："现在似乎是过于局限在这家小店（指牛打工的快餐店）的内部情况，特别是老板这一个人身上了……其实如果在较广阔的背景下来描述，可能增加些深广度……看来当时也同澳洲生活的接触面的确还比较狭窄……祝愿他的新作能弥补这一缺憾。"（《他的财富在澳洲，终属故土》，《小说界》1991年第6期）

20－22日，浙江省作家协会第四次代表大会在杭州召开。大会选出新的领导机构，叶文玲任主席。

刘醒龙的中篇小说《村支书》发表于《青年文学》第1期上。

欧阳江河的诗《马》、陈东东的诗《秋日断章》、张抗抗的中篇小说《蓝领》发表于《花城》第1期。

24日，广西罗城县首次为该县的仫佬族文学史的编纂举行研讨会。来自北京、南宁的专家学者与仫佬族作家进行了文学史的修改、审定出版工作，这是该人数较少的民族第一次拥有自己的文学史。

25日，韩东的短篇小说《反标》、迟子建的中篇小说《秧歌》、李晓的中篇小说《叔叔阿姨大舅和我》、叶辛的中篇小说《悠悠落月坪》、李锐的散文《寂静的高纬度》、张抗抗的散文《牡丹的拒绝》发表于《收获》第1期。

28日，《剧本》第1期发表房纯如、杨舒慧的九场话剧《爱洒人间》。

本月，"中国传统文化与中外文化关系国际学术研讨会"在杭州召开。这次会议关于中外文化关系的研讨有两个特色，即特别注重中国与韩国、菲律宾、印度、新加坡等国的双向文化交流，不仅讨论近百年来西学的"输入"，也讨论汉学的"输出"。《读书》第10期对此有报道。

刘玉堂的中篇小说《县城意识》、邹静之的诗《老碗》、韩作荣的诗《袅动的花朵》、杨牧的诗《致地球上第五十亿个居民》、雷达的评论《小说的活力与当代现实》及廖岩松的报告文学《摸石头过河的人》发表于《中国作家》第1期。同期还发表"作家写作家"专题作品，包括冯牧的《我和苏策》、何启治的《夕阳风采——韦君宜素描》。

《十月》第1期选载周励的传记文学（自传体小说）《曼哈顿的中国女人》、陈祖芬的报告文学《画外音》，前者由北京出版社于7月出版，出版之后成为全国第五届书市文艺类畅销书之冠。

《小说界》第1期"我看小说"专栏发表随笔多篇，有蒋子龙的《小说小说》、韩少功的《灵魂的声音》和叶文玲的《酸甜苦辣说小说》等。

张中行的《散文的领域》发表于《文学自由谈》第1期。

回族作家白山的长篇小说《血线》由云南人民出版社出版。

重庆出版社出版臧克家的诗歌精选集《放歌新岁月》。

程乃珊的散文集《让我对你说：寄自灵魂伊甸园的信札》由四川人民出版社出版。

叶维廉的《中国诗学》由生活·读书·新知三联书店出版。本书系"海外学人丛书"之一种。

马学良等主编的《中国少数民族文学史》（上、下册）由中央民族学院出版社出版。

二月

3日，王汶石的散文《祭鹏程》、李瑛的诗《红土地》发表于《人民文学》第2期。

5日，电影剧作家林杉辞世，享年77岁。林杉（1915－1992），浙江慈溪人，原名李文德。1930年参加中国共产主义青年团，1931年转为中国共产党党员。在从事地下工作时被捕，抗日战争爆发后出狱，并前往晋西北解放区从事戏剧工作。先后任晋西文联剧协主任、剧社社长、西北艺术学院戏剧系主任等职。1949年调中央电影局剧本创作所从事电影文学创作。50年代，改编小说《吕梁英雄传》为电影。还创作了《刘胡兰》、《丰收》（与孙谦合作）、《上甘岭》（与曹欣、沙蒙等合作）等电影文学剧本。1957年创作完成了电影剧本《党的女儿》，后又完成了《冬梅》、《在三年的日子里》、《两家人》等电影文学剧本，并与别人合作创作了《风从东方来》（中苏合拍）、《试航》、《再生记》，著有电影论文集《一个电影编剧的探寻》。曾任长春电影制片厂副厂长，中国影协第三、四届理事，中国影协书记处书记，中国电影文学学会会长，《大众电影》主编等职务。

10日，《诗刊》第2期发表周良沛的评论《绿原的诗》。同期还发表简宁的诗《大路》、罗洛的诗《咏物二首》等。

10－12日，北京举行了全国剧协工作会议。中宣部、文化部、中国文联领导同志出席了会议，中国剧协党组成员、剧协在京部分副主席和来自全国26省市剧协代表在一起，回顾总结了1991年的工作，交流了各地戏剧活动情况，共同对1992年的工作任务进行了探讨。

12－15日，中国艺术研究院话剧研究所、中国话剧艺术研究会、解放军总政话剧团在京联合召开总政话剧团创作道路理论研讨会。中宣部、文化部和解放军总政文化部的有关领导李准、刘晓疆、赵寻、曲润海、李希凡、吴雪、胡可等参加了会议。与会者对总政话剧团的艺术道路、创作方向、创作技巧和艺术成就等方面作了研讨，并对该团近年来创作的《决战淮海》、《中国，1949》、《天边有一簇圣火》、《冰山情》等剧作展开讨论。

12日，张艺谋执导、改编自苏童中篇小说《妻妾成群》的《大红灯笼高高挂》首映，该片获1991年第48届威尼斯国际电影节银狮奖，1993年第16届大众电影百花奖最佳故事片奖，1992年意大利大卫奖最佳外语片奖，1993年美国纽约影评人协会最佳外语片奖，1993年比利时影评人协会大奖，1993年第46届英国电影学院奖最佳外语片奖，1991年香港《电影双周刊》十大华语片之一。

13－24日，在第42届柏林国际电影节上，中国儿童故事片《来自火焰山的鼓手》获儿童评委一等奖。

15日，叶辛的中篇小说《名誉》、赵丽宏的散文《乌克兰人》、王蒙的文章《“钗黛合一”新论》发表于《上海文学》第2期。

17日，西安电影制片厂摄制、何平导演的《双旗镇刀客》在第三届日本夕张国际惊险幻想电影节上荣获最佳影片大奖。

18日，《中国戏剧》第2期报道：曹禺、张庚、赵寻、张君秋等一批戏剧家，由于对我国的文艺、戏剧事业作出突出贡献，经国务院批准从1991年7月1日起享受政府特殊津贴。给为国家作出突出贡献的专家、学者和专业技术人员颁发政府特殊津贴，是党中央、国务院制定的一项重要政策，目的在于鼓励广大知识分子在我国社会主义现代化建设中多作贡献。政府特殊津贴为每人每月100元。

20日，储福金的中篇小说《生命协奏曲》、吴海民的报告文学《大陆音像圈》、刘白羽的传记文学《心灵的历程》发表于《当代》第1期。

28日，文艺理论家蔡仪逝世，终年86岁。

《剧本》第2期发表李钟勋、金雄杰的通俗民族风俗喜剧《没毛的狗》和黄洁端的独幕话剧《风雨情》。

本月，邓小平先后到武昌、深圳、珠海、上海等地视察，并发表了一系列重要讲话，通称南方讲话。讲话针对人们思想中普遍存在的疑虑，重申了深化改革、加速发展的必要性和重要性，并从中国实际出发，站在时代的高度，深刻地总结了十多年改革开放的经验教训，在一系列重大的理论和实践问题上，提出了新思路，有了新突破，将建设有中国特色社会主义理论大大地向前推进了一步。谈话的内容主要有六点：1. 革命是解放生产力，改革也是解放生产力。要坚持党的十一届三中全会以来的路线方针，关键是坚持党的“一个中心、两个基本点”的基本路线，一百年不动摇。2. 要加快改革开放的步伐，不要纠缠于姓“资”还是姓“社”的问题讨论。改革开放的判断标准主要看是否有利于发展社会主义社会的生产力，是否有利于增强社会主义国家的综合国力，是否有利于提高人民的生活水平。现在要警惕右，但主要是防止“左”。计划和市场不是社会主义和资本主义的本质区别。3. 发展才是硬道理，要抓住有利时机，集中精力把经济建设搞上去。发展经济必须依靠科技和教育，科技是第一生产力。4. 坚持两手抓，两手都要硬。在整个改革开放过程中，必须始终注意坚持四项基本原则，反对资产阶级自由化。5. 正确的政治路线要靠正确的组织路线来保证，要注意培养人，按照“四化”标准选拔人才进入领导层。要反对形式主义，学马列要精，要管用。6. 坚持社会主义信念，社会主义在经历了一个曲折的发展过程后必然代替资本主义，这是历史发展的总趋势。谈话指出：不坚持社会主义，不改革开放，不发展经济，不改善人民生活，就没有出路。改革开放的胆子要大一些，敢于试验，看准了的，就大胆地试，大胆地闯。要提倡科学，靠科学才有希望。要坚持两手抓，一手抓改革开放，一手抓打击各种犯罪活动，这两手都要硬。南方讲话简明扼要地总结了前一阶段中国改革开放所取得的成就，并且指出了下一阶段深入改革的方向，把中国 20 余年的改革开放划分为前后两个阶段，在那以前的整个 80 年代，是中国改革的第一次浪潮，从那以后，直到 2001 年，是中国经济发展的第二次浪潮。这次讲话改变了国内的形势，开启了市场经济的步伐，深刻地影响了此后的文学环境。

陈染的中篇小说《无处告别》、北村的中篇小说《孔成的生活》发表于《小说家》第 1 期。

苗族作家何文丹的小说集《无形的丰碑》由广西民族出版社出版。此集收入了作者近年来创作的小说 21 篇。

昌耀的诗《陶》发表于《星星》第 2 期。

《文艺争鸣》第 1 期发表“刘震云小说讨论会”专题。王必胜说，“刘震云的中篇小说《一地鸡毛》发表之后，引起了一些反响，‘效应’并不轰动，确实为近年来严肃文学创作中不多见的。及至后来，又发表了《官人》，连同他的前几年的《官场》、《单位》看，刘震云的艺术追求逐渐形成了一种可触摸的东西，或者说提供了论者能够概括的内质。当然从写实的精神内涵来规范，刘震云的这四部小说的确是从生活的琐细、日常的普泛的人事中，描绘芸芸众生并不高尚也不尽庸俗的心态和情致，他展示改革生活中一隅水波不兴的生活场景，但沿波寻澜，从中可以见到生活变革的跫音和轨迹。他不着重去刻画人物的形象，描写或高远或卑琐、或宏大或精微的气质精神等等，实践着经典创作原则，他仅仅随意铺叙故事，展示生活的自然情状，主观评价消隐在人物的活动中，小说的'创作'痕迹几近稀释了。……刘震云自《新兵连》始，就把艺术的生发点放在对于人格的精神的剖析之上，或者说，他的这些小说张扬了一种人格主题。……刘震云的小说在写实风格同类作家作品中更多地体现出一种平民精神。他机警地描绘官场中人生百态、单位中的众生相，把各种锈蚀的人格精神、各种污染的灵魂放在艺术的祭坛上进行剖析、检验，尤其是当代现实生活中读者最为关心的领导者作风、普通人的生存条件等，这些人人心中都有的一种耿耿难释的情怀，作家执著地表现，从艺术题旨上契合了大众读者的心态。值得注意的是，众多表现当代人生存状态的小说，较多的是描绘促狭的物质环境带来的心理负担，而刘震云则不仅仅于此，他注重人生的心理空间，注重人文环境的优化。他不避重就轻，对中国文化尾大不掉、积重难返的官场文化进行了辛辣的批判和犀利的解剖。他对失落了主体精神品格的官场人物又不时描写他们某些纯真的一面，作家的恻隐之心常常使他笔下人物令人怜悯。由于刘震云对生活取平视状，他的这类小说时间多是几天、几周，读者从人物的行为做派中反观自己，反观周围的人和事，读来就饶有兴味。当然，更重要的是，作家艺术运思同读者大众的精神联结，不粉饰生活更不能欺瞒读者。"（《刘震云的意义》，《文艺争鸣》1992 年第 1 期）陈晓明说："虽然在这里我难以追溯刘震云写作的来龙去脉，但还是可以看出一以贯之的精神。那就是对小人物或底层人的生存境遇和生活态度的刻画。显然，刘震云的'反讽'并不像同辈作家那样仅仅来自对'黑色幽默'小说的借鉴，它更多来自契诃夫和中国笔记小说、杂文一类的古典传统。'反讽'的笔调使刘震云与同类作家相比别具一格且技高一筹。如果仅此而言，刘震云不过是个笔法娴熟的能工巧匠而已，在写作的工艺学的水准上就可以给出他的准确位置。然而，我在刘震云的‘反讽’中看到一种更为有力的东西，看到刘震云试图运用‘反讽’去解开人类本性与制度化的存在结合一体的秘密。正是在把‘反讽’的触角伸向整个生活的网络的同时，刘震云揭示了日常琐事中令人震惊的事实。那些习以为常的生活小事，那些凭着本能下意识做出的反应行为，其实都为可以称之为强大的权力关系的力量所支配。人们自觉认同权力的结果，就足以使权力渗透进我们每时每刻的生存，渗透进家庭的每一个角落。这种关系已经构成现代社会的重要本质，构成我们生活的重要内容，而将这种关系庸俗化，也势必构成它对人们生活的消极影响，这就是刘震云的‘反讽’有现实性的根基所在。”（《漫评刘震云的小说》，《文艺争鸣》1992 年第 1 期）白烨说：“刘震云所写的那些人和事，既是生活中屡见不鲜的，也是别的作家似曾写过的，但你读起来总觉得有滋有味，非同一般。究其原因，主要是刘震云用一种‘生活流’，在不动声色、不露痕迹中揭现其丑陋和病态的本相，让人们在不经意中得到惊悸和震动。应当说，刘震云是以‘生活流’的方式表现自己对中国文化和生活中特有的‘文化病’的发现的，而这其中又流贯和萦回着厚重而沉毅的‘平民意识’。这种‘方式’、‘内蕴’与主体精神的内在粘连和独到融合，正是刘震云之为刘震云的个性特质所在。……在整体人性的艺术审视中，主人公在不断的自省、自醒、自新中摆脱樊篱、回复自身和健康发展，这是萦绕在刘震云所有作品中的一个潜在的总主题。我甚至觉得，刘震云的这样一个主观意向在他的一些作品里似乎过于显露、过于直白了一些，从而在一定程度上影响了他的作品的文学性意味。我以为，写得再蕴藉一些，更柔婉一些，对于刘震云或许不算是多余的建议。宏观地说，在当代文坛，刘震云稳扎稳打而又有声有色的创作，以自己引人的可读性、强烈的现实性和深邃的启悟性，加强了小说创作直面现实、关注时代、切近读者的倾向，从而在文学的总格局中占有了自己一席重要的地位。当然，无论从整体文学的发展看还是从个人的创作进取看，正是年富力强的刘震云都应不满足于这个已有的地位，而他有能力获取无愧于时代、无愧于自己的更大的成就，也是毋庸置疑的。”（《生活流 文化病 平民意识——刘震云论》，《文艺争鸣》1992 年第 1 期）潘凯雄说：“或许是由于叶落归根这种传统文化心理的诱惑，带着对乡村和都市的双重失望，这位叙述者再次隐姓埋名地回到了乡村。由于有了前面所剖析过的那种双重失望感，尽管他不再期待着什么，可似乎又不甘于就此沉寂和麻木下去。于是，他开始用一种超然、冷峻的态度去审视、去探究自己曾经领略过的林林总总，虽然其审视、探究的范围只是局限在马村这样一方小小的乡村，可叙述者显然是将其作为整个世界的缩影来对待的。这样一来，我们就看到了在长篇小说《故乡天下黄花》中所展示的一切。笔者曾经称刘震云的长篇小说《故乡天下黄花》是在探寻追溯历史的别一种方式。的确，这部长篇小说不同于前面所提到的刘震云的中短篇小说，它不再讲叙一时一地所发生的某个故事，而是追溯了马村半个多世纪以来的风云变幻和历史沿革，其时空跨度显然不是那些中短篇小说所能比拟的。虽然是在追溯历史，但叙述者毕竟又不是一位地道的历史工作者，他不能不寻找以小说来追溯历史的别一方式。虽然是小说的叙述者，但毕竟还是在追溯历史，因此，他又不得不将自己装扮成一位不动声色、不偏不倚的历史工作者。于是，在《故乡天下黄花》中，我们一方面看到了历史的实录，另一方面又看到了渗透于这种实录中的独特思考，而这种独特思考在我看来就是对历史过程中偶然性因素和荒诞感的关注。”（《此系身前身后事 倩谁记去作奇传——刘震云小说漫评》，《文艺争鸣》1992 年第 1 期）

舒芜的随笔《我们知道的和不知道的世界——致老友》、王蒙的随笔《九死未悔的郑重》发表于《读书》第 2 期。

周政保的《诗的智慧》由陕西人民出版社出版。

回族评论家白崇人的评论集《民族文学创作论》由广西民族出版社出版。

美国学者金介甫的《沈从文传》由湖南文艺出版社出版。

古远清的《海峡两岸诗论新潮》由花城出版社出版。

三月

3－4 日，中国社会科学院文学研究所邀请在京部分专家学者在社科院学术报告厅举行了唐弢学术讨论会。此次会议旨在全面总结、研究作为现代文学史上重要的杂文和散文作家、鲁迅研究和现代文学研究的奠基人和开拓者、著名的现代文学史家唐弢先生的创作道路和学术贡献。

10 日，小说家北村皈依基督教。北村这样讲述皈依经过："1992 年 3 月 10 日晚上 8 时，我蒙神的带领，进入了厦门一个破旧的小阁楼。在那个地方，我见到了一些人，一些活在上界的人。神拣选了我。我在听了不到二十分钟福音后就归入主耶稣基督。三年后的今天我可以见证说，他是宇宙间唯一真活的神，他就是道路，真理和生命！"（北村：《我与文学的冲突》，《当代作家评论》1995 年第 4 期。）

《诗刊》公布 1991 年度优秀诗文评奖获奖名单：丁庆友的《怀念那一片泥土》、李瑛的《山草青青》、公木的《摆正诗与政治的关系》（评论）获一等奖。同期还发表了昌耀的组诗《理想者的排箫》，张学梦的诗《思维》。

13 日，《书刊导报》以一版头条位置加"编者按"发表了段献民的《为世人前所未闻，为学者前所未想：震惊人类的发现——《红楼梦》应有两部；王国华替曹雪芹完成"太极红楼梦"》一文，迅即为《文摘周报》、《文摘月刊》、香港《文汇报》等报刊所摘载，可以说产生了"轰动效应"。但湖北大学中国古代小说戏曲研究所所长、武汉《红楼梦》学会会长张国光教授于 3

月17日、24日在为该校中文系元明清研究生举办的“红学讲座”上则列举了十四证，力辩所谓“太极红楼梦”乃违背常识之作，并严正批评“红学权威”周汝昌导演这一闹剧及其作伪、传伪的不良学风。

13－17日，1992年度全国电视剧题材规划会议在石家庄召开。

15日，池莉的中篇小说《白云苍狗谣》发表于《上海文学》第3期。同期还发表西飏的短篇小说《此岸彼岸》、王家新的诗《反向》。

17日，《中国作家》1991年度中篇小说评选揭晓，陈源斌的《万家诉讼》等9篇作品获奖。中国作家出版社在中华文学基金会文采阁举行了“获奖中篇小说座谈会”。获奖作者陈源斌、高建群、王为政、黄康俊、简嘉、牛伯成和方敏（林希与肖克凡因事未到），评论家、评委朱寨、吴泰昌、雷达、张韧、何镇邦，中国作协书记处书记张锲，中国作协副主席、评委会主任冯牧等参加座谈会。

20日，苏童的长篇小说《我的帝王生涯》发表于《花城》第2期。同期还发表戴厚英的短篇小说《完成》、李国文的中篇小说《人生在世》、余秋雨的散文《江南小镇》等。

25日，王朔的中篇小说《你不是一个俗人》、沈从文的散文《湘西书简》、茹志鹃的散文《你的火种呢》、何士光的散文《黔灵留梦记》发表于《收获》第2期。

《当代作家评论》第2期发表“王安忆评论小辑”，包括三篇文章，从不同侧面对王安忆的小说创作进行评析。戴翊主要从王安忆不同创作阶段的内容入手来解析：“在1980－1982年，她以《广阔天地的一角》、《绕公社一周》、《墙基》、《舞台小世界》、《尾声》等许多很受注意的作品，集中传达自己多年来对周围世界的感受和思考。这些作品的参与意向是明显的，作者以一个情感纯真的少女的心灵来观照和折射历史和现实，在朴实、纯真、细腻的情感中，表现出一种真诚的、带着稚气的忧患意识，因而也是具有其独特魅力的。……通过表现普通人（王安忆称之为‘庸常之辈’）的生存方式及情绪、心态来探求人生的真谛和生活的意义，给读者以心灵上的滋润，是王安忆小说创作的另一重要内容。”他认为王安忆的小说创作经历了“表现与参与”到“体验与探究”的转换。（《从表现和参与的真诚到体验和探究的执著——王安忆论》，《当代作家评论》1992 年第 2 期）张京媛则从女性主义的角度出发，解读了王安忆的小说《弟兄们》，“女子情谊的故事从前很少有人讲到，它是无名的、从没有描述过的意象。……《弟兄们》以探讨女性的意义为目标，指出了非逻各斯中心的意识形态是多么的扭曲与不足。这种意识促使我们开始思考与行动。诚然，女性与任何观念的联系都处于矛盾之中，但是剥夺这种讨论，便会使整个世界陷入黑暗。这部小说在某种意义上说是典型的后结构主义作品，因为它强调人的主体性中有许多不稳定和分裂的性质，抵制描写完整的自我（不论是女性的还是男性的自我）。它以其独特的声音对女性主义文学批评者们说‘彼岸还很远，千万不能掉以轻心’”。（《解构神话——评王安忆的〈弟兄们〉》，《当代作家评论》1992 年第 2 期）韩毓海的文章关注的是王安忆的另一部作品《叔叔的故事》，他说：“王安忆的写作，使我看到了类似于此的艰难——这种艰难绝不是她在小说开头所说，由于不得不采用一种自身所不擅长的叙事方式所带来的，这种艰难来自一种双重的内心煎熬：一方面，王安忆在反抗生活于一个浪漫主义时代的伪理想主义者（叔叔）时，表现出我们所讨论的第一种真正的理想主义者的艰难；同时，她又在反抗自身（我们这彻底实用主义的一代）时，表现出另一种真正的理想主义者的艰难。王安忆不得不在这种双重反抗的夹缝中确立自身，从而使她的作品呈现出一种真正意义上的生存的艰难与生存的勇气。……然而，王安忆既然写出了这样的作品，就难免使‘被观察者和被描写者所不乐受’而且‘皱眉头’，但也正因为它产生了，因为它的‘表现的深切与格式的特别’，所以就将存在下去，而且终于将走进未来的文学史。”（《“悲剧的诞生”

与“谎言的衰朽”——王安忆〈叔叔的故事〉及中国当代文学的艺术问题》，《当代作家评论》1992年第2期)

27日，为纪念欧阳予倩逝世30周年，中央实验话剧院在京重新上演保留剧目三幕古装话剧《桃花扇》。编剧欧阳予倩，总导演舒强，导演杨宗镜。

28日，姚运焕、张明的大型话剧《我们只有一个地球》和岳野的微型讽刺喜剧《公费医疗》发表于《剧本》第3期。

本月，残雪的短篇小说《旅途中的小游戏》、王蒙的短篇小说《奥地利粥店》、孙甘露的短篇小说《大师的学生》、谌容的中篇小说《我是怎样养猫的》、陆星儿的中篇小说《没有眼泪的日子》、萧乾的散文《一对老人，两个“车间”》发表于《小说界》第2期。同期发表了沙叶新的《剧作家眼中的小说》、胡万春的《小说的“生产”与“消费”》、梁晓声的《读写在如今》、叶永烈的《小说和年龄》。

范小青的中篇小说《晚景》、赵大年的中篇小说《司马台考》发表于《十月》第2期。

池莉的中篇小说《预谋杀人》，铁凝的短篇小说《孕妇和牛》、《笛声悠扬》，林白的短篇小说《一路红绸》，韦君宜的散文《女戒》，黄宗英的散文《人·树·天》，苏叶的散文《月照西窗》以及王英琦的散文《重返外婆的家园》等发表于《中国作家》第2期。同期推出的《三月诗会》栏目集中发表了黎焕颐、刘小放、于宗信、耿翔等二十四位诗人的诗作。

池莉的《热也好冷也好活着就好》发表在《小说林》1991年第1-2期上之后，《作品与争鸣》1992年第3期发表两篇评论文章。阎新瑞认为：“作者在这篇小说中一部分放弃了对某个个人性格的多方面交代，而意在揭示、探索他们一群人的生命状态和生存本相，并试图在他们气氛热烈的生活喧闹中，审视民族灵魂的所在。”但他又指出，小说“虽然在写法上极具代表性，甚至较好地体现了她新现实主义写作手法的基本特点，但在内容含量、具体事件的精心选择，以及对市民生活严酷意义上的把握上都应该说是其中较差的一篇”，“在这篇小说里，作者不自觉地开始在严酷的市民生活和他们的人生价值取向之间严重摇摆，并把某些浪漫和温情默默地揉进了叙事过程，这很可能使她的小说失去其内在的躁动和渴望，而真的和其中的小市民一样，心怀憧憬，却两手空空，这将使以新现实主义为标志的小说失去其实有的魅力”。(《从〈冷也好热也好活着就好〉谈起——关于池莉小说新现实主义手法的思考》,《作品与争鸣》1992 年第 3 期）小雨说，小说直接道出了世俗市井平民所共有的精神气质及其特定的文化性格——“安于贫命”。“这种颇有些似‘阿 Q 精神’的文化性格，在许多作家笔下是一种否定性的价值表现，常常被当作调侃与嘲弄的对象。而在池莉的小说里不仅给予认同，而且强化成为人们抗拒残酷环境的有效的精神依托。作家没有忽视残酷，直率地袒露了市井平民‘贫命’人生的惨淡，但她更欣赏这种人生中‘安于贫命’式的豁达。……残酷没有成为对这种‘贫命’的生存状态与生命形式的否定性力量，反而却奇妙地转化成肯定‘安于贫命’这一文化性格的衬托材料。在池莉自觉意识的提炼下，作品人物被赋予了更多善良与正直的品格，从而使残酷的生活中洋溢着一种平凡朴素的温馨：街坊邻居之间祥和的气息；猫子细腻而温柔的爱情；老人们的乐天精神与通情达理；姐妹们直爽而切实的关心……至此，残酷的意义被彻底地淡化了，一切的烦恼都被蒙上了温情的面纱。‘安于贫命’式的豁达与潇洒，实质上是以淡化人对现代化的追求与向往，去消弭人生对城市环境的恐惧。作家这样的价值取向不能不令人担忧。”(《热也不好，冷也不好——谈〈热也好冷也好活着就好〉中所表现的文化性格》,《作品与争鸣》1992 年第 3 期）

苏童的中篇小说《离婚指南》（原载《收获》1991 年第 5 期）在《作品与争鸣》杂志上引发争论。该小说一反苏童小说固有的先锋姿态，用琐细笔法描写了一幕婚姻悲剧与离婚喜剧。杨泊与妻子朱芸结婚五载从没有吵过架，可是有一天杨泊突然提出要和妻子离婚，经过周折和斗争，终未离成，并不得不死心塌地地回到并不幸福的婚姻中。对该小说的评价有两种意见，赵凤山说："苏童的这部中篇，不仅触及了社会的敏感问题，又一次给人们的心灵带来撞击。而且，在细节描写及其道具运用上，多有匠心独运之处。……值得读者揣摩、品位。"他又说："这部中篇小说的内涵要比前者（指谌容的《懒得离婚》）深化一些，主人公杨泊也比谌容笔下的刘述怀更勇敢一些。"（《复杂而又扭曲的心态》，《作品与争鸣》1992 年第 3 期）方平则说："我读了……这篇小说，却感到颇为失望，因为它不能给人以积极向上的感情激励，也难以有丰富深刻的启示。""文学作品不是生活的简单翻版，应该是生活主流和发展前程的艺术再现。把生活中一些生活现象自然主义地摆放在书刊报纸上，真则真矣，却没有什么社会主义。"又说："这样的小说，对于吃饱喝足、百无聊赖的公子哥、贵妇浪女们来说读起来或许有点味道，因为可以作为他们闲聊胡侃的谈资。对于潜心于祖国繁荣富强，把身心扑在'四化'大业上的铮铮铁汉与巾帼英雄来说，这样的小说无疑是麻醉药和腐蚀剂，不仅无用，反而有害。"（《平庸低俗的次品小说》，《作品与争鸣》1992 年第 3 期）。

余秋雨的散文集《文化苦旅》由上海知识出版社出版。该书计 37 篇，为系列性文化散文。侯永毅评论说："余秋雨是过去文人中坚守阵地的代表，这种坚守已带有努力、吃力、困难的意味，已经不能说是自然之举了，所以颇为悲壮。……余秋雨可说是中国最后一批文化贵族的代表，在《文化苦旅》里作了最后一次挥霍之举。文化之景如此壮观，却又日薄西山，气数将尽，令人悲从中来。……余秋雨不再是个读万卷书行万里路的著名学者文人，他回到了童年，成了从前那个小孩，还回了简朴的心，这是《文化苦旅》一书的精髓所在，是经得起反复细读的篇什。……《文化苦旅》一书既是系列性文化散文，所有的文章便是一个系列一个整体。整本书都在一种统一的情绪之中，在文气上一以贯之，有自己的运思走向，前后呼应。全书由冷而热，由硬而软，由外到内，越来越深入而浅出，所以，对《文化苦旅》的每一部分都不能孤立地看待。这是种统一的情绪，贯穿全书始末，它像是对中国几千年文化的一次全面而深入的巡礼，而于深情的礼视中透出幽惋的挽歌意味。……学者写散文并不稀有，中国现代文学的许多散文大家本身也是大学者，周作人、鲁迅、钱钟书、林语堂、沈从文……数不胜数。学者写散文，若以学者的思维方式，搜集材料的方式，一般每篇都有厚重的扎实的确凿的材料支撑文章，不以想象力为重，但滚雪球般越滚越大的联想也使散文境界开阔。……余秋雨的成功首先是选择的成功，这么专一地在文化这块土壤上用力耕耘，这么集中、全面地为我们展现人文风景，以致自成一体，很有气象。这一气象已具有余秋雨自己的完整性和封闭性，它像一个专题，不具有开放性，也不容人跟随其后。余秋雨精心建筑的人文风景已经以一当十，没留下多少空隙处，人文山水经余秋雨这一走，便走得不留余地，没有遗漏，他把这条路一下子走绝了。这种完整性和封闭性从根本上显示了余秋雨作为一个学者文人的思维方式和行为方式。”（《告别的旅行》，《当代文坛》1993 年第 1 期）倪华强说：“‘文化苦旅’站在历史的大瀑布前观看理想的飞流直下，描述理想从天堂跌落人间所溅起的美丽浪花；转身迈步，文化苦旅走出的却是一连串悲壮。”（《余秋雨散文散论》，《当代作家评论》1993 年第 2 期）

第二届中国纪实文学“长篇报告文学”作品评奖揭晓。刘贵贤的《生命之源的危机》、刘宁荣的《愤怒的地球》、安徽省文联的《91 年安徽抗洪纪实》等 8 部长篇报告文学获奖。

白桦的散文集《我想问那月亮》由广东旅游出版社出版。

土家族青年作家温新阶的散文集《小雨中的回忆》由长江文艺出版社出版。

晓雪的《诗美断想》由云南人民出版社出版。

海梦主编的《中国当代诗人传略（第三集）》由四川文艺出版社出版。

四月

10日，周良沛的评论《关于诗的导向及其他》发表于《诗刊》第4期。同期还发表了李瑛的组诗《红土地之恋》。

11－13日，由四川省社会科学联合会主持的“邓小平文艺思想讨论会”在成都召开。会议就邓小平文艺思想关于文艺与政治的关系、文艺的人民性、文艺的党性原则、文艺在精神文明建设中的地位和作用、文艺管理思想、文艺的功利观等观点展开了讨论。5月9日的《文艺报》对此进行了报道。

15日，王朔的中篇小说《许爷》发表于《上海文学》第4期。同期还发表王蒙的组诗《西湖秋》。

16日，复旦大学、华东师大和上海师大文艺理论教研室于上海师大文苑楼，围绕着“马克思主义与当代文艺学的发展”的议题进行了讨论，徐中玉、朱立元、吴中杰、应必诚、王纪人、徐缉熙、黄世瑜、楼昔勇、宋耀良、杨文虎、方克强等出席会议。会上大家提出了不少新的见解：一、能否提“当代性”问题；二、马克思文艺理想与文艺理论关系如何；三、教学的困境如何克服；四、怎样理解改革开放与文艺理论的关系。与会者认为，我们对于已经发生或将要发生的文学艺术创作人员结构、作品自身结构以及欣赏层次结构的变化有充分的心理准备。文艺理论在建设自己的学科框架的时候，应花大精力研究这些现实提出的新问题。至于对马克思主义文艺理论的研究和阐释，谁也不能说自己拥有了专利权。《文艺理论研究》第4期对此作了报道。

18－19日，中国莎士比亚研究会在上海师大隆重召开“纪念朱生豪诞生

80 周年研讨会”。会长曹禺先生在北京医院欣然命笔为“朱生豪先生 80 周年纪念”题词：“正气凛然，贡献巨大”。出席研讨会的有来自我国 12 个省市的 40 余位莎学专家学者和艺术家。

20 日，柯岩的长篇小说《他乡明月》，阮海彪的长篇小说《欲是不灭的》，麦天枢、王光明的报告文学《昨天——中英鸦片战争纪实》发表于《当代》第 2 期。

23 日，广电部 1991 年优秀影片奖评选结果新闻发布会在京举行。获得优秀影片奖的有故事片 11 部：《大决战》、《周恩来》、《开天辟地》、《毛泽东和他的儿子》、《过年》、《决战之后》、《烈火金刚》、《情洒珠江》、《世界屋脊的太阳》、《高朋满座》、《心香》；儿童片 2 部：《烛光里的微笑》、《火焰山来的鼓手》；纪录片《我们走过的日子》等 6 部，美术片《葫芦小金刚》等 6 部。

28 日，中国作协主办的 1990－1991 年度全国优秀报告文学评奖揭晓。王宏甲的《无极之路》，李存葆、王光明合著的《沂蒙九章》等 33 篇（部）报告文学获奖。

《剧本》第 4 期发表查丽芳的四川方言无场次话剧《死水微澜》以及胡可的《总政话剧团的创作道路》。

本月，中国社科院文学所、《文学评论》编辑部、华中师范大学、北京师范大学、湖北大学、南京大学、江西大学、海南师范学院等单位在武汉联合举办中国当代文学史讨论会。来自全国的老中青专家学者共 30 余人出席了会议。陈荒煤、冯牧、朱寨到会讲了话。中国社会科学院文学研究所常务副所长张炯在他的发言中指出：“新时期我国当代文学史研究取得了巨大的成就，迄今正式出版的中国当代文学史著作不下 30 种……已出现的文学史著作，尽管水平并不平衡，具体论述也非都无争议，但通过众多学者的辛勤努力，在占有大量史料的基础上，初步整理了 40 年文学发展的基本史实，对重要作家作品的评价也大体比较公允和接近实际，多数文学史著作还对规律性现象做出一定的回顾和总结，特别是对文学与政治、文学与生活、文学与人民的关系，结合历史实践做出比较全面的论述。”中国作家协会副主席、《中国当代文学史初稿》顾问陈荒煤也认为应当充分肯定当代文学史研究的成绩，他指出：“已有成绩取得，有历史的必然。……通过文学史编写工作的锻炼，还培养和成长起来一支当代文学史研究工作者的队伍，这也是成绩的一个方面，不容忽视。”《中国当代文学思潮史》主编朱寨认为，文学思潮史应涵盖文学创作倾向与相应的理论主张，社会政治事件只能做背景处理，现在出版的《中国当代文学思潮史》尚未超脱文艺运动史的思路。此外，对现有当代文学史在构架、语言、价值观念等方面的问题，与会者的发言也有不同程度的涉及。会议综述发表于《文学评论》1992 年第 4 期。

乌兰高娃的评论文章《亦喜亦忧话满足》发表于《作品与争鸣》第 4 期。这篇评论是针对高晓声的系列小说之一《陈奂生出国》（载《小说界》1991 年第 4 期）发表的。乌兰高娃说：“这篇作品的艺术构思，天马行空，神游八极，出乎意料，又在情理当中，的确是另辟蹊径，不同凡响。”乌文又说，高晓声“搞了‘文学史上的一个创举’：作家们所塑造的形象被作为出国讲学的作家‘让人透视他自己的’一面镜子和前所未有过的同行，跟着一起前去访问，于是类似刘姥姥进大观园那样，陈奂生也到了美国。在这当中所出现的强烈对比与明显错位，当然是颇有戏剧性因而是很有吸引力的”，“……然而，光有这些，并不能使人十分满足，因为读者需要了解‘这一个’‘熟悉的陌生人’……能给读者点什么从未获得过的启迪”，“但是作家并没有……反映出他观察到的使人感动使人长进的真知灼见”。与此有关的评论还有朱湘南的文章，“小说洋洋五万多言，从出国的怨气，到在美国客居几个月的所见所闻，叙述得井井有条，妙趣横生。真是衣食住行皆故事，投足举手起波澜”，但是“在作家的笔下，在陈奂生眼里，美国富有、文明、漂亮……

简直就像到了理想中的世外桃源，这倒叫人好生纳闷。众所周知，作为世界上头号资本主义大国，美国确实富有；但我们也知道，它同时也有着严重的社会问题……和资本主义制度无法克服的矛盾与致命缺陷”。朱文还说，作品“在对美国这个实实在在的环境背景的整体认识和把握上，出现了失误和偏差，作品也就从根本上是失去了它的真实性”；而且“也使得陈奂生这个读者十分喜爱的人物典型，失去了原有的思想价值和形象光彩”，“从这一点上说，陈奂生的米市，不如说是作者的米市，这是令人遗憾的”。（《迷失在异国他乡》，《作品与争鸣》1992 年第 4 期）李晓峰也认为，作品“非但没有做出人们期待的超越，反而在新的背景和氛围中画地为牢，为自己的‘原型’做了保守的重复。这种颇具意味的重复，使陈奂生作为一个典型形象所具有的亮色和意义打了折扣”。（《重复的局限和意味》，《当代作家评论》1993 年第 1 期）

郭春林的评论《新写实小说的文化精神分析——兼谈对新写实小说某些批评的看法》发表于《文艺理论研究》第 2 期。作者认为：“荒诞只是荒诞，它不是新写实的精神范畴，不属于生存的主题。……新写实是完全的体认和归顺，这里没有了无可奈何的感叹，崇高和形而上不再有炫惑人的魅力，困惑的或者干脆说就是醉心的是形而下的世俗化，生存变成实实在在的主旋律，生存就是生存，没有任何目的意义，它是一个纯粹，或者说，生存的意义只在生存本身，主题以外并没有其他的副题。”同时他认为，在新写实小说中，“历史阐释的方法在这里得到了拓展。他们尝试用现实生存的观念观照和重新阐释历史过程中的人的地位和作用，有些确具相当的深度”。在谈到新写实小说“用宿命解释荒诞，实际只能形成对荒诞的形而下理解，就像仅仅用生存理解荒诞和现实的肤浅”时，作者以苏童的《米》为例：“‘米’是一个意象，统辖着作品和作品中的人的全部活动，这是一个完全形而下的意象，即使就农民意识中对米的神圣感而言也是符合的。我们可以看到，一种形而下的痛苦对人的折磨，人在形而下的需要和欲求中的恐慌、仇恨、屈辱、企冀，同时呈现出一种极度的紧张状态，这种紧张状态下的变形和夸张了的对仇恨和报仇的执著，甚至心安理得的杀人如麻……这种对历史的关注，或者说用这样的方法写历史，就不仅仅是一个关于历史颓败的寓言观念的冲动。”

冯光廉、刘增人主编的《中国新文学发展史》1991 年由人民文学出版社出版后，人民文学出版社现代文学编辑室和青岛大学中文系联合主办了《中国新文学发展史》讨论会。来自河南大学、苏州大学、吉林大学、河北师范大学、曲阜师范大学、山东师范大学、烟台师范学院、中国作家协会山东分会、青岛出版社等单位的 20 余名专家学者参加了这次会议。会议围绕《中国新文学发展史》的成败得失展开了讨论，并由此深入到对文学史观念和文学史写作等一系列理论问题的争辩。会上讨论较为集中的是以下三个方面的问题：一、《中国新文学发展史》的价值。与会者对该书的价值普遍给予了高度评价。大家感受最深的是这部文学史著作的新，且又不是为新而新，而是从写作内容到编写体例的全新开拓。二、不足以及关于不足的争论。三、现代文学史分期问题。多数与会者认为《中国新文学发展史》没有在编写体例上把几十年中国现代文学做历史的切割，而是作为一个整体以“创作现象”来贯穿，这给后人以极大的启示，也为相邻学科的打通奠定了基础。

莫言的中篇小说《高密东北乡故事》发表于《小说家》第 2 期。

由壮族作家黄乃康撰写的《莎红传》在漓江出版社出版。这是广西第一部当代少数民族作家长篇文学传记。

何文忠编著的《新诗学》由西南师范大学出版社出版。

杨光治的《从席慕蓉、汪国真到洛湃——论热潮诗及其他》由百花洲文艺出版社出版。

周国平的散文集《人与永恒》由上海人民出版社出版。

史铁生的散文集《自言自语》由广东旅游出版社出版。

文化部振兴京剧指导委员会主办的《中国京剧》(双月刊)创刊。

金波获台湾第三届“杨唤儿童文学奖”,5 月上旬台湾方面派代表专程颁发奖章。

五月

1 日,残雪的短篇小说《一个人和他的邻居及另外两三个人》发表于《作家》第 5 期。

为纪念毛泽东《在延安文艺座谈会上的讲话》发表 50 周年以及北京人艺建院 40 周年,北京人艺从 1 日起上演 8 台优秀剧目,分别是:《舞台上的真故事》、《红白喜事》、《狗儿爷涅槃》、《推销员之死》、《天下第一楼》、《李白》、《雷雨》、《茶馆》。

张莉莉的话剧《绿色营地的女儿们》发表于《新剧本》第 3 期。

3 日,林海音、林良、潘仁木、马景贤、桂文亚等十六位台湾儿童文学作家飞赴北京,与大陆儿童文学界展开系列交流活动。4 日,北京作家与台湾作家在北京举行了童话研讨会。林海音、林良、马景贤、桂文亚、方素珍、管家琪等作了报告。5 日,中国和平出版社举办由台湾作家沙永玲主编的《台湾名家童话选》首发式。6 日,中国社会科学院文学所、中国儿童文学研究会、安徽少年儿童出版社联合召开“林焕彰儿童诗研讨会”。与会者讨论了林焕彰儿童诗创作上追求“儿童性、教育性、艺术性”、“绘画性、音乐性和节奏感”的特点,并就其诗作的意象、主题和意境等特点,以及儿童诗的缺失及海峡两岸儿童诗之比较作了探讨。

西川的《诗四首》、欧阳山的《杨家岭往事初忆》、公木的《〈讲话〉百读感言》、徐迟的报告文学《攻主战场者谓主力军》发表于《人民文学》第

5 期。

5 日，蹇先艾的散文《在泰戈尔的故乡》发表于《山花》第 5 期。

蒙古族作家萧乾文学生涯 60 年展在北京开幕。

5－9 日，为纪念毛泽东《在延安文艺座谈会上的讲话》发表 50 周年，全国马列文论研究会在西安召开了第 13 届学术讨论会，会议由西北大学和陕西师大主持。会议对毛泽东文艺思想在马克思主义文艺理论发展史上的地位和作用，做了比较充分和多方面的阐释和评价，同时认为邓小平同志根据时代变化，提出“二为”方针，主张不提文艺从属于政治，文艺又不脱离政治，提出知识分子是工人阶级的一部分等，都是对毛泽东文艺思想的重大发展。相关报道发表在《文学评论》1992 年第 5 期上。

9 日，由中国社会科学院文学研究所和中国比较文学学会后现代研究中心联合发起主办的“后现代：台湾与大陆的文学形势”专题研讨会在北京举行。出席会议的有来自高等院校、科研及出版单位的专家学者近 40 人。多数人指出在台湾与大陆的文学创作中存在某些后现代主义特征，因此深入研究后现代主义及后现代主义问题有必要性。与会者还就后现代主义理论争鸣在西方学术界的最新发展态势展开讨论，有人详细介绍了后现代主义在西方兴起的来龙去脉以及主要理论家对后现代主义的定义与描述，并从这些概念和定义归纳出几点共识。有人认为，后现代主义的共同特征表现在：一、怀疑和反叛；二、自由和放纵；三、实验和游戏。（《文学评论》1992 年第 4 期）

10 日，唐湜的诗《歌赞》（十四行二章）发表于《诗刊》第 5 期。

11 日，由广东省作家协会、广东省文联、广东省海丰县委县政府联合举办的“革命作家丘东平同志纪念会”在广州广东大厦召开。丘东平（1910－1941），原名丘谭月，号席珍，广东海丰人。读初中时加入共产主义青年团。1928 年参加澎湃领导的海陆丰起义。起义失败后一度在香港漂泊，当过渔夫，并开始练习写作。1934 年参加东京“左联”分盟。七七事变前加入中国共产党。后参加十九路军在上海和热河的抗战。第一篇短篇小说《梅岭之春》，发表在他与人合办的香港《新亚细亚月刊》上。早期的作品结集为《沉郁的梅冷城》、《长夏城之战》。抗日战争带来他的创作高潮。经历了八一三淞沪战争，又奔赴各地前线，他写出了报告文学《第七连》、《我们在那里打了败仗》和小说《一个连长的战斗遭遇》，这些作品富有战地实感和悲剧性。1938 年在新四军先遣支队做宣传工作。1940 年进入苏北新四军抗日根据地，在鲁艺华中分院任教并担任党政领导工作。他的作品具有七月派作家的现实主义风格，充满对生活的苦难和人的心灵的直视力量。1941 年在赴盐城反“扫荡”战斗中牺牲。

12－17 日，全国哲学社会科学规划领导小组在北京远望楼馆召开“八五”重点课题、1992 年度基金课题评审会。18 个学科小组（包括“新闻学”临时评审组）约计 260 人出席会议。开幕式由领导小组组长王忍之（中宣部部长）主持。副组长聂大江（中宣部副部长）作了重要讲话，他强调指出：哲学社会科学研究应当遵循党的“一个中心，两个基本点”的基本路线，把拓展和深化建设有中国特色的社会主义研究作为主攻方向，在实践中坚持并发展马克思主义。当前出现的新情况、新变化和许多新矛盾、新问题，要求社科研究做出新的理论概括，拿出新对策、新办法和新成果。我们要进一步解放思想，从实际出发，大胆探索创新，为坚持、发展马克思主义作出新贡献。他还讲到这次评审工作需要注意的一些重大的原则性问题。

13 日，全国意大利文学学会在北京语言学院召开第四届年会及学术研讨会。

15 日，苏童的中篇小说《十九间房》、李晓的中篇小说《民谣》、黄蓓佳的中篇小说《藤之舞》、范小青的中篇小说《还俗》发表于《钟山》第 3 期。关于《十九间房》同期和随后《钟山》又发表了关于这部小说的多篇评论。陆根生说：“苏童笔下春麦那个时代简直是动物世界……年轻的苏童对善恶的挖掘一向冷峻集中赤裸，其对人性的了解远远超过他的年龄。”（《没有钱泪汪汪》，《钟山》1992 年第 4 期）黄毓璜则在肯定作者从特定的历史观照中提醒着一个永恒的命题，“寄予着对民族雄强生命力的呼唤”的同时，还指出：“作者也许是过于专注他设立的艺术目标，使他在一定程度上忽略了艺术的含蓄和从容，在民族心理素质的反思中也似乎还没有来得及进入时代和心灵的深层，就不无仓促地搭置开布景，让人物带着派定的性格登场，形成传统小说中习见的内涵和性格的单一性，影响了丰富生活内情的充分释放和复杂心灵世界的开掘。”（《读〈十九间房〉》，《钟山》1992 年第 3 期）朱伟认为：“《十九间房》的毛病在高潮处湖上那一场景的处理……这场戏的重心过重，好像一直压抑着的东西到了那么一场大风大雨中来了一场总爆发。”（《也读〈十九间房〉》，《钟山》1992 年第 3 期）关于小说的特色，潘凯雄说：“作者设置的氛围与其平静质朴的叙述之间……形成了一种反差，其结果将迫使读者不得不放弃对作品传奇色彩的品味而将注意力更多地投向主人公春麦的命运历程”，而春麦“这个地道的窝囊货竟然也有自己短暂的辉煌……春麦以瞬间的辉煌了却了自己窝囊的一生……比之于作品氛围与叙述基调间的反差，春麦的命运历程无疑再次形成了另一种反差；而在春麦那短暂的辉煌的映照下，十九间房的其他人物诸如金官、水枝等反倒显得更加蝇营狗苟，于是，人物与人物之间的反差自然形成。由此看来，多重反差的设置以及由此而产生的审美效应便构成了这部作品的重要特色”。（《人物的多重反差》，《钟山》1992 年第 3 期）

刘心武的短篇小说《天伦王朝》发表于《上海文学》第 5 期。

16－19 日，中国艺术研究院红楼梦研究所、《红楼梦学刊》编委会与绵阳市哲学社会科学联合会联合举办的“《红楼梦》与孙桐生学术研讨会”在孙桐生故里绵阳市举行。中国艺术研究院副院长、中国红楼梦学会会长、《红楼梦学刊》主编冯其庸，四川社会科学院副院长谭洛非，红研所副所长、《红楼梦学刊》副主编杜景华，著名红学家孙逐、马国权以及来自北京、上海、四川、贵州等地的当代红学家参与了会谈。孙桐生（1824－1908），晚清红学家，字小峰，号痴道人、钦真外史、忏梦居士，绵州（绵阳市）人。清咸丰二年（1852年）选翰林院庶吉士，派任湖南安福、桃源县知县，结识刘铨福等一批早期红学家，研讨名著《红楼梦》。其《国朝全蜀诗抄》是研究四川文艺史的重要文献之一。

19日，中国戏剧家协会在京召开首都戏剧界隆重纪念毛泽东《在延安文艺座谈会上的讲话》发表50周年座谈会。座谈会由中国剧协党组书记赵寻主持，张庚、舒强、吴雪、阿甲、金紫光、欧阳山尊、胡可等同志在会上发言。与会者回顾了50年来在《讲话》的指引下，我国革命文艺和社会主义文艺所取得了丰硕成果，认为今后的戏剧创作要按照《讲话》的精神，勇于突破文艺界、戏剧界的框子，不断深入群众，深入生活，创造出更多的正确的思想内容与完美的艺术形式相结合的有力度、有深度，为群众所喜闻乐见的作品。《中国戏剧》第5期发表胡可的纪念文章《解放区戏剧的发展与〈讲话〉》。第6期发表本次座谈会的纪要《半个世纪的足迹》。

刘醒龙的中篇小说《凤凰琴》发表于《青年文学》第5期。

20日，文化部第二届全国新剧目"文华奖"在北京人民大会堂颁奖。话剧《大桥》（上海市工人文化宫话剧团）、《抗天歌》（南京军区前线话剧团）、《死水微澜》（四川省成都市话剧院）获文华新剧目大奖；话剧《爱洒人间》（辽宁人民艺术剧院）、《冰山情》（总政话剧团）、《没毛的狗》（吉林省延边话剧团）、《白居易在长安》（陕西人民艺术剧院）、《女人》（河北省承德市话剧团）、《旗长，你好》（内蒙古自治区话剧团）、《情结》（广州市话剧团）等7部作品获文华新剧目奖。

22－24日，为纪念《在延安文艺座谈会上的讲话》发表50周年，全国毛泽东文艺思想研究会、中国公共关系协会艺术委员会、中国国际文化传播中心在北京召开毛泽东文艺思想研讨会。参加会议的有来自北京和全国各地的50多位机关、厂矿宣传和文艺干部与党校、高校教师、文艺评论家、作家。黎辛、温济泽、敏泽、杨柄、徐非光、涂武生、孟伟哉、余飘、颂扬、郑伯农、李希凡、于敏、林涵表、陆梅林、严昭柱、朱子奇、陈明（以发言顺序排列）到会作了专题发言。会议全面地学习了《讲话》的基本观点，剖析了近年来否定和反对毛泽东文艺思想的代表性言论，交流了学习毛泽东文艺思想的信息，重点研究了在改革开放中坚持和发展毛泽东文艺思想的重要意义。会议综述及相关文章发表在《文艺理论与批评》1992年第4期上。

25日，张炜的长篇小说《九月寓言》发表于《收获》第3期。《当代作家评论》1993年第1期推出"张炜评论小辑"，集中发表了四篇对于这部长篇小说的评论文章。程麻说："当新时期十年中那敢于大无畏地'睁了眼看'的文学勇气，如今分别沉淀和演化为专写'凡人琐情'的新现实主义，无奈的调侃与揶揄的'苦笑文学'以及甘于曲高和寡、潜心玩味新技法的先锋派等等多彩景观以后，张炜竟谁也不追随，一个也不认同，却旁若无人地全身心投入自己那寓言式的文学氛围和创作构架之中。……张炜以寓言的眼光来看那些九月的乡土故事，以寓言的笔调来叙写那些关于秋天里的人与事物的小说，不仅不是避重就轻，不是自甘于肤浅，恰恰相反，这是他在精思熟虑之后背起的一个颇为沉重的文学'十字架'"。（《〈九月寓言〉解读》）王彬彬则说："如果要用一句话来说明从《古船》到《九月寓言》的变化，这种变化可以表述为：从悲悯到慨叹。在《九月寓言》里，张炜失掉了他固有的悲悯，而代之以慨叹。"（《悲悯与慨叹——重读〈古船〉与初读〈九月寓言〉》）而在王光东看来，张炜在这部小说中的审美意味是"往事的追述与生活的还原"，他说："《九月寓言》往事追述的叙述方式，特别是通过一对亲身经历过那些生活全过程、参与过那些生活事件的人物来追述小村的历史生活，带来了《九月寓言》朴素、细腻、真切的美学风格，或者说对于生活的还原。”而张炜的主题意向是“呈现存在与激情的渴望”，而对于《九月寓言》的意义，他说：“《九月寓言》对于张炜的创作来讲，是一次重大的变化，他由对于社会重大问题的重视转向了对于乡村本真生活状态和人类生存问题及文本自身问题的重视，他变得更加朴素也更加深刻了。相对于整个文坛来讲，他无疑也提供了许多新的东西，近年的长篇小说创作能够自始至终保持情感力度的作品并不多见，而《九月寓言》却能做到这一点，在长篇小说的写法上是否有新的东西值得我们思考呢？另外，《九月寓言》还原了生活的本真状态，又保持了作家自身的情感力量，对目前的‘新写实’小说是否有些新的启示呢？”（《还原与激情——读张炜的〈九月寓言〉》）而张炜自己在访谈中这样说：“写作不是为了听赞扬。如果仅仅怀着这个小目的写作，就会把自己弄得酸溜溜的。作者应对自己工作的意义坚信不疑。我不信舆论会成为一部作品的有力判决，内心很脆弱的人才过分寻求舆论支持，你看过那些被起哄的东西了吧？无聊又可怕。一个知识分子的堕落往往是从迎合世俗力量开始的。一个冒牌诗人从来不会在时风里守住什么。好的作家总是更多地考虑他读者的价值。我的《九月寓言》是写给我心目中的一部分人看的，因为我相信他们，信任他们的选择。当然，优秀的读者会有不同的审美标准。”（《关于〈九月寓言〉——答记者问》）

钟本康的评论文章《两极交流的叙述形式——苏童〈米〉的“中间小说”特性》发表于《当代作家评论》第3期。苏童的《米》发表于1991年第3期的《钟山》。作者认为，这部长篇小说是一部“中间小说”，“一方面不回避而是强调着对世俗性、社会性的忠实描绘，另一方面从五龙灵与肉的分裂中试图对面临的一切做出解释。……《米》几乎移用了传统小说惯用的故事框架……所涉及的众多人物从出场到结局，个个有交代有着落，形成一个完整的、自足性的结构。所写的场面，所写的意象，所写的基本人性，多为别的小说中所常见。至于复仇的故事内容，起伏跌宕引人入胜的情节安排，也是通俗小说经常采用的。……《米》并不是什么‘旧瓶装新酒’，即单纯利用传统的叙述形式去承载它新的内容。……《米》的叙述形式事实上已经突破了传统小说或现代小说，实现了两者交流的‘中间模式’。……我们无意对苏童及其小说的流派归属问题进行论争，但对于理解他的近作，‘中间小说’倒是一个用得着的概念。”

28日，由国内13个满族自治县联合主办的“首届中国满族文学奖”在北京揭晓并召开了颁奖大会。端木蕻良、马加、颜一烟（女）、关沫南、丁耶、寒风、许行、华忱之等8位满族老作家，被授予最高奖“荣誉奖”，作品一等奖被长篇小说《血菩提》（朱春雨）、诗集《瀑布与虹》（胡昭）、中短篇小说集《公主的女儿》（赵大年）夺得。《焦大轮子》（于德才）、《最后一个冬天》（马云鹏）、《浅草》（戈非）、《女性没有地平线》（边玲玲）、《盐柱》（江浩）等10部作品荣获二等奖。中短篇小说集《金色的白桦树》等23部作品分获三等奖。诗集《山川走马》等23部作品分获佳作奖。相关报道发表于《民族文学》1992年第7期。

《剧本》第5期发表马孝严的三场话剧《安家小院》、夏志新的五场话剧《哈尼姑娘》以及黄维钧的剧作家研究《胡可的创作道路》。

本月，中宣部1991年度精神产品生产“五个一工程”评奖揭晓。获得话剧“五个一工程”奖的是：《大桥》、《毛泽东的故事》、《死水微澜》、《情结》、《旗长，你好》（即《旗长，赛努》）和《海边有个男儿国》。“五个一工程”是中宣部1991年倡导并开始组织实施的。中宣部要求各省、自治区、直辖市党委宣传部要像抓物质生产重点建设工程那样，有计划有重点地组织精神产品生产的工程，力争每年度拿出一本好书、一台好戏、一部优秀电视剧（片）、一部优秀电影、一篇有创见有说服力的文章（简称“五个一工程”），以带动和促进整个精神产品生产的发展和繁荣。“五个一工程”设立图书、戏剧、电视剧、电影、理论文章入选作品奖和组织工作奖，每年评选一次。此次建设活动，旨在贯彻江泽民总书记“以科学的理论武装人、以正确的舆论引导人，以高尚的精神塑造人、以优秀的作品鼓舞人”的指示精神。工程实施以来，促进了各地、各单位精神文明产品数量的发展与质量的提高，体现了精神文明重在建设的方针。

戏剧、电影剧作家于伶从事剧影工作60周年。于伶同志是我国革命文艺的拓荒者，上海新中国电影事业的创业人。为表彰和纪念于伶同志对革命文艺事业的杰出贡献，上海市作家协会、上海市电影家和戏剧家协会于6月26、27两日联合在上海举行《于伶戏剧电影创作生涯60年》学术研讨会和剧影回顾演映展、图片书刊展览等祝贺活动。

第12届中国电影金鸡奖的评选工作在大连进行。获奖名单如下：最佳故事片奖由八一电影制片厂的《大决战》获得；特别奖由广西电影制片厂的《周恩来》和上海电影制片厂的《开天辟地》获得；最佳纪录片奖由中央新闻电影制片厂的《我们走过的日子》获得；最佳儿童片奖由上海电影制片厂的《烛光里的微笑》获得；最佳编剧奖由《开天辟地》的编剧黄亚洲、汪天云获得；最佳导演奖由《大决战》的导演创作集体获得；最佳男主角奖由电影《周恩来》中饰演周恩来的王铁成获得；最佳女主角奖由电影《烛光里的微笑》中饰演王双玲的宋晓英获得；此外还评出了最佳女配角、最佳男配角等各项大奖。

范小青的中篇小说《看客》、史铁生的《〈务虚笔记〉备忘》发表于《小说界》第3期。

刁斗的中篇小说《新婚中的恐惧》发表于《十月》第3期。

秦兆阳的笔记小说《点线之间的笔记》、周涛的纪实文学《游牧长城》等发表于《中国作家》第3期。

西川在《人民文学》5月号上发表诗作《十二只天鹅》、《一个人老了》等诗。蓝棣之后来发表《思想也可以很美——评〈十二只天鹅〉》一文给予评论："《十二只天鹅》通过咏物，通过观察、想象和刻画，表现了一些深刻的思想，透射了一些一再体验过的有分量的情感。诗的含义并不晦涩，如果简略一点概论，可以理解为：一个生活于'使人肉跳心惊'都市的现代人，如何保持纯洁，如何免于下沉，如何找回可能一次次丢失的护身符，如何才能找到星座作为人生的导航而免于种种误导。这些问题，其实也是我们每一个有思想的人所面临的严重问题。作者在这里写下的对于现代人生存的沉思，我想对于读者会产生些启示的。似乎有必要再强调一下，西川诗里的这些深刻的思想和很高的向往，并不是很抽象的、概念的，而是通过观察、想象和刻画来表现的。重要的是，作者非常善于从观察中捕捉诗意，又在诗的氛围中思考，善于从自己的体验出发，以找到观看旧事物的新角度。因此，西川诗的思想是美的。让我们多在这里停留一会儿吧。"（《诗探索》，1994 年第 2 辑）从一定程度上说，《十二只天鹅》这样的作品是处于隐匿和"半地下"状态中的"90 年代诗歌"同公众视野相亲和的代表性个例。

刘心武的文章《话说李嬷嬷》、桑晔的文章《谁主沉浮》发表于《读书》第 5 期。

满族作家赵玫的长篇小说《我们家族的女人》由春风文艺出版社出版。

韩东的诗集《白色的石头》由上海文艺出版社出版。

《萧乾选集》（6 卷本）由台湾商务印书馆出版。

林斤澜的散文集《人生怀抱》由广东旅游出版社出版。

刘心武的散文集《有家可归》由广东旅游出版社出版。

张中行的《负暄三话》由黑龙江人民出版社出版。

《孙犁文集》（珍藏版）由百花文艺出版社出版。

李国香编著的《维吾尔族文学史》由兰州大学出版社出版。

何积金、陈立浩主编的《布依族文学史》由贵州民族出版社出版。

六月

3日，周涛的散文《游牧长城：山西篇》发表于《人民文学》第6期。

10日，吕新的短篇小说《残阳如血》发表于《北京文学》第6期。

12日，北京人民艺术剧院建院40周年。江泽民、李铁映、李锡铭、丁关根亲临人艺，向人艺的艺术家们致敬。江泽民希望北京人艺再接再厉，在改革大潮中勇当先锋，为繁荣我国的话剧事业和戏剧改革再立新功。纪念会上宣读了当年参与创建北京人艺的老艺术家荣获“元老杯”的名单，其中包括曹禺、欧阳山尊、赵起阳、刁光覃、夏淳、田冲、叶子、于是之、胡宗温、梅阡、英若诚、朱琳等93人。除纪念会外，人艺院庆活动还包括：一、组织人艺之友联谊活动；二、剧院为本院老艺术家编书并制作电视艺术专题片；三、出版纪念画册；四、举行焦菊隐塑像在人艺大楼落成仪式；五、召开人艺风格学术研讨会和人艺演剧学派国际研讨会；六、召开话剧剧作家的小型笔会，交流经验、征求剧本；七、演出8台戏，分别是《舞台上的真故事》、《李白》、《雷雨》、《茶馆》、《红白喜事》、《狗儿爷涅槃》、《天下第一楼》、《推销员之死》。

13日，由广电部电影局、中国电影家协会、延安鲁艺校友会和北京电影制片厂联合主办的“庆贺颜一烟同志文艺创作生活64周年暨80寿辰座谈会”在京召开。颜一烟（1912－），女，满族，北京人。早年在北京师大附中、温泉女中读书。1930年入河北省立女子师范学院国文系。1934年赴日本就读于早稻田大学文学部。1928年开始发表短篇小说《菊》和《老鼠的尾巴》。1932年曾与文学青年创办“小未名社”，编辑报纸文艺副刊。到日本后曾任中华留日左翼文化团体联合会执委。1938年到延安抗大学习，加入中国共产党，写了《保卫大武汉》等剧作。1939 年到鲁艺从事教学和翻译，创作有话剧和秧歌剧。1945 年到东北任东北文工团编辑部长，写作话剧《祖国的土地》、秧歌剧《血泪仇》等。后参加土改，出版有短篇小说集《保江山》等。1948 年调到东北电影制片厂，创作电影剧本《中华女儿》，它是新中国最初几部电影之一，描述了东北抗日联军中八女投江的故事，放映后颇得好评，并获 1950 年第五届国际电影节自由斗争奖。1956 年起到北京电影制片厂担任编剧，曾任艺术委员会委员，1984 年离休。著有长篇自传体小说《盐丁儿》。

20 日，新版《毛泽东论文艺》选、陈荒煤的散文《一盏小小的煤油灯……》、朱寨的散文《桥儿沟的星辰》发表于《当代》第 3 期。

23 日，受国务院委托，国家版权局局长宋木文在第七届全国人大常委会第 26 次会议上，作了关于建议我国加入《伯尔尼保护文学和艺术品公约》和《世界版权公约》议案的详细说明。7 月 1 日，第七届全国人大常委会第 26 次会议通过了关于中国加入《伯尔尼保护文学和艺术作品公约》和《世界版权公约》的决定。

28 日，《剧本》第 6 期发表王宗汉的四场话剧《大地回声》和刘康达的独幕话剧《责任》。同期开辟"纪念毛泽东同志《在延安文艺座谈会上的讲话》发表 50 周年"专栏，发表吴乾浩的《身处新时期 寸心存人民》、颂扬的《为群众，如何为群众》、颜振奋的《要与新时期的群众相结合》等文章。

本月，陈忠实的《白鹿原》由人民文学出版社出版。该长篇小说刊载于《当代》1992 年第 6 期和 1993 年第 1 期。这部近 50 万字的长篇问世后，引起文学界极大的关注，反响强烈。中共陕西省委宣传部、陕西省作家协会于 1993 年 3 月 23 日至 24 日在西安联合召开《白鹿原》研讨会。省委宣传部领导、《当代》杂志社、陕西各地的评论家、作家 50 余人参加了会议，给予作品高度评价。同年 7 月 16 日，人民文学出版社、中共陕西省委宣传部、陕西省作协又在北京中华文学基金会文采阁联合举行《白鹿原》研讨会，首都文艺理论批评界和文化、新闻知名人士以及陕西部分文学评论工作者等60余人出席会议。与会者同样给予作品很高评价。文学批评界也对《白鹿原》存有不同意见。有关的评论文章有：雷达的《废墟上的精魂——〈白鹿原〉论》(《文学评论》1993年第6期)，邢小利的《一部展示民族历史的力作》(1993年4月26日《陕西日报》)，白烨的《史志意蕴·史诗风格》(《当代作家评论》1993年第4期)等。

停刊两年的《非非》在北京宣告复刊，出版1992复刊号，该刊由周伦佑主编，李泽厚、刘再复、谢冕、孙绍振为荣誉顾问，芒克、唐晓渡为荣誉总编辑，梁晓明和叶舟任副总编，执行主编胡涂。在《编后记》中，编者说："《非非》是在新的艺术形势下复刊的。……语言中艰涩的声音告诉我们：中国现代诗的写作已进入一个新的艺术时期。""流派已经死去，而《非非》继续存在!""除'闲适'之外，虚假的宗教感和人为营造的宗教气氛以及圆熟、甜腻的歌咏语调同为当前诗歌写作的最大误区!"复刊号上登出了周伦佑的一篇《红色写作——1992艺术宪章或非闲适诗歌原则》，提出了对闲适的"白色写作"的批判，其中对"后现代"诗歌主张、对"口语化及重视日常生活经验"的写作、对"逃避以及和解的艺术"都进行了严厉的批评，提出"生命与艺术同一"的"红色写作"主张。该文可以看作这一时期最主要的诗学文献。复刊号还发表了叶舟、陈超、梁晓明、南野、刘翔、邱正伦、杨远宏、欧阳江河、于坚、周伦佑、王小妮、翟永明、海男、唐亚平、芒克、杨炼、唐晓渡、西川、耿占春、王家新、邹静之、胡涂、伊沙、潘维等人的诗歌作品。其中欧阳江河的《傍晚穿过广场》、西川的《致敬》以及伊沙的《饿死诗人》、《车过黄河》、《结结巴巴》等诗歌都是90年代最重要或最具有标志意义的作品。欧阳江河(1956－)，原名江河，四川泸州人。1975年高中毕业后下乡插队，不久参军。1979年开始发表诗歌作品，1983年至1984年间创作长诗《悬棺》，1986年到四川省社科院工作。1993年至1997年初旅居美国。多次应邀赴美国、德国、英国、荷兰、法国、意大利等国访问、创作及讲学。现居北京。其有广泛影响的作品有《悬棺》(长诗)、《玻璃工厂》、《汉英之间》、《计划经济时代的爱情》、《傍晚穿过广场》、《最后的幻象》、《椅中人的倾听与交谈》、《咖啡馆》、《雪》等，其诗学论文《89'后国内诗歌写作——本土气质、中年特征与知识分子身份》也是90年代最重要的诗学文献。在国内出版诗集《透过词语的玻璃》(1997年，中国改革出版社)，诗作及诗学文论集《谁去谁留》(1997年，湖南文艺出版社)，文论及随笔集《站在虚构这边》(2000年，三联书店)，诗集《事物的眼泪》(2008年，作家出版社)。伊沙(1966－)，原名吴文健，生于四川成都，中小学时代在西安度过。1989年毕业于北京师范大学中文系，现任教于西安外国语大学中国语言文学学院。曾任《文友》杂志策划、主编，创办诗歌民刊《唐》和"唐"诗歌网站，已出版的主要著作有诗集《饿死诗人》、《伊沙这个鬼》、《野种之歌》、《我终于理解了你的拒绝》、《伊沙诗选》、《我的英雄》、《车过黄河》，长诗《唐》，诗歌专论集《十诗人批判书》(与人合著)，散文随笔集《一个都不放过》、《被迫过着花天酒地的生活》、《无知者无耻》，中短篇小说集《俗人理解不了的幸福》、《谁痛谁知道》，长篇小说《狂欢》、《迷乱》、《中国往事》、《黄金在天上》，诗歌译本有《伊沙短诗选》(英文)、《灵与肉的项目》(希伯来文)、《第38届鹿特丹国际诗歌节·伊沙》(英文)、《第38届鹿特丹国际诗歌节·伊沙》(荷兰文)等，编著有《世纪诗典》、《现代诗经》、《被遗忘的经典诗歌》(上、下卷)等。

为了纪念毛泽东《在延安文艺座谈会上的讲话》发表50周年，人民文学出版社出版了《毛泽东论文艺》增补、修订本。

刘心武的长篇小说《风过耳》由中国青年出版社出版。

方方的中篇小说《无处逃遁》、刘恒的中篇小说《冬之门》发表于《小说家》第3期。

著名诗人臧克家的诗文集《在毛主席那里做客》由河北人民出版社出版。臧克家早在1945年就见过毛泽东，并写过颂诗。新中国成立后，臧克家与毛泽东常有书信往来，且几次会面谈诗改诗。这本书中收录了臧克家在近半个世纪中所写的歌颂毛主席、学习毛主席诗词和毛泽东文艺思想的诗作、散文与评论文章，还收有毛泽东肖像画及毛手书《长恨歌》片断，以及毛泽东致臧克家谈诗的两封信的手迹。

由沈阳出版社编选的《当代新诗选》（1992春之卷）正式出版。这是一套诗选刊性质的选本，每年出四本，集中选发诗坛当前创作与发表的精粹之作。

在中国作协及各省市作协支持下，中国当代诗人数据库在重庆大学建成。全国近千名诗人的简历及其主要代表作品编入计算机软件存档，供国内外读者查询。诗坛泰斗艾青、臧克家等诗人签名赠送的上千册图书已编目陈列。诗人作品按1919－1949、1949－1979、1979至今三个阶段分别入库。

《吉狄马加诗选》由四川文艺出版社出版。

何为编《尤今精致小品》由花城出版社出版。

蒋子龙的散文集《秋窗三语》由百花文艺出版社出版。

七月

2日，欧阳逸冰的话剧《长城有个黑小子》和王梓夫的话剧《夏威夷酒家》发表于《新剧本》第4期。

3日，范小青的中篇小说《菜花黄时》发表于《人民文学》第7期。

4－12日，国际民间叙事文学学会（ISFNR）在奥地利的因斯布鲁克市举行第十次代表大会。中国应邀出席这次会议的代表有中国民间文艺家协会首席顾问贾芝、组联部负责人王炽文、华中师范大学教授刘守华、北京师范大学副教授刘铁梁、汕头大学讲师李扬博士等五人。这是中国学者继三年前参加在匈牙利布达佩斯召开的第九次代表大会之后，第二次出席该国际学术组织的重要会议。此次会议共收到论文150余篇，选题均围绕“民间叙事文学中的世界观”这一中心。中国学者在会议上分别宣读了论文《民间文学对世界观形成的作用》（贾芝）、《湖南江永“女书”中的民间叙事文学》（刘守华）、《中国南方求雨传说中的信仰》（刘铁梁）、《中国民间故事中的知识分子形象》（李扬）。会议综述发表于《民族文学研究》1992年第3期。

6日，《人民日报》发表张闻天、周恩来1936年7月6日致冯雪峰的一封信。该信体现了中国共产党同鲁迅的亲密关系。这封署名“洛恩”的信是张闻天亲笔所写，共7页2500字左右。在第6页上有两处周恩来改动的手迹。冯雪峰是1936年4月由党中央总负责人张闻天和周恩来直接派往上海的中央特派员，于4月下旬到达。他当时化名李允生，所以信的开头称“李兄”，说：“前后来的三信，收到，快慰之至。”冯雪峰给党中央领导人的这三封信现在尚未见到，但大体内容从这封复信中可以知道。信末说：“因为刘兄即刻要走，简单地写了一点。一切具体问题由刘兄转达。”这位刘兄，就是刘鼎。他是中共驻东北军代表。1936年7月5日至6日，毛泽东、张闻天、周恩来在安塞召开会议，听取刘鼎关于张学良与东北军的重要情况汇报，讨论了东北军工作方针等问题。张学良要刘鼎到安塞见过党中央领导人之后立即向他报告。当时张学良因参加国民党五届二中全会已去南京（后又到上海），因此7月6日安塞会议结束刘鼎“即刻要走”，就是即刻东行到南京、上海。张闻天急就此信，要“刘兄”带到上海面交“李兄”，在当时是最简便、迅捷的传递方式了。这封信最重要的历史价值是体现了党对鲁迅的信任、敬重的深切情意。张闻天、周恩来在信中表示了对鲁迅以及茅盾深切的思念之情：“你的老师与沈兄好吗？念甚。”对鲁迅给党中央领导人“送的东西”，“虽是因为交通的关系尚未收到”，但表示“我们大家都很感激”，对鲁迅以及茅盾“为抗日救国的努力”，表示“我们都很钦佩”，要冯雪峰“转致我们的敬意”。信中还表示党对鲁迅的充分信任，说“对于你老师的任何怀疑，我们都是不相信的”，要冯雪峰转告鲁迅：“请他也不要为一些轻薄的言论而发气。”在鲁迅晚年，由党中央领导人这样径直地表示对鲁迅的感激、钦佩、信任与关切之情的文字材料，以前还没有发现过，这是第一次。这封信对于鲁迅最后三个多月的生活与战斗在精神上的积极影响是难以估量的。（《鲁迅研究月刊》1992 年第 7 期）

10 日，毛泽东的诗《祭黄帝陵》、邹荻帆的组诗《陕北行》、宫玺的组诗《西北行止》、汪国真的诗《看海》（外四首）发表于《诗刊》第 7 期。

10－19 日，九江师专“犹太文学研究中心”召开了国内首次“犹太文学庐山研讨会”。来自北京、上海、武汉等十五省市高校近 30 名专家学者应邀出席了会议。会议由华中师大《外国文学研究》主编王忠祥教授和四川大学外文系富布赖特访美教授肖安溥等主持，《外国文学研究》、《上海师范大学学报》、《全国高校文摘文科学报》、《九江师专学报》，南京大学出版社和华中师大出版社的同志到会组稿，会议论文由以上刊物辟专栏发表。

15 日，韩东的短篇小说《单杠・香蕉・电视机》、王朔的中篇小说《刘慧芳》、叶兆言的中篇小说《挽歌》、汪曾祺的散文《故乡的野菜》、林斤澜的散文《我的戒烟》发表于《钟山》第 4 期。《刘慧芳》是在电视连续剧《渴望》中女主人公刘慧芳故事的基础上再创作的，集中描写了她和中学时代的同学夏顺开相遇之后，围绕着爱情婚姻问题所发生的戏剧性冲突，及其不同的性格、态度和观念。作品发表之后，一些评论家就作品的男女主人公、作品的文化样式以及它的文学意义等问题发表了意见。关于人物，张德林说：“如果说刘慧芳是封闭年代培养出来的‘中国女性传统美德化身’这样一句可以概括的扁平人物的话，那么，夏顺开的形象要远为丰满、厚实得多，称得上颇有立体感的圆形人物了。”“在对待爱情和婚姻问题上”，男女主人公“性格的走向可谓两个极端：顺开的爽朗、进取，慧芳的矜持、拘谨，正好是个对比。……作家擅长运用幽默机智的对话渲染氛围，构成一连串戏剧性的场面流，借此来刻画人物性格，揭示矛盾冲突”。（《色彩纷呈，各领风骚》，《钟山》1992 年第 4 期）陈晓明则说：“夏顺开像王朔所有小说中的类型化人物一样，玩世不恭却品性端正、机智风趣，并且在关键时刻挺身而出。总之，他那半真半假的作风乃是现代商业社会恰如其分的男性形象。”（《难能的小说》，《钟山》1992 年第 4 期）张首映则从时尚的变迁和创作态势、心理的角度分析了这两个人物。他认为：“小说中的刘慧芳已不是电视剧中在王沪生、王亚茹掩映对比中亮度很强的人格化身，而是在夏顺开那戏谑、一针见血、单刀直入的讥讽言语与求爱行为的对比中的一种退役的、落伍的、被人视为无用几近毁灭的‘圣母’形象。”他认为刘慧芳“被讥讽为圣墓、圣人，是 90 年代的有关人士和作家在新的视界中的一种也许外在于她的品评”；而夏顺开“充其量只不过有那么一点痞性而已”，“这种‘新人’在 90 年代的人看来仍属于上个年代，都给人一种‘逝者如斯夫’的感受印象。他像《赤橙黄绿青蓝紫》中的刘思佳，但刘思佳可以作为属于他的时代的新人，此刻的夏顺开则堂乎其后，几近被嘲弄了”。“刘慧芳的圣性和夏顺开的痞性统统隶属扬弃之列，逼使人们在新的年代超越故往、重构新生”。（《圣母、痞子及其毁灭与超越》，《作品与争鸣》1992 年第 10 期）

残雪的短篇小说《水浮莲》发表于《特区文学》第 4 期。

梁晓声的中篇小说《弃偶》发表于《上海文学》第 7 期。

《天涯》杂志“诗专刊”刊载谢冕的《先锋的使命》和几十位诗人的作品。

15－18 日，中国艺术研究院、北京市对外文化交流协会和北京人民艺术剧院在京联合举办北京人艺演剧学派国际学术研讨会。来自国内的 50 余名、海外近30名戏剧界专家、学者围绕北京人艺的艺术成就、演出特色、创作方法、美学特征及演剧学派的形成，进行了深入、广泛而热烈的探讨。《中国戏剧》第8期推出研讨会专栏，发表于是之在研讨会上的开幕词《探索者的足迹》以及研讨会论文摘登。

16日，北京人民艺术剧院举行《茶馆》剧组告别演出。演出阵容为1958年3月19日首演的演员。

20日，钟鸣的《树巢》（长诗节选）发表于《花城》第7期。

25日，《通俗文学评论》创刊。这是我国第一部通俗文学理论专业期刊，由《今古传奇》、《中国故事》、《中华传奇》、长江文艺出版社共同主办。本期发表了一组名为《通俗文学现实品格》的文章，包括达流的《请思想出场》、钱文亮的《于细微处见精神》、邱奇的《大地于天空的爱莲》、胡平的《通俗文学的现状与发展》。

林白的短篇小说《随风闪烁》、阎连科的中篇小说《寻找土地》、尤凤伟的中篇小说《金龟》、邵燕祥的散文《断梦编年》发表于《小说家》第4期。

本月，《天涯》杂志推出诗专号，刊登谢冕《先锋的使命》一文。谢冕在文中认为，朦胧诗具有无可置疑的价值："从语言革命的角度看，它实行了一套充满人性精神的全新话语来代替夸张的伪浪漫话语；从艺术变革的角度看，它开创了以象喻性为主的、非直述且有多层含义的艺术方式来替代僵硬直露的艺术模式；从内涵拓展的角度看，人性和人道精神的张扬和充实替代了非人化的现代迷信。"而后新诗潮"就其大体运行情势判断，体现了由倾向于现代主义的追求而向着后现代主义倾斜"，"不经意间却造出了前所未有的陌生天空。即使是丑陋和反讽的诗意，对于从来如此的诗的领地，都是一次崭新的进军和占领"。"我们不曾也不想全部肯定诗的先锋性试验，而且我们乐于认识它所已有和可能有的缺憾。唯有如下一点是坚定的，即这些试验不论其为成功或失败都具有积极意义。中国新诗的发展什么时候出现了停滞或倒退，一定是先锋的试验和实践不曾进行或不被允许进行”。同期，发表于坚的诗《菊花与诗》（外二首）、西川的诗《哀歌》、伊蕾的诗《咏叹调》（四首）、陆忆敏的诗《桌上的照片》（外一首）、郑敏的组诗《当世纪燃尽它自己》等等。深圳文化局决定把1992年定为“繁荣文艺创作节”。这个决定是在学习邓小平南方讲话精神，为结合纪念毛泽东《在延安文艺座谈会上的讲话》发表50周年提出来的。

王朔的中篇小说《过把瘾就死》、池莉的中篇小说《凝眸》、谢冕的评论《有用或无用的小说》、戴厚英的评论《小说小说》、张颐武的评论《小说闲话》发表于《小说界》第4期。

魏明伦的戏曲文学剧本《夕照祁山——诸葛亮与魏延的传奇》发表于《中国作家》第4期。同期的《散文诗页》栏目推出许淇的《艺苑诗札》（三章）、赵跟喜的《蛰庐》、昌耀的《暖冬》（外二章）、耿林莽的《雨花石》（外一章）等五篇散文诗。

唐晓渡编选的《灯芯绒幸福的舞蹈——“后朦胧”诗选》由北京师范大学出版社出版。该书为蓝棣之、李复威主编的80年代文学新潮丛书系列之一。

蓝棣之选编的《我常常享受一种孤独——获奖诗人诗歌选萃》由北京师范大学出版社出版，该书为蓝棣之、李复威主编的80年代文学新潮丛书系列之一。

贾平凹的中篇小说《晚雨》，李国文的短篇小说《涅盘》，雁冀的组诗《长江短句》，王英琦的散文《我很矮，可是我不蠢》，唐师曾、刘忆芬的报告文学《我参加了海湾战争》发表于《十月》第4期。

人民文学出版社出版香港作家梁凤仪的小说《醉红尘》、《花魁劫》和《豪门惊梦》。此后，梁凤仪的小说和散文、随笔在国内多家出版社大量出版，形成席卷大陆文坛和出版界的“梁凤仪旋风”。

陈良运的《新诗理论建设对古代诗学的承接》发表于《文艺理论研究》第4期。文章认为，近十年来，由于“朦胧诗”等现代新诗潮的涌动，诗歌理论批评家们开始了新诗基础理论的构建，“但在构建的过程中，一时间过于热衷地引进西方现代和后现代的诗歌理论，有的人以彻底反传统的姿态，对本国本民族积累了两千年的诗学理论弃之如敝屣，甚至连中国诗学对世界诗学理论宝库最独特的贡献如意象、意境等，或归之于欧美‘意象派’的发明，或贬之为渗透了儒家中庸思想的过时理论。此种舍此就彼的倾向，造成了当前新诗理论建设的混乱”。

蒙古族女作家诗人萨仁图娅的散文诗集《第三根琴弦》由辽宁民族出版社出版。萨仁图娅（1949－），女，蒙古族，汉名傅月华，辽宁朝阳人。1984年毕业于辽宁大学中文系中国语言专业。1968年参加工作，历任辽宁朝阳地区文联《朝阳》文学杂志编辑、《庄稼人》文学杂志编辑等。1968年开始发表作品。著有诗集《快乐如菊》、《心水七重彩》、《天地之间》、《梦魂依旧》、《萨仁图娅诗选》等，散文诗集《第三根琴弦》。

王邵军的《生命在沉思——冯至》由花山文艺出版社出版。

刘士杰的《审美的沉思》由文津出版社出版。

章亚昕的《诗思维：生命的陀螺》由明天出版社出版。

丁慨然主编的《中国中青年诗人传略》由中国国际广播出版社出版。

八月

5－15日，在第45届瑞士洛迦诺电影节上，北影和香港年代公司合拍、中国女导演李少红导演的故事片《四十不惑》获最佳影片奖。

10日，《诗刊》8月号刊出“小叙事诗小辑”，刊有魏巍的《母亲》、何来的《牛头骨》、梅绍静的《爱爱》等诗。

10－16日，中国加拿大研究会第五届年会在呼和浩特举行。加拿大驻华大使毕尔德为本届年会召开及加拿大电视周、印第安艺术家的演出举行盛大招待会。我国各地学者和加拿大、日本代表共94人与会。

15日，范小青的短篇小说《人情》、邵燕祥的诗《五十弦》、范小天的短篇小说《白梦》、斯妤的散文《躁动的平静》发表于《上海文学》第8期。

20日，周而复的长篇小说《黎明前的夜色》、张弛的中篇小说《汗血马》、李瑛的诗《漓江的微笑》、公刘的诗《湘沅漂流》发表于《当代》第4期。

21－25日，由中国老舍研究会、北京语言学院等单位联合举办的首届国际老舍学术讨论会在北京召开。来自日本、美国、英国、法国、新加坡、德国、韩国、匈牙利、瑞士、香港等国家和地区的30多位学者，同我国的50多位学者聚集一堂，交流、研讨老舍研究中的诸多学术问题。与会的国内外学者向会议提交了学术专著七种，学术论文50多篇，有39人在会上作了学术报告提要。论文和报告涉及老舍作品和老舍生平的各个方面，显示出海内外老舍研究者的视野更加开阔、资料更加翔实、剖析更加深入的发展趋势。29日《文艺报》对此作了报道。

21－25日，中国西班牙、葡萄牙、拉丁美洲文学研究会在无锡召开了全国首届西班牙、葡萄牙文学翻译研讨会，中国西葡拉文学研究会副会长赵德明主持了会议，赵振江、孙家孟、尹承东等出席了会议。出席会议的学者共计43人，分别来自北京、南京、上海、云南等地的外国文学研究所、大学和新闻出版单位，他们多半长期从事翻译、教学、编辑出版工作，积累了丰富的经验和一定的理论知识。此次研讨总结回顾了自改革开放以来国内翻译介绍西班牙语和葡萄牙语文学的成就和不足，就如何进一步提高翻译质量问题从实践、语言学、语法学以及编辑出版等各种角度展开了讨论。

21－29日，为了弘扬优秀民族文化，扶植和发展我国的木偶、皮影艺术，由文化部艺术局主办的“全国木偶、皮影戏汇演”在北京举行。全国20个省、市、自治区的24个木偶及皮影专业艺术表演团体组成的12台、共40个剧（节）目参加了这次盛会。来自全国城乡的700多名木偶、皮影艺术家展示出中国木偶、皮影艺术的独特魅力和总体发展水平。

25－9月3日，第二届东北地区话剧节在哈尔滨市召开。这次大会荟萃了近两年来东北地区较有影响的大部分剧目。有些省、地剧团由于经费拮据未能到会参加展演。剧目有《哈尔滨保卫战》、《魂归何处》、《少年列宁》、《大船歌》、《红红的月亮黑的血》、《潇洒女孩》、《没毛的狗》、《大荒野》、《女大十八变》、《柞树沟》、《金色的黄昏》、《魂归》。详细报道见《剧本》1992年第10期。

28日，《剧本》第8期发表邵钧林、徐然（执笔）、沈雪夜、段庆伟的纪实话剧《抗天歌》。

本月，中国当代文学学会第11届年会在山西大同举行。会议的议题是认真贯彻落实邓小平南方讲话精神，探讨新时期文学如何更好地反映改革开放和社会主义现代化建设。会议决定将“中国当代文学学会”改名为“中国新文学学会”。

周励的长篇小说《曼哈顿的中国女人》由北京出版社出版，此文原载于《十月》1992年第1期。这部自传性长篇小说主要描写本书的作者、美籍华人周励，如何在美国的商城纽约经过拼搏奋斗而跻身于美国富人阶层的故事，以及她在国内近30年的成长历程和命运遭际。作品一面世，立即引起轰动，短短几个月数次印刷，发行量达50万册，成为全国第5届书市文艺类畅销书之冠。与此同时，作品在文艺评论界也引起较大的反响和不同的意见。关于作品获得成功的原因，王明认为，作品“热”的原因恐怕不在于其“文学价值特别高，而在于读者心理……与广大青年读者内心的发财梦、美国梦不为无关”。(《〈曼哈顿的中国女人〉纵横谈》,《作品与争鸣》1992 年第 5 期)赵毅衡更是认为:“《曼》书的成功,是职业推销术的成功,是炒热的,而且是‘预热’的……是有商业眼光的编辑与书摊大王们合导的又一出好戏。”(《拜金文学——关于〈曼哈顿的中国女人〉》,《文艺争鸣》1993 年第 1 期)董方则认为:“一部文学作品最重要的是真实,不是片面的真实,而是全面的真实”,“《曼哈顿的中国女人》虽然写了女主人公如何发财致富”,“但也写了她曾经如何挣扎在生活的底层”,“这就比较客观比较能够使读者”,“全面地去认知美国的社会”,“而更可贵的是作者通过女主人公抒发了自己的胸怀”,“使广大中国读者感到亲切”,“作品的成功与这些方面的原因有密切的关系”。(《〈曼哈顿的中国女人〉纵横谈》,《作品与争鸣》1992 年第 5 期)曾镇南指出,在创业过程的叙写中,“作者勾勒出了自己倔强坚韧的个性,百折不挠的意志,诚信可交的品格,聪颖过人的禀赋和诗情梦意长萦于心的优雅气质。正是这种人格魅力、人生的智光和生命的能量吸引了读者”。(《〈曼哈顿的中国女人〉读后》,1992 年 12 月 11 日《光明日报》)关于作品的倾向性,吴亮指出:“这部冗长的、流水账式的通俗回忆录立足于这样一种世界观:在某位时刻梦想着出人头地的女人那儿,世界是一个需要排除的障碍物,一个有着等级差别的贵贱之地……确实,平庸无奇的资产阶级对幸福所下的定义和树立的人生指标,在《曼哈顿的中国女人》中得到了最通俗易懂的表达,并成为它的总基调。”(《批评的缺席》,1992 年 10 月 2 日《上海文化艺术报》)赵毅衡说:“整本书,除了金钱,没有第二个幸福尺度。这样的作品甚至连俗文学都算不上,而是新一轮的‘无限崇拜’宣传品。无限制的权力与无平衡的拜金狂,都具有危险的腐蚀性。”王明也说:“我总觉得倾向有点问题,似乎让读者觉得,只有在美国,个人的才能才有效地得到发挥,个人的价值才得到真正的实现,在那个社会只要奋斗,就能发财致富。而实际情形恐怕不完全是这样。”曾镇南则认为:“认识自己的潜能和价值,用不懈的奋斗来驾驭和改变自己的命运，这就是作者想告诉广大读者的人生启示……作者除了叙写她的经商创业史之外，还有更广阔更深邃的写作意图，她试图写出她和她的同代人是在一个怎样的社会土壤上、受着怎样一种思想文化教育成长起来的，她所经历的是一个怎样的时代，而这样的社会土壤和时代，又是怎样造就了、‘炼’成了她这样一个‘曼哈顿的中国女人’……作者不避嫌地描写了成功者享受的人生盛宴以及站在成功的峰巅环顾旁人、回首往事兴发的感慨，对于宽容的读者来说，这也是人性和世态之常，不妨一笑置之；而对于有些苛求的读者来说，他们却会从中窥见作者的自得之色，反而和作者所描写的一切疏离起来。”吴亮说：“跻身于异国他乡的资产者（或者高级白领以及帮办）圈子，这种成功的事迹并不能通过炫耀的姿态轻易地转换成合格的文学。……但是我们却听到了不少对这部作品的颂扬之声！对于这样一部在精神上和写作才能上都暴露出缺陷的通俗回忆录，批评界应当反省它的失职。”赵毅衡说：“用不着批评家，任何一个有点文学修养的读者都可以看出此书：语言松套，结构杂乱，内容拼凑，思想平庸。”曾镇南则说：“我们不是习惯于用鄙夷的眼光去看待商业行为，认为文学与金钱的计较是天然敌对的吗？周励的经商实践和创作实践却向我们表明：商业行为……也是人类表现其勤劳、顽强和创造性的舞台。描写这种人类实践活动，如果能使之升华进入人的自我设计、自我完善的领域，进入为人处世之道的探索，那么它也是可以获得审美价值的，进入文学殿堂的。”王明也说：“我觉得还应该看到《曼哈顿的中国女人》在我国文学的发展上有题材开拓的贡献意义。在一定意义上也可以说它表现了新的人物、新的世界。新时期以来，留学生文学有显著的发展，但是留学生经商致富的，《曼》书似是第一家。作品中的女主人公形象在我国文学的人物画廊中也是个新的形象，甚至可以说是一个新的典型。”何火任也指出，作品的价值不仅在于“开掘的题材和所选取的表现角度的新颖，而更为主要的是……勾勒出一位东方女性的心灵搏斗史。这种心灵搏斗是在激烈的东西方文化撞击中进行的。女主人公……在这种东西方文化的撞击中汲取了双方各自有益于心理健康的精神营养而扬弃了有害于心理健康的精神垃圾，使得她的心理能始终保持一种清醒、理智的平衡而又是一种积极的、奋进的状态。因此，这一个东方女性既是'曼哈顿的'，又是'中国'的，这是一个人类社会发展到今天的文明程度所必须会出现而且将会随着'全球意识'和'全球文化'更多诞生的完全新型的女性形象"。(《一位东方女性的心灵搏斗史》，《语文月刊》1993 年第 3 期）蒋守谦也认为，这部作品"对于素以表现留学生凄苦心境为主要特色的留学生文学创作来说，其突破意义，也是显而易见的"。(《读〈曼哈顿的中国女人〉》，《文学评论》1993 年第 1 期）

哈尼族青年作家艾扎的小说集《红河水从这里流过》由云南人民出版社出版。艾扎（1956 - ），原名李永林，哈尼族，云南元阳人。1989 年毕业于西北大学中文系首届作家班，1975 年赴乡村插队务农，1978 年后历任工人、县文化馆编辑、《红河文学》杂志编辑等。1982 年开始发表作品。著有长篇小说《阉谷》、《阉女》、《阉犬》，中短篇小说集《红河水从这里流过》、《艾扎中篇小说选》，小说《爱，溢满红河谷》等。

蒙古族作家乌兰巴干的长篇小说《草原烽火》、《科尔沁战火》、《燎原烈火》由江苏文艺出版社出版。

《今天》第 3 期刊载欧阳江河、胡冬、吕德安、孟浪、张真、朱朱的诗作，以及钟鸣的诗论《笼子里的鸟儿和笼子外面的俄尔甫斯》。

诗人木斧评论集《文苑絮语》由陕西人民出版社出版。书中木斧对鲁迅、郭沫若、沙汀、严文井的一些作品作了学术性的探讨，又以诗人的眼光，剖析了艾青、田间、绿原、曾卓、流沙等诗人的诗歌创作。

《中国散文诗大系》由广西人民出版社出版。该丛书主编为冯艺，副主编田景丰、王翔。艾青为丛书作序，序中指出广西出版社按各省、市、自治区分别立卷出《中国散文诗大系》是“破天荒的”，“气魄是大的”，“它既是对建国以来各地散文诗创作的回顾和选萃，也是对全国建国以来散文诗创作回顾、选萃的缩影”，“有利于今后各地和全国散文诗创作的促进和发展”。

《中国散文诗大系·江苏卷》由杨德祥编选。本卷收录了丁芒、王慧骐、杨德祥、高风、丁一、山谷、王知十、许少飞、李军、王子和等诗人的散文诗作品。

《中国散文诗大系·北京卷》由纪鹏和王宗仁编选。本卷收录了冰心、萧军、艾青、林林、端木蕻良、胡乔木、严文井、刘白羽、陈敬容、魏巍、朱子奇、郑敏、柯蓝、屠岸、刘征、石英等诗人的散文诗作品。

《中国散文诗大系·贵州卷》由徐成淼编选。本卷收录了李发模、徐成淼、西篱、哑默、陈明媚、周雁翔、岳德彬、韩中洲、赵宽宏、雷远方、龙景舜等诗人的散文诗作品。

《中国散文诗大系·海南卷》由蔡旭编选。本卷收录了冯麟煌、苏玉光、黄循友、符敏、毛积新、潘心团、邓竹青、吴大勤、蔡旭等诗人的散文诗作品。

《中国散文诗大系·内蒙古卷》由许淇编选。本卷收录了巴·布林贝赫、许淇、万方、巴特尔、郭永明、赵健雄、张忠涛、盈盈、才红丽等诗人的散文诗作品。

《中国散文诗大系·广西卷》由田景丰编撰。本卷收录了韦其麟、冯艺、包玉堂、何德新、苏韶芬、李守和、李庆祥、张丽萍、张谷子、田景丰等诗人的散文诗作品。

《中国散文诗大系·湖南卷》由邹岳汉主编。本卷收录了于沙、弘征、叶梦、成明进、江堤、刘阳、刘犁、李洪、李昆纯、颜波等诗人的散文诗作品。

《中国散文诗大系·山东卷》由耿林莽主编。本卷收录了桑恒昌、耿林莽、谢明洲、马恒祥、王亚平、梁真、王泽群、沉沙、姜建国、姜言博、郭云策、王耀东等诗人的散文诗作品。

牛汉与绿原合编的《胡风诗全编》由浙江文艺出版社出版。

和中华、杨世光主编的《纳西族文学史》由四川民族出版社出版。

由昆明市儿童文学研究会举办的“昆明台北儿童文学交流会”在昆明举行。台湾作家林焕彰、谢武彰等7人到会。双方就海峡两岸儿童文学的审美价值取向、地域特色等进行对比研究。会上，林焕彰向沈石溪颁发了“杨唤儿童文学奖”。

九月

1－10日，上海鲁迅纪念馆举办“鲁迅与日本”文物史料展。展览共分四个部分。第一部分通过“宏文学院”、“仙台医专”、“佐藤屋”和鲁迅所在学校的校长，教授及同班同学的照片等史料，再现了鲁迅在日本七年的生活情况。第二部分以大量的书籍、信件、条幅、绘画等实物，展示出鲁迅与内山完澡、增田涉、山本初枝等20多位日本友人的交谊。第三部分是鲁迅对日本作家与作品的介绍和翻译。第四部分是中日两国各界人士对鲁迅的哀悼和纪念。该展览共展出文物50多种，照片及复制品共300余件。

2日，梁秉堃的话剧《远方的朋友》发表于《新剧本》第5期。

3日，电影艺术家武兆堤逝世，终年72岁。武兆堤（1920－1992），祖籍山西襄汾，生于美国匹兹堡。童年随父母回国。1936年参加牺盟会，1938年入延安抗大学习，次年加入中国共产党，后任抗大文工团、东北军政大学文工团导演。新中国成立后，历任文化部电影局电影剧本创作所编剧、东北电影制片厂导演。1955年入北京电影学院导演专修班学习。后任长春电影制片厂导演，北京电影制片厂导演、副厂长，中国影协第四、五届理事。创作和导演了《沙家店粮站》、《平原游击队》(与苏里合作)、《地下尖兵》、《冰上姐妹》、《英雄儿女》、《沙家浜》等影片。由他创作的话剧《钢骨铁筋》后由成荫改编为电影《钢铁战士》，荣获 1951 年捷克卡罗维·发利第六届电影国际和平奖和 1957 年文化部优秀影片奖。《平原游击队》获 1957 年文化部优秀影片奖。

由宁夏大学、宁夏人民出版社、复旦大学、中国现代文学馆、中国社会科学院少数民族文学研究所、中国少数民族作家学会、成都市伊斯兰教协会联合主办的马宗融 100 周年诞辰学术座谈会，在北京民族文化宫举行。来自宁夏、上海、四川、湘京等地的回族文化研究者、编辑以及马宗融先生的昔日故旧、子女等 60 余人出席了会议。马宗融（1892－1949)，中国现代回族翻译家、作家，回族文学研究的先驱。青年时代留学日本、法国，归国后积极投身社会文化活动和新文学运动，致力于译介法国文学和阿拉伯文学。曾先后任复旦大学、广西大学、四川大学、台湾大学等校教授，以及中华全国文艺界抗敌协会理事、中国回教救国协会理事等职务。

4－14 日，由北京电影学院青年电影制片厂摄制、香港银都机构公司出品、张艺谋导演的《秋菊打官司》获第 49 届威尼斯国际电影节大奖——金狮奖。

5 日，残雪的短篇小说《乏味的故事》发表于《湖南文学》第 9 期。

10 日，中国戏剧家协会主办的第六届全国优秀剧本创作奖颁奖大会在北京人民大会堂举行。本届共有 17 部话剧、戏曲、歌剧、儿童剧、滑稽戏获得优秀创作奖。其中，话剧有《大桥》(贺国甫)、《没毛的狗》(李钟勋、金雄杰)、《冰山情》(郑振环)、《李白》(郭启宏)、《旗长，赛努》(石峥嵘、朱长金、傅强)、《情结》(许雁)、《辛亥潮》(徐棻)。10 部作品获得提名奖。来自全国各地的 24 位作者，代表 27 部获奖作品的 46 位作者出席了颁奖仪式。全国政协常委何政文，文化部常务副部长高占祥，中国剧协副主席、本届评委会主任胡可等出席大会，胡可、高占祥、梁光弟、张庚、赵寻等同志在会上发表了讲话。

蔡其矫的《福安的十一月》、沙鸥的《寄你》、肖开愚的《献诗》、雷抒雁的《泥泞》、赵丽宏的《俄罗斯履痕》发表于《诗刊》第9期。

四川省作家协会和《当代文坛》编辑部在成都召开了王火长篇小说《战争和人》三部曲（即《月落乌啼霜满天》、《山在虚无缥缈间》、《枫叶荻花秋瑟瑟》）作品讨论会。省市有关文艺部门负责人和省内外作家评论家40余人出席会议。全国作协书记处、上海市文联、山东省文联、山东省作协、山东临沂市文联等单位发来贺电。四川省作协主席马识途致辞，代表省作协热烈祝贺王火几十年辛勤笔耕所取得的丰硕成果和《战争和人》的成功，并高度评价王火正直、勤奋的人品。王火（1928－），原名王洪溥，江苏如东人，生于上海。1948年毕业于复旦大学新闻系，1949年后历任中华全国文协上海分会会员，上海总工会筹委会文教部干部，劳动出版社、《工人》半月刊副总编辑，《中国工人》杂志编委、主编助理，四川文艺出版社书记、总编辑，四川人民出版社副总编、编审，四川省作家协会名誉副主席等。参与筹建四川文艺出版社，为第一任书记兼总编。40年代开始发表作品。代表作有长篇小说《战争和人》、《血染春秋——节振国传奇》、《霹雳三年》、《在“忠”字旗下跳舞》、《浓雾中的火光》、《雪祭》等，回忆录《失去了的黄金时代——金陵童话》、《过客蓦然回首》，电影文学剧本《平鹰坟》、《明月天涯》、《外国八路》、《绿云寨》等。

12日，北京大学中国语言文学研究所与《作家报》联合发起“后新时期：走出80年代的中国文学”讨论会，就当前文学界出现的新的“调侃”文学、新潮小说、“新时期”诗歌以及商品大潮对于文学的冲击、严肃文学的命运和前途等问题进行探讨。《当代作家评论》第6期推出“走出80年代的中国文学”发表了与会者重要评论文章。王蒙说：“80年代后期以来出现了一批青年作家。一部分人被称作‘先锋派’，如马原、孙甘露、余华、格非、洪峰等。他们的作品侧重表达作者的内心感受，他们很讲究叙述的技巧与语言的奥妙，语义的含蓄与多层次性。……他们的作品毫不掩饰他们从这些外国大师那里接受的影响，他们实际上沉浸在一种艺术更新与艺术引进的热情里，他们热衷于艺术形式的探索，他们越来越远离那种在我国仍有影响的政治功利主义的考虑。”他还这样概括了“新写实”的“新”：“一、他们的作品倾向于平静的叙述，而不做出对于自己的人物与事件的评价。二、他们摒弃正面人物、反面人物的两分法，他们取消作者对于自己的人物的道德审判功能。三、他们讨厌感情的流露，讨厌煽情，讨厌小说家的诗人气质。四、他们还语言以自己的本色，讨厌转文、雕琢与装腔作势，他们消解褒义词与贬义词的区别。五、他们回避神圣与崇高，用调侃的态度对待一切，消解崇高与卑微的区别。六、他们大体上避免写大人物，而多写没有地位也没有使命的小人物。七、他们反对执著，有的干脆说自己无法做到像民族英雄、革命先烈那样英勇不屈。”（《中国的先锋小说与新写实主义》，《当代作家评论》1992年第6期）谢冕说：“当前我们企图把90年代开始的文学形态做一种新的概括，被叫做后新时期的这个概念至少包含了两个意思：一是作为开放中国的开放文学，它们同属于文学的新时期；一是作为在80年代走过了完整阶段的中国文学，这概念确认了文学自身延展、变革的实质，即对它由前一个形态进入后一个形态的转型的一种归纳。对文学思潮或活动进行一种概念的归纳，由此提出一种新的范畴，目的在于给文学的发展以一个新的符码，便于人们的辨识，并且期待它对文学的研究起实质性的推动。这概念并不空泛，它是一个文学阶段终结、另一个文学阶段开始的具体信息的传达。一个新的文学阶段开始在90年代，它无疑将为90年代文学描画出一个具体明晰的轮廓。”（《世纪之交的文学转型》，《当代作家评论》1992年第6期）宋遂良从另一个角度说道：“‘后新时期文学’从1985年还是1987年‘后’起，这无关紧要。历史不是以一两年为单位来计算的。谁又能预料到今后十年中国文学又会有什么意想不到的变化呢？所以我对‘走出80年代以后的文学’并不抱乐观的态度，但也无须悲观。……有许多因素影响和制约着‘后新时期文学’的发展，使它先天不足，后天也难以调理。……因此我想‘后新时期文学’可能是一个文学沉淀、选择、调整和逐步归位的过程，可能会出一些名家、精品，却难得有伟大的作品，有力量的文学。不妨把它叫做一种‘漂流文学’：在政治和经济的河床中顺势漂流，湍流中会激起浪花、水柱，迂回处会形成旋涡，平坦开阔的岸上也会有鲜花芳草，但离大海却还有一段较长的距离。”（《漂流的文学》，《当代作家评论》1992年第6期）陈骏涛说：“‘后新时期’这一提法固然是脱胎于西方的‘后现代主义’、‘后现实主义’、‘后结构主义’等等流行的概念，但它确实是从中国文坛的实际状况出发而做出的一种概括。80年代后期，主要是从1987年即‘新时期文学十年’之后，中国大陆文坛产生了许多变异，使其呈现出与前十年文学不同的景观。”（《后新时期，纯文学的命运及其他》，《当代作家评论》1992年第6期）

《文艺争鸣》1992年第6期也发表了一批有关此次讨论的文章。白烨说：“种种新变迹象，在‘后新时期’渐成气候的几种小说倾向中表现得更为具体和鲜明。它们分别是新写实小说、新市井小说、新历史小说和新改革小说。”在谈到“新写实小说”的时候，他说：“运用含而不露、不着斧迹的技巧，是艺术生活化和生活艺术化，从而抹平艺术与生活的鸿沟，消解创作与阅读的隔膜、淡化严肃与通俗的界限，是新写实小说的作家们与他们的清醒而实在的人生态度相适应的美学追求，这使他们的作品以日常的人生经验和大众的艺术趣味，赢得了广大读者的广泛认同与共鸣，也使他们以旧艺术的‘陌生化’和纯文学的大众化，在文坛树立了一种新的审美风范。”在谈到“新市井小说”的时候，他说：“今年来的一些更年轻的作家虽也同样专注于‘市井’，却在创作意趣上别有所求，他们笔下的市井生活带有疏离正统意识形态的自足性，笔下的市井人物带有执著于自己活法的独特性，作品带有刻意为正在形成中的当代民间社会代言扬声的意味。这些作家中，有河南的张宇、广东的刘西鸿、上海的王晓玉、江苏的范小青，其中尤以北京的王朔最具代表性。”在谈到“新历史小说”的时候，他说：“‘新历史小说’的作家们……充满了对历史中的非正统现象和非常规性因素的探求索隐，也以此对正统而权威的历史诠释构成了质疑和消解。但毋庸置疑，这也是历史的审美观和文学的历史感的一种表现，而且正因为它在合情合理的想象中更多地带入了作家的微妙感觉与细腻心理，在反映历史的生活上更具可触可摸、可感可叹的人的情绪，从而在文学的历史与历史的文学的统一进程中，具有其独有的拾遗补缺的价值和补偏救弊的功用。”关于“新改革小说”，他说：“‘新改革小说’与‘前改革小说’明显地不尽相同。写现实，它们更注重其矛盾交错的繁复性与难以分辨的混沌性；写人物，它们更注重含而不露的复杂性与通权达变的灵活性。”（《“后新时期小说”走向刍议》，《文艺争鸣》1992年第6期）张颐武说：“‘新时期’是一个始终以‘人’为中心进行文学的思考和探讨的时期，一个充满激情和热力，一个不断变革和不断破坏与重建的时期。……‘后新时期’是文学转型的时刻，是整体性和秩序复归的时刻，是大众文化终于固定化的时刻。在这里，能指/所指、欲望/法则、激进性/稳定性之间，文化的天平都已摆向了后者。这似乎也与90年代全球文化的走向相适应，我们置身于新的文化空间之中，我们只有从这里开始重新思考。”（《后新时期文学：新的文化空间》，《文艺争鸣》1992年第6期）赵毅衡说：“新时期文学与后新时期文学的最大的区分在于二者的社会文化功能不同。新时期文学，与20世纪中国文学大部分时期相同。服务于主流社会运转的需要，服务于政治运动，寓教于乐，制造典型，因此有所谓工业文学、农业文学、合作化文学、伤痕文学、改革文学……主流社会运转过程中，文学被征用作润滑油。后新时期文学是社会市场化时期的文学。市场化暗合人性，不需要政权推行，能自行鼓潮，自我膨胀，一旦放闸即席卷全社会。这样的社会运转不需要文学做润滑油，不需要塑造乔厂长式的个体企业家来鼓舞人民。相反，它需要文学艺术来刹车，唱反调，需要有人——哪怕是一小批人——来保护文化价值、精神价值，使之不至于被市场化大潮吞没；需要在语言庸俗化时代保持语言创新能力。这就是后新时期文学的文化角色。”（《二种当代文学》，《文艺争鸣》1992 年第 6 期）王宁说：“后新时期在时间上是伴随着盛新时期的终结而来的，但在文学自身运行轨迹方面以及文学问题的内部代码方面，则是与新时期逆向相悖的。这种挑战性和叛逆性具体表现为：一、先锋文学的激进实验构成了对新时期人文精神的有力挑战；二、新写实文学的滥觞和持续实际上是对传统的现实主义原则的叛逆；三、商品经济大潮的冲击虽然试图‘填平’纯文学和通俗文学的鸿沟，但却使当今的文学创作进入了一个新的两难：既不能与之妥协而弃文经商，又必须在保持纯文学的独立品格之同时适应这一新的经济文化氛围。……后新时期文学与新时期文学不仅有着时间上的继承性，同时却更有着文体、代码和叙述话语等方面的断裂性。”（《继承与断裂：走向后新时期文学》，《文艺争鸣》1992 年第 6 期）

12－16 日，巴金国际学术研讨会在成都隆重召开。来自世界 7 个国家、地区和全国各地的 100 余名专家、学者和文艺界人士济济一堂，共同对巴金的文学创作进行研讨和交流。巴金国际学术研讨会是由中国作家协会、四川省社科院、四川省作家协会、四川省文化厅联合举办的。中国作协党组副书记、书记处常务书记玛拉沁夫，中国作协书记处书记葛洛，巴金的胞弟、编辑家李济生、李采臣，著名文艺家胡风的夫人梅志，以及马识途、李致、刘茂才、谭洛非、杜肯堂、张仲炎、方敬、徐开垒、单复、陈丹晨、李子云、李焕民、谭兴国等知名人士出席了大会。

15 日，格非的中篇小说《傻瓜的诗篇》、莫言的中篇小说《梦境与杂种》、王蒙的短篇小说《成语新编》（续）、袁鹰的散文《那个城》发表于

《钟山》第5期。

由中国现代文学学会、河南大学中文系发起的“19－20世纪中国文学思潮讨论会”在河南开封举行。80余名代表参加会议，就19－20世纪中国文学思潮发展的总体趋势与阶段特征、文学思潮的内涵与特质、文学思潮研究对文学史研究的意义及其特有的思想方法与操作程序等问题进行了探讨。关于“文学思潮”的内涵与特质，河南大学刘思谦认为：“文学思潮是某一特定时代的一种具有群体性特征的文学现象。它覆盖笼罩个体，与社会、政治、文化思潮有着密切的联系，并具有极强的变幻流动性。文学思潮可分为表现形态与思想内涵两个层面，前者以文字符号的形态凝固下来，后者蕴含于文学创作、理论批评、情感方式、艺术风格之中。文学思潮的研究，应是由表现形态渐及思想内涵的综合性研究。”复旦大学叶易更倾向于使用“文艺思潮”的概念。他认为：“文艺思潮固然是以文艺观念、理论主张、作品倾向为基础的，但并非所有的文艺观念和理论主张都具有思潮的品格。只有当一种文艺思想学说反映了一个时期作家群体的普遍心理、共同愿望和审美追求，并具有强大的导向力、感召力，这种文艺思想学说才具有了思潮的特征。”上海师大部伯周认为文艺思潮与文学思潮是两个既有联系又有区别的概念，学术界对这两个概念通常是混用的。他将文学思潮的内涵解释界定为：“文学家个人或群体从某种观点哲学的、社会学的、心理学的、语言学的、政治的等等出发，对文学的本质、功能和价值等文学的根本问题做出回答，形成某种的理论体系、审美原则与创作风格，并在一定时期内产生较广泛影响的文学活动。文学思潮是不断发生变化的。这种发展变化既有其自身的规律性，又受到社会经济、政治、哲学以及自然科学思潮的影响与制约。由于历史原因和国际交往的发达，某一种文学思潮可能同时先后存在于几个国家的文学领域，某一国家在同一历史时期内，也可能出现几种并行的或互相对立的文学思潮，甚至形成激烈论争的局面。”与上述几位代表力求规范化界定“文学思潮”概念内涵的做法不同，正在撰写《中国现代文学主潮》一书的南京大学许志英认为，从实际写作过程体会到文学思潮的研究，应能含括覆盖某一个时期的主要文学趋向。一个时期的文学现象纷纭复杂，研究者应抓住理论思潮与创作思潮两条主要的线索，这样才能做到纲举目张。在谈到文学思潮与政治文化思潮的关系时，中国现代文学馆吴福辉认为："在政治与文学思潮之间，文化思潮对文学思潮的影响更为直接。一个时代的文化观及学风与士风对文学思潮的影响是不可忽视的。"北京大学陈平原指出："文学思潮研究的任务不是具体评价作家、作品、文体、集团，而是力求把握住整个时代文学发展的脉络和线索，其研究具有整合性的功能。正因为如此，文学思潮的把握要充分考虑到政治、文化、学术思潮的外在影响。"关于 19–20 世纪文学思潮发生的文化背景，南京大学叶子铭认为，"世纪文学思潮是在发达的资本主义思想体系与中国传统思想体系的撞击下产生的，而世纪文学思潮发生的背景则存在着三大文化体系的斗争，即资本主义文化思想体系、马克思主义文化思想体系、中国从孔子以来的思想文化体系"。《文学评论》编辑部胡明认为，"目前对文学思潮的研究，有一种扩大化的倾向，尤其是把文学思潮与创作方法混同起来。思潮是一种思想潮流、思想运动，它在程度和力度上要远远超出任何一种创作方法"。关于文学思潮史对文学史研究的特殊意义，北京大学严家炎在《文学思潮研究的二三感想》一文中指出："思潮是一个时代文学思想中十分活跃、因而引人注目的部分。在文学的实际发展中，思潮也许可算是个纲。将文学思潮真正研究清楚，会使文学史上许多问题迎刃而解。当然，文学思潮这个纲并不容易把握，它隐蔽在许多文学现象背后，渗透到许多方面，需要研究者下一番拨沙见金、由表及里的工夫。文学思潮史的研究，如果要做到立体而不平面、丰富而不干瘪，似乎应该从理论批评、文学创作、文学论争，特别是文学流派入手，寻求作家群体的文学思想和审美趋向。"中国社科院文学所樊骏在比较近几年出现的多种形式与体例的文学史著作之后指出，文学思想史的写作应更具有“史”的眼光和品格，“更突出其对文学现象的整体性与综合性的把握，要注意理论观念和艺术形象的兼顾与综合，文学现象的点、面、线三者的兼顾与综合，史的形态和论的形态的兼顾与综合，历史活动中的‘意识过程’和‘物质过程’的兼顾与综合”。河南大学解志熙在题为《大胆的整合与小心的分疏》的发言中，特别强调了文学思潮研究中的操作程序与思想方法问题。他认为，“文学思潮研究作为一种特定的文学史研究角度和写作模式，其特殊性突出地表现在操作中的两个相关的程序——整合和分疏上。一方面，作为对某些超个人的，以至于超流派、跨时期的文学共同现象的探究，思潮研究比其他研究方式更趋向于较大的整体概括和宏观把握。但如何使这种概括和把握更具有充分的理由和充实的内容，而不流于大而无当或貌合神离，这其间对整合的要求也就特别高而其难度也特别大。另一方面，由于现代文学思潮本身的发展实际特别复杂，诸如繁多的名目、急剧的更迭、混乱的夹缠、名实的乖违、接受中的损益、创作中的综合、发展中的变异，以及社会政治背景和文化学术思潮对文学思潮的影响等等，使得分疏的工作成为文学思潮研究中最令人头痛而又无法回避的问题。整合在文学思潮研究中是一种起主导作用的，有整体建构性的意向，而分疏则赋予整合以坚实的基础和充实的内容”。当然，他强调说，“由于各种文学思潮的存在形式和表现形态各不相同，因而整合和分疏应遵循实事求是和辩证施治的原则”。关于19－20世纪中国文学思潮的总体趋势与阶段特征如何把握，刘增杰在题为《关于19－20世纪中国文学思潮史写作的若干思考》的发言中指出，“与古老的封建制度揖别，扫荡旧时代的污泥浊水、经历凤凰涅槃式的痛苦走向民族的新生，摆脱殖民主义的奴役，挺直民族脊梁，以东方巨人的雄姿重立于世界民族之林，民族自新与救亡图存，成为一世纪中国人无可回避的历史选择。国家、民族的生存与进步，以无形的力量，从总体上规定与制约着这一历史时期文学家的感情范围和感知创造，同时，也给文学思潮的形成发展带来了不可忽视的影响，以巨大的热情和自觉，参与历史变革的进程，与民族文明进步息息相关，成为近两个世纪中国文学最鲜明的历史特色。与之相适应，一世纪中国文学思潮发展的总体趋势是在阵痛与蜕变中，逐步由古典向现代的过渡。”在论述中国文学二百年的现代化过程时，刘增杰特别注意到了文学思潮发展的战争背景。他指出，“在整个世纪和世纪上半叶，战争与动荡始终是弥漫于中国文学上空的怪影，连年不断的内战和反对帝国主义侵略的民族解放战争此起彼伏，它无疑影响着人们的情感方式，制约着文学思潮的趋向。”与会专家还就 19－20 世纪中国文学思潮的阶段性特征进行了探讨。叶易以“变逆”、“开放”、“启蒙”作为世纪文学思潮的主要品性，以适应外势、立变倡逆、新旧并陈、东西交杂、革弊启蒙、务实重用、终古萌新、变中过渡来概括世纪文学思潮的显著表现特征。樊骏认为，“从‘五四’到 1949 年间的文学具有鲜明的政治倾向，丰富的社会历史内容，是一种走向十字街头的文学，而不是走向象牙之塔的文学，作品显示出强烈的功利性，悲剧色彩浓于喜剧色彩。这一时期的作家具有强烈的参与意识和忧患意识，具有强烈的社会责任感和使命感，自觉把文学服从于民族革命，严峻焦虑地描绘社会现实。”他指出从上述特征来看，刘增杰对文学思潮战争背景的注意是有道理的。严家炎指出中国近现代文学思潮史的研究，应处理好文学思想论争、主义与文学、外来文学思潮影响等几个环节。他认为，“中国现代文学领域里还有不少生荒地和熟荒地，如果我们辛勤开发，全面地占有原始材料，敢于从历史实际出发，就会通过新的研究，不断获得新的成果。”钱理群对此也深有同感。他说，“现代文学还有大量研究课题需要去做，除了观念的变革外，更大的问题是要重新接触原始材料，这样才能期望有更大的突破，刘增杰先生的书，最大的值得学习的地方，就是他看了大量的期刊、原始报纸，有好多材料都是第一次运用，这样就可以保证研究工作有所进展。”华东师大王晓明谈到他在撰写文学史中，重新检阅了“五四”时期的主要报刊，从而获得了新鲜的感受。他就中国新文学诞生的特殊方式公布了自己近期的研究成果。天津社科院张宜雷在《代价与反思》的发言中就中国文学走向现代化过程中所付出的沉重代价做了较为深刻的论述。山东师大魏绍馨、吉林大学刘中树则分别就20世纪文学所受的苏联无产阶级文化派的影响，苏联、日本和中国现代文学的关系等问题发表了具有说服力的见解。刘思谦认为，“建国后前17年的文学，实际上是40年代解放区工农兵文学思潮的推广与衍化，并顺应了社会普遍存在的政治乐观主义和亢奋的情绪。‘文革’时期，在特殊的政治文化氛围中，则将17年文学中不合理、悖逆人性的弊端夸大并推向极端，导致了文学更加政治化、空想化、程式化，走向了一种伪现实主义。新时期文学是在呼唤真实和呼唤人性这两个层面为自己开辟道路的，其思潮不是以独立的文学社团和较完整的文学流派的姿态出现，而是以一种不约而同、不谋而合的方式，形成大体相近的作品群体和相应的理论批评。”详细报道见《中国现代文学研究》1993年第1期。

16日，在第五届德语文学讨论会召开之际举行了“冯至德语文学研究奖”第二届颁奖仪式。冯至德语文学研究奖是冯至先生设立的。他把在联邦德国获得的一万马克奖金捐赠出来，设立了一项基金，用来促进我国德语文学研究事业的发展，奖励在德语文学研究方面做出卓越成绩的中青年学者。1992年度有四位青年学者获得二等奖，分别是中国社会科学院外文所的李永平、上海外国语学院的卫茂平、北京经贸大学的黄燎宇和北京外国语学院的郭敏华。

19－25日，由中国社会科学院外国文学研究所与日本大众文学研究会联合举办的“大众文学研究讨论会”在北京召开。

20日，陈染的短篇小说《站在无人的风口》、韩少功的短篇小说《永远的怀念》发表于《花城》第5期。同期开始连载王蒙的长篇小说《恋爱的季节》，至第6期止。

21－25 日，20 世纪中国文学与区域文化学术研讨会在湖南长沙举行。会议由 20 世纪中国文学与区域文化丛书编委会和湖南教育出版社联合主办，来自全国各地包括台湾和日本的专家学者共 20 余人出席了会议。与会者围绕世纪“中国文学与区域文化”这一中心议题，各抒己见，展开了热烈而深入的讨论。与会学者一致认为，中国作为一个历史悠久、幅员辽阔的国度，形成了许多具有不同特质的区域文化，如齐鲁文化、吴越文化、楚文化、三晋文化、巴蜀文化等，它们同特定区域的历史沿革、风俗人情、地理环境等密切相关。这些区域文化对世纪中国文学产生了非常深刻的影响，不仅影响了作家的性格气质、审美情趣、艺术思维方式和作品的人生内容、艺术风格、表现手法，而且还孕育出了一些具有明显区域文化特征的文学流派与作家群体。正因为如此，从区域文化的角度来探讨世纪中国文学，就成为一个新的重要的研究视角和研究途径，它将使人们对世纪中国文学的认识获得进一步的深入和拓展，反过来，也将加深人们对不同区域文化特质的理解。

25 日，陈染的短篇小说《嘴唇里的阳光》、洪峰的长篇小说《东八时区》、公刘的散文《活的纪念碑》发表于《小说家》第 5 期。

26 日，四川省作家协会、四川省民族事务委员会联合举行的“四川省首届少数民族优秀文学作品奖”颁奖大会暨少数民族文学丛书《环山的星》首发式在成都隆重举行。

28 日，夏坚勇的六幕话剧《金粉残阳》发表于《剧本》第 9 期。

29 日，中影公司等 5 人赴美国，参加美国五大城市举办的中国电影新片展览活动，中国影片《周恩来》、《大决战》等 8 部影片参展。

本月，残雪的短篇小说《名人之死》发表于《芙蓉》第 5 期。

刘心武的中篇小说《红蛙》、张贤亮的长篇小说《烦恼就是智慧》（上）、李国文的《小说如人》发表于《小说界》第 5 期。张贤亮《烦恼就是智慧》的下卷发表于《小说界》1994 年第 2 期。该书 1994 年 6 月由作家出版社出版，改名《我的菩提树》，英译名为《野菜汤》。作者在《后记》中说："我只是想在小说里用我的真实的血和泪告诉人们：如果不按小平同志设计的走具有中国特色的社会主义道路，而走老虎豹子向往的那条通往蛮荒去的山道，全体中国人就得再次过我在小说中描写的生活。"

诗刊社第十届青春诗会在北京香山举行。诗刊社副主编杨金亭和编辑郑晓钢、唐晓渡到会看望了大家并进行了座谈。会议期间，老诗人蔡其矫、青年诗人西川、《人民文学》杂志诗歌编辑陈永春等也到会与大家畅谈。参加诗会的年轻诗人还有阿坚、蓝蓝、荣荣、洪烛、凌非、王学芯、陈涛、白连春、刘德吾、汤养宗和班果等。

孙玉石的《郑敏：攀登不息的诗人》发表于《当代作家评论》第 5 期。作者认为，"郑敏的诗里蕴含哲学，但并不是说明哲学。她总是把自己生命的体验和哲理沉思，有机地巧妙地渗进各种自然或生活的物象，这些物象不是被重新发现，就是被艺术变形，赋予了诗人富于个性的思考和情感，成为一个有深刻蕴涵的艺术本体，自然以及诗人笔下的客观物，与诗人的哲理思考融成一个美的结晶体"，"郑敏诗中追求的综合与交响，是建立在高度诗的敏感和高度象征意象的创造基础上的。在她的感觉中，一棵树、一幅画、一池水、一个舞蹈的姿态、一曲音乐的回旋、一朵黑牡丹花、一片落叶的惊颤、一排白杨树身上的疤痕、一次和海的幽会……都能在她的感觉世界中唤起丰富辽远的沉思和遐想。声音、色彩、触觉、味觉，以及整体象征的感悟，使每个诗的构成都变为富于生命充满繁复交响的世界"。

陈东东在上海创办《南方诗志》，从 1992 年秋到 1993 年秋共出 5 期。主要作者有西川、陈东东、肖开愚、孙文波、王家新、朱朱、黄灿然、庞培、钟鸣、欧阳江河、王寅等。

伊甸的诗《乡村》、席永君的诗《蝴蝶》、冯亦代的散文《寻梦的行脚》、韩少功的散文《笑的遗产》及张承志的散文《天道立秋》等发表于《中国作家》第5期。

藏族诗人伊丹才让的诗集《雪域集》由四川民族出版社出版。

《美文》杂志在西安创刊，贾平凹任主编。贾平凹在发刊词《走向大散文》中提出，要“鼓呼大散文的概念，鼓呼扫除浮艳之风，鼓呼弃除陈言旧套，鼓呼散文的现实感、史诗感、真言感，鼓呼真正的散文大家，鼓呼真正属于我们身外的这个时代的散文”。具体要实现几个方面的创作目标：“①张扬散文的清正之气，写大的境界，追求雄沉，追求博大感情。②拓宽写作范围，让社会生活进来，让历史进来。继承古典散文大而化之的传统，吸收域外散文的哲理和思辨。③发动和扩大写作队伍，视散文是一切文章，以不包专写散文的人和不从事写作的人来写，以野莽生动力，来冲击散文的篱笆，影响其日渐靡弱之风。”

斯妤的散文《幻想三题》发表于《十月》第5期。

第十届“大众电视金鹰奖”在杭州揭晓。《上海一家人》、《编辑部的故事》、《外来妹》、《中国神火》获优秀连续剧奖；《毛泽东和他的乡亲们》获优秀单本剧奖；《少年毛泽东》获优秀儿童剧奖；《桃花扇》获优秀戏曲片奖。

十月

4-6日，第9届中国戏剧梅花奖颁奖活动在北京举行。共有31名话剧、戏曲、歌剧演员获奖，其中获奖的话剧演员是宁才、李琦、杨树田、吴珊珊、宋丹丹、钟浩、夏军、翟万臣、濮存昕。

5-9日，中国社科院文学研究所和外国文学研究所、河南大学、南京大学中文系、北京师范大学中文系、中国人民大学语文系、辽宁大学中文系、武汉大学中文系、华中师范大学中文系、湖北大学中文系、深圳大学文化研究所、吉林师范学院中文系、吉林省社科院文学研究所、湖北省社科院文学研究所等17个单位联合发起举办的“全国中外文学理论学术讨论会”在河南大学召开，来自全国40余所大专院校、科研单位的80余位代表出席了这次会议。钱中文、吴元迈、胡经之等著名学者主持了会议。钱中文认为：“文艺学中的各个学科都应自觉地以马克思主义为指导，坚持它的一些基本原则，要反对前几年中不时出现的某些随意歪曲、任意否定马克思主义文艺思想的错误倾向。同时，坚持和发展又不能只停留在注释、摘录和重复原著的水平上，应该对问题进行多层次地分析，以理服人并说出新东西。”广西师大的王杰从系统论观点谈了自己对“中国特色”的理解。人民大学的陆贵山教授提醒研究者们要处理好马克思主义的中国特色和当代形态的关系。人民大学的周忠厚教授则对构建文艺学新体系提出了他的具体设想。（《外国文学评论》1993年第1期）

7–8日，浙江省作家协会在杭州举办“吴越风情小说研讨会”，来自北京、上海、江苏、陕西以及浙江本省的作家、评论家和有关领导参加了会议。会议对“地域文化与小说创作的前景”、“吴越风情小说的界定与意义”展开了热烈的讨论。与会同志认为，在漫长的历史流变中，吴越文化以其独有的文化特色，给文学创作提供了一块丰饶的土壤。80年代以来，浙江文学创作出现了一种新的流变，即小说的风俗化走向。越来越多的小说家注重审视、发掘和反映吴越文化、吴越风情的特点和在当代的审美价值。如李杭育的“葛川江”系列、叶文玲的“长塘镇”系列、赵锐勇的“烷江”系列、沈治平的“南运河”系列、沈贻炜的“绍兴市井”系列、陈军的“吴越风情”系列，以及蔡康、李森祥、朱樵、陆明、钱国丹、何蔚萍、蔡剑青等人的近期小说。这一创作现象引起人们广泛的兴趣和关注。与会同志认为，吴越风情小说作为一种概念，还是一个较新的提法。作为一种文学现象，它以表现吴越地区风土人情，营造吴越地区的文化氛围为基本特征。它的美学品格主要表现在具有吴越文化氛围、塑造吴越文化人格、叙事与抒情相结合，以吴语为基础的风味意趣。有的论者还对吴越风情小说的文体特征和艺术前景、具体作家作品作了发言。应邀出席会议的有汪曾祺、王愚、雷达、吴秉杰、王干、费振钟以及《文艺报》、《文学报》、《小说评论》、《当代作家评论》等报刊的负责人和编辑。中共浙江省委宣传部、浙江省文联的有关领导也出席了会议。研讨会由浙江省作家协会党组书记梁雄主持，主席叶文玲致欢迎词并作了会议小结。

10 日，胡乔木的旧体诗《赠谷羽》，屠岸、丁力的《关于〈祭黄帝陵〉的通信》发表于《诗刊》第 10 期。

纪录邓小平 1984 和 1992 年两次视察深圳的纪录片《历史的抉择》在北京举行首映式。

新闻出版署发布《国家图书奖评奖办法》，决定从 1993 年起举办国家图书奖评选活动，每两年一次。国家图书奖由新闻出版署主办，为全国图书评奖中的最高奖励，奖金为著者 6000－10000 元，译者 5000－8000 元，责任编辑 4000－6000 元。

14 日，散文家秦牧逝世，终年 73 岁。袁鹰说："进入 60 年代，秦牧同志的创作有如浪潮迸涌，光彩照人。那一时期，一本《花城》，一本《艺海拾贝》，成为散文爱好者和大中学生争相阅读收藏的好书。他的散文，熔思想性、艺术性和知识性于一炉，冶炼成他的汪洋恣肆、渊博精深的独特风格。他同冰心、刘白羽、杨朔、曹靖华、柯灵、孙犁、吴伯箫等几位一样，对发展当代散文作出不可磨灭的贡献，在青年散文作者中拥有众多的追随者。除了散文，他还写了许多杂文、小说、诗歌、儿童文学、戏剧和文学评论。他也仍然一如既往，经常给我们寄点杂文来，爱憎分明，妙笔生花，讴歌真善美，抨击假恶丑，字里行间，总是跳动着他那颗赤诚火热的心灵。"（袁鹰：

《一位真诚的战士——悼念秦牧同志》，《群言》1993年第1期）有论者指出："他的作品，题材十分广泛。大至宇宙苍穹，微至一粒种子；古自生物起源之三叶虫，今至遨游天际之人造星辰；广至天涯海角、南北二极，博至神仙鬼怪、飞潜动植……他无所不写。我们读他的作品，确像参观一个'贝壳'展会或畅游一座'花城'，五光十色，满目琳琅。秦牧写这一些都是或者古为今用，或者西为中用，或者托物明理，或者兴起于此而义归于彼，总之都是情至而发，有的放矢。他的作品，倾向很鲜明，其中有不少同政治斗争、生产斗争紧密相联。就是一些属于风土志和知识小品之类的，内容也健康充实，有助于培养人们的生活情趣，增进人们的各种知识。可以这样说，在我们文学艺术的花圃里，秦牧散文——这朵花，色泽是鲜丽的，香味是浓郁的。"（易征、张绰、关振东：《十里花街——谈秦牧的散文》，《上海文学》1962年第4期）"秦牧有丰富的生活阅历和渊博的知识。他善于用思想的红线去联结生活和知识的珍珠，思想性、知识性和趣味性统一起来，编织出许多色彩斑斓的闪耀着思想和智慧光芒的珠串，给人以艺术的美感，也给人以思想的启迪和教育。他说过：'散文虽散而不乱，全靠思想把那一切材料统一起来，用一根思想的线串起生活的珍珠，珍珠才不会遍地乱滚，这才成其为整齐的珠串。'同样道理，'有了思想的线，还必须有生活的珍珠，才成其为珠串'（《散文创作谈》）。没有珍珠，红线毕竟是一条红线；没有红线，珍珠毕竟是零散的珍珠。两者缺一，都成不了珠串。"（陈衡：《秦牧散文的美学追求》，《当代作家评论》1984年第5期）

国家版权局在北京召开"中国加入国际著作权公约"新闻发布会，宣布《伯尔尼保护文学和艺术作品公约》和《世界版权公约》分别于10月15日和10月30日起在中国正式生效。自此，中国作品将在公约其他成员国受到保护，公约其他成员国的作品也将在中国受到保护。

18－22日，1992年中国国际红楼梦研讨会在江苏省扬州市西园饭店会议厅举行。本次会议应邀到会的有120余人，其中海外学者有美国的周策纵等10余人，大陆有来自20多个省市的包括红学专家王利器、冯其庸、蒋和森等著名学者在内的70余人。大会由中国艺术研究院副院长、中国红楼梦学会会长冯其庸教授致开幕词。本次会议的中心题目是“《红楼梦》与中国文化”。

19－23日，全国高校外国文学教学研究会在桂林广西师范大学召开年会。来自全国各地的130多名老中青老师和部分研究生以“20世纪文学的总体反思”为题，交流了近几年来教学和研究的成果。130多位代表来自全国26个省市自治区、77所高校及科研出版单位。

20日，邓贤的纪实文学《中国知青梦》、胡平的报告文学《夏季的证明——一篇关于股票和非股票的放眼录》、王英琦的散文《远郊无童话》发表于《当代》第5期。

23日，由中华文学基金会深圳创作之家和香港《现代诗报》联合举办由“华文诗歌趋向研讨会”召开，诗人、诗评家张志民、吕进、杨光治、袁忠岳、朱先树、张同吾和香港诗人犁青等应邀与会。

28日，邓海南、蒋晓勤、姚远的五幕音乐话剧《迷人的海湾》发表于《剧本》第10期。

29日，潇湘电影制片厂摄制《刘少奇的四十四天》在北京人民大会堂举行首映式。

29－11月3日，“改革开放与戏曲走向”研讨会在渝、汉举行。来自全国16个省、市、自治区的30多位艺术创作和理论研究人员分别就戏曲在改革开放中面临的问题以及戏曲自身机制的相应调整转换、理论研究的深入等问题展开了广泛、深入的研讨。

30－11月2日，在叶圣陶诞辰89周年之际，由叶圣陶研究会举办的叶圣陶文学活动研讨会在北京召开。出席研讨会的30多位代表来自北京、江苏、浙江、湖北、山西、广西、宁夏、天津等省市。研讨会由叶圣陶研究会会长张志公主持。叶圣陶生前友好以及著名作家雷洁琼、葛志成、王良仲、钟敬文、柯灵、吴泰昌、姜德明、舒乙、郑效洵、朱正等到会祝贺。叶圣陶研究会名誉会长冰心、顾问萧乾向大会发了贺信。与会代表提交的20多篇学术论文，对叶圣陶的文学创作进行了多方面、多层次的深入研究，既有宏观的评价，高瞻远瞩地展示了作为新文化运动先驱者、组织者之一的叶圣陶在新文学史上不可磨灭的功绩，又有客观而严谨的评析，对叶圣陶的小说、诗歌、童话、少年文艺、文艺思想、编辑工作等方方面面都进行了富有开拓性的研究，探讨了叶圣陶研究领域内的“为人生”、“功利观”、“人格与文格”、“外来文化与传统文化”、“叶圣陶的现实主义”等课题。专家学者们指出，叶圣陶的《隔膜》、《火灾》等短篇集，为我国现代短篇小说的成熟和发展起了奠基的作用；“扛鼎”之作《倪焕之》，为我国现代长篇小说的发展起了奠基作用；1921年春夏之交发表的四十则《文艺谈》，是现代文艺理论史上最早出现的理论专著，为新文学理论的孕育起了奠基的作用；童话集《稻草人》，为现代童话的发展起了奠基作用。在我国新文化运动的第一个十年中，就小说创作而言，除鲁迅之外，叶圣陶的成就最高，影响最大。就文艺思想而言，在文学研究会与创造社两大阵营中，叶圣陶的文艺思想不失辩证、深邃的特点。他在《文艺谈》倡导的文艺既是“为人生”，又是“为艺术”的理论，打破了“人生派”与“艺术派”的门户之见，表现了一位真诚的艺术家对于人生的关注和对于艺术的真诚。所有这些见解和深入的研究，标志着叶圣陶研究已经达到了一个较高的水平。

30－11月13日，由开封市人民政府、河南省教育委员会和中国水浒学会等联合举办，开封师范高等专科学校承办的全国第六届水浒学术讨论会在开封召开。来自全国22个省、市、区的100多位学者和美国夏威夷大学中国文学教授马幼垣先生等到会。

本月，《文艺争鸣》第5期发表有关“新写实主义”小说的两篇文章。

南帆的《新写实主义：叙事的幻觉》从叙事学的角度对新写实主义小说进行了评析，他说：“新写实主义在字面含义的解释上即已强调了这一点。然而，只要叙事语言存在，语言的权势则不可被祛除。新写实主义完全有权利强调某种特殊的叙事方式，但批评家却转身向舆论许诺某种不可能的绝对真实——这暗示了新写实主义理论的阐释可能面临的歧途。……事实上，新写实主义并不完全拒绝分享现代主义叙事实验所缔造的种种特殊手段。……新写实主义的叙事并未达到预期的目的：它并未抵达一个更高的真实；实际上，毋宁说他平静地回归到传统的阅读经验。新写实主义尊重重重叙事的成规、惯例，尽可能使文本能够毫无阻碍地为读者所接受。对于人们说来，新写实小说的文本是驯顺的、平易近人的、其貌不扬的，它将以一种协调的方式嵌入现实的文化风景。在这个意义上，新写实主义与周围的现实达成了和解。我不知道上述状况是否吻合新写实主义的初衷，但是，至少在理论上，这一切正在发生。”梁新俊的《关于“新写实小说”的争鸣综述》涉及自“新写实主义”概念诞生之后所出现的种种评论，分别从“关于概念的界定”、“关于新写实小说星期的原因”、“关于新写实小说的审美特征”及关于“新写实小说的意义”等几个方面作了介绍。

土家族青年诗人王涌的散文诗集《走出小木屋》由广西民族出版社出版。

撒拉族青年诗人翼人的诗集《被神祇放逐的誓文》由陕西人民出版社出版。

《读书》第10期发表一组随笔，周国平的《智慧的诞生》、石鹏飞的《玄黄》、白烨的《众说纷纭论批评》和《“学院式批评”的揭示》。

分裂之后的“非非”诗派由蓝马、杨黎编印了“非非作品稿件集”（1、2号），由周伦佑编印了《非非》复刊号，倡导从“白色写作”转向“红色写作”。

花山文艺出版社编的《艾青作品国际研讨会论文集》由花山文艺出版社

出版。艾青作品国际研讨会于1991年8月25日在北京人民大会堂召开，国家领导人和全国各地及海外诗人、学者共300多人参加了开幕式，本书系会议论文集，共60多万字。本书所选论文的作者主要有公木、张德厚、晓雪、杨匡汉、杨匡满、骆寒超、蓝棣之、戈宝权、吴开晋、陆耀东、叶橹、章亚昕、唐湜、柯蓝、吕进、吴奔星、潘颂德、古远清、罗门、张同吾、沙白、梁南、文晓村（台湾）、安娜·布依雅蒂等。

袁幼鸣、李小非合编的《"汪国真现象"备忘录》由学林出版社出版。1991年5月上海《青年报》"热门话题"专栏刊载华东师范大学中文系几位学生关于"汪国真热"的笔谈，其中尖锐的批评引发了全国各地的强烈反应。本书即由此论争编辑而成。全书收录了关于"汪国真热"的争鸣文章49篇。崔卫平、朱大可、师涛、王唯铭等都介入了争鸣。本书的《编者按语》说："在本书中出现的'汪国真热'，在更大程度上是一个集合和抽象的名词，它代表或象征着一种正在侵入我们日常生活的流行文化，无论这种文化价值有没有受到我们的接纳，它毕竟是一个文化事实的表征。因此，本书所讨论的问题，与其说是对所谓'汪国真现象'的评估，毋宁说是对当下（'后现代'）的流行文化（POP，又称'波普'）的一次全面探讨与反省。"

杨里昂的《中国新诗史话》由湖南文艺出版社出版。

周涛的《周涛自选集》由新疆人民出版社出版。

十一月

2－6日，首届中国金鸡百花电影节在桂林举行。黄亚洲、汪天云凭《开天辟地》获第十二届金鸡奖最佳编剧奖，《大决战》获最佳故事片奖，《大决战》、《周恩来》、《过年》获第十五届百花奖最佳故事片奖。

3日，唐弢的传记文学《在激荡的风云中》发表于《人民文学》第11期。

3－6日，"20世纪西方文学中的批判意识与荒诞问题"学术研讨会在长沙铁道学院举行。会议由中国法国文学研究会、《西方文艺思潮论丛》、《外国文学评论》、长沙铁道学院、湖南师范大学、湖南大学、湘潭大学、湖南教育出版社等单位联合举办。来自全国各地的专家学者70余人参加了会议。柳鸣九先生致开幕词，他指出："'荒诞'是20世纪西方文学的一个重要现象，深入研究，有助于加深我们对20世纪西方文学、文化和社会的了解，更加深入地透视现代人类的处境和思想感情。"荒诞的内涵与外延是会议讨论的热点之一。荒诞与理性的关系，是与会者关注的另一个中心。部分与会者还从与传统文学的关系中探讨西方先锋派文学的荒诞，认为传统文学是理性的、常态的，西方先锋派文学从反面突破与超越它，必然在本身造成大量不合理、不确定、无意义的因素，由此形成荒诞。《外国文学研究》1992年第4期对此进行了报道。

5日，刘醒龙的中篇小说《秋风醉了》发表于《长江文艺》第11期。

6日，山东省作家协会、《小说月报》、《作家报》联合举办尤凤伟小说近作讨论会。与会代表一致认为《石门夜话》等作品的主题及思想内涵应该肯定，其"成功之处首先在于审视社会，历史，人生的视角的变化"。作者不再单纯地从社会政治的层面来表现生活和人生，而是注重从历史文化及人性的角度来挖掘人的内涵，尤其是对人性的展示丰富的、深刻，表现了人性的复杂和人性的辉煌。与此有关的评论有《小说月报》1993年第1期发表的鞠帆的《人生的深沉展示，文体的自觉追求——尤凤伟近作讨论会专述》，《当代作家评论》1994年第3期发表的尤凤伟和王光东的《关于一种创作倾向的对话》，《作品与争鸣》1994年第4期发表的郑宗良的《莫把庸俗当风雅》。

7－13日，中国现代文学馆、北京图书馆、中国电影基金会等在北京举办“阳翰笙生平与创作展览”，旨在纪念阳翰笙从事革命文艺活动70周年。

10日，《诗刊》第11期推出“纪念郭沫若诞辰一百周年”专辑，发表臧克家的《怀郭老字少情多》、冯至的《重读〈女神〉》、卞之琳的《一条界线和另一方面：郭沫若诗人百年生辰纪念》、叶延滨的《阳光的礼赞》等文。同期还发表了肖开愚的《诗三首》。

11日，中国现代文学馆举行“纪念胡风诞辰九十周年座谈会”。40余位文化界人士与胡风先生的夫人、子女一起，深切地缅怀胡风独立的思想、卓越的贡献和忧患坎坷的一生。陈明披露了丁玲逝世前夕为过去违心批判胡风而怀有的遗憾、悔恨的心情，她从长期的实践中确认胡风是中国现代难得的懂得创作、懂得作家的文艺批评家。路翎、绿原、谢韬、鲁煤等以切身的感受颂扬胡风作为一个人、一个战士，在文学事业中所体现的崇高人格和深远的影响。牛汉、陈丹晨等根据近几年的事实说明，在当今中国要出版胡风的作品、如实总结胡风冤案的教训都十分困难，“左”的影响依然存在。与会者强调，对这位深受迫害的故人的评价，必须公正、坦率、明确，中国现代社会产生的胡风现象已成为历史的谜，现在和将来都会有一个“说不完的胡风”，因此，应该更深刻地探讨胡风冤案形成的原因。艾晓明、李辉、王富仁、钱理群等研究者也从学术角度进一步阐发了胡风文艺思想的来源，与鲁迅思想、马克思主义文艺理论的关系和他独特的思考，以及造成胡风悲剧的根源。楼适夷和贾植芳送来了书面发言稿、献诗和题词。会议综述及相关文章发表于《鲁迅研究月刊》1992年第12期。

中国少数民族作品学会和文艺报联合在北京人民大会堂为壮族青年作家黄神彪举办作品讨论会。黄神彪的创作主要以壮族历史文化及生活为背景，他的诗歌和散文诗体现出浓厚的民族特色和强烈的当代意识。

13日，四川作家邓贤的又一部力作《中国知青梦》在《当代》1992年第5期上刊出后，迅即获得包括当年知青在内的各界读者热烈反响。为了及时总结此作创作的得失，《当代》杂志社与人民文学出版社当代文学第一编辑室联合举办此作品讨论会。与会的有王蒙、梁晓声、张抗抗、朱晓平、张胜友、杨匡满、李炳银、白烨、何镇邦、何志云、黄国柱、白描、王必胜、朱晖、任芙康、赵玫、胡健等作家、评论家和新闻记者，人民文学出版社及《当代》杂志的李曙光、朱盛昌、何启治、胡德培等人参加和主持了会议。

14－18日，为纪念郭沫若诞辰100周年，中国社会科学院主办的“郭沫若与中国现代文化的发展”国际学术研讨会在北京新万寿宾馆举行。除大陆和台湾的中国学者以外，美国、俄罗斯、意大利、德国、韩国、日本、越南、斯洛伐克、尼泊尔等国学者近100人出席了研讨会。中国科学院周光召院长在研讨会开幕式上致词，胡绳作了专题发言。

15日，裘山山的短篇小说《咱们是邻居》发表于《上海文学》第11期。

宗璞的短篇小说《一墙之隔》、林白的短篇小说《往事隐现》、残雪的中篇小说《在纯净的气流中蜕化》、何士光的散文《夏天的途程》、贾平凹的散文《看人》、骆文的散文《青海湖·日月山》发表于《钟山》第6期。

作家路遥在西安病逝，终年仅42岁。王愚曾这样评论他：“生活造就了他。他那心酸的童年和少年生活，使他过早懂得了世间的冷暖、人生的艰辛，而且有机会置身于生活的激流之中。他就是生活的一员，和他周围的父老兄弟一起，经历艰难困苦，感受酸甜苦辣，有痛苦也有追求，有冷漠也有温暖，这就是他的作品为什么对生活有那样真切的感受的基本原因。”（《在交叉地带耕耘——论路遥》，《当代作家评论》1984年第2期）白烨在评论《平凡的世界》的时候说，小说“能给人以多向信息、多种意蕴和多重启迪，但读后使人萦绕于怀的，无疑是普通人在时代变迁和苦难历程中昂扬不屈的生命力，以及由此隐含的对于民族传统中落后的反思与批判……在实现这一艺术目标的过程中，路遥把他那种冷静而严谨、客观而深沉的现实主义风格也发挥到了极致”。(《深度和力度——评路遥的〈平凡的世界〉》,《文艺争鸣》1991年第4期)雷达评论说,小说中“作家抓住了两种最基本的结构力量,那就是史与诗:纵向的史的骨架与横面的诗的情致的融合,对社会历史走向的宏观把握与对人物命运、心灵的微观透视的融合。没有史的骨架作品无以宏大,没有诗的情感作品难以厚重。总的说来,《平凡的世界》是通过人物命运的历史化和历史进程的命运化,力图概括我们当代生活中的最重大的思潮和某些本质方面”。(《诗与史的恢弘画卷——论〈平凡的世界〉》,《求是》1990年第4期)

20日,王家新的诗《瓦雷金诺叙事曲》、鲁羊的中篇小说《弦歌》发表于《花城》第6期。鲁羊(1963–),江苏海安人。1980年至1984年在南京大学外文系学习,其后在中国社会科学院研究生院学习,1987年毕业,获文学硕士学位。曾在出版社任编辑,现任教于南京师范大学文学院。自1990年以来,发表大量小说、诗歌、散文和评论作品。著有小说集《银色老虎》、《黄金夜色》、《佳人相见一千年》、《在北京奔跑》,诗歌作品有《麻衣组诗》、《退缩之诗》、《绝对之诗》等,出版长篇小说《鸣指》。

25日,余华的长篇小说《活着》、格非的长篇小说《边缘》、韩东的短篇小说《母狗》、苏童的中篇小说《园艺》、孙甘露的中篇小说《忆秦娥》、述平的中篇小说《凹凸》、史铁生的散文《随笔是散》、皮皮的散文《瞬间》发表于《收获》第6期。

25–12月6日,由北京电影制片厂摄制的故事片《血色清晨》在法国南特三大洲电影节上获金球奖。

本月,湖畔诗社纪念馆经过几年的筹备,正式开馆。湖畔诗社创建于1922年4月4日,是“五四”新文化运动以来成立最早、影响最大、对新诗创作有过贡献的文学团体之一,曾得到鲁迅、胡适、周作人等人的赞扬与支持。初创时只有冯雪峰、潘漠华、应修人、汪静之四人,1980年恢复活动后有100多成员。

在中日邦交正常化20周年之际，第七届中日电影研讨会在广西桂林举行，与会的日方代表有山内久（团长）、桂千穗（副团长）、小野龙之助、千贵千彩子、石川孝人、加藤正人、石山真弓、汤浅宏子、森川和代，中方代表有吴贻弓（团长）、孟犁野（秘书长）、于敏、史超、王迪、周民震、苏叔阳、黄亚洲、陆寿钧、汪天云、邵牧军、陈剑雨、王人殷、苗月、黄世英。11月3日在“桂林—熊本友谊馆”举行了开幕式。日本电影剧作家们对《阙里人家》兴趣笃浓。对《走出地平线》中所表现的中国农村生活，日本剧作家们表示能够理解，并认为屈满满、秦建九等几个主要人物都写得真实、生动。中方代表集中讨论了桂千穗的新作《两个人》，一致认为这是一部弘扬真善美的作品。由《两个人》的讨论还引发出东西方电影中表现鬼魂和人物心理创伤的不同之点。会议期间对于日本影片《新干线大爆破》、《墨东奇谭》、《油坊女尸》也作了简要的讨论。11月6日的最后一次会议较之前的会议涉及的方面更加开阔。例如，关于电影文学剧本的本质问题等都得到了讨论。（《电影艺术》1993年第1期）

福建作家协会主办的《散文天地》双月刊创刊。

铁凝的短篇小说《砸骨头》、张欣的中篇小说《永远的徘徊》、管桦的散文《我与墨竹》发表于《十月》第6期。

叶辛的短篇小说《凶案一桩》发表于《中国作家》第6期。

从维熙的中篇小说《狗事》、叶辛的长篇小说《孽债》（下卷）、王蒙的散文《1992年9月10日》、叶永烈的随笔《延安一日》发表于《小说界》第6期。

孙玉石的《中国现代诗歌艺术》由人民文学出版社出版。

十二月

4日，由何平导演，杨争光、何平编剧的《双旗镇刀客》在瑞典首映。该影片获得了1991年中国电影金鸡奖最佳美术奖、1992年香港第十一届金像奖十大华语片奖、1993年第四十三届柏林电影节国际影评奖。

5日，第五届庄重文文学奖颁奖大会在厦门召开，王安忆、李晓、王晓明、舒婷等16名青年作家获奖。

作家艾芜在成都逝世，终年88岁。杨义说："四川作家艾芜和沙汀，同庚、同学、同乡、同道、齐名，是1931年前后左翼文坛升起的双子星座。"他们生活环境完全不同，然而，"这种南北分驰的地理因缘，竟使两个通领鲁迅教诲、携手走进文坛的作家，形成了判然有别的艺术风格：沙汀小说宛如山间岩石，凝重而险峻；艾芜小说多似平野流水，委婉而从容。他们从几乎相同的社会出发点，展示了各具特色的艺术世界，证明了左翼文坛有理由应该允许、也有可能加以容纳丰富多彩的艺术个性"。（杨义：《中国现代小说史（2）》，第463页，人民文学出版社2005年版）早年，艾芜曾在短篇小说写作上有"迟疑和犹豫"，就斗胆和沙汀一起向鲁迅写信，请教如何"在这个时代里，把我们的精力放在有意义的文艺上，借此表示我们应有的助力和贡献"，鲁迅写下了那封名重一时的《关于小说题材的通信》。鲁迅鼓励他们，"可以各自就自己现在能写的题材，动手来写"，"不过选材要严，开掘要深，不可将一点琐屑的没意思的事故，便填成一篇，以创作丰富自乐"。（鲁迅：《关于小说题材的通信》，《鲁迅全集》第4卷，第376－377页，人民文学出版社2005年版）艾芜小说多用第一人称，不大注重结构上的开端、发展、高潮等环节，而是信笔写来，委婉曲致，自然率真，主观抒情性强，写人物重在人物内心世界的剖析和真情的捕捉。日本汉学家吉田幸夫称艾芜作品“明显地充满着罗曼蒂克的异国情调”。（吉田幸夫：《艾芜——他的生活与文学创作》，《艾芜研究专集》，第248页，四川文艺出版社1986年版）吴福辉说，野猫子（《山峡中》）身上发出了“令人炫目的美”，“野猫子正是中国的嘉尔曼”。王晓明说：“在二十世纪的中国作家中，艾芜的创作成就并不算特别突出。但是我深深地敬重他这个人。我尤其羡慕他，一直到晚年，还能在头脑中保存一个梦幻般的境界。这是一个用他青春的记忆，用他当年亲历的那些亚热带奇异人事编织起来的梦境。三十年代初，正是这个梦境催促他成为一名热情洋溢的小说家；以后的六十年间，也正是这个梦境帮助他一次次承受住生活的折磨。‘文革’期间，他被关进看守所，那一段漫长的时光，恐怕有大半是靠重温漂泊的记忆来消磨的吧。”（吴福辉、王晓明：《关于艾芜〈山峡中〉的通信》，《中国现代文学研究丛刊》1993年第3期）

10日，《诗刊》12月号刊出第十届“青春诗会”的作品，刊有阿坚的《老北京》、蓝蓝的《不真实的野葵花》、王学芯的《精神笔记》、荣荣的《狂风中的树叶》、洪烛的《失乐园》等诗和李小雨、邹静之的《听钟声悠悠响起——1992年“青春诗会”侧记》。本届诗会10月在北京香山卧佛寺举办，共11名诗人参会。

洪烛的组诗《失乐园》、宫玺整理的《闻捷谈诗》、张同吾的《女性诗歌与文化流变》发表于《诗刊》第12期。

14日，作家沙汀在成都逝世，终年88岁，这一时间与艾芜逝世仅相隔9天。吴福辉说：“沙汀，是与老舍、张天翼齐名的讽刺小说家。而且，他最得鲁迅的真传，具与鲁迅逼似的沉郁厚重的讽刺美学风格。在鲁迅之后，赵树理之前，沙汀是一个最能刻写出中国农村的现实、描画出中国农民灵魂的人，是具有鲜明的民族特色的优秀作家之一。”（吴福辉：《沙汀的创作道路、艺术个性和特色》，《鞍山师范学院学报》1981年第2期）杨义也认为，“沙汀是我国民主革命时期最冷隽的现实主义作家之一。他以焦虑而沉着的眼光，捕捉内地小镇乡村黯淡无光的人生色调，充满着狞笑和呻吟的悲剧气氛，尤其是把四十年代内地农村的色调和氛围渲染得如此阴森惨淡，当时无人能比”，“他对川西北闭塞、黯淡而凄苦的农村社会的忧患意识，凝结成一幅幅浓得化不开的悲哀沉痛的画面，从而在《淘金》、《困兽》、《还乡》‘三记’和短篇《在其香居茶馆里》诸杰作中，达到了他小说艺术的高峰”。（杨义：《中国现代小说史（2）》，第447－455页，人民文学出版社2005年版）沙汀的写作也受到当时文艺界同仁的好评。鲁迅曾对斯诺说过：“最优秀的左翼作家有茅盾、丁玲女士、沙汀、柔石、郭沫若、张天翼、田军、叶紫、艾芜和周文。田军的妻子肖红是最有前途的女作家……”（见斯诺前妻海伦福斯特在《活的中国》的附录《现代中国文学运动》一文中所引。译文载《新文学史料》1978年第1期）茅盾是最早赏识、奖掖沙汀的人之一，远在1932年评价沙汀的第一个小说集《法律外的航线》时便说过：“假若你耐心地读了一遍，再读一遍，你闭眼默想，你就能感到那真实的生活的图画，如同你亲身经历过。”（茅盾：《法律外的航线》，载1932年12月15日《文学月报》第1卷第5、6期合刊）何其芳在给沙汀的信中谈到《还乡记》时说：“在你的三部长篇中，我觉得是这一部最好。首先我感到你组织得很紧凑，能够引人入胜，不像《淘金记》前一部分有些沉闷。主题更积极、更明确。主角冯大生这个人物是写得好的。”（何其芳：《何其芳选集》第3卷，第256页，四川人民出版社1980年版）

18日，由中宣部文艺局、中国文联、中国艺术研究院联合主办的“优秀文艺评论报刊表彰大会”在北京人民大会堂隆重举行。王忍之、贺敬之、林默涵、孟伟哉、梁光弟、赵寻、张伯海、李准等出席了表彰大会并为受表彰单位颁奖。受到表彰的报刊是：《人民日报》文艺评论版、《光明日报》文艺评论版、《求是》文艺评论版、《解放军报》文艺评论版、《文艺报》文艺评论版、《中国文化报》文艺评论版、《中国教育报》文艺评论版、《文艺理论与批评》文艺评论版、《文学评论》、《文艺研究》、《中国戏剧》、《美术》评论版、《人民音乐》、《当代电影》评论版、《当代文坛》（四川）、《理论与创作》（湖南）。

本月，刁斗的中篇小说《城市浪游》、莫言的《小说二题》发表于《小说家》第6期。

第一届“柔刚诗歌奖”（民间奖）授予诗人游刃，“柔刚诗歌年奖”评委会给予游刃的授奖词为：“20世纪临近终结。所有的人似乎都在莫名的疑惧中感受着近在咫尺的整整20个世纪的历史天体的缓缓后退。然而恰恰在20世纪并且由于20世纪，这一过程或许有更充分的理由被描述为人类自身的倒退的悲痛景象。因为偏离了那个无名的、然而确定的宇宙中心，人将自身推到一种狂妄心态和与之相称的卑微境遇中去，在庞大的物质力量及其幻变的政治、经济与文化的浊流中受难与沉沦。良知、理性、爱心……反而被指控为需在野蛮的逻辑之下受审的令人生疑的存在。于是，人的自觉不能不是漫长的孤寂生涯。一个人竟是因着对人类的无边的关怀、因着对宇宙的无限的祈望而注定了他在人群中的孤独。游刃的诗作就是这样一位孤独者的精神漫步。在以《岁末》、《损伤》、《离开》、《花王》……为题的一批近作中，这位僻居孤处的青年诗人以纯净透彻的语言呈现了当代人的终极眷注的一种忧伤面容、一种温和气质。”

由陈骏涛主编，王蒙、洁泯、谢冕、田中全担任顾问的《跨世纪文丛》由长江文艺出版社出版第一辑，包括苏童的《红粉》、格非的《唿哨》、叶兆言的《去影》、王蒙的《坚硬的稀粥》、方方的《行云流水》、陈染的《嘴唇里的阳光》、陈村的《屋顶上的脚步》、刘震云的《官人》、余华的《河边的错误》、贾平凹的《人极》、池莉的《太阳出世》、刘恒的《白涡》等12种。

由唐晓渡主编的《现代汉诗》（秋·冬合卷）刊出张曙光、欧阳江河、钟鸣等人的诗作，以及周伦佑、梁晓明、于坚的诗论。

耶鲁大学出版社出版奚密编译的《中国现代诗歌》。

黄祖民编的《超越世纪——当代先锋派诗人四十家》由山西高校联合出版社出版。

中央戏剧学院部分师生在京成立穿帮剧社。“穿帮”意喻着对人性之恶不加掩饰地暴露和对人性之美充满机趣地揭示。他们宣称要用现代戏剧语汇表达新的戏剧思想；强调戏剧的实验性和先锋性；不媚俗、不取巧，在锤炼自己的思想和生活感受的同时，丰富舞台表现语汇，提高观众的欣赏能力。作为发起人之一的孟京辉说：“我们追求的是一种形式上的鲜明性和标新立异的前卫意识，我们要与传统戏剧中陈旧的东西决裂。照搬和模拟生活的戏剧是要死亡的。”

本年

1990－1991年度全国优秀报告文学评奖获奖篇目共33篇（排列以得票多少为序，票数相同者以发表或出版时间先后为序）

长篇：宏甲的《无极之路》（解放军文艺出版社1990年6月版），李存葆、王光明的《沂蒙九章》（《人民文学》1991年第11期），长江的《走出古老的寓言》（中国工人出版社1990年1月版），中共深圳市委宣传部写作组《深圳的斯芬克思之谜》（海天出版社1991年12月版），王戈的《通向世界屋脊之路》（《西北事文学》1991年第11期），曾凡华、李德禄的《神农架之野》（解放军出版社1990年11月版），杨守松的《昆山之路》（江苏文艺出版社1991年1月版），陈澍的《走向天堂》（作家出版社1991年8月版）

中短篇：江奇涛的《神秘王国的领衔主刀》（《红十字星座》1991年第6

期），马役军的《黄土地，黑土地》（《当代》1991年第5期），曹岩、邢军纪的《疯狂的盗墓者》（《十月》1991年第3期），燕燕、张卫明的《雪域战神》（《十月》1991年第5期），江宛柳的《蓝色太平洋》（《人民文学》1990年第7－8期），白描的《一颗遗落在荒原的种子》（《家庭》1991年第6期），徐志耕的《莽昆仑》（《解放军文艺》1991年第7期），罗盘的《塔克拉玛干生命的辉煌》（《中国作家》1991年第5期），江深、陈道阔的《人民子弟》（《昆仑》1991年第6期），孙晶岩的《冲击亚洲的坎坷》（《传记文学》1990年第4期），杨景民的《藜鳌》（《四川文学》1991年第4期），贾宏图的《大森林的回声》（《人民文学》1990年第9期），刘富道的《人生的课题》（《中国作家》1991年第3期），朱大建的《鲲鹏展翅》（《萌芽》1990年第10期），王作人、王守义的《极光下的梦》（《中国作家》1991年第1期），陈忠实、田长山的《渭北高原，关于一个人的回忆》（《陕西日报》1991年5月），傅剑仁、张同明的《千日养兵》（《昆仑》1991年第5期），徐福择的《她的中国心》（《中流》1990年第8期），李玲修的《奥迪迎面驶来》（《人民日报》1990年11月），吴民民的《中国留日学生心态录》（《小说界》1991年第2期），周嘉俊的《永远是黎明》（《文汇报》1991年5月），郭传火（回族）的《汪洋中的安徽》（《民族文学》1991年第10期），陈祖芬的《孔雀西南飞》（《十月》1991年第6期），李鸣生的《飞向太空港》（《当代》1991年第1期），蔡子谔的《原动力的潜层开掘》（《长城》1991年第4期）

《中文核心期刊要目总览》历时1年，全部编制完成，有2000余种期刊被列为核心期刊。这是我国首次大规模使用文献计量学方法对中文期刊进行统计分析研究的成果。

1993 年

一月

1日，须兰的中篇小说《宋朝故事》、曹乃谦的短篇小说《牛犊犊下河喝水水》（“温家窑风景二题”）、陆文夫的中篇小说《享福》（“《小巷人物志》之二十二”）、张炜的中篇小说《金米》、王周生的长篇小说《陪读夫人》（下卷）发表于《小说界》第1期。须兰（1969－），女，上海人，香港岭南大学硕士。作品主要有小说集《须兰小说选》、《思凡》、《武则天》、《宋朝故事》、《樱桃红》等，随笔集《黄金牡丹》，为电影《投名状》首席编剧。其小说大多取材于湮没久远的历史。

苏童的中篇小说《刺青时代》、姚鄂梅的中篇小说《芳香弥漫》、赵大年的短篇小说《无价之宝》、阎连科的短篇小说《从军记》发表于《作家》第1期。姚鄂梅（1968－），女，湖北宜昌人，现居南京，为自由撰稿人。1996年开始文学创作。先后在《人民文学》、《收获》、《当代》、《钟山》等刊物发表小说100余万字，作品多数被选刊及各种年度选本选载。代表作有中篇小说《穿铠甲的人》，短篇小说《黑眼睛》，长篇小说《像天一样高》、《白话雾落》等。

尤凤伟的中篇小说《穿三号军服的号兵》发表于《山东文学》第1期。

张欣的中篇小说《你无须远行》发表于《广州文艺》第1期。同期发表王蒙1992年11月9日在解放军艺术学院的讲课稿《小说的可能性》。作者通过结合大量的经典小说文本实例和自身实践，从“用小说表现生活的可能性”、“创世的可能性”、“小说作者的角色的可能性”以及“结构的可能性”四个方面展开讨论了小说创作的各种艺术表现手法。

2日，《文艺报》第1版报道，《中流》杂志与《文学理论与批评》编辑部联合邀请部分作家、理论家在京举行了“文学艺术主旋律”座谈会，中国文联党组书记、《中流》主编林默涵到会讲话。

《新剧本》第1期发表汪人达的话剧《甲申纪事》和赵海龙的话剧《黑色的光环》，自该期起，开辟“戏剧与市场”专栏。

3日，冯苓植的中篇小说《大漠金钱豹》，聂鑫森的短篇小说《玉茗香》，郭启祥、陈雅妮的报告文学《宝钢，世纪之谜》发表于《人民文学》第1期。

4日，萧乾的散文《他是不应被遗忘的——怀念杨振声师》发表于《瞭望》第1期。

5日，邓一光的中篇小说《我们走在一座桥上》、石钟山的短篇小说《冬雪》发表于《长江文艺》第1期。邓一光（1956－），蒙古族，祖籍湖北麻城，1956年出生于重庆，现为武汉文联专业作家、湖北省作家协会副主席、武汉文学院院长。20世纪80年代开始文学创作，主要从事小说创作。著有长篇小说《我是太阳》、《想起草原》等9部，中短篇小说《狼行成双》、《远离稼穑》等近百篇，电视剧剧本3部。出版有《邓一光文集》（四卷本），各类文学专著20余部。曾获鲁迅文学奖、冯牧文学奖。

《光明日报》报道，一套全面、科学、系统地描述研究中国文化的大型学术丛书《神州文化集成》丛书50余种出版上市。这套由中国文化书院组织编辑、新华出版社出版的大型丛书，共100种，1200余万字。该丛书邀请了海内外中国文化各专业有造诣的世界知名学者组成编委会，负责总体设计、课题选定、组稿审稿并参与撰写。

7日，中华炎黄文化研究会在京召开著者大会，宣布由10大部、100卷组成的文化巨著《中国文化通志》开始撰写。全书约3000万字，包括中华文化由缘起至当代的整个历史沿革，各地域、各民族文化的特点、融合过程。其中不仅有观念形态的文化，也有制度形态、物化形态的文化。这是我国第一部对中华文化从古至今诸方面进行全面概括和总结的巨著，也是第一次运用竞争机制，采用招标的办法集中海内外第一流专家学者而进行系统学术工程建设的盛举。

《光明日报》报道，华夏出版社出版的《侃侃王朔》一书引起读者界与批评界的讨论。该书系统透视了王朔现象的方方面面，并联系到商品经济的大背景，从社会学、心理学等角度探究了王朔现象产生的根本原因。1月29日，《光明日报》6版发表张德祥的《从王朔小说中读出什么》，认为“如果把文学完全建立在一种商品观念上，就必然会损害艺术的特性和精神，就会把艺术变成取悦于人的尤物，变文学为‘逗乐解闷’‘喷饭解颐’的工具，就会拒绝深刻、拒绝意义而媚俗。把文学建立在商品观念上，不能不说是一种扭曲的、倾斜的观念，虽然说如今越来越多的作家不得不考虑作品的商品性”。2月4日，《文学报》总第619期摘登了一篇署名“老愚”的文章，对“王朔现象”进行激烈批判。老愚声称“王朔现象”是“一只色彩斑斓的毒蜘蛛”，引起强烈关注。2月18日，《文学报》总第621期开辟专栏“如何看待王朔现象”。2月25日，《文学报》总第622期开辟专栏“如何看待王朔现象”讨论之二。2月，张德祥、金惠敏的《王朔批判》由中国社会科学出版社出版。年初《北京青年报》所进行的“1992年十大当红人物”读者评选中，王朔在巩俐、葛优、施拉普纳之后位居第四，《文艺争鸣》1993年第1期刊发了讨论王朔的专栏。王蒙在《读书》1993年第1期发表了那篇后来引起很大争议的《躲避崇高》，对王朔赞赏有加。文章说："这几年，在纯文学作品发行销售相当疲软的时刻，一个年轻人的名字越来越'火'了起来。对于我们这些天降大任或自降大任的作家来说，这实在是一个顽童。""他拼命躲避庄严、神圣、伟大，也躲避他认为的酸溜溜的爱呀伤感呀什么的。他的小说题目《玩的就是心跳》、《千万别把我当人》、《过把瘾就死》、《顽主》、《我是你爸爸》以及电视剧题目《爱你没商量》在悲壮的作家们眼里实在像是小流氓、小痞子的语言，与文学的崇高性实在不搭界，与主旋律不搭界，与任何一篇社论不搭界。""他和他的伙伴们玩文学，恰恰是对横眉立目、高踞人上的救世文学的一种反动。""多几个王朔也许能少几个高喊着'捍卫江青同志'去杀人与被杀的红卫兵。王朔的玩世言论尤其是对红卫兵精神与样板戏精神的反动。陈建功早已提出'不要装孙子'（其实是装爸爸），王安忆也早已在创作中回避价值判断的难题。然后王朔自然也是应运而生。他撕破了一些伪崇高的假面。"这篇文章引发了文坛关于王朔创作优劣高下的争议，也成为引发后来"人文精神大讨论"的导火索之一。在《小说界》第1期的《王蒙访谈录》中王蒙也称赞王朔作品中的口语非常漂亮。1月30日，《中国青年报》开辟专刊"王朔给我们带来什么"，展开对"王朔现象"的讨论。1月份《文学报》在其"热点交流"专栏中，也就"如何看待王朔现象"为题展开论争。《文艺报》在3月下旬的文摘版中，整版刊登关于"王朔现象"的争论。

《人民日报》第4版发表题为《文坛官司引人注目》的文章称，据中国司法部门披露，自1986年《民法通则》公布后，至1988年文坛诉讼形成第一个高峰，1992年又形成第二个高峰，案件主要涉及名誉权和著作权。仅据北京市统计，1992年前三季度法院受理的名誉权案件达48件，著作权案达45件。

铁凝的中篇小说《马路动作》、短篇小说《甜蜜的拍打》发表于《天津文学》第1期。

吕新的长篇小说《抚摸》、格非的中篇小说《锦瑟》、苏童的短篇小说《烧伤》、鲁羊的短篇小说《夏末的局面·风和水》发表于《花城》第1期。

徐坤的中篇小说《白话》、阿成的短篇小说《驿站人》发表于《中国作家》第1期。

张宇的中篇小说《自杀叙述》发表于《北京文学》第1期。

邢军纪、曹岩的报告文学《商战在郑州》发表于《十月》第1期。

乌热尔图的短篇小说《悔恨了的慈母》、阿成的短篇小说《春风自在扬花》发表于《芒种》第1期。

《诗刊》1月号刊出苏金伞的爱情诗《埋葬了的爱情》，此诗流传甚广，影响很大。作品结尾附有作者的注："几十年前的秋天，姑娘约我到一个小县城的郊外。秋风阵阵。因为当时我出于羞怯没有亲她，一直遗恨至今！只能在暮乡的黄昏默默回想多年以前的爱情。86岁作于1992年5月27日。"

11日，石舒清的短篇小说《三爷》发表于《青年文学》第1期。石舒清（1969－），原名田裕民，回族，宁夏海原县人。1989年毕业于宁夏固原师专英语系，同年开始发表小说，现为宁夏文联一级作家。创作以短篇小说为主，出版小说集四部。短篇小说《清水里的刀子》获第二届鲁迅文学奖，《清洁的日子》获第五、第八届全国少数民族文学奖骏马奖。与人合作的长篇电视连续剧《苦泉纪事》获全国"五个一工程"奖。小说集《苦土》入选中华文学基金会"21世纪文学之星"丛书1994年卷。

15日，为纪念宋庆龄诞辰100周年，宋庆龄基金会在北京宋庆龄故居举行第三届宋庆龄儿童文学奖颁奖大会。本届宋庆龄儿童文学奖一等奖颁给了曹文轩的《山羊不吃天堂草》（江苏少年儿童出版社）。三个二等奖分别是李潼的《少年噶玛兰》（台湾天卫文化图书有限公司）、张之路的《第三军团》（中国少年儿童出版社）与程玮的《少女的红发卡》（江苏少年儿童出版社）。

其中，李潼的《少年噶玛兰》是第一部获得宋庆龄儿童文学奖的台湾作家作品。杨啸的《鹰的传奇》（湖北少年儿童出版社）、刘健屏的《今年你七岁》（中国少年儿童出版社）、李杨杨的《太阳梦见我》（中国少年儿童出版社）、张微的《雾锁桃李》（江苏少年儿童出版社）、罗辰生的《天才 神才 鬼才》（海燕出版社）获三等奖。

张炜的散文《融入野地》、苏童的短篇小说《一个朋友在路上》发表于《上海文学》第 1 期。

余华的中篇小说《一个地主的死》、潘军的中篇小说《风》、李杭育的中篇小说《蟑螂药免费》发表于《钟山》第 1 期。同期还发表了王宁、盛宁、孙津、王斌、蒋原伦、张颐武、陈晓明的《“后现代”笔谈》，以及秦牧的散文《狗·猫·鼠》。

从维熙的中篇小说《空巢》、老城的中篇小说《盘山道》发表于《长城》第 1 期。同期还发表孙犁 1989 年 3 月至 1992 年 8 月间致邢海潮的 40 余封书信。两人自 1987 年恢复联系，孙犁在信中袒露了自己近几年的心境，也谈到了对社会文化现象的若干看法。

《江南》第 1 期发表浙江中青年作家中篇小说专号，发表包括余华等浙江中青年作家的中篇小说：余华的《祖先》、赵锐勇的《生命之重》、蓝鸟的《回来，或永远走开》、廉声的《故尘飞扬》、李森祥的《秤盘》等。

16 日，中共中央政治局委员、书记处书记、中宣部部长丁关根在全国宣传部长座谈会上的总结讲话中指出，精神文明建设的成效，主要看是否有利于为经济建设和改革开放提供强大的精神动力和智力支持，是否有利于满足人民群众日益增长的精神文化需要，是否有利于培养“四有”新人。

宗璞的散文《三松堂岁暮二三事》发表于台湾《联合报》。

17 日，根据苏童小说《妻妾成群》改编，由张艺谋执导的电影《大红灯笼高高挂》获美国纽约影评人协会最佳外语片奖。

18 日，中国延安文艺学会主办的大型综合性文化双月刊《中国风》创刊。

由北京三露厂和北京人民艺术剧院共同设立的北京人艺·大宝优秀剧本创作奖首届授奖活动在京举行，重奖 8 部话剧的 8 位剧作家。该奖项给予每部戏的奖金是 1 万元。获奖的 8 部戏近十年演出超过百场，包括曹禺的《王昭君》，苏叔阳的《丹心谱》，梁秉堃的《谁是强者》，魏敏、孟冰等的《红白喜事》，李龙云的《小井胡同》，刘锦云的《狗儿爷涅槃》，何冀平的《天下第一楼》和王志安的《末班车上的黄昏恋》。人艺·大宝优秀剧本创作奖是 1988 年 8 月由北京三露厂出资 15 万元和北京人艺共同设立的。

20 日，《人民日报》报道，被海内外专家学者誉为“文化长城”的 10 部民族民间文艺集成志书首批 24 卷出齐。这 10 部书是《中国民间歌曲集成》、《中国戏曲音乐集成》、《中国民族民间器乐曲集成》、《中国曲艺音乐集成》、《中国民族民间舞蹈集成》、《中国戏曲志》、《中国民间故事集成》、《中国歌谣集成》、《中国谚语集成》、《中国曲艺志》。

《白鹿原》（下）在《当代》1993 年第 1 期连载完毕，其单行本由人民文学出版社于 1993 年 6 月推出。《白鹿原》发表和出版后，在文坛上引起轰动，当年就有《文学评论》、《文艺争鸣》、《文学理论与批评》、《当代作家评论》等纷纷发表评论文章共计 20 多篇，《小说评论》更是在 1993 年第 4 期上刊出“《白鹿原》评论专辑”，以近十篇文章的篇幅对其创作主题、人物形象、叙述形式等进行了分析。《文学评论》第 6 期发表雷达的《废墟上的精魂——〈白鹿原〉论》，是第一篇系统论述《白鹿原》的文章。文章指出：“我从未像读《白鹿原》这样强烈地体验到，静与动、稳与乱、空间与时间这些截然对立的因素被浑然地扭结在一起所形成的巨大而奇异的魅力”，“我也很少看到当代作品中像《白鹿原》这样，把人在历史生活中的偶然与必然的复杂微妙关系，揭示到如此出神入化的境界”，“《白鹿原》是一个整体性的世界，自足的世界，饱满丰富的世界，更是一个观照我们民族灵魂的世界”，“《白鹿原》的思想意蕴要用最简括的话来说，就是正面观照中华文化精神和这种文化培养的人格，进而探究民族的文化命运和历史命运”。对白嘉轩这个人物，他分析道：“面对白嘉轩，我们会感到，这个人物来到世间，他本身就是一部浓缩了的民族精神进化史，他的身上，凝聚着传统文化的负荷，他在村社的民间性活动，相当完整地保留了宗法农民文化的全部要义，他的顽健的存在本身，即无可置疑地证明，封建社会得以维系两千多年的秘密就在于有他这样的栋梁和柱石们支撑着不绝如缕”，“《白鹿原》终究是一部重新发现人，重新发掘民族灵魂的书。在逆历史潮流而行的白嘉轩身上展现出人格魅力和文化光环，这是发现，但更多的发现是，在白嘉轩们代表的宗法文化的威压下呻吟着、反抗着的年轻一代”，“《白鹿原》的作者站到了时代的、民族的、文化的思想制高点上来观照历史。他以民族心史为构架，以宗法文化的悲剧和农民式的抗争为主线来结构全书。每一个重大的历史事件和每一次大变动，都使白鹿原小社会在动荡中重新聚合，都在加深这一悲剧”。许子东的文章说：“历史流程是时间性的，社会结构却是空间性的。革命历史故事的关键，总是如何将流动的时间凝固在一个平而可视的结构关系里来，以见出其‘发展规律’和‘必然趋势’”，“《白鹿原》能够重写革命史，既是基于对民间村庄宗法组织及文化的新的历史观照和道德信念，也是由于其顺时态与‘后设’相结合的叙述结构，能够将跨度很大、变化万千的时间流程空间化，将几十年民国史和‘文革’一起，纳入一个‘祠堂文化’与政治纷争长期抗衡的时空架构”。因此，“《白鹿原》能够重新诠释革命史，关键在于其后设的历史叙述结构。而这种叙述方式，是从《灵旗》、《大年》对《红旗谱》革命历史故事叙述模式的破坏和颠覆发展过来的。如果没有‘寻根派’对乡俗土风的现代观照和‘后寻根派’对叙述方式的种种实验，《白鹿原》的出现是不可想象的。因此，在某种意义上，《白鹿原》就是以《灵旗》、

《大年》方式所写的《红旗谱》”（《当代小说中的现代史——论〈红旗谱〉、〈灵旗〉、〈大年〉和〈白鹿原〉》，《上海文学》，1994 年第 10 期）。

21 日，《文艺研究》第 1 期以系列笔谈的形式发表在京的包括王一川、张颐武、王岳川、陈晓明、王宁、王德胜、陶东风在内的部分中青年文艺理论工作者对“后现代主义”的讨论。文章主要围绕“后现代主义”文化在我国具有怎样的特点，对社会主义文艺会有怎样的影响，我们应该采取怎样的文化策略展开讨论。王一川在《当今中国文坛的泛现代文学现象》一文中，主张用一种比较宏观的视角看待 80 年代后期（1985 - 1990）中国文学主潮。作者认为在当时时代的文化语境下，当代自我、中国古典传统和“外来客”（不仅代表西方发达经济、后现代文化，而且代表过去的启蒙精神、古希腊文化）三方之间的关系以及引起的张力导致了当今中国文坛的泛现代文学色彩。张颐武在《后现代性与“后新时期”》一文中，从作为西方阐释代码的“后现代性”出发，对当今中国文化的经过后现代性“重写”之后产生的前现代、现代、后现代因素并存状况进行了分析，并将这种状况归纳为两点：“一是大众文化的崛起与文化的商品化；二是文化的平面化并置的‘大杂烩’状态。”王岳川的《后现代主义与价值反思》，通过后现代主义在文化表象层次的思维空间拓展的分析，分析了其在冷战结束后深层的“新”殖民主义本质。作者从“后殖民主义与文化策略”、“思维拓展与价值批判”两个方面展开论述，认为“当第一世界的‘现代性’和‘后现代性’主题成为第三世界向往和追求的目标时，它们在第三世界的播撒就在重新制造一个西方中心神话的同时，设定了西方后现代话语的中心权威地位”，“我们可以在思维层面上肯定后现代主义的批判否定精神和异质多样的文化意向，但却必须在价值层面上批判其丧失生命精神超越之维的虚无观念与生活原则同格的‘零度’艺术观”。陈晓明的《中国文化的双重语境》从“纯文学”与“俗文学”、大众文化与精英文化的分析入手，认为这二者之间“不是走向趋同和融合，而是相互悖离、拒绝和漠视。它们各自在不同的历史层面（或向度）上，表达了不同的'后现代性'"，在谈论当今中国的"后现代性"文化时，应该顾及这种"双重语境"的问题。王宁的《如何看待和考察后现代主义》一文，首先指出在经历20多年的理论争鸣之后，"关于后现代主义的讨论在西方已逐步趋向终结"，而"在东方国家和第三世界国家，尤其是在中国、印度、日本和韩国，对后现代主义的兴趣却与日俱增"。随后从强调后现代主义与现代主义有着密切联系和某种程度上的继承关系入手，分11点概括出了现代主义和后现代主义之间的对立和差异。最后，作者认为后现代主义与中国文学关系的研究体现在两个方面："从接受与影响的角度对之进行经验研究"、"以'后现代性'为阅读阐释代码，对文学现象甚或文本进行理论阐释"。王德胜的《坚守理性阵地与大众对话趋向》，从文艺现象切入，认为"当今中国文化策略的具体主旨，是重新高扬起社会主义现代文化的旗帜，建立一种普遍的、社会共同追求和认同的、大众自觉的主体理性，并且在其中迅速培植其以现代性为核心的价值意识"。陶东风的《后现代主义与中国传统文化》提出了在分析后现代主义在中国的影响与接受语境时，必须考虑中国传统文化尤其是道家思想所起的作用的观点。他指出："中国文化这种终极关怀和中心价值的缺席"是它能迅速接纳后现代主义的根本原因。

22日，《文汇报》刊登张贤亮的《我们面临着一次历史的转机——文化商人宣言》，张贤亮在当时全国关于文人下海沸沸扬扬的争论中独树一帜，提出"文化商人"概念并力倡文人下海，在社会上引起强烈反响。"计划经济向社会主义市场经济的转变，正是文化和文化人恢复到正常的、适当的、主动的状态以及实现自我价值的历史转机"，"中国的文化只有在坚实的经济基础上才能得到发展；中国的文化人只有参与了经济生活才能干预社会生活"。几乎与此同时，张贤亮还在《朔方》第2期上发表《文化商人宣言——致我亲密的商业伙伴》，文章说："其实，我们应该认识到，中国从长期以来占统治地位的计划经济向社会主义市场经济的转变，正是文化和文化人从不正常的、畸形的和被主宰的状态，恢复到正常的、适当的、主动的状态以及实现自我价值的一次历史转机。”“我们的智慧、知识、经验和社会关系就是我们雄厚的资本！对商品经济我们毫不陌生，《资本论》四十多年来都是我们的教材。如果我们现在换一个角度去实习并加以运用，我们将会在经营管理上超过大多数职业商人或企业家。重要的是我们自己必须下定决心亲身参与！我们要实践！我们要下海！”张贤亮随后创办“宁夏艺海实业发展有限公司”。其时，全国各地正掀起一股文人下海经商的热潮，陆文夫创办“老苏州弘文有限公司”，谌容一家创办“快乐影视中心”，上海作家胡万春赴越南经商，湖南作家叶蔚林、韩少功联袂奔赴海南办杂志、办文化实业公司、北京儿童文学作家郑渊洁创办合资公司、建儿童城，生产销售以他书中人物命名的儿童系列产品。

25 日，余秋雨的散文《一个王朝的背影》发表于《收获》第 1 期。同期还发表刘恒的长篇小说《苍河白日梦》、李晓的中篇小说《一种叫太阳红的瓜》、何顿的中篇小说《生活无罪》、汪曾祺的短篇小说《小说两篇》。

关仁山的中篇小说《风潮如诉》、杨志军的长篇小说《苍茫唐古特》发表于《黄河》第 1 期。

28 日，《光明日报》报道，中国作家协会创联部与地矿部《新生界》文学杂志社联合创办“北京作家创作与出版服务中心”，这是我国第一家专门从事作家创作与出版活动的服务性机构，其业务是为作家和文学创作者、爱好者提供创作与出版、书稿交流、文学培训、中外文学作品交流以及申请加入中国作协等方面的服务。

《剧本》第 1 期发表潘茂金（水族）、覃烺（布依族）的水族革命历史题材话剧《乌卡》。

本月，人民文学出版社主办的《中华文学选刊》创刊。

张笑天的长篇小说《女性怪圈》发表于《新苑》第1期。

张洁的中篇小说《她吸的是带薄荷味儿的烟》发表于《椰城》第1期。

《诗刊》社全国青年诗歌刊授学院编的《未名诗人》改名为《青年诗人》出刊。

宗璞的散文《猫冢》发表于《美文》第1期。

火狐狸剧社在北京成立。

二月

1日，刘恒的中篇小说《夕阳行动》、刘震云的中篇小说《温故一九四二》、刘庆邦的短篇小说《水房》以“北京三刘作品小辑”为题发表于《作家》第2期，每篇后面配发作家的创作谈，同时刊发王必胜的评论文章《“三刘”小说》。韩少功的短篇小说《真要出事》、西川《诗二首》（《为海子而作》、《为骆一禾而作》）同期发表。刘庆邦（1951－），河南沈丘人，1970年参加工作，当过农民、矿工、记者。1978年开始发表作品。现为北京市作家协会副主席，中国作家协会全国委员会委员。著有长篇小说《断层》、《远方诗意》、《平原上的歌谣》、《红煤》等5部，中短篇小说集、散文集《走窑汉》、《梅妞放羊》、《遍地白花》、《响器》等20余种。

7日，张炜的中篇小说《荒原的故事》发表于《天津文学》第2期。

10日，徐小斌中篇小说《末日的阳光》发表于《北京文学》第2期。赵大年短篇小说《一厂风波》发表于《芒种》第2期。徐小斌（1953－），女，生于北京。1969年曾去黑龙江建设兵团。1982年毕业于中央财政金融学院。1981年始发表小说，发表文学作品300余万字。1993年调入中央电视台中国电视剧中心。主要作品有长篇小说《羽蛇》、《海火》、《敦煌遗梦》、《迷幻花园》、《德龄公主》等,《徐小斌文集》五卷由华艺出版社出版。

11 日,刘醒龙的中篇小说《农民作家》、何玉茹的短篇小说《米奇》、阎欣宁的短篇小说《梦红楼》发表于《青年文学》第 2 期。

13 日,《文艺报》报道,中宣部文艺局课题组对社会主义市场经济条件下文艺领域面临的新问题中的热点问题进行了讨论,如发展商品经济对文艺形成的某些冲击,对文艺功能的重新认识,建立市场经济条件下文艺体制的改革方向等。其中,商品经济对文艺的冲击主要从文艺的社会影响、文化的市场、文艺家的心态、文艺的现存体制等四个方面展开讨论。

14 日,中国作家协会第二届(1986 – 1991)"全国优秀儿童文学奖"揭晓。本次评选的标准为:内容健康,具有时代特色,文学品位较高,具有艺术感染力,艺术上有创新,符合少年儿童心理,为少年儿童喜闻乐见。获奖小说有:刘健屏的《今年你七岁》(中国少年儿童出版社)、沈石溪的《一只猎雕的遭遇》(江苏少年儿童出版社)、邱勋的《雪国梦》(人民文学出版社)、李建树的《走向审判庭》(中国少年儿童出版社)、罗辰生的《下世纪的公民们》(人民文学出版社)、秦文君的《少女罗薇》(少年儿童出版社)、曹文轩的《山羊不吃天堂草》(江苏少年儿童出版社)、关登瀛的《西部流浪记》(海燕出版社)、金曾豪的《狼的故事》(希望出版社)、程玮的《少女的红发卡》(江苏少年儿童出版社)、韩辉光的《校园喜剧》(湖北少年儿童出版社)、张之路的《第三军团》(中国少年儿童出版社)、常新港的《青春的荒草地》(新蕾出版社)、葛冰的《绿猫》(重庆出版社);获奖童话有:张秋生的《小巴掌童话》(少年儿童出版社)、周锐的《扣子老三》(湖南少年儿童出版社)、郑允钦的《吃耳朵的妖精》(江西少年儿童出版社)、孙幼军的《怪老头儿》(湖北少年儿童出版社)、冰波的《毒蜘蛛之死》(四川少年儿童出版社);获奖散文、报告文学有:吴然的《小鸟在歌唱》(少年儿童出版社)、孙云晓的《16 岁的思索》(少年儿童出版社)、郭风的《孙悟空在我们村子里》（福建少年儿童出版社）、班马的《星球的细语》（福建少年儿童出版社）；获奖诗歌有：徐鲁的《我们这个年纪的梦》（湖北少年儿童出版社）、金波的《在我和你之间》（中国少年儿童出版社）、刘丙钧的《绿蚂蚁》（安徽少年儿童出版社）；获奖幼儿文学有：谢华的《岩石上的小蝌蚪》（少年儿童出版社）、薛卫民的《快乐的小动物》（中国少年儿童出版社）、鲁兵的《虎娃》（少年儿童出版社）。

15日，殷慧芬的中篇小说《横越》、阎欣宁的短篇小说《橡皮匕首》、王宁的评论《作为国际性文学运动的后现代主义》发表于《上海文学》第2期。

中共中央宣传部、国家新闻出版署联合发布《关于发表和出版有关党和国家主要领导人工作和生活情况作品的补充规定》。指出，党和国家主要领导人包括现任或曾任党中央政治局常委，国家主席、副主席，国务院总理，中央军委主席，全国人大常务委员会委员长，全国政协主席；作品是指描写、记述或涉及上述人物工作和生活情况的图书、报刊文章、音像制品、电影、电视作品等。凡发表和出版这类作品，必须严格执行送审制度。凡发表和出版涉及健在的领导人的作品，必须征得本人同意。

20日，《文艺报》以整版篇幅摘编新闻刊物上的各种报道，梳理《曼哈顿的中国女人》从出版到引起争议的详细过程。1992年7月，北京出版社推出美籍华人周励女士带有强烈自传色彩的纪实文学《曼哈顿的中国女人》（以下简称《曼》），此书一面世即引起轰动，短短几个月，印刷4次，总销量达到50万册，跃居全国第五届书市文艺类畅销书榜首。在一片颂歌声中，青年评论家吴亮在《上海文化艺术报》上以《批评的缺席》为题，对《曼》书所包含的题旨做了犀利的剖析："这部冗长的、流水账式的通俗回忆录立足于这样一种世界观，在某位时刻梦想出人头地的女人那儿，世界是作为一个需要排除的障碍物，一个有着等级差别的贵贱之地，一个等着被攫取的对象而出现的……”吴亮指出：“对于这样一部在精神上和写作才能上都暴露出缺陷的通俗回忆录，批评界应当反省它的失职。”另一篇题为《从文学市场看文学》的文章，则干脆将《曼》书摒出了文学圈子：“像《曼哈顿的中国女人》之类的个人回忆录吸引读者的无非是书中叙述的海外发财经历，其作用类似经商指南，跟文学是不相干的。”1992 年 9 月，自觉因《曼》书而受到伤害的若干当事人，在纽约曼哈顿中国城两次举行记者会，“澄清事实，举证辩诬”，抗议《曼》书作者捏造事实，伤害他人，要求周励为不负责任的言论道歉。讨伐《曼》书及作者的行动，于 12 月中旬骤然升温，12 月 13 日的纽约《美东时报》和 12 月 14 日《纽约新闻报》同时刊出游尊明等口述、马耀明撰写的以《曼哈顿的中国女人——书，造成轰动；人，引起争议》为题的批评文章，详细罗列了与《曼》书所述完全相反的实例，阐述了纽约部分华商对《曼》书及作者的看法。此文一出，立刻在纽约华人圈中引起震动。1992 年 12 月 29 日和 1993 年 1 月 5 日，《北京广播电视报》分两次以原题转载了《美东时报》、《纽约新闻报》的文章，并在头版“导读”栏中标出“曼哈顿华商公开周励真相”字样。1992 年 12 月 30 日，《中国体育报》以《有争议的女人，有争议的书》为题，转载《美东时报》文章。1993 年 1 月 7 日，《曼》书作者周励在上海举行新闻发布会，指控《北京广播电视报》侵害其名誉权，并声明委托浦东涉外律师事务所陶武平律师全权代理诉讼事宜。1993 年 1 月 9 日出版的《南京日报 · 周末》，刊登“本报驻纽约特约记者高杨”发回的报道，题目为《女强人还是女骗子》，引述了纽约部分华商的主要论点。1993 年 1 月 15 日的《南方周末》同时也对此事作了详细报道，并刊发了周励的控诉文章。1993 年 1 月 15 日第 5 版的《光明日报》以《在争议中》为题整版报道了《曼哈顿的中国女人》在社会上引起的广泛争议，分析了该书存在的问题：“《曼》书到底是小说还是自传，有多大程度的真实抑或虚构”、“《曼》书是否存在抬高自己的情况，对周励‘展示’成功该怎样看”、“《曼》书是否存在贬低别人的情况”、“《曼》书是否存在涉人隐私问题”、“指责周励的文章是否也有失误”、“大动干戈究竟为了什么”。

《光明日报》第3版发表署名卜草的文章《人称93年为“周大新年”》，认为1993年是周大新最“火”的一年，可以称为“周大新文学年”：1993年会陆续公映四部根据周大新的文学原著改编的电影、电视剧，电影《香魂女》根据周大新的中篇小说《香魂塘畔的香油女》改编，由著名导演谢飞改编导演；电影《人猴大裂变》根据周大新的《步出密林》改编；三集电视连续剧《铁锅情话》由周大新的中篇小说《铁锅》改编；二十四集电视连续剧《走出盆地》，根据周大新的长篇小说《走出盆地》改编。周大新将在人民文学出版社出版四部书，其一是长篇小说《有梦不觉夜长》，其他三部均为中短篇小说集。加上1992年在《天津文学》、《北京文学》、《莽原》等刊物发表的中短篇小说，和周大新目前正在同时写作中的中短篇小说，也将构成“周大新文学年”现象。

中央实验话剧院在京演出小剧场话剧《思凡》。该剧根据明代无名氏的《思凡·双下山》及意大利薄伽丘的《十日谈》有关章节改编，导演孟京辉。剧本发表在《新剧本》第3期上。吴戈说：“《思凡》是一部在游戏外表包装下有着思想批判锋芒的‘先锋戏剧’，它调侃、嘲笑的不同民族在不同历史阶段曾成为‘第一禁忌’的‘性道德’观念，只不过是在抨击‘专制特权’社会生活时选取了一个易于‘绵里藏针’的‘点’。该剧从《十日谈》与《尼姑和尚双下山》中撷取‘偷情成功’与‘思凡成真’的情节，赋予了破除禁忌的果敢、偷尝禁果的激情与男欢女爱的愉悦，在轻松的游戏、夸张的表演与幽默的调侃中，赢得了观众的会心微笑与热烈鼓掌。这是在剧场里对‘性道德禁忌’的残破堡垒的一次轻松随意、游刃有余的成功瓦解。”（《当代中国的“先锋戏剧”》，《戏剧艺术》1996年第4期）董健说：“话剧《思凡》（中央实验话剧院演出）的编剧和导演把古典名著中的精神火花巧妙地‘偷’

到了当代小剧场舞台上，使其痛痛快快地发光、燃烧，使当代观众的心绪得到温热、得到宣泄，也得到美的享受和精神的启迪。剧中所穿插的西方名著《十日谈》中的两个故事，表面上看似与全剧未能融为一体，但从其所‘思’在‘凡’（即对束缚、扼杀人性之光的教条、偏见的挑战）的内涵来看，还是和谐的，何况这是一出表现主义和象征主义色彩很浓的戏，演员表演的符号性很强，我们不必用现实主义的结构方式去强求它。当剧中表现到初步觉醒的小尼姑、小和尚把那些被他们唾弃的皇皇经卷坚决抛弃的时候，导演处理的手法颇有力度。一卷卷经卷被踩在剧中人物的脚下，也被乱扔在观众席上，让观众与剧中人一起来享受践踏‘神圣经典’的轻松、愉快，使个性解放和启蒙主义的精髓充分戏剧化也充分诗化了。这是编导对古典作品成功的新挖掘与新阐释。”（《小剧场 大希望》，《中国话剧研究》第9期，文化艺术出版社1996年版）

黄传会的报告文学《“希望工程”纪实》发表于《当代》第1期。

20－26日，首届“蓝星笔会”在海南召开。出席笔会的有近年来活跃在中国文坛的中青年作家王朔、方方、叶兆言、刘恒、苏童、余华、张欣、张抗抗、赵本夫、范小青、格非、韩少功、蒋子丹、潘军等；批评家王干、王必胜、王彬彬、陈晓明和《小说家》、《花城》、《收获》、《作家》、《钟山》5家杂志的负责人及代表田瑛、宗仁发、范汉生等。笔会的中心议题是新时期文学发展到今天，面临着新的挑战和抉择；在社会主义商品经济条件下，文学将以什么样的方式存在，作家如何重新确立自己的地位，作品在保持自身精神价值的时候如何进入市场的运行机制。

22日，诗人、德语文学专家冯至在北京逝世，终年87岁。王家新在《读书》1993年第6期上发表了题为《冯至和我们这一代人》的文章，结合自己的经历深情回忆了冯至的诗歌创作及其文学翻译对作者及其一代人带来的精神震撼和影响。“在今天，当我们试图谈论诗歌时，我们就必须对我们的时代和历史有所意识，就必须接受我们的前辈大半个世纪以来从皮肉上熬出来的真理。付出的代价过多，而剩下的日子不多了。在这20世纪的最后10年，我们的当代诗歌是到了更深入地回溯、发现、反思，并在一个更大的时空背景下重新调整自己的时候了。”北京大学教授严宝瑜以一个共事多年的朋友的身份回忆了冯至在外国文学尤其是德国文学研究、翻译和诗歌创作方面的贡献和成就，在80多岁的时候，“他的思想像以前一样清晰和深挚，他的语言还像一向那样和蔼和诚恳。每过一段时间总还能在报刊上读到他新写的诗和文章，这些诗文表明他的胸怀依然像以前一样宽广和坦然，他对国家和人民的感情还和以前那样深沉和执著。他带着一贯的责任感注视着社会主义精神文明建设的进程和动向”。（严宝瑜:《谦虚宽厚的为人态度和严谨求真的治学精神——忆冯至同志》，《北京大学学报》（哲学社会科学版）1993年第4期）曾镇南在《文艺理论与批评》1993年第4期也发表了题为《追思与夜读——怀念冯至先生并温习他的遗教》的文章。

第43届柏林国际电影节评奖揭晓，我国大陆影片《香魂女》（谢飞执导）和台湾影片《喜宴》（李安执导）荣获本届电影节最高奖——“金熊奖”。此外，中国儿童片《天堂回信》获得国家儿童青年电影中心奖。参加“国际新电影论坛”展映的《血色黄昏》、《四十不惑》、《找乐》、《双旗镇刀客》、《妈妈》5部中国影片获得“国际影评奖”。

24日，上海青年话剧团在沪首演话剧《OK，股票》，编剧赵化南，导演陈明正。剧本发表于《剧本》第6期和《上海艺术家》第6期。毛时安认为，赵化南的“话剧《股票三部曲》，几乎就是中国股市从认购证起步到企业并购上市的历史写照。他成功的剧作总是附着在一个实实在在的历史背景上，依赖着结结实实的生存经验。这种对现实的敏感和捕捉的能力，使他的创作总是生气勃勃地保持着与生活同步的姿态，有着一种激动人心的鲜活”。（毛时安主编:《岁月流声——赵化南剧作选》，上海社会科学院出版社2002

年版）

24－26日，宁夏回族自治区文学艺术联合会第四次代表大会在银川召开，张贤亮再次当选为主席。

27日，国内第一所专藏中国当代作家代表作的文学资料馆和现代化多功能特种图书馆在武汉开馆。该馆收藏和陈展海内外华文作家自1949年以来出版、发表的各种题材和体裁的代表作及书信、手稿、自传、照片、录音、录像等有关资料。这次开展展出了从去年9月份以来征集到的全国包括港澳台地区的200位当代作家签名的赠书400余部。

28日，《剧本》第2期发表杨宝琛的话剧《北京往北是北大荒》。

本月，四川文艺出版社主办的大型文学双月刊《峨眉》创刊。创刊号发表张炜的长篇小说《我的田园（上）》（《你在高原》系列之一），阎欣宁的中篇小说《天地玄黄》等。

莫言的长篇小说《酒国》由湖南文艺出版社出版。

臧棣的《霍拉旭的神话：幸存和诗歌》发表于《延边大学学报》（社会科学版）第1期。作者认为，“幸存意识正在成为我们时代中居主导地位的诗歌意识，几乎很难想象在幸存的诗学中存在着自欺，但这是真的。这种自欺表现在许多方面：首先是缺乏对幸存的足够的自省，其次幸存被过分地理想化了，最后幸存有可能变成一种需要”，“我们无法像霍拉旭那样合乎情理地置身于一种完整的幸存状态。我们的幸存是虚构出来的，并且从未挣脱过历史的诡计的阴影。换句话说：现实中的幸存很难逃脱为幸存而幸存的宿命。当代幸存实际上是发生在诗人自我意识深层中的对存在的剥夺，对存在的弃绝。幸存感，并不是像我们所体验的那样，它首先是一种使命感；在本质上它首先是一种被剥夺感，这剥夺并非绝对地来自异己力量，而是来自主体选择。对诗歌而言，把我们面临的事件全然归结为幸存的事件，虽说未必不能发现一些有价值的东西，但这些东西比起注定要损失的东西来是微不足道的。

在对存在的发现中，我们的艺术感觉是敞开的，充盈的；而在对幸存的揭示中，我们的艺术感觉则变得过度紧张、尖锐。因为幸存不仅意味着艺术空间的缩小，而且意味着观察视角的狭窄。幸存意识也必然会逼使语言意识趋向陡峻、晦涩和大密度。我并不单纯地反对这类语言风格，只是不赞成仅仅让它们成为我们这一代诗人所追求的目标”。臧棣（1964 - ），祖籍山东海阳，生于北京，1983 年考入北京大学中文系，同年开始发表诗歌作品。1990 年至 1993 年任中国新闻社记者，1993 年再入北京大学中文系，获文学博士学位，留校任教至今。1999 年至 2000 年任美国加州大学戴维斯校区访问学者。作品有诗集《燕园纪事》、《风吹草动》、《新鲜的荆棘》，主编作品有《1998 年中国最佳诗歌》、《里尔克诗选》等。

张锐锋的散文《弧线》发表于《小说家》第 1 期。张锐锋（1960 - ），山西原平人。曾做过农民、工人，后在《城市文学》杂志社、《黄河》杂志社任编辑。1990 年后从事专业创作。现为山西省作家协会党组成员、副主席，山西省文学院院长。已出版的散文集有《幽火》、《别人的宫殿》、《沙上的神谕》、《被炉火照彻》、《皱纹》、《蝴蝶的翅膀》、《世界的形象》、《祖先的深度》、《月光——重释童年》、《河流》、《月亮》等。

陈超诗论《深入当代》发表于《诗歌报》第 2 期。

中国友谊出版公司策划的《七家诗选》由中国友谊出版社出版，诗集收入了艾青、流沙河、邵燕祥、陈明远、傅天琳、舒婷等的诗作近 200 首。

赵瑞蕻的《诗歌与浪漫主义》由南京大学出版社出版。

柯文溥的《中国新诗流派史》由海峡文艺出版社出版。

蒋子龙的散文集《秋窗三语》由百花文艺出版社出版。

三月

1日，阎连科的中篇小说《自由落体祭》、方方的短篇小说《推测几种》、迟子建的短篇小说《守灵人不说话》发表于《作家》第3期。

张抗抗的中篇小说《沙暴》、蒋子丹的短篇小说《最后的艳遇》发表于《小说界》第2期。

汪曾祺的短篇小说《鲍团长》，苏童的短篇小说《游泳池》、《狐狸》、《灰呢绒鸭舌帽》，张宇的中篇小说《上帝的金苹果》，阿成的中篇小说《远东笔记》，发表于《小说家》第2期。同期刊发洪峰的散文《寻找家园》，陈村的散文《寻人游戏》，苏童、叶兆言、王干、闻树国的《文学的自信与可能——开始在南京的对话》。

2日，《新剧本》第2期发表苏雷的话剧《人生感受》、管昭林的话剧《大河沿》和魏明伦的戏曲《中国公主杜兰朵》。

3日，人民文学出版社与中国社会科学院文学研究所联合召开香港财经系列小说作家梁凤仪作品研讨会。梁凤仪于1986年开始在香港各大报章撰写专栏，1989年开始写小说。截至1992年11月，出版小说25本，散文25本，代表作有《豪门惊梦》、《醉红尘》、《花魁劫》等，被公认为香港著名的畅销书女作家。梁凤仪的小说多以香港风云变幻的商界为背景，以自立奋斗的女强人为主人公，以缠绵悱恻的爱情故事为中心情节，并将财金知识、经营手段融于悲欢离合之中，创造出与以往言情小说风格迥异的“财经小说”系列。《光明日报》6日发表鲁人的《梁凤仪“旋风”》文章，认为在香港和大陆迅速掀起热潮有三方面的原因：“小说贴近生活”、“作者贴近人物”、“作者和小说一起贴近读者”。（《光明日报》6日3版）。

王英琦的散文《大师的弱点》、周涛的散文《瓶中何物》发表于《人民文学》第3期。

5日，刘醒龙的中篇小说《黄昏放牛》发表于《莽原》第3期。

柳建伟的中篇小说《冬妹》发表于《北方文学》第3期。

10日，叶兆言的短篇小说《夏日的最后玫瑰》、王英琦的散文《菱角河的悲剧》发表于《十月》第2期。

何申的中篇小说《香水泡子》发表于《芒种》第3期。

陈建功的中篇小说《耍叉——谈天说地之七》、方方的中篇小说《行为艺术》、田中禾的短篇小说《落叶溪》（二题）、严歌苓的短篇小说《大陆妹》发表于《中国作家》第2期。同期刊登‘92《中国作家》“中原—奇安特”杯中篇小说评选获奖篇目（按评委票数顺序）：林希《丑末寅初》、王观胜《放马天山》、刘玉堂《县城意识》、辛实《步入辉煌》、赵德发《蝙蝠之恋》、周绍义《苇子林》、简嘉和蒋蜀陵《模特女王》、叶梅《撒忧的龙船河》。

周梅森的中篇小说《英雄出世》、鲁羊的中篇小说《洞酌》、叶文玲的中篇小说《春之归》、海男的中篇小说《横断山脉的秋祭》、墨白的中篇小说《白色病室》、林斤澜的短篇小说《过客》发表于《花城》第2期。

何玉茹的短篇小说《一个叫李文娟的人》、曹乃谦的短篇小说《下夜·狗子、狗子》发表于《北京文学》第3期。

刘庆邦的中篇小说《小说提纲》、毕淑敏的散文《我注视自己的头颅》、霍达的随笔《漫谈小说的语言》发表于《小说林》第2期。

10－13日，《文艺研究》第3期报道：由北京大学、中国社会科学院文学研究所、中国比较文学学会后现代研究中心、德国歌德学院北京分院和南京《钟山》杂志社联合召开的“后现代文化与中国当代文学”国际研讨会在北京大学举行。国际比较文学协会后现代主义研究项目主持人汉斯·伯顿斯等来自荷兰、英国、美国、德国和加拿大的部分专家学者出席会议并作了学术报告。会议就下列议题各抒己见、交流切磋：1. 对后现代主义研究在西方之现状的回顾与思考；2. 后现代主义在中国文学创作和理论批评中的接受与变形；3. 中国当代先锋小说中的后现代性；4. 新写实小说与后现代主义文学比较研究，其他艺术门类及表现领域内的后现代因子考察。研讨会对近几年中国文学涌现的“后现代”因子特别进行了认真严肃的学术探讨。汉斯·伯顿斯认为，有三种层面上的后现代主义，即：反表现、反形式、反叙事的激进的先锋派后现代主义，作为反文化力量的一种指向通俗的后现代主义，哲学思辨层次上的后结构主义的后现代主义。他指出，认为“后现代主义终结”的看法是不对的，倒是与其相反，从理论争鸣的意义上说，关于后现代主义问题的讨论已变得越来越重要了。赵毅衡在考察了先锋派这一概念本身在中国和西方的演变历史之后指出，在任何一种国别文学或民族文学中，先锋派的出现都是不可避免的，而且也是十分必要的，但是先锋派常常也是不被社会理解和接受的，它一旦为社会和大众所接受，它的先锋性也就失去了。德国的阿克曼、荷兰的伯顿斯、美国的张隆溪、英国的赵毅衡和国内的乐黛云、张炯、谢冕、孙玉石、郑敏等著名学者参加了这次会议。《北京大学学报》（哲学社会科学版）（1993 年第 3 期）刊登了此次会议的会议纪要——《后现代文化与中国当代文学国际研讨会纪要》。

张健的报告文学《辉煌的悲怆》、刘文彪的报告文学《梅里雪山祭》发表于《中国作家》第 3 期。

11 日，历时 3 年、为公众关注的小说《穷棒子王国》名誉纠纷有了结果。北京市朝阳区法院做出一审判决，原告王国藩胜诉。1990 年 3 月，当时 73 岁的河北遵化农民王国藩向法院递交诉状，起诉长篇小说《穷棒子王国》作者古鉴兹、出版单位作家出版社侵犯了他的名誉权，朝阳区法院受理此案后，做了大量的调查工作，多次调解未成，遂于 1992 年 11 月 21 日公开审理此案。法院最后的判决为：一、《穷棒子王国》一书不得再版、发行，现存未销出的书销毁；二、被告在一家全国性报刊上刊登向王国藩道歉的声明；三、被告共同赔偿原告经济损失5308.3元，精神损失2000元。《光明日报》11日以《小说〈穷棒子王国〉被判侵犯名誉权》为题对此进行了报道。

《中国电影周报》发表中共中央政治局委员、国务委员李铁映1月6日听取电影行业汇报时的谈话要点，标题为《电影在中国是大有市场的》。

孙春平的中篇小说《逐鹿松竹园》、赵玫的短篇小说《海边传说》发表于《青年文学》第3期。

12日，田汉诞辰95周年前夕，田汉学术研讨在湖南长沙举行。阳翰笙给会议发来贺电，周巍峙、葛一虹在会上做了重要发言。会议对新中国成立前后，特别是新时期以来关于田汉的研究情况作了历史性的回顾与总结，就如何深入地开展田汉学术研究问题进行了广泛研讨。

13日，《人民日报》第5版发表季羡林的《哭冯至先生》的悼念文章。19日，《人民日报》第8版发表卞之琳的《悼冯至》的悼念文章。

15日，刘震云的长篇小说《故乡相处流传》、史铁生的中篇小说《第一人称》、张欣的中篇小说《冬至》发表于《钟山》第2期。

李锐的中篇小说《黑白》、曹征路的短篇小说《小镇风流（两题）》发表于《上海文学》第3期。

叶兆言的中篇小说《人类的起源》发表于《长城》第2期。

19日，《光明日报》2版发表《李默然 冯骥才 魏明伦：文人怎样"言利"》，文章摘编了三位文艺家就文人如何"言利"这一论题发表的相关观点，李默然认为"每个有责任心的文化人在市场经济中要赚钱，但绝不能为赚钱去媚俗"；冯骥才说"文化艺术，自古以来就是不发财的职业，它是一种信仰、一种生命方式，只有全身心地投入，才能搞好。很难设想，如果让鲁迅去摆地摊，会产生什么样的后果，会给我们的文化，造成多么大的损失"；魏明伦认为"现在的问题，不是文人该不该言利，而是怎样言利。还是老话，要取之有道。这个'道'，不光指要遵纪守法，也有从实际出发，利用自身优势的意思"。

20日，徐坤的中篇小说《呓语》、何继青的中篇小说《军营里的股民》、曹谦的中篇小说《闯特区的女人》、曾明了的中篇小说《风暴眼》发表于《当代》第3期。徐坤（1964－），女，辽宁沈阳人，中国社会科学院研究生院博士。现为北京市作家协会党组成员，中国作家协会全国委员会委员。1993年开始发表小说，出版小说散文论著等300多万字，代表作有中篇小说《白话》、《先锋》、《热狗》、《沈阳啊沈阳》、《年轻的朋友来相会》，短篇小说《遭遇爱情》、《鸟粪》、《狗日的足球》、《厨房》、《一个老外在中国》，长篇小说《春天的二十二个夜晚》、《爱你两周半》、《野草根》、《八月狂想曲》。

《昆仑》第2期刊登1991－1992年度《昆仑》优秀作品评选获奖篇目，奖项分设荣誉奖、长篇小说、中篇小说、短篇小说、报告文学、散文、诗歌、理论等。朱苏进的长篇小说《炮群》、徐贵祥的中篇小说《潇洒行军》、张欣的中篇小说《真纯依旧》等获奖。

21日，《文艺研究》第2期集中发表汪政、晓华、周政保、丁帆、徐兆淮等人关于新写实小说的评论文章。汪政、晓华的文章题为《新写实与小说的民族化》，作者认为"新写实的民族化方式具有潜在的价值，因为它超越了有限的技术层面，深入到了民族审美、民族文化的内部，它获得的是一种观念的视点的转变。"周政保在《无可奈何的感叹及传达——新写实小说的别一种判断》中，认为新写实小说中冷静的生活洞观态度、被日常生活压抑折磨着的人物形象体现着一种无可奈何的感叹，"流行于新写实小说中的这种往往以无可奈何的情绪形态出现的消极因素，大都是因了信仰危机及价值观念问题而造成的——作者、叙述者、作品中的人物，无一例外"。在《新写实主义小说对西方美学观念和方法的借鉴》中，丁帆、徐兆淮则从新写实小说的西方理论创作渊源和借鉴关系分析入手，首先简单回顾了新现实主义在世界文学运动中的发展状况，然后从“在现实主义的真实性上的相异”、“对现实主义的典型说的反叛”、“对现实主义悲剧美学观念的颠覆”三方面分析了新写实主义的“新”的特质表现，还从叙事学上分析了新写实主义对西方新现实主义的借鉴。

同时，《文学评论》第2期发表了陈晓明的《反抗危机：论“新写实”》，从“集体想象的失落：回到生活真实”、“反抗虚构：刻骨的真实”、“拆解历史：宿命论与传奇化”、“反悲剧：反讽及其价值标向”、“走出危机：走向从容启示的时代”，对“‘新写实’到底‘新’在哪里”等问题进行了分析。

22日，中国现当代散文研究专家佘树森在北京逝世，终年56岁。

25日，王安忆的长篇小说《纪实和虚构》、李锐的中篇小说《北京有个金太阳》、朱苏进的中篇小说《接近于无限透明》、阎连科的中篇小说《和平寓言》、王蒙的短篇小说《XIANG MING 随想曲》、陈村的短篇小说《临终关怀》、余秋雨的散文《流放者的土地》发表于《收获》第2期。

《当代作家评论》发表“张炜评论小辑”，刊登了程麻、王彬彬、王光东等评论家评论《九月寓言》的文章以及对作家张炜的访谈录。《九月寓言》作为上海文艺出版社“小说界文库”于1993年5月出版。程麻的《〈九月寓言〉解读》从小说文本对乡土故事的寓言式书写，中国农民深层的流浪精神的隐喻文化观念，食、色主题的描写等方面展开对《九月寓言》的解读。王彬彬的《悲悯与慨叹——重读〈古船〉与初读〈九月寓言〉》则将张炜先后创作的《古船》和《九月寓言》加以细致地比较研读，将两部作品中体现出来的变化表述为“从悲悯到慨叹”，认为“某种意义上，是从超越到世俗的变化，从神圣到凡俗的变化”。王光东的《还原与激情——读张炜的〈九月寓言〉》主要从审美意味与主题意向两个方面进行解读，认为《九月寓言》通过对往事包括小村历史生活追述的叙述方式，“带来了《九月寓言》朴素、细腻、真切的美学风格，或者说对于生活的还原”。

25－28日，“丁玲文学创作国际研讨会”在丁玲的故乡湖南省常德市桃花源召开。来自国内20多个省、市、自治区以及海外的近百名作家、学者出席，他们对丁玲创作的道路及其历史意义、现实意义和国际意义进行了认真严肃而又生动活泼的研讨。马烽在会上发表题为《坎坷的经历 光辉的精神——丁玲及其作品的魅力》的讲话，对丁玲作为革命作家的巨大创作成就作了评价。

28日，《剧本》第3期发表石零的三幕话剧《老宅》。

31日，北京人民艺术剧院上演话剧《鸟人》。编剧过士行，导演林兆华，主演林连昆、濮存昕、梁冠华、徐帆等。剧本发表于《新剧本》第3期。过士行（1952－），生于北京。曾当过15年文化记者。1989年开始话剧创作，代表作有“闲人三部曲”《鱼人》、《鸟人》、《棋人》，《坏话一条街》，“尊严三部曲”之前两部《厕所》、《活着还是死去》（又名《火葬场》）以及《青蛙》、《遗嘱》等。田本相说：剧作“深刻地揭示转型期知识分子的精神困惑。我看，这就是过士行剧作的历史真实的价值”，“他写出了一种文化‘围城’，或者说精神‘围城’的现象。我认为，这正是对九十年代知识分子，在经历了八十年代的热烈、喧嚣、浮躁之后，面临九十年代的文化沉寂和汹涌而来的经济大潮，以及文化语境的转变所产生的心态的升华和概括”，“在戏剧语言上，他是老舍的继承者，一个有创造的继承者”。（《过士行剧作断想》，《坏话一条街——过士行剧作集》，中国国际广播出版社1999年版）林克欢说：“作品一反传统的因果关联，环环紧扣的情节推展，不事细节铺陈、环境营构的性格塑造，也极少运用黑白分明的是非判断与善恶判断，通过对执迷于一端的行为方式、对陈旧的舞台程式的滑稽模仿，赋予这些行为方式、舞台程式以喜剧色彩，将一个从现实主义开端的故事轻易地转入寓言王国，使《鸟人》成为一则人的自我囚禁的现代笑话，一种对人类自身生存处境的读解”，“三部曲中我更偏爱《鸟人》，因为《鸟人》

中有更多的幽默与戏拟，荒诞的色彩正构成对意义的疑问。因此，一面是意义的追寻，一面是对意义的解钩，困惑与挣脱困惑的思想，成就了对生命赤裸裸的感动”。（《闲人不闲——闲话过士行的“闲人三部曲”》，《戏剧电影报》1997年4月3日）

本月，长江文艺出版社分别在武汉、北京举办了“跨世纪文丛”出版座谈会，与会专家、学者、作家都对这套书做了肯定。“跨世纪文丛”从1992年开始陆续出版，首批包括吕新的《夜晚的顺序》、张承志的《黑骏马》、周梅森的《军歌》、莫言的《金发婴儿》、扎西达娃的《西藏，隐秘岁月》、张洁的《来点儿葱，来点儿蒜，来点儿胡椒盐》、孙甘露的《访问梦境》、杨争光的《黑风景》、王安忆的《荒山之恋》、苏童的《刺青时代》等作品。

张炜的长篇小说《我的田园（下）》（《你在高原》系列之一）发表于《峨眉》第2期。

《漓江》刊发“东北作家群作品小辑”，发表洪峰的中篇小说《天空的翅膀》、迟子建的中篇小说《无边水色》、孙少山的中篇小说《文化站长》、阿成的短篇《逸事消遣》、述平的短篇小说《不想回家》、刁斗的短篇小说《灰色：沉寂部分》等，并配发宗仁发等人的评论文章《东北文学和东北文化四人谈》。

钟敬文的《兰窗诗论集》由北京师范大学出版社出版。

张炜的散文集《散文与随笔》由山东文艺出版社出版。

斯妤的《斯妤散文精选》由百花文艺出版社出版。

《江格尔》（汉文全译本第1、2册）由新疆人民出版社出版。

四月

1日，张旻的中篇小说《生存的意味》、北村的短篇小说《大药房》、聂鑫森的短篇小说《逝波二勺》以及韩东、朱文的《古闸笔谈》发表于《作家》第4期。

周大新的短篇小说《无疾而终》发表于《山东文学》第4期。

陈丹燕的短篇小说《蓝天无旗》发表于《广州文艺》第4期。

阿成的短篇小说《饯水》、荆歌的《酒的故事》发表于《鸭绿江》第4期。

3日，第二届“金桥奖”评选结果揭晓，《往事并非如烟》、《漫谈西藏》、《7%与22%》和《画乡杨柳青》等4部纪录片获优秀影片奖。“金桥奖”是由国务院新闻办公室和广电部联合主办的对外宣传影视节目政府奖。

5日，《长江文艺》第4期消息：李尔重的长篇小说《新战争与和平》、广水市楚剧团创作演出的戏剧《虎将军》荣获第二届屈原文艺创作奖特别奖。《新战争与和平》是作者李尔重积十年之力创作而成，全书共8卷，约480万字，以第二次世界大战反法西斯侵略战争为背景，描绘了中华民族从1931年“九·一八”到1945年“八·一五”期间与日本侵略者进行艰苦卓绝斗争的历史。第二届屈原文艺创作奖其他获奖作品有：湖北省京剧团创作演出的戏剧《法门众生相》、周向林的美术作品《1969. 11. 12开封》、陈美兰的文学理论专著《中国当代长篇小说创作论》、十堰市豫剧团创作演出的戏剧《风流女人》、武汉电视艺术中心摄制的电视剧《汉正街》、刘健的音乐作品《纹饰》、方方的中篇小说《祖父在父亲心中》、董宏猷的长篇儿童文学《一百个中国孩子的梦》，以及夏雨田创作、陆鸣和赵卫国演出的曲艺节目《归国记》，刘富道的报告文学《人生的课题》，唐镇的中篇小说《不能远行》。池莉、杨军、周德平为第二届金凤青年文艺奖获奖人员。

王跃文的短篇小说《望发老汉的家事》、《呼啦圈》发表于《湖南文学》第4期。王跃文（1962－），湖南溆浦人，1984年大学毕业，后进入政府机关。现任职于湖南省作家协会。1989年开始文学创作，曾获湖南青年文学奖。出版有长篇小说《国画》、《梅次故事》、《西州月》、《亡魂鸟》、《龙票》、《大清相国》等，中篇小说集《漫天芦花》、《官场春秋》、《没这回事》，短篇小说集《天气不好》，随笔散文集《有人骗你》、《胡思乱想的日子》等。

5－11日，第五届少年儿童电影“童牛奖”在山东德州进行评选，《天堂回信》、《远山姐弟》、《人之初》获优秀故事片奖；《葫芦小金刚》（剪纸系列片）、《十二只蚊子和五个人》（动画短片）获优秀美术片奖。儿童评委评选的“童鸡奖”优秀故事片奖由《天堂回信》、《远山姐弟》、《来吧！用脚说话》获得。颁奖大会于同年6月1日在人民大会堂举行。

6日，香港著名实业家、中华文学基金会顾问庄重文先生因病在香港逝世，享年81岁。庄重文先生生前为繁荣中华文学事业、培养文坛新秀，出资设立“庄重文文学奖”，自1988年起，已颁发五届，为促进中国文学的发展作出了贡献。

10日，王祥夫的中篇小说《初雪》、许谋清的短篇小说《寻找大师》发表于《北京文学》第4期。

《芒种》第4期设女作家小说专号，发表戴厚英的短篇小说《绘事》、迟子建的短篇小说《不灭的家族》、范小青的短篇小说《留给自己》、孙惠芬的短篇小说《生命之悟》、裘山山的短篇小说《年年有年》、皮皮的短篇小说《最后的浪漫》等女作家作品。

11日，《青年文学》第4期公布第三届（1989－1992）青年文学创作奖评选结果：刘震云的《头人》、洪峰的《重返家园》、刘醒龙的《凤凰琴》等

6部作品获中篇小说奖；陈源斌的《仇杀·杀仇》、吕新的《人家闺女有花戴》、范稳的《回归温柔》、刘庆邦的《胡辣汤》、林白的《英雄》、毕淑敏的《女人之约》等15篇作品获短篇小说奖；卢跃刚的《藤崎一年》等3篇作品获报告文学奖。铁凝的《河之女》、王开林的《梦中的黑乙鸟》等8篇作品获散文奖。本期还发表了刘毅然的中篇小说《挥霍青春》，凡一平的短篇小说《枪杀·刀杀》、邓一光的短篇小说《月子》。卢跃刚（1958－），四川雅安人。发表过中短篇小说、报告文学等近百万字。报告文学作品主要有《辛未水患》、《乡村八记》、《以人民的名义》及续篇《讨个说法》、《在底层》、《大国寡民》、《长江三峡：中国的史诗》等，并出版卢跃刚自选集《观察中国》（上下卷）。

14日，《人民日报》发表《“领袖图书”出版需加强管理》的文章。文章称，在近年来“领袖图书”热的情况下，这些图书的质量存在许多不容忽视的严重问题，指出“出版这类图书要严格遵照国家有关规定进行，以确保内容准确，基调严肃、健康”。

14－19日，华东地区戏剧期刊第七届“田汉戏剧奖”评奖活动在上海举行。共有14个剧本、13篇评论获奖，其中赵耀民的《闹钟》获剧本一等奖，评论一等奖空缺。

15日，严歌苓的短篇小说《失眠人的艳遇》、赵玫的短篇小说《徒劳无益》、刘醒龙的中篇小说《暮时课诵》、王蒙的短篇小说《棋乡轶闻》发表于《上海文学》第4期。

16日，文化部第3届文华奖在京揭晓。此次参评的戏剧、节目为首演5年以内、演出30场以上的作品。本届文华奖共评出剧目综合奖33个，其中“文华大奖”4个，话剧、儿童剧空缺；“文华新剧目奖”25个，包括话剧《女大十八变》（牡丹江市话剧团）、《甲申纪事》（江苏人民艺术剧院）、《人生感受》（中国铁路文工团话剧团）、《李白》（北京人民艺术剧院）、《哈尼姑娘》（中国青年艺术剧院）和儿童剧《火云鸟》（湖南省木偶皮影艺术剧团）、《长城有个黑小子》（中国儿童艺术剧院）、《红蜻蜓》（天津儿童艺术剧院）、《哪吒神遇钛星人》（上海木偶剧团）、《潇洒女孩》（辽宁儿童艺术剧院）；文华单项奖中有“文华剧作奖”13个，其中有话剧编剧苏雷、唐焕多（《人生感受》），王治普（《女大十八变》），汪人达（《甲申纪事》），郭启宏（《李白》）和儿童剧编剧欧阳逸冰（《长城有个黑小子》），潘一尘（《火云鸟》）。

20日，李鸣生的报告文学《澳星风险发射》、叶文玲的散文《火焰山情怀》发表于《当代》第2期。

20－5月4日，经国家教委、广电部等有关部门批准，由北京师范大学艺术系、中国大学生杂志社、中国电影周报社、北京市学联发起主办的首届大学生电影节在京举行。此后，大学生电影节每年举行一届，成为在大学生中普及和传播电影艺术知识的重要途径。首届大学生电影节最佳故事片为《三毛从军记》、《站直了，别趴下》等。

24日，《人民日报》第5版就内蒙古人民出版社严重违反出版管理规定出版的《毛泽东之子毛岸龙》一书被查封事件，发表了《满纸荒唐言——〈毛泽东之子毛岸龙〉调查记》、《纪实作品要对历史负责》、编者的话等相关文章。

28日，首届全国优秀电影文学剧本有奖征集活动评选结果揭晓，《步入辉煌》获一等奖，《重庆谈判》、《蒋筑英》、《炮兵少校》获二等奖，《龙飞法门》、《广告战场》、《义犬情仇》获三等奖。

《剧本》第4期发表王治普的八场话剧《女大十八变》以及康洪兴的创作问题研究文章《把握好话剧“转型”的历史舵盘——对话剧“现代化”的宏观思考》。

本月，中国青年艺术剧院在京演出曹禺名剧《雷雨》。艺术指导徐晓钟，导演王晓鹰。

孙建军、山杉合著的《临近诗神的道路》由四川大学出版社出版。

冰心的散文集《关于女人和男人》由人民文学出版社出版。

袁珂《中国神话通论》由巴蜀书社出版。

五月

1 日，储福金的中篇小说《心之门》，杨争光的短篇小说《两层小楼》、《我的邻居》、《哀乐与情结》，刘心武的短篇小说《笑星和我》，发表于《作家》第 5 期。

毕淑敏的中篇小说《原始股》发表于《青年文学》第 1 期。

林白的中篇小说《防疫站》、许春樵的《我的亲戚们坐在轮椅上》发表于《鸭绿江》第 5 期。

范小青的中篇小说《动土》、于劲的纪实文学《大崩溃——上海：一九四五·五》发表于《小说界》第 3 期。

铁凝的中篇小说《对面》、韩东的短篇小说《假发》发表于《小说家》第 3 期。

刘玉堂的中篇小说《除夕夜，中秋夜》发表于《作品》第 5 期。

周梅森的短篇小说《人生伊始》发表于《时代文学》第 3 期。

4 日，萧乾的散文《忆冰季》发表于《人民政协报》，后收入《关于死的反思》。

5 日，残雪的短篇小说《双脚像一团鱼网的女人》、《一段没有根据的记录》发表于《湖南文学》第 5 期。

5 – 15 日，应台湾“两岸图书出版合作研讨会”筹委会邀请，以中国出版协会副主席许力以为团长的出版访问团赴台湾访问，其间，在台北召开了“两岸图书出版合作研讨会”。这是海峡两岸隔断40多年后，出版界第一次在台湾举行研讨会。

10日，东西的中篇小说《迈出时间的门槛》、许春樵的短篇小说《从此出发》、北村的长篇小说《施洗的河》、叶兆言的中篇小说《爱情规则》发表于《花城》第3期。东西（1966－），广西天峨县人，原名田代琳。广西民族学院驻校作家。主要作品有长篇小说和小说集《后悔录》、《耳光响亮》、《没有语言的生活》、《我们的父亲》、《不要问我》、《我为什么没有小蜜》、《猜到尽头》、《东西作品集》（4卷）等。

陈村的短篇小说《琴声黄昏》发表于《小说林》第3期。

张欣的中篇小说《伴你到黎明》、刘毅然的中篇小说《油麻菜籽》、刘醒龙的中篇小说《合同警察》发表于《中国作家》第3期。

张承志的散文《以笔为旗》发表于《十月》第3期。

范小青的中篇小说《又见乡塘》、乔典运的中篇小说《问天》、李青山的短篇小说《滚鹰》、安祺的短篇小说《大山故事》、毕淑敏的短篇小说《束脩》、李贯通的短篇小说《高枕·寿桃》、何申的短篇小说《男户长》分别荣获《北京文学》“京郊旅游杯”小说大奖赛大奖。

11日，山西省作协与中国赵树理研究会在太原联合举行“《小二黑结婚》创作50周年纪念座谈会”。

毕淑敏的中篇小说《原始股》发表于《青年文学》第5期。

15日，郑敏的文章《世纪末的回顾：汉语语言变革与中国新诗创作》发表于《文学评论》第3期，文章主要从“语言的一次断裂与两次转变”、“现象与理论”两部分总结了汉语的发展近百年历史，剖析了中国新诗成就不够理想的包含社会与语言文学等多种要素的原因。文章认为“过去一个世纪中国文学，特别是诗歌创作三次面临道路的选择，而三次都与语言的转变有紧密的关联”。第一次是胡适等在20年代发动的白话文运动，和文言文的一次断裂。第二次转折则发生在50年代，“这次它面临的问题是它必须为新的政治（或有时间性的政策）服务。它必须通过文字和作品表达、宣传每时每刻的政策，而不是个人的感受和经验”。白话文的第三次变革自1979年开始，这正是改革开放的初期。“青年作家以他没有被整肃过的轻松心态，毅然和1949年以前的文学语言发生了对话”，“实则这次语言改革却是符合在对传统的再挖掘中进行的语言变革的规律，在民族与母语之间的血缘有如此亲子之情是不可能完全断绝的；疏远是暂时的”。第二部分则从语言学理论方面来看语言的发展和继承关系，从“关于语言的性质、特点”、“口语与书面语的关系”来探讨白话文在现代的演进历程。最后，作者认为“我们正在经历一场语言现代化的转变。生活随着改革开放显示给我们更多的新的层面，我们对存在本身复杂性的新的认识也必然反映在我们的语言中”。郑敏的文章激烈地批评了“五四”新文化运动的语言改革，由此引发了一场关于文学的传统与现代的讨论。赵毅衡把郑的文章视作“新保守主义”和西方批评理论亲密携手的佳例。（Henry Y. H. Zhao，“Post－isms and Chinese New Conservatism”，New Literature History，Summer 1997）奚密批评郑的对“五四”语言改革的观点“相当偏颇”，认为她“暴力地抹杀了现代汉诗已经走过的80余年的道路”，批评郑文具有否认现代中国诗的历史进展的倾向，并且高度赞扬了“五四”新文化运动。针对郑文引用维特根斯坦、海德格尔等人的论述来阐述语言、文化和人类生活之间的关系，奚密指出，“郑敏在维护中国传统时引用西方当代理论，本身即是诉诸‘新的’‘国际的’权威的最好例证”。（奚密：《中国式的后现代？——现代汉诗的文化政治》，《中国研究》第37期，1998年9月）张颐武在回应郑文的文章中，把焦点从历史激进主义移向当时中国的“文化转型”方面，他对五四偶像破坏的批评和他支持后现代主义而否定中国现代性的更具雄心的计划结合在一起，把争论转换成一种后现代和殖民话语。（张颐武：《重估“现代性”与汉语书面语争论》，《文学评论》，1994年8月）值得注意的是，2002年郑敏先后发表两篇文章《中国新诗能向古典诗歌学些什么》（《诗探索》2002年Z1期）、《过去八十年中国新诗的反思》（《文学评论》2002年第5期），前文强调了学习传统的必要性，后文重申了她的中国新诗80年来令人遗憾地遭到语言转向损害的结论。陈建华在《九十年代中国“语言转向”和全球化》（《东亚人文》，王中忱、刘晓锋主编，三联书店2008年版）中的评论算是对郑敏文章挑起的辩论一种迟来的正面呼应：“说明‘活文字’和‘死文字’对抗的历史争论如何在全球化文化的背景下被重新点燃，包含了激进主义和保守主义之间、本土主义和世界主义之间的张力，蕴涵着近日中国的某种共识：尽管有政治或学术的因素掺杂其中，语言在过去和下载还是学术和文化生活的中心。”

《长城》第3期推出河北省青年女作家小辑，发表马月霞的中篇小说《最后的洒脱》、张荣珍的中篇小说《家魂》、张立勤的中篇小说《冬天》。同期发表傅太平的中篇小说《雨季》、王晓玉的中篇小说《畸变》。

施放的中篇小说《无奈一笑》、范小青的中篇小说《又见草垛》发表于《上海文学》第5期。

朱苏进的中篇小说《孤独的炮手》、迟子建的中篇小说《香坊》、艾煊的短篇小说《太极之野》、鲁羊的短篇小说《形状》发表于《钟山》第3期。

范小青的中篇小说《日出无声》、刘玉堂的中篇小说《女人的河》、王霄夫的短篇小说《状元墓》发表于《江南》第3期。

林希的短篇小说《卤鸡王》发表于《天涯》第3期。

18日，北京作家协会诗歌委员会在北京举行食指、黑大春现代抒情诗合集出版作品研讨会。

《中国戏剧》第5期开辟“中国戏剧走向”专栏，在编者按中，该刊指出：“中国民族戏剧的前途，是戏剧界及广大戏剧爱好者普遍关注的问题。当前在我国经济转轨时期，社会主义市场经济的发展和对外开放的扩大，对社会主义精神文明建设提出了新的要求。我国戏剧事业的发展如何能适应当前社会形势发展的需要，戏剧团体的体制、戏剧艺术的创作、戏剧队伍的建设等方面都存在哪些同当前改革开放不相适应的问题，是什么原因造成了目前戏剧不景气的现状，如何改变这种现状，怎样使戏剧艺术的创作在文化市场的竞争中焕发新的活力，这些都是每一位戏剧工作者需要思考、回答并付诸实践的问题。鉴于当前戏剧不景气的现状，争论已久的戏曲兴亡问题又重见报端，中国戏曲是不是如有人所言注定完成了它的历史使命而必然走向衰亡，这也是每位戏剧工作者所关心的问题。”

20日，《人民日报》消息，由巴金、曹禺任总顾问，赵朴初、启功题写书名，陈荒煤作序，四川辞书出版社出版的《中国文艺家传集》的第一部与读者见面。这部近300万字的《传集》收录了我国现当代3600名文学艺术家的传记，集中反映了文艺家的文艺思想及其作品的社会反响，冰心在题词中称“《中国文艺家传集》是一部了解中国文艺的好书”。臧克家、马烽、李瑛等也对该书的出版作了高度评价。该书编委会由碧野、牛汉、方敬、吴泰昌、张炯、石英、谢云等28人组成，艾青、林默涵、臧克家、孟伟哉、高占祥、古元、王蒙、陈荒煤、周而复等22人担任顾问。

1992年中国电影政府奖在北京揭晓：表现当代知识分子奉献精神的影片《蒋筑英》获最佳故事片奖，获本届政府奖优秀故事片奖的有《阙里人家》、《刘少奇的44天》、《站直啰，别趴下》以及《中国人》。《秋菊打官司》和《香魂女》获特别荣誉奖。

长江文艺出版社隆重推出作家徐迟、碧野的《徐迟文集》、《碧野文集》和作家鄢国培的《长江三部曲》后，于5月20日在武昌东湖宾馆召开出版座谈会。

新闻出版署发布《关于部分古旧小说出版的管理规定》。《规定》开列

《一片情》、《浓情秘史》、《艳史》等有淫秽、色情内容或夹杂淫秽色情内容的图书书目，指出出版此类图书，包括其删节本、缩写本、改编本，必须事先专题报新闻出版署审批。

20－22日，北京电视艺术家协会、北京作家协会在北京雁栖湖畔联合召开通俗剧研讨会，来自北京文学界、影视评论界和新闻界的40多位专家出席了会议。与会者结合我国通俗剧作品，作了关于通俗剧的功能、作用及其文化品位、审美特征及其一般创作规律问题的讨论，并对市场经济形势下通俗剧的走向及如何提高通俗剧的质量进行了探讨。与会者认为，现代社会的发展对繁荣通俗剧的创作提供了广阔天地。

21日，《文艺报》报道，上海社会科学院文学所和上海交通大学艺术系联合举办的"中国新时期文学走向学术讨论会"在浙江省富阳县举行。会议就新时期文学的期限、走向、成绩等文坛现状进行了讨论。与会者特别认为，纯文学最大失误在于作家责任感的丧失，"玩文学"使纯文学自己疏远了读者。

柳建伟的中篇小说《王金栓上校的婚姻》发表于《昆仑》第3期。

23日，《光明日报》消息，中国延安鲁艺校友会即日在京举行纪念大会，隆重纪念毛主席《在延安文艺座谈会上的讲话》发表51周年和延安鲁迅艺术文学院创立55周年。邓力群、马文瑞以及赵毅敏、吕骥、张庚、蔡若虹、陈荒煤等首都文化艺术界知名人士和来自全国各地的鲁艺校友数百人出席了大会。

23－27日，全国"社会主义市场经济条件下的文化对策研讨会"在西安举行，来自各省、市、自治区文化部门的代表以及全国人大、中宣部、文化部的领导出席。会议首次将文化划分为三种：第一种是非市场文化，包括图书馆博物馆这样的公益文化、工余自娱自乐文化和民族民间的民俗文化，它们不进入市场，不受价值规律的调节；第二种是高层次、高品位的高雅文化，它们代表了国家文化的水平，但经济投入高，收入低，在市场经济中处于不利的地位；第三种是大众化、通俗化的娱乐文化，它们是典型的商业文化，可以获得很高的经济利益。会议认为，针对不同的文化类型，就要采取不同的文化对策。对自娱文化和民俗文化，应采取支持、引导的政策；对于公益文化，应动用国家投资和社会力量予以扶持，应该有重点有区别地帮助高雅文化，改变其“吃不饱，死不了”的局面；对娱乐文化则应采取高税收的政策，对不同地域文化也要采取不同的对策。《光明日报》28日头版以《划分三种文化 采取不同对策》为题对此进行了报道。

23－6月2日，中国剧协与福州市人民政府联合主办的第三届中国戏剧节暨第十届中国戏剧“梅花奖”颁奖活动在福州举行。共有来自全国的15台剧目参加本次戏剧节，其中话剧有总政话剧团的《李大钊》和哈尔滨市话剧院的《危情夫妻》。22名戏曲、话剧、歌剧演员获得“梅花奖”，其中话剧演员有王丽云、王学圻、王晓梅、刘燕、贾玲玲。

24日，《光明日报》消息，中国首次优秀文稿公开竞价活动将于10月在深圳举行。此次活动的主办单位是深圳青年杂志社和广东省期刊实业发展公司，参加竞价的文稿包括纪实文学、小说、散文、杂文、影视剧本、名人名家手稿六大类，正在写作或计划写作的同类选题亦可参加竞价，参与竞价的作者须在7月底以前向活动组委会报名，并有权提出文稿竞价的最低价和出版文稿的报刊出版社的范围。由专家组成文稿审读组将对所有文稿进行审读，并做出能否参与竞价的审读意见。活动组委会对参与竞价的文稿提供每千字100元的保底价。冰心和王蒙担任此次活动的总顾问。刘国雄、王强华、郭廷栋、薛德震及作家艾青、萧乾、吴祖光、徐迟担任顾问。该活动在社会上引起广泛争议，在随后的开展过程中也风波不断：《文艺报》7月10日4版报道，1993深圳（中国）首次优秀文稿公开竞价活动新闻发布会开过仅10天，已有100多位作者（其中大部分是作协会员）向活动组委会寄来了文稿或文稿的写作提纲，要求参加竞价。其中包括刘晓庆的自传《从电影明星到亿万富姐》以及报告文学《乔冠华和他的三位女性》、《邓小平的小楼》、《新疆大逃亡》，小说《挣不到钱》、《情殉》、《怪事》以及剧本、电影脚本、杂文等。自组委会5月份先后在北京和深圳召开新闻发布会后，海内外已有100多家新闻单位作了报道。《光明日报》9月12日1版报道，中国首次优秀文稿公开竞价活动在10月28日正式竞价之前，书稿交易已于今天在深圳开始。著名青年作家史铁生的短篇小说《别人》和青年理论家王东华的学术著作《新大学人》，由李远钦先生代表深圳机场候机楼有限公司分别以8000元和80000元买走，拉开了此次文稿竞价活动的序幕。据悉，此次文稿竞价活动已经吸引了海内外众多出版、影视、音像机构和企业家到深圳进行洽谈，一批书稿和影视剧本正在交易。《文学报》9月30日题为《深圳文稿竞卖活动起风波》报道，一女作家日前向深圳文稿拍卖组委会发去急件，以一百万之巨价出卖她的一部上下集的电影剧本。另一位传记作家亦以千字万元的高价拍卖他的一部作品。消息传出后，引起了文坛内外的议论和不满，一些原来认真考虑参与文稿竞价的作家已持慎重态度，重新考虑是否参与这项活动。李国文、叶楠、从维熙、张洁、刘心武、梁晓声等六位著名作家发表声明不再担任“1993深圳（中国）首次优秀文稿公开竞价组委会”任命的“监事”之职。《文学报》10月21日一版报道，“深圳首次优秀文稿公开竞价”活动尚未正式响槌，著名女作家霍达的一部电影文学剧本《秦皇父子》近日已以100万元的价格与买主拍板成交。霍达曾获茅盾文学奖，她的《秦皇父子》自报底价100万元，此举在文坛引起争议，有人称这是“漫天要价，轻率叫卖”。此次成交由于买方非出版单位，也非影视制作公司，而是一家企业，故又引起了文化出版界人士的议论。人们关心的是：这究竟是带有赞助性，是企业家赞助作家创作呢？还是企业家的纯粹投资行为，或者是企业的公关举措？抑或兼而有之？据悉，拍卖活动将于10月28日如期在深圳举行，入围的近三十部作品中，有张贤亮的小说《烦恼即智慧》、刘晓庆的自传体小说《从一个女明星到亿万富姐儿》、不久前自尽的顾城与雷米合著的纪实小说《英儿》、朱晓平的电影文学剧本《魔龙》、方方的中篇小说《何处是我家园》、叶永烈的纪实文学《苦难的一九五七》和上海籍赴日留学生朱慧玲（笔名林惠子）的纪实文学《东京私人档案》等。《光明日报》11 月 5 日发表芳华《出版界何以冷淡文稿竞价》，文章认为新闻界对文稿竞价这个新鲜事物颇感兴趣，但出版界反应很冷淡，原因主要有以下几点："第一，与艺术品、文物和其他物质产品相比，文稿只能算是半成品，是否适合采用竞价的方式（实际上就是拍卖）的形式来推销还值得探讨"；"第二，人们将书店根据出版社提供的一二百字的内容简介来订购图书称之为'隔山买牛'，结果是造成了书店的盲目订货或干脆不订货"；"第三，文稿还未公布于世，作品的优劣还是个未知数，便出现了保底价，这是否符合市场经济规律姑且不谈，仅是这些保底价的价格和可能出现的抬价、哄价就令人退避三舍"；"第四，无论是企业还是个体书商所购得的书籍，最终还是要通过出版社才能走向市场，这是参加竞价的各方所不应忽视的"。

北京电影制片厂与汤臣（香港）公司联合出品、陈凯歌导演的影片《霸王别姬》获法国第 46 届戛纳国际电影节金棕榈大奖和国际影评人协会费比西奖。

24－25 日，中宣部 1992 年度精神产品生产"五个一工程"表彰大会在北京举行。中共中央政治局委员、书记处书记、中宣部部长丁关根，中共中央政治局委员、国务委员李铁映参加了表彰大会。中宣部决定，授予江苏、山东等 13 个省、市、自治区党委宣传部"五个一工程"组织工作奖；授予 66 个作品的创作集体或作者"五个一工程"入选作品奖，其中包括《做好构建社会主义市场经济新体制的大文章》等 15 篇文章，《社会主义市场经济探索》系列等 14 部图书，歌剧《张骞》等 15 部戏剧，《外来妹》等 16 部电视剧（片），《蒋筑英》等6部电影；获得话剧“五个一工程”奖的是《女大十八变》、《甲申纪事》、《OK，股票》和儿童剧《潇洒女孩》。

25日，《光明日报》第2版发表韩小蕙题为《陕军东征》的文章，介绍了陕西作家在这一年创作异军突起的现象。文章称，北京四大文艺出版社——北京十月文艺出版社、人民文学出版社、作家出版社、中国文联出版公司近期各自推出的一部重头长篇小说，全是陕西作家所著，这就是贾平凹的《废都》、陈忠实的《白鹿原》、高建群的《最后一个匈奴》以及京夫的《八里情仇》。这一举动震动了文坛，被首都评论界称为“陕军东征”。这四位都是陕西的本土作家，近年来活跃在中国文坛，他们这四部力作对去年连失路遥和邹志安两员大将的陕军来说，具有特殊的重要意义，一扫文坛的悲观情绪，显示出陕西作家群依然是全国最强悍有力的创作群体之一。

王安忆的中篇小说《伤心太平洋》、吕新的中篇小说《五里一徘徊》、储福金的中篇小说《桃红床的故事》、陈染的中篇小说《潜性逸事》、王松的中篇小说《红泥景色》、王小波的短篇小说《立新街甲一号与昆仑奴》、赵玫的短篇小说《巫和某某先生》、高晓声的散文《家乡鱼水情》、余秋雨的散文《脆弱的都城》发表于《收获》第3期。陈染（1962－），女，生于北京。幼年学习音乐，18岁兴趣转向文学。毕业于北京师范大学，获文学学士学位。曾在北京做过四年半大学中文系教师，后调入中国作协作家出版社做编辑。曾在英国伦敦大学、爱丁堡大学等旅居生活和讲学。已出版的小说集有《纸片儿》、《嘴唇里的阳光》、《无处告别》、《与往事干杯》、《独语人》、《在禁中守望》、《潜性逸事》、《站在无人的风口》，以及长篇小说《私人生活》和散文集《断片残简》等。作品在英、美、德、日等国家以及港台地区均有译文或出版。根据她的小说《与往事干杯》改编的同名电影被选为国际妇女大会参展电影。《陈染文集》（共4卷）于1996年8月由江苏文艺出版社出版。

25－29日，全国少数民族地区文学期刊第二届主编联席会议在四川省峨眉山市召开。来自10个省、市、自治区的22家文学期刊的9个民族的25位主编或副主编参会。

26日，中国社会科学院文学研究所举行建所40周年庆祝会。中国社会科学院院长胡绳以及首都文艺界知名人士林默涵、陈荒煤、冯牧、贺敬之、姚雪垠等题写了贺词，中国社会科学院副院长汝信出席了庆祝会并发表讲话，陈荒煤、叶水夫等曾经在该研究所工作过的著名文艺批评家先后在会上发表了祝辞。文学所代所长张炯作了《继往开来，团结奋进，为建设现代化的文学研究所而努力》的报告。出席庆祝会的还有首都文艺界知名专家、学者吴介民、孙玉石、吴泰昌、严昭柱、吴元迈、陈早春、吕同六等。成立于1953年的中国社会科学院文学研究所，是在党和政府的关怀与扶持下，由我国著名文学家和学者郑振铎、何其芳创立的高级学术研究机构。40年来，中国社科院文学研究所共发表学术专著329种，古籍整理和学术资料书籍534种，工具书和学术普及读物45种，译著46种，学术论文5624篇，其他文章2158篇。在这些成果中，郑振铎主编的《古本戏曲丛刊》，何其芳的文学批评论著，钱钟书的《宋诗选注》和《管锥编》，俞平伯、何其芳和蒋和森的《红楼梦》研究论著，孙楷第的古代小说和戏曲考据著作，何其芳和余冠英主持集体编著的《中国文学史》，蔡仪主编的《文学概论》和《美学原理》，唐弢主编的《中国现代文学史》，陈涌的鲁迅研究论著，朱寨主编的《中国当代文学思潮史》，曹道衡和沈玉成的《南北朝文学史》，邓绍基的《元代文学史》，钱中文的《文学原理——发展论》，敏泽的《中国美学思想史》，杨义的《中国现代小说史》，汪晖的《反抗绝望——鲁迅的精神结构与〈呐喊〉〈彷徨〉研究》等等，在我国当代学术界产生过深远影响，是不同历史时期最具有代表性的学术成果。《光明日报》6月15日第2版对此进行了报道。

本月，谌容的长篇小说《死河》发表于《海峡》第3期。

刘醒龙的短篇小说《太平盛世》、谈歌的短篇小说《小说二题》（《绝品》、《绝技》）发表于《春风》第5期。

《电影艺术》第5期刊载童道明的《通俗电视剧的本性特征》、陶东风的《双重文化语境中的中国大众文艺》以及《且为大众鼓与呼——通俗电视剧十人谈》、高鑫的《通俗剧：大众文化文本》、徐斐的《通俗剧的当代性思考》等。

潘凯雄、蒋原伦、贺绍俊共同撰写的《文学批评学》由人民文学出版社出版。

洪子诚、刘登翰合著的《中国当代新诗史》由人民文学出版社出版。全书近40万字，分为“卷一：五十年代至七十年代中期”、“卷二：七十年代后期至八十年代”、“卷三：台湾诗歌”三大部分。对于本书的研究内容、范围与目标，著者在“引言”中作如此说明：“本书对于当代新诗发展的叙述，以1949年10月新中国的诞生作为断代的上限，由于作者的撰写时间开始于1986年，其下限基本上截止于80年代中期，只少部分在后来的修改中引用了80年代后期的材料”。而“对于中国新诗的这一‘当代’发展阶段，我们希望勾勒出它在时代（政治、经济、文化，乃至社会心理）的推动与制约下整体的发展状况与态势，考察这一发展过程的不同阶段，诗歌在题材、主题、艺术形式上的特征和变化，以及诗潮波动、演化的脉络和轨迹”。

荷兰文学杂志《Raster》刊出柯雷编译的中国当代诗歌专辑，发表芒克、多多、北岛、翟永明、柏桦、王家新等人的作品。

路遥的《早晨从中午开始——〈平凡的世界〉创作随笔》由中国文联出版公司出版。

中央戏剧学院表演系1989级毕业生在京演出李龙云的话剧《荒原与人》，导演徐晓钟。《戏剧》第3期推出《荒原与人》专辑。

王幅明的《美丽的混血儿——散文诗的技巧》由花城出版社出版。

叶梦的散文集《月亮·女人：叶梦新潮散文选》由漓江出版社出版。

海梦主编的《中国当代诗人传略（第四集）》由四川文艺出版社出版。

盛海耕的《公刘传论》由百花文艺出版社出版。

张孝评主编的《诗的文化阐释——关于文化诗学构想》由陕西人民出版社出版。

谭达先的《讲唱文学·元杂剧·民间文学》、《中国传说概述》、《中国四大传说新论》、《中国描述性传说概论》由台北商务印书馆出版，《谭达先民间文学论集》由中国友谊出版公司出版。

六月

1日，韩东的短篇小说《西天上》、朱文的短篇小说《可以开始了吗》、毕飞宇的短篇小说《那个男孩是我》发表于《作家》第6期。

王梓夫的中篇小说《蝉蜕》、叶蔚林的短篇小说《乞妇》发表于《北京文学》第6期。

韩东的中篇小说《本朝流水》、毕淑敏的短篇小说《赶考的女人》发表于《作品》第6期。

2日，王国维先生逝世66周年忌日，王国维先生的家乡浙江省海宁市举行了隆重的纪念活动，与会者就王国维死因及其学术思想进行了研讨。《光明日报》7月21日对此进行了报道。

3日，王家新的诗《临海孤独的房子》发表于《人民文学》第6期。

5日–11日，“胡风生平与文学道路展览”在北京图书馆举行。展览展出胡风生前照片近200幅，胡风的手稿、著作以及他编辑、翻译的书刊和证件等150多件（本）。雷洁琼、朱穆之等和首都文艺界人士300多人出席了展览开幕式。

7日，中国新文化运动的先驱者之一、文艺界卓越的领导人、作家阳翰笙在北京逝世，享年91岁。曹禺说："翰老不仅是一位杰出的文学家、剧作家，也是一位卓越的政治家、社会活动家，德高望重的马克思主义文艺战士和中国新文艺运动与文艺界的领导人。他把革命工作和文艺创作结合得那么好，那么水乳交融、相得益彰、相辅相成，既是实干家，又是领导者；既是一员干将，又是一位帅才。这是一般人很难做到的，这也正是翰老之所以是翰老之所在。"（《翰老寿终人未去，永在征途最高峰——在缅怀阳翰笙同志座谈会上的书面发言》，《剧本》1993年第7期）周巍峙说："翰老在中国现代文艺史上的崇高地位是历史铸就的。他是无产阶级文艺和抗战文艺中举足轻重的人物，为中国革命文艺运动的发展，作出了巨大贡献。评价作家作品是不能和时代脱离的，时代造就了文艺，文艺又反过来影响时代。在翰老的身上集中而生动地反映了这个规律。"（《年方九十：周巍峙文集5》，259页，中国文联出版社2006年版）

7–10日，陕西省作家协会于召开了第四次会员代表大会。陈忠实当选为主席，贾平凹、王愚、王蓬、刘成章、杨韦昕、李凤杰、莫伸、高建群、赵熙、雷近前当选为副主席，名誉主席是胡采、王汶石、王丕祥、魏钢焰。

9日，中共中央政治局委员、中宣部部长丁关根在文化部与首都京剧界人士及文化部、广电部部分负责同志座谈，讨论如何为振兴京剧办实事。丁关根在谈话中指出，要对振兴京剧事业充满信心，今后对京剧如何走向世界、如何调动社会和海外热心于振兴京剧事业的力量、如何办好戏曲学校使京剧后继有人这些工作，要落实到部门，落实到人。要有工作进度，不能议而不决，决而不行，行而不力。

由中国社会科学院主办的全国唯一具有编年史性质的大型知识性、资料性、学术性工具书《中国文学年鉴》恢复出版，开设的主要栏目有重要言论、文学纪事、创作概况、研究综述、探讨与争鸣、作品选编、论文选摘、新书评介、全国文学作品新作目录、全国文学研究新书目录、全国论文研究索引、全国文学创作及研究获奖情况索引等。

首届海峡两岸电影展在台北隆重开幕。以中国电影发行放映输出输入公司经理胡健为团长、著名导演凌子风为副团长的祖国大陆电影代表团一行15人出席。这次影展放映大陆8部在国际电影节上获奖的影片：《秋菊打官司》、《香魂女》、《双旗镇刀客》、《血色清晨》、《火焰山的故事》、《心香》、《孩子王》、《妈妈》。代表团和影片受到台湾同胞的热烈欢迎。

10日，萧乾的散文《想当初，胡乔木》发表于《大公报》。

11日，陕西文坛创作风头正健的八位作家在古城西安聚会，决定接受民办的长安影视制作公司的聘请，成立长安影视创作中心。贾平凹在成立宣言中说，敢为天下强，为振兴中国文学影视作贡献。这个中心的成员除小说家贾平凹、陈忠实、高建群、王蓬外，其他都是西安电影制片厂的职业编剧，他们是电影《黄土地》的编剧张子良、《双旗镇刀客》编剧杨争光、《野山》的编剧竹子和《霸王别姬》的编剧之一芦苇。长安影视制作公司是半年前成立的，已先后与其他单位联合摄制了电视连续剧《莽塬》、《香叶》、《我的地平线》等。《光明日报》12日对此作了报道。

季羡林创作散文《二月兰》，后收入由人民文学出版社出版的《季羡林人生漫笔》（2000年1月版）。

12日，《中流》杂志第6期发表该刊“菊花奖”评奖结果。《她的中国心》等包括报告文学、杂文、诗歌、文艺评论等多种体裁的22篇作品获奖。老作家欧阳山、刘白羽、李尔重和台湾大学教授颜元叔获得特别奖。“爱我中华的心声 壮我中华的呼唤”等7个栏目、“纪念《在延安文艺座谈会上的讲话》发表50周年”等8项活动和钱学森等12名作者受到表彰。

15日，《上海文学》第6期发表王晓明、张宏、徐麟、张柠、崔宜明的谈话《旷野上的废墟——文学和人文精神的废墟》，在国内引起强烈反响，成为“人文精神讨论”的正式开端。王晓明等人的文章认为，当前的文坛，文学的危机已经非常明显。这种危机实际上暴露了当代中国人人文精神的危机，整个社会对文学的冷淡，“当代文学生存死亡的关键，就在于能否走出这种人文精神的困境”。随后《读书》杂志在1994年第2至7期以“人文精神寻思录”连续发表相关讨论文章，掀起了长达数年的“人文精神大讨论”。讨论很快也变为一个“媒体事件”，成为整个90年代一场重要的思想文化运动。在持续两年的过程中，不断有学者加入进来，许多报刊如《光明日报》、《文汇报》还开辟了专栏，前后有100多篇文章发表。到1995年，人文学界以外的一些学者也开始加入。1995年11月，《中华读书报》以《人文精神，经济学家发言了》为题进行报道。王晓明主编的《人文精神寻思录》（文汇出版社1996年2月版），丁东、孙珉主编的《世纪之交的冲撞——王蒙现象争鸣录》（光明日报出版社1996年版）相继出版，标志着持续两年的讨论逐渐趋近尾声。就在这两年中，“人文精神”逐渐成为一个流行词。直至90年代后期，这个话题依然被继续关注和讨论着，同时，这一讨论前后发生的王蒙现象之争、道德理想主义之争、新启蒙等热门话题，都与“人文精神”讨论有密切联系。

同期，还发表杨泥的中篇小说《香水》、刘成思的中篇小说《市风初弄》、阎欣宁的短篇小说《迷惘》、刘心武的短篇小说《竹里馆》和《见鬼》。

17日，《光明日报》第2版发表肖海鹰的《商潮搅乱文人梦——中国作家心态录（上）》，作者就“下不下这商海”、“文人在失去尊崇吗”两大主题展开。19日2版，肖海鹰继续发表《出路：只能是文学——中国作家心态实录（下）》，围绕“该不该断奶”和“固守文学这块净土”摘编了部分作家针对“作家应该如何面对市场经济”的各种言论。夏衍认为：“几十年与商品经济的隔膜，使作家们淡忘了一个基本常识：海里面是有风险的。商业行为和文艺创作是截然不同的两个行业。下海的作家，你们有这方面的本事没有?”汪曾祺认为：“这事要看个人情况而定，不能‘一窝蜂’。认为自己下不了海，就不该为外界所左右。”王元化说：“一个社会应有正常的分工，全体人士都去经商是不理性的。”陈国凯认为：“中国缺少的不是商人，而是作家，日本人口是中国的20%，作家却是中国的3倍。”冯骥才认为：“如果当年曹雪芹去开餐馆，鲁迅去摆摊，我们民族今天会有多么大的精神损失。”郑伯农认为：“作家下的应该是生活的海，而不是经贸海。不能把文艺和经济的关系作庸俗社会学的解释。文艺为经济服务，不是直接去做生意，而是为人民提供精神动力和智力支持。”蒋子龙认为：“写作如同买卖，创作却是商品文学丧失了道德感召力，成为低劣便宜的购物券。文学不再需要灵魂间的感悟，而是和金钱对话。”钱钟书说：“真正的艺术，均具有非商业化的特质，强求人类文化的精粹，去符合某种市场价值的规则，只会使科学和文艺都‘市侩化’，丧失进步的可能与希望。”巴金说：“没有经济和文化，经济能搞得上去吗?”陈建功认为：“随着生活层次的提高，道德方式的改善，深入探寻心灵，对人生进行严肃思考的作品，终将获得人民的认可并流传后世。”孙犁认为：“我们的文学事业，是无数先烈长期奋斗甚至流血牺牲创造出来的。它还是生机勃勃，充满希望的。广大的有见识的读者，他们的取舍，最终可以决定文学创作的倾向。他们要读的，终归还是那些能带引他们进入文明和道德的精神境界的作品。”柯云路认为：“如果作家的创作观念及审美风格符合艺术发展的长远方向，大可不必随着社会的短期震荡做媚俗性的调整，这是大家风度的表现。当然，在社会转型期易于产生全新式的、跳跃式的艺术风格和创作流派，这是十分可喜和重要的事情。”

20日，《光明日报》第2版报道：5月至6月间，大陆最具实力的北京人艺将其已突破350场演出大关的《天下第一楼》带到了祖国宝岛台湾，12场演出，观众达28000人次。当地《民生报》惊叹这是“难得的盛况”，另一则报道标题为“北京人艺渡海掀旋风”。

成都话剧院的无场次方言话剧《死水微澜》赴英国参加第七届伦敦国际戏剧节。这是继北京人艺《茶馆》欧洲之行后第二个赴欧洲演出的具有浓郁民族性、民俗性和观赏性的中国话剧。

卢跃刚的报告文学《以人民的名义——一起非法拘禁人民代表案实录》发表于《当代》第3期。

24日，中国戏曲学会授予浙江“小百花”越剧团演出的新改编剧目《西厢记》“中国戏曲学会奖”。这是该学会继1989年为《曹操与杨修》授奖后第二次为优秀剧目颁奖。

28－7月9日，由中影公司、中华文化交流与合作促进会与台湾两岸影艺协会共同举办的“海峡两岸首届电影展”在北京、成都和南京举行，展映了台湾的《结婚》、《阿呆》、《稻草人》、《悲情城市》、《黑皮与白皮》、《油麻菜籽》、《兄弟珍重》、《推手》等8部影片。

29日，第二届上海文学艺术奖获奖名单颁奖。施蛰存获杰出贡献奖，余秋雨的散文集《文化苦旅》获优秀成果奖，长篇小说《孽债》、小剧场话剧《留守女士》获优秀成果奖提名奖。

《文学报》头版报道，上海作家近年在长篇小说创作上获得丰收，已有叶辛的《孽债》、竹林的《女巫》、赵长天的《天命》、王周生的《陪读夫人》、陆星儿的《精神病医生》、王晓鹰的《我们曾经相爱》等出版；此外，王安忆的《纪实即虚构》、王晓玉的《紫藤花园》也即将由人民文学出版社和花山文艺出版社分别推出。

30 日，导演张艺谋在法国驻华使馆接受经法国总统批准授予的“法国文化骑士”勋章。

本月，花城出版社推出“先锋长篇小说丛书”，收入余华的《在细雨中呼喊》（原名《呼喊与细雨》，发表于《收获》1992 年第 5 期）、苏童的《我的帝王生涯》、格非的《敌人》、孙甘露的《呼吸》、吕新的《抚摸》、北村的《施洗的河》。

文学季刊《漓江》刊发“安徽青年作家小辑”，选载陈源斌的长篇小说《无梦秋千》，发表钱玉亮的中篇小说《浪漫之舞》、许辉的中篇小说《青麦原野》、鲁书潮的中篇小说《觉醒》，并配发移山、梦凡的评论文章《努力参与世界对话——安徽青年小说家创作一瞥》。文章认为安徽青年作家主要有鲁彦周、张弦、肖马、张锲、彭拜、韩瀚、潘军等，“我们姑且按他们的人生经历的差异把安徽青年小说家分为两大类：一类是所谓‘科班’出身的小说作者；另一类是所谓来自‘民间’的小说作者”，“科班出身的小说家，以鲁书潮、季宇、许辉和潘军为代表。……另一类小说家是直接从基层生活的厚土中走出，他们中的杰出者以陈源斌、钱玉亮、李平易、蒋法武、熊尚志等为代表”，“在艺术追求方面，大家都很自觉地张扬艺术自我，在由建立传统理性到寻根文化反省到艺术形式的‘先锋’探索，再到‘新写实’对人的生存本体思考、重建群体性忧患价值的艺术嬗变历程中，他们都努力留下自己的创作痕迹，并继续保持着敏锐酣畅的艺术激情和创作力，把中国文学竭力推向广阔的艺术世界”。

贾平凹的长篇小说《废都》由北京出版社出版，全文同时发表于《十月》第 4 期。附作者题为《安妥我灵魂的这本书——〈废都〉后记》的创作手记。《废都》首印 50 万册。这本描写当代知识分子生活的世情小说，由于其独特而大胆的态度以及出位的性描写，引起社会各界广泛关注，一时间洛阳纸贵。当时出版社甚至用了卖版型的方法，以近百万的价格将《废都》版型卖给六七家出版社。据不完全统计，正式和半正式出版的《废都》有100多万册，而盗版大约超过了1200万册！《废都》出版后，社会反响强烈，争议不断，訾议颇多，成为当年乃至90年代初期的重要文化事件。《读书》1993年12期发表了许纪霖《虚妄的都市批判》和扎西多《正襟危坐说废都》的针对《废都》的两篇批判性文章。《当代作家评论》1993年第6期上集中发表了《废都》的评析文章，雷达发表题为《心灵的挣扎——〈废都〉辨析》的评论文章，文章结合其先前创作分析了《废都》产生的缘由以及深层的文化意味："事实上，《废都》式的悲凉与幻灭，早就在他的心胸中潜伏着，若注意他的散文《闲人》、《名人》、《人病》诸篇，可发现《废都》的雏形和胚胎。当他晚近的创作中出现了以生存意义的追求为核心、以性意识为焦点、以女性为中心的突出特点以后，其悲剧意识和幻灭感就愈发浓重，终以《废都》的方式来了个总爆发。""《废都》……是写古老文化在现实生活中的颓败，写由'士'演变的中国文化人的生存危机和精神危机。"《文艺争鸣》1993年第5、6期先后发表评析《废都》的文章，在《城镇、文人和旧小说——关于贾平凹的〈废都〉》一文中，吴亮从小说的城镇地理背景、旧式文人为主人公以及旧小说式审美趣味指出"视野的褊狭就成了《废都》的显眼病症"，"男性中心、女人作为性附庸、乡村文人眼中的性赞美，所有这些具有性别歧视的倾向，使《废都》的性关系展布显得如此陈腐，成为这部'奇书'中最为畸形的核心部分"。贵州人民出版社1993年10月出版了《废都之谜》，收入了《百家侃废都》、《贾平凹亲口说废都》等文章。王晓明说："就在大家震惊于整个社会人文精神的深重危机的时候，我们读到了贾平凹的新作《废都》。或许正因为置身于这样一个阅读背景，我们的阅读不免会发生偏向，我们不单关心这部小说的文学价值，更看重它传达的其他社会信息，也不单是注意小说的文本，更注意围绕它发生的其他事件。'废都'这两个字，并不仅仅意味着某位作家写出了一部小说，它更意味着作家、读者、出版和销售机构、大众传媒乃至某些国家机器‘合力’制造了一个文化现象，正是对这个文化现象的兴趣，引发了我们今天的讨论。”（《精神废墟的废墟的标记——漫谈〈废都〉现象》，《作家》1994年第2期）陈辽撰文说：“如果我们不是仅凭个别细节和个别场面，而是从总的倾向上评价《废都》，那么，我们就得坦率地说：《废都》不是一部好作品，无论从思想倾向上，还是在艺术上都存有严重缺陷。”“尽管西安（即《废都》中的西京）在现实生活中还有许多阴暗面，但西安自改革开放以来十几年间所取得的成就是人所共睹的，它已成了我国西北地区的政治、经济、文化中心。贾平凹把西安说成是废都，而且在他的笔下，西安竟也被描写为失去活力的废都，这是不符合生活真实的。”对于为什么贾平凹会写出这样的作品，陈辽说：“以农民的观点看今日改革开放的大城市，怎能写好大城市，揭示出城市生活的某些本质方面呢?”“贾平凹本质上是一个农民作家，文化素养不高，所以他才对《金瓶梅》中的性描写趋之若鹜，而且拙劣地进行模仿。一个有较高文化素养的作家，绝不会像贾平凹这样以《金瓶梅》中的性描写为蓝本而在《废都》里没遮拦地描写性行为的。”“‘废都现象’的出现，是和市场经济下某些部门的‘一切向钱看’和舆论的误导分不开的。”（《思考：〈废都〉与“废都现象”》，《学海》1994年第1期）陈晓明则撰文为之辩护说：“《废都》确实是一个伟大的文本，一部百科全书式的文化溃败史，一个全景式的后现代的精神现象学空间。贾平凹，这位‘纯文学’的最后一位大师，确实功力非凡，《废都》是这样一个多重的、超级的、开放的文本，它可以在任何一个位置上来解读：它可以被看成是一部传统式的经典，一部现实主义式的心理自传，一部现代主义式的精神病史，一部后现代主义式的赝品总谱……如果用利奥塔德的眼光来看：‘后现代时代是一个文化稗史的时代。’那么《废都》则是一次对文化稗史进行的一次稗史式的书写。《废都》真是应有尽有：它有这个时代的精神焦虑；有个人的白日梦；有对欲望的革命性放纵；有最古雅的文化活动和最时髦的投机倒把；有对床第的迷恋和对字画的品味；有吸毒和打油诗；有对古籍的模仿和对现代政治学的愚弄；甚至还有东方特有的口口——一种古典的和解构主义式的符号……《废都》把这些混乱不堪、奇形怪状的东西强制而又巧妙地缝合在一起，制作了我们时代最快乐的文本——后现代式的狂欢节传奇。"（《废墟上的狂欢节——评〈废都〉及其他》，《天津社会科学》1994 年第 2 期）

贾平凹的散文集《贾平凹散文大系》（三卷）由漓江出版社出版。

北京"蛙"实验剧团更名为"戏剧车间"，演出《彼岸、关于彼岸的汉语语法讨论》。演出阵容由在北京电影学院主持"演员方法实验训练班"的牟森及该班学员组成。

罗振亚的《中国现代主义诗歌流派史》由北方文艺出版社出版。

牛汉、郭宝臣主编的《艾青名作欣赏》、王富仁主编的《闻一多名作欣赏》、谢冕主编的《徐志摩名作欣赏》、孙玉石主编的《戴望舒名作欣赏》由中国和平出版社出版。

杨平、张俊山编的《远天的星群——台湾十诗人作品选评》由河南大学出版社出版。

谢冕的《新世纪的太阳——二十世纪中国诗潮》由时代文艺出版社出版。

王光明的《艰难的指向——"新诗潮"与二十世纪中国现代诗》由时代文艺出版社出版。

中国社会科学院外国文学研究所编的《冯至先生纪念论文集》由社会科学出版社出版。

王仿、郑硕人的《民间叙事诗的创作》由上海文艺出版社出版。

七月

1 日，祁智的中篇小说《天凉好个秋》发表于《青年文学》第 7 期。

李国文的中篇小说《一个不等边三角形的爱情故事》、王安忆的短篇小说《光荣蒙古》发表于《时代文学》第 4 期。

王安忆的中篇小说《进江南记》，陈染的中篇小说《麦穗女与守寡人》、《秃头女走不出来的九月》发表于《作家》第 7 期。

黄蓓佳的中篇小说《漂浮状态》、储福金的短篇小说《择偶生活》发表于《广州文艺》第 7 期。

王松的中篇小说《春天没有爱情》、刁斗的中篇小说《异域寻情》、金仁顺的短篇小说《青春小夜曲》发表于《小说月刊》第 7 期。

须兰的中篇小说《月黑风高》、《闲情》，短篇小说《石头记》、《银杏银杏》发表于《小说界》第 4 期。

林希的中篇小说《蛐蛐四爷》、方方的散文《和平日子的恐惧》、刘心武的纪实文学《中国官员的“官”念变革》发表于《小说家》第 4 期。

苏叔阳的短篇小说《刘善人的故事》发表于《四川文学》第 7 期。

《新剧本》第 4 期发表苏叔阳的话剧《飞蛾》。

3 日，杨争光的短篇小说《爆炸事件》、余华的短篇小说《命中注定》、吴滨的短篇小说《某夜》、储福金的短篇小说《结婚生活》、莫言的中篇小说《二姑随后就到》、刘毅然的中篇小说《西部故事》、朱晓平的中篇小说《炫目》发表于《人民文学》第 7 期。

5 日，刘醒龙的中篇小说《白雪满地》发表于《长江文艺》第 7 期。

何立伟的短篇小说《老何去理发》、《宋朝的村庄》发表于《湖南文学》

第7期。

刘心武的中篇小说《凤凰台上忆吹箫》发表于《北方文学》第7期。

7日，《当代》与《中华文学选刊》在京联合召开报告文学《以人民的名义》研讨会。发表在《当代》1993年第3期的青年作家卢跃刚的这篇报告文学，以平实的叙述揭露了1992年发生在湖南娄底市非法拘禁人大代表、迫害无辜公民的骇人听闻的事件。该作品发表后，在读者中反响强烈。与会者认为，《以人民的名义》的题材具有突破性，是反映当前社会重大题材的好作品，对改进与完善我国的法治建设将产生积极影响。

张平的长篇纪实文学《法撼汾西》和《天网》先后刊登并出版后，引起社会反响。7月7日群众出版社与《啄木鸟》杂志社在京共同举行了作品研讨会。《天网》以平反冤假错案为线索，写出了在改革开放中农村正反两种势力的斗争。参加研讨会的有在京的作家、评论家冯牧、刘绍棠、郑伯农、吴泰昌、蔡葵、谢飞、雷达、曾镇南等60余人。

冯积歧的中篇小说《烟尘》、田中禾的短篇小说《落叶溪》（二题）、何玉茹的短篇小说《端正》发表于《天津文学》第7期。

10日，周梅森的中篇小说《孽海》、张欣的中篇小说《无人倾诉》、鲁羊的中篇小说《岩中花树》发表于《花城》第4期。

陈建功的中篇小说《前科》（谈天说地之八）、肖克凡的中篇小说《小阔》、徐坤的中篇小说《斯人》、陈国凯的短篇小说《周末》发表于《中国作家》第4期。

13日，由中国社会主义文艺学会和河北省文联联合主办的孙犁文学活动60周年学术研讨会在河北新安县白洋淀召开。北京、天津、河北的作家、文学评论家、学者，《人民日报》、《光明日报》、《文艺报》等报刊的负责人近50人参加了研讨。作家贺敬之、柯岩、魏巍、徐光耀、韩映山，文学评论家陈涌等在会上发言。与会代表认为，孙犁是准确地把握时代精神又深谙艺术规律的作家。他的作品达到了形式和内容、民族特色与时代精神的比较完美的统一。可以说，孙犁的创作，代表了中国解放区文学和社会主义文学的高水平。

15日，历时一年多的《钟山》文学大奖赛结果在《钟山》第4期揭晓。叶兆言、汪曾祺、雷达、成瑞华等20多位作家、评论家以及读者获得了“廉泉杯”中青年小说奖、“泥池杯”同题散文奖、“美奇杯”专家评论奖和“麦圈杯”读者评论奖。叶兆言的《挽歌》、史铁生的《第一人称》、朱苏进的《孤独的炮手》、李晓的《民谣》获“廉泉杯”中青年小说奖。汪曾祺的《故乡的野菜》、苏叶的《一点不能忘记的记忆》、邓小文的《那座城》、丹晨的《狗猫鼠》、梅汝恺的《故乡的野菜》、吴泰昌的《我的戒烟》、苏子龙的《吃瓜子》、何立伟的《一点不能忘记的记忆》获“泥池杯”同题散文奖。雷达的《写在四部小说的边上》、陈晓明的《难能的小说》、周介人的《人生之困》、朱伟的《我的看法》、黄毓璜的《阅读四部作品之我见》、张颐武的《我的困惑》获“美奇杯”专家评论奖。成瑞华的《永远关注人》等6位作者的评论文章获“麦圈杯”读者评论奖。

《文学评论》第4期以作家作品评论小辑的方式编发了批评家的一系列作家作品专题研究。有吴秉杰的《储福金小说艺术论》、於可训的《论方方近作的艺术》、丁临一的《阎连科小说创作散论》、李星的《杨争光其人其文》、杨义的《刘以鬯小说艺术综论》。

周大新的长篇小说《有梦不觉夜长》（选载）、刘震云的中篇小说《新闻》发表于《长城》第4期。

董浩宇的中篇小说《青春游戏》、储福金的中篇小说《心之门》发表于《上海文学》第7期。同期的“批评家俱乐部”发表由陈思和主持，郜元宝、严锋、王宏图、张新颖参加讨论的谈话文章《当代知识分子的价值规范》。围绕“如何建立当代知识分子的价值规范”，分别从“知识分子的双重含义都出了问题”、“知识分子的现实处境”、“知识分子的精神传统在当代社会中的作为”、“建立知识分子自己的话语体系”四个方面逐层深入地展开了讨论，这场讨论某种程度上是对人文精神讨论提出的命题的积极回应。

林白的中篇小说《回廊之椅》、《瓶中之水》，陈晓明的评论文章《欲望如水：性别的神话——林白小说略谈》，鲁羊的小说《佳人相见一千年》、《身体里的巧克力》，创作谈《鲁羊谈小说》和王干的评论文章《枪毙小说——鲁羊存在的可能》发表于《钟山》第4期。同期开辟的“三连星”栏目同时连载三部长篇小说：苏童的《城北地带》、叶兆言的《花煞》、朱苏进的《醉太平》，前两部至1994年第3期止，《醉太平》在1994年第2期载完。

王手的中篇小说《十五岁的王手在初中》发表于《江南》第4期。

16日，中共陕西省委宣传部、陕西省作协和人民文学出版社联合举行《白鹿原》大型作品研讨会，首都文学界著名作家、评论家近百人出席会议。《小说评论》第5期发表了此次讨论会的纪要，题为《一部可以称之为史诗的大作品——北京〈白鹿原〉讨论会纪要》。

20日，路远的中篇小说《神汉》、刘玉堂的中篇小说《小东西 老东西》、尤凤伟的短篇小说《合欢》发表于《当代》第4期。

颜廷瑞的长篇小说《汴京风骚》（系《汴京风骚》第二部“午朝卷”选载）在《昆仑》第4期上选载。

墨白的中篇小说《远道而来》、刁斗的短篇小说《张王李死了》、阿成的短篇小说《犯人》发表于《清明》第4期。

21日，山西省作家协会就“市场经济与文学创作”问题进行讨论。来自省内外的作家、评论家，就市场经济的发展与文学创作的态势、当前文学创作的现状、文学的商品属性与精神价值以及作家、评论家应如何适应市场经济进行正确选择等问题展开讨论。

25日，北村的中篇小说《张生的婚姻》、格非的中篇小说《湮灭》、李洱的中篇小说《导师死了》、吴滨的中篇小说《交城消息》、刘继明的中篇小说《浑然不觉》、许志强的中篇小说《北斗不朝北》、潘军的短篇小说《那年春天和行吟诗人在一起的经历》、毕飞宇的短篇小说《驾纸飞机飞行》发表于《收获》第 4 期。

汪曾祺的散文《花》、余秋雨的散文《苏东坡突围》发表于《收获》第 4 期。

30 日，《光明日报》报道，新诗潮运动的两位重要诗人海子、骆一禾的作品精选本《海子、骆一禾作品集》由南京出版社出版。该书收录两位诗人长短诗作百余首，以及诗论、小说、散文、书信和追忆文章等。

本月，刘绍棠的中篇小说《牛蒡过河》、墨白的中篇小说《进入城市》、艾芜的中篇小说《远山朦胧》发表于《峨眉》第 4 期。

人民文学出版社出版《电视剧论集》（陈汉元主编、赵群副主编）。该书精选了 35 年来电视剧理论界有代表性的理论、评论文章近百篇。

臧克家主编、钱光培副主编的《郭沫若名诗鉴赏辞典》由中国和平出版社出版。

沈泽宜的《诗的真实世界》由南京大学出版社出版。

北京市高、中两级人民法院知识产权审判庭成立，这在全国各级法院中是第一家。

八月

1 日，陈晓明、孙津、金元浦、陶东风的谈话文章《后文化现象与知识分子两栖心态》发表于《作家》第 8 期。

陈国凯的短篇小说《阿通醉酒》、胡发云的短篇小说《刻碑》发表于

《作品》第 8 期。

刘心武的中篇小说《小哥》发表于《广州文艺》第 8 期。

陈应松的中篇小说《牛蹄扣》、李国文的短篇小说《世态种种》、裘山山的短篇小说《桂花芬芳》、孙惠芬的短篇小说《现代乡村》发表于《鸭绿江》第 8 期。

国家版权局发布《报刊转载、摘编法定许可付酬标准暂行规定》、《演出法定许可付酬标准暂行规定》、《录音法定许可付酬标准暂行规定》等三个规定。2002 年 5 月 8 日，其中的《演出法定许可付酬标准暂行规定》被国家版权局令第 2 号公布的《关于废止〈关于广播电视节目预告转载问题的意见〉等行政规章和规范性文件的决定》废止。

2 日，赵大年的短篇小说《鱼儿真快活》、苏叔阳的短篇小说《咖啡杂酱面》发表于《四川文学》第 8 期。

3 日，韩东的短篇小说《树杈间的月亮》、海男的短篇小说《外省的爱情》、陈世旭的短篇小说《北京"面的"1818》、邹静之的短篇小说《骑马上街的三哥》发表于《人民文学》第 8 期。

6 日，上海人民艺术剧院、上海牧羊神文化实业公司在沪联合首演话剧《美国来的妻子》，编剧张献，导演陈明正。

7 日，甘肃省作家协会举行了纪念甘肃省作协成立 35 周年暨"陇南春文学奖"颁奖大会。甘肃省作家协会成立于 1958 年 8 月，著名诗人李季及闻捷、李秀峰曾担任第一任主席及副主席。35 年来，甘肃省作家协会在建设创作队伍、组织作家深入生活、培养扶植文学新人、加强文学理论批评等方面做了大量工作，会员已由原来的 100 余人发展到 500 余人。"陇南春文学奖"获奖的作品有伊丹才让的诗作《雪狮集》、季成家等编著的《西部风情与多民族色彩》、武玉笑的剧作集《一个快乐的苦命人》、张弛的长篇小说《汗血马》。

10 日，李冯的短篇小说《另一种声音》，韩东的短篇小说《田园》、《掘地三尺》发表于《北京文学》第 8 期。

曹乃谦的短篇小说《温家窑风景二题》发表于《芒种》第 8 期。

伊沙的《饿死诗人》发表于《诗刊》8 月号。沈奇发表《拒绝抚慰或面对逃逸的诗性“呕吐”——简析〈饿死诗人〉》一文评点此诗：“《饿死诗人》这首诗，可以说是在 90 年代中国诗坛中流传最广的一首作品，其影响不亚于当年韩东的那首《有关大雁塔》，乃至最终成了伊沙诗歌的缩写代码。诗人也称这首诗‘是我诗歌精神的宣言性作品’。”“读《饿死诗人》，有一种痛快淋漓的‘排泄感’，出了一口‘恶气’，一腔闷气。那些由拖着农耕时代小辫子的诗人们所播撒的，充满矫饰、虚妄、闲适、无病呻吟、无关时代创伤和生命疼痛的所谓‘麦地’、‘玫瑰’和‘乡土’诗歌的弥漫气息，被伊沙式的‘宣言’，一炮轰成了碎屑。在一个被孱弱泡软了的诗坛中，人们为这位年轻诗人极为真诚而坦率的愤怒而震撼，便由此激活了有良心、有血性的诗人们对当下的诗性思考和言说。应该说，伊沙对 90 年代诗歌写作所做出的特殊刺激，是由这首诗所引发而扩展开的。就整首《饿死诗人》而言，我们依然感受到伊沙独特语感的魅力，一股中气十足、以极饱满的精神张力贯注其中的语言冲击力，且不乏他特有的诡异和反讽意味。我认为，在对 90 年代初中国诗歌现实和生存现实的诗性书写中，这几行诗是极具涵括力和经典性意义的。开阔疏朗的语境，讽喻性和口吻，诡奇而又坚实的本色意象；它是宣言性的，更是诗的，真是的生存状态和真实的语言状态的统一，精神宣言与诗性言说的统一，在所谓‘转型时期’的郁闷的萎靡不振之中，伊沙让我们重新感受到什么是诗的力量。”（《诗探索》1995 年第 3 辑）

12 日，《光明日报》报道，我国第一部大型现代综合性巨著——《中国大百科全书》全部出齐，全书共 74 卷，12.6 亿字。2 万多名专家学者历时 15 年的奋斗，终于画上了完满的句号。

《人民日报》第4版发表题为《文化名人呼唤“模拉尔小姐”》的文章，欢迎“模拉尔小姐”——道德姑娘，是五四时期提出的口号，上海出版的《文学报》近期连续刊载钱钟书、柯灵、许杰等文化名人和读者对此发出的呼吁。“反对拜金主义，提倡道德自律”是这些文化名人的中心观点，钱钟书说：“对于一个出版社也好，一个新闻记者也好，一个责任编辑也好，不能只顾眼前，也应该讲一点职业道德。我们必须提高觉悟，纠正‘市侩化’的短视和浅见，大家都要做有高尚品格的人，做实在而聪敏的君子。”许杰说：“在这改革开放、革新引进、发展经济的过程中，要求‘创利’与‘发财’，成为不可避免的现象。但我以为这并不等于要求大家都走上‘唯利是图’的道路。”

北京人民艺术剧院在京演出五场话剧《旮旯胡同》。编剧蓝荫海、顾威，导演顾威，主演王长立、韩善续、王领、仲跻尧等。剧本发表于《剧本》第9期。

14日，作家、浙江文艺出版社总编辑温小钰因病在杭州逝世，终年55岁。

由中国作家协会和国家民委共同举办的第四届（1988－1991）“全国少数民族文学创作评奖”揭晓。来自19个省、市、自治区和中直机关解放军的34个民族100作者的99篇（部）作品获奖。该奖设长篇小说、中篇小说集、诗歌集、散文报告文学集、评论集、儿童文学集、翻译奖、新人新作等8个奖项。玛拉沁夫的长篇小说《茫茫的草原》等获奖。

电影局针对当前某些故事片创作中存在的倾向性问题，发出1993年第1号审片通报。通报严肃批评了当前一些影片中存在的脱离生活、违背真实、是非观念模糊等不良倾向。

15日，王安忆的中篇小说《香港的情和爱》发表于《上海文学》第8期。同期的“批评家俱乐部”发表由谢冕主持，程文超、张颐武、周晓风、尹昌龙、孟繁华、祁述裕参与的谈话文章《理想的文学史框架》。

17日，《光明日报》第5版发表黄传会的报告文学《共铸“希望工程”》，随后引起强烈反响。

人民出版社为“电视丛书”的出版举行了首发式。“电视丛书”是中央电视台编委会为迎接建台35周年而组织编辑出版的，涉及电视门类的各个方面，包括论集8种、史学集3种、资料集1种共12部，具体为《电视新闻论集》、《电视专题论集》、《电视剧论集》、《电视声画论集》、《电视宣传管理论集》、《电视制作论集》、《电视技术论集》、《中央电视台简史》、《荧屏岁月记》、《荧屏金杯录》等，共450多万字。

18日，由中国社会科学院文学研究所和中国文联出版公司联合举办的《中国当代文学史》研讨会在北京举行。

28日，《剧本》第8期发表姚远的大型话剧《李大钊》。

30日，《戏剧》第3期发表李龙云的创作谈《我与我的文学》和焦尚志的《中国早期话剧思想初探（19世纪末－1916年）》。

31日，为纪念意大利剧作家哥尔多尼逝世200周年，中央实验话剧院在北京演出话剧《老顽固》。文学顾问吕同六（特邀），导演陈颙（特邀）。该剧由雷恪生、李雪健、游本昌、黄小立、冯宪珍、伍宇娟等10位著名演员出演。

本月，第2届世界华文文学国际学术研讨会在江西庐山举行，这次会议以世界华文文学走向为总题，对海外华文文学的现状进行了广泛讨论。其中重点讨论了美国华文文学、东南亚华文文学。

《芙蓉》第4期刊登1991－1992年芙蓉文学奖获奖名单，奖项设特别奖、纪实文学（中篇报告文学）、短篇报告文学、中篇小说、短篇小说、诗歌评论。贾鲁生的《不落的太阳》、柯云路的《新世纪》获特别奖，权延赤的报告文学《四个秀才一台戏》、范小青的中篇小说《文火煨肥羊》、刘心武的中篇小说《蓝夜叉》、叶梦的散文《创造系列》（之二）、舒婷的散文《仁山智水》、彭燕郊的散文诗《混沌初开》、海男的诗歌《歌唱》等分获各单项奖。

李锐的长篇小说《旧址》由上海文艺出版社出版。

刘毅然的三部长篇小说《青春游戏》（中国青年出版社）、《欲念军规》（湖南文艺出版社）、《油麻菜籽》（华艺出版社）出版。

毕淑敏的中篇小说《阿里》发表于《解放军文艺》第 8 期。

雪原的中篇小说《关于吹牛》、短篇小说《杀机》，刘玉堂的短篇小说《夏天的经历》发表于《春风》第 8 期。

由万夏、潇潇主编的《中国现代编年史·后朦胧诗全集》由四川教育出版社出版。潇潇在编选者序指出："80 年代初，新时期诗歌开始进入繁荣阶段，到 80 年代中后期，中国大陆出现了近千个诗歌社团和上百个诗歌流派，当代诗歌在短期内猛然达到了'超级繁荣'的巅峰状态。尽管这种状态良莠不齐，十分混乱，但诗人写作的焦点从相对单一的情感逐步渗透到广阔的世界背景以及现代人孤独、敏锐和脆弱的个人心灵的各个角落。近年来，反映这一时期的诗歌版本多不胜举，但无论是民间的交流诗集，还是国家的出版物，都只局限于零散的、局部的和阶段性的记录。迄今为止，还没有一部诗歌全集总结'朦胧诗'之后的诗歌进程。因此无论作为当代诗人经典范本，还是作为研究者手中较为权威的资料，出版本书成为当务之急。我们希望这部诗歌全集不仅向世界展示中国现代诗歌的宏伟历程、而且还能为海内外学者研究中国现代诗歌提供第一手客观的全面的参考资料。"该选本收录了柏桦、张枣、陈东东、海子、西川等共计 73 位诗人、1740 余首诗作。

耿占春的《隐喻》由东方出版社出版。作者以自己的生命体悟和诗性之思将"人"、"语言"、"诗"、"思"有机交融，构建了自己的"隐喻"诗学体系。

黄子建、佘德银、周晓风合著的《中国当代新诗发展史》由成都科技大学出版社出版。

朱先树的《80年代中国新诗创作年度概评》由长江文艺出版社出版。

叶梦的散文集《月亮·生命·创造》由北京十月文艺出版社出版。

赵丽宏的散文集《抒情的回声》由浙江人民出版社出版。

蒋风、陈炜萍、陈华文编的《畲族民间故事选》由上海文艺出版社出版。

上海现代人剧社成立。该社是90年代初中国文艺体制改革后，经上海文化局审核批准组建的第一家以制作人为中心的实验性剧团，负责人张余。剧社受上海艺术研究所艺术指导。自成立以来，剧社演出的所有剧目均不靠国家行政拨款，尝试走社会办文化的新路，以法人剧团的资格进行营业性演出与交流。

星期六戏剧工作室在京成立。成员以苏雷、费明、过士行三位编剧为核心。苏雷指出："话剧当然要有艺术性，但不能否认它也有商品属性。要创作出观众爱看的剧目，就不能彻底排除作品的商业品味。以前靠国家拨款演出的剧目，几乎个个赔钱；我现在要做的就是不仅不让它赔钱，还得赚钱，我非要试一把看看！"（参见王鹏博：《"穿帮"星期六　"蛙"鸣火狐狸——北京话剧兴"结社"》，《戏剧电影报》1993年10月17日）

九月

1日，尤凤伟的中篇小说《石门呓语》（《石门夜话》续篇）、储福金的短篇小说《圈评》发表于《时代文学》第5期。

赵玫的中篇小说《米娅的三个父亲及其三个父亲的五月》发表于《广州文艺》第9期。

王安忆的中篇小说《"文革"轶事》、韩少功的中篇小说《昨天再会》、残雪的短篇小说《去菜地的路》发表于《小说界》第5期。俞天白的长篇小说《大上海漂浮》（《大上海人》之二）在《小说界》第5、6期上连载。

池莉的中篇小说《绿水长流》、海男的散文《感觉的绚烂》发表于《小说家》第5期。

范小青的中篇小说《轻轻走过》、李冯的短篇小说《自找麻烦》发表于《作品》第9期。

2日，《新剧本》第5期发表吴玉中的话剧《情感操练》。

3日，《当代》编辑兼作家周昌义曾经著有中篇小说“美女山系列”和长篇小说《作家忏悔录》等，因创作势头良好而被一家出版社买断，“合同规定，三年之中，所有以周昌义名字署名的图书著作都归该出版社所有，作家无权支配。在此期间作者的创作计划必须经出版社批准，自己无权擅自决定”。《中国文化报》以《北京作家拉开“包装”大战》（作者达陆）、《文学报》9月2日以《是“包装”合同，还是作家“卖身契”》（作者晓杨）分别对这一“卖身”事件予以报道。

高岸的中篇小说《夏夜很短》、沈乔生的短篇小说《小月迢迢》、范小青的短篇小说《恶手》、虹影的短篇小说《带鞍的鹿》、姜贻斌的短篇小说《我在那年冬天的故事》发表于《人民文学》第9期。

5日，由西南师范大学中国新诗研究所主办的‘93华文诗歌国际学术研讨会在西南师范大学举行。这次研讨会希望通过对华文诗歌在中国和世界各国的历史、现状与发展的研讨，推进中外和海峡两岸华文诗歌的对话和交流。

何顿的短篇小说《鲁提辖的刀》发表于《湖南文学》第9期。

陈应松的中篇小说《风中渔鼓》发表于《长江文艺》第9期。

7日，刁斗的短篇小说《上错了车》发表于《天津文学》第9期。

7－10日，全国故事片厂厂长会议在北京举行，重点研究了创作思想、创作管理等问题。会议认为，影片既要坚决贯彻党的双百方针，又要注意从根本上服从社会效果。广电部副部长田聪明在会议上作了题为《把党的文艺思想变作创作人员的自觉行动，不断繁荣电影创作》的报告。

9日，作家黄钢因心脏病猝发在北京逝世，终年76岁。

10日，洪峰的长篇小说《和平年代》、周大新的中篇小说《银饰》、林白的中篇小说《飘散》、陈染的短篇小说《巫女与她的梦中之门》、戴厚英的短篇小说《老尧》、虹影的短篇小说《岔路上消失的女人》、韩东的短篇小说《乃东》发表于《花城》第5期。

徐星的短篇小说《失去歌声的城市》、《我是怎样发疯的》发表于《北京文学》第9期。

刘醒龙的中篇小说《赤壁》、墨白的中篇小说《青台》发表于《小说林》第5期。

傅太平的中篇小说《热天》、蒋巍的短篇小说《大野地》、梁晴的短篇小说《红尘一笑》发表于《中国作家》第5期。

刘心武的短篇小说《贼》发表于《福建文学》第9期。

《诗刊》9月号刊出"金秋诗萃"，刊有曾卓的《生命之火》、《老海鸥》，郑敏的《心中的声音》，翟永明的《我站在直街横街的交点上》，王小妮的《回家》，叶延滨的《阳光下的变奏》等诗。

11日，《文艺报》举办"艺术生产问题"研讨会，与会理论家围绕艺术生产理论的内涵及其在当代的意义进行了广泛而深入的探讨。

邱华栋的短篇小说《城市中的马群》、李晓的短篇小说《泸州》、东西的短篇小说《口哨远去》、池莉的中篇小说《紫陌红尘》发表于《青年文学》第9期。

上海人民艺术剧院在沪公演话剧《东京的月亮》。编剧沙叶新，导演陈体江、内山鹑〔日〕。剧本发表于《新剧本》1994年第1期。

11－13日，全国回族作家笔会在银川举行。近20年来，一批回族作家的作品在国内外产生了重要影响，《穆斯林的葬礼》、《金牧场》、《黑骏马》、《北方的河》等都在国内外拥有广泛的读者和很高声誉。来自全国12个省、市、自治区的近百位回族作家、诗人、评论家齐聚银川，检阅十多年来回族文学创作成果，探讨回族文学发展的艺术规律。

15日，《文学评论》第5期发表王岳川的评论文章《后现代文学：价值平面上的语言游戏》。由于后现代主义的来临，作者认为"今日的文学艺术，事实上正为影视文化所侵凌，并从深度模式向平面模式扩张，从而使后现代文学写作成为一种价值平面上的语言游戏"。作者还从"话语膨胀与表征危机"、"后现代文学写作的困境"、"后现代本文的解读与误读"三个方面着手分析了后现代主义思想对文学的影响。作者指出："大体上说，后现代文学写作是一种多元的、不确定的、模糊性的写作。这一写作模式具有以下几个方面的特点：语言的欲望与语言的悖论，情节结构的魔方式多维拼接，写作的开放性和错位性，构思的随意性与意义的不确定性，比喻的过度引申和虚构与事实的短路。"

何顿的中篇小说《我不想事》、严歌苓的短篇小说《女房东》、毕飞宇的短篇小说《没有再见》发表于《上海文学》第9期，同期的"批评家俱乐部"发表钱理群、吴福辉、赵园、陈平原的谈话文章《人文学者的命运及选择》。

洪峰的中篇小说《初恋》、李国文的短篇小说《都市的黄昏》发表于《江南》第5期。

格非的短篇小说《雨季的感觉》、《公案》发表于《钟山》第5期。

《长城》第5期设河北青年作者特辑，发表了以谈歌的中篇小说《空槐》、关仁山的中篇小说《乡村商人》为代表的11位河北青年作家的作品。阿成的中篇小说《蘑菇气》、铁凝的短篇小说《法人马婵娟》同期发表。

18日，北京大学中国新诗研究中心与《诗探索》编辑部在北京文采阁举办了“93 中国现代诗学建设”诗学理论研讨会。研讨会由北京大学新诗研究中心及《诗探索》编辑部负责人谢冕、杨匡汉、吴思敬主持。中华文学基金会总干事长张锲到会表示祝贺。在京的诗人、诗评家李瑛、邹荻帆、牛汉、屠岸、郑敏、杜运燮、刘湛秋、蔡其矫、芒克、吴思敬、蓝棣之、林莽、西川、张颐武、唐晓渡、陈永春、田晓青、白木、一平，来自美国的叶维廉及夫人，来自日本的秋吉久纪夫及夫人、岩佐昌暲，来自埃及的马基迪·阿明，来自韩国的苏秉锡等外国专家也参加了会议。这次会议还得到了诗坛前辈艾青和卞之琳等人的关心。他们对会议的举行与《诗探索》的复刊表示衷心祝贺并寄寓了殷切的厚望。卞之琳更寄语《诗探索》应“对新诗事业有真正切实的推动”。

中央实验话剧院在京演出荒诞戏剧《阳台》。编剧让·日奈〔法〕，沈林译，导演孟京辉。此次演出是以合作的形式出现，即由北京华融广告公司出资，中央实验话剧院担任艺术总监督。剧本发表于《戏剧》第 3 期。

22 日，1993 年中国四川国际电视节在成都举行。来自世界 31 个国家和地区的 300 多家影视制作机构、影视界专家、学者、记者、演员 2400 多名中外嘉宾聚会成都，22 个国家和地区选送的 140 部电视片参加了“金熊猫”奖的角逐。

23 日，文化部发出《关于进一步加快和深化艺术表演团体体制改革的通知》。

23－29 日，中国电影代表团参加第六届东京国际电影节，中国影片《如烟往事》、《找乐》参赛。电影节期间，电影节组委会不顾中国电影代表团和中国驻日使馆的一再交涉，坚持让《北京杂种》和《蓝风筝》参赛、参映，中国电影代表团中途撤离，以示抗议。《北京杂种》属于没有出品厂家，未经审查通过的非法影片。《蓝风筝》由北影和香港某公司联合摄制，后被日本一家公司购买后，未经北影同意，以日本名义参赛，属侵权行为。

25日，现代文学家许杰在上海病逝，享年92岁。徐中玉在《群言》1993年第12期上发表题为《一生进步一生坎坷——深切怀念许杰先生》的纪念文章，以多年同事、学生辈的身份回忆了许杰先生的一生，“许老一生进步，一生坎坷，一生清贫，一生忠厚，是我的楷模”。文章以较大篇幅写了许老在“反右”、“文革”中被划成“右派”所受到的20年的非人待遇和精神折磨，“突出地显示出他作为一个中国有志之士应有的坚贞骨格”。

杨争光的中篇小说《流放》、王彪的中篇小说《病孩》、熊正良的中篇小说《匪风》、李本深的中篇小说《油坊》、高岸的中篇小说《清白》、磊子的中篇小说《流失的季节》、宗璞的短篇小说《朱颜长好》、黄佳星的短篇小说《死亡的孳生》、俞黑子的短篇小说《百年校庆》、余秋雨的散文《千年的庭院》发表于《收获》第5期。王彪（1961－），浙江黄岩人。1982年毕业于浙江师范大学中文系。历任浙江淑江市第一中学教师、市地方志办公室编辑，浙江省新闻出版局审读。现为上海某杂志社编辑。1992年开始发表作品。著有小说集《致命的模仿》、《隐秘冲动》，中篇小说《庄园》、《在屋顶飞翔》、《死是容易的》等，短篇小说《青丝》、《手相》、《复眼》等。

本月，1992年度第13届全国优秀电视剧“飞天奖”在北京揭晓，共有50部电视剧、16个单项创作获奖。长篇连续剧《唐明皇》获特别奖，《半边楼》获一等奖，《风雨丽人》、《双桥故事》、《中国商人》获二等奖，《苏雅的故事》、《荒路》、《古船·女人和网》、《原谅我的心》、《女人不是月亮》获三等奖，《半边楼》编剧延艺云获优秀编剧奖，《看不懂啦，女人们》导演武珍年获优秀导演奖。

中国青年出版社与青年作家周洪签订了国内的第一份购买作品的合同，这一举措被称为“作家卖身”事件，引起出版界、文学界的关注。周洪以一套《警告中国人》丛书成名。这份合同规定，今后三年内，所有署名周洪的书稿，都只能由中国青年出版社出版，“周洪若干年内所有著作版权都属于他们，不能交给任何别的出版社出版”。中青社在合同期间，则必须提取周洪的图书发行总码洋的3%作为对周洪及其作品的宣传包装费用。周洪的作品被中国青年出版社收购以后，将海外出版权卖给了香港梁凤仪的勤+缘出版社，将电视制作权卖给了广西有线电视台。中青社出版了第一套丛书《人生忠告》，其中包括《忠告明星》、《忠告老板》、《忠告时尚》三部，它们对一些走红的影视明星和歌星以及社会时尚中的不足现象提出直率的批评。中青社将用一个月左右的时间出版这三部书。(见《文艺报》10月2日报道)

上海文艺出版社连续推出了山西老中青三代作家的三部长篇小说新作，他们分别是高岸的《世界正年轻》、成一的《真迹》和李锐的《旧址》。为了深入探讨三部长篇新作的创作成就，山西省作家协会和上海文艺出版社于9月15日在太原联合邀请京、津、沪、陕、晋等五省市部分文学工作者及三部作品的作者进行了座谈。与会者认为，尽管这三部长篇小说分别出自不同的手笔，但他们在作品中所显示出来的扎实的生活、艺术功底和严肃的创作态度以及对艺术不懈的求索精神是共同的，这一点在当今商品经济大潮冲击，特别是在社会上某些浮泛风气盛行的背景下显得尤为可贵。

关仁山的中篇小说《海眼》发表于《当代作家》第5期。

王火的长篇小说《禅悟》发表于《峨眉》第5期。

迟子建的短篇小说《鸡笼街的月亮》、《白墙》，赵大年的短篇小说《变异》发表于《春风》第9期。

阎连科的中篇小说《名妓李师师与她的后裔》(《东京九流人物》系列小说之四)、周大新的中篇小说《山凹凹里的一种乔木》、石钟山的中篇小说《混沌历史》发表于《百花洲》第5期。

张抗抗的中篇小说《非红》、王祥夫的中篇小说《蝴蝶》发表于《芙蓉》第5期。

残雪的短篇小说《从未描述过的梦境》发表于《珠海》第5期。

于坚的散文《高原上的高原》发表于《十月》第5期。

诗歌民刊《南方诗志》夏季号刊出欧阳江河长文《国内诗歌写作：本土气质、中年特征与知识分子身份》。

云南人民出版社主办的大型文学期刊《大家》创刊。

《汪曾祺文集》4卷本由江苏文艺出版社出版。

《苏童文集》之《少年血》、《世界两侧》由江苏文艺出版社出版，此后又于1994至2000年先后推出了《末代爱情》(1994)、《婚姻即景》(1994)、《后宫》(1995)、《米》(1996)、《蝴蝶与棋》(1996)、《水鬼手册》(2000)，共8卷。

石天河的《广场诗学》由西南师范大学出版社出版。

秦川的《郭沫若评传》、张恩和的《郭小川评传》由重庆出版社出版。

周棉的《冯至传》由江苏文艺出版社出版。

邹建军的《中国新诗理论研究》由长江文艺出版社出版。

十月

1日，周大新的中篇小说《14 15 16岁》、刁斗的中篇小说《畏怯一道门》发表于《作家》第10期。

刁斗的短篇小说《实际上是呼救》发表于《作品》第10期。

刘心武的短篇小说《安定三谣》发表于《海燕》第10期。

残雪的短篇小说《索债者》发表于《广州文艺》第10期。

《鸭绿江》第10期推出中篇小说专号，发表了刘庆邦的《雷庄户》、洪峰的《活动房屋》、南翔的《浸润与流荡》、刁斗的《状态》等6篇中篇小说。

永乐股份有限公司设立的“永乐电影剧本基金”及其使用方案开始实施。该项基金的宗旨是鼓励、扶植、奖掖优秀电影剧本的诞生，以提高电影的思想艺术质量。

3 日，焦祖尧的中篇小说《归去》、孙惠芬的短篇小说《亲戚》、敖德斯尔的短篇小说《“死者”与生者》、毕四海的短篇小说《夏天的女人》发表于《人民文学》第 10 期。

4 日，由山东大学、山东师大、烟台师院、烟台大学主办，山东作家协会协办的“’93 张炜文学周”开幕式在山东师范大学举行，张炜、宋遂良、袁忠岳、朱德发等出席。

6 日，文化艺术出版社、《作品与争鸣》杂志社联合举办“反腐败与文学”研讨会，有关方面的专家、学者 20 余人出席会议。

6 – 10 日，《剧本》杂志社、中共武汉市委宣传部、武汉市文化局在武汉联合举办第 2 届全国戏剧创作信息交流会。本次交流会的中心议题是交流戏剧创作信息，探讨戏剧创作如何适应社会主义市场经济的发展。

7 日，赵本夫的短篇小说《老槐》、王祥夫的短篇小说《鸟巢》发表于《天津文学》第 10 期。

7 – 14 日，首届上海国际电影节在上海举行，这是我国唯一一个世界 A 级电影节。33 个国家和地区的 164 部影片参展参赛。

8 日，首都各界人士在北京人民大会堂集会，庆祝我国学术界巨著——《中国大百科全书》顺利完成。《中国大百科全书》1978 年由党中央、国务院批准开始编撰，由已故胡乔木为主任的 110 名全国著名专家学者组成了总编辑委员会，是新中国成立后最大的文化出版工程。这一巨著的出版，是对我国学术界的一次空前的大检阅。《人民日报》9 日头版对此进行了报道。

8 日，顾城在新西兰激流岛上涉嫌以斧头砍死妻子谢烨，随后自缢身亡，终年 37 岁。国内外诸多媒体迅速作了报导，舆论哗然。《北京青年报》以诗人顾城在海外杀妻自杀一事以及国内新闻媒介对此事的反应为题，开辟专栏进行讨论。该报在“编者按”中说：“令人颇感意外的是，我们没有听到对作为杀人者的顾城的谴责之声，却看到许多对作为自杀诗人顾城的同情之泪，或诗化他的死亡的诗句：一个纯粹诗人终极的心灵选择等等”，并问道“为什么会竟对一个杀人者寄予同情，而原因仅仅在于他是个诗人？或者事情也许并不如此简单：因为有人视顾城之死已不单单是一件法律或道德事件，而成为一个纯粹诗人终极的心灵选择。那么在这样的意义上，我们又该如何评价顾城之死？这是个复杂的问题，我们希望有更多的人发表自己的看法”。该报同期刊发了王叶的《顾城之死与卢刚之死》一文，该文将顾城杀人、自杀一事与两年前留美学生卢刚杀人、自杀一事的“诗人之死与凡人之死”作对比，责问：“我们的社会，我们自命为正直的知识分子就可以对两个人采用双重道德标准吗?”该文认为这两个人死于同一个价值体系，这个价值体系的核心是极端自我主义；否认诗化顾城之死是“一个纯粹的诗人终极的心灵选择”。《诗探索》1994年第1期集中发表了相关回忆性文章以及评论文章，并有书信选。如文昕的《最后的顾城》、姜娜的《顾城谢烨寻求静川》、唐晓渡的《顾城之死》。唐晓渡认为是疯狂导致了顾城最后极端的举动，“所有的疯狂都导源于偏执和追求绝对，这正是顾城自我揭示过的两个主要性格特征”。同时分析了顾城身上的乌托邦色彩，“他仅仅错在一点，就是对他的乌托邦始终坚信不疑，并且仅仅从某种唯美主义的立场出发，直接诉诸浪漫冲动就把它强加给了未来”。而文昕和姜娜的文章更多地则是以朋友和知情人的身份，对顾城的行为作了辩护。作家李锐在论及顾城之死时认为“顾城可以说是典型的自恋型精神撒娇者”，作者在《精神撒娇者的病历分析》一文中指出：顾城生前的行为包括杀妻自尽都说明诗人的精神撒娇症状十分明显，而且表现为自恋倾向，自恋必然伴随着自私，甚至是极端自私。“顾城极有天赋，这天赋在他那儿先是变成了诗，渐渐地，膨胀成一种自我神话。”这种“自我神话”具体反映在顾城身上便是以自我为中心，我行我素，以诗人特有的浪漫气质和桀骜不驯的天性摒弃道德的束缚和压制，将生活艺术化、诗化，从而实现诗人心目中完美的人生。(《天涯》1998 年第 1 期）随后，有关顾城及其妻子谢烨的传记大量出版，如朱晓平、姜娜的《朦胧的死亡——顾城谢烨追忆》（华艺出版社，1994 年 2 月)，江熙、万象的《灵魂之路——顾城的一生》（中国人事出版社 1996 年 6 月)，麦琪（即英儿）的《魂断激流岛》（四川人民出版社，1995 年 4 月)，麦童、晓敏的《利斧下的童话》（上海三联书店，1994 年 1 月)，萧夏林的《顾城弃城》（团结出版社，1994 年 2 月)，陈子善的《诗人顾城之死》（上海人民出版社，1993 年 12 月）等。

10 日，刘绍棠的中篇小说《匈奴人牛蒡》、阿成的短篇小说《图圄逸事》、刁斗的短篇小说《男人的故事》发表于《北京文学》第 10 期。

新闻出版署发布《关于出版计划管理若干问题的通知》，规定出版社要将年度出版计划报送主管部门审核批准，然后报新闻出版署备案。未报选题计划而出版的图书，特别是规定需专题报批而未报批的，将按违反出版管理规定予以查处。2004 年 6 月 18 日，该文件被新闻出版总署令第 25 号《新闻出版总署废止第二批规章、规范性文件的决定》废止。

15 日，首都港台文学研究界和新闻出版界有关人士在北京举行座谈，对福建省海峡文艺出版社出齐《台湾文学史》表示赞赏。由刘登翰等主编的《台湾文学史》上卷于 1991 年问世后，即受到海内外文学界的关注，专家评论该书提供了有关台湾文学的新史料，也有一定的理论深度。下卷也即将面世。全书 120 万字，从台湾远古文化和原住民的口头文学写起，共分古代、近代、现代、当代四编，对台湾文学作了全景式的描述。《人民日报》20 日对此作了报道。

蒋韵的中篇小说《相忘江湖》、叶辛的中篇小说《废人柏道斌》、石钟山的短篇小说《三个朋友》、阿来的短篇小说《少年诗篇》、尤凤伟的短篇小说

《辞岁》发表于《上海文学》第10期。同期的"批评家俱乐部"发表由沈乔生主持，发表苏童、叶兆言、储福金、鲁羊、朱君对话的谈话文章《文学和它所处的时代》。

15日，范稳的短篇小说《海边看看，海边走走》发表于《萌芽》第10期。

《飞天》第10期选载西部创作群体中的三位新人的新作：张启业的中篇小说《秦腔的起源》、阙迪伟的中篇小说《下乡纪事》、石舒清的短篇小说《苦土》。周大新的短篇小说《兼维居士》（非虚构小说）、晓苏的短篇小说《黑窑》同期发表。

15－17日，由中国文联、中国影协、上海文联、上海影协、上海文化发展基金会和中国联合国教科文组织全国委员会联合举办的"93国际青少年电影研讨会"在上海举行，会议的主题是"跨世纪的一代——青少年电影形象的塑造"。中国、美国、瑞士、法国、以色列、俄罗斯等国的电影专家出席研讨会。

16日，中国电视剧制作中心在梅地亚宾馆召开10周年纪念大会。

18日，现代作家秦瘦鸥在上海逝世，享年85岁。"秦瘦鸥是向外来文学和新文学取法技巧而用心最切的旧派作家之一"（杨义：《中国现代小说史(3)》，第730页，人民文学出版社2005年版），对通俗言情文学贡献颇大。有人说张恨水和秦瘦鸥的出现，"使走向式微的鸳蝴派言情小说又生出几许春意"。（陈节：《中国人情小说通史》，第311页，江苏教育出版社1998年版）1941年《申报·春秋》副刊连载《秋海棠》引起轰动，被称为"民国南方通俗小说的压卷之作"。（张赣生：《民国通俗小说论稿》，第164页，重庆出版社1991年版）范伯群说，"《秋海棠》不失为一部创作态度较为严肃的作品。这是一部愿意追随大时代足印的小说，但又是一部具有较多思想局限的痕迹的著作"。它"引起的轰动，不禁使人联想起三十年代张恨水的《啼笑因缘》

在《新闻报》副刊《快活林》上连载时的盛况。这两部长篇所引起的连锁反应是十分惊人的”。“但是《秋海棠》的创作要比《啼笑因缘》迟了整整十年。时代在前进，愿意追随时代向前的作者，必然会受惠于时代大潮的推动力，沾光得益匪浅。于是，秦瘦鸥就不仅要去揭露封建军阀，而且从强烈的主观愿望出发，要加重抗日爱国的主题”。（范伯群：《论〈秋海棠〉及其他》，《评弹艺术（第三集）》，第141－147页，中国曲艺出版社1984年版）

19日，中共中央宣传部、中共中央统战部、新闻出版署、国家民族事务委员会、国务院宗教事务局联合发布《关于对涉及伊斯兰教的出版物加强管理的通知》。要求凡涉及研究和评价伊斯兰教的出版物，由各地人民出版社及中央有关的社会科学专业出版社安排出版；对于这一类的学术文章，中央有关社会科学专业期刊可以发表；凡涉及敏感问题，出版单位须报请上级主管部门审核批准，必要时应征询省级以上伊斯兰教协会或省以上人民政府宗教事务部门的意见；有关伊斯兰教的连环画、画册（像）不得安排出版；非国家定点的书刊印刷企业一律不得承接印制任何有关伊斯兰教的出版物；任何发行单位不得发行非正式出版单位出版的有关伊斯兰教的书、报、刊及音像制品。

20日，中国青年艺术剧院和中央实验话剧院在北京分别上演苏雷的《灵魂出窍》和《疯狂过年车》。导演是张奇虹和吴晓江。

21日，革命历史巨片《井冈山》在北京举行首映式。

22日，由广电部、文化部、中国文联、中国作协和中共北京市委宣传部联合主办的“中国左翼电影运动六十周年纪念会”在北京举行。广电部部长艾知生在会上发表题为《继承和发扬左翼电影运动光荣传统，繁荣社会主义电影事业》的讲话。为配合这次活动，举行了“纪念中国左翼电影运动六十年”学术研讨会以及“中国左翼电影运动影片展映”等活动，中国电影出版社出版了《中国左翼电影六十年》、《三十年代影评选》、《王尘无电影评论》，电影局党史资料征集领导小组摄制的左翼电影运动党史人物传记录像片《阳翰笙》、《夏衍》、《田汉》、《司徒慧敏》开始发行。

22－24日，由中国社会主义文艺学会和北京电影学院音像出版社联合主办的“纪念毛泽东诞辰一百周年·毛泽东与中国现当代文艺研讨会”在北京举行。宋平、邓力群，中国社会主义文艺学会名誉会长贺敬之、林默涵，老作家臧克家、魏巍、姚雪垠出席大会。大会开幕式由中国社会主义文艺学会会长陈涌同志主持。出席研讨会的100余位代表围绕着“毛泽东与中国现当代文艺”这一主题进行了探讨与交流。

26－29日，成立于1983年的中国民俗学会在北京召开了“中国民俗学会第三次代表大会暨第五次学术讨论会”，与会代表就民俗学当前理论研究和应用研究展开讨论。91岁高龄的钟敬文第三次当选为中国民俗学会理事长。

28日，中国现代文学馆、冰心研究会等单位在福州举行“冰心生平与创作展览”。

由《深圳青年》主办的“深圳首届文稿竞价活动”举行。霍达的电影剧本《秦皇父子》和刘晓庆的《从电影明星到亿万富姐》分别以100万元以上的价格成交。

北京人民艺术剧院演出’93戏剧卡拉OK之夜。演出由北京人艺、中央电视台、未来艺术创作中心联合主办，剧目由小戏、小品组成，包括开场、新年鲜花、前门楼、梦中桑塔纳、生命热线、二十一世纪重新开庭、夜审、北京时间十点整、精彩世界。总编剧孟冰、王功、翟迎春、费明，总导演林兆华、任鸣、孟岩。

中国电影家协会、中国电影表演艺术学会、中国电影艺术研究中心、中国电影基金会、北京电影制片厂在北京国际会议中心举行“庆祝北影剧团成立四十周年暨田方同志纪念会”。

《剧本》第10期发表高辉、王平、匡子亮（执笔）的无场次话剧《搭马架子的人》。

28－30日，《文艺研究》编辑部和汕头大学中文系主办的“’93当代审美文化研讨会”在北京召开。出席会议的30多位专家、中青年学者对1978年开始的当代审美文化建设和发展中出现的现象和重大理论问题进行了深入研讨。会议就新时期文化转型中当代审美文化的现状与前景、当代审美文化的主题意识、当代审美文化与传统文化的关系、当代审美文化与大众文化（包括社会商品经济中心化、大众传媒生活化和文学艺术通俗化）的关系等课题展开了讨论。《光明日报》11月10日对此进行了报道。

30日，韩小蕙在《光明日报》发表《中国作家创作忙》的文章，对1993年文学的收获情况进行了一个简略的概括，文章认为“虽然才进入初秋，今年的长篇小说已获空前丰收，1－8月份已出版长篇小说30余部，‘93长篇年’已成定局”，“在北京五大出版社出版陕西五部长篇小说的同时，北京还有如下动作：群众出版社出版了张平的《天网》，开明出版社出版了叶君健的《寂静的群山》三部曲，北京十月文艺出版社出版了凌力的《暮鼓晨钟——少年康熙》，作家出版社出版了马瑞芳的《蓝眼睛 黑眼睛》，人民文学出版社推出了周大新的《有梦不觉夜长》等等，此外北京籍作家出版的长篇小说还有刘心武的《四牌楼》、从维熙的《裸雪》等。上海出版了15位作家的14部长篇小说，其中有王安忆的《纪实与虚构》、陈丹燕的《心动如水》、王晓鹰的《我们曾经相爱》、王晓玉的《紫藤花园》、陆星儿的《精神病医生》、俞天白的《大上海漂浮》等。山西作家李锐、成一、高岸的三部长篇小说《旧址》、《真迹》、《世界正年轻》显示出‘晋军’强大存在”。“在长篇小说领域之外，其他文学体裁，诸如中短篇小说、报告文学、纪实文学、散文、理论等等领域，也出现了群体繁荣的局面”。“今年以来，有四部长篇报告文学引人注目，一是卢跃刚的《以人民的名义》，详细报道了娄底市非法关押人大代表的恶性事件，引起全社会的广泛关注。二是麦天枢和王光明的《昨天》，从历史文化角度重新提请人们思索昨天的那场鸦片战争。三是莫伸的《中国第一路》，热情讴歌了改革开放大潮中的国家重点工程建设，并对当前我国的一些经济现象进行思考。四是李鸣生的《澳星风险发射》，向人们报告了我国航天工业走过的壮丽路程”。

本月，意大利“蒙得罗国际文学奖”评委会在10月中旬举行的第19届年会上授予中国作家协会特别奖。冯牧受巴金委托，于10月13日赴意领奖并参加活动。应意大利“蒙得罗国际文学奖”评委会主席兰蒂尼邀请，由四川省作协主席马识途和中国作协书记处书记张锲为正副团长的中国作家代表团一行5人于10月12日赴意参加第19届意大利“蒙得罗国际文学奖”颁奖活动。代表团成员有陈忠实、蒋巍和王焕宝。

由黑龙江作家协会、呼兰河萧红研究会等20多个单位联合举办的国际萧红学术研讨会在萧红故乡呼兰河畔召开。有5个国家和地区的100多位代表出席会议。

中国文学出版社增办了《中国文学》中文版月刊。此前，《中国文学》杂志有英法两个文版，是我国唯一用西方文字译介中国文学作品的综合性选刊性杂志，已有40多年的历史。创刊号集中了选载了我国近期小说创作中的精华，其中有陈建功、周大新、莫言的中篇小说，王蒙、铁凝、苏童、残雪的短篇小说，汪曾祺、韩少功的散文和冯牧评陈建功《前科》的特约文章等。

程海的长篇小说《热爱命运》由中国工人出版社出版。

《汪曾祺文集》由江苏文艺出版社出版。

《吴伯箫文集》由人民教育出版社出版。

北京师范大学出版社推出由谢冕、唐晓渡主编的“当代诗歌潮流回顾·写作艺术借鉴丛书”，该套丛书的诗歌部分包括谢冕选编的《鱼化石或悬崖边的树——归来者诗卷》、唐晓渡选编的《在黎明的铜镜中——朦胧诗卷》、唐晓渡选编的《与死亡对称——长诗、组诗卷》、陈超选编的《以梦为马——

新生代诗卷》、崔卫平选编的《苹果上的豹——女性诗卷》、吴思敬选编的《磁场与魔方——新潮诗论卷》。谢冕在总序《朦胧的宣告》中论及了编此丛书的背景、缘起与意义：“中国新诗的历史新纪元的第一页，选择在本世纪70年代结束80年代开端的社会转换期掀开。80年代中国新诗终于成为自有新诗历史以来最有纪念意义的一个事件而载入史册……在前述关于诗必须真实表达时代、真实表达人生的倡导下，由于新时代阳光的照射，迸发出对突如其来的死亡后再生的惊喜，以及痛定思痛的悲愤和沉哀混合的激情。”最后指出，“诗的多元秩序的建立开了中国文学多元化的先河……我们不想对这段历史作过高的评价，我们只想确认如下一点：除了五四初期那一个短暂的时刻，中国新诗发展的进入常态的运行始于今日”。

由人民文学出版社主办的《中华散文》双月刊创刊。创刊号发表宗璞的散文《花朝节的纪念》。

第十一届“大众电视金鹰奖”在天津揭晓：《唐明皇》获优秀长篇连续剧奖；《一村之长》获优秀中篇连续剧奖；《板桥轶事》获优秀单本剧奖；《少年特工》获优秀儿童剧奖；《半把剪刀》获优秀戏曲片奖；北京电影制片厂录音录像公司、台湾飞腾电影公司的《戏说乾隆》获优秀合拍片电视剧奖。

十一月

1日，从维熙的短篇小说《好戏连台（一）——〈酒魂西行〉系列短篇》、洁泯的短篇小说《夕阳无限好》、周佩红的短篇小说《霹雳无声》发表于《广州文艺》第11期。

汪曾祺的短篇小说《小姨娘》、《忧郁症》、《仁慧》及《作家自述》，冯骥才的散文《美酒·女人和歌》发表于《小说家》第6期。

2日，《新剧本》第6期推出“’93中国小剧场戏剧展暨国际研讨会作品专号”，发表卫中的《长乐钟》，中国台湾作家马森的《花与剑》，熊早的《泥巴人》，苏雷的《灵魂出窍》，A. 盖利曼〔前苏联〕著、郭家申译的《长椅》，矢代静一〔日本〕著、韩冬译的《弥弥》，景宽的《夕照》以及田本相的《大力开展小剧场戏剧运动》。

5日，聂鑫森的中篇小说《蟋蟀》发表于《湖南文学》第11期。

6日，我国第一部全面体现著作权法精神的《沈从文全集》出版合同在北京人民大会堂签订。《沈从文全集》计划出版500万字20余卷。

6-8日，第五届中国当代少数民族文学学术讨论会暨第二届当代少数民族文学研究奖颁奖大会在南宁广西民族学院举行。来自北京和全国14个省、市、自治区的作家和少数民族文学研究专家60余人出席。这次讨论会对当前我国少数民族文学的发展态势、特点及问题进行了深入的探讨。

新闻出版署发出《关于重申任何部门和单位不得自行决定建立新闻出版三资企业的通知》。2004年6月18日，该文件被新闻出版总署令第25号《新闻出版总署废止第二批规章、规范性文件的决定》废止。

7日，林希的短篇小说《优差》、李森祥的短篇小说《家里来了个女知青》发表于《天津文学》第11期。

10日，顾城的中篇小说《英儿》、蒋子丹的中篇小说《老M死后》、罗望子的中篇小说《婚姻生活的侧面》、王祥夫的短篇小说《油饼洼记事》发表于《钟山》第6期。

成一的中篇小说《麦子画家》、何玉茹的短篇小说《五春打工》、储福金的短篇小说《眼光》发表于《北京文学》第11期。

金果的中篇小说《家住渤海滩》、鲁彦周的中篇小说《乱伦》、杨旭的中篇小说《东征路》、李贯通的短篇小说《乐园》、裘山山的短篇小说《等待星期六》、云江的短篇小说《白蛇》、徐坤的短篇小说《一条名叫人剩的狗》、鲍十的短篇小说《平原的日子》发表于《中国作家》第6期。

汪曾祺的短篇小说《露水》发表于《十月》第6期。

11日，刘庆邦的短篇小说《屠妇老塘》、吕新的中篇小说《辎衣》发表于《青年文学》第11期。

12－19日，中国艺术研究院话剧研究所、中国话剧艺术研究会、天津市文化局、天津戏剧家协会联合在北京主办“’93中国小剧场戏剧展暨国际研讨会”。共有14台不同风格的小剧场话剧参加此次展演，分别是：《灵魂出窍》（编剧苏雷，导演张奇虹，演出中国青年艺术剧院），《长椅》（编剧A.盖利曼〔前苏联〕，导演朱静兰，演出沈阳市话剧团），《泥巴人》（编剧熊早，导演王佳纳，演出广东话剧院实验剧团），《泥巴人》（编剧熊早，导演熊源伟，演出深圳市戏剧家协会），《情感操练》（编剧吴玉中，导演王晓鹰，演出北京戏剧家协会火狐狸剧社），《雷雨》（编剧曹禺，导演王晓鹰，演出中国青年艺术剧院），《大戏法》（编剧〔意〕德·菲立波，导演林荫宇，演出哈尔滨话剧院），《夜深人未静》（编剧干群，导演朱艳铭，演出河北省话剧院），《留守女士》（编剧乐美勤，导演俞洛生，演出上海人民艺术剧院），《大西洋电话》（编剧王建平，导演袁国英，演出上海青年话剧团），《思凡》（编剧、导演孟京辉，演出中央实验话剧院），《长乐钟》（编剧卫中，导演孙文学，演出天津人民艺术剧院），《夕照》（编剧李景宽，导演刘喜廷、闫清秀，演出辽宁人民艺术剧院延生艺术团），《疯狂过年车》（编剧苏雷，导演吴晓江，演出中央实验话剧院）。活动遵循“百花齐放、百家争鸣”的方针，以当前我国小剧场戏剧实践为依据，展示成绩，交流经验，切磋艺术，深化理论研究，促进我国话剧在国际上的影响，进一步提高我国话剧在国际上的地位，借以推动我国小剧场戏剧运动，繁荣社会主义戏剧。

15日，陈晓明、张颐武、戴锦华、朱伟的《精神颓败者的狂舞》以新

"十批判书"为名发表在《钟山》第6期。文章呼应了王晓明等人发动的"人文精神"讨论。他们就《废都》、《白鹿原》两部"严肃文学"的小说在商业上的巨大成功为引，就这场文学效应到底预示了文学（和文化）在商业主义时代的广阔前景，还是表征着当代文学（和当代文化）陷入更深的危机或窘境展开讨论。大家认为小说的中的"方框"、高稿酬传闻、作家签名售书都是一种商业炒作手段。陈晓明说："性和政治，这一切都直接进入贾平凹的文本叙述。这一切都构成一个叙述人，叙述人和被叙述人在这里都是缝合在一起的。它隐藏在'知识分子'这个面具背后，以至于要搞清贾平凹的角色还很难。"

张欣的中篇小说《首席》、残雪的短篇小说《归途》、吕新的短篇小说《中暑》、陆星儿的短篇小说《麻纱窗帘》、寇建斌的短篇小说《夜色》、刘庆邦的短篇小说《血劲》、陈宝光的短篇小说《幽会》发表于《上海文学》第11期。同期"批评家俱乐部"栏目发表殷国明主持，陈志红、陈实、朱子庆、何龙、费勇、文能的谈话文章《话说正统文学的消解》。

北村的短篇小说《伤逝》、《消逝的人类》，吴俊的评论文章《寻找一种绝对或上帝——北村近作读后》，毕飞宇的短篇小说《五月九日或十日》、《充满瓷器的时代》、《九层电梯》、《祖宗》以及创作谈《毕飞宇谈小说》发表于《钟山》第6期。

刘绍棠的中篇小说《罪人牛蒡》、刁斗的中篇小说《假如种子死了》发表于《江南》第6期。

何申的中篇小说《村民组长》、刘醒龙的中篇小说《火粪飘香》、何玉茹的中篇小说《初潮》、邢卓的中篇小说《雪坑里的桃色死魂灵》发表于《长城》第6期。

17日，根据中共中央政治局委员、中宣部部长丁关根的要求，电影创作人员座谈会在北京召开，出席会议的有谢铁骊、滕文骥、梁晓声、韩三平等。

与会者就电影创作、生产等问题进行了讨论。广电部副部长田聪明就创作自由与社会责任、“主旋律”与“多样化”等创作上的辩证关系发表了意见，要求努力创作积极、健康、向上的电影作品。

18 日，由新闻出版署主办的全国图书评奖中的最高奖励——国家图书奖开始评选。评委由国内 70 余位学界专家组成，评委会主任是于友先，副主任是龚心瀚、刘杲、王朝闻、叶至善、任继愈等。评奖分社科、科技、文学、艺术、少儿、民族、教育、辞书、古籍等 9 个门类进行。

《中国戏剧》第 11 期报道，据文化部最新统计，去年全国艺术表演团体共演出 42.5 万场，观众有 4.6 亿人次，比上年少演 2.1 万场，下降 4.7%；其中国营剧团演出 24.3 万场，比上年少演 0.96 万场，下降 3.8%；集体经营剧团演出 18.2 万场，下降 5.9%。造成演出下滑的因素是多方面的，除了戏剧舞台演出受到电视、录像、电影等冲击的外部因素外，内部因素主要是大多数剧团经费不足，无钱排戏，在艺术创作特别是在剧目创作上，一直呈下降趋势，新创剧目少，新创优秀剧目更少。

20 日，毕淑敏的中篇小说《生生不已》发表于《当代》第 6 期。

陈登科的中篇小说《梦中人》发表于《清明》第 6 期。

21－25 日，第二届中国金鸡百花电影节在广州举行。《秋菊打官司》获第十三届金鸡奖最佳故事片奖，王兴东获最佳编剧奖。《秋菊打官司》、《大红灯笼高高挂》、《杨贵妃》获第十六届《大众电影》百花奖最佳故事片奖。

25 日，阎连科的中篇小说《鸟孩诞生》发表于《黄河》第 6 期。

乌热尔图的中篇小说《丛林幽幽》、何顿的中篇小说《弟弟你好》、张廷竹的中篇小说《笕桥十月》、潘军的中篇小说《夏季传说》、海男的中篇小说《罪恶》、苏童的短篇小说《纸》、崔京生的短篇小说《移情》、巴金的散文《最后的话》、余秋雨的散文《抱愧山西》发表于《收获》第 6 期。

中国当代文学研究会第八届年会在苏州召开。陈荒煤、冯牧、朱寨、张炯、潘旭澜、刘锡诚、顾骧、阎纲等近百名当代文学专家学者与会。会议表彰了三年来的全国当代文学研究成果，向20余位作者颁发了“展望杯”奖。与会专家学者从创作实际出发，就九十年代文学的基本态势进行了广泛的交流和讨论。大家认为，历史进入90年代，随着市场经济的发展，一方面文学创作出现了新的活跃现象，另一方面又潜在着某种危机。近年来文学发展的基本态势表明了以下三个方面的明显变化：一、历史观与80年代的不同，呈现出一种开放的历史观。二、视角进一步拓宽，从各个角度接触历史真实，审视历史过程及人性内蕴，表现出一种大文化视野。三、叙述策略发生了某种变化，各种艺术表现手法在就是年代出现了相互融化吸收的趋向。各种“主义”之间、“流派”之间出现了相互渗透现象。会上也有专家尖锐地提出：一种颓废精神正在文学中表现出来，文学要警惕颓废情绪在世纪末的泛滥。

26日，春风文艺出版社以“布老虎”为名注册商标，推出“布老虎丛书”。此举立刻在出版界和图书市场引起反响。春风文艺出版社决计借布老虎形象打开严肃文学出版难的困境。据了解，该社目前已为“布老虎丛书”投资百万。这套书汇集了王蒙、贾平凹、铁凝、莫言、苏童、马原、洪峰、梁晓声等一批作家新创作的作品，陆续推出了洪峰的《苦界》、铁凝的《无雨之城》、赵玫的《朗园》、崔京生的《纸项链》、梁晓声的《泯灭》、陆涛的《造化》、王蒙的《暗杀——3322》、叶兆言的《走进夜晚》、张抗抗的《情爱画廊》、潘茂群的《猎鲨2号》、贾平凹的《土门》、皮皮的《渴望激情》等长篇小说。

28日，《剧本》第11期发表让·日奈〔法〕著、沈林译的大型话剧《阳台》以及沈林的译后记《日奈和他的〈阳台〉》。

30日，《戏剧》第4期开始连载马丁·艾斯林〔英〕的《欧洲现当代戏剧的理论与实践》。该文是1993年10月作者应邀到中央戏剧学院讲学的内容，共分五讲：一、超越自然主义；二、布莱希特及其追随者；三、存在主义者和荒诞派；四、对语言的探索；五、导演和表演：理论、方法、问题。连载至 1994 年第 2 期止。同期发表谭霈生的《中国当代历史剧与史剧观（上）》。

宁瀛导演的《找乐》在法国南特三大洲电影节上获最佳影片和最佳亚洲影片奖。

本月，中国社会科学院文学研究所与中国文联《文艺学习》杂志社共同主办了“走向 21 世纪文学创作研讨会”。这是文学研究所第一次把研究视角转向基层创作，从经典作品转向大众通俗作品，来自全国各个地区的业余创作骨干 150 余人参加了研讨会。张炯、王善终、朱向前等人参加了研讨会。会议围绕业余作者的作品研讨了“文学与市场经济”、“文学的发展前景”、“当前散文创作的繁荣”等问题。

《钟山》杂志在南京大学举办大学生辩论会，辩题为“当代文学的死亡与新生”，南京大学、东吴大学等 5 所院校的 100 余名师生参加。

阿成的短篇小说《野芍药》（外一篇）发表于《春风》第 11 期。

陆星儿的长篇小说《精神病医生》选载（全篇由上海文艺出版社出版）于《百花洲》第 6 期。

周大新的长篇小说《有梦不觉夜长》（系作者同名长篇小说的第三部）由人民文学出版社出版。

全套 10 部的大型文艺家传记系列丛书《中国文艺家传集》第二部由西南师范大学出版社出版，全书 240 余万字，收录了我国现当代 3200 名作家、艺术家的生平、成就、创作观和社会反响等内容。

李国文主编的《中国当代小说珍本》（上下卷）由陕西人民出版社出版，收集了新时期以前名家作品 100 多篇。

北岛诗选《在天涯》由香港牛津大学出版社出版。

叶延滨的《二十二条诗规》由四川文艺出版社出版。

张艺谋获国家人事部授予的“中青年有突出贡献专家”称号。

十二月

1日，《小说月报》以读者投票方式评选出该刊第五届（1991－1992）“三峰杯”百花奖并于第12期上刊出结果，共有6篇中篇小说、6篇短篇小说和2篇微型小说获奖。陈源斌的中篇小说《万家诉讼》、刘震云的中篇小说《一地鸡毛》、曹桂林的中篇小说《北京人在纽约》、刘醒龙的中篇小说《凤凰琴》、方方的中篇小说《桃花灿烂》、池莉的中篇小说《你是一条河》、毕淑敏的短篇小说《女人之约》、冯骥才的短篇小说《炮打双灯》、池莉的短篇小说《冷也好热也好活着就好》、铁凝的短篇小说《孕妇和牛》、谭文峰的短篇小说《扶贫纪事》、方方的短篇小说《纸婚年》获奖。

海男的中篇小说《鼓手与罂粟》、东西的中篇小说《故事的花朵与果实》发表于《作家》第12期。

成一的中篇小说《矿泉溪水》发表于《作品》第12期。

从维熙的短篇小说《好戏连台（二）——〈酒魂西行〉系列短篇》、郑万隆的《人物笔记》发表于《广州文艺》第12期。

《诗双月刊》第5卷第3期刊出《顾城、谢烨逝世纪念特辑》。

1－6日，当代华文戏剧创作国际研讨会在香港中文大学举行。来自中国大陆、台湾、香港、澳门、新加坡、法国、美国等国家和地区的近100名华文戏剧家、学者参加了本次学术活动。研讨会有三个内容：一、介绍各地区华文戏剧的发展概况；二、对从各地区选拔的19个剧目进行评论和研讨；

三、对世界华文戏剧发展、交流的展望。会议期间，成立了以田本相、方梓勋、蔡锡昌为负责人的“世界华文戏剧学会”。康洪兴在《剧本》1994 年第 2 期发表了题为《世界华文戏剧的交流迈出了第一步》的介绍文章。

3 日，吕新的中篇小说《隐蔽》、关仁山的短篇小说《醉鼓》发表于《人民文学》第 12 期。

4 日，宗璞的散文《客有可人》发表于《光明日报》。

8 日，文化部艺术局、中国戏剧家协会在京召开“’93 上海戏剧赴京展演座谈会”。与会者认为，上海四台赴京展演的戏剧剧目，体现了上海戏剧工作者在艺术创作中的开放意识、精品意识、市场意识和海派意识，为中国戏剧走出低谷，在剧目建设和二度创作上的探索革新提供了成功的经验。参加此次展演的四台剧作分别是淮剧《金龙与蜉蝣》、话剧《OK，股票》、小剧场话剧《美国来的妻子》和京剧《扈三娘与王英》。

10 日，《诗刊》12 月号刊出第 11 届“青春诗会”的作品，刊有刘向东的《青山不老》、大解的《诗篇》、马永波的《一首短诗和一首长诗》、柳沄的《细小或巨大》、叶玉琳的《大地的女儿》等诗和劭静、雷霆的《树与树紧紧地拥抱——1993 年“青春诗会”侧记》。本届诗会 10 月于河南焦作云台山举办，12 位诗人参会。

13 日，由庄重文先生设立、中国作家协会、中华文学基金会主办的“庄重文文学奖”1993 年度颁奖大会在人民大会堂举行。获本届庄重文文学奖的作家有陈建功、史铁生、刘恒、张曼菱、余小蕙和孙力（共同获奖）、赵玫、铁凝、陈超、何申、李锐、张平、吕新、阿尔泰、乌热尔图、肖亦农、刘兆林、马秋芬、于德才、赵洪峰、薛卫民、王述平、张抗抗、常新港、迟子建、刘震云、毕淑敏、梁晓声、斯妤、黄传会、张志忠、张立勤。王汉斌、王光英、刘德忠、陈荒煤、冯牧等 500 多人出席颁奖大会。该项青年文学大奖自 1988 年至今已颁奖六届。《人民日报》16 日对此进行了报道。

14 日，华艺出版社举办从维熙的长篇小说《裸雪》研讨会。

14－15 日，电影局党史办召开征集、编写“文化大革命”时期电影方面大事编年纪座谈会。

15 日，李森祥的中篇小说《抒情年代》、叶蔚林的中篇小说《细雨梦回》、张旻的短篇小说《回忆父亲》发表于《上海文学》第 12 期。

17 日，由上海市作家协会、上海少年儿童出版社、《少年报》社、《儿童时代》杂志社联合主办的“陈伯吹儿童文学创作生涯 70 周年”研讨会在上海举行。陈伯吹一生著述颇丰，70 年来，他为中国儿童文学的事业孜孜不倦，做了大量的组织、宣传和评论工作，扶持和培育了许多儿童文学作家和编辑。会议对陈伯吹 70 年的儿童文学创作成就给予高度评价。近百位儿童文学家、作家、评论家、编辑出席会议。

为纪念毛泽东同志诞辰 100 周年而拍摄的历史巨片《重庆谈判》在北京举行首映式。

18 日，中国作家协会主办的《中国作家》1991－1993 年度“江轧杯”优秀短篇小说评奖活动揭晓，颁奖仪式在北京举行。汪曾祺的《小芳》、李贯通的《乐园》、铁凝的《孕妇和牛》、陈国凯的《周末》、赵新的《理发》、梁晴的《红尘一笑》、李平的《红发绳》、王方晨的《霜晨月》、程绍国的《逝者如斯》、邓建永的《龙卷风》、徐坤的《一条叫人剩的狗》、裘山山的《等待星期六》等 12 篇作品获奖。

20 日，王英琦的散文《求道者的悲哀》、周涛的散文《一个牧人的姿态和几种方式》发表于《当代》第 6 期。

21 日，由当代杂志社、接力出版社、广西当代作家协会、广西青年文艺评论学会联合召开的“《当代》93 广西作品研讨会”在南宁举行。《当代》杂志在第 1、3 期连续发表了广西青年作家常弼宇、黄佩华、喜宏、凡一平、姚茂勤的五部中篇小说《歌劫》、《涉过红水》、《超越档次》、《随风咏叹》、

《桂西往事》，集中展示了广西青年作家的创作实力。研讨会上，大家充分肯定了这批小说作品的艺术成就，认为这五部中篇小说既有时代精神，又有浓郁的民族特色和本土韵味，有的审视历史，有的揭示现实，有的直接表现了改革开放的艰难、阵痛和光明的前景。

24 日，最高人民法院发布《关于深入贯彻执行〈中华人民共和国著作权法〉几个问题的通知》，对涉外著作权案件的受理、法律适用，以及计算机软件案件的受理、鉴定等问题作出规定。

本月，第二届“柔刚诗歌奖”（民间奖）授予诗人周伦佑，“柔刚诗歌年奖”评委会给予周伦佑的授奖词为：“80 年代末期，中国诗坛继十年的复苏与发展之后，终于得到了她必定要等到的一个极近萧条的时期。任何曾充满探索冒险意味或游戏自娱性质的诗歌倾向，都在自觉与不自觉中匆匆给自己圈上一个句号。人们都在翘首以待诗坛上下一个句子的出现。但自 70 年代末兴起的‘朦胧诗’运动仍以其极大的惯性方式影响和作用于中国诗坛，为抵抗由这一运动所衍生出的诸多繁杂枝蔓的羁绊，一批诗人相继踏上试验式的道路，竖起了旗号。而周伦佑可以说是这批在‘先锋’中的佼佼者，他提前为自己的试验拿出了一批可以不再需要‘试验’的报告，这就是今天摆在众评委面前的组诗《刀锋》。这组力作既标志着周伦佑诗作的进一步成熟，也预示着诗人未来较为深远的前景走向。基于上述种种理由，今天我们在这里，将 1993 年度‘柔刚诗歌年奖’，授予周伦佑先生，谨以表达本届评委会对周伦佑先生的敬意。1993 年 12 月 26 日。”（执笔季弗）

《女子诗报》与中国诗歌协会在北京联合举办首届中国“女性诗歌”研讨会，谢冕、李小雨、朱先树、牛汉、邹荻帆、张志民、文怀沙、何首乌等 130 余位诗人、评论家出席了会议。女作家冰心出任会议组委会名誉主任并为《女了诗报》题词“祝《女子诗报》越办越有诗意”。

为纪念著名作家、翻译家王实味而设立的“百合花文学奖”在湖北省十堰市首颁。杨世运、吴鹏飞等15位作者获首届金奖。

莫言的小说集《金发婴儿》由长江文艺出版社出版，小说集《神聊》由北京师范大学出版社出版，长篇小说《食草家族》由华艺出版社出版。

《王蒙文集》（十卷本）由华艺出版社出版。

上海文艺出版社出版由该社编的《当代青年诗人十家》。该书选编了西川、陈东东、欧阳江河、陈单衣、柏桦、海子、韩东和翟永明等当代十位青年诗人的作品。

陈子善编的《诗人顾城之死》由上海人民出版社出版。

陈晓明的文学评论集《无边的挑战》由时代文艺出版社出版。

本年

中国作家协会主办的《中国报告文学》首届“505杯”奖获奖篇目公布。长篇：麦天枢、王先明的《昨天——中英鸦片战争纪实》（人民文学出版社1992年7月版），邓贤的《中国知青梦》（人民文学出版社1993年4月版），张建伟的《大清王朝的最后变革》（中国社会出版社1993年2月版），王宗仁的《周冠五与首钢》（《长城》1993年第1期），张正隆的《血情》（《解放军文艺》1993年第3期）；中短篇：李鸣生的《澳星风险发射》（《当代》1993年第2期），正言、爱民的《天地人心》（《当代》1992年第10期），邢军纪、曹岩的《商战在郑州》（《十月》1993年第1期），杨守松的《苏州“老乡”》（《人民文学》1992年第10期），黄传会的《“希望工程”纪实》（《当代》1993年第1期），王家达的《天下第一鼓》（《人民文学》1993年第12期），卢跃刚的《长江三峡：中国的史诗》（《中国作家》1992年第6期），张胜友的《沙漠风暴》（《江南》1993年第2期），梅洁的《山苍苍，水茫茫》（《十月》1993 年第 2 期)，陈祖芬的《生之门》（《光明日报》1993 年 9 月 28 日)。

二月河的长篇历史小说《雍正皇帝·中：雕弓天狼》由长江文艺出版社出版。

《巴金散文选》自选集由中国文联出版公司出版。

《茅盾全集》第 28 卷（神话研究专卷）由人民文学出版社出版。

石安泰〔法〕著、耿升译《格萨尔史诗和说唱艺人的研究》由西藏人民出版社出版。

浙江民间文艺家协会编《民间文学集成研究》由新华出版社出版。

傅光宇《彝族神话：创世之光》由广西民族出版社出版。

曹廷伟《广西民间故事辞典》由广西教育出版社出版。

120 集大型情景喜剧《我爱我家》在全国各大电视台播出。该剧由梁左、英壮、梁欢、臧里、臧希、英达、吴彤等集体创作，导演英达。该剧透过 90 年代北京城一个六口之家及其邻里亲朋各色人等构成的社会横断面，展示了一幅当今改革大潮中色彩斑斓的生活画卷。《我爱我家》是我国第一部真正意义上的情景喜剧。

1994 年

一月

1 日，《作家》第 1 期发表刘庆邦的短篇小说《走进琥珀》、《澡塘子》及其创作谈《得地独厚》，张旻的短篇小说《枪》，叶兆言的《日记中的笔会》，王小妮的文学回忆录《死的光追上了他》，王十主持的“平面的歧途”栏目，其中有王干《“平面人”与精神侏儒》，王彬彬《一种粗鄙的时代思潮》，丁帆《文化堕落的标帜》。王干在文中讲到：“是的，上帝死了，尼采死了，人死了（福柯语），知识分子也死了（利奥塔德语）。人们对永恒、深度模式的追求所形成的焦虑文化被幻化成消解式的‘无深度的平面’，一切无须选择，一切无须确定，生命的价值和世界的意义消泯于语言的游戏与操作之中”，“这种平面化的文化思潮源于西方人对资本主义的彻底反动和批判，它所具有的怀疑精神与‘毁灭’姿势，它削平所有精神建构与价值承诺的策略，显然是一种走极端的做法”，“中国当代社会文化思潮竟在有限的时间瞬间里（相对于几千年的中国历史文化传统）被‘平面化’的思潮裹挟以至于产生了很多的现象的复制品（这种复制实际含有篡改的成分，甚至有本质上的差异，后文论述）”。作者批评了在西方“平面化”浪潮中充当“文化守灵人”的知识分子在中国当代社会则纷纷撤离，逃离文化与精神的制作现场，

"被传媒叫得很响的作家几乎全是以牺牲深度为代价来获取世俗的认可，一些原先富有实验性的作家也被迫放弃原有的精英主义立场"，认为"这一切都因为作家不在场"。作者辩证地分析了作家"代言人"身份的丧失问题，认为"一个作家，一个文化人，一个知识分子，可以不做民众的代言人，也可以不做真理的传教士，也可以不做文化的守灵人，但作家却不可以一个平面人自居。平面人是后现代社会生成的畸形怪胎，没有思想的负荷，没有价值的规范，没有灵魂，没有灵智，不追求意义，不相信永恒，感官的浅层次刺激与审美的程式化、电子化、流行色是平面人的文化消费指向。总之，它是文化失范之后出现的精神侏儒"。王彬彬认为："在某种意义上，可以说，一个民族一个时代对人的理解，直接等同于对文学的理解"，"在我们这个时代，似乎仅仅因为小小的商品经济的一点小小的冲击，作家们便纷纷改变了文学观点，改变了对作家个概念，对写作这种生命活动的理解，同时，也就是改变了对人的理解"，"当作家们这样理解文学创作时，当作家们这样理解文学时，文学创作对于创作者个人的灵魂自我救赎的意义，对于创作者个人的精神自我拯救的价值，则变得不理解了，变成嗤之以鼻的了"，"作家自我理解的粗鄙化，作家文学观念文学意识的粗鄙化，是这一时代的一种思潮，一种文学思潮"，"粗鄙化，似乎是我们这个时代的精神气候"。丁帆在文中首先也承认"近几年来，文坛上的一些媚世媚俗之作愈来愈多，而批评界亦缺乏一种清醒的认识，甚至对一些毫无思想、毫无美学价值的作品泛滥也熟视无睹，这不能不说是中国文学的极大悲哀"。认为之所以呈现出一种"平面化"的文本效应，其根本缘由不外乎三种作家主体意识形态："首先，商品大潮造就和培育出了一大批适应其消费特点的产品制造者——倘使这些人也算是作家的话，他们是属于那种缺乏文化功底，缺乏认知世界哲学底蕴，缺乏把握个体生命感悟的那种文学掮客"；"其次，我们就要谈到的是那些被捧得发紫的、后面跟着一大群趋之若鹜者的作家们。这些作家在 80 年代初期到中期曾经创作过一些有思想有审美价值有独特生命感悟的好作品”，然而在商品大潮冲击下，毅然牺牲艺术个性像港台歌星那样去创造“流行文学”，他们的人格和艺术良心都可以画个问号；“再者，就是一些作家的‘从众’文化心理在作祟，他们被这股创作潮流弄得晕头转向，误以为这就是文学观念的主潮”。以上三种作家心态，足可将中国文学推进文化的大沙漠中。

《小说界》第1期发表邓刚的中篇小说《远东浪荡》、严力的中篇小说《人性的返照》。

《四川文学》第1期发表苏叔阳的短篇小说《6月7日14时，大街》。

2日，《新剧本》第1期发表沙叶新的话剧《东京的月亮》和斯·姆洛若克〔波〕著、彭涛译的话剧《脱衣舞》。

3日，《人民文学》第1期发表残雪的中篇小说《痕》、霍达的长篇小说《未穿的红嫁衣》。

5日，《上海文学》第1期发表陈思和的理论文章《民间的浮沉——从抗战到“文革”文学史的一个尝试性解放》，陈思和首次明确提出了“民间”这一概念。作者对中国现当代文学与民间文化形态的复杂关系提出了不少富有启发性的见解，全文共分三部分。陈思和首先明确“本文试图说明的‘民间’概念，与当代西方学者所提出的‘民间社会’（civil society）和‘公众空间’（public Sphere）并非同一个概念”，“本文提出的‘民间’仅仅是指当代文学史上已经出现，并且就其本身的方式得以生存、发展，以及孕育了某种文学史前景的现实文化空间。当我们讨论它的定义时，只有在下列一点上，部分地吸取了东西方‘民间社会’讨论者的观点：即民间是与国家相对的一个概念，民间文化形态是指在国家权力中心控制范围的边缘区城形成的文化空间”。在第一部分“民间在当代文学史上的地位”中，作者指出：“从文学史的意义上说，发生在三十年代末四十年代初的‘民族形式’论争，正是当代文化格局变化的一个标志：民间文化形态的地位始被确立。”作者从1938

年毛泽东在延安策略地提出了“民族形式”和“中国作风和中国气派”这样一个含义丰富的概念谈起，根据西方人类学家的观念反把文化分为大传统（great tradition）和小传统（little tradition），并解释“大传统为上层社会知识分子的精英文化，它的背景是国家权力在意识形态方面的控制能力，所以常常以权力的面目出现”，“而小传统是指民间（特别是农村）流行的通俗文化传统，它的活动背景往往是国家权力不能完全控制，或者擅制力相对薄弱的边缘地带，就文化形态而言，它有意回避了政治意识形态的思维定势，用民间的眼光来看待生活现实，更多地注意表达下层社会，尤其是农村宗族社会形态下的生活面貌。它拥有来自民间的伦理道德信仰审美等文化传统，虽然与封建文化传统有着千丝万缕的联系，但比较代表国家权力的意识形态，它不但具有浓厚的自由色彩，而且带有强烈的自在的原始形态”。他认为“本世纪以来，学术文化分裂为三：国家权力支持的政治意识形态，知识分子为主体的西方外来文化形态和保存在中国民间社会的民间文化形态。这三大领域包含的文化内容不是固定的，而是随着文化格局的分化和组合而不断变动”。在第二部分“在民间文化形态与政治意识形态之间的关系钩沉”中，作者强调了“‘民间’是一个多维度多层次的概念”，并指出它具备了以下几种特点：“一、它是在国家权力控制相对薄弱的领域产生的，保存了相对自由活泼的形式，能够比较真实地表达出民间世界生活的面貌和下层人民的情绪；虽然在政治话语面前民间总是以弱势的形态出现，总是在一定限度内接纳并体现出权力意志。‘任何一个时代的统治思想始终不过是统治阶级的思想’，正是这种状况深刻的说明，但它毕竟是属于‘被统治’的范畴，它有着自己的独立历史和传统。二、自由自在是它最基本的审美风格。民间的传统意味着人类原始的生命力紧紧拥抱生活本身的过程，由此迸发出对生活的爱和憎，对人生欲望的追求，这是任何道德说教都无法规范，任何政治条律都无法约束，甚至连文明、进步、美这一些抽象概念也无法涵盖的自由自在。在一个生命力普遍受到压抑的文明社会里，这种境界的最高表现形态，只能是审美的，所以民间往往是文学艺术产生的源泉。三、它既然拥有民间宗教、哲学、文学艺术的传统背景，用政治术语说，民主性的精华与封建性的糟粕交杂在一起，构成了独特的藏污纳垢的形态。因而要对它作一个简单的价值判断，是困难的。”作者依据政治意识形态对民间文化的渗透和改造以及引起的冲突分为三个阶段：“延安时代对旧秧歌剧和旧戏曲的改造，便是冲突的第一阶段”；“赵树理道路：冲突的第二阶段。第二阶段延续时间比较长，大约一直到‘文革’前夕”；“‘文革’时代的样板戏和民间文化回归大地：冲突的第三阶段”。在第三部分“当代文学创作中的民间隐形结构”中，陈思和指出“民间隐形结构是当代文学创作文体的一个重要特点”，“作为一种文化形态，民间文艺的内容与形式同样是一个有机的整体”，“因此，当代文学作家在利用民间形式来表现政治意识形态的时候，他不能不同时也吸收了民间的内容”，“因此，在改造和利用民间形式的同时，民间文化形态也从向来不登大雅之堂的民间创作进入知识分子创作的文本，成为文本的隐形结构，支配了一个时代的审美趣味”。于是，“在五六十年代的文学学创作里，我们可以看到一个相当有趣的现象，即政治意识形态对民间文化形态进行改造和利用的结果，仅仅在文本的显形结构中获得了胜利（即故事内容），但在隐形结构（即艺术审美精神）上依然服从了民间的意识的摆布”。作者认为在 50 年代以来比较优秀的文学作品中都存在着这种民间隐形结构，它同样反映了民间对自由的强烈向往精神。民间文化形态产生在国家权力中心控制范围的边缘区域，越是接近权力中心，它的表现形态越隐晦。文章最后提到：“民间文化形态是一个相当复杂的现象，它的藏污纳垢特性构成了自身的瑕瑜互见。要对它作全面的考察需要大量的材料和篇幅”。

《北方文学》第 1 期发表张抗抗的短篇小说《还有一次机会》、王彬彬的书话《尊严像破败的旗》。

《莽原》第1期发表阎连科的短篇小说《欢乐家园》、王英琦的散文《洗澡记（外一篇）》。

《长江文艺》第1期发表邓一光的中篇小说《鸟儿有巢》、碧野的散文《神女作证》。

7日，《天津文学》第1期发表迟子建的短篇小说《盲人报摊》、阿成的短篇小说《酒吧》。

10日，《中华散文》第1期发表阿成的《寻常一位》、叶君健的《“母亲”》、汪曾祺的《美——生命》。

《北京文学》第1期开辟“新体验小说”专栏，在“卷首语”的编者按中说：“新年伊始，本刊希冀以一个新的风貌出现在读者面前。于是，便有了对本刊坚持‘二为’和‘双百’办刊方针的重申，有了此次联合一批著名作家，共同发起深入喧嚣与骚动的社会生活，躬行实践，为读者奉上一批‘新体验小说’的举措。”同期发表了陈建功的短篇小说《半日跟踪》、许谋清的中篇小说《富起来需要多长时间》、谈歌的短篇小说《名流》。

《花城》第1期发表吕新的中篇小说《中国屏风》、北村的中篇小说《孙权的故事》、史铁生的短篇小说《别人》、熊正良的长篇小说《隐约白日》、西川的诗歌《致敬》、张承志的散文《无援的思想》、张洁的散文《幸亏还有它》。

10－13日，全军文艺工作会议在京举行。会议中心是学习中央军委主席江泽民最近对军队文艺工作的一系列重要指示，即鼓励文艺工作者大胆创作，多出高质量的作品。

11日，吴组缃在京逝世，享年86岁。张国风这样概括吴组缃的一生，“从一个现代文学史上的著名作家，到一个卓有成就的古代小说史专家，这大致就是吴组缃八十多个春秋的人生轨迹”。（《吴组缃传略》，《文献》1992年1期）曹禺在一封信里评价他，“你的作品使我相信你的大文章将在你四十岁以后，因为你一直没有放开怀写作，你还没大用你的宝藏。你的小说，不成问题，将是我们大家的宝藏”。（《曹禺致吴组缃的三封信》，《新文学史料》2008 年 1 期）袁良骏认为：“一、吴组缃是第二代乡土小说家的佼佼者，他的《一千八百担》、《天下太平》、《樊家铺》等作品已成为中国现代文学作品经典；二、吴组缃的长篇小说《山洪》及短篇小说《铁闷子》、《差船》等，是抗战文学的一道异彩；三、吴组缃是中国现代文学史上承前启后的精雕细刻派，他继承并发扬了鲁迅小说精雕细刻的优秀传统”。（袁良骏：《吴组缃小说艺术论》，《中国现代文学研究丛刊》2008 年 4 期）“重视文学对时代、社会的使命意识与作品的现实意义，是吴组缃创作的原则，也是他文学批评与研究的标尺。在具体作品的阐释中，他既强调小说的历史感与现实针对性，又注重人物尤其是人物关系的分析。由于他精于创作，深谙艺术规律，所作分析往往能以小说家对生活的敏锐观察与感悟，揭示出人物安排、情节设置、细节描写的深隐内涵与艺术魅力。虽然吴组缃的文学研究主要是就具体作家作品展开的，但他总是在将研究对象置于历史进程的考察中，致力于对文学现象与发展规律的整体把握；在历史与现实的互证中，致力于强化古代文学及其研究的现实意义；同时，不囿于成说，致力于提出独到的学术创见。在现代文学理论与中国传统文论相结合方面，吴组缃也做了积极的尝试”。（刘勇强：《吴组缃文学研究的学术个性》，《清华大学学报》哲社版 2008 年第 6 期）

《青年文学》第 1 期发表扎西达娃的短篇小说《营地·部落·圣地》。

12 日，由中国作协组派的第一个访问台湾的大陆作家代表团，应台湾“中国作家艺术家联盟”会长尹雪曼先生的邀请，一行 12 人离京赴台进行 10 天的友好访问，朱子奇为顾问，邓友梅为团长，团员有李国文、霍达、常君实、敖德斯尔、大丹增、施勇祥、舒乙、金坚范、范宝慈（兼秘书）。访问团此行也是对尹雪曼于 1993 年春率“两岸文艺交流访问团”访问大陆的回访。

15日，《大家》双月刊在昆明创刊，开始连载苏童的长篇小说《紫檀木球》（后改名《武则天》），发表格非的中篇小说《相遇》、叶兆言的中篇小说《夜来香》、刘心武的中篇小说《香姑姑》、白桦的短篇小说《沉船》、陈染的短篇小说《饥饿的口袋》、迟子建的短篇小说《回溯七侠镇》和汪曾祺的散文《白马庙》、《昆虫备忘录》，于坚的诗歌《0档案》及贺奕的文章《90年代的诗歌事故》。

《钟山》第1期开始连载苏童的长篇小说《城北地带》（至第4期）、朱苏进的中篇小说《醉太平》（至第2期）、叶兆言的长篇小说《花煞》（至第3期），发表虹影的四篇短篇小说《玄机之桥》、《那年的田野》、《红蜻蜓》、《玉米的咒语》，汪曾祺的小品文《老年的爱憎》，邵燕祥的小品文《不讳言死》，“新‘十批判书’”栏目刊载了陈晓明、张颐武、戴锦华、朱伟的评论文章《东方主义与后殖民文化》。

《江南》第1期发表洪峰的长篇小说《喜剧之年》、北村的中篇小说《极地》、格非的中篇小说《武则天》、王彪的中篇小说《历史叙述》、韩东的短篇小说《农具厂回忆》。

《长城》第1期发表北村的中篇小说《情况》、何玉茹的中篇小说《希冀》、孙犁的《致徐光耀信九封》、林斤澜的散文《鱼儿鱼儿》。

《文艺争鸣》第1期发表陈思和的文章《民间的还原——“文革”后文学史某种走向的解释》，该文成为陈思和关于“民间”理论论述的重要组成部分。全文分为三部分，在第一部分“‘文革’后文学的两个源头”中，作者从《曙光》、《班主任》，《伤痕》三部作品谈起，认为新时期文学中“知识分子的命运与政治的命运如此紧密地交织在一起”，“如果我们把这种知识分子对国家前途和命运的过于积极的关怀意识视为新时期文学的主流，那么，这种知识分子的主流意识形态和国家政治意识形态还毕竟不是一回事”。构成新时期文学的两个来源是“被称为‘重放的鲜花’的一批优秀创作和1976年天安门广场上爆发出来的民间诗歌”。受杨健的《“文化大革命”中的地下文学》一书启发，认为“‘地下文学’这一名字出现在中国文学研究中是具有革命性意义的，它意味了文学史研究开始对公开出版物以外的文本加以注意，也就是意味了文学史领域除了主流、次流、逆流等概念外，还有一个潜在的文学结构，那就是处于不稳定状态下的民间文化形态”。作者认为“一种新的思路可能会开辟出一片新的学术空间，当民间这一元因素加入文学史的考察，‘文革’时期的文学面貌为之改观：即使在那个荒草荆棘之地，也同样并存着公开的主流政治意识形态、知识分子的精英意识以及民间的文化形态；后两者只是转入了地下”，“民间话语并未消失，它不但出现在自身的民间创作中间，还渗透到知识分子和公开意识形态的创作中去，形成隐形结构发挥作用”，“民间话语和知识分子话语从本世纪一开始就处于对立之中，凡知识分子话语受到阻碍，民间就开始活跃，一旦知识分子形成了自己的话语空间，民间文化形态则重归大地深处，隐没在昏昏默默之中”。第二部分“广场上的文学”中，作者写道：“本节的开始需引入一个概念：广场。关于这个概念的范畴我在其他一些文章里有过比较详细的论述，这里不准备重复”，（指《试论知识分子转型期的三种价值取向》，载《上海文化》1993 年 11 月创刊号，编者注）“在世俗的要求里，广场是群众宣泄激情和交换信息的场所，而在知识分子眼中，广场却成了他们布道最合适的地点”，“与五四新文化运动中的前辈一样，当代知识分子虽然身在广场上，心却向着庙堂”。作者从这一角度分析解释了“寻根文学”等现象。第三部分“民间还原的诸种特点”开篇作者讲到：“本文如题所示，希图对‘文革’后文学史的某种走向作出一些新的解释，但任何解释都只能是一种假设，并且无法涵盖所有。本文所阐释的民间的概念也不例外。民间是自在的文化形态，它与知识分子勾勒的文学史没有直接关系，我在前面两节的描述中也注意到，尽管民间形态是新时期文学最初形成的两个源头之一，尽管知青作家在提倡寻根时对它浅尝辄止，但在90年代以前，它始终是处于自在状态，并没有真正以一种知识价值取向而存在于文坛。其实这种处境贯穿了整个20世纪的中国文化和文学”，说明“谈民间应该与谈思潮相区别，民间在当代文学不是作为一种思潮或者流派出现的，甚至也不是作为一种特定的创作现象出现的，我觉得民间在当代是一种创作的元因素，一种当代知识分子的新的价值定位和价值取向”，强调“我在这里使用的民间，完全是指中国土地上滋生的文化现象，与西方任何有关或者相近的理论无关”，并以九十年代文学文学创作与民间的关系做出解释。文章最后写道：“民间文化形态不是在今天才有的文化现象，它是一个历史的存在，不过是因为被知识分子的新传统长期排斥，因而处于隐形状态。”

“走向21世纪名家系列讨论会·刘心武”专栏发表了陈俊涛的《从问题小说家到人性的探谜者——关于刘心武的笔记》、张颐武的《刘心武：面对未来的抉择——中国当代文化转型的例证》、贺桂梅的《新话语的诞生——重读〈班主任〉》、刘心武的《穿越八十年代》。

《文学评论》第1期发表邵燕君的文章《从交流经验到经验叙述——对马原所引发的“小说叙述革命”的再评估》。文章首先指出“中国当代文学的创作，从伤痕文学、知青文学，到‘寻根’文学、‘现代派’小说，直至张承志、史铁生最近创作的带有宗教探索性质的作品，可以说基本上都是处于一种‘交流一点什么’的冲动之下的。小说对于他们，是再现某种难得的人生经验、探求生活和世界的意义，乃至‘赎出自己’的艺术手段。他们最终的目的是要采取一种最适合的形式完满地表达自己所要表达的内容，而不是创作出一篇最完美的小说——这之中是有本质区别的。正是在这一点上，以马原为引导的先锋小说作家与他们以前的作家拉开了分野”。作者认为“当代文学中的许多‘新潮’创作都发轫于理论的创新，先锋文学也是如此，而开山者马原却是个例外”。马原在1984年创作《拉萨河女神》时，国外有关形式主义文论的书籍虽然已开始引进，但还远未被评论界广泛运用。马原是早一步，或至少是与评论界同时接触到西方形式文论和现代派文学作品的。同期发表的还有潘凯雄《“自觉”为他带来了什么？——读李锐近作》。

18 日，《莽原》杂志社董事会在郑州成立。《莽原》是由河南省文联主办的河南省唯一的严肃文学期刊，《莽原》将保持高格调、高品位，促进高雅文学的进一步发展。

19 日，《大家》在京举行座谈会，明确其“高扬主旋律，发展多样化”的编辑追求。该刊将从第 2 期开始辟栏展开“当代文学走向大讨论”。另外，还设置了奖金为 10 万元的“大家文学奖”。冯牧、陈荒煤、徐怀中等老作家希望《大家》办成“大家爱看，大家喜看”的刊物，并“祝《大家》中不断涌现大家”。

编辑家、作家葛洛在北京逝世，享年 73 岁。

20 日，《小说评论》第 1 期发表陈旭光的《“新写实小说”的终结兼及“后现代主义”在中国文学中的命运》。文章认为“新写实小说”在经历过“喧哗与骚动”后，已带着它所有的赞誉、被寄寓的厚望或遭受的批评而渐次沉寂。因为“新写实小说”从一开始就不是一个自觉的文学运动或流派，而只是一种“我行我素”的文学现象。池莉的《烦恼人生》，方方的《风景》，刘震云的《塔铺》、《新兵连》等，“冠之以‘新写实主义小说’（丁帆、徐兆淮）也好，名之以‘新写实主义’（雷达）、‘后现实主义’（王干）或‘现代现实主义’（陈骏涛）也罢，虽名称各异，阐释理解也不尽相同，但批评界还是渐渐地取得了共识，名称也最后确定为‘新写实小说’”。它“既不同于传统的现实主义，也反拨苏童、格非等人的先锋小说，而是各自汲取它们的长处，取长补短，独具风貌”。“这里显然需要澄清与阐明两个大的问题。一是‘新写实小说’与‘传统现实主义’的关系，一是‘新写实小说’与‘先锋小说’的关系”。作者结合具体作品讨论了自己提出的问题后说，“至此，我们不难发现这样一个事实：如果真像批评家们所鼓吹的那样，有过一个‘新写实小说’现象的话，它也早已悄悄在它所面临的二难困境中，终于选择并趋向其中的一极，即传统现实主义。它已完全割断了与‘后现代主义先锋小说’最后联系的脐带”。“‘新写实小说’的终结显然已不再是哗众取宠的夸大之词，而毋宁说是我们正面临着严峻而悲凉的现实”。

22日，《文艺报》报道：第一届国家图书奖近日在北京揭晓。经过70余位评委数月的评选，共评出135种获奖的优秀图书，其中8种获得国家图书奖荣誉奖，45种获得国家图书奖，82种获得国家图书奖提名奖。《随想录》、《管锥篇》（5册）、《莎士比亚全集》（12卷）、《罗摩衍那》（7卷）、《新时期中篇短小名作丛书》（12部）5部文学类图书获国家图书奖；《李可染书画全集》（4卷）等6部艺术类图书获国家图书奖；《中国美术全集》（古部分60卷）、《鲁迅全集》（新诠释本16卷）获国家图书奖荣誉奖。

24日，全国宣传思想工作会议在京召开，江泽民总书记讲话，强调“以科学的理论武装人，以正确的舆论引导人，以高尚的精神塑造人，以优秀的作品鼓舞人”。来自全国各省、市、自治区的党委负责人和宣传部长及各部委的宣传负责人出席了会议。

25日，《收获》第1期发表柯灵的长篇小说《十里洋场》、蒋子丹的中篇小说《桑烟为谁升起》、迟子建的中篇小说《向着白夜旅行》、刘继明的中篇小说《前往黄村》、冯骥才的短篇小说《市井人物》、余秋雨的散文《乡关何处》、萧乾的散文《三姐常韦》。

《当代作家评论》第1期辟“凌力评论小辑”。同期发表雷达《1993年的“长篇现象”》、王必胜《1993：长篇丰年的喜忧》、潘凯雄《1993年长篇小说过眼录》。

30日，中国比较文学旅法学会在法国巴黎成立。乐黛云发去贺信祝贺旅法学会成立。

31 日，李何林先生 90 诞辰纪念会在北京举行。李何林是参加北伐战争和“八一”南昌起义的老战士，是中国现代文学学科的奠基人之一。与会者特别景仰他在学术研究中的骨气、正气，推崇他刚强正直、抗拒邪恶、无私奉献的革命精神，缅怀他的学术人格和道德文章，并呼吁在今天尤其需要发扬的坚持真理、敢讲真话的精神。郭豫横、臧克家等老一辈学者纷纷发言。本次座谈会由北京鲁迅博物馆、鲁迅研究室以及民盟中央等单位联合举办。

本月，复刊后的《诗探索》（季刊，由中国当代文学研究会、北京大学中国新诗研究中心、首都师范大学新诗研究室主办，谢冕、杨匡汉、吴思敬主编）由首都师范大学出版社出版，第一辑发表了艾青的文章《诗人要自信——对〈诗探索〉复刊的希望》，“诗坛态势剖析”栏目发表了耿占春的《群岛上的谈话》、何锐的《世纪末的文学格局与新诗创作》、张颐武的《断裂中的生长：“中华性”的寻求》、程光炜的《新诗发展态势剖析》；在“关于顾城”栏目中发表了《顾城致谢烨书信选》、文昕的《最后的顾城》、姜娜的《顾城谢烨寻求静川》、唐晓渡的《顾城之死》一组文章，其中文昕的文章讲述了她与顾城、谢烨以及英儿的交往，披露了顾城、谢烨及英儿之间的感情纠葛，在一片对顾城的谴责声中，为顾城做了意味深长的辩护。

《十月》第 1 期发表张洁的纪实文学《世界上最疼我的那个人去了》（续）、周大新的中篇小说《向上的台阶》、张承志的散文《清洁的精神》，以及白桦根据萧红的《呼兰河传》改编的电视剧剧本《呼兰河传》。

《萌芽》第 1 期发表阿来的短篇小说《血缘》。

由华艺出版社主办的《裸雪》研讨会在北京举行。《裸雪》是著名作家从维熙的新作。

霍达的长篇小说《未穿的红嫁衣》由江苏文艺出版社出版。

李力主编的《彝族文学史》由四川民族出版社出版。

二月

1日，《散文》第2期发表张中行的《失落》、周大新的《没有绣花的手帕》。

《作家》第2期发表储福金的短篇小说《异形果》、《变味糖》，李亚伟的诗歌《野马和尘埃》，于坚的散文《诗人于坚自述》，陈染的随笔《一位女作家日记》，从维熙的回忆文章《“帆”与“礁”》及蒋子龙、王英琦的《关于散文创作的通信》。

《四川文学》第2期发表阿来的短篇小说《人熊或外公之死》。

3日，《人民文学》第2期发表徐小斌的短篇小说《黑瀑》。

5日，《上海文学》第2期发表刘继明的短篇小说《海底村庄》。

《北方文学》第2期发表阿成的短篇小说《倾诉》、《绿傻子》。

《长江文艺》第2期发表陈应松组诗《饥饿城市》。

《文艺报》报道：花城出版社与人民文学出版社《中华文学选刊》联合在北京文采阁为梁晓声的长篇小说《浮城》举办作品研讨会。与会者认为《浮城》体现了梁晓声的变与不变：变的是艺术手法、艺术视野，不变的是洋溢着作家责任感的现实主义精神。同期还报道了台湾实业家黄任中先生为奖掖文学青年，推动两岸文学交流，捐资人民币10万元作为常年基金，并每年提供4万元作为年度基金，设立“黄任中青年文学奖励基金”。该基金由福建海峡文艺出版社代管。授奖范围是35岁以下的大陆青年作者发表于报刊杂志或由出版社结集出版的小说、诗歌和散文作品。该奖每年评奖一次，每类评出一至三等奖各一名。

6日，北京人民艺术剧院在京演出多场次悲剧《阮玲玉》。编剧锦云，导演林兆华、任鸣，主演徐帆、濮存昕、梁冠华、杨立新等。剧本发表在《新剧本》1993 年第 5 期上。

7 日，《天津文学》第 2 期发表蒋子龙的散文《向天开炮》、范小青的短篇小说《最后的一张》、毕淑敏的短篇小说《大海里翻了豆腐船》。

女作家白朗在京逝世，终年 81 岁。“白朗的作品，是她亲身投入革命斗争，认真观察和体验生活的结晶，具有较强的时代真实感和浓郁的生活气息”，“白朗的作品口语化，特别是大量采用了东北地区群众口头上的生动语言，像叙家常一样，自然亲切。不足的是，往往偏重于事体的平铺直叙，缺乏贯穿始终的、能够紧紧抓住读者、使其关心主人公命运发展的主线”。（杨澄宇、赵则训：《白朗》，《当代作家评论》1984 年第 2 期）宁殿弼认为白朗“那女性作家特有的细腻的笔致、深婉的感情、质朴的风格、强烈的现实感和鲜明的战斗性不仅吸引和打动过广大的中国读者，而且她的力作《为了幸福的明天》远远传播到国外”，“小说时代感较强，随着时代变化而变化，在不同的历史时期有着不同的题材、主题、风格”。白朗小说“对中国妇女问题的特别关注和探索”，“抒写自己从事革命活动的亲身经历和感受，折射时代斗争的风云”，“从特异的角度着笔，以落后人物的转变映现生活的某些本质方面”。艺术上“属于她自己的艺术特色值得指出的似有以下几点”：“形式上追求民族化、大众化，秉有地道的中国作风”，“注重对人物心理的探求，把展示人物的感情世界作为刻画人物的主要手段”，“散文化笔调是白朗小说的又一特色”，“电影蒙太奇的手法在她小说中也运用得灵活自如，揉化无痕”。（宁殿弼：《白朗小说创作简论》，辽宁师范大学学报（社会科学版）1983 年第 4 期）

10 日，《北京文学》第 2 期“新体验小说”专栏发表母国政的短篇小说《在小酒馆里》、赵大年的短篇小说《大虾米直腰》和关于“新体验小说”的三篇笔谈：陈建功的《少说为佳》、赵大年的《几点想法》、许谋清的《我到

"新体验小说"构想》。同期，发表红柯的短篇小说《司机的故事》、罗强烈的散文《故乡之旅》。

11日,《青年文学》第2期发表周大新的中篇小说《溺》。

12日，作家路翎在北京逝世，终年71岁。冀汸感叹，"1955年那场'非人化的灾难'，将你一个人变成了一生两世：第一个路翎虽然只活了三十二岁(1923－1955)，却有十五年的艺术生命，是一位挺拔英俊才华超群的作家；第二个路翎尽管活了三十九岁（1955－1994)，但艺术生命已消磨殆尽，几近于零，是一位衰弱苍老神情恍惚的精神分裂患者"。"《饥饿的郭素娥》在读者中、尤其在文艺青年中产生了极大的冲击波，也引起前辈作家的刮目相看。邵荃麟就写了评论文章，有极其中肯的论述。'艺术上的现实主义并不仅仅是对于客观现象的描写和分析，或者单纯地用科学方法去剖析和指示社会的现实发展，而必须从社会的人（作为社会关系的总和的人）底内心的矛盾和灵魂的搏斗过程中间，去发掘和展露社会的矛盾和具体的关系，而从这种具体的社会环境里来确证这真实人物的存在，并且因为这样，这些人物的一切必须融合在作家的自身底感觉和思想感情里，才能赋与他们以真实的生命，那末我以为路翎的这本《饥饿的郭素娥》，可以说是达到了这样的境界，可以说在中国的新现实主义文学中已经放出一道鲜明的光彩。'——原载《青年文艺》1944年第1卷第6期"。"巴人认定：《初雪》这篇小说'是表现了生活的最高真实，那应该说，就是诗'。"（冀汸：《哀路翎》，《新文学史料》1995年第1期）"路翎是以小说和戏剧创作贡献于中国文学的，他年轻的时候生活在社会底层，接触各个社会阶层的生活，他把握创作题材的方法和审美精神，都来源于他的特殊的生活经历，他用他创作的成功，证明了胡风许多文艺理论观点的正确；同时，他也努力学习中外文学特别是俄罗斯文学的成功经验，接受了胡风文艺理论的观点，并在生活和创作实践中，充实和完善了它，又通过自己的理论活动捍卫它和宣传它，这些文论就是一个证明"。"他因为他的文艺创作与理论活动而受难，也会因为他的文艺创作和文艺活动而永生”。（罗紫：《路翎在我心中》，《新文学史史料》2004 年第 4 期）“这些小说探讨着人民的‘原始强力’和沉重的精神负担，大幅度地展开了受苦受难的人们由血淋淋的人生所造成的血淋淋的内心世界。强烈的内心冲突和锐角式的情绪波折，是它们的艺术专注点，这种描写有时出人情理之外，但总是洋溢着蓬勃的热情”。“路翎，是‘七月’流派典型的小说家，他把灵魂的探索提到艺术的中心位置”。“路翎笔下的人物的两重性格并不限于这个特定的领域和特定的角度，他的笔下没有一个性格和灵魂是单一的、平面的，从地主、官吏、资产阶级政客到平凡百姓，都具有不同的历史和阶级内涵的复杂心理，这些人物有若黑格尔所说：‘不仅担负着多方面的矛盾，而且还忍受着多方面的矛盾’”。“他不在情节上卖巧，而在心理描写上求深，极为平常的故事经过深刻的心理剖析，也就变得奇特了”。“浓重的心理分析使得传统的白描手法显得不够用了，路翎多用的是复笔描写法”。“现代小说史写到四十年代而不写路翎，多少总有点遗珠之憾吧”。（杨义：《路翎——灵魂奥秘的探索者》，《文学评论》1983 年第 5 期）“路翎们的‘精神流浪汉气质’在本质上就是对人的精神自由的永不停息的追求，正是这‘不安宁的灵魂’把路翎们和他们的先驱者鲁迅紧紧联系在一起，构成了‘精神界战士’的谱系。这也正是作为小说家的路翎的特殊价值之所在：并不是所有的小说家都能像他这样，达到小说家与精神界战士、思想者的统一”。（钱理群：《精神界战士的大悲剧——说〈路翎——未完成的天才〉》，《读书》1996 年第 8 期）

15 日，《春风》第 4 期发表韩少功的新闻小说《一位中国作家在美国》。

16 日，出版家、编辑家、评论家、翻译家王子野在京逝世，享年 78 岁。

18 日，百卷巨著《中华文化通志》第二次作者大会在广东花都市举行。《通志》全书共 10 典 100 志，3000 万字。

19 日，《中国少数民族当代文学史》编委会、漓江出版社等单位在京联合举行《中国少数民族当代文学史》首发式暨研讨会。这部文学史是由在京的蒙古、藏、维吾尔、哈萨克、朝鲜、满、回、锡伯、布依、达斡尔等10个民族的17位少数民族文学工作者、专家、教授集体编写。全书70万字，是一部学术专著，由蒙古族作家特·赛音巴特尔主编。本书系统地审视了少数民族文学在我国当代文学发展史中所占的地位和作用，为爱好少数民族当代文学的广大读者和研究工作者提供了丰富的史料。

王宁的《大众文化与文化研究》发表在《文艺报》上。本期还报道了重庆出版社经过两年多的努力，推出了《中国现代作家评传丛书》第一辑。《丛书》由著名文艺理论家陈涌任主编，并由一批著名的中国现代文学研究者和专家组成编委会，分辑出版。第一辑共有8本，有《郭沫若评传》、《冯雪峰评传》、《曹禺评传》、《沙汀评传》、《萧军评传》、《戴望舒评传》、《叶紫评传》、《郭小川评传》。这套丛书的面世，对促进中国现代文学研究的深入发展，对展开学术上的争鸣和讨论，对繁荣当前的文学创作，将产生积极的影响。

19－23日，全国文联工作会议在京举行。会议的主要内容是：传达、贯彻全国宣传思想工作会议精神，交流文联工作经验，研究在建立社会主义市场经济体制下如何改进和加强文联工作，进一步繁荣社会主义文艺。中宣部副部长、文化部长刘德忠，中国文联党组书记林默涵，文联执行副主席尹瘦石、李瑛，自治区、直辖市文联负责人和中国文联及全国各文艺家协会的负责人60人出席了会议。10个产业部委文联的负责人列席了会议。

20日，《当代》第1期发表张欣的中篇小说《如戏》、阿成的短篇小说《回望古城》。

本月，《小说家》第1期开始连载北村的长篇小说《武则天》，发表乔再芳的中篇小说《走出荒原》。

《贾平凹自选集》六卷本由作家出版社出版。

白族作家晓雪的《晓雪序跋选》由云南人民出版社出版。

台湾蒙古族诗人席慕蓉的散文、素描合集《写生者》由台湾洪范出版社出版。

三月

1日，《作家》第3期发表苏童的短篇小说《樱桃》、《美人失踪》和随笔《还能干什么》，方方的散文《入厕阅读（外一篇）》，吴亮的文章《回顾先锋文学》。

《小说界》第2期发表张贤亮的长篇小说《烦恼就是智慧》（下部）、须兰的中篇小说《樱桃红》、鲁彦周的中篇小说《春风一度》、王蒙的短篇小说《白先生之梦》。

《春风》第5期发表储福金的短篇小说《恋爱故事》。

3日，《人民文学》第3期发表刘绍棠的中篇小说《一河二刘》，伊沙的《诗八首》。

4日，作家李束为在太原逝世，终年75岁。"在50余年的文学生涯中，李束为坚持毛泽东同志《在延安文艺座谈会上的讲话》精神，走民族化、大众化的道路，深入生活，反映现实，同人民群众保持着血肉联系，始终把农民作为描写主体和服务对象，创作出大量的小说、散文和报告文学，作品有着强烈的时代精神、浓厚的生活气息和为人民大众所喜爱的艺术风格"，"李束为是从一名抗日游击队战士走上文学创作道路的"。（杨品：《从战士到作家——李束为的生平与创作》，《新文学史料》1996年第3期）"李束为同志为开创当代中国重要文学流派之一的'山药蛋派'作出了突出贡献，是这一流派第一代的主要作家之一。在50余年的文学生涯中，李束为同志创作了大量的小说、报告文学和散文，他的作品有着强烈的时代精神、浓厚的生活气息和为人民大众所热爱的艺术风格”。(《李束为逝世》，《新文学史料》1994年第3期)

5日，《上海文学》第3期发表李佩甫的短篇小说《满城荷花》、陈晓明主持的评论《后现代：文化的扩张与错位》、格非的理论文章《故事的内核和走向》。

《北方文学》第3期发表彭见明的短篇小说《躲避南方》、何玉茹的短篇小说《城市浅行》。

《长江文艺》第3期发表邱华栋的短篇小说《云》、昌切的文章《醉人感官文化天地的〈废都〉》。

《厦门文学》第3期发表晓苏的短篇小说《门卫》。

《莽原》第2期发表林希的中篇小说《锅夥》。

7日，《天津文学》第3期发表尤凤伟的短篇小说《姓邹的老头和叫皮的猪》、刘白羽的散文《谈艺日记二则》。

7-9日，湖南省作家协会第五次会员代表大会在长沙举行。未央代表上届作协主席团作工作报告。会议选举孙健忠为新一届作协主席，水运宪、石太瑞、弘征、张扬、李元洛、凌宇、萧育轩、肖建国、彭见明、谭谈为副主席。

10日，《中国作家》第2期发表徐小斌的长篇小说《敦煌遗梦》、汪曾祺的短篇小说《卖眼镜的宝应人》，并开辟“我和北京胡同”散文专辑，萧乾、季羡林、杨沫、李纳、王蒙、白桦、蓝翎、蒋子龙、陈建功、叶兆言、王朔皆发表散文。

《中华散文》第2期发表叶广芩的《吹鼓手》、西渡的《白日的梦游》、池莉的《论赌博的合理诱惑》、方方的《夜半惊魂》、毕淑敏的《昆仑之眠》、端木蕻良的《一对缅茄》、何启治的《秦牧和他的朋友》。

《北京文学》第3期“新体验小说”专栏发表毕淑敏的中篇小说《预约死亡》及其新体验小说笔谈《炼蜜为丸》。另外，范小青的中篇小说《别了乡塘》、残雪的短篇小说《匿名者》、陈燕妮的短篇小说《纽约尖锐》、方方的散文《文边闲话》、陈染的散文《挺住意味着一切》、韩小蕙的散文《回归父母怀抱》也发表在这一期上。

《花城》第2期发表林白的长篇小说《一个人的战争》、储福金的中篇小说《心之门》、潘军的中篇小说《爱情岛》、刁斗的中篇小说《作为一种艺术的谋杀》、苏童的短篇小说《与哑巴结婚》、顾城的诗歌遗作《等待墙醒来》、谢烨的散文遗作《你叫小木耳》。《一个人的战争》发表后引起了争议。王春林认为：“《一个人的战争》与传统意义上的长篇小说业已有了一种明显的分野，已经具备了某种相对独立的审美品格，已经是一种与传统长篇小说迥异的现代意义上的长篇小说了。”“林白在《一个人的战争》中构筑的实际上只是一个自我指涉的欲望世界。所谓‘自我指涉’，就是指小说中所叙述的故事所指，并不指向外在于‘自我’的客体世界，包括社会与历史，包括他人，包括物。相反小说中的故事所指只指向林多米自身，作家所反复诉说的仅仅是个体性的一种刻骨铭心的生存体验。”“《一个人的战争》更主要的意义价值乃表现为在作品中所构筑起来的‘自我指涉的欲望世界’之中所深深潜藏着的对‘存在’`这一根本性问题的形而上意义上的追问。”“林多米对孤独权利的拥有，对‘我自己’这种生存方式的坚决维护，实际上意味着她对自我（人类）存在的意义和价值的一种不懈的追求和探寻。”（王春林：《自我指涉的欲望世界——评长篇小说〈一个人的战争〉》，《当代文坛》1994年第6期）陈晓明认为《一个人的战争》：“是如此坦率地暴露自我的经验世界，它是如此绝对地埋葬自己，以至于它无所顾忌地倾诉了全部的内心生活。结果，这次返回内心的倾诉，不得不变成一次超道德的写作。它对男权制度确定的那些禁忌观念，对那些由来已久的女性形象，给予了尖锐的反叛。”（陈晓明：

《走进女性记忆的深处——简论林白》，《作家报》1995年12月9日）艾晓明认为："林白在这里，彻底摆脱出与大众、集体共享的社会性记忆模式，从而面对自己，书写自己；作品前所未有地凸显了一个女人成长历程中个别的、个人的记忆。那是些通常注重社会性记忆的作品不会去观察、去描写，但对于一个女人了解到自己是女人这种身份识别过程中特别铭心刻骨的记忆。""林白用了第一人称和第三人称的交替来建立叙事结构，这样，她在主人公的过去和现在之间拉开了一个可供批评、审视、近观与剖析的自由度。还有，作为一部小说，林白创造了自己的语言风格，富于比喻和形象性，富于电影画面的动感。"（艾晓明：《关于〈一个人的战争〉及其争论》，《中国青年研究》1996年第5期）邓晓芒则认为："'一个人的战争'到头来成了一个消灭自我、将一个人融入太虚的战争。""《一个人的战争》中所达到的只是一个被物化或虚化了的人对沉重人世的解脱（而不是解放），是一种麻木的无所谓、一种淡淡的哀怨和伤感，一切'生命涌动'和'跳跃飞翔'在个人化写作中最终归于寂静，个体人格凭天生性灵和才情无法确定自身，只能是半途而废。"（邓晓芒：《当代女性文学的误置——〈一个人的战争〉和〈私人生活〉评价》，《开放时代》1999年第3期）

11日，《青年文学》第3期发表彭见明的中篇小说《忠的门》、陈平原的散文随笔《南游书简》。

15日，《钟山》第2期发表苏童的短篇小说《城北地带》、朱苏进的中篇小说《醉太平》、叶兆言的中篇小说《花煞》、梁晓声的散文《1993——一个作家的杂感》（上）、王西彦的散文《村前那座小石桥》、杨沫的散文《我一生中的三个爱人》（上）、韩少功的小品文《个狗主义》，"新'十批评书'"专栏发表了陈晓明、张颐武、戴锦华、朱伟的评论文章《文化控制与文化大众》。

《长城》第2期发表张炜的中篇小说《西行漫记》。

江泽民、李鹏观看了北京人民艺术剧院演出的话剧《旮旯胡同》，希望文学艺术要努力反映现实，表现当代丰富多彩的生活，表现时代的主旋律。人艺的文艺工作者表示，总书记、总理来看演出，是对严肃文艺的肯定和支持。

《文学评论》第2期发表张德祥的《“新写实”的艺术精神》，文章认为“新写实”使中国当代文学的艺术精神发生了重大变化。“把视线移向普通中国人的现实处境，客观呈现当代平民的生存状态和精神境遇，是‘新写实’的一个基本叙事目标”，“作家在文学上不再是一个启蒙者、教导者，不再是一个精神导师，而成为存在的观察者、体验者、叙事者。正是这一点上，‘新写实’真正体现了叙事，真正实现了写实，表现了一种确证此崖实在的艺术精神”，“‘新写实’的一些代表性作品中，存在着一种铭心刻骨的真实，达到了对生活和人性的某种典型概括，也潜在着深刻的批判意识”。作者认为“新写实”抛弃了两极对举的方式，“而且对现实主义的‘典型化’原则作了相应移动，这就是把创造‘典型环境中的典型性格’推衍为创造典型性格的典型环境，把强调的重心移到了人赖以生存的社会环境上，移到了人的特定境遇上，以达到对特定历史时代的社会存在和人的现实处境的典型再现”。而这种典型化恰恰是通过“细节”来实现的。结合作品具体分析后，作者提出“‘新写实’悄然生发，并迅速崛起，其根本原因就是它接通了现实之源、生活之源，并有效地融化了‘寻根’和‘新潮’之流，吸引了新的艺术因素，开通了一条切实的文学途径”。文章最后写道，“‘新写实’不是一个有共同纲领的文学运动，也不是一个有共同哲学基础的文学思潮，而是‘写实’文学自八十年代中后期以来的自然趋向，是‘主义’幻灭之后面对‘存在’的一种去虚逐实的自然流向，是世纪末社会转型特定历史条件下文学的无奈归宿——回到‘写实’”，“体现了一种以实为本的艺术精神和艺术功能，因而具有不可能忽视的文学转向、转型意义，使中国当代文学的艺术精神发生了根本性的、历史的潜移”。

《文艺争鸣》第2期发表童庆炳等的文章《后殖民主义语境下的中国文化——北京师范大学中文系座谈会纪要》，在全球化时代下，面对中西文化的不断碰撞，应如何看待文化以及采取什么态度，童庆炳、王一川、李春青等发表了看法。“走向21世纪名家系列讨论会·王蒙”专栏发表了陈思和的《关于乌托邦语言的一点感想——致郜元宝，谈王蒙小说的特色》、王干的《寓言之瓮与状态之流——王蒙近作走向谈片》、王蒙的《杂感》。本期王干的另一篇文章《话本的兴起与先锋话语的转型》中说：种种迹象表明，先锋们在暗暗转换话语，从抗拒型转向温和型，从抽象性转向具象性，从国外思潮转向中国古代。在“新潮层面”上，先锋们已难从国外思潮撷取精华，后现代文化出现，已宣告西方文化主潮的死亡；在“实验层面”上，既然国外配方生效，转向古代文化库藏寻找新的转机是自然的事情。更重要的是，虽然90年代中国经济与世界接轨的格局逐渐形成，对后殖民主义的关注与文化人和作家必须开发本土和母语里的“中华性”，才能在世界文学格局中有一席之地，先锋话语转型便成为不可逆转的自然流向。

20日，《小说评论》第2期发表李洁非的《长篇小说热的艺术评析》、陈辽的《93中篇小说的格局与走向》、鲁枢元的《采英集·序》。

25日，《收获》第2期发表刘继明的中篇小说《海底村庄》、北村的中篇小说《玛卓的爱情》、王彪的中篇小说《欲望》、林斤澜的中篇小说《母亲》、柳建伟的中篇小说《苍茫冬日》、朱文的短篇小说《小羊皮纽扣》、余秋雨的散文《天涯故事》、卞之琳的人生采访《毕竟是文章误我，我误文章》。“编者的话”把刘继明的小说称为“文化关怀小说”。

《当代作家评论》第2期发表张颐武的《一个童话的终结——顾城之死与当代文化》，认为顾城的死代表了80年代这个特殊时代的终结，“他的杀人和自杀说明着‘新时期’话语的边缘和极限所在，说明着我们80年代所承诺的天国的乌托邦的幻觉性质”，“他毁了一个童话，也标志了我们和80年的断裂。他让我们远离了青春的梦想”，“这可能是最后一个杰姆逊式的‘民族寓言’了”。

28 日，《剧本》第 3 期发表乐美勤的小剧场话剧《留守女士》、王仁杰的梨园戏《董生与李氏》。

本月，《十月》第 2 期发表叶君健的中篇小说《无法潇洒》、吴文光的纪实文学《流浪北京》和贾平凹的散文《红狐》。

《青年文学》从第 3 期开始新辟“六十年代出生作家作品联展”专栏，积极关注 60 年代出生的作家的创作。不少评论家认为“六十年代出生作家”不仅是一个衡量作家生理年龄的标志，同时也有其文学自身的意义。

任光椿长篇历史小说《时代三部曲》研讨会在京举行。北京和湖南的 50 余人参加了这次会议。这次研讨会是由中国作家协会创作研究部和湖南省文联、作协联合召开的。

《金庸作品集》大陆简体字版由北京三联书店隆重推出。这套总数 36 册的作品集的写作时间是从 1955 年到 1972 年，其中包括 12 部长篇小说、2 篇中篇小说、1 篇短篇小说、1 篇历史人物评估，以及若干篇历史考据文字。12 部长篇小说分别是：《书剑恩仇录》、《碧血剑》、《射雕英雄传》、《雪山飞狐》、《神雕侠侣》、《飞狐外传》、《倚天屠龙记》、《连城诀》、《天龙八部》、《侠客行》、《笑傲江湖》、《鹿鼎记》。2 部中篇小说为：《白马啸西风》和《鸳鸯刀》。金庸本人将它们的第一个字凑成一副对联：“飞雪连天射白鹿，笑书神侠倚碧鸳。”

赵玫的长篇小说《朗园》由春风文艺出版社出版。

四月

1日，《大家》第2期发表陈村的短篇小说《小说老子》、苏童的长篇小说《紫檀木球》（续）、洪峰的中篇小说《几度夕阳红》、海男的中篇小说《观望》、韩东的短篇小说《描红练习》、陈晓明的评论文章《先锋的歧途》。

《作家》第4期发表林白的中篇小说《青苔与火车的叙事》、短篇小说《长久以来记忆中的一个人》，张炜的对话录《文学是生命的呼吸——与大学生对话录》，张抗抗的散文《跛足巨人》。

2日，《文艺报》报道"北京作家文稿库"在京成立。报道指出，"北京作家文稿库"是北京作协直接组织、主办的一个作家稿件代理机构，旨在沟通作家与出版单位之间的联系渠道，为写书者与出书者双方同时提供宽泛的选择余地。已有300多位作家将自己的最新创作意图和计划委托该文稿库代理出版与出版者洽谈，其中有骆宾基、雷加、罗大冈、张洁、林斤澜、曾伯融、斯妤等。文稿库举办的"第一届北京作家文稿洽谈会"已于近日在京举行。

天津市孙犁研究会正式成立，成为我国第一个专门研究这位具有鲜明艺术风格的优秀作家的学术团体。天津市、北京市的部分知名作家、评论家出席了成立大会。孙犁研究会重点研究孙犁的作品与创作道路、孙犁对中国文学所作的贡献及其在世界文学中的地位，同时收集和收藏孙犁的手稿、手迹、图片、录像等有关资料，还将出版孙犁研究刊物。

3日，《人民文学》第4期发表蒋子龙的随笔《绿色崇拜》。

5日，《上海文学》第4期发表刘醒龙的中篇小说《菩提醉了》、蒋子丹的短篇小说《左手》。王朔、杨争光等在《选择的自由与文化态势》一文中，对文学批评表示了愤怒和挖苦。王朔说，现在的批评家往往习惯于用自己的想法去框范作家，要求作家。最近有一些批评家十分强烈地呼唤道德，由人品去看作品，这不大对头。你管人家作者离不离婚，家务事你别掺和。作品和人品不能构成相互指证的关系，好人、老实人不见得能写出好的作品。写出好的作品的人也可能人品不怎么好。有几个文学博士的文章，真好像是清朝的最后一批秀才，学了一身的本事，只会做没什么用的八股文章，英雄无用武之地，字里行间都充满了一种莫名的愤怒。有些人没什么文学感受，就只好谈道德。杨争光说，作家往往是有局限的，而批评家好像无所不能，什么作品都能说话，这很可怕。我参加过西安的一个作品讨论会，发现批评家都拿着现成的稿子，说着不着边际的话，这不是糊弄人吗？

《北方文学》第4期发表胡辛的散文《母亲》。

《长江文艺》第4期发表方方的中篇小说《凶案》，邱华栋的《“文化可能已鞠躬告退”——刘心武访谈录》，樊星的《“世纪末文学”的双重主题》。

5-11日，沙汀、艾芜诞辰90周年暨逝世一周年之际，由中国现代文学馆、北京图书馆、四川成都全兴酒厂举办的“沙汀艾芜生平与创作展”在北京图书馆展出。

7日，《天津文学》第4期发表李佩甫的短篇小说《钢婚》。

8-11日，上海第二届“长中篇小说优秀作品大奖”终评委会议举行，参加会议的有评委会主任徐中玉，副主任江曾培，评委蒋孔阳、钱谷融、潘旭澜、徐俊西、李子云、邱明正、余秋雨、陈思和、王晓明。这项评奖活动是由上海文艺出版社、上海市作家协会、上海文化发展基金联合会举办的，获奖作品从1992年至1993年两年来在上海出版和发表的中长篇小说中评选出来。张炜的《九月寓言》等共9部（篇）小说获奖。李振声说：“被张炜用亲情之手加以抚摸的《九月寓言》，是一部再朴素不过的作品。但就是这部朴素的作品，它在处置故事上的某种悄然而至而不是大声喧闹出来的奇特，使得不少明眼人感到了突兀和惊喜。……《九月寓言》不仅在整个故事框架上摒弃了时间的处理，即使在小说中出现的一些时间性词语，在具体的故事中，也往往具有了把时间加以泛化乃至颠覆时间的功能。这在当代中国小说中，不能不说是一种新鲜而又奇特的现象。”（李振声：《无时态背后的时间疑惧——〈九月寓言〉一解》，《读书》1997年第3期）王光东说：“张炜在《九月寓言》中寻找精神的自由生长、以悲悯的情怀沉浸于民间大地上，发现民间的丰富，并在民间生存的自足性中看到内在的生命活力。”“张炜在《九月寓言》中带有一个明显的情感意向——融入民间大地，在与民间的亲和、融合过程中，获得精神生长的力量，以抗拒当代社会给人带来的精神阻隔。这种精神阻隔我理解有两层意义：一是工业化的现代文明所带来的人的感情的冷漠与沟通的艰难；二是知识分子的精神在90年代由于各种各样的原因的制约所带来的‘坚守的困境’。”（王光东：《民间的当代价值——重读〈九月寓言〉》，《文艺争鸣》1999年第6期）

9日，《文艺报》报道，《柯灵六十年文选》由上海文艺出版社出版，并在沪举行了该书首发式暨研讨会。《文选》由84岁高龄的柯灵先生亲自逐笔逐卷编就，全书共271篇，近90万字，分5卷，收录了从1930年的《龙山杂记》到1992年的《乡土情结》。同期还报道，由中国作协创联部编辑、中国社会出版社出版的《中国作家大辞典》现已正式出版发行。此书收集了从1949年至1991年加入中国作家协会的4300多名会员的条目，全书120万字，文字简明，是一部大型工具书。同期的另一则消息为作家出版社推出藏族青年作家扎西达娃的长篇处女作《骚动的香巴拉》。这部收入“当代小说文库”的小说，尽展西藏上层贵族、凯西庄园主凯西一家四代的蜕变和奴仆总管色岗·多吉次珠家两代人的命运，构成一副雪域高原的独特图画，映现了西藏大地的生存状态和政治、宗教、民族、军事以及神权的莫测高深。“香巴拉”意即世界末日的最后一片净土。小说为读者提供了新的看世界的思路。

10日,《北京文学》第4期发表季羡林的散文《悼组缃》、张一弓的散文《我当了一次厨师的艺术体验》。

11日,《青年文学》第4期发表吕幼安的中篇小说《男女城市》。

11－14日，文化部在京召开直属艺术表演团体工作会议。会议发出了《关于继续做好艺术表演团体体制改革工作的意见》的通知，对艺术表演团体体制改革在建立社会主义市场经济体制新形势下提出了新的要求和意见；同时针对中直院团，文化部又发出了《关于进一步加快和深化文化部直属艺术表演团体体制改革的意见》的通知。这两个通知成为中直院团下一步工作的纲领性文件。

14－17日，在全国政协副主席、中国作家协会主席巴金90华诞之际，由中国作家协会、中华文学基金会、中国社科院研究生院、人民文学出版社等单位联合主办的“巴金与20世纪学术研讨会”在北京举行。来自全国各地以及日本、韩国的50余位巴金研究者，与在京的文化界人士200余人参加了会议。中宣部副部长、文化部部长刘德忠向会议发来热情洋溢的贺信，中国作协副主席张光年写来会议贺词。中国作协副主席冯牧致开幕词，他从历史的角度，总结了作为20世纪同龄人的巴金，近一个世纪所走过漫长艰苦道路上铭刻的时代印记。

16日，中国青年艺术剧院举行建院45周年院庆活动。李鹏为该院题词“发扬延安精神，歌颂时代新人”，李铁映的题词是“改革文化体制，繁荣艺术舞台”。45年来，中国青艺共上演古今中外大型剧目169部，演出足迹遍布全国。院庆期间，青艺推出大型历史剧《捉刀人》、大型现代剧《大江弯弯》、小剧场戏剧《灵魂出窍》和一台小品晚会。《中国戏剧》第6期特开辟青艺专辑，祝贺45周年院庆。

18－19日，梁斌80周岁诞辰，天津、河北、北京的近200名文艺家以及其他有关人士在天津聚会，召开了“梁斌文艺活动60周年研讨会”，研讨梁斌的创作特色和艺术经验。林默涵、贺敬之、魏巍、陈涌、张常海、李希凡、郑伯农等与会，欧阳山、马烽、孙谦、西戎、胡正、陈登科、于逢等发来贺词。与会者赞誉梁斌的作品在中国当代文学史上占有重要位置，弘扬了我国古典文学的优良传统，开拓了我国革命文学的一个新境界。研讨会由梁斌文学研究会、解放区文学研究会、延安精神研究会、天津市作协、天津市文联共同主办。

18－28日，第四届中国艺术节在兰州举行。本届艺术节共有32台参演剧（节）目，包括京剧、话剧、歌剧、舞剧、黄梅戏、豫剧、秦腔、曲艺、杂技、芭蕾舞、交响乐和大型广场艺术表演等。这些剧目大多是由文化部从全国推荐的获奖剧目中精心选定的。哈萨克斯坦、俄罗斯等国家以及香港、台湾也派出了艺术团参加。

20日，《当代》第2期发表韦君宜的长篇小说《露沙的路》（选载）、张一弓的中篇小说《碎砚焚毫》、范小青的中篇小说《人物关系》、肖克凡的中篇小说《遗少》、张放的短篇小说《芙蓉城》。

22日，中国青年艺术剧院在京召开话剧《捉刀人》座谈会。与会者认为，这是一台高品位、有深度、有厚重历史感又有现代感和民族风格的好戏，是近年来话剧舞台的佳作、力作。新编历史剧《捉刀人》由北婴编剧，导演林荫宇，剧本发表在《新剧本》第6期上。周传家认为，该剧"是迄今为止批判封建帝制的一个最有力的作品，是张扬人格力量的力作。"黄维钧说："《捉》剧是历史剧的进步，创作进入了审美层次。人物性格内涵十分丰富。编导没有停留在历史评判、道德评判，这在创作思维上是极可取的，因此，我们才看到一个在话剧、戏曲中最丰富、最有内涵的曹操。要精心保护这个作品，细细探讨，继续发掘。"（以上均见《弘扬人格力量的力作——话剧〈捉刀人〉座谈会纪要》，《中国戏剧》1994年第6期）

23日，《文艺报》报道，由人民文学出版社历时8载编辑出版的26卷本

《巴金全集》在巴金90华诞之际全部出齐。巴金亲自参与了《全集》的编选过程，为其中17卷写了珍贵的跋语，并把编完《全集》视为自己最后的重要工作。《巴金全集》收入了作者自1921年以来除译文外的全部著作及迄今所见的书信、日记。这部《全集》是我国首次出版的健在作家的全集。

24日，《文艺报》理论部与中国社科院文学研究所古代文学研究室联合召开“红楼梦研究方法问题”研讨会。与会者一致认为，古典文学研究既要解放思想、敢于创新，更要实事求是。

27日，《文艺报》报道，湖南省作协举办唐浩明的长篇小说《曾国藩》研讨会。文选德、孙健忠、何立伟等40多位作家、评论家和学者与会。与会者认为，这部长达120万字的历史小说力图客观、公正和全面地表现曾国藩这一历史人物。小说的成功在于作者既不囿于传统的成见，又不故作翻案文章，而是实事求是地表现历史上的真人真事，从政治、道德、哲学、文化等方面多层次地写出了曾国藩的全人全貌，写出他的儒雅与血腥的两面性，比较符合历史的真实。

《光明日报》报道，拥有强大作家阵容的《北京文学》杂志，以北京作家陈建功、赵大年、刘恒、刘震云等20余位作家为核心，发起“新体验小说”创作活动。“新体验小说”主张作家“混迹”于喧嚣与骚动的社会生活，通过躬行实践，更具广度、深度地表现当今民众所关心的话题；强调作家的亲历性和作品的纪实性，同时突出作家的主观体验和独特感受。已发表的作品有陈建功的《半日跟踪》、许谋清的《富起来需要多少时间》、毕淑敏的《预约死亡》等。

本月，《读书》第3期发表张汝伦、朱学勤、王晓明、陈思和的《人文精神寻思录之一——人文精神：是否可能和如何可能》，开始新一轮的人文精神讨论。张汝伦认为，“造成这种危机的因素很多。一般大家较多看到的是外在因素”，“但人文学术的危机还有其内部因素往往被人忽视，这就是人文学术内在生命力正在枯竭”。王晓明认为“文学批评的现状也是如此。我想一个关键的原因，就是批评家丧失了对批评的根本意义的确信”。朱学勤归纳到“晓明所说的，是否可归纳为‘底气不足’？这可能与‘地气不接’有关”。张汝伦也认为“长期以来人文学术界一直提不出真正的问题，似乎连问题都需要从外面输入”。“从知识分子自身来看，人文精神的逐渐淡化和失落当是主要的原因”。陈思和说：“人文精神的失落恐怕不是一个局部的学科现象，我怀疑的是作为整体的知识分子在当代还有没有人文精神。”“我们今天来谈人文精神就有点可疑了，整个20世纪知识分子首先思考的是怎样做而不是做得好不好，这就说明知识分子已经失去了一个稳定悠久的精神传统作为他们安身立命的根本。”王晓明说：“由此可见，人文学术也好，整个社会的精神生活也好，真正的危机都在于知识分子遭受种种摧残之后的精神侏儒化和动物化，而人文精神的枯萎，终极关怀的泯灭，则是这侏儒化和动物化的最深刻的表现。”张汝伦认为，“这其实这也不光是中国的问题。进入本世纪后，工具理性泛滥无归，消费主义甚嚣尘上，人文学术也渐渐失去了给人提供安身立命的终极价值的作用，而不得不穷于应付要它自身实用化的压力”。“所以人类现在面临共同的问题：人文精神还要不要？如何挽救正在失落的人文精神”？陈思和说：“说到挽救失落的人文精神，就有一个价值观念转变的问题，先需要澄清。……现在没有这个政治文化的中心，还需要不需要有中心，这些问题直接涉及知识分子人文精神的价值取向，即它的岗位应该设在哪里。”“也就是说，我们今天是否还应该建立一套具有普遍性的价值规范，一个新的精神中心?”张汝伦认为，“中国传统思想的主流是有明显的普遍主义倾向的，所谓心同理同，放之四海而皆准。西方文化的主流如基督教和启蒙思潮也都是持普遍主义的立场”。“我们今天当然不是要给出一个普遍的价值体系或规范，因为这完全是主体间历史的产物，而且人文精神与价值体系或规范也是有区别的”。王晓明说，“至少在中国，从古到今，绝大多数对终极价值的阐释都有一个共同点，就是阐释者以社会代表、精神导师自居，认定自己那一套是绝对真理，人人都该接受，甚至为此弄出许多可怕的事情来。因此，今天我们谈论终终极关怀，我就更愿意强调它的个人性”。“我相信人文学者在学术研究中最后表达出来的，实际上也首先应该是他个人对于生存意义的体验和思考”。张汝伦认为，人文精神的确不是什么明确的规定或规范，但却是“无状之状，无象之象”。陈思和说：“我们在思考知识分子问题时涉及两个范畴，一个是道德范畴，一个是信仰范畴。”“我跟王晓明一样，关心的是自己的问题，即作为一个现代知识分子，我们安身立命之处在哪里？如何在自己的岗位上接通知识分子的人文传统？”朱学勤总结道，他们三人“谈出了一个要害问题——人文精神在原则上的普遍性与实践中的个体性”。张汝伦强调，“人文精神推到最后，是普遍主义的。我赞成这一说法”。“我觉得有一点很要紧：对人文精神普遍原则的理解，应该是形式主义的，而不是实体主义的”。“其次，王晓明强调的是，一个普遍主义的人文原则，在实践中却必须是个体主义的。这是一个非常重要的限定”。“我想说的是，一个人文主义者，如果不愿放弃这一理想，是否应对原则上的普遍主义与实践中的个体主义，持有一份谨慎的边界意识？否则，我们的人文理想越炽热，我们的存在方式就越危险，越有侵略性”。“除上述两点外，我们是否强调一下人文精神的实践性？正是因为有实践要求，才出现了普遍性与个别性的联系与界限”。“只愿回答过去，是学者，但不是人文学者。只有始终回答今天的学者，才称得上是人文学者”。

随后《读书》接着又推出了后续的讨论，第6期发表吴炫、王干、费振钟、王彬彬的《人文精神寻思录之三：我们需要怎样的人文精神》。吴炫说：“《读书》这几期，上海的朋友相继提出了人文精神的失落和遮蔽等问题。今天，我们江苏几个学人聚谈，看看能否将其中一些问题深化一下。”王干说：“我觉得人文精神在当代，主要体现为知识分子的一种生存和思维状态。人文精神的危机说到底还是知识分子的生存危机。”费振钟说：“中国知识分子一直太重现实功利，太重集体原则，太容易媾和认同，缺乏形而上的批判与否定精神。”“悲剧在于：本来人文精神应该是与统治阶级的政治话语相对立的，可一旦统治阶级将儒家思想和道家思想纳入其集团政治话语时，无论儒家型知识分子，还是道家型知识分子，都自觉或不自觉地成为统治阶级公开的或潜在的‘合作者’，人文精神也就在这个时候被阉割、被遗置了。”王彬彬说：“统治阶级需要儒家经世致用的一面来维系社会，却不需要凌驾于统治阶级之上的、能检验合理与否、正义与否的‘道’，或者对这个‘道’进行符合自己统治目的的解释，这种阉割和被解释的东西，可能便是人文精神。”王干认为，上述论述中的人文精神“与我们所渴望的人文精神，不是完全等值的”，认为“文人精神”确实有过非常积极的一面，但是它最大的问题就是始终具有“代言”、“依附”、“工具”的身份，认为“我们应着眼于当代来谈新的人文精神状态的建立”，“今天谈人文精神的建立，不大可能再会是一个普遍性原则，不可能成为人人信服的宗教，也不太可能成为社会新的经世致用的哲学与价值体系”。费振钟认为，重建人文精神在今天的“可能性”更主要的是指“实践”的“可能性”，并说明与《读书》第三期王晓明他们所说的“个人的实践性”还不完全一样。王彬彬说：“我们今天谈人文精神的失落、遮蔽、重建，必须明确一个前提：传统中有无人文精神？”认为“最后可能我们还是必须从传统中寻找人文精神的原素”。王干认为，人文精神在今天何以成为可能，主要表现为知识分子叙事的可能和必要。“人”，主要体现在知识分子的精神上；“文”，主要体现为知识分子叙事的可能性上。并强调知识分子作为一种叙事人预设人文价值有一个重要特点，即它是否定性的、批判性的。

《读书》第7期又发表张汝伦、郜元宝、季桂保、陈引驰《人文精神寻思录之五 文化世界：解构还是建构》。张汝伦认为，现在存在这样一个有趣的现象，即无论是谁，都对目前的文化状况感到不满。在时下流行的文化批评中，“解构”似乎是一种最新的时髦。季桂保觉得“解构主义”在我国学术界成为一个热门话题，但原初意义上的“解构”实际上已经被加以改造。郜元宝认为，要“解构”，先得问解什么“构”，或者，什么“构”非得用“解构”之法去解。张汝伦说，“中国的‘解构’思潮重复了中国近代思想史上多次发生过的一幕：不管三七二十一找一个最新的西式武器来对付一切认为应该否定的东西。但这一次更缺乏内在的思想史和学理上的根据，带有更大的主观任意性”。郜元宝说，“近代以来的思想文化史，在某种意义上，一直隐伏着一个始终受到忽视的虚无主义过程”。“这种虚无主义，就是价值之始终无由建立，意义之不断消失，传统之一坏再坏，学术信念、学术乐趣及学术应有的浪漫情感日渐稀薄。逸通至今，便是时下所讨论的人文精神危机。”陈引驰谈到了文化的意识形态化，认为它并不仅仅意味着文化的内容充满意识形态的色彩，更意味着文化被意识形态化地加以使用了。张汝伦说，“可见，无论是从中国近代思想文化史来看，还是从我国的文化现状来看，真正有待‘解’的是中国近代思想文化中逐渐形成的虚无主义”。并发出疑问：面对当今的文化荒原和思想荒原，知识分子究竟应该做出怎样的回应？郜元宝认为知识分子有必要对当代学术中的“听”和“说”做出某种调整。季桂保说，“回顾当代西方学术思想被引进到我国的进程，我们可以看到，文化建设的任务显得尤其紧迫”。“要真正实现西方学术思想的所谓‘创造性转化’，需要我们做出两方面的调整。”

范稳的长篇小说《冬日言情》，由《十月》杂志编辑、北京出版社出版。

《中国作家大词典》由中国社会出版社出版。

萧乾与文洁若合译的《尤利西斯》第一卷由译林出版社出版。

回族诗人木斧的诗集《我用那潸潸的笔》由四川民族出版社出版。

五月

1 日，《散文》第 5 期发表余光中的《雨城古寺》。

《作家》第 5 期发表东西的短篇小说《商品》、《飘飞如烟》，乔迈的散文《游击小学》，王干的散文《秋天的草蜢》，西川等译的诗歌《德国当代五诗人诗选》。

《四川文学》第 1 期发表范小青的中篇小说《歧义》、林斤澜的中篇小说《中间》。

《春风》第 9 期发表陈丹燕的短篇小说《高大健壮的男孩》。

2 日，《新剧本》第 3 期发表郭沫若的话剧《高渐离》。

4－6 日，山东省文学艺术工作者第六次代表大会暨山东省作家协会第四次会员代表大会在济南举行。于占德当选为省文联主席，冯中一当选为省作协主席。

5 日，《上海文学》第 5 期发表叶辛的短篇小说《罪犯》、北村的短篇小说《运动》、林斤澜的短篇小说《打杂·倒毛·顺竿》、南帆、王光明、北村、谢有顺等人的对谈《人文环境与知识分子》。

《北方文学》第 5 期发表林莽的《诗三首》、王彬彬的书话《无耻有时也近勇》。

《人民文学》第 5 期发表于坚的《诗六首》、何申的中篇小说《治保主任》。

《山花》第 5 期发表刘心武的短篇小说《吉日》、叶兆言的短篇小说《结局或开始》。

《莽原》第 3 期发表范小青的短篇小说《杨湾传说》、叶文玲的短篇小说

《岁月稠》。

《长江文艺》第5期发表池莉的散文《不敢与你同哭——致张洁》、张洁的散文《始信万籁俱缘生》。

6日，《莽原》杂志社1993年度“冰熊杯”文学奖颁奖大会在河南省文联举行，获奖结果刊载在《莽原》1994年第3期上。

7日，《天津文学》第5期发表何玉茹的短篇小说《二兰》、何申的短篇小说《楼上》。

百花文艺出版社《小说家》编辑部、中国青年出版社《小说》编辑部、河北省作家协会、廊坊市文联、廊坊市作家协会联合举办乔再芳作品研讨会。京、津、冀部分评论家、作家，廊坊市委、市委宣传部主要领导同志及廊坊文艺界代表共60余人出席了研讨会，评论家雷达、何启治、夏康达、陈映实、奚青、刘国玺、朱晖、苗雨时、张东炎、杨志广、张伟刚、任芙康、赵日升等到会并发言。

10日，《中华散文》第3期发表冯骥才的《逼来的春天》、奚青的《哦，野马鬃》、王蒙的《穷与富》。

《北京文学》第5期“新体验小说”专栏发表刘庆邦的中篇小说《家道》，同时发表朱文的短篇小说《像爱情那么大的鸽子》、李敬泽的随笔《颜色的名字》。

《花城》第3期发表王小波的中篇小说《革命时期的爱情》，迟子建的中篇小说《音乐与画册里的生活》，陈染的短篇小说《与假想心爱者在梦中守望》，韩东的“新小说”《房间与风景》、《新版黄山游》、《有别于三种小说》，臧棣的诗歌《七日书》、海男的散文《空中花园》、谢有顺的评论《重返伊甸园与反乌托邦》同期刊载。

《中国作家》第3期发表何申的中篇小说《穷县》、储福金的中篇小说《心之门》、荒煤的纪实文学《闯游俄罗斯滨海区》、韦君宜的纪实文学《抹不去的记忆——忆向阳湖畔十个无罪者》、牛汉的诗歌《夜中的呓语》及陈晓明、徐小明的文学对话《当代神话：生命之轻如何托起生命之重——关于〈敦煌遗梦〉的对谈》。

11日，《青年文学》第5期发表迟子建的中篇小说《洋铁铺叮当响》、钱理群的随笔《这也是一种坚忍与伟大》、《乡之子的漂泊与困守》、《这实在算不得一件事》。

14日，《文艺报》报道，浩然的自传体小说《活泉》由人民文学出版社出版后引起广泛关注。这部26万字的作品是作者根据自己少年时的经历写成的。从书中，人们可以读到他儿时的艰辛生活，小小年纪便饱尝失学、丧母等生活的磨难，而生活对他又是慷慨的，那一片文化气息浓郁的故土，使他源源不断地汲取智慧和营养，从而逐步形成自己的文化品格和人生观。这部自传体小说是浩然于1989年动笔，1991年完成的。

15日，《钟山》第3期发表储福金的短篇小说《幻色》、《村影》、《染》，梁晓声的散文《1993——一个作家的杂感》（下），孟晖的短篇小说《春纱》、《有树的风景》、《千里行》，杨沫的散文《我一生中的三个爱人》（下），林斤澜的散文《世界》，王彬彬的评论《当代文学中两种价值的对立与互补》。

《江南》第3期发表叶文玲的长篇小说《无梦谷》、刘醒龙的中篇小说《白菜萝卜》、苏童的短篇小说《什么是爱情》、叶辛的散文《山乡短笛》、赵丽宏的散文《上海的脚步》。

《长城》第3期发表叶君健的短篇小说《他“以天下为己任”》、铁凝的散文《我与绘画》。

《文艺争鸣》第3期“新状态文学特辑”发表王干、张颐武、张未民的《“新状态”文学三人谈》，王干的《优美地告别——“新状态”文学漫论之一》，张颐武的《论新状态文学——90年代文学新取向》等文章。王干认为，所谓“新状态”，“不是一种创作手法，也不是一种主义，它是社会文化的转型给创作带来的一种转折机制，这种机制使作家们得以回答了我们以前千呼万唤的文学本体，回到了自己的从容状态上，在现实与传统之间、在创新的限制与自由之间、在东方与西方的文化冲突之间，不再无所适从，偏执偏信，而是更加从容不迫了”。“作家们慢慢地找到了自己的状态，文学创作也似乎形成了一种新的与当下生活相适应的迹象，小说和散文中表现尤其明显”。“新状态文学是现实的生存状态与作家自我的精神自传的结合”。张颐武认为，“一个是国内进行了10多年经济的漫长改革，以市场经济为背景的新经济已初具规模；一个是国际背景，‘冷战后’世界格局的利益调整不能不影响到文化观念的潮流”。“在这种背景下，首先是纯文学本身经历了一个从中心到边缘的过程，这是一个调整的过程。纯文学已无法维持文化的中心和皇冠上的明珠的位置，它被电视肥皂剧被大众文化被现代出版业（比如小报）挤向一边。”“市场文化的冲击对高雅文化或纯文学的调整是一个不可逆的过程。在这种情势下，文坛上出现一种适应90年代文化转型的新状态，文学创作出现新的趋势，即新状态文学，是顺理成章的。”张未民认为，“这‘新状态’之‘新’是打引号的。它并不表明一种新文学与旧文学的对立，而只表明这是当下时代的当代文学。当代文坛正在从有序状态回归到一种无序驳杂的自然状态”。关于这一阶段的作家本身，张颐武说，“90年代的文化转型给作家的精神生活、日常生活带来很大的改变，这是一种真正的改变。作家的困惑真正成为发自身心感受的困惑，因此他们将最关注自己的生存状态，并由己及人，扩大到把握这个时代的生存状态”。张未民说，“行政化体制的困境，使很多作家的生存也发生问题，一些讨论甚至认为文学行将消亡。但无论如何，很多作家的生活有所改变，他们发现自己的生活空间太狭小，而作家的边缘化导致了作家心态的极大改变，他们已不再是从前，需要重新找到与生活的沟通方式”。王干说，“作家必须重新找回自己写作的参照。那参照是什么呢？原有的参照崩塌了，作家需要进入新状态，这种新状态就是新的参照系，就是要面对自己、面对文学写作。”就具体创作来看，张未民认为，“新状态文学不像‘新写实’那样完全从外在的视角去描述一个客体，也不像实验文学那样沉迷于语言形式的探索，它对生活的鲜活状态保持一种敏锐的感觉，在艺术形式探索上保持一种不经意的自由状态，一切都以最充分地呈现当下的生存状态为旨归。它是对‘新写实’和‘实验文学’的双重超越”。张颐武认为，“新状态文学不再像过去那样热衷寓言模式的创造，寓言模式的作品以象征为基础，所有的人物、故事、讲述都服从于一个设计好的大的主旨，最后形成一个结构，达到飞跃和升华。而新状态作品则无意于结构的经营，以松散流动叙述取胜，是一种超越寓言性模式的状态流、自然流，并不是为了完成一个寓言性的象征而展开叙述”。王干说，“新状态就是界限被状态所模糊，写作跟着状态走，有点自动写作的意思”。

《钟山》杂志社和《文艺争鸣》杂志社联合推出“新状态文学特辑”，分别从《文艺争鸣》1994年第3期和《钟山》1994年第4期起，陆续刊登新状态文学作品及关于新状态文学的理论研讨和作品评论。白烨指出：“在我看来，就以面对当下状态和注重内心体验为基准，把‘新状态文学’看作是一种群体的创作气象乃至运作趋势，而不是看成是一个为者寥寥的创作流派，可能更切实也更适当。”新状态文学“实际上都是在社会文化的大背景之下寻觅文学生存的新的空间和可能的具体运作。这些着眼于谈‘新’求‘变’的现象，在总体上也构成了一种‘新状态’，那就是为着文学的生存进行适时的调整与应变，甚至以自救的方式自立、以自辩的方式自尊，从而获取自信，得以自慰”。(白烨:《“新状态文学”随谈》,《文艺争鸣》1994年第5期)张炯认为，对于众多作家学者所提出的“新状态文学”作家，“他们会不会形成一个创作流派，构成具有一定稳定性的文学现象呢？我以为，也许其中的一部分作家的创作有这种可能。另外有些作家如王蒙、王安忆的可能性大小就颇堪怀疑了”。“至于说到上述‘新状态文学’能否成为九十年代文学发展的指向‘路标’，那就更难说了。从90年代的历史横向着眼，此类作品在中国大文坛上毕竟只是一小部分作家的选择。现实文坛上发展着的新的创作趋向，也毕竟不止限于此种‘新状态文学’。在未来的竞争中究竟何种文学能成为指向的‘路标’，代表九十年代文学发展的方向，今天就断言必是‘新状态文学’，恐怕是言及过早了”。（张炯：《从解构到重构——也谈90年代文学的“新状态”》，出处同上）朱立元则认为“新状态文学的提法是一种错误的理论导向”。“如果用‘新状态文学’来涵盖当前整个文学创作界的主流则流于片面了，当然更谈不上对90年代中国文学创作的主流概括了。‘新状态文学’的提出本来就有较强的创作与批评的引导意识。这种意识就是，在文学创作中主张作品与社会、历史等重大问题脱离，把作品的意义与社会、历史的意义分离开来，这样，使作品丧失其外向意指的特性，而在作品中仅仅‘显现’一些主观感受。另一方面，它也提倡作家与批评家在自己的定位上，要告别80年代的‘启蒙意识’，不以任何价值来主导、束缚自己的状态的发生，自己为自己，状态为状态。这种态度最终导致了否定作家与批评家们的一种责任感、使命感，把文学引入到纯粹个人、当下随意、即兴的情绪宣泄的道路上去，在我看来，这是文学与批评价值的迷失，这恐怕是‘新状态’理论倡导者们始料未及的。”（朱立元：《“新状态文学”与人文精神刍议》，《文学报》第862期，转自《文艺理论研究》1996年第5期）戴阿宝认为，“‘新状态’并非是一种逻辑意义上的更新，并非是以彻底铲除的方式所进行的重新写作，它是文学之流在与传统和西方根本性断裂之后的产物。如果说任何文学样态的生成和发展都离不开传统和域外这双重观念影响的话，‘新状态’的命名者们恰恰认为‘新状态’是在这种意义上的反动”。“‘新状态’命名试图以作家自我的感悟和‘本土’的‘当下’来构造今日文学的面貌，但由于‘本土’的‘当下’和作家自我的空泛性而导致了‘新状态’的模糊不清。”“‘新状态’的命名不自觉地或者说无奈地使用了一种‘涂抹’

逻辑。”“‘涂抹’（sous rature）是法国解构主义大师德里达所使用的概念……他们的不自觉的‘涂抹’意识首先表现在用‘状态’一词来言说他们的理论企图，实质上，‘状态’遮蔽了任何中心指向，遮蔽了批评理论本身的既定目的，‘涂抹’了他们对‘新状态’文学的有效阐释。其次，在他们所设计的‘本土’/西方、现在/过去、作家自我/作家‘他者’等的框架中，由于前者已经被后者所掏空，这一框架的解体不可避免，‘新状态’批评难以找到自己的合理状态。”（戴阿宝：《“新状态”命名：一种“涂抹”的批评观》，《求是学刊》1998 年第 3 期）

李初梨在京逝世，享年 95 岁。李初梨（1900－1994），生于重庆，早年留学日本，1927 年毕业于东京帝国大学文学部哲学科。后期创造社重要成员。1927 年起与成仿吾、冯乃超、钱杏邨等人一起倡导“革命文学”，1930 年加入“左联”，1948 年后历任中共中央东北局宣传部副部长、中联部副部长、新华通讯社社长等职。李初梨在文学上的贡献主要在于在 1928 年“革命文学”的论争中对于无产阶级文学的大力倡导并由此开启了一个新的思想文化时代。在“革命文学”的论争中，“郭沫若、成仿吾等人的思想都缺乏足够的穿透力来回答时代的问题”，“1928 年无产阶级文学的前卫非冯乃超、李初梨等人莫属了”。（旷新年：《1928：革命文学》，山东教育出版社 1998 年版）“李初梨最早最完整地界定的中国无产阶级文学观，在‘革命文学’倡导运动中无疑具有指导性，后来也成为‘左联’文学观的建构基础。所以，在一般意义的启蒙主义背景上的‘文学革命’向以马克思主义思想启蒙为背景的‘革命文学’实现具有重大历史意义的崭新跨越的过程中，李初梨‘革命文学’倡导的筚路蓝缕之功应当受到充分珍视。”（张江元：《论李初梨的“革命文学”观》，《江西社会科学》2005 年第 9 期）靳明全也认为，“李初梨论著不多，左右影响的是他在‘革命文学论争’之中发表的六七篇论文，然而，李初梨这些为数不多的论文却成了倡导中国普罗文艺理论的代表作，观点新颖，语言尖刻，涉及面广，为世瞩目”。他首先“强调文艺的阶级性”，其次“他强调文艺的战斗性”，第三“强调把握无产阶级的世界观”，第四“强调作家的意识”，第五“指出了普罗文艺的批评标准”。“上述可见，李初梨的普罗文艺观突出的贡献在于推动文艺工作者走向实际的革命斗争，要求作家创造出许多表现知识分子或工农大众起来进行革命斗争的文艺作品，从而推动无产阶级运动向前发展。但是，他在具体阐述文艺的阶级性、战斗性，作家的世界观、意识论，作品的批评标准时，却表现出明显的理论上的不足，这不仅仅是完全忽视普罗文艺作为文学艺术来说所具有的特殊的规律，更主要的是表现出了一种‘左’的教条主义与宗派主义倾向，未考虑中国现代文学运动的具体情况，把政治斗争的方法搬到了文学运动中来，文论的思辨性显得‘幼稚’，文论的论辩性显得‘武断’，究其原因，主要是因为李初梨接受并照搬了福本和夫主义”。（靳明全：《中国现代作家与日本》，山东文艺出版社 1993 年版）

16 日，为纪念毛泽东同志《在延安文艺座谈会上的讲话》发表 52 周年，中国说唱文艺学会与山东省邹城市人民政府在邹城联合举办了“说唱文艺与农村”研讨会。

20 日，《小说评论》第 3 期发表孙绍振的文章《小说内外之一：小说与现实》。作者阐述了当前文学逃避现实的三种特征：一是向历史撤退。先锋小说一夜之间遁入历史尘埃之中。二是语言的增殖。作家一旦无法在现实之域找到可以用力的地方，另外一种逃遁方式是周旋于语言的博物馆，在语言的增殖中，中断对现实的言说。三是日常性的加强。“新写实”作家对现实的理解落实在庸常的日常生活经验上，缺乏对现实的超越性探索。所以充斥的是低质量的叹息、烦恼和无奈，建立在肉身生活的层面上，降低了文学的基本品格。本期发表的重要文章还有石月《文坛风景之二：“主义”的狂欢与陷阱》，白烨《观潮手记之三：乱了方寸的批评》，李运抟《话到深处便惶惑——论当代小说道德观的演变》，王干《重写的可能与意义——关于王蒙的〈恋爱的季节〉》，谢有顺《我们时代的心灵史——关于北村〈施洗的河〉的阐释》，谢冕等《绝笔的反思——关于顾城和他的〈英儿〉》，洪治纲《走向整合的理论——评胡尹强〈小说艺术：品性和历史〉》。

25日，《收获》第3期发表万方的中篇小说《杀人》、范小天的中篇小说《桂花掩映的女人》、熊正良的中篇小说《红锈》、汪曾祺的短篇小说《辜家豆腐店的女儿》、李锐的散文《走进台北》、蒋子丹的散文《午后的暴雷》、余秋雨的散文《十万进士》（上）。

《当代作家评论》第3期辟"尤凤伟小辑"和"张爱玲评论小辑"。

剧作家陈白尘在南京病逝，享年86岁。叶子铭说："陈白尘同志在经历了'布被秋宵'、'茅舍鸭倌'的十年浩劫岁月之后，噩梦醒来，已是'华发苍颜'之年了，他为什么还能以如此旺盛的生命力投身于新时期文艺的复兴与发展事业，奇迹般地迎来自己创作生涯的又一个黄金时期呢？我想，这是因为这位对人生与艺术执著地追求了一生，在荆棘丛生的道路上不断诅咒黑暗、呼唤光明的老作家，终于看到眼前祖国的万里江山，又是生机勃勃，这位砸不烂、打不倒、压不扁的倔老人怎么会再保持沉默呢？他又破门而出了，以新的姿态，继续做他毕生所从事的为光明充当一名清道夫的工作。"（叶子铭：《用生命写作的杰出戏剧家——为陈白尘同志创作60周年暨80华诞作》，《全国中外近现代文化学术研讨会论文集》，2004年）董健总结了陈白尘创作的几个时期："二十年代，陈白尘在思想上天真、热情，充满追求光明的活力，在艺术上处于半是习作半是模仿的稚嫩状态。这是他的创作历程第一个时期的特点。""从一九三三年在狱中重操文学之笔，到一九三七年《太平天国》历史剧第一部《金田村》的发表和演出，是陈白尘创作历程的第二个时期。这是他投身到'左联'的大旗之下，在左翼文艺运动中成长起来的一个重要历史时期。在这一时期，他把文学事业与党所领导的新民主主义革命联系起来，经过对前一时期小资产阶级倾倾向的‘自我否定’，在创作上开拓了‘一个崭新的局面’。”“从 1937 年抗日战争爆发到 1948 年全国解放前夕，是陈白尘创作历程的第三个时期。”“这十一年，是陈白尘从思想到艺术都成熟起来的时代，是他创作生涯的黄金时代，是他在艺术生产上突飞猛进、量多质高的丰收时节。他在这一时期共创作话剧和电影剧本 20 个，占了他全部剧作的将近一半。从《等因奉此》到《升官图》，陈白尘在中国现代戏剧史上开辟了政治讽刺喜剧这个崭新的领域，或者说，他把这一类型的剧作提高到一个空前未有的水平。三幕政治讽刺喜剧《升官图》，作为一部刺透旧社会心脏的‘怒书’在全国发生了巨大影响。这不仅是陈白尘个人的代表作之一，也是整个中国现代文学史、戏剧史上的代表作之一。”“随着十年动乱的结束，陈白尘的创作历程进入了第五个时期。这时，他重新焕发了艺术青春，写下了建国以来他的文学道路上光辉的一页，在 1977 年至 1983 年的短短 6 年之中，他不仅完成了《大风歌》话剧和电影剧本的创作与《阿 Q 正传》电影和话剧本的改编，而且发表了大量内容丰富、别具一格的散文作品……”关于他的创作特点，董健认为，“陈白尘在创作上的主要成就突出地表现在话剧创作上，而他在话剧上的主要成就，又突出地表现在喜剧的创作上。从陈白尘个人的性格和气质来看，他诙谐、机智，富有幽默和讽刺的才能，善于从生活中发现‘笑’，善于以喜剧家的眼光和头脑去观察和思考现实中的矛盾冲突”。“陈白尘的喜剧艺术具有一种泼辣、犀利、挥洒纵横的风格。他敢于直面重大社会问题，表现出鲜明的政治倾向性。他的‘笑’是革命的战斗武器。”“喜剧和历史剧是陈白小文学成就的两大支柱。他对中国现代历史剧有着独特的贡献。”（董健：《陈白尘创作历程简论》，《陈白尘写作生涯·附录》，百花文艺出版社 1986 年版）

30－6 月 1 日，贵州省作家协会第三次会员代表大会在贵阳召开。大会审议并通过了蹇先艾代表上届作协常务理事会作的会务工作报告，讨论并通过了修改后的《章程》，选举产生了第三届省作协领导机构，何士光当选为主席，石邦定、龙明伍等当选为副主席。

本月，《诗探索》第2辑由首都师范大学出版社出版。在“结识一位诗人”栏目中发表了西川的文章《诗歌炼金术》，以及刘纳的《西川诗存在的意义》和蓝棣之的《西川诗二首评点》，其中刘纳的文章认为，“西川是80年代中期以来中国最认真、最执著的写诗者中的一个。西川诗已经成为当代中国不容忽视的文学现象。西川诗已经初步具有规范的意义”。在“关于食指”栏目中发表了林莽的文章《未被埋葬的诗人——食指》，文章认为，“作为歌者，他曾使无数人为之倾倒。他是那个时代的歌手与象征，作为诗人，新诗潮诗歌的第一人，他的确被埋没了许多年。但这不是属于某个个人的悲剧，生命之光敛于珠宝的体内，它的光芒并没有消失”。“纵观食指的创作历程，深切地感到他是以生命、以血在抒发着人生的体验。他是人生舞台上的一名伟大的歌手，虽经历了精神崩溃与理想的幻灭，但‘终于我诗行方阵的大军，跨越了精神死亡的峡谷’。”

海峡两岸相继举行纪念台湾作家赖和诞辰100周年纪念会。该活动由中国作协、台湾民主自治同盟等单位联合主办。与会者认为，两岸人民都深切盼望祖国和平统一，纪念赖和，学习他的爱国精神及鲜明的民族统一意识，具有深刻的现实意义。

《十月》第3期发表霍达的纪实文学《空门红颜》、张洁的散文《始信万籁俱生缘》、陈染的散文《逝去的声音》。

二月河的长篇历史小说《雍正皇帝·下：恨水东逝》由长江文艺出版社出版。

根据于坚的长诗《0档案》改编的同名诗剧（牟森导演）在布鲁塞尔国际艺术节首演。

蒋原伦任主编的艺术评论杂志《今日先锋》在北京创刊。这是旨在反映世界当今先锋艺术状态的艺术类辑刊。1－6 期由三联书店出版，7－12 期由天津社会科学院出版社出版。

六月

1 日，《散文》第 6 期发表刘白羽的《风霜雨雪》、阿成的《鱼的又一种吃法》。

《作家》第 6 期发表范小青的中篇小说《前景》、短篇小说《牵手》，刘心武的短篇小说《影星和我》，昌耀的诗《听从内心》，迟子建的日记《病中札记》。

《四川文学》第 6 期发表周大新的《笔记小说三题》。

戏剧艺术家、导演黄佐临在上海逝世，享年 88 岁。林克欢认为，佐临导演的戏剧作品中兼有“史”与“诗”的要素，林克欢将佐临在艺术实践上的努力概括为两点：“对概括范围广、时间跨度大的历史全景图像的偏爱和对俯仰六合、飘摇八方的时空自有的执著追求。或者说，对历史风云、现实斗争机器内在诗意的向往和在舞台上以无限多样的形式表现这一诗意的迷恋。”（林克欢：《黄佐临的史与诗》，上海艺术研究所话剧室编《佐临研究》，中国戏剧出版社 1990 年版）余秋雨认为，黄佐临“决绝地摒弃了中外的绅士气、宫廷气、盎格鲁－撒克逊留学生气和乾嘉学究气，松松爽爽、平平易易地成了一名平民戏剧家。”黄佐临深切关注广大世俗观众的人格素质，“既是‘五四’现代精神的一种体现，又明显地折射着他生活过和长期工作过的商市天津、上海的地域文化特征。在中国文化中占据特殊地位的京兆文化始终与他没有多少缘分。他的观众，他的文化对应者，主要是近代都市的市民。以这一基点为中心，进一步吸纳他的国际心态、艺术眷恋、诗人气质和喜剧情怀，使他成了近代中国‘海派文化’中积极的代表人物之一，几乎是没有什么负担地适应着都市中文化节奏的高速度变更，年年月月思考着创新。”（余秋雨：《佐临的艺术人格》，上海艺术研究所话剧室编《佐临研究》，中国戏剧出版社 1990 年版）胡星亮说：“从中国戏曲出发去融会布莱希特，黄佐临的写意戏剧着重以‘舞台假定性’去突破‘第四堵墙’，以演员的精湛表演去形象地揭示‘以粗犷的笔触大笔勾勒’的波澜壮阔的现代社会，诗意地表现审美对象的本质特征和艺术家的心灵情感，使其舞台创造显示出独特的风姿和魅力。”（胡星亮：《论黄佐临借鉴戏曲的话剧舞台创造》，《戏剧艺术》2000 年第 4 期）

3 日，《人民文学》第 6 期发表徐坤的中篇小说《先锋》、刘庆邦的短篇小说《继父》、虹影的短篇小说《小折》、朱增泉的诗《草原》、林莽的诗《夏末十四行》、大解的诗《诗篇》、车前子的《诗五首》等。

5 日，《上海文学》第 6 期发表陈丹燕的短篇小说《花园》、钱理群的《昨天的小说与小说观念——四十年代小说理论概说》。

《北方文学》第 6 期发表张抗抗的纪实性散文《俄罗斯文人的“生意经”》、杨利民的书话《文化狗及其他》。

《山花》第 6 期发表李国文的短篇小说《世态种种》、朱苏进的短篇小说《局部麻醉》。

《长江文艺》第 6 期发表於可训的评论《论文学转型》。

10 日，《北京文学》第 6 期在“新体验小说”栏目发表张洋的短篇小说《舞星族》，侯马的诗歌《侯马诗选（四首）》。同期发表《“新体验小说”研讨会纪要》。

10－13 日，《钟山》杂志社与德国歌德学院北京分院在南京联合举办’94 中国城市文学学术研讨会，应邀与会的来自京、沪、宁等地的作家和评论家汪曾祺、王安忆、孙甘露、池莉、朱苏进、赵本夫、苏童、叶兆言、陈思和、王晓明、黄毓璜、丁帆、王干、吴炫、徐兆淮等30人，就中国城市文学的传统、现状及前景等问题展开讨论。

11日，《青年文学》第6期发表张欣的中篇小说《亲情六处》、韩东的短篇小说《烟火》、贾平凹的散文《狐石》。

作家骆宾基在北京逝世，享年77岁。对于自己文学创作，骆宾基曾经说过："关键仍然在于生活。'人类的社会生活'是'文学艺术的唯一源泉'。'人民生活中本来存在着文学艺术原料的矿藏'。这是《讲话》的主要的基本原理，而且是千古不易的真理。用《祝辞》里的话来说，就是'人民是文艺工作者的母亲'。谁若是深入到社会生活中去，谁就会从人民的哺育中吸收到营养，就会从人民的现实生活中提炼出典型的结晶，就有可能体现这个真理。"（骆宾基：《生活是文学艺术之源》，马尚瑞、金汕、蒋京宁编《北京作家谈创作》，北京十月文艺出版社1989年版）翟耀认为，"在骆宾基的创作道路上，真正能够代表其创作风格的，不是初期的战斗系列作品，也不是解放后的那些颂扬新生活的作品，而是在这中间的日常生活系列小说，特别是其中作为长篇小说《姜步畏家史》第一部的《幼年》，第二部的《少年》（未完成），以及短篇小说集《北望园的春天》。这些作品，不是以社会价值取胜，而是以审美价值见长。作品中那平淡蕴藉的人生图画，那丰富斑斓的人物心态，那含而不露的哲理意蕴，那引人入胜的生活氛围……都被作家注入了浓郁的感情色彩，在素描式的笔致中生动地展现了出来，舒缓悠徐，温婉清淡，处处流露出一种细腻朴实的阴柔之美，具有沁人心脾的艺术力量。骆宾基这些以人生为视角、以人的内心世界为审美观照重心的小说，显然同那些以社会为视角、以现实政治问题为主题的小说不同。表面看去，它们并没有反映重大的社会矛盾，没有表现人民大众在抗战中的觉醒、怒吼，以及血淋淋的斗争现实，未免离火热的时代远了，倘若从狭隘的政治标准着眼，不能不是一大缺陷。——也许正是出于这样的原因，这些作品才长期受到不应有的冷

落”。（翟耀：《骆宾基的艺术世界》，《山东师大学报》（社科版）1987年第6期）

《文艺报》报道，《胡风回忆录》最近由人民文学出版社出版。这部31万字的回忆录是从“左联”前后写起的。作者写到抗战期间撤离武汉这一时期，便不幸辞世。回忆录最初由《新文学史料》连载，胡风逝世后，其亲属应编辑之约，根据胡风的日记、书信、回忆初稿和在狱中写的一些交代材料继续往下写。全书由“东京时期”、“在上海”、“在武汉”、“重庆时期”、“奔赴香港”、“在东江、在桂林”、“再返重庆”、“重返上海”8个部分组成，书末还附有胡风的《我的小传》。

20日，《当代》第3期发表王蒙的长篇小说《失态的季节》、蒋子龙的散文《基地》、李瑛的诗歌《祁连山寻梦（二首）》、赵丽宏的散文《麦积山（外一章）》。

21日，上海第二届“长中篇小说优秀作品大奖”颁奖仪式举行，共有9部（篇）小说获此殊荣，其中包括长篇小说一等奖1部为《九月寓言》（张炜），二等奖1部为《四牌楼》（刘心武），三等奖2部为《陪读夫人》（王周生）、《大上海漂浮》（俞天白）；中篇小说一等奖空缺，二等奖2篇为《接近于无限透明》（朱苏进）、《叔叔阿姨大舅和我》（李晓）；三等奖3篇为《享福》（陆文夫）、《最后一个生产队》（刘玉堂）、《“文革”轶事》（王安忆）。

23日，《人民画报》创办人、人民画报社第一任副总编辑、画家胡考在北京逝世，终年82岁。胡考1912年生于上海，祖籍浙江余姚，1931年参加革命，1942年加入中国共产党。他早年毕业于上海新华艺专，并以漫画成名于上海。鲁迅先生曾称赞他的漫画，为他的漫画《西厢记》作序。三四十年代，他赴延安和苏北解放区，执教于延安鲁迅艺术学院、华中建设大学、华东山东大学、华东大学，主编《苏北画报》。新中国成立不久，应中央有关负责同志约请，创办《人民画报》，任副总编辑，主持工作。他既是画家又是小说家，著有《胡考素描》、《素描肖像》、《胡考水墨画》等画集和《行军纪事》、《新四军的一个连队》、《两重奏》、《上海滩》等长篇小说及诗集《梨花恨事》。

25 日，《大家》第 3 期发表朱苏进的中篇小说《清晰度》、北村的中篇小说《最后的艺术家》、吕新的中篇小说《我们的谷仓》、苏童的短篇小说《小莫》、范小青的短篇小说《晚茶》、赵丽宏的散文《品文札记》、王一川的评论《当代自我的末路狂欢节》。

《小说家》第 3 期发表陈村的短篇小说《小说老子》、张炜的《与大学生的马拉松长谈》（节选）。

《萌芽》第 6 期发表阎连科的《耙耧山脉》系列短篇小说。

张贤亮的长篇小说《我的菩提树》由作家出版社出版。该作在出版单行本之前，曾以《烦恼就是智慧》为题，分上、下部先后刊发于《小说界》1992 年第 5 期和 1994 年第 2 期。谢冕说："《我的菩提树》不是一般社会性的作品，它的基本功能不在于通过小说使人认识社会，更确切地说，它是通过小说使人认识人性。""任何一类来自异国的经典都不能代替中国这一时期的牢狱或劳改营的事实。""从这个意义上讲，《我的菩提树》不仅有文献的意义、社会档案的意义，而且也有美学风范的意义。"（谢冕：《我读〈我的菩提树〉》，《文学家与企业家报》1995 年 3 月 10 日）陈顺馨认为，"无论如何这本我认为是张贤亮目前为止写得最好的书，还是有它的震撼力的。因为细腻的描写很多时候比直接的控诉更能扣人心弦，刻骨铭心的个人体验经过时间的过渡使作者能够深入洞悉人性、民族性、知识分子的特性以及政策带来的灾难"。尹昌龙则认为，"张贤亮以记忆为资源的写作，过于沉入一种……政治寓言中，一方面这种政治寓言没有更好地上升到人本学的意义上，从而失却了一种跨入时代和民族的普遍性，另一方面这种政治寓言因为缺乏来自更高层次的意义的照耀，从而失却了一种跨越历史和记忆的深刻性"。

（谢冕、史成芳、陈顺馨、尹昌龙、孟繁华等：《〈我的菩提树〉读法几种》，《小说评论》1996年第3期）

叶兆言应陈凯歌之约而创作的14万字长篇小说《花影》在南京出版。

七月

1日，中国现代文学馆第一任馆长、《中国现代文学研究丛刊》主编、作家、编辑家杨犁在北京逝世，终年71岁。

《散文》第7期发表季羡林的《新年抒怀》、荆歌的《青藤书屋记》、余光中（台湾）的《〈隔水呼渡〉自序》、蒋子龙的《〈寻找湖泊〉序》。

《小说界》第4期发表程乃珊的中篇小说《归》、张旻的长篇小说《情戒》。

3日，《人民文学》第7期发表叶君健的短篇小说《大款》、陈国凯的短篇小说《眼睛》、储福金的中篇小说《四季小院》、周大新的报告文学《热血与冷漠》、莫非的组诗《重逢之歌》。

5日，《上海文学》第7期发表残雪的短篇小说《患血吸虫病的小人》，潘旭澜的散文《小学梦痕》，陈美兰、於可训、昌切、彭基博等人的评论《文学批评的现状及其发展的可能性》。

《北方文学》第7期发表阿成的短篇小说《吃一顿女人做的饭、菜、汤》、韩少功的散文《性而上的迷失》、南帆的书话《面相·脸谱·面具》、王彬彬的书话《强迫与弱迫》。

《山花》第7期发表叶文玲的长篇小说节选《无梦谷》、朱文的短篇小说《飞行的大爷》、舒婷的散文《大风筝》。

《莽原》第4期发表鲁枢元、李佩甫的对话文章《关于文学与精神生态的对话》。

《长江文艺》第7期发表邱华栋的随笔《“重要的在于坚守阵地”》，史铁生的散文《写作三想》。

6日，《中华读书报》在北京正式创刊。《中华读书报》由光明日报与国家新闻出版署共同主管，由光明日报与中国出版工作者协会联合主办，该报面向全国读书节，每周三出版，为对开四版大报。

7日，《天津文学》第7期发表蒋子龙的报告文学《磁力》。

9日，中宣部在京召开精神文明建设“五个一工程”座谈会。中宣部部长丁关根发表讲话要求，“五个一工程”要以中国特色社会主义理论为根本方针，坚持党的基本路线，坚持党的宣传文化工作的方针原则。在实际工作中，要牢牢把握为人民服务、为社会主义服务的方向和百花齐放、百家争鸣的方针；坚持团结、稳定、鼓劲，正面宣传为主；坚持重在建设，以立为本；注意把社会效益放在第一位，力求经济效益同社会效益相统一。多出精品、多出人才，是建设“五个一工程”的中心任务和工作目标。衡量“五个一工程”的成绩，不仅要看推出了多少优秀作品，还要看发现和培养了多少优秀作家艺术家和理论家，特别是中青年作家艺术家理论家。

10日，《北京文学》第7期发表谈歌的中篇小说《大忙年》、顾城的姐姐顾乡的纪实文学《顾城最后的日子》。顾乡在文中说：“我所知道的，是顾城那么爱谢烨，最后一个晚上的那篇文章那么伤心。他不再有可能持续这个爱了，那么至少他期望能让他把过去的部分完好地珍存进心里，可是连这一点点心愿也被击碎了。我是最知道他留给我的遗书中的‘他们得寸进尺’的意思的。弟最怕的，不是谢烨走，他最怕的是——‘谢烨，你不该也是不好的吧？你是上天的净土，是我的天空、阳光、雨露、大地，是我活和死的道理呵，你放我一把，我就可以不死，何必要逼我最后一步呢？’”

《花城》第4期发表毕飞宇的中篇小说《楚水》、何顿的中篇小说《月魂》、朱文的中篇小说《单眼皮，单眼皮》、蒋子丹的散文《一个人的时候》。

《中国作家》第 4 期发表阎连科的中篇小说《和平战》、汪曾祺的散文《七载云烟》、沙鸥的组诗《寻人记》。

《读书》第 7 期发表张炜的文章《时代：阅读和仿制》，认为现代小说艺术逐渐失去了一种永恒的力量，主要原因就是舍弃了悟想，不自觉地走入了繁琐的阅读和仿制。这是一个时代的命运，难以逃脱。他认为，对抗现代阅读的损害，只有“土地”。我们在放下书籍、特别是流行性的文化制品时，才有可能去捕捉天籁。如果说“土地”、“天籁”之类概念在此显得抽象和虚幻的话，那么它们提示和代表的意义却是非常坚实的，它们是足以支持一位艺术家的。

11 日，《青年文学》第 7 期发表苏童的短篇小说《桥边茶馆》、《一个叫板墟的地方》，南帆的随笔《猜想的乐趣》、《面容・历史・化妆》。

13－17 日，诺斯罗普・弗莱与中国国际研讨会在北京大学举行，来自中国、加拿大和美国等国家的 10 多所大学和科研机构的 30 多位专家学者分别就弗莱的遗产及其在 20 世纪西方人文科学领域里的地位；弗莱与西方现当代文学批评理论的关系；弗莱与加拿大文学研究，弗莱在中国批评界的接受；弗莱的理论与中国文学研究等议题进行了深入的讨论和对话。本次研讨会是在中国举行的第一次专门讨论一位西方现当代思想家和理论家的国际性研讨会，为东西方学者在同一层面上进行平等的学术理论对话起了开拓性作用。

15 日，《钟山》第 4 期发表韩东的短篇小说《西安故事》、《长虫》、《火车站》、《重复》，张抗抗的短篇小说《非仇》，张旻的短篇小说《情幻》，史铁生的散文《爱情问题》，朱苏进的散文《分享张承志》，朱大可的散文《声音的怀念》，贾平凹的短篇小说《狐石》、《长舌男》，李晓的中篇小说《门规》（上）；并开辟关于“新状态”问题的讨论专栏，发表王干的《诗性的复活——论“新状态”》、吴炫的《“新状态”的否定含义》、黄毓璜的《新状态小说呼唤什么》等评论。

《江南》第4期发表叶文玲的散文《犹闻笑如故——温小钰周年祭》。

《长城》第4期发表关仁山的中篇小说《闰年灯》、肖复兴的中篇小说《捉奸》。

《文艺争鸣》第4期“新状态文学特辑”发表陈晓明的《走向新状态——当代都市小说的演进》，“走向21世纪名家系列讨论会·张洁”专栏发表戴锦华的《世纪的终结：重读张洁》、王绯的《张洁对母亲的共生固恋——一种文学之恶的探源》、张洁的《无字我心》。

16日，《文艺报》刊载消息，由中国郭沫若研究会和广西师大中文系联合举办的“郭沫若与当代文化”学术研讨会近日在广西桂林召开。研讨会深入探讨了郭沫若在全国新中国成立后文化方面的贡献与不足；对“郭沫若现象”反映出的中国知识分子在中国文化进程中的“左”右做了进一步的探讨，并对郭沫若研究的发展和方向提出了建设性意见。

18–21日，北京市杂文学会与《阵地》杂志社在京联合举办弘扬主旋律与杂文创作研讨会。

20日，《小说评论》第4期发表孙绍振的《小学内外之二：小说与非小说》，石月的《文坛风景之四：如何不先锋》，赵祖谟的《〈白鹿原〉：多重视角下的历史脉动》，张新颖的《乱语讲史，俗眼看世——刘震去〈故乡相处流传〉漫评》，赵学勇的《“乡下人”的文化意识和审美追求——沈从文与贾平凹创作心理比较》，白烨的《作为文学·文化现象的“陕军东征”》，钱谷融的《要审视作家的创作心理》等文章。

23日，《中华散文》第4期发表蓝翎的《可疑分子》、林斤澜的《泪眼》、舒婷的《天上掉下一个阿不婆》、李佩芝的《孔林断想》、张中行的《旷达》、陈晓明的《“水做的女人”也厉害》、邵燕祥的《看日出的缘分》、叶文玲的《象趣无穷》、荒煤的《〈雪国绿〉序》。

《文艺报》报道，《管桦文集》由中国青年出版社出版。文集共分4册，前3册为长篇小说卷，收集了管桦的3部长篇小说《将军河》、《深渊》、《龙争虎斗》；后1册为中短篇小说卷，集中了作者多年来的优秀之作。

25日，《收获》第4期发表毕飞宇的中篇小说《叙事》、阎连科的中篇小说《天宫图》、吕新的中篇小说《荒书》、徐小斌的中篇小说《迷幻花园》、张炜的散文《夜思》、余秋雨的散文《十万进士》（下）。

26－30日，《山花》文学月刊社邀请国内知名作家、评论家林斤澜、苏童、叶兆言、赵玫、方方、毕淑敏、王干、罗强烈等到贵阳与贵州作家进行交流。这期间，《山花》文学月刊与贵阳卷烟厂协作联谊会也于29日下午在贵阳卷烟厂举行。

30－8月1日，文艺报与《春风》杂志社联合召开“新闻小说”研讨会。与会者认为，“新闻小说”是一种独具艺术个性的文体，新闻感与文学系并重，对于丰富当今文坛的写作手法无疑是有意义的。

本月，王小波的长篇小说《黄金时代》由华夏出版社出版，与《青铜时代》、《白银时代》一起被合称为“时代三部曲”。“在《黄金时代》中，我们阅读到的与其说是浩劫，不如说是狂欢；与其说是悲剧，不如说是荒诞喜剧。其中性爱成为一种突出的对象与奇异的载体。”“在王小波那里，‘文化大革命’时代并非一个《大林莽》或《今夜有暴风雪》式的殉道者的禁欲时代，并非一个人性扭曲直至丧失本能或沦落到只有本能的时代……‘性’成了那幅灰暗、荒芜、‘无趣’（用王小波的说法）的底景上的无所不在的化妆狂欢。”“王小波小说的意义和价值不在于作为一部新的颠覆性的‘寓言’，而在于对类似寓言写作的颠覆。如果说在反道德或不道德的意义上，将王小波作品指认为‘性爱小说’，无疑是一种误读。那么，将王小波的作品读做‘政治’场景的‘性爱’化装演出，则是另一种误读途径。‘王二风流史’所展现的并非历史与权力机器的性爱象征，而是性爱与性别场景自身便是权力与历史场景的一部分。”（戴锦华：《智者戏谑——阅读王小波》，《当代作家评论》1998 年第 2 期）“传统反思文学把个人遭遇归因于特定时代，在那里人只是历史的承受者，作为参与者的人缺席了或者只是执行路线意义的工具。而在《黄金时代》里，……人除了是历史的承受者外还是参与者，无论是参与者还是承受者都凸现出本质意义上的自我存在，人不再是时代的符号。时代对人的影响只是浅层的、表面的，推动历史（运动）的发展是个人欲望发展的结果。”“王小波揭示人的生存不是过去时的悲剧，而是永恒的现在时的荒谬。这正是王小波超越传统反思文学的地方。”（余玲玲：《关于“反思”的超越——从〈黄金时代〉看“反思文学”的再反思》，《当代文坛》2002 年第 4 期）

《十月》第 4 期发表阿英的短篇小说《生之蹁跹》、严力的短篇小说《打电话》、姚学礼的散文《红线线》。

新中国成立以来规模最大的古籍整理出版工程——《续修四库全书》开始编纂出版。《全书》由上海古籍出版社和中国线装书局联合出版，约计 1800 册，4 年内出齐。

八月

1 日，《散文》第 8 期发表池莉的《人间牵挂》、徐迟《〈瓦尔登湖〉译本序》。

《作家》第 8 期发表蒋子丹的中篇小说《从此以后》、短篇小说《绝响》，毕飞宇的短篇小说《枸杞子》，徐敬亚的诗歌《停在空中的雪》，李锐的文章《短论四篇》。

3 日，《人民文学》第 8 期发表叶辛的短篇小说《月亮潭情案》、邓一光的短篇小说《城市无雪的冬天》、陈世旭的散文《文学跑步》、乔迈的报告文学《世纪寓言》、灰娃的诗《野土》等。

5日，《上海文学》第8期发表南帆的理论文章《话语权力与对话》、张颐武的理论文章《走向“后寓言”时代》。

《山花》第8期发表林斤澜的短篇小说《白脚·变脸》、海男的中篇小说《献给青年斯的祭礼》。

《长江文艺》第8期发表残雪的短篇小说《不祥的呼喊声》。

6日，应中国作家协会邀请，以日中友协副理事长谷川万太郎为团长的“第四次日本社会文化活动家访华团”一行20人来中国访问。中国作协书记处书记邓友梅代表中国作协举行欢迎宴会，并与来宾进行工作座谈。

由山西大学外语系主办的中美比较文化研究会第三届年会暨学术研讨会在山西太原开幕。研讨会围绕“语言与文化”、“文学与文化”两大专题展开了广泛讨论。

10日，《北京文学》第8期是纪念老舍先生专号，以纪念该刊第一任主编老舍端木蕻良的《忆老舍先生二三事》、舒乙的《再谈老舍之死》发表在这一期上。

11日，《青年文学》第8期发表朱文的短篇小说《关于九零年的月亮》。

15日，《春风》第16期发表李国文的寓言小说《地狱之窗》、张洁的散文小说《坐在石头上等姥姥的小松鼠》。

郭沫若日裔夫人、第七届全国政协委员郭安娜女士在上海逝世，享年101岁。

18－28日，第四届中国艺术节在兰州隆重开幕。李瑞环宣布开幕，李铁映讲话。本次艺术节荟萃了45台剧（节）目。

20日，《当代》第4期发表尤凤伟的中篇小说《生命通道》、叶文玲的长篇小说《无梦谷》（选载）、邹荻帆的诗歌《高山流水量寸心》、邵燕祥的散文《杜甫的眼睛（外二篇）》、黄传会的报告文学《中国山村女教师》。

20－24日，由《文学遗产》编辑部和山东曲阜师大等单位联合举办的“儒家与文学”国家学术研讨会在曲阜举行。来自全国各地及美、韩的专家学者近百人参加了会议。与会者围绕国际儒学与中国古代文学的关系问题展开讨论。

23日，第二届中国长春电影节在长春市开幕。电影节期间有21部国产影片，32部进口影片参加展映。

24日，《人民日报》刊载消息：由乔默主编的《中国二十世纪文学研究论著提要》已由北京大学出版社出版，它收录1900年至1992年中国学者1200种文学研究论著的简介和内容提要，共245万字。这是我国目前出版的最完备的本世纪文学研究论著提要，反映了本世纪我国文学研究的历程及重要成果，为了解、研究本世纪的中国文学研究提供了重要的工具书。

27日，《文艺报》刊载消息：浩然的长篇小说《金光大道》准备重新出版，并且发表了他关于此书的谈话。他在《有关〈金光大道〉的几句话》中说：“我以自己的所见所闻所感，如实地记录下了那个时期农村的面貌，农民的心态和我自己当时对生活现实的认识，这就决定了这部小说的真实性和它的存在价值。用笔反映真实历史的人不应该受到责怪，真实地反映生活的艺术作品就应该有活下去的权利。”围绕《金光大道》的重版和浩然的表态，文艺界引起了争论。陈思和、李辉等纷纷撰文对浩然进行批评。署名叔绥人的文章指出：“《金光大道》重放‘金光’，其作者理直气壮，说三道四，实在令人费解。民族劫难中吃香走红，酿成日后寂寞冷落，也算咎由自取嘛。纳闷他的回马枪要奉送给谁？往事怎么可以随意涂抹呢？”“这么些年他一直哑然闭嘴，却突地在市声喧嚣的今天翻腾旧账，吁求所谓‘活下去的权利’，无非是故作惊人之呼，为《金光大道》的销售策划广告罢了。”“总而言之，老弟完全不必如北京的李辉等人那么较真儿，岂不反为这等陈货促销么？我看还是任其闹闹，什么金光大道，回光返照而已！”（叔绥人：《关于“名著”〈金光大道〉再版的对话》，《文学自由谈》1994年第4期）另一篇作者署名为今夕的文章认为：“如果‘以阶级斗争为纲’的艺术、斗走资本主义道路当权派的艺术，在今天仍可以‘真实’性获得存在的权利，被人们不加批评地接受，那么党的十一届三中全会以后的理论、路线和实践，岂不大可怀疑！”“‘文化大革命’究竟是离现实最近的中国历史上的大灾难、大破坏，包括文化上的大破坏，我们很不容易才告别了它，否定了它，对于文化界某些人的‘文革’情结，如果纯粹是个人行为、个人情感，我们管不着，但如果扩而大之、推而广之，让它变成社会文化行为，我们有理由提醒这些同志：不要跟着感觉走！”（今夕：《不要跟着感觉走——由〈金光大道〉的再版所想到的》，《小说评论》1995年第1期）

本月，王一川主编的《20世纪中国文学大师文库》（小说卷）问世。在入选作家中，香港武侠小说家金庸名列第4位，而一向被认为在现代小说作家中名列前茅的茅盾却没有入选。入选者依次为：鲁迅、沈从文、巴金、金庸、老舍、郁达夫、王蒙、张爱玲、贾平凹。王一川的《我选20世纪中国小说大师》在《文学自由谈》第4期发表，引起争议。对于能否入选一流大师的评判标准，王一川认为：“基本着眼点将不应再是作者的政治身份、态度或倾向在其文学作品中的折光，而是他创造的文本本身的审美价值。一位作者要成为大师，他的文本应当至少具备如下四种品质：首先，作为以现代汉语为写作工具的作者，他应当在这种语言的运用上作出了与众不同的独特贡献。其次，他应当在文体（体裁、叙事、抒情、风格等）创造上建树卓越。再次，他应当使语言和文体方面的独特建树服从于表现深广而独特的精神含蕴，如对自然、社会、自我或终极本体的深沉、活跃而难以言说的体验，关于人生变化的更根本而实在的缘由的深入思考，对于现实社会道德信仰危机及其重建等问题的悉心关切和思虑，在具体人生问题上体现出独特的理性洞察力。

最后，如果可能的话，他应当提供形而上意味的独特建构。”

《诗探索》第3辑由首都师范大学出版社出版，在“关于海子”栏目中，发表西川的《死亡后记》、苇岸的《怀念海子》等文。西川的文章介绍了海子自杀前的一些生活状况、遭遇和精神背景，提出“我不否认海子自杀有形而上的原因，更不否认海子之死对我们这个时代的精神意义，但若我们把海子之死框定在一种形而上的光环之内，则我们便也不能洞见海子其人其诗，长此以往，海子便也真会成为一个幻象。”

《小说家》第4期发表毕飞宇的中篇小说《大热天》。

《芙蓉》第4期发表刘醒龙的长篇小说《威风凛凛》、何立伟的中篇小说《归宿》。

诗歌民刊《阵地》1993－1994年总第3期出刊，胶印，共113页，大16开本，印数300册。主编：森子、耿占春。编委：海因、蓝蓝、高立学、李绚天（阿九）、冯新伟、罗羽。

昌耀40年诗选《命运之书》由青海人民出版社出版。

《曾卓文集》3卷本由长江文艺出版社出版。

九月

1日，《小说界》第5期发表张旻的长篇小说《情戒》（续卷）、张洁的短篇小说《最后一个音符》。

2日，《新剧本》第5期发表毕淑敏的话剧《一厘米》。

北京国际图书博览会在国际展览中心举办。应中国作家协会邀请来访的三位以色列著名作家介绍了鲜为人知的以色列犹太文学。介绍分为三个专题：《打破保持缄默的密约》、《大炮与死亡》、《作家肩负的道义责任》，囊括了二战以来的所有战争对以色列文学产生的巨大影响以及以色列作家的责任感等。与会者表示出极大兴趣。

3 日，《人民文学》第 9 期发表徐迟的纪实文学《袁庚的二三事》、邱华栋的短篇小说《小说二题》。

5 日，《上海文学》第 9 期发表刘继明的文化关怀小说《明天大雪》、王晓明的评论文章《民间文化·知识分子·文学史》。

《山花》第 9 期发表毕淑敏的短篇小说《天衣无缝》、周占华的短篇小说《父子》。

《长江文艺》第 9 期发表陈应松的中篇小说《暗伤》。

6 日，第五届冰心儿童图书奖、第二届冰心儿童图书新作奖、首届冰心艺术奖颁奖大会在北京人民大会堂举行。雷洁琼、胡絜青、李志坚、陈昊苏、林春苏等为获奖者颁奖。几代人欢聚一堂，共同庆贺冰心奖设立五周年，同时向 94 岁高龄的冰心老人祝寿。获得第五届冰心儿童图书奖大奖的图书有浙江少儿出版社出版的《人类探险史故事》丛书、台湾光复书局出版的《世界儿童传记文学全集》、新蕾出版社出版的《世界儿童小说名著文库》和海燕出版社出版的《中国婴幼儿百科》。此外，还有《樊发稼作品选》等 19 种图书获奖。王晓晴的《梦之树》、金波的《红树林童话》、冰波的《钟声》、吴天的《三道彩虹》获得了第二届冰心儿童图书新作奖大奖；郭宇波的《孩子和狗》等 19 部作品获佳作奖。这些获奖作品已由浙江少儿出版社结集出版。在 23 位获新作奖的作者中，边远地区的作者占了很大比重，其中还有台湾、新加坡、新西兰等地区的华人作者。首届冰心艺术奖共有 16 人获新作品创作改编奖，58 人获全国少年儿童电子琴演奏奖。

中国戏剧家协会与天津国安海运公司主办的第 11 届中国戏剧梅花奖及首届“二度梅”颁奖大会在天津举行。共有 19 名戏曲、话剧、歌剧演员获奖，其中话剧演员是朱茵、周红、马路、吕凉。茅威涛和刘芸成为梅花奖二度获得者。

7日，《天津文学》第9期发表储福金的短篇小说《我的一个侄子》、韩东的短篇小说《我们的身体》。

戏剧导演艺术家、中国京剧院导演邓亦秋在京逝世，享年81岁。邓亦秋从事导演工作40余年，独自导演及与人合作导演剧作50余部，如新编剧目《白蛇传》、《初出茅庐》、《穆桂英挂帅》、《杨门女将》、《九江口》、《佘赛花》、《谢瑶环》等，改编剧目《吕布与貂蝉》、《周仁献嫂》、《柳荫记》、《西厢记》、《春草闯堂》、《赵氏孤儿》，及现代京剧《白毛女》、《红色娘子军》、《蝶恋花》等。

10日，《花城》第5期发表余华的中篇小说《战栗》，方方的中篇小说《何处是我家园》，东西的短篇小说《原始坑洞》，李冯的短篇小说《多米诺女孩》、《阳光坐在沙发上》、《我作为英雄武松的生活片断》，张承志的散文《日本留言》、《撕了你的签证回家》，及欧阳江河的文章《89后国内诗歌写作——本土气质、中年特征与知识分子身份》。

《中国作家》第5期发表何申的中篇小说《穷乡》、熊正良的中篇小说《苍蝇苍蝇真美丽》、周大新的短篇小说《病例》。

《北京文学》第9期在"新体验小说"栏目发表袁一强的短篇小说《"祥子"的后人》、刘毅然的短篇小说《操作体验》、鲍柯杨的短篇小说《不要怪你爸爸》。另发表评论《生活·创作·艺术观——王蒙访谈录》。

11日，《青年文学》第9期发表毕飞宇的中篇小说《雨天的棉花糖》。

15日，《大家》第4期发表鲁羊的中篇小说《某一年的后半夜》、储福金的中篇小说《心之门》、东西的中篇小说《经过》、刘心武的散文《天地不仁，何分东西》、翟永明的诗歌《莉莉和琼》、李洱的短篇小说《饶舌的哑巴》。

《钟山》第5期发表何顿的中篇小说《清清的河水蓝蓝的天》、李晓的中篇小说《门规》、汪曾祺的《短篇近作三题》、刘心武的短篇小说《仙人承露盘》、朱苏进的散文《最优美的危险》、南帆的散文《手·躯体·世界》（下），在“新状态”专栏中发表了张颐武的《“新状态”的崛起——中国小说的新的可能性》、丁帆的《无状态下的“新状态”呐喊》、王彬彬的《当代文学：在逆境中成熟——论一种文学新状态的可能》、李小山的《致“新状态”提倡者的一封信》等文章。

《江南》第5期发表残雪的中篇小说《辉煌的日子》。

《长城》第5期发表汪曾祺的短篇小说《道士二题》。

《春风》第18期发表了晓苏的短篇小说《麦种》。

16日，韩素音荣获“理解与友谊国际文学奖”。中华文学基金会名誉会长万里在北京钓鱼台国宾馆向韩素音女士颁奖。

17日，《文艺报》刊载消息：《人民文学》最近从去年刊载的作品中评选出10篇优秀小说。这次被冠为“富豪杯”的评选活动是《人民文学》与唐山富豪集团联合举办的。获奖的10篇小说是冯苓植的《大漠金钱豹》、孙少山的《老杆》、杨争光的《爆炸事件》、刘毅然的《西部故事》、邹静之的《骑马上街的三哥》、陈世旭的《北京“面的”1818》、沈乔生的《小月迢迢》、焦祖尧的《归去》、陈冲的《淡淡是永恒》、关仁山的《醉鼓》。同期刊载消息称《小小说选刊》将从1995年1月起正式改为文学半月刊。

19日，文学理论家王春元在北京逝世，终年69岁。王春元（1925－1994），安徽桐城县人，1948年毕业于辅仁大学。1949年后历任华北革命大学文工团、华北话剧团及青年艺术剧院演员、助理导演。1961年开始发表作品。1963年毕业于中国人民大学文学理论研究生班，长期在中国社会科学院文学研究所从事理论研究工作，曾任中国社科院文学研究所理论室主任、研究员。著作有《王春元文学评论选》、《文学原理·作品论》等。王春元1979年发表《关于写英雄人物理论问题的探讨》一文，引起了关于“写本质”问题的讨论。在该文中，王春元说："什么叫'写本质'？这是五十年代初期就开始流行的一种创作理论，受苏联理论界的直接影响而形成的。这种理论认为，社会主义文学的任务是创造典型，写典型就是写事物的本质，反映社会的本质力量，而英雄人物则是我们时代的社会本质的集中表现，因此，只有从写本质出发，才能塑造好英雄形象，才能创造典型。""'写本质'论对创作的直接损害，就是要作家按照某些'社会本质'的概念和定义去图解一种号称'英雄人物'的空洞抽象，这是对艺术特征的最粗暴的破坏。""文学里的英雄人物，也只能是生活中具有先进品质的普通活人的艺术反映，而绝不是什么'社会本质'的概念的集中表现。因为赤裸裸的'本质'的概念，根本就不是美学范畴的东西，它不是文学艺术的对象，因此也无权进入文学描写的领域。一般地说，'本质'的概念是科学范畴，是对'现象'而言的。任何现象都或多或少反映本质，任何本质也这样或那样表现为现象。我们只能在思维上把现象和本质划分开来，而在实际上本来是分不开的，一切科学的根本任务，就是要透过纷纭的'现象'，来探求、发现事物的本质。所以，对某一事物的本质概念的掌握，是科学的艰苦探求的过程，并以此区别于艺术地掌握世界。"（王春元：《关于写英雄人物理论问题的探讨》，《文学评论》1979 年第 5 期）周迪荪却认为："所谓'写本质'，它的本意，是要求文学艺术能表现一定社会历史生活的某些本质方面。这个命题是完全正确的。这是文学艺术反映生活并影响生活这一根本性质所决定的，也是古往今来一切成功的艺术实践所证实了的。""只有那些能够比较正确、真实乃至深刻和成功地反映一定社会生活的历史面貌，从而揭示一定社会历史的某种本质意义—某种内在规律性的作家和作品，才能经受住历史和群众的检验而流传后世，经久不衰。"（周迪荪：《论"写本质"——兼与王春元同志商榷》，《文学评论》1980 年第 4 期）朱立元、沙似鹏认为："把文艺应当反映生活本质这一观点看成是极'左'思潮的产物"，是把它"当作'四人帮'扼杀文艺的一根棍子"，"其实，这是把文艺应当反映生活本质的现实主义观点与对这一观点的曲解和篡改混为一谈了"。"现在，正本清源，拨乱反正，恢复革命现实主义传统，批判他们这套为其反革命政治目的服务的唯心主义创作路线完全必要，但是，也应该看到，这一切并不是文艺应当反映生活本质这一观点的过错"。"文艺应当通过对现实生活的真实描绘，反映社会生活的某些本质方面，这是个科学的正确的命题，"它并不像王春元所说的，"是对艺术特征的粗暴的破坏，恰恰相反，它符合和反映了文艺的特点和规律"。（朱立元、沙似鹏：《文艺应当反映社会生活的本质——与王春元、王长俊等同志商榷》，《青海师范大学学报》1980 年第 3 期）

20 日，《小说评论》第 5 期发表石月的《文坛风景之五："形式"能走多远?》，陈晓明的《守望与越位——1993 年长篇小说概述》，毛克强的《现代人的困惑与挣脱——九三年短篇小说管窥》，黄建国的《短篇小说语言的浓缩性》等文章。

20 日 – 26 日，上海戏剧学院、上海市文化局、中国莎士比亚研究会、上海文化发展基金会、上海市文联等六单位在上海联合主办'94 上海国际莎士比亚戏剧节。共有 12 台中外莎剧参加演出，其中国内参演 7 台，分别是：上海人民艺术剧院的《奥塞罗》，上海戏剧学院的《亨利四世》，中国福利会儿童艺术剧院的《威尼斯商人》，上海越剧院明月剧团的越剧《王子复仇记》，哈尔滨歌剧院的歌剧《特洛伊罗斯与克瑞西达》，台湾屏风表演班与上海现代人剧社联合演出的情景剧《莎姆雷特》和复旦大学复旦剧社的《威尼斯商人》。本届莎剧节具有国际性、开放性、高品位等特点。演出期间，还举行了一系列学术研讨及莎剧演出剧照展览等活动。

23 日，蒙古族作家云照光率中国作家代表团一行五人赴意大利进行为期两周的访问。

由国家民族事务委员会、广电部、文化部、中国文学艺术界联合会共同主办的第五届中国少数民族题材电视艺术“骏马奖”和中国少数民族题材电影“腾龙奖”评选揭晓。《马本斋》、《康巴汉子》、《十二木卡姆》等44部作品获奖。

24日，据《文艺报》报道，中国社会科学院文学研究所当代文学研究室最近召开“1993－1994中国当代文学发展态势纵横谈”座谈会。与会者认为，有两个现象是人们特别关注的，一是“新”，另一个是“后”。有人指出，自从今年年初《北京文学》、《春风》和《钟山》等文学期刊提出“新体验小说”、“新闻小说”和“新状态小说”以后，“新”字层出不穷，如新写实、新历史主义、新市民、新都市、新言情、新武侠、新乡土、新古诗、新随笔、军事文学中的新英雄主义等等。“后”亦不甘落后，据张韧统计，目前已有十余个“后”，后现代、后殖民主义是说得比较多的，新提出来的还有：后知识分子、后朦胧诗体、后晚生代小说等。蔡葵认为，文坛现状表现为“希望与失望共存，优点与缺点同在”。有人认为，和创作相比，批评变得越来越可悲了，一方面，批评正在沦为金钱的奴仆；另一方面，批评家的保守和迟钝，使得他们往往落后于创作，做了创作的尾巴。

25日，《收获》第5期发表李晓的长篇小说《四十而立》、苏童的中篇小说《肉联厂的春天》、何顿的中篇小说《三棵树》、韩东的短篇小说《请李元画像》、迟子建的短篇小说《逝川》、张承志的散文《南国问》、余秋雨的散文《遥远的绝响》。

27日，第七届“庄重文文学奖”（1994年）在四川成都举行颁奖大会。来自北京、香港及有关省、区的各界人士300余人参加了会议。经过有关省区作家协会的认真甄选和慎重推荐，评奖委员会在对获奖候选人的创作成果和水平进行总体把握、全面衡量的基础上，评定出19位近年来在文学创作和评论中取得优异成绩的青年作家。获奖的作家、评论家有：扎西达娃、马丽华、扎西班典、王英琦、陈源斌、许辉、张宇、李佩甫、陈继会、吉狄马加、邓贤、张放、莫怀戚、拉末·嘎吐萨、于坚等人。本年度“庄重文文学奖”的突出特点是有相当数量的少数民族作家获奖。获奖者平均年龄不到 38 岁，少数民族作家占三分之一以上，共有藏、苗、侗、彝、哈尼、纳西等 6 个民族的 7 位作家获奖。

28 日，《剧本》第 9 期发表杨利民的四幕传奇剧《黑草垛》。同期公布《曹禺戏剧文学奖评奖章程》。

本月，《十月》第 5 期发表朱文的中篇小说《吃了一个苍蝇》、宗璞的短篇小说《胡子的喜剧》、荒煤的散文《理解与召唤》、季羡林的散文《曼谷行》、陈祖芬的散文《本来没有什么好笑的》。

据《南方日报》报道，在国内经济最活跃的广东省，严肃文化事业仍然困难重重，声誉很高的严肃文学刊物《花城》和《随笔》，因经费严重不足，在经营上陷入困境。

白族作家杨亮才的长篇小说《血盟》由甘肃文化出版社出版。

彝族作家张昆华的散文集《多情的远山》由上海文艺出版社出版。

萧乾的《我的中国，我的岁月》由台湾皇冠文学出版社出版。

晓雪的文艺评论集《面向新时代》由云南民族出版社出版。

十月

1 日，《作家》第 10 期发表虹影的短篇小说《脏手指·瓶盖子》、《蜕变》、散文《伦敦米德街 131 号与我》，韩东的短篇小说《下放地》，邱华栋的短篇小说《沙盘城市》，叶文玲的散文《酒殇》。

《春风》第 19 期发表叶兆言的短篇小说《宋先生的归来》、张炜的散文《承受生活》。

3日，《人民文学》第10期发表刘白羽的纪实文学《太阳从中国大地上升起》、梁晓声的中篇小说《激杀》、阿成的短篇小说《鬼子给你戴上一顶纸帽子》。

5日，《上海文学》第10期发表张欣的“新市民小说”《爱又如何》。

《北方文学》第10期发表余秋雨的散文《牌坊》、刘心武的书话《红楼探谜》、王彬彬的书话《求人与被求》。

《山花》第10期发表苏童的短篇小说《一朵云》、范小青的短篇小说《塔云》。

6－10日，“世纪之交：中国当代文学的处境与选择”研讨会在京召开。

7日，《天津文学》第10期发表叶辛的短篇小说《凶手》、张旻的短篇小说《幻》。

10日，《北京文学》第10期“新体验小说”专栏发表邱华栋的短篇小说《眼睛的盛宴》。

10－11月20日，文化部在京举办’94全国话剧交流演出，共有20台剧目参加这次展演，分别是吉林延边自治州话剧团的《白雪花》，南京军区前线话剧团的《窗口的星》，沈阳话剧团的《古塔街》、《玻璃动物园》，空政话剧团的《把我留在甘巴拉》、《李大钊》、《大漠魂》，重庆话剧团的《喜丧》，中国青年艺术剧院的《大江人》，四川人民艺术剧院团的《老皇城》，济南军区前卫话剧团的《徐洪刚》，甘肃省话剧团的《极光》，西安话剧团、甘肃话剧团的《艰难时事》，中央实验话剧院的《离婚了，就别再来找我》，贵州省话剧团的《情系母亲河》、《母亲河》，江苏人民艺术剧院的《热线电话》，内蒙古话剧团的《司法局长》，武汉话剧院的《情系母亲河》、《同船过渡》。

文化部第4届文华奖在京颁奖。文华新剧目大奖话剧空缺。获得文华新剧目奖的话剧有《OK，股票》（上海青年话剧团）、《十三世达赖喇嘛》（河北省承德话剧团）、《女村长》（宁夏回族自治区话剧团）、《李大钊》（空政话剧团)、《北京往北是北大荒》(黑龙江省鸡西市话剧团)、《灵魂出窍》(中国青年艺术剧院)以及儿童剧《山那边儿》(北京市儿童艺术剧团)和《陈小虎》(山东青岛话剧院海尔儿童艺术剧团)。

11日,《青年文学》第10期发表余华的短篇小说《在桥上》、《炎热的夏天》,王干的随笔《关于南京的闲话》、《岁寒三友》、《永远的李后主》。

作家秦兆阳在京逝世,终年78岁。秦兆阳这样定位自己:“如果一个人必定要有一种头衔的话,我倒觉得‘衔’我以‘编辑’二字更为恰当。”(秦兆阳:《秦兆阳小说选·自序》,《秦兆阳小说选》,四川人民出版社1982年版)陆地回忆说:“他,瘦长身躯,一脸深沉,凝重、寡言;常爱侧身枯坐于不显眼的地方,不惯或不肯在人前抛头露面。”(陆地:《耿介一世人——悼念秦兆阳》,《当代》1995年第1期)王培元说:“在众人眼里性格内敛、寡言少语、面容清癯的秦兆阳,在五十年代的那个多事之秋,曾经在文坛上掀起了一场轩然大波,成了一个万众瞩目的人物。”(王培元:《秦兆阳:何直文章惊海内》,《美文(上半月)》2007年第3期)这个“轩然大波”,就是1955年后他任职《人民文学》副主编主持工作时,连续刊发《在桥梁工地上》、《本报内部消息》(刘宾雁),《爬在旗杆上的人》(耿简,即柳溪),《组织部新来的青年人》(王蒙),《不要在人民的疾苦面前闭上眼睛》(秋耘,即黄秋耘)等受到广泛关注和引起热烈反响的创作和批评作品,以及他以何直为笔名的理论文章《现实主义——广阔的道路》。秦兆阳对《组织部新来的青年人》的修改引起争议。1957年4月30日和5月6日,作协书记处召开了文学期刊编辑工作座谈会,认为对《组织部新来的青年人》的修改是“错误的”。(《关于〈组织部新来的青年人〉》,载于1957年5月8日《人民日报》)对于秦兆阳的修改加工,王蒙虽然也表示了某种肯定,但从整体上他是不满意的。他说,原来他是想写林震和赵慧文两个人交往过程中,“感情的轻微的困惑与迅速的自制”,但是,经过编者增补的若干文字和结尾的大段描写，“就‘明确’成了悲剧式爱情了”。张光年在稍后写的《应当老实些》一文中，也指责编者“删去了原稿中隐约透露出来的那个区委会的一线光明”，“重新改写了这篇小说的结尾，尤其突出了林震对党组织的悲观绝望的情绪……从而强调了这篇小说的消极方面”。（张光年：《应当老实些》，《文艺辩论集》作家出版社 1958 年版）《现实主义——广阔的道路》发表后不久，张光年就对秦兆阳进行了批评，认为秦兆阳的观点是“取消社会主义现实主义”，而取消社会主义现实主义，“就是取消当代进步人类的一个最先进的文艺思潮”。（张光年：《社会主义现实主义存在着，发展着》，《文艺报》1956 年第 24 期）1958 年，秦兆阳因这篇文章再次陷入被批判的旋涡。刘白羽称秦兆阳是“彻头彻尾的现代修正主义者”，他的《现实主义——广阔的道路》是“否定社会主义现实主义，对党对文学事业的领导展开全面攻击的纲领”。（刘白羽：《秦兆阳的破产（在中国作家协会党组扩大会议上的发言）》，《人民文学》1958 年第 9 期）朱寨说：“他最早在中国文艺界树起修正主义大旗。他用何直的笔名发表的那篇《现实主义——广阔的道路》起了呼风唤雨的作用。它把西方修正主义的文艺思想的逆流导引进来，把国内一切修正主义的幽灵召唤出来。一时有多少修正主义的牛鬼蛇神聚集在这面大旗下，向着社会主义的文艺猖狂进攻！他利用他在《人民文学》‘主持中规’的职权，把他这篇文章用黑体字标题登在《人民文学》一九五六年九月号的第一篇。《人民文学》在全国文学刊物中，居于旗帜的地位，因而这篇文章客观上起了暗示某种夙向的作用，也确实在全国刮起了一阵向右的黄风，同时对全国广大的读者群众起了迷惑作用。”（朱寨：《秦兆阳的身手》，《人民文学》1958 年第 4 期）邵燕祥后来感慨地说：“历史和生活有时候竟这样残忍，把忠实于它的人交给偏见去折磨，使之正当年富力强之时却失去了写作的年华，是歌颂者却成了‘暴露黑暗’的代表人物，离开革命所教导的认识生活的能力和对待生活的感情就难以写作的人，长期却被认为是马克思主义世界观的反对者……他是谁？就是我们的秦兆阳同志。”（邵燕祥：《反教条主义的理论勇气——读秦兆阳〈文学探路集〉笔记》，《文艺研究》1985 年第 2 期）秦兆阳的品格也受到后辈作家的称赞，陈国凯称他为“文坛高士”。（陈国凯：《文坛高士秦兆阳》，《当代》1995 年第 1 期）蒋子龙说：“他隐逸而不逃避，沉博而不孤傲，超拔清脱而不落落寡合，清雅而不闲适，热忱而不偏激，深邃而不沉郁，旷达而不圆滑。所以他不参加各种各样的活动，组织活动的人并不记恨他。人们习惯了他，但没有忘记他，且越发尊敬他。他更有力量了。”“先生是文坛一蓬慈祥的火，温暖着人心、文心，净化着当代人文精神。”“他的内在稳健专一，树立了一种精严凝重的风格，不为当世的浮嚣所动，使淫丽夸饰的风气也难以近身，保持了大家的严格和恬淡。这是秦先生能获得普遍尊敬的主要原因。”（蒋子龙：《慈祥的火——秦兆阳》，《当代作家评论》1995 年第 2 期）程树榛说：“对于文坛上的论争和几十年形成的恩恩怨怨以及由此而形成的错综复杂的人际关系，他也有自己独特的看法，表现出超然物外的态度，从不轻易卷进某种旋涡中。……他的宽厚待人、不计个人恩怨、处处从大局出发的长者之风，实在令人敬佩。”（程树榛：《化作春泥更护花——怀念秦兆阳同志》，《人民文学》1995 年第 2 期）

16－18 日，由中华文学基金会、安徽省社科院等 24 家单位举办的第二届张恨水学术研讨会在潜山县召开。与会者认为不应该把张恨水列为“鸳蝴派”，他应是章回小说大师，张恨水的文学创作对中国现代通俗文学理论建设具有重大意义。

18－20 日，“臧克家文学创作研讨会”在京举行。程思远、贺敬之、高占祥、林默涵、刘白羽、魏巍、季羡林等出席了会议。

20 日，《当代》第 5 期发表张笑天的中篇小说《木帮》、徐坤的中篇小说《热狗》、池莉的散文《逆流而动，不也乐乎》、文乐然的报告文学《沉重的崇高——两院院士的人生格局》。

21－28日，由中国社会主义文艺学会、《人民日报》文艺部、《文艺报》、《文学批评》等二十二家单位联合举办的“文化市场与文化建设问题”学术研讨会在云南楚雄召开，来自全国各地的近90位专家、学者参加了讨论会。与会者就文化市场与文化建设的关系，文化市场的引导、文艺体制改革及社会主义文化建设的方向等问题进行了探讨，强调加强社会主义精神文明建设。

25日，北京大学授予查良镛（金庸）名誉教授席位。

《人民文学》45周年刊庆大会在北京举行，颁发了“昌达杯”优秀小说奖、“嘉德杯”小说新人奖、“银磊杯”报告文学奖、“红豆杯”散文奖、“长沙杯”诗歌奖共五项奖项，所有55篇优秀作品均是从1990年1月至1994年10月《人民文学》所发各种体裁作品中评选出来的，程树榛、雷达、崔道怡、王扶、蒋子龙、李国文、李敬泽等人担任评奖委员。

26日，现代作家蹇先艾在贵阳逝世，享年88岁。蹇先艾说：“我的小说取材于贵州的较多，因为我对我的家乡比较熟悉。贵州是被地方军阀与国民党反动派统治得最久的一个省份，解放前，劳动人民一直在水深火热之中过着悲惨的生活。我曾经试图通过一些平凡的人物和生活的某些侧面来揭露反动统治阶级的罪恶，来发泄我的愤怒；但是在我的作品里也存在着一个严重的缺点，就是仅仅表示了对旧社会的憎恨，对它作了一些无情批判，却没有清晰地认识到光明的革命前途，因此有些短篇或多或少地都带着感伤、忧郁的气氛。”（蹇先艾：《山城集·后记》，《山城集》，作家出版社1956年版）关于写作，他说：“鲜艳夺目的、幽默的、泼辣的，这三种文章我都是十足的外行，都不会写；要我亦步亦趋地学时髦，偏自己又缺少这样的耐性——没有法子想，只好在‘字句的质朴’上做点儿功夫了。”（蹇先艾：《踌躇集·序》，《踌躇集》，上海良友图书公司1936年版）鲁迅曾这样评价过蹇先艾的作品：“蹇先艾的作品是很简朴的……虽然简朴，或者如作者所自称的‘幼稚’，但很少文饰，也足够写出他心曲的哀愁。他所描写的范围是狭小的，几个平常人，一些琐屑事，但如《水葬》却对我们展示了‘老远的贵州’的乡间习俗的冷酷，和出于这冷酷中的母性之爱的伟大，——贵州很远，但大家的情境是一样的。”（鲁迅：《中国新文学大系·小说二集导言》，上海良友图书公司 1935 年印行）陈菉德回忆说：“他不抽烟，不嗜茶，不好酒，独爱书如命，他曾自称是‘书呆子’。早年在北平时，他寓居的那间屋子，书籍已堆满了五六个书架。”“凡是和蹇老交往的人，都觉得他不仅学识渊博，是学者型的作家；而且他人品高尚，为人宽厚。在他身上极少旧时代文人的那套恶习。他光明磊落，诚心诚意帮助人，特别是年轻人。早在解放初期，他就对我说过，要把‘文人相轻’的那个‘轻’字改为‘亲’字，他说到做到。几十年来，我和他接触，从没有发现他对同辈或晚辈作家，有什么妒忌、排斥，他总是实事求是地评价其作品，肯定其成绩，指出其不足。他从不以‘名作家’自居。”（陈菉德：《痛悼著名作家蹇先艾恩师》，《新文学史料》1996 年第 3 期）钱理群、秦家伦说：“蹇先艾的小说和散文感情深沉，具有浓厚的生活气息和地方风味，文风谨严，字句质朴无华。”“读赛先艾的作品，浅显易懂。他那细腻委婉的白描文字，使读者犹如遇到一股清泉，顺流走去，涓涓滴滴，耳目清爽。”（钱理群、秦家伦：《蹇先艾和他的创作》，《山花》1979 年第 5 期）刘丽认为：“‘简朴、幼稚’的蹇先艾被鲁迅列为乡土文学作家之首。他的创作无疑在思想与内容、文学与大众等问题上无意识地做了前期性的探索。鲁迅也正是在这一意义上发现了‘乡土文学’的存在价值和意义，为五四以来的新文学被下层民众接纳找到了契机和有效途径，探寻到沟通启蒙知识分子与下层民众的桥梁，窥见乡土文学中隐含着的启蒙文学向大众化文学转化的因素，洞察到文学大众化与文学性融合的可能。而这正是鲁迅意识深处‘唤醒民众’的启蒙主义思想与 20 年代‘到民间去’的政治观念、30 年代‘深入民间’的文艺大众化思潮与坚守文学就是文学的观念在其思想深处碰撞的结果。”（刘丽：《乡土文学与蹇先艾》，《文学评论》2006 年第 5

期）

28 日，《剧本》第 10 期发表周树山的七场话剧《午夜的探戈》。同期公布《中国戏剧家协会著作权保障工作委员会章程》。

29 日，据《文艺报》报道，《青年文艺家》在京创刊，其前身是《文艺学习报》。

《诗探索》主办的“中国新诗集版本回顾·首届 90 年代新诗集展览”在京举行。

本月，《小说家》第 5 期发表迟子建的长篇小说《晨钟响彻黄昏》、阎连科的中篇小说《行色匆忙》、陈丹燕的短篇小说《科拉克夫广场上的月亮》。

《芙蓉》第 5 期发表刘醒龙的长篇小说《威风凛凛》、冰心的散文《介绍一篇好散文》、王安忆的散文《关于“死”的文章》。

由中国作家协会、作家出版社、春风文艺出版社联合举办的王充闾作品研讨会在京举行。与会者认为其学者型散文中弥漫着文化传统的厚重和知识的典雅，这有益于改变散文创作中一度泛滥的卿卿我我无病呻吟之风。

浩然的四卷本长篇小说《金光大道》由京华出版社出版。该书前两卷曾在 1972 年和 1974 年出版，后两卷则是首次面世。

萧乾与文洁若合译的《尤利西斯》第三卷由译林出版社出版。

彝族作家张昆华的长篇小说《西双版纳恋曲》和《给我海阔天空》由台湾海风出版社出版。

十一月

1 日，《散文》第 11 期发表赵丽宏的《莫扎特的造访》、《我观散文》及李佩芝的《漂流》。

《小说界》第6期发表刘心武的中篇小说《五龙亭》，张欣的短篇小说《访问城市》（两篇），虹影的短篇小说《翩翩》及戴厚英、戴醒的书信《母女两地书》。

《作家》第11期发表浩然的短篇小说《衣扣》。

2日，《新剧本》第6期发表禾青的话剧《不听话的剧中人》。

3日，《人民文学》第11期发表李国文的短篇小说《抽屉深处》、《老刀枪》、《病友》，朱文的短篇小说《我们还是回家吧》、《少量的快乐》，东西的短篇小说《大路朝天》，李洱的中篇小说《加歇医生》，毕飞宇的短篇小说《枸杞子》，林染的诗四首《蒹葭苍苍》。

3-6日，中国新文学学会第十二届年会在河南省南阳市召开。来自全国各地的70余名代表围绕着“世纪之交的文学性质”和“姚雪垠的文学创作成就”两个议题展开了充满生机的讨论。

5日，河南省文联、省文史馆在省统战部大厦举行座谈会，隆重纪念徐玉诺先生诞辰100周年。徐玉诺是五四时期的诗人，也是继鲁迅之后较早写乡土小说的作家。

《山花》第11期发表何士光的短篇小说《藏青法师》、鲁羊的短篇小说《青花小匙》。

7日，《天津文学》第11期发表王彪的短篇小说《青丝》、舒婷的散文《散文五题》、何申的散文《看戏》。

9日，《光明日报》刊载消息：10月上旬，中国社会科学院文学研究所当代文学研究室在北京召开了“世纪之交：中国当代文学的处境和选择”研讨会。来自全国各地的近百名研究中国当代文学的专家、学者参加了此次研讨会。对中国当代文学在世纪之交的处境，与会者交换了各自的看法，用历史眼光从社会全局进行了审视，运用马克思主义的方法，对当代文学的现状，尤其是对90年代以来文学发展的实绩和问题，进行实事求是的分析和总结。与会者还深入探讨了与处境相对应的选择问题，即面对着世纪之交中国当代文学的处境，我们可能做出什么样的选择。

10日，《大家》第5期发表朱文的中篇小说《去赵国的邯郸》、唐浩明的长篇小说《旷代逸才》、张贤亮的散文《遗传》、钟鸣的散文《随笔三篇》、刘心武的散文《绿叶居小夜曲》、谢有顺的评论文章《再度先锋》。

《北京文学》第10期“新体验小说”专栏发表刘恒的《九月感应》、陈建功的《天道》、毕淑敏的《走过来》、刘庆邦的《灵光》。另外，史铁生的散文《无答之问或无果之行》也发表在这一期上。

《花城》第6期发表张抗抗的长篇小说《非黑》、虹影的中篇小说《康乃馨俱乐部》、海男的中篇小说《病史》、陈东东的诗歌《插曲》、朱朱的诗歌《时髦地段》、韩少功的散文《世界》、王晓明的评论文章《“戈多”究竟什么时候来？——从后朦胧诗看八十年来的新诗发展》。

11日，《青年文学》第11期发表林白的短篇小说《墙上的眼睛》、《枝繁叶茂的女人》，邱华栋的短篇小说《新美人》，陈思和的《张新颖〈栖居与游牧之地〉序》、《〈校园流行色〉序》。

由中国戏剧家协会主办，《剧本》月刊、剧协创委会、天津影视文化艺术广告公司承办的首届曹禺戏剧文学奖在京举行颁奖仪式。14个剧本获奖，戏曲有《山歌情》、《大河谣》、《铁血女真》、《红果红了》、《董生与李氏》、《金龙与蜉蝣》、《甲申祭》、《贵人遗香》、《张骞》；儿童剧有《潇洒的女孩》；话剧有《北京往北是北大荒》、《李大钊》、《结伴同行》、《水下村庄》。

13日，山东省作家协会主席、评论家冯中一先生逝世，终年71岁。

15日，《文学评论》第6期发表张健的文章《中国现代喜剧观念总体特征论》，作者着重从喜剧对象的转换、主体意识的强化和理论形态的系统化等方面来考察了中国现代喜剧观念与传统喜剧观念截然不同的种种特点。

《钟山》第6期发表海男的短篇小说《私奔者》，鲁羊的短篇小说《此曲不知所从何来》、《九楼对菱花》，邱华栋的短篇小说《时装人》，戴锦华的评论《突围表演：九十年代文化描述之一》，陈染的创作谈《超性别意识与我的创作》，郜元宝的评论《“新状态”：命名的意义》，吕新的短篇小说《砒霜》，王彪的短篇小说《在屋顶飞翔》，王晓明等的评论《眺望内心深处的日落——当代散文创作纵横谈》。

《长城》第6期发表范小青的中篇小说《苍茫秋色》、何申的中篇小说《天高地厚》、池莉的短篇小说《静物》、肖复兴的散文《读书两记》、高洪波的散文《蝈蝈》。

《文艺争鸣》第6期发表王彬彬的《过于聪明的中国作家》一文。该文认为：“中国文学之所以难得有大的成就，原因之一，便是中国作家过于聪明了。”“形而下的生存智慧过于发达，形而上的情思必定被阻断、被遏制；内心被现实感被务实精神所充塞，非现实的幻想和不切实际的瑰丽的想象必定无存身之地。在技术性的生存上，在名利、地位上，在立身处世上，聪明确实极有用，但在真正的文学成就上，聪明终会被聪明误的。那体现为做人之道，生存智慧的聪明，对文学创作，绝对是有害的。”王彬彬把对中国作家的“过于聪明”的批判与当时的人文精神重建话题结合起来：“什么是人文精神？苏格拉底刀架在脖子上也勇于说出真理，便是人文精神的表现；吕荧那种不识时务地说真话的行为，便是人文精神的表现。当中国文人自鸣得意地说‘我怎么会被他们打成“右派”’时，当中国文人以吕荧为例告诫青年真话不能说时，当中国文人激赏王朔式的高智商、王朔式的油滑调侃时，当中国文人都显得那样乖巧、那样聪明时，人文精神的重建和高扬，终让人觉得是件极虚无缥缈的事。”因此，他认为：“中国作家、文人的聪明，则是与人文精神形同冰炭的。”由于该文直接对萧乾、王蒙、王朔提出批评，后引发争议。萧乾在《文艺争鸣》1995年第1期上发表《聪明人写的聪明文章》，认为王彬彬既曲解了他“尽量说真话，坚决不说假话”的原意，又避开了问题的要害所在，“不把箭头射向把吕荧投入监狱的人，却射向当时在场并都没上台为吕荧为胡风鸣冤的人”，“他的脉管里流的恐怕还是孔子的多于苏格拉底的血”。王蒙也发表《黑马与黑驹》(《新民晚报》1995 年 1 月 17 日)、《沪上思絮录》(《上海文学》1995 年第 1 期) 等文章予以反驳。王蒙说：“自从那年文坛上出了一匹黑马靠大骂名人取得了一定的‘成功’以来，现在又有了效颦者了，以为到处吐口水便能树立一点什么形象——踩在名人的肩上嘛。”针对王彬彬以苏格拉底为例对壮怀献身精神的推崇，王蒙认为“不能不问收获，但问耕耘，不问效用，但讲壮烈”，并且反问“为什么壮烈？为谁壮烈？”“什么时候壮烈？什么事情上壮烈？”“你让人家去壮烈，你烈不烈呢？”王彬彬又发表《再谈过于聪明的中国作家及其他》(《文艺争鸣》1995 年第 2 期) 等文章进行反批评。此争论成为 90 年代人文精神大讨论的重要组成部分，被称为“二王之争”。涉及的文章还有曾镇南的《知人论世的聪明》(《文艺争鸣》第 2 期)、谢泳的《内心恐惧：王蒙的思维特征》(《中华读书报》1995 年 5 月 10 日)。

17 日，《文学报》刊载消息：《上海文学》颁奖仪式日前在上海举行，来自各地的 18 位作家、评论家分获中短篇小说、散文和理论奖。荣获中篇小说奖的 7 篇作品是刘玉堂的《最后一个生产队》、池莉的《白云苍狗谣》、沈海源的《窟窿》、李锐的《黑白》、刘醒龙的《暮时课诵》、王安忆的《香港的情与爱》、张欣的《首席》。王周生、王霄夫、苏童、王蒙和沈子东获短篇小说奖，张炜、萌娘获散文奖，薛毅、南帆、王晓明、李洁非获理论奖。

20 日，《小说评论》第 6 期发表孙绍振的《小说内外之四：“后现代”之后》，石月的《文坛风景之六：“回到自已”与“走向世界”》，雷达的《小主见闻录之三：夜读三题》，王春林的《话语、历史与意识形态——评王蒙长篇小说〈失态的季节〉》，李建军的《行文看结穴》。

25日，《收获》第6期发表洪峰的中篇小说《日出以后的风景》、张抗抗的中篇小说《非红》、朱文的短篇小说《让你尝到一点乐趣》、李冯的短篇小说《招魂术》、余秋雨的散文《历史的暗角》。

本月，《十月》第6期发表巴金致臧仲伦的书简、于坚的散文《火车记》、季羡林的散文《曼谷行》（续）。

戏剧车间在京演出实验戏剧《与艾滋有关》。导演牟森。该剧“没有故事，没有剧本，没有规定情境，没有惯常的人物塑造，不带任何表演倾向与痕迹的非专业化演员，在三天的演出中无一重复的内容和即兴、含混、不太想让人听清的台词”。“这是一种充满可能性和开放性的演出。开放在于形式：任何人，只要愿意都可以上台来讲述你自己；开放在于内容：一切都与艾滋有关，一切都与艾滋无关，一切都可以吞吐容纳，所有意义与无意义是一团纠结在一起、无头无尾无边无际无法超越无法躲避无可奈何的乱麻。”（张向阳：《戏剧车间与艾滋》，《戏剧电影报》1994年12月18日）

天津作协主办鲁藜、袁静文学生涯60年研讨会。

周伦佑编的《打开肉体之门——非非主义：从理论到作品》由敦煌文艺出版社出版。

《叶兆言文集》之《绿色咖啡馆》、《伤逝的英雄》、《枣树的故事》、《古老话题》、《爱情规则》共5卷开始由江苏文艺出版社陆续出版。

十二月

1日，《作家》第12期开辟“林白创作评论小辑”，发表陈晓明的《彻底的倾诉：在生活的尽头》、张颐武的《林白的“新状态”》和蒋原伦的《暗示·体验·创作》。

3日,《人民文学》第12期发表徐坤的中篇小说《梵歌》。

5日,《上海文学》第12期发表叶辛的中篇小说《狼嗥》、储福金的中篇小说《纸门》、阿成的短篇小说《请遵守游戏规则》。

《北方文学》第12期发表余秋雨的散文《寻找生命密码 抒写黑土文明》。

《山花》第12期发表迟子建的短篇小说《庙中的长信》、北村的短篇小说《破伤风》,并开辟了悼念蹇先艾的专栏。

6日,以《诗刊》主编杨子敏为团长的中国作家代表团赴埃及进行为期两周的访问。

7日,《文艺报》邀请在京的部分学者、专家举行"大众文化"研讨会。与会者认为,"大众文化"是当前一个突出的世界性和时代性的文化现象,为了加强社会主义精神文明建设,理论工作者应关注"大众文化"现象,并用马克思主义的立场、观点和方法进行深入的研究和探讨。

9日,钱钟书、人民文学出版社诉被告胥智芬、四川文艺出版社侵害著作权一案,经上海市中级人民法院审理,12月9日做出一审判决。钱钟书、人民文学出版社胜诉,胥智芬、四川文艺出版社被判定侵权。原告钱钟书称,其是《围城》一书的著作权人。两被告未经同意,对《围城》进行汇校并予以出版,侵害了其对《围城》一书的演绎权和出版使用权。为此,要求两被告停止侵权,在全国性报纸上公开向其赔礼道歉,赔偿损失人民币88320元(按被告侵权出版物总码洋的12%)。法院判决,被告胥智芬和四川文艺出版社应承担侵害原告人民文学出版社的专有出版权的责任,停止侵害,在《光明日报》上公开向原告人民文学出版社赔礼道歉,赔偿人民文学出版社人民币110400元。

10日,《大家》第6期发表王蒙的长篇小说《暗杀》、范稳的中篇小说《虚拟现实》、汪曾祺的散文《夏天》、西川的诗歌《芳名》。

《读书》第12期发表崔卫平论食指诗歌的文章《良知战胜黑暗》。

11日，《青年文学》第12期发表关仁山的中篇小说《红雀东南飞》、周佩红的散文《外部生活》。

12－14日，武汉作家作品研讨会在北京举行。中宣部副部长翟泰丰致信称赞“近年来武汉文学界成就斐然，尤以青年作家之垦拓成就为显赫”。高占祥、李准、冯牧、邓友梅等数十位文艺界专家学者出席了研讨会。与会者认为，武汉作家群在新时期创作了一大批有影响的佳作，显示了实力。青年女作家池莉的《烦恼人生》、《太阳出世》、《不谈爱情》等作品连续获全国奖，青年作家刘醒龙的《凤凰琴》等一系列中篇小说及其改编的影视作品，在全国引起强烈反响，杨书案、董宏猷、陈应松等中青年作家的作品也在海内外产生了影响。

15日，北大“批评家周末”举行“对《0档案》发言”讨论会，于坚本人到场。

16日，在人民文学出版社建社45周年之际，该社和广东炎黄文化研究会联合举办了“炎黄杯人民文学奖”（1986－1994年长篇小说、长篇纪实文学），同时举办了《当代》杂志创办15周年并出刊100期的“《当代》文学奖”（1985－1994年）。12月16日两项大奖在北京颁发。获奖作品中，有描绘各重要历史阶段斗争生活的长篇小说《地球的红飘带》（魏巍）、《战争和人》（王火）、《长城万里图》（周而复）、《南渡记》（宗璞）、《大国之魂》（邓贤）、《第二个太阳》（刘白羽）；有反映新中国成立以来，尤其是改革开放以来的历史新时期生活的作品《夜与昼》（柯云路）、《超越自我》（陈祖德）、《中国知青梦》（邓贤）、《桑那高地的太阳》（陆天明）、《白发狂夫》（王川）、《活泉》（浩然）、《有梦不觉夜长》（周大新）等；还有充满艺术魅力和历史厚重感的《古船》（张炜）、《白鹿原》（陈忠实）、《活动变人形》（王蒙）、《子民们》（雷铎）、《女巫》（竹林）、《世纪末的挽钟》（吴民民）

等。出席发奖大会的有雷洁琼、王光英以及国家新闻出版署、中国作协的有关领导和作家200余人。

20日，《当代》第6期发表魏继新的中篇小说《铁梗镶荷》、莫怀戚的中篇小说《陪都旧事》、章德益的诗歌《明信片上的邮戳印》、舒婷的散文《丽夏不再》、乔迈的报告文学《中国之约》。

纪念著名京剧艺术大师梅兰芳、周信芳诞辰100周年活动拉开帷幕。本次活动由国家文化部、国家广播电影电视部、北京市人民政府、上海市人民政府、江苏省人民政府、国家文化部振兴京剧指导委员会、中国文联、中国剧协、中国京剧艺术基金会联合主办。纪念活动的目的在于缅怀两位戏剧大师在发展京剧艺术方面的功绩，继承和发扬他们的艺术成就，学习他们为艺术事业的奉献精神，弘扬民族优秀文化，推动京剧和民族艺术事业的发展。活动在北京、上海先后举行，12月20日－31日在北京举行。江泽民、乔石、李瑞环、朱镕基、李铁映、王光英、吴阶平、万国权等出席了20日晚的开幕式。活动期间，共有21台京剧剧目在京演出，荟萃了梅派和麒派的优秀传统剧目。《中国戏剧》1995年第2期特开辟纪念活动专栏。

26日，中国毛泽东诗词研究会在京举行成立大会。臧克家任名誉会长，贺敬之任会长。胡绳、臧克家、王忍之等先后在成立大会上发言。

27日，在纪念京剧艺术大师梅兰芳、周信芳诞辰100周年之际，中共中央总书记、国家主席江泽民，中共中央政治局常委、全国政协主席李瑞环在中南海怀仁堂与部分在京京剧、戏曲艺术家和专家进行了座谈。江泽民提出，弘扬民族艺术，振奋民族精神，是向广大群众特别是青年进行爱国主义教育的重要内容，是建设社会主义精神文明的重要内容，是发展社会主义文化事业的迫切要求。《中国戏剧》1995年第7期全文发表了江泽民在座谈会上的讲话《弘扬民族艺术 振奋民族精神》。

28日，北京人民艺术剧院在京演出莎士比亚名剧《哈姆雷特》。导演林兆华，主演濮存昕、梁冠华、徐帆、谭宗尧等。

《剧本》第12期发表陈健秋的大型话剧《水上饭店》。

29日，诗人沙鸥在北京逝世，享年72岁。关于抒情诗，沙鸥说："现代生活给人的所有活动领域开拓了无限广阔的天地，因而人的主体比任何时代都丰富都复杂。因此诗人主体的丰富性、复杂性不仅是客观存在，为诗人所固有，而且，也体现了当代人的内心的丰富性、复杂性。这种丰富性、复杂性，对现代诗歌创作之所以如此重要，这是由诗的功能决定的。诗不能再作为照相机、素描画了。诗要真实地表现人，对抒情诗来说，就是表现诗人主体的丰富性、复杂性。"（沙鸥：《沙鸥谈诗》，第534页，北京师范大学出版社1996年版）赵心宪说："沙鸥的现代爱情诗创作，无论'八行体'或者'新体'，都注重诗的情景因素。情爱双方场景化的种种画面存在，使二人对应情景呈现出较为复杂的模式意向。这是诗人有意借鉴中国古典诗歌技巧、整合传统的现代诗形式创造，其美学意识是值得深入研究的。"（赵心宪：《沙鸥爱情诗的情景模式意向初探——华文诗歌传统整合个案研究之四》，《西南民族大学学报》2005年第12期）

31日，广东省作家协会第五届代表大会近日在广州召开。会上选出了第五届理事会和主席团。陈国凯再次当选为广东省作协主席，欧阳翎、杨干华为专职副主席。

本月，《诗探索》第4辑由首都师范大学出版社出版。在"结识一位诗人"栏目发表了王家新的《谁在我们中间》，臧棣的《王家新：承受中的汉语》等文章；在"当代诗歌群落"栏目中发表了在1994年5月举行的"白洋淀诗歌群落寻访活动"之后部分参与者撰写的文章：宋海泉的《白洋淀琐忆》、齐简的《到对岸去》、甘铁生的《春季白洋淀》、白青的《昔日重来》、严力的《我也与白洋淀沾点边》、陈默（陈超）的《坚冰下的溪流——谈"白洋淀诗群"》。其中宋海泉和陈默的文章十分详细地介绍了白洋淀诗歌群落的构成状况。

广州暨南大学召开“语言学转向与文学批评”研讨会。在此前后，受西方现代语言哲学的影响，关于语言与文化、语言与文学的关系成为大陆学界一个热点话题。

《芙蓉》第 6 期发表王蒙的诗歌《无语》、叶兆言的文章《好的文章》、苏童的文章《读〈青黄〉》、权延赤的纪实文学《龙困——记贺龙》。

《中华读书报》推出“重读 80 年代文学”的讨论，从 1994 年 12 月开始陆续推出，重读范围包括伤痕文学、反思文学、改革文学、人生小说等。

张炜的长篇小说《柏慧》由北京十月文艺出版社出版。

刘白羽的长篇纪实文学《心灵的历程》由中国青年出版社出版。

藏族作家央珍的长篇小说《无性别的神》由中国青年出版社出版。

《翟永明诗集》由成都出版社出版。

晓雪的诗集《绿叶之歌》由民族出版社出版。

杨继国、何克俭的《当代回族文学史》（上编）由宁夏人民出版社出版。

本年

《北京文学》编辑部与北京市文联研究部邀请在京部分作家及中青年评论家，在北京市城乡贸易中心召开了“新体验小说”研讨会。张颐武、陈建功、陈晓明、蒋原伦等就“新体验小说”的有关问题进行了讨论。“新体验小说”是由《北京文学》自 1994 年发起的一个文学创作活动，目的是“为了扭转纯文学远离读者、远离时代生活的倾向，使文学走出困境”。（萨仁尔娃：《新体验小说引起争鸣》，《作品与争鸣》1994 年第 6 期）兴安说：“‘新体验小说’肯定了‘体验’对作家的必要性，但摒弃了以往要求文学反映生活的那种功利的态度，提倡作家对生活的审美观照。‘新体验小说’是一种事实与虚构相结合的小说。所谓‘事实’是指它可能会借鉴一些新闻或报告文学的特点，强调一种真实感；‘虚构’是要保持一些小说的要素和特点，它是一种交叉的文学形式。它在发起的当初，作家们有三个基本共识，即现时性、亲历性和主观性。”陈晓明认为：“我认为‘新体验小说’的定义是：‘在多元化的价值变动时代。以非常个人化的方式来表现生活的极端形态。’第一点是：‘在多元化的价值时代’。这是‘新体验小说’提出的背景，90年代是多元性的，是变动的，是混杂的。第二点是：‘个人化的’或者说‘非常个人化的’。创作需要体验，90年代怎样‘新体验’？在90年代统一化的意识形态的写作破裂以后，文学不得不以一种‘个人化的写作’来面对它所叙述的故事，因为我们看到一种统一的意识形态背景没有了，文学的一种统一的语言方式和统一的风格也没有了。这就回到了一种非常个人化的状态之中，在这里找到了一种非常个人化的体验。第三点是：这种非常个人化的东西，应该和作者的亲身体验非常紧密地结合起来。这种体验使当代的写作与现实行为嫁接在一起，文本被置放到现实的行为之中去了，使写作行为化，这种行为化把写作作为现实生活的一种延续，一个飞跃。第四点是：生活的多元拼接。这一点很清楚，不必多讲。第五点是：关于高情感的体验。我认为‘新体验小说’应该上升到高情感体验这一高度，纪实性作为‘新体验小说’的一个最基本的东西，与高情感体验应该是嫁接在一起的。”（《新体验小说研讨会发言纪要》，《北京文学》1995年第4期）许谋清说：“新体验小说，一个严峻的实验，就是把自己逐出伊甸园。让作家去食人间烟火，恢复肉眼凡胎，承认自己身上也有一般人所具有的弱点，具有一般人的喜怒哀乐。”“我的新体验小说，重点写我，面对客体把我立体化，也就是解剖面对客体的我，把我的体验毫不掩饰地告诉给读者。”“一反解剖别人揭示世界，而解剖自己以透视世界。”“我采用许谋清和我的叙述方式，我写的是一种撕裂，如文中所说，不为标新立异，命运使然，别无选择。”（许谋清：《我的“新体验小说”构想》，《北京文学》1994 年第 2 期）杨英杰认为：“‘新体验小说’以其‘非虚构性’、‘亲历性’特征突破了传统的小说观。思辨性、哲理性的锋芒在主体的压抑自控下更深地潜没于耳闻目睹的花草虫鱼人生百态之中，生活与艺术的界限亦更难以梳理。‘新体验小说’向我们提出了小说在当代应当如何的问题。”（杨英杰：《“新体验”小说：文化转型期小说文体地位的昭示》，《中国人民大学学报》1996 年第 1 期）

诗歌民刊《自行车》在广西南宁出版第四期。本期推出文论《无尘、肖旻谈社会主义国家先锋诗歌》，米肖的《大洋彼岸的民间诗歌一瞥》，非亚的《先锋诗歌：可能和无限》，阿白的《变革时期的诗歌》，西默的《观察语言诗》。关于“自行车”的命名，非亚认为它符合做一名自由艺术家和自由诗人的愿望。“首先我直觉到这名字非常好，非常与众不同，既随意，又富有意味，和当时国内一些刊名过于正经、严肃的民刊完全不同。其次，它反映了我们在写作上一种不受约束，自由，自主，自在的状态，张扬的个性和生机，以及在诗歌写作上更接近于形式主义的前卫品质。”（非亚：《一个老诗歌分子有关〈自行车〉的回忆录》）

诗歌民刊《偏移》在北京创刊。主编蒋浩、冷霜。32 开本。主要同仁有王炜、徐晨亮、马骅、周伟驰、穆青、韩博、森子、王艾、林木、胡续冬、周瓒、高晓涛、哑石、朱朱、刘国鹏、廖伟棠、冯永峰、桑克、姜涛等。“偏移产生于对多重视界的怀疑性进入，偏移的结果是以自身的成熟对多重视界进行肯定和维护。”（《偏移》发刊词）

诗歌民刊《锋刃》在湖南衡阳创刊，为 4 开报纸，总第 3 期 1995 年 9 月出版，为 16 开 226 页杂志，后因经费问题于 1995 年停刊。《锋刃》的策划为吕叶，责任编辑为唐朝晖。主要刊出了严力、王家新、海上、阿坚、叶舟、楚子、伊沙、余怒、马永波、游刃、哑石、张执浩、孙文等人的作品。《锋刃》第二期推出“中国民间先锋诗群实力大展”，对当时活跃于地下的民间诗群做了较全面的展示。第三期吕叶提出的“个性写作”也引起一定反响。

《青年文学》从第3期起开辟“60年代出生作家作品联展”专栏，引起了巨大反响。3月，《青年文学》组织首都部分中青年评论家，对60年代出生的作家创作进行了讨论，黄宾堂、陈晓明、王必胜、潘凯雄、李洁非、李兆忠、蒋原伦、陈骏涛、格非等参加了此次研讨会并发言。5月20日，王必胜在《人民日报》上撰文《“若无新变，不能代雄”》，文章指出：“就《青年文学》来说，着眼于跨世纪的文学新军，从60年代出生的这批有创作实践并崭露才气的文学新人中推出其新作，展示新的‘方阵’、新的面貌，无疑会对文坛带来新的冲击力。”9月16日，《中国青年报》发表惊涛评述该栏目的文章《新的刊物视野与新的作家群落》，指出：“作为中国文学核心期刊之一的《青年文学》，自今年第三期新辟的‘60年代出生作家作品联展’，业已引起了评论界与广大读者持续不衰的兴趣和关注。‘60年代出生的作家’作为一个作家群落的‘新说法’，已经成为被广泛接受下来的话语。”

1995年

一月

1日，《作家》第1期发表张炜作品小辑包括散文《秋日随笔三题》等，同期还发表陈染散文小辑《一个不老的人从一个老人那里看到》等、张抗抗的中篇小说《银河（上篇）：都市男人》、韩少功的短篇小说《山上的声音》、于坚的诗歌《时间：1988－1994》；本期还刊发陈思和、李振声、郜元宝、张新颖的讨论文章《朱苏进：欲望的升华与世俗的羁绊之间》。

陆天明的长篇小说《苍天在上》、范小天的中篇小说《青楼》、王霄夫的短篇小说《雪惑》、费克的短篇小说《纸片上的女孩》发表于《小说界》第1期。

3日，萧平的短篇小说《三万元金窑主》、曹多勇的短篇小说《太平事》、石钟山的短篇小说《三重奏》、何大草的中篇小说《衣冠似雪》、海男的中篇小说《蝴蝶》、绿原的诗《庐山 九月 我们》发表于《人民文学》第1期。

5日，邱华栋的中篇小说《手上的星光》，韩少功的短篇小说《余烬》，赵和平的短篇《滚动的纸球》，白桦的诗歌《情歌》、《龙华》，以及李洁非、许明、钱竞、张德祥的评论对话《九十年代的文学价值和策略》，王蒙的理论文章《沪上思絮录》，发表于《上海文学》第1期。在《九十年代的文学价值和策略》对话中，论者针对当今社会现实究竟怎样触动了文学，当前文学创作与现实的差距究竟体现在哪里，以及文学又该如何来对当下中国做出它的反应展开讨论。许明认为，“今天的一部分人文知识分子在精神上，有‘自我放逐’的问题。和70年代末以前的情况相比，由于精神饥渴已通过各种途径和方式被填平，以至于今天的知识分子的任何‘说教’和对历史真谛的掌握，在当代读者讲，似乎都是多余的。”但是“人文知识分子应当在任何历史条件下，前导和创造精神发展的历史，而不是仅仅顺适社会潮流。”李洁非认为，“如今，文学同我们的现实、我们的生活、我们的公众（同时也是我们的读者）的关系越来越疏远了，深深陷入某种褊狭、呆滞、空虚的境地”。“在90年代已经到来时，我们必须重新检讨自己的文学价值观，使之从偏颇达到健全。这一方面，是为了使文学对得起它面临的社会现实和民众，另一方面也是出于要将文学从颓势中拯救的需要。关于文学命运的悲鸣，我们已听了太多，但这些悲鸣几乎一致把文学生存处境日益恶化的原因归之于金钱和市场经济的压迫。这肯定是有一部分道理的，然而要说它是全部，却大错特错。我们不妨扪心自问，当我们把文学从民众手中夺走塞进象牙塔封闭起来时，我们又有何理由要求读者对这样的文学产生‘需求’呢？也许，我们不应急于下结论，试试看，把文学还予社会，还予人性、正义和善，从它们那里汲取历史的必然真理的力量，然后，再来讨论文学的前途和命运，亦不为迟”。

王蒙在《沪上思絮录》中谈到了“人文精神”话题。他对所谓“人文精神失落”说法“颇感困惑”，在他看来，中国本来就没有什么人文精神，也就无从谈什么“失落”，倒恰恰是“市场经济的发展终于使人文精神有了一点点回归”，“反而大喊失落”。他认为“失落”的也许只是一部分人所认准的那一种人文精神，但是“人文精神似乎并不具备单一的与排他的价值标准”，“把人文精神神圣化与绝对化，正与把任何抽象概念与教条绝对化一样，只能是作茧自缚”。“或者是指时髦的‘终极关怀’？是指抽象的与绝对正确的真理？永恒？‘上帝’？或曰，是50年代思想改造时期失落的，不是现在失落的？那也绝了。失落了40余年，没有谁说过失落，就是说连失落也不许说，现在终于可以大谈特谈失落了，是不是说明市场经济的发展终于使人文精神有了一点点回归了呢？失落的时候不说失落，回归一点了反而大喊失落，这是中国特色的现象，甚至于是某些悲剧产生的原因”。王蒙认为王朔“比较灵活、随意，至少口头上不把什么东西当成一回事，似乎什么都看得很透，因而时不时地调侃一切、亵渎一切，动不动就把一些伪君子的面具撕个粉碎。他们尤其敢于自嘲，具有一种轻松直率的性格魅力。在公众当中，他们宁愿蹲下来，不但与俗人打成一片，而且是与‘下等人’不分你我。但弄不好容易搞得痞味十足，朽木难雕，机会主义，乃至败坏道德风气”。“我希望各种作家能多看到别人别类的长处，能在坚持自己的为人原则与创作个性的时候也‘悠着点’，不要膨胀得越了位，不要一件事还没有干好先否定旁人。”

《长江文艺》第1期刊登刘醒龙的中篇小说《去老地方》，并推出“90年代小说新人展”。

赵玫的短篇小说《山下人说，山上有个故事》发表于《山花》第1期。

首届广东文学节在广东深圳举行。徐迟、邹荻帆、曾卓、绿原、邵燕祥、白桦、杨牧等出席。《文艺报》第1期作了相关报道。

7日，据《文艺报》报道，纯文学刊物订数回升，走出低谷。《收获》、《上海文学》、《钟山》、《雨花》、《散文》、《当代》、《十月》等订数都比上一年增加。《读书》新增1万份，达到8万份。另据报道，广东省东莞市樟木镇新管理区在传媒上得知《花城》、《随笔》陷入经济困境后，主动伸出援助之手，从1995年，每年无偿资助两本文学期刊的正常运转所缺经费。

10日，辛笛的诗《九月，在戈壁》、杨牧组诗《流年风暴》、李琦组诗《青铜的俄罗斯》、洛夫的诗《出三峡记》、彭燕郊的诗《对镜》、沙鸥的《哑弦》（组诗）、沙白的诗《寻梦者的脚印》（五首）、席慕蓉的诗《双城记》发表于《诗刊》第 1 期。

王蒙的短篇小说《寻湖》、张洁的短篇小说《楔子》、刘心武的短篇小说《很简单却又很难准备的礼物》、从维熙的中篇小说《祭红——世纪末故事》，以及毕淑敏的新体验小说《预约财富》发表于《北京文学》第 1 期。

《花城》第 1 期刊登陈染的中篇小说《凡墙都是门》、林白的中篇小说《致命的飞翔》、阎连科的中篇小说《和平殇》、刁斗的中篇小说《为之颤抖》、陈晓明的评论《超越情感：欲望化的叙述法则——九十年代文学流向之一》、朱文的中篇小说《弯腰吃草》、于斯的中篇小说《痼疾》，以及格非的短篇小说《初恋》、行者的短篇小说《短篇三题》、曾园的短篇小说《中断的回忆录》、宋元的短篇小说《日场电影》、陈东东的长诗《喜剧》、林贤治的散文《悼一禾》。从本期开始至本年度第 6 期，在"故国风景"专栏内陆续发表张承志的散文《神往》、《击筑的眉间尺》、《大理孔雀》、《三分没有印在书上的前言》、《三舍之避》、《劳动手册》。

《福建文学》第 1 期发表林世恩的小说《午夜狂奔》、赖妙宽的小说《口欲》、修彬整理的《先锋的迁移——北村小说作品讨论会综述》。

《中国作家》第 1 期发表池莉的中篇小说《你以为你是谁》、裘山山的中篇小说《男婚女嫁》、虹影的中篇小说《鸽子广场》、胡平的中篇小说《新体验》、张承志的散文《莫合烟，五里雾》、叶延滨的散文《生命变奏》。

15 日，何玉茹的中篇小说《前街后街》、谈歌的中篇小说《山问》、叶君健的短篇小说《中秋佳节》发表于《长城》第 1 期。

《钟山》第 1 期"新状态小说专辑之四"刊登韩东的中篇小说《三人行》、陈染的中篇小说《只有一只耳朵的敲击声》、阎连科的中篇小说《在和平的日子里》、残雪的短篇小说《历程》以及苏童的短篇小说《饲养公鸡的人》、林今澜的短篇小说《短篇三题》，还有汪政、晓华《开放的概念》、谢有顺《痛苦与呼告：世纪末文学的新状态》等评论。关于“新状态”，1995年出现了较多评论文章：王干发表于《作家》第10期上的《走向自我阅读的新状态》、张颐武发表于《当代作家评论》第4期的《刁斗与“新状态”写作》、傅翔发表于《文艺评论》第4期的《让灵魂栖居大地——文学新状态研究》、屈文焜发表于《中国出版》第9期的《关于“无奈”与“新状态”——对某些评论的评论》、李明泉发表于《文学评论》第1期的《我看“新状态”》、朱立元发表于《学习与探索》第5期的《命名的“情结”——“新状态文学”论刍议》、钟剑发表于《零陵高等师范专科学校学报》第1期的《“新状态”的概念》等，都提出了各自的看法。钟剑的文章指出，当下的“新状态小说”的概念有两点不足：“一是像‘当下即时的状态’，切入当下时代语境和‘自传性的写作’之类的一言而概之的东西；二是与‘末世纪’和‘后文化’相联系着的一些涵盖极大和空泛无边的说法。”朱立元的文章指出，“这种命名的主观性、先验性来源于一种焦虑的文化心态。”作者认为，不同于80年代文坛可以清晰地画出一条线来一语概之，90年代的文坛充满了多元化，但评论家们依然想通过一种命名的方式来概括。“新概念”文学自称宣告了“民族国家寓言化的终结”，而走向个体化私人化的当下情绪体验和随意显现，这背后“隐含着人文精神和价值的失落”。罗洪涛发表于《文艺争鸣》第4期的《“无所往”与新状态文化》一文认为，“要提醒一下新状态文学，找回文学自身，但别陷入自我中心主义；立足本土，挖掘母语的潜力，但别陷入狭隘的民族主义；不赶潮，不‘先锋’，别陷入新的保守主义。新状态文学既然是总结又是倡导，那么我认为‘无所往’即‘有所求’是值得倡导的。”胡宗健发表于《山花》第7期的《新状态的概念》一文，对新状态小说有了新的定义，从思想意蕴来说，“首先是90年代即世纪末知识分子的‘新状态’和这个特定转型时期新的人文形态，这一主客观景象被重新书写、想象、放大和建构，乃是文学的新状态”。其次，在回归传统与颠覆传统两方面做了形式的探索。再次，“新状态”小说“在新的前提下，让事实与虚构交织，写实与寓意同在”。

16－21日，全国宣传部长会议在北京举行，江泽民出席会议并强调：要充分发挥党的宣传思想工作的政治优势，努力为改革和建设提供良好的舆论环境和有力的思想保证。在谈到促进文化繁荣和加强文化市场管理时，江泽民指出，“一手抓繁荣，一手抓管理”的方针是完全正确的，要继续弘扬主旋律，提倡多样化，鼓励和支持文化界的同志深入基层、深入群众，创作更多反映我们时代精神、鼓舞人们奋发向上的优秀作品。要给人们提供良好的精神食粮，促进文化市场繁荣，必须有管理来配合和保证，继续抓好“扫黄”“打非”工作。21日，《文艺报》第3期作了报道。

17日，在1995年全国文化厅局长会议上，中宣部副部长、文化部部长刘忠德指出，1995年的文化工作要在继续推进“学习、改革、市场、繁荣”四项重点工作的同时，大力加强农村文化、文物保护工作。

18日，广东省首届“秦牧散文奖”揭晓，李兰妮、范汉生、黄国钦等13名作者（含港澳地区）获奖。

24日，《光明日报》报道，继电视连续剧《孽债》成为热点之后，叶辛小说《孽债》已由江苏文艺出版社重印，即日起在新华书店上市。

中国文联在北京举行迎春座谈会。中国文联主席曹禺在讲话中说：“期待创作给人深刻启迪的高品位、大手笔的艺术精品和传世之作。”中国文联党组书记高占祥在会上说：“在新的一年里，文艺界要继续学习邓小平建设有中国特色的社会主义理论，彻底贯彻落实中央的有关政策，坚持‘二为’和‘双百’方针，高举团结旗帜，推动文学艺术的繁荣、发展。”28日，《文艺报》第4期作了报道。

25日，《文汇报》刊载谢海阳《文学驮着影视，影视普及文学》一文，文中指出，文学和影视，这两大艺术门类的联姻已经成为新趋势。

《收获》第1期刊登李锐的长篇小说《无风之树》、北村的中篇小说《水土不服》、李冯的中篇小说《庐隐之死》以及余华的短篇小说《我没有自己的名字》、格非的短篇小说《凉州词》。从本期到本年第6期，在“沧海看云”专栏内陆续发表李辉的随笔《残缺的窗板栏》、《落叶》、《静听教堂回声》、《凝望雪峰》、《风景已远去》、《困惑》。其中《无风之树》发表后引起广泛关注，评论者对其评价较高，认为作品“充分展现了一个特定时代、特殊环境中中国农民的生存状态。作家的着力点在于两点：物质的极端贫困和畸形、变异的性饥渴。李锐把这两个并不鲜见的文学主题与‘文化大革命’期间狂热和残酷的政治背景相联系。无论是物质的极端贫困还是性苦闷，都无一不笼罩于特殊的政治背景之中。”“这是关于一个民族苦难记忆的寓言，是民族苦难的心灵史。尽管小说揭示的是一个特殊乡间几个小人物的命运，但由于李锐将自己深切的个人体验融入其间，这样就使小说超出了我们通常用‘题材’来概述小说内容的情况。它在揭示人性和心灵的复杂性中获得的深度，使读者分明能感到小说的象征意义。这里的‘矮人坪’、‘瘤拐’已超过通常意义上所包含的内容，而成为了有丰富意义的象征符号。政治对人性的扭曲使读者不会将小说仅仅视为一个反映农村生活的作品，它所反映的时代内容是相当丰富的。”（李国涛、成一：《一部大小说——关于李锐长篇新著〈无风之树〉的交谈》，《当代作家评论》1995年第3期）

《当代作家评论》第1期发表“张承志评论小辑”，包括张承志的《你选择什么》、郜元宝的《信仰是面不倒的旗》、吴炫的《否定宗教：英雄性与存在性——论张承志》、朱向前的《生命的沉入与升腾——重读〈金牧场〉及其评价》、索飒的《永不高度的孤独者——读张承志的〈荒芜英雄路〉》、李吟咏的《神圣价值独白：张承志的散文》。本期还推出“《曾国藩》评论小辑”。张承志的文章说：“文明的战争结束时，失败者的废墟上应当有拼死的知识分子。我讨厌投降。文明战场上知识分子们把投降当专业，这使我厌恶至极。最后一句是，泱泱中国的文化深不可测。在文化的危机中应该相信，在未来的年轻人手上，前途的可能性是可塑的。”吴炫认为，“张承志体现出他的难以理喻性……从‘合时宜’到‘不合时宜’，张承志的‘家园’只能在对由‘时宜’组成的现实之拒否中才能建立，张承志对‘英雄性’的新的体验只能在‘不合时宜’中被给予”。而部元宝对张承志的写作持肯定态度，他认为“迄今为止，张承志的写作，张承志思考人类苦难及其救赎的取径，已经越来越和大陆文学十几年发展所形成的某些惯性疏远起来。张承志执拗的脚步，甚至已经迈出汉文化与汉文学的版图之外。当代的作家、评论家们一般的识见和趣尚，文学界众口咸谈的流行话题和话语，好像已经不能影响张承志了。一贯高标傲世的小说家现在越发显得茕茕孤立。但孤立不等于孤独。孤立是从别人看张承志的立场说的，更多地带有人群交际方面的含义，是社会学的一个概念。孤独是一个人自我的精神状态和体验，是生存论上的一个概念。……在张承志的小说中，苦难就像一枚坚硬的果核，和不断圣洁化的信仰始终并存着。张承志所发煌的精神信仰或理想人道，并不是在世俗的维度可以消除苦难的圣泉，而是在合灵的天平上担当苦难抗衡苦难的砝码。对张承志来说，苦难是苦难，信仰是信仰，二者都实实在在地存在着。张承志肯定信仰，坚执信仰，并不是否定苦难的存在，并不是叫人们无视到处都有的现实的苦难。人们在信仰中获得了依靠和安定，这并不是说他靠着信仰就能够为自己争取到更多的面包和水，更多的财富和安全，而只是意味着，他在心灵中抗住了苦难的重压。苦难纵能击倒他的肉体，但绝不能打败他的心灵。强大的心灵还能最大限度地激发起肉体抗衡苦难的潜力。精神上有了信仰支撑的人，即使在疾病冻馁之中也能显示出人格的坚毅刚强，包括肉体上惊人的强悍。……张承志就是这样一个负重前行的硬汉。他一面尽力推动着苦难这颗西绪福斯的巨石，一面在心中积蓄着足以支撑住这颗巨石的力量。这便是张承志式的世间苦难之超越”。

1995

《文学评论》第 1 期发表周宪的文章《审美文化的历史形态及其变异——谈高雅文化与大众消费文化》。周宪认为“从本质上看，现代文化中高雅艺术与大众消费艺术是相对立的，因为两者的本性和功能截然相反。首先，高雅文化是自律的，而大众消费文化是他律的。所谓自律，是指高雅文化自在自为的一面，反映了它内在的审美本性。所谓他律，是指大众消费文化他在他为的一面，反映了这一文化的商业本性。如果说自律性揭示了高雅文化关注自身审美本性及其规律，以审美价值为皈依的话，那么，他律性则昭示了大众消费文化关注审美以外的商业价值，并以其为宗旨的特性。其次，高雅文化与大众消费文化的对立，还体现为趣味的对抗……高雅文化追求永恒持久的审美卓越性，而大众消费文化则追求短暂的流行效应。前者反映了雅趣中深邃和恒常的审美价值，后者却体现了畸趣浅俗和刺激的一面。换言之，无论从理论上推导还是从经验事实上观察，都可以断言，能在现代文化史上占据一席之地的只能是高雅文化产品，而大众消费文化之作不过是过眼烟云。”同期《文学评论》还发表敏泽的文章《社会主义市场经济与文学价值论》。敏泽认为“市场经济条件下的文学价值问题，除了要求全部将之推向市场外，还有一种所谓综合效益，一般是指经济效益及社会效益，也有的在这两种之外，再加一个审美效益的论点。由于上述的原因，即不应该使一切文学作品，特别是高雅的、凝聚着时代精神与民族魂，或具有崇高的思想艺术造诣的作品商品化。因此，尽管文学艺术作品在商品经济条件下具有商品的属性，我们也不赞成一般地将之别入文学的价值功能之中。尽管有人特别强调文学的商品价值这一事实，要求社会效益和经济效益的统一，但是二者如果能够统一，同时实现，这自然是最理想的，但在很多情况下，二者未必是能够统一的，这是大家都了解的基本事实。既然存在着这一事实，过于强调文学艺术的商品价值就是值得考虑的。迄今为止，还很难找到世界上有哪一个国家是把作为人类精神文明的一切创造（影视、通俗的文学之类例外）都统统推向市场，并向之要求经济效益的，这并非什么‘鸵鸟思想’作祟，恰恰是吸收了人类文明创造成果所包含的丰富思想的结果——文学不能成为市场的奴婢。所以，以市场经济作为衡量文学价值的天秤，无疑是远非具有准确性或科学性的，倒常常会导致文学创作的‘市侩化’，如我们时下常见到的那样。”

《大家》第1期发表陈染的中篇小说《沙漏街的卜语》、北村的中篇小说《消灭》、何顿的中篇小说《灰色少年》、鬼子的中篇小说《述说传说》、于坚的散文《运动记》、陆健的诗歌《北京阿坚》、南野的诗歌《魔术师》、余弦的《诗四首》、陶纯的短篇《村殇》，以及北村的评论《活着与写作》。

27日，北京人民艺术剧院在京演出历史剧《天之骄子》。编剧郭启宏，导演苏民，主演濮存昕、谭宗尧、郑天玮、顾威、吕中等。剧本发表在《中国作家》第2期上。

28日，《剧本》第1期发表陈志斌、殷习华的大型话剧《徐洪刚》和王俭的多场次话剧《大漠魂》。

据《文艺报》报道，1995年起，我国开始实行著作权登记制度。

本月，由陈思和策划的“火凤凰新批评文丛”由学林出版社出版，包括：陈思和的《鸡鸣风雨》、蔡翔的《日常生活的诗性消解》、胡河清的《灵地的缅想》、郜元宝的《拯救大地》、张新颖的《栖居与游牧之地》；另一套“火凤凰文丛”开始于3月份由上海远东出版社出版，收入巴金的《再思录》、贾植芳的《狱里狱外》、沈从文和张兆和的《从文家书》、张中晓的《无梦楼随笔》等回忆录和论著。

南帆的中篇小说《五年后见分晓》、祁智的中篇小说《张果的腊月》、张欣的中篇小说《仅有爱情是不能结婚的》、高建群的中篇小说《大顺店》、何申的中篇小说《信访办主任》发表于《小说家》第1期，该刊从第1期起至第6期连续刊载“第二届精短中篇擂台赛”。同期还发表唐炳良的短篇小说

《乡村对话》、林敏的短篇小说《去日流连》、叶兆言的散文《断篇二题》、《〈花煞〉后记》、周大新的散文《一个愚生对一个智者的揣度》、冯景元的散文《恐龙灭，苍蝇生》。高建群（1954－），祖籍山西临潼。陕西省文联副主席。著有长篇小说“大西北三部曲”《最后一个匈奴》、《最后的民间》、《最后的远行》，以及《六六镇》、《古道天机》等，散文集《新千字散文》、《东方金蔷薇》、《匈奴和匈奴以外》等。

四家具有较大影响的文学期刊《钟山》、《大家》、《作家》、《山花》宣布，联手设立“文学联网四重奏”，旨在以在同一期刊物上分别刊登同一作家不同作品的形式，强化推举文坛新人的力度。

由美国友人罗伟杰赞助，中国作协、中华文学基金会主办的“中美文学交流奖”在京颁发。

《青年文学》第1期开辟“60年代出生作家作品联展”，陆续刊出余华、苏童、格非、陈染、北村、韩东等60年代后出生的青年作家的作品。

范小青的短篇小说《独自去乡下》、《平安堂》发表于《芳草》第1期。

《街道》（文化月刊）第1期发表王家新的诗片段系列《另一种风景》

贾平凹文集《商州：说不尽的故事》四卷本由华夏出版社出版。

二月

1日，《作家》第2期刊载张旻的短篇小说辑包括《月光下的错误》等，海南的短篇小说辑包括《秘史》等，朱文的短篇小说辑包括《因为孤独》等，罗望子的短篇小说辑包括《另一种时间》等，刁斗的短篇小说辑包括《证据》等，斯妤作品小辑短篇小说包括《红粉》等，以及韩少功的短篇小说《暗香》。朱文，1967年生于福建泉州，1989年毕业于东南大学动力系，

1994年辞去公职，成为自由作家。著有小说集《我爱美元》、《因为孤独》、《弟弟的演奏》、《人民到底需不需要桑拿》，长篇小说《什么是垃圾，什么是爱》，诗集《他们不得不从河堤上走回去》，电影作品有《巫山云雨》、《过年回家》、《海鲜》、《云的南方》。

3日，关仁山的中篇小说《太极地》，吕新的中篇小说《小姐》，范小青的短篇小说《往事》，王火的短篇小说《迷宫悲喜》，行者的短篇小说《浪游》、《双月》，李瑛的诗《大西北：牦牛的故事》，蔡其矫的诗《西沙之行》，发表于《人民文学》第2期。

5日，刘玉堂的短篇小说《自家人》、凡一平的短篇小说《女人漂亮，男人聪明》、薛毅的评论《张承志论》发表于《上海文学》第2期。同期刊登《当代文学的学科建设》，该文是由谢冕主持的一次座谈会的纪要。与会者认为，中国当代文学这一学科正式形成于70年代末，国内外学者为此付出了创造性的劳动。这十多年本学科在教材建设、科学研究和教学实践、人才培养等方面所取得成就非常显著。认识和总结这一学科的发展规律，探寻当代文学的特殊品质，建立有异于其他学科的理论构架，从而推进这一学科向着更为系统也更为完善的方向推进，是希望达到的目的。会议讨论了学科建设的总体问题：历史性、现代性、时间性、系统性，也讨论了学科建设的个别问题：地域性、跨学科性、理论性、科学性。

《长江文艺》第2期刊登邓一光的中篇小说《掌声继续》、毕淑敏的短篇小说《汗血马尾》，以及昌切的评论《警惕泛道德主义倾向》，昌切文中指出不能“以道德尺度而非艺术尺度规约文艺现象乃至取消艺术尺度，用道德评价限定以致取消艺术评价。”

《山花》第2期刊载刘心武的短篇小说《袜子上的鲜花》、海男的短篇小说《往昔》以及张昊的中篇小说《永远的怀念》。同期刊载谢有顺的评论文章《先锋小说再度崛起的可能性》。

6日，夏衍逝世于北京，享年95岁。“综观夏衍的创作总是紧跟时代的步伐，始终关注民族的命运。他从来不对作品中的人物做静态的描写，从不把人物从时代中疏离出来，只写笔下人物的一己悲欢并以为是世界的全部。他的作品总是执著于表现现实的矛盾，把握自己同时代大多数人尖锐的生存事实和苦难感受，叙写被挤压到社会底层人们的命运、挣扎和呼告。有着时代的温度和触及现实的深刻力量。他的剧作如《一年间》、《上海屋檐下》、《心防》、《愁城记》等都注目于抗日战争风云下普通中国民众的生存境况和心路历程，描写在激变的时代中他们真实的喜悦、愤怒和哀愁。电影《狂流》描写‘九一八’事变后长江流域波及十六省的大水灾，《春蚕》、《林家铺子》表现30年代帝国主义对中国民族经济的破坏。夏衍大量的时评通讯更是一轴20世纪的时代风云画卷，《广州在轰炸中》、《粤北的春天》、《香港沦陷前后》、《上海还在战斗》等文字是对战争年代民族苦难和奋起抗争的真实记录。”“夏衍理工专业的文化背景，内敛沉静的性格，使他的文字偏于理性，这种性格更贴近一种杂文家的气质。”（陈坚、刘骋：《夏衍：现代革命文坛的巨匠——纪念夏衍105周年诞辰》，《浙江艺术职业学院学报》2005年第1期）“在我国年轻的现代话剧史上，夏衍是第一个尝试把日常生活引进戏剧领域的剧作家。”“善于从独特视角进入生活，并达到具有时代深度的发现的艺术才能，使夏衍充满自信地把戏剧推进到日常生活领域，他要让平凡的生活同样开放出芬芳的戏剧艺术之花。”“夏衍的剧本具有不同于传统戏剧的外貌。它们一般没有激烈的尤其是正面展开的戏剧冲突，没有能提挈全剧的中心情节，也不见传统戏剧中必有的层层逼进的上升、高潮等戏剧场面。他的剧作像散文，像小说，静静地开幕静静地闭幕。”（王文英：《论夏衍戏剧艺术的创新》，《文学评论》1985年第2期）吴祖光说：“……他习惯用最为简练的笔触，不肯浪费一字一句，却包含了最丰富最深刻的思绪。读夏衍同志的剧本，要通过舞台形象来表现它的时候，简短的对话里所含有的内容是很难挖掘干净的。夏衍同志常常自谦地说他的剧本写得‘冷’，缺少一般观众喜欢的‘紧张’和‘热闹’，然而‘桃李不言，下自成蹊’，就凭我看到的接受了夏衍同志的剧本演出任务的任何一个导演和演员，他们脸上显出的喜悦和幸福的光芒是不会不被人察觉到的。”“读夏衍同志的作品，无论是剧本、散文、或是政治小品，都会让人想到俄国的著名作家契诃夫。那中间联和隽永，在风格上很多相似的地方。即使在人的外形上，契诃夫扶着手杖，衔着烟头，静静地观察事态的神情，和夏衍同志亦有相似之处。古人说‘文如其人’，唐朝司空图著《诗品二十四则》，夏衍同志的文章应列在‘冲淡’‘含蓄’‘飘逸’之间。所谓‘犹之惠风，苒苒在衣’，‘不著一字尽风流’，都可以用来形容夏衍的风格。”（吴祖光：《作家和战士——记夏衍同志》，《剧本》1957年4月号）陈坚说：“由于早年‘僻处相见，不懂社交’，加上家庭凋落，且处下层社会，因而他（夏衍）很早便构成质朴恬淡、不求闻达的个性。‘和我熟悉的人，都知道我有一个小小的信条：那就是宴会不猜拳，开会不讲演。不猜拳的原因是由于自己不会喝酒，别人耳热酒酣的时候，自己老是静静的旁观……而不讲演的原因，除出不曾学过讲演术，而又没有即席措词的才能，主要的还是害怕那百十双一时集中到自己身上的眼睛’。……夏衍从小即形成的沉静地观察生活、不喜多谈及自己的习性，与他后来的创作偏向写实风格，有着明显的因果关系。更不能忽略的，在求学时代，夏衍从中学到大学，又都是读工科，自然科学对于求实精神的严格要求，使他厌恶空虚和浮华，不爱作非分之想，较为注重实际。”（陈坚：《夏衍的生活和文学道路》，浙江文艺出版社1984年版）

10日，《诗刊》第2期发表陈建新的诗歌《漫想集》、韩作荣的诗歌《火焰》、杨克的诗歌《一个人的时代》、李晓梅的诗歌《月光下的思绪》、纪弦的文章《〈纪弦精品〉自序》。

何玉茹的短篇小说《恩爱夫妻》、孙郁的评论《“新体验小说”之体验》

发表于《北京文学》第2期。

16日，《文汇报》刊载谢海阳《公安文学如何再上新台阶》一文，提出应该借鉴军事文学的创作经验，组建一支精干有力的“公安文学”创作队伍。

19日，报告文学作家魏钢焰在西安病逝，终年73岁。

20日，《当代》第1期发表邓贤的长篇纪实文学《淞沪大决战》、尤凤伟的中篇小说《五月乡战》、杨雪萍的中篇小说《一天中的四季》、徐敏的短篇小说《生涯》。

22－24日，全国作协工作会议在北京召开。开幕式上，中宣部副部长、中国作协党组书记翟泰丰就作协工作和繁荣文学的问题发表讲话。中国作协书记处书记张锲作了题为《搞好班子建设，增强服务意识，推动全国文学创作跃上一个新台阶》的工作报告。与会者还就如何落实中共中央和江泽民总书记对繁荣文艺创作的重要指示等问题进行了讨论。

28日，《剧本》第2期发表王承刚、蔡伟的小剧场话剧《热线电话》和柯文辉的独幕话剧《云水操》。

本月，《文艺报》邀请首都部分文艺理论工作者，召开“大众文化”研讨会。与会者认为，“大众文化”是一个带有世界性和时代性的文学现象。近年来我国“大众文化”的崛起，已经对文化原有的格局、地位、特性和作用等产生强烈冲击和深刻影响。

第四届“宋庆龄儿童文学奖”揭晓，台湾有作家参选并获奖。这次大奖评选内容为1986－1993年出版的中长篇童话和短篇童话集。此次颁奖活动独出心裁之处是，由孩子扮演童话角色为获奖作家们颁奖。

三月

1日，《作家》第3期发表朱日亮的短篇小说辑包括《死亡的回忆》等；“诗人自选集”发表牛汉的诗歌《时间：1989－1994》。

3日，许谋清的中篇小说《老货仔的街》、残雪的中篇小说《重叠》和王小波的短篇小说《南瓜，豆腐》、余梅的短篇小说《平衡》、孟伟哉的短篇小说《司机的故事》、南野的短篇小说《一座岛屿的狂欢》、王长元的短篇小说《苦秋》、夏风的短篇小说《红店与白店》、郑敏的诗歌《生命之赐》发表于《人民文学》第3期。

4日，《文论报》报道，上海中青年批评家在上海师范大学聚会，就现代文化与文学、先锋文学运动、启蒙主义之后，批评的困惑等几方面的问题进行讨论。倪文尖认为，在20世纪中国文学史上存在着一个有关中国现代化的意识形态框架，它从西方以强势迫使中国不得不做出现代应对之日起一直到现今始终存在。薛毅批评了所谓的后现代主义者对启蒙主义的轻薄态度，他认为在启蒙主义之后，现在有两种不同的声音，一是英美式的经验主义，一是重新认同理想主义传统。吴亮认为目前批评的状况、批评的理论不是来源于现实，而是来源于西方，用西方的语言来研究中国问题。蔡翔认为批评家现在对意识形态、社会、文化的兴趣空前强烈，远远压倒了对艺术自身的兴趣。杨文虎认为，我们所有的思考与设想，都是在为以后健全的思想和精神作准备。

5日，《上海文学》第3期发表孙春平的中篇小说《华容道的一种新走法》、荒水的中篇小说《循环游戏》、荆歌的短篇小说《情多累美人》、阿宁的短篇小说《奔跑》。本期“批评家俱乐部”栏目还发表《现代人文精神的生成》的讨论纪要。主持人王鸿生，参与者耿占春、何向阳、曾凡、曲春景。何向阳认为，只有人与文同步，亲证与旁证同步，自我批判与社会批判同步，淘汰和筛除知识者人格中的异化成分，回到精神现象和精神史的内部研究中来，我们才有可能接近一种新的人文命运的起点。耿占春认为，人文知识分子要追询和回答的就是生存意义问题，而生存意义只能在对生存经验的探索中获得。人们应该看到文学在人类经验世界中产生的意义，也就是说，生存经验自身并没有自足的意义，其意义要通过人文表达才能实现。王鸿生认为，事实上，竭力移植西方文化也好，掉头复兴传统国学也好，都免不了“被书写”的窒息感。这就是我们为什么感到，一方面话语空间在无限扩大，经验领域在不断互换，而另一方面个人表达的余地又空前窄狭，我们遗忘了个体生存的真实性，我们不懂得各种文化原来早已凝聚在自己的切身经验里，而这里才有生成人文精神的真实起点。《上海文学》第4期还发表了黄蕴洲的《人文精神何处生根》一文，指出，中国知识分子丧失人文精神，从而失去了文化创生能力的根本原因在于，我们的人文精神是无根的。此人文精神之根就在于知识分子对存在的面对和承担。而中国学人向来缺乏对存在面对和承担的人文传统，这是中国文化传统中最深蔽不明的问题。20世纪90年代中国学人对存在的面对和承担的开始，是中国知识分子自觉时代的开始，是中国知识分子之人文精神由无根向有根转变的开始。由此中国知识分子由启蒙他者转向启蒙自身，由他指确认转向自我确认。这种转向不是逃避，而恰恰是本质性的面对和承担的开始，更是中国知识分子对其人文关怀的责任及其所带来命运承担的开始。

本年度关于人文精神的讨论中，南帆与张颐武的论争颇引人注目。张颐武在《人文精神：最后的神话》（《作家报》1995年5月6日）中，批评人文精神“并未得到过明确的表述”，“通过玄想式的、神秘式的言语创造一套永恒的和绝对的‘知识’”，他认为，“人文精神”并没有提供对当下文化的有力的分析，而是将自身变成了在多重转型的全球进程中知识分子的玄学化及神学化的逃避过程。"它不是与人们共同探索今天，而是充满了斥责和教训的贵族式的优越感"，"是以专横的霸权姿态确立自己的话语权威"。南帆发表《人文精神：反抗的功能》（《作家报》1995 年 6 月 17 日）一文与张颐武商榷，他指出，政治话语的后撤和商业文化的崛起标志了一个新的语境到来。在这里，"人文精神"成为一批知识分子自我定位的旗帜。他们力图用这面旗帜抗拒市侩哲学的侵扰，并且号召知识分子在日益稀薄的学术空气之中守住自己的岗位。南帆说，在我的记忆中，"人文精神"并未在中国获得贵族的身份，它更多地与知识分子的长期压抑相辅相成。人们不可能这么快忘记，只有政治话语的操纵者才可能捭阖四方，炫耀话语权威，"人文精神"时常在昔日的政治话语中扮演反角。所以，当前的"人文精神"与其说是一种居高临下的"教训"，毋宁说是来自边缘地带的反抗。南帆批评张颐武的《人文精神：最后的神话》在"反现代"和"反殖民"的理论视野中贬损"人文精神"，嘲笑"人文精神"已经"过时"，从而暴露了中国文化的"贫病"和"滞后"。南帆认为，目前"人文精神"的提出是个典型的"中国问题"。西方文化之中，后现代、解构主义、女权主义、新历史主义以及文化批评等风头正健，"人文精神"并未在他们的语境之中成为注视的焦点。南帆反问，在"后殖民"术语的复述之中再度认同了西方中心主义，这样的尴尬的确令人难堪——究竟谁钻入了西化文化霸权的圈套呢？关于人文精神讨论的诸种问题，洪子诚也在 5 月 3 日的《中华读书报》上发表题为《文学"转向"和精神"溃败"》的文章，指出："在九十年代初，我们猝不及防地目睹了作家在新的社会背景下的又一次的'转向'和精神'溃败'。这种转向和溃败，以前或由于政治力量的压力，而现在，则是物质、金钱等的诱惑和挤迫。"除此，值得提到的还有刘雁发表于《文学自由谈》1995 年第 1 期的《人文精神・作家・新状态》一文，文中认为，当我们沉溺于"叙述的激情"而将写作变成一种欲望的发泄，当我们满足于“世人皆醉而我独醒”的自我陶醉时，请小心，人文精神也许就在此时与我们失之交臂。如果我们仅仅局限于个人自身的精神体验，不能将之引发、提升到对人乃至整个人类的存在与命运的终极关注，写作就依然只是一种个人娱乐，与人文精神无关。《雨花》1995 年第10 期发表由王晓明、杨扬、薛毅、罗岗、倪伟等人参与的题为《当代中国的文化和文学认同》的讨论纪要，指出当五四以来外在天命出了问题，中国人的精神寄托就会全面动摇，认同危机也就再次浮现出来。今天的“人文精神”讨论其实是这个危机的一个反弹形式。与会者讨论了以 90 年代的文学和文化状况为切入点，探讨认同危机的各种表现。张德祥发表于《小说评论》1995 年第 5 期的《人文精神与当代文学》认为，如果说文学是人们娱乐的一种工具，那么应当说这种功能是无可厚非的，但这并不是文学的真正价值的实现，也许文学能对于人文精神的重建或曰精神文明建设发挥力所能及的作用，也许文学能为市场经济建设及现代化建设、为民族的复兴贡献微薄之力，这是不是一种实用主义文学观呢？即使撇开这种“实用”，文学是不是可以关怀一下人的良知呢？关怀一下人的精神状态呢？文学真地进入了“赋闲”时代了吗？文学对于这个艰难起飞的民族再没有什么责任了吗？洪子诚在《文艺争鸣》1995 年第 6 期发表《“人文精神”与文学传统》，他认为，中国现代知识分子普遍接受、认同一种也许是经过“误读”的社会进化学说，建立了“科学主义”的世界观。他们认为，科学不仅揭示了自然宇宙的“真相”（“客观规律”），而且也为我们提供关于人生和社会发展的可信图景；政治变革、工业化为核心的“现代化”进程，不仅是民族国家独立、富强的保证，而且最终也会解决人的道德、生存意义等精神领域的问题，这种认识和立场，当然导致不将精神问题当作相对独立的领域来看待和处理，并看不到物质发展、政治变革与精神建设之间发展的不平衡性。在今天，当我们讨论“人文精神”时一种观点认为，“现代化”、市场经济为中国老百姓摆脱贫困提供发展的机会，这本身便是最大的人文精神——便是上述思想逻辑的延伸。“一个民族，总应该有那么一批杰出的作家存在。他们在艺术表现力和形式感上的高度不必说，从思想精神上说，他们是‘认识与存在先于生计问题’的人，是关心人的心灵和人类前途的人，在‘给定的世界’与所要争取的世界之间，在野蛮的兽性与人性的美之间，在自然冲动与精神向往之间，他们敏锐地感觉其间的界限。这种期待，难道是非分之想吗？”旷新年在《文艺争鸣》1995 年第 6 期发表了《对“人文精神”的一点考查与批评》一文，旷新年指出，当我们在提倡“人文精神”的时候，我们必须对我们自己的知识和态度做出真诚的反省与检讨。我们必须在和现实的血肉结合之中重建“人民”的概念，并且针对后现代主义建立的“文学从‘写什么’变为了‘怎样写’”这一神话，重新提出我们古老的追问：为谁写作？关于“人文精神讨论”，本年度发表的文章还有文理平发表于《文学理论与批评》1995 年第 6 期、第 7 期的《关于“人文精神”讨论综述》（上、下），许苏民发表于《学习与探索》1995 年第 5 期的《人文精神论纲》，马相武发表在《21 世纪》1995 年第 6 期的《“人文精神”大讨论》，邹广文、赵浩发表于《求是》1995 年第 6 期的《人文精神：一种世纪末情结的思考》等。自《读书》从 1994 年辟出“人文精神讨论”专栏开始，到 1995 年年初，《作家报》、《中华读书报》、《文汇报》、《上海文学》等报刊已刊发讨论文章 60 余篇。

《长江文艺》第 3 期刊登林希的中篇小说《三一部队》，以及邓晓芒、王又平、昌切等人参与的对话纪要《人文流向与个人精神立场》。

《山花》第 3 期“联网四重奏”推出斯妤的短篇小说《风景》、《线》，刊载东西的短篇小说《跟踪高动》、李大卫的短篇小说《佳人有约》、邱华栋的短篇小说《公关人》、《直销人》。

八届全国人民代表大会三次会议审议通过的《政府工作报告》指出，要“坚持正确方向，繁荣文化事业”，坚持为人民服务，为社会主义服务的方向，坚持百花齐放、百家争鸣的方针，弘扬主旋律，提倡多样化，促进文学艺术、广播影视、新闻出版和社会科学的健康发展。

7 日，《人民日报》报道，近日，云南人民文学出版社在北京主办了《文艺新视角丛书》和《文体学丛书》研讨会。这两套书是由童庆炳主编、云南人民出版社出版发行的。《文体学丛书》是当前国内第一套运用现代观点研究文学文体的学术专著丛书；《文艺新视角丛书》独辟蹊径，分别从心理学、文化修辞论、价值论、范畴论和批评论等新视角，对文学问题做了新的开拓性研究，首次提出并探讨了一些新命题和新范畴（如“中国现代卡里斯马典型”等），揭示其广阔的应用前景。与会者认为，针对文艺批评中的空泛、浮躁的不良风气，这套学术批评理论建构丛书对切入作家实际、树立批评的主体意识、发展健康的文艺批评，是十分有益的。

纪伯伦作品中文翻译者、作家冰心被授予黎巴嫩国家级雪松骑士勋章，以表彰她为中黎文化交流所作的贡献。11 日《文艺报》第 9 期做了相关报道。

10 日，首届“五个一工程”征文入选作品颁奖大会在北京召开，杨志今等 9 人获奖。此次征文活动历时 3 个月，旨在推动“主旋律”精品创作。

《花城》第 2 期发表何顿的长篇小说《就这么回事》、田泳的中篇小说《拂尘》、张梅的中篇小说《这里的天空》、盛月隽的短篇小说《鳄鱼类街七号》、邓燕婷的短篇小说《红衣》、石钟山的短篇小说《古寺》、虹影的诗歌《我们彼此的地狱》、赵毅衡的评论《为什么没有“新留学生文学”？——海外中国大陆文学研究提纲》。

11 日，为庆祝中国人民抗日战争和世界反法西斯战争胜利 50 周年，中国作协在北京邀请一部分老作家，对中国作协编辑的“抗日战争作品选”的篇目进行座谈。

15 日，中国少年儿童出版社邀请首都有关部门负责人、专家、作家，共同商议繁荣儿童文学创作出版事业，刘德忠、金波、毕淑敏等出席。会议指出，我国有4亿少年儿童，然而我国儿童文学的数量和质量都不能满足他们的精神需求。与会人士呼吁，社会各界应该热情支持、扶植儿童文学的创作。

刘庆邦的短篇小说《三月春风》发表于《长城》第2期。

王安忆的长篇小说《长恨歌》自《钟山》第2期起刊载，至第4期连载完毕。同期，“新状态小说专辑之五”还刊载刘醒龙的中篇小说《伤心苹果》、迟子建的中篇小说《岸上的美奴》；“江苏文学新人小说小辑”发表朱文的三篇小说《食指》、《傍晚光线下的一百二十个人物》、《五毛钱的旅程》。同期还发表戴锦华的评论《消费与救赎》。《长恨歌》发表后，引发巨大反响。《当代作家评论》本年第5期即发表了罗岗的《寻找消失的记忆：对王安忆〈长恨歌〉的一种读解》。1997年之后，批评界对《长恨歌》的关注陡然加强。南帆评论说：“人们很快就能从《长恨歌》之中察觉，王安忆不仅企图绘制城市的图像；同时，她的叙述还竭力使这些城市图像浮现出种种隐而不彰的意义。这种意图甚至击穿了通常的故事框架，《长恨歌》的文本出现了某种奇异的特征：散文式的抒情和分析大量地填塞于人物动作的间隙。人们不妨想象，这部小说即是由人物的命运和一系列以城市为主题的散文、随笔连缀而成。王安忆信心十足地投入这种叙述的冒险，她肯定相信，种种机警而精彩的辨析将有效地抵消缓慢的故事节奏而导致的沉闷。”“而人们从《长恨歌》中读到了许多对于城市的想象。”（南帆：《城市的肖像——读王安忆的〈长恨歌〉》，《小说评论》1998年第1期）吴俊评论说，“《长恨歌》的故事时间跨度最长，差不多近半个世纪，故事终结在80年代。用主人公王琦瑶的一生来演绎一个城市的历史命运，这在小说中已有过几次暗示，那么，王琦瑶的死，其实也就意味着一段特定的上海历史的终结，一种特定的上海生活、上海风情乃至上海市民精神及其生存方式的消失。这里要注意的是两点，一是王琦瑶死于当代的80年代，主人公和上海的历史都终结于当代的现实；二是王琦瑶之死是属于非正常、非自然的死亡，贪婪、卑琐、邪恶和堕落的暴力是导致她被杀致死的直接原因，换句话说，其中充分暗示了主人公和上海的历史终结于当代现实的特定原因。之所以要特别强调这两点，那是因为在我看来它们所构成的故事终局隐含了作者对于上海的历史和现实的一种基本价值判断……并且，在王琦瑶之死以前，她的历史命运其实已经注定，也十分清楚地表现了出来，那便是她与老克腊之间没有结果的暧昧关系。有一个细节极具震撼性地表现了这一点，王琦瑶拿出了一直被自己视为命根子的雕花木盒，哭诉着哀求老克腊再陪她几年，但他终于不堪承受，仓皇而逃，再也没有回头。这时，王琦瑶的命运已经走到了尽头。上海的一段历史已经到了落幕的时刻。可以把《长恨歌》理解为是一部历史的终结，而当代的现实则是作为历史的对立面出现和存在的。”（吴俊：《瓶颈中的王安忆——关于〈长恨歌〉及其后的几部长篇小说》，《当代作家评论》2002 年第 5 期）张清华则从当代中国的历史叙事的角度对《长恨歌》作了分析：从结构方式上看，“它不是一部一般的小说，而是一个美学——一部可以构成一种美学范例的作品”。“她选择了非常个人化的叙事角度，刻意地释解和避开了宏大历史叙述的模式，把人物和事件还原到日常生活的末端和细部：参加舞会、串门、喝下午茶、围炉夜话。津津乐道的是旗袍的式样，点心的花样，咖啡的香味，大伏天打开衣服箱子晒霉，用小磨磨糯米……这些都显示了《长恨歌》作为一部‘新历史主义’小说的特性，即在主流历史叙述之外重新建立一个‘反权力叙述模型’的特性。这是一部属于上海小市民的现代历史，是属于民间和个人的历史记忆。它所表现的‘新历史主义’的历史诗学或历史美学，既是最旧和最传统的，同时也是最新的。现代的历史在这里是通过她的民间化、边缘化、私语化和琐碎化的‘编纂法’来得以再现的”。“市民化的叙事和女性化的叙事产生了奇妙的重合，使《长恨歌》成为了当代中国近乎是‘唯一’——至少是不多——的一部‘女性主义新历史主义’的作品。它们共同与波澜壮阔的主流历史拉开距离，远离了男性世界的政治风云。王安忆‘背叛’了现代以来的‘启蒙—革命’的复合式的叙事规则，却恰恰从另一个方面重建了女性叙事，也建立了现代中国女性的另一种历史。也可以这么说，在《长恨歌》里，反主流的民间历史叙事同女性叙事正好是同构的”。“《长恨歌》值得赞扬的另一点是，它对中国传统小说的时间修辞以及对中国当代历史的处理方式之间，实现了一种创造性的‘神会’，具备了一个当代优秀作家应该有的高度，即对传统历史美学的‘现代性的改造’。这表现在，当历史恢复了它陈旧而恒常的逻辑、上海结束了它的革命时代而再度成为一座典范的消费城市的时候，王琦瑶不仅延续了她少女时代的生活，而且也续接上了她‘中断的悲剧’，她正是死于这样的一个时代。物欲、市场和消费的上海，并没有使王琦瑶过上安逸幸福的晚年生活，相反却真正上演了她该上演的荒唐悲剧——王安忆不是一个简单的作家，她让王琦瑶死在金条带来的灾祸之下，死在无聊的小市民的闹剧里，不但隐含了一个知识分子的人文批判的命题，更在‘现代’的语境下取得了古老的美学神韵：这是永恒的悲剧，只是更带上了落败和荒谬的当代气息”。（张清华：《从“青春之歌”到“长恨歌”——中国当代小说的叙事奥秘及其美学变迁的一个视角》，《当代作家评论》2003 年第 2 期）王德威指出，“小说的第二部分及第三部分分别描写王琦瑶在五、六十以及八十年代的几段孽缘。她辗转五个男人之间，有的多情，有的寡义，但件件不得善终。王安忆俨然要把张爱玲《连环套》似的故事，从民国舞台上搬到人民共和国的舞台，而其中的畸情与凶险，犹有过之。在一个夸张禁欲的政权里，一群看过活过种种声色的男女，如何度过他（她）们的后半辈子？张爱玲不曾也不能写出的，由王安忆作了一种了结。在这一意义上，《长恨歌》填补了《传奇》、《半生缘》以后数十年海派小说的空白。”“《长恨歌》有个华丽却凄凉的典故，王安忆一路写来，无疑对白居易的视景，做了精致的嘲弄。在上海这样的大商场间大欢场里，多少蓬门碧玉才敷金粉，又堕烟尘。王琦瑶因选美而崛起，是中国‘文化工业’在一时一地过早来临的信号，但她的堕落，又似天长地久的古典警世寓言。”（王德威：《现代中国小说十讲》，复旦大学出版社2003年版）

《中国作家》第2期发表陈丹燕的中篇小说《域外人物肖像》。

20日，《小说评论》第2期发表雷达的文章《先锋小说的新思路》，指出，前一阶段的先锋小说，在语言和叙述的革命告一段落之后，一是走向历史，一是滑向通俗，先锋原先的品位失落了不少。问题的关键不在于“是否入俗，是否走向历史，而在于多年来的先锋小说，始终存在着现实性、精神性、当代性的缺乏，它们似乎始终缺乏一个中介——对当下生存的思索，对当代人灵魂状态的深切关怀。变化终于在最近发生了，北村、张旻、格非、残雪、何顿、林白、陈染、徐小斌等人的近作，即可明显感到人间气、当世感的增强，向当代人精神境况的迫近。最初的先锋小说是从个体的荒谬感开始的，几经变迁，现在似乎画了一个圆圈，又回到对人的本体、人的精神危机上来了。不同的是，像北村这样的作家，不是一般地关心个体的扭曲和荒诞感，而是带着拯救灵魂的宗教气息，瞪视着当今现实中灵肉分裂、信仰丧失，又得不到灵魂居所的人们的困厄情状，其警世和醒世的意味令人惊异”。关于先锋小说的讨论，在1995年仍然是一个热点。黄先禄发表在《中国文学研究》1995年第4期上的《论先锋小说写作方式的技术化倾向》，从叙事学的角度解释了先锋小说的创作迷误。文章认为，模仿和游戏使先锋派作家陷入了困境，流露着尴尬、负面的效应只会将文学推向坟地。而“先锋小说”欲图再次掀起高潮，其坦荡之途必然是后现代主义。吴澄发表在《上海师范大学学报》1995年第3期的《挑战与突围：近期中国先锋小说流变论》通过对近期一些具有先锋性特征的小说文本的简要描述和分析，试图表明原有的先锋派作家及其他前卫作家所提供的新作在叙述视角、情感方式、形式实验几方面出现的某些值得注意的变化。“开始热衷于远离现今的历史故事。他们对‘历史’的叙述取舍，其实是以能否将历史与政治纳入自己的艺术结构为标尺，历史成为想象力和纯粹个人化经验的表现形式。”“重新寻找现时的人文精神。”“在语言的实验与营造中，纯表述性游戏性的文本格局被打破，开始折射出当代文化的多层次景观。在建构与解构的‘元小说’的双重品格的旗帜下，‘结构革命’仍在显示方兴未艾的态势。如何面对先锋性与大众接受的距离，也开始成为中国先锋小说试解的课题。”《山花》第2期刊载谢有顺的评论文章《先锋小说再度崛起的可能性》，文中首先特别指出“艺术先锋的限度”，“先锋小说在审美意义层面上所作出的贡献，他们从理性式的与浪漫式的两种角度中推进了小说美学的本位化，从而真正完成了中国小说的形式功课。先锋小说的意义更在于此了，一旦艺术自身法则化了，或者艺术形式成了一个结构系统，代替了作家对当下生存世界的洞察与体验，那么，艺术的本质也就被抽离了”。“一个真正有使命感的作家，应时刻意识到自身处境的危机，让写作关怀一些更持久的话题。唯独这样的有终极关怀的写作，才是真正的先锋的写作”。“这批……新先锋团体，大多都活在乌托邦的光芒之下，即令如此，他们还是大大推进了中国文学精神革命的进程。过去，文学关注的大都是不关痛痒的外面的问题，到这批先锋作家的身上，人的本质性问题被提出来了，这是对后现代‘怎样都行’的结构态度的一种反抗”。“可以断言，这批新的先锋作家（余华、北村等）的写作命运回避其他作家要持久得多，因为他们关怀的问题比技术性问题或意识形态问题要有意义得多。人的存在本质是什么？人与现实如何达成和解？终极实在究竟是什么？对这些永恒性命题的思索，是先锋小说再度崛起的唯一契机”。《福建文学》1995年第7期发表林展新、谢天长名为《关于世纪末文学的对话》的文章。林展新认为，当先锋小说作为最后一次被人津津乐道的文学现象逐渐消隐之后，中国就再也没有一个完整的值得评价的文学思潮出现。谢天长认为，先锋小说之后没有什么新的思潮，是从精神上说的，因为在世纪末这种特殊的背景里，作家们很难有共同的体验。世纪末文学只能表达新的精神，很难再表达新的形式，可这一点还没很好地被作家注意，这导致许多作家还在旧的形式经验里浪费精力。

21－24 日，全国文联工作座谈会在北京开幕。中国文联党委书记高占祥提出今年要拟办十件事。中国文联主席曹禺作书面发言，中宣部副部长、文化部部长刘德忠指出，要把主要精力集中在搞好服务、繁荣文艺创作上，要为广大文学工作者创立良好的创作环境条件，使他们以积极的姿态投入到火热的现实中去，创造出与时代相称的优秀作品。中国文联党组书记高占祥讲话强调："做好当前文联工作，就要紧扣住'学习、繁荣、服务、改革、人和、务实'十二个字。"

25 日，《收获》第 2 期刊登张炜的长篇小说《柏慧》、叶兆言的中篇小说《风雨无乡》、何立伟的短篇小说《谁是凶手》、余华的短篇小说《他们的儿子》。《柏慧》发表后，引起争论。《作家报》5 月 27 日发表两篇署名文章，对张炜创作中的得与失发表了各自的意见。郜元宝在《张炜的愤激、退却和困境》一文中指出，写《柏慧》的张炜，和我以往理解的那个张炜，已经有了很大的区别。在这部小说中，我们当然还能看到作家对弱者的同情，对土地的眷恋，还能感到一颗真诚的爱心的跳动；但是，由于一种主导情感的加入，这一切都面目全非。这种主导情感就是忌恨。《柏慧》是一次饱含了忌恨的写作。作者显然被种种现实的人和事苦苦纠缠，满怀忌恨无处宣泄，只好全数倾倒在自己的作品中。道德上的退却甚至也带来艺术上的下滑。严格说来，《柏慧》算不得真正意义上的长篇小说，它只是作者的一份思想随笔。张颐武在《恐惧与逃避》一文中，对《柏慧》的"反现代性"作了辨析，他指出，《柏慧》是一部神秘的启示录式的文本，一部片断式的心理历程的散漫的组合。它是一个十分有趣的当下知识分子面对多重文化挑战的困境的寓言，也是一部玄想式的逃遁与恐惧的心理/文化的见证。它正是以反时代的激进和逃避今天的狂躁加入了目前的“后新时期”的文化语境之中，成了张炜这位非常流行的作家的最新力作。因此，对于《柏慧》进行认真地解读与分析，不仅仅是理解张炜这位始终以隐士式的高蹈姿态处于媒体与流行文化中心的作家必要的途径，也是理解和切入当下纷纭复杂的文化状况的必要途径。另外的一些评论家也发表了看法。“《柏慧》的文本结构实质上喻示了我们时代的一种群体精神结构，这就是物化观念与反物化观念、体制规则与个体自由、实利原则与审美法则的对立结构。”（昌切、刘继民：《〈柏慧〉与当下精神境况》，《山花》1995 年第 11 期）

《当代作家评论》第 2 期发表“创作批评论”小辑，集中发表了三篇评论历届茅盾文学奖的文章，分别是於可训的《历史转折时期的艺术见证——重读首届茅盾文学奖获奖小说》、林为进的《历史的限制与现实的选择——重评第二届茅盾文学奖获奖作品》、朱晖的《第三届茅盾文学奖之我见》。对于首届茅盾文学奖的获奖小说，於可训认为“表达的是处于结束‘文化大革命’动乱的历史转折期，文学对于社会生活的反映和认识，另一层意思则是说这些作品同时也集中呈现了处于这一历史转折期的文学的基本形态和特征”。他认为首届茅盾文学奖获奖作品给我们的启示至少有以下两点：“其一是它们的强烈的现实意识和深切的历史感。……其二是它们的深固的现实主义文学本体观和兼容并包的艺术创造性。”最后他总结说：“无论如何，首届‘茅盾文学奖’获奖作品已是一个历史的存在。它们记录的是一个刚刚经历过一场巨大的历史浩劫的民族处于一个重大的历史转折期的一部曲折的心史，一幅斑斓的世相，一条泥泞的思路，同时也是一个文学的转折时代的一份新旧交替、承前启后的艺术的实录。”关于第二届茅盾文学奖，林为进认为“第二届‘茅盾文学奖’是在外部环境和客观条件都比较好的情况下开展评奖活动的。那时正当第四届作家代表大会之后，提倡宽松的文学氛围。80 年代初，文学界的心气还比较高，气劲也还比较足，而经过第一届‘茅盾文学奖’评奖的刺激后，创作界投入长篇小说写作的兴趣亦相当浓，众多写作中短篇小说已大有或小有名气的作家都纷纷投入长篇小说的创作之中。那一时期，长篇小说的出版数量的确不少，基本是凑够十多万字就能作为长篇小说出版，每年发表和出版的长篇小说都要超过200部。不过，绝大多数都是极一般性的平庸之作……因此，巴金这位可敬的文坛泰斗，极少干预作协具体工作的主席，才会对专程到上海向他请示评奖工作的同志说‘宁缺毋滥’。无疑，这是一种严肃负责的态度，是为了‘茅盾文学奖’有可能树立相当威信的提法。这样，李準的《黄河东流去》、刘心武的《钟鼓楼》及张洁的《沉重的翅膀》就十分幸运地成为第二届‘茅盾文学奖’的获奖者”。朱晖就第三届茅盾文学奖发表了自己的见解，他认为“第三届茅盾文学奖与前两届相比，有许多不一样的地方。先是获奖篇目，包括路遥的《平凡的世界》（1－3部）、凌力的《少年天子》、孙力和余小惠的《都市风流》、刘白羽的《第二个太阳》、霍达的《穆斯林的葬礼》、萧克的《浴血罗霄》、徐兴业的《金瓯缺》（1－4册），多达7种计12册，比前两届获奖作品之和（共9种计10册）还多两册。其次，是首度设立了‘荣誉奖’……而第三点不同，也即最堪玩味之处，是独独在评选活动的组织实施上，就有以下三种区别——窃以为正是它们，可以把我们的思路引向当时的社会背景、文坛态势，而正是这样一些原因，直接或间接地影响着本届评奖活动和参评人员以致最终的评选结果——第一，前两届评选，有见诸报端的评委负责人，如第一届由中国作家协会主席巴金先生担任主任委员，第二届仍由巴金先生任主任委员，中国作家协会的两位副主席张光年先生和冯牧先生任副主任委员；而独独第三届评选未设这样的职务，仍然是中国作家协会主席的巴金先生也没有出现在正式公布的评委名单之中，以致我们无从揣测这位中国作家协会的主席，以及其他一些曾经在前两届评奖中起过显著作用的文坛中人，对于此次评奖过程和评选结果的参与程度和认可程度。第二，第三届评委的‘更新’范围约为四分之三，从上两届评委中仅保留了‘三个半人’，即冯牧、陈荒煤、康濯及因作品参评不得不中途回避的刘白羽，而由玛拉沁夫、孟伟哉、李希凡、陈涌等人取代了唐达成、谢永旺、韶华、陆文夫诸位。如果说，在一、二届评选中，评委的人选虽有所调整，却更明显地表现出连续性与衔接性，那么，第三届评委‘大换血’，则更明显地表现出它的调整性或转轨特征。第三，第三届评奖过程长达两年余，相当于前两届评奖过程的两倍。例如，首届评奖评选范围为1977年至1981年计5年，评选结果于1982年底公布。第二届评奖，评选范围为1982年到1984年计3年，评选结果于1985年底公布。而第三届评奖的评选范围为1985年至1988年计4年，评选结果迟至1991年3月才公布。由此想见这一次奖评活动之艰辛曲折倒也不难”。

本期《当代作家评论》还发表了“余秋雨散文评论小辑”，发表了李咏吟《学者散文的命脉——从余秋雨的散文说开去》，文章说：“余秋雨散文的风格可以概括如下：（一）追寻散文的历史理性和生命力量。（二）追寻一种情理合一的雅致语言。（三）追寻一种思想的审美和谐和生命的感悟。因此，我相信，余秋雨的暂时搁笔，可以视作一种休息。这种休养生息，如果能滋生出大气力、大激情，强力意志和豪杰精神，引发心灵的动荡和翻腾，我相信，余秋雨会再创新生命的神奇。传说凤凰在烈火中新生，当代学者散文应从此获得一种得救的启示。”另一位生民也对余秋雨的散文创作持肯定态度：“余氏散文的第一次集中亮相以及大为世人瞩目推崇的，是《文化苦旅》。结集该书时，作者已经感到，‘写出来的会是一些无法统一的风格，无法划定体裁的奇怪篇什’。此刻，我觉得作者在寄情于山水古迹走笔于才情神思之际，已然有了一种俯仰天地古今、任驰思想缓急的内在冲动和感觉。然而此刻的文章，我们为何可基本归之于‘散文’的体例，因为其中主要的篇什仍为‘咏物托志’，仍是以‘情感抒发’构成叙述主体。由于它们都是那样出色，所以以不同的眼光，自然会取以不同的代表之作。……是积弱积愚积丑的政体背景下，对文化厄运的呼唤和呻吟道士塔，是深切而悠远的挽悼哀伤。”而朱国华则认为余秋雨的散文是“别一种媚俗”，他认为余秋雨散文的走红“简直令人感到匪夷所思。余秋雨先生的《文化苦旅》既无宫闱轶闻、气功秘传，又无算命术和厚黑学，更无欲盖弥彰色情描写，但竟然成为个体书商们追逐的宠物，在出版社普遍不景气的当儿，以精装本卖到十数万册当然不包括可以预料到的盗版，很是为当代无人喝彩的精英文化捞回了不少面子。这也很使一些批评家受到鼓舞，认为散文已经出现了繁荣势头……然而，当我将《文化苦旅》反复品味了几回之后，非但未能达到上述结论，反而产生了一些其他想法。《文化苦旅》向我展现的精神世界远不是自由的和开放的，相反，这洋洋数十万言好像只是用同样的方式宣泄了同一类情感”。

《文学评论》第2期发表邹平的《转型期文学：对90年代文学的一种概括》，文章认为“由于人们对90年代的时代特征有一个共识：转型期，因而我们可以很轻易地赋于90年代文学一个专名：转型期文学。它不涉及任何一个理论学派的理论体系，也不限定人们对其含义的多种可能性理解和阐释。它具有对文学的生存环境特征的鲜明表述，同时又与新时期文学构成指称概括上的延续性。……这种‘转型’现象，用一种时髦的理论语言来描述，就是文学从新时期的政治社会中心向转型期的经济社会边缘转移。当然，用一种更直截了当的理论语言表示，‘转型’由市场经济对文学的介入而引发文学自身的形态变化。‘转型’削弱或曰淡化了文学的政治功能和意识形态化，‘转型’也限制或曰约束了文学的艺术与精神上的纯粹个人化和神秘化。与此同时，‘转型’也宽容或曰刺激了文学的娱乐功能和民间意识。这自然是对‘转型’的一种描述和阐释，但‘转型’对文学形态变化这一事实的指称却是能够达成共识的。‘转型’的另一层更高意义上的指称，我觉得也是有目共睹的事实，即九十年代文学是20世纪末的文学，因而它的自身形态变化不仅仅具有社会由计划经济向市场经济转型的意义，而且更具有时代由20世纪向

21世纪转型的意义。由此，九十年代文学必然带有从20世纪文学脱身转变的痕迹和对20世纪文学做出总结的努力。从这样一个角度来认识转型期文学，也许它能包涵比九十年代文学更丰富的文学发展阶段，例如存在着向21世纪最初几年文学发展状态的延续描述的可能性。因为到目前为止，我们还看不到九十年代文学呈现出暗示下一世纪文学发展走向的艺术精神和审美形式上的突变先兆”。

《大家》第2期“女性文学专号”发表徐小斌的中篇小说《双鱼星座——一个女人和三个男人的古老故事》，迟子建的中篇小说《原野上的羊群》，张欣的中篇小说《岁月无敌》，虹影的中篇小说《近年余虹研究》，严歌苓的短篇小说《红罗裙》，斯妤的短篇小说《故事》、《梗概》，毕淑敏的散文《性别按钮》，赵玫的散文《从这里走向永恒》，蒋子丹的散文《散文二题》，斯妤的散文《写作缘起》，翟永明的诗歌《翟永明诗一组》。

《文艺报》报道，300余位史学家、翻译家以及重庆出版社，经过5年奋斗，在抗战胜利50周年之际完成了“世界反法西斯文学书系”的出版。刘白羽说：“这是保卫和平的精神武器。”

25－27日，中国作家协会第四届主席团第九次会议在上海召开。与会者共同学习了邓小平的文艺理论和江泽民关于繁荣文艺的重要讲话。会议要求，1995年在繁荣文学创作方面重点抓三点：一是优秀的长篇小说；二是优秀的报告文学；三是优秀的少儿文艺作品。会议强调，坚持文艺“为人民服务，为社会主义服务”的方向，坚持“百花齐放”、“百家争鸣”的方针，是发展和繁荣社会主义文学的重要保证。巴金主持了会议开幕式，他希望中国作协爱护作家、帮助作家、鼓舞作家，创作出无愧于伟大时代的文学精品。在中国作协主席团会议上，他说，“我对文学事业充满信心。我从一代一代年轻作家身上看到了希望。我希望作家们在安定团结的大目标下团结起来，营造一个和谐、宽松的气氛。这样我们的文学事业才能发展，文学创作才会繁荣。”他还说，“作协要为作家们多做服务，我们有一支很好的作家队伍，要多帮助他们，让他们充分发挥聪明才智，展示各自的风采。在世纪交替的时候，应该有更多的好作品出现。我们的作家应该增添信心，加强责任，富于良知，敢讲真话，用自己的笔为养活了我们的读者提供更丰富的精神食粮，无愧于‘作家’的称号。”会议通过了《无愧时代，面向未来，努力开创社会主义文学新局面》的决议，本次会议还推荐张锲担任中国文联书记处常务书记。

28日，《剧本》第3期发表沈虹光的小剧场话剧《同船过渡》和章诒和的创作问题研究《戏剧文学中哲学根柢的确立》。

30日，《光明日报》刊载郭廷建《社会主义市场经济的文化价值》一文。文中提出，社会主义市场经济的文化价值在于催生新的道德、锻造着中国人的现代品格、倡导了一种科学的理性。

本月，由王蒙主编，河北教育出版社出版的大型文学丛书“红罂粟丛书”面世，收入陈染、林白、残雪、徐坤、徐小斌、蒋子丹等女作家的小说集。

诗歌民刊《女子诗报》第4期在北京编辑，安徽省怀远县印刷出版。出版形式为《淮风》刊中刊，共选发李轻松、晓音、华智、白梦、匡文留、铁梅、唐亚平、翟永明、谈诗、郁梅、空林子、伊蕾、小山、靳晓静、周凤鸣、赵玉丽、云子等20位女性诗人的诗歌作品。

阎欣宁的中篇小说《啼笑场》，以及邓友梅的中篇小说《古旺言片段》、海男的中篇小说《诉说》、何玉茹的中篇小说《孩子、医生和女人》发表于《小说家》第2期。

陆文夫的长篇小说《人之窝》（上部）、蒋子丹的中篇小说《从前》、刁斗的中篇小说《作家自杀团》、李瑶音的短篇小说《冬天告诉你》发表于《小说界》第2期。

《余华作品集》三卷本由中国社会科学出版社出版。

《中国新文学大系》新中国成立后部分编选工作启动。

四月

1日，《作家》第4期发表东西短篇小说辑包括《抒情时代》等、李洱短篇小说辑包括《婉的故事》等、凌耀忠中篇小说《退役导演》，“诗人自选诗”发表西川诗歌《时间：1989－1994》。同期，发表王蒙文章《小说面面观》。

3日，东西的短篇小说《溺》、刁斗的短篇小说《三百个长夜》、野莽的短篇小说《合同公园》、王静的短篇小说《保姆》、石娃的短篇小说《两棵树的院子》、赵朴初的诗歌《词义手》、刘苏的诗歌《献给石头和一座城的颂歌》、张新泉的诗歌《唱点什么》、席君秋的《精美的心绪》、刘克田的诗歌《诗踪》发表于《人民文学》第4期。

5日，张抗抗的中篇小说《残忍》、刘建东的短篇小说《制造》、张梅的“新市民小说”《孀居的喜宝》，以及王光明和荒林的评论《解困：我们能否作出承诺》、黄蕴洲的评论《人文精神何处生根》发表于《上海文学》第4期。

何顿的中篇小说《告别自己》发表于《山花》第4期。

叶广芩的中篇小说《祖坟》发表于《延河》第4期。

11日，徐坤的短篇小说《鸟粪·轮回》发表于《青年文学》第4期。

12日，应邀来访的葡萄牙总统授予艾青葡萄牙自由勋章，以表彰他为中葡文化交流作出的卓有成效的贡献。1987年，澳门文化学会出版了汉语——葡萄牙语双语版《艾青诗选》，艾青成为首位作品被译成葡萄牙语的中国诗人。

17日，《人民日报》刊载对乐黛云等人的访谈《东方女性如何融入现代社会》。

20日，张宇的长篇小说《疼痛与抚摸》（选载）发表于《当代》第2期。

28日，《剧本》第4期发表赵瑞泰的六场话剧《情系母亲河》。

本月，王宁在《天津社会科学》第2期发表《“先锋派”与中国当代女性文学》一文，文中谈及中国当代女作家的先锋性和影响力主要体现在以下几方面：1. 以女性特有的执著来进行不懈的艺术探索，不满于一种风格，因而不断地超越同时带人和超越自己，这方面首推女诗人郑敏和小说家王安忆；2. 强烈的女性先锋意识致力于制造一个属于自己的世界，非女性莫属的世界，在这个世界里，男性的世界被彻底地颠覆并拆解，在这方面铁凝、陈染当属佼佼者；3. 以女性特有的洞察力和穿透力对历史进行重新“铸造”，从而打破了治史领域的“男性中心主义”成规，赵玫与须兰的近期创作完成了这一使命；4. 以女作家的细腻笔触致力于日常琐碎的描写，从而实现了具有“后现代”特征的宏大叙事让位于“稗史写作”的目标，这方面的写作者当推池莉、方方、范小青等。一种与男性写作迥异的“新女性写作话语”已悄然出现在90年代的中国当代写作和批评中。本年度关于女性文学的评论还有张颐武在《文艺研究》第6期发表的《“后新时期”中国女性小说的发展》一文，他指出，“后新时期”中国女性写作并未仅仅把“女性”作为一种文化建构，而是首先凸现了“女性”生存的经济因素，“经济”性的社会存在已成为中国女性小说并未忽略的中心之一，这与“新时期”女性写作构成了一个相当鲜明的对照。“新时期”的女性写作往往强化“精神性”的追求，以“超越”和“克服”经济性的因素，以“精神”追求作为整体解决的终极方式。而90年代的女性写作却并未对女性在第三世界的发展进程中的“位置”加以浪漫化。“女性”的命运不仅是一个文化问题，而且是一个经济问题。陈丹燕的《吧女琳达》正是直接追问经济、性别、民族问题的小说。王安忆的《香港情与爱》则讲述了一个无望的情感故事，那一切的背后却是具体而微的经济关系。张颐武认为，中国的不少女作家都无法忽略这种经济关系的尖锐性，这里最为切实和具体的问题是妇女解放或女性意识觉醒的诉求无法摆脱经济及社会的多重制约。像张欣、徐小斌等人关于都市女性的状况的书写，均未离开这种经济关系的存在。在这里，我们可以发现中国女性小说写作对“新时期”的超越及“后新时期”特色的生成。“新时期”女性小说写作往往将“女性”放置在一个国内的空间中加以审视，以一种“现代性”的主体立场，强调妇女在本土的传统中所受到的压抑，但“后新时期”的女性小说却开始具有了某种国际化的风貌，而这种风貌亦不再是一个遥远的背景，而是极为具体的日常生活存在。在这里，空间的距离感已被消除，全球化亦开始冲击固有的身份与社群的认同。因此，王安忆、陈丹燕或陈染的小说中不仅有当下本土的语言/生存，而且有在不同文化间的漂泊离散的“状态”之呈现。除上述之外，比较重要的文章还有唐云发表于《当代文坛》第2期的《对两部女性文本的阐释》，孟繁华发表于《文学自由谈》第4期的《女性文学话语实践的期待与限度》，盛英发表于《中国文化研究》第3期的《中国女作家和女性文学》，以及同期阎纯德的《20世纪中国女性文学的奇异景观》、任一鸣的《论新时期女性自觉意识的觉醒》，唐利群发表于《理论与创作》第5期的《夹缝中的河流——新时期女性文学简论》，金燕玉发表于《江海学刊》第4期的《两部长篇小说给女性文学的启示——兼论90年代中国女性文学的风貌》等。其中金燕玉的文章认为，90年代的女性文学走出了单一的悲剧模式，不再寻找女性身上的悲剧而是寻找女性永恒的美德，走出单一的性别对抗和情感天地而更多地关注历史内容和社会生活。徐成淼发表于《贵州社会科学》第2期上的《女性主义与女性文学》一文指出，女性主义既促使许多好的女性文学作品得以问世，同时又成了诞生更优秀的女性文学的阻力。为此，女性作家应当既深入女性主义，又跳出女性主义，要站在比“女作家”更高的位置上，去认知社会、体验人生。

首届中国爱文文学奖在京揭晓，张承志获奖，此奖由爱文文学院设立，一年颁奖一次，一次一位获奖者。4 月 22 日《文艺报》第 15 期作了报道。

由谢冕、洪子城教授主持的北大“批评家周末”展开了“理想与中国文学”大讨论，探讨中国当代文学的理想问题，呼吁文学的理想和崇高，呼唤文学的终极关怀、人文精神和家园意识。

鲁迅研究会、鲁迅博物馆、中国现代文学学会联合召开“五四精神与中国文化”学术研讨会。

汪曾祺将孙犁的《荷花淀》改编为剧本《炮火中的荷花》，剧本着重体现了在残酷的战争面前普通人民群众平凡而伟大的力量。剧本将由北京电影制片厂将其搬上银幕。

徐坤小说集《先锋》由北岳文艺出版社出版发行。

钟鸣的随笔集《畜界·人界》由东方出版社出版。

郭保林撰写的报告文学《高原雪魂——孔繁森》由山东文艺出版社出版发行。

五月

1 日，《作家》第 5 期发表毕飞宇的短篇小说辑包括《因与果在风中》、《8 床》等，孔见的作品小辑包括短篇《房子》、《征服》，闫欣宁的短篇小说《干戚之舞》、石钟山的短篇小说《守望青春》。同期，刊发谢冕、杨宽汉、吴思敬主持的讨论会纪要《当前诗歌：思考及对策》（参与者包括洪子诚、程光炜、臧棣、陈旭光等），与会者评价了朦胧诗以后的诗歌成就，表达了对现阶段创作现象和批评的不满意。认为好作品铺天盖地，震撼人心的作品寥若晨星。认为一些看似古老的命题，如诗人和作家的使命感、责任感、人格精神、文化底组、灵魂素质、道德情怀等，现在看来仍有生命力，仍能为我们的诗歌批评提供一个永恒的价值尺度。感到焦虑的是，在这样一个内涵丰厚的转型期的大时代里，却没有出现与之相称的大作品。目前，应该关注的是一种诗歌的综合表现能力，对诗人的主体构成提出更高的要求。

3日，《文汇报》载文《抗战小说创作需要倾注热情》，指出抗战题材文学创作的冷寂应该引起足够重视。季羡林说，"中国文学对于抗日战争的反应应该是非常强烈的，但我个人觉得简直没有一本有较高水平的作品"。

《人民文学》第5期刊载"纪念反法西斯战争胜利50周年"部分征文，包括阿成的《赵一曼女士》、《狗皮帽子》，刘继明的中篇小说《投案者》、《我爱麦娘》，灰娃的诗歌《呼啸的山风》。同期，还发表杨泥的短篇小说《黄昏意念》等、周涛的散文《草原手记》、翟永明的随笔《纽约：小矮人的故事》、王家新的诗学随笔《对隐秘的热情》、南野的诗歌《情感复习》、梅绍静的诗歌《交响曲》

5日，《上海文学》第5期发表王祥夫的中篇小说《另一种玩笑》、赵长天的短篇小说《拒绝谜底》、苏童的短篇小说《把你的脚捆起来》、何立伟的短篇小说《人在远方》、邱华栋的"新市民小说"《环境戏剧人》。同期，发表邹平主持的讨论文章《城市化与转型文学》、韩毓海的《几度风雨海上花》、王晓明的《向廿一世纪文学期望什么》等。

徐坤的短篇小说《遭遇爱情》、述平的短篇小说《青春期》发表于《山花》第5期。

张昊的短篇小说《失态》、《作态》发表于《延河》第5期。

《长江文艺》第5期刊登范小青的短篇小说《少爷汤米》。

6日，《作家报》专栏继续讨论"人文精神与文学"问题，发表张颐武的

《人文精神：最后的神话》，其中批评人文精神“并未得到过明确的表述”，“通过玄想式的、神秘式的言语创造一套永恒的和绝对的‘知识’”，他认为，“人文精神”并没有提供对当下文化的有力分析，而是将自身变成了在多重转型的全球进程中知识分子的玄学化及神学化的逃避过程。“它不是与人们共同探索今天，而是充满了斥责和教训的贵族式的优越感”，“是以专横的霸权姿态确立自己的话语权威”。

10日，阎连科的中篇小说《四号禁区》发表于《昆仑》第3期。

《花城》第3期发表吕新的长篇小说《光线》、王小波的中篇小说《未来世界》、曾明了的中篇小说《最后一朵玫瑰》、苏童的短篇小说《那种人》、肖开愚的诗歌《碎片及线索》、王宁的评论《“后新时期”：一种理论描述》。

《诗刊》第5期发表曹禺的诗歌《诗十首》、姜耕玉的诗歌《远方的风景》以及何火任的诗论《关于“新古体诗”的断想》。

《中国作家》第3期发表谈歌的中篇小说《年底》、石钟山的中篇小说《爱你一回》、李瑛的诗歌《青海地平线》。

11日，《文汇报》载周晓、梅子涵等文章，探讨儿童文学的传统、嬗变和出新。

13日，《人民日报》发表刘白羽为《世界反法西斯文学书系》作的总序，题为《神圣光辉的一页》。

15日，《文艺争鸣》从第3期开始开设“争鸣风”栏目，发表有关人文精神讨论的文章，包括陶东风的《从“王蒙现象”谈到文化价值的建构》、祁述裕的《无法回避的崇高——关于建设新的人文精神的争论及其评价》、余开伟的《王蒙是否转向——对〈躲避崇高〉一文的质疑》、熊元义的《反抗妥协》。陶东风的文章主要针对王蒙在人文精神讨论中发表的《躲避崇高》、《人文精神问题偶感》和《沪上思絮录》而引发的“王蒙现象”进行评析，认为：“可见虽然王蒙对文化市场化、商业化也表现出一种双重的态度，一方面认为文化的市场化有力地摧毁了政治化、意识形态化、计划体制化的文化格局，同时也指出文化市场化的潜在危险。不过总的说来，前者构成了王蒙文化价值取向的主导方面。”“因而我以为，克服当前文化价值建构中的上述悖论，关键在于处理好多元与中心、相对与绝对、世俗与神圣、物质与精神、整合与开放等不同诉求之间的关系，这将是中国文化乃至世界文化价值建构的一个核心课题，同时也是一个相当棘手的难题。我以为这需要在两种诉求之间形成良性的互动关系与制约关系，也就是王蒙与人文精神论者的握手言和。”祁述裕的文章提出要正视世俗化，“这种与经济多元化俱来的文化自决要求，有其合理性。但也应该看到，新的文化景观既是历史自然生成的结果，也就包含历史自成的所有的复杂性：对既往文化走向极端化的逆反”。作者评价建设新的人文精神说：“建设新的人文精神的意义之一就在于，确立知识分子带有普遍性的（当然不是唯一的）价值观和行为规范，清除长时期里从政治层面上对知识分子阶层性特点的漠视，同时抵御现今商品化观念的消极因素对知识分子的侵蚀，为精英文化（包括严肃文艺）营造健康的生存和发展空间。”

同期《文艺争鸣》还发表了贺奕的《群体性精神逃亡：中国知识分子的世纪病》，文章通过考察百年来知识分子心态演变的历程，指出中国知识分子行为方式上的趋同和相近，即群体性，分析了20世纪出现三次群体性精神逃亡过程，分别是五四时期、40年代末和由“后现代主义”、新“国学”组成的70年代和80年代末最后发出吁求：“时下每位中国知识分子，迫切需要摆脱的正是这种建立在国家民族一类概念上的集体思维模式，回到纯粹的个人立场上来。他应抱一种健康积极的心态立足于社会从事文化建设，既关心现实而又不与现实认同，既超离现实而又不与现实脱节。”同期还发表了张新颖的《中国当代文化反抗的流变——从北岛到崔健到王朔》，该文选取了北岛、崔健、王朔三个典型的富有独特时代意义的文化人物展开分析和比较，结合各个相关时代指出中国当代文化反抗因素的流变和衰减，文章最后总结说："文化反抗必须不甘于被'牵制'，必须具有自我创生的意识、能力和文化实践，在不自由的关系中争取自由，确立新的超越性的文化价值，实现文化反抗的意义。"

李国文短篇小说《三国三题》发表于《长城》第3期。

刁斗的中篇小说《罪》、何顿的中篇小说《太阳很好》、述评的短篇小说《男的问了女的》、毕淑敏的短篇小说《三陪》发表于《钟山》第3期"新状态小说专辑之六"。同期发表王晓明、吴炫等人的讨论会记录《否定哲学与90年代知识分子生存形态》。

16日，《文汇报》载艾青《谈诗》，这是诗人艾青于1957年6月20日在文学讲习所礼堂的讲话修订。

文化部第5届文华奖颁奖大会在京举行。荣获文华大奖的话剧是《旮旯胡同》（北京人民艺术剧院）和《同船过渡》（湖北省武汉市话剧院）；荣获文华新剧目奖的话剧有《结伴同行》（成都军区政治部话剧院）、《热线电话》（江苏人民艺术剧院）、《布达拉宫风云》（西藏自治区话剧团）、《白雪花》（吉林延边朝鲜族自治州话剧团）、《司法局长》（内蒙古自治区话剧团）、《捉刀人》（中国青年艺术剧院）以及儿童剧《开天辟地人之初》（中国儿童艺术剧院）、《雁奴莎莎》（中国福利会儿童艺术剧院）。

为迎接第4届世界妇女大会在京召开，纪念反法西斯战争胜利50周年，中国青年艺术剧院在京演出大型史诗话剧《战地玉人魂》。编剧王俭（执笔）、林荫宇，导演林荫宇。剧本发表于《新剧本》第4期。

18日，上海部分作家就"城市生活长篇小说创作"展开研讨。一部分作家认为，小说家不应将自己与复杂的现实生活隔绝而进入到另一世界中。

19日，文化部宣布，为纪念红军长征胜利60周年，从22日起，将举办

"重走长征路"系列文化活动，使文学艺术工作者深入生活，面向人民，汲取营养，保持更加旺盛的艺术生命。

20日，《文艺报》邀请首都文艺理论界、社会科学界部分人士召开"新人文精神"问题研讨会。与会人士认为，人文精神的失落或危机问题成为当前理论界的一个热点话题，是有现实依据的。近年来在改革开放、建设社会主义市场经济体制的过程中，在取得社会进步的同时，也确实出现了一些不容忽视的消极现象，在讨论中，许多论者普遍呼吁"人文精神"的建设或重建，但是，他们对人文精神的理解并不一致，赋予它的理论内涵和社会内容很不相同。与会人士强调，我们理解和欢迎许多论者呼吁人文精神所表达的善意，但是要警惕那种利用人文精神口号来宣扬封建主义、资本主义意识形态的倾向。

《诗探索》编辑部在北京文采阁召开"当代女性诗歌：态势与展望"座谈会，就"女性诗歌"的命名与定位、态势与展望、实绩与误区、与西方女权思想、"自白派"诗歌的关系等问题展开了讨论。座谈会由《诗探索》主编谢冕、杨匡汉、吴思敬主持，在京部分诗人、诗评家郑敏、屠岸、洪子诚、李小雨、沈奇、崔卫平、汪剑钊、臧棣、林莽、刘士杰、刘福春、陈旭光等出席会议。《诗探索》第3辑刊载了陈旭光的《凝望世纪之交的前夜——"当代女性诗歌，态势与展望"研讨会述要》，对此次会议内容有详述。

22日，中国文联在人民大会堂举行百余位文艺家"万里采风"出发仪式，文化部部长刘德忠宣读了江泽民的信。中国文联主席曹禺、党组书记高占祥、中宣部副部长兼中国作协党组书记翟泰丰发表讲话。参加本次活动的140余位作家、艺术家于23日自北京奔赴湖北、河南、辽宁、陕西、山东、上海等地，深入各行各业参观访问，体验生活。27日，《文汇报》对此作了报道。

23日，《人民日报》发表社论《把最美的精神食粮奉献给人民》。

25 日，宗璞的长篇小说《东藏记》（第一、二章）、万方的中篇小说《珍禽异兽》、韩东的短篇小说《前湖饭局》、徐小斌的短篇小说《银盾》、叶辛的短篇小说《狂徒》发表于《收获》第 3 期。

《当代作家评论》第 3 期发表“蒋子丹评论小辑”，包括王绯的《蒋子丹：游戏与诡计》、陈剑晖的《话说蒋子丹其人其文》、崽崽的《蒋子丹旁观》、蒋子丹的《创作随想》，以及汪政、晓华的评论《南方的写作》。

本月，上海比较文学研究会举行学术研讨，数十名专家学者就“比较文学视野中的中国作家与作品”、“比较文学与文学史的重构”等展开对话。

山东明天出版社设立儿童文学创作出版基金，用以资助优秀儿童文学作品、低幼文学作品以及儿童文学论著在该社的出版。

《小说家》第 3 期发表朱文的中篇小说《我爱美元》、虹影的中篇小说《你一直对温柔妥协》、刘醒龙的中篇小说《清流醉了》、刘剑波的中篇小说《在布道中永恒》、许辉的中篇小说《康庄》。《我爱美元》发表后引发强烈争议，有论者表示基本肯定或完全肯定，认为它表现了一幅“令人惊醒的城市生活图景”，“他不是直接表现现代化建设的生活和斗争的，而是指向了生活的一个特殊层面，即消闲、消费、娱乐的层面，揭露了这个层面存在的大量腐朽黑暗的东西，使我们为之震撼、惊醒。父亲来到城市仅仅逗留一天，就这样被陪酒小姐、陪看小姐、陪舞小姐、暗娼以及堕落的长子包围着，被无孔不入的整个‘色情文化’包围着，最后他也把持不住变得不知廉耻，这难道不触目惊心么”？认为“‘我’是一个要揭露和批判的形象。小说用这个形象概括了现实生活中受到拜金主义、享乐主义、极端个人主义腐蚀而堕落的一些青年人，包括某些作家。但愿他们能从‘我’的潦倒、绝望中有所惊醒”。（肖艺：《令人惊醒的城市生活图景》，《作品与争鸣》1995 年第 9 期）有的文章认为，《我爱美元》不止为一小部分人的“警示”，还有更深意义。作品痛心疾首地揭露了文化市场的紊乱，精神生活的空虚与人格的扭曲。“忧虑、悲叹、批评，这是小说的主旨所在。小说向全社会人敲响警钟，反思吧！现在是挽救我们和道德的时候了。”（《毛晓波：〈我爱美元〉向世人鸣响警钟》，《作品与争鸣》1996年第6期）也有论者称其为不健康的“妓女文学”，“简直就是一篇不健康的、有害的作品”，“简直就是一篇呼唤妓女以及为妓女拉客的绝妙说词”。父亲本应是一个可尊敬的长辈形象，但是在这篇作品中却变成了与儿子一起寻欢作乐的嫖客。文章还指出，作品如此公然为卖淫辩护，为妓女拉客，源于拜金主义思想，源于对资产阶级腐朽生活方式的艳羡，认为“我们的作家应该通过自己的创作帮助人们抵制这些消极的东西，而不应该像《我爱美元》这样为腐朽的生活方式辩护和鼓吹”。（杨琴：《不知廉耻的妓女文学》，《作品与争鸣》1995年第9期）有的文章认为这是一篇“非常有害的文艺作品”，通篇充斥了性自由的鼓吹和渲染。文章甚至对《作品与争鸣》杂志以争鸣的名义发表的作品与评论提出批评：“一个刊物应该对国家负责，应该为读者负责，为我们的子孙后代负责。”（韦高远：《〈我爱美元〉一篇非常有害的小说》，《作品与争鸣》1996年第6期）第三种意见介于两种之间，但基本也对作品持否定态度：“在我看来，《我爱美元》既不是‘城市生活图景’，也不是‘妓女文学’，而是一个还没成名的作家为济其文学创作之穷，捡拾些前几年的性文学大师和痞子文学专家们吐在厕所里的牙慧，东鳞西爪地拼成一篇诲淫不诲盗的奇文。”（王侃：《尺有所短寸有所长——评〈我爱美元〉及其评论》，《作品与争鸣》1996年第3期）

《小说界》第3期发表唐颖的中篇小说《糜烂》、须兰的中篇小说《思凡——玄机道士杀人案》、阎欣宁的中篇小说《岸，在海的对面》、何玉茹的短篇小说《电影院里的故事》、陈炳熙的短篇小说《新年前夕的感伤小故事》、云晓光的短篇小说《世象四题》、陈思和的评论《逼近世纪末小说选1990－1993序》。

《十月》第3期发表从维熙的中篇小说《酒魂西行》。

《山花》第5期发表西川诗歌《暗影、暗影》，王家新诗歌《反向》。从本期至第6期，《山花》连载欧阳江河、唐晓渡、陈超的《对话：中国式的“后现代理论”及其他》。这篇对话对中国式后现代理论表示质疑，对当下语境、“知识分子个人写作”等问题发表看法，受到关注。

《诗探索》第3辑发表肖开愚的诗论《生活的魅力》、于坚的诗论《传统、隐喻及其他》、沈奇整理的《对〈0档案〉的发言》。

中国社会科学院文学研究所研究员古继堂的《台湾青年诗人论》由武汉出版社出版。此书对1949年以后出生的台湾青年诗人的生平、创作道路和作品风格进行了深入讨论。

中国抗日战争纪实丛书《中国抗战大写真系列》由团结出版社出版发行。

《赵树理全集》由北岳文艺出版社出版，共收入赵树理作品470篇，约210万字，收入了迄今为止赵树理的全部作品。7月1日《文艺报》第25期作了报道。

六月

1日，《作家》第6期发表迟子建的短篇小说辑包括《亲亲土豆》、《腊月宰猪》等，海男的散文小辑《时代的忍耐》，杨剑敏的短篇小说辑《说客》、《蜻蜓》，张天笑的短篇小说《净土》，刘庆邦的短篇小说《兄弟》，杨克的诗歌《时间1986－1995：纯正和迷乱》。

3日，何申的短篇小说《年前年后》，李大卫的短篇小说《卡通猫的美G梦》、《彩蝶梦断》，毕飞宇的短篇小说《是谁在深夜说话》，张驰的短篇小说《夜行动物馆》，虹影的诗歌《未完成的叙事诗》，童蔚的诗歌《灵夜》发表于《人民文学》第6期。

5 日，《上海文学》第 6 期刊载王安忆的随笔《无韵的韵事——关于爱情的小说文本》、夏商的中篇小说《爱过》、王彪的中篇小说《残红》，以及祁述裕的评论《市场经济中的文化诗学：话语的转换与命名的意义》。

《长江文艺》第 6 期刊载汪曾祺的短篇小说《熟藕》、李国文的短篇小说《东西二题》以及刘继明的中篇小说《可爱的草莓》，同时在“90 年代小说新人展”栏目刊登邱华栋的短篇小说《风车之乡》、《持证人》。

叶兆言的短篇小说《作家林美女士》、张梅的小说《各行其道》发表于《山花》第 6 期。

10 日，《诗刊》第 6 期发表郑敏的组诗《如果咒骂没有带来沉思》、伊沙的组诗《石榴》、张楠的诗歌《生命的无题》、洪烛的诗歌《流浪的鞋子》、柯岩的诗歌《劳动人民万岁！》、止庵的评论《野谷的诗》、罗门的评论《读云逢鹤的诗》。

关仁山的新体验小说《落魄天》、谈歌的中篇小说《天下大事》发表于《北京文学》第 6 期。

《读书》从第 6 起到第 8 期分 3 期刊登王蒙、陈建功、李辉以“精神家园何妨共建”为题的谈话录。王蒙认为，应该正确看待一代红卫兵的理想主义和批判精神，以及如何更正确、更理性地反省红卫兵理想主义和批判精神的不足，从而更好地认识和评价现实。王蒙认为，完全没有理想是可悲的，但要执著于某种先天就带有缺陷、至少是比较幼稚的理想，然后变得偏执，甚至膨胀以致疯狂，那就会产生很可怕的后果。陈建功认为，不仅红卫兵，那个年代整个理论界无不如此。这影响了 80 年代以后的一代学者，应该有一点大家共同建设一个精神家园的宽容。李辉说，王朔的一个贡献就是把我们过去认为很神圣、很崇高、很英雄的东西撕破了，因为这些东西有些本来就是虚假的。可能王朔也有过分的地方，比如他对待知识分子就有些偏激，但打破虚伪实在是王朔的一个贡献。陈建功认为，对王朔的排斥实际是对俗文化的排斥，可能是站在忧国忧民、关心文化的立场这样看，看法是否有道理姑且不谈，这种排他的、不能包容旁人的思想方法不可取。王蒙认为，王朔作为中国众多的作家之一，有他自己的风格，还是有价值的，起码是允许存在的，当然他有他的局限性，精英文化也有自己的局限性，每个作家都有自己的局限性。承认自己有局限性，承认自己有人性的弱点，这是衡量你的思想方法是不是前进了的一个标志。

11 日，《文汇报》载记者李其贵文《陕西作家群队伍大作品多》，赞扬陕西作家群在市场经济大潮中仍保持清醒的头脑，坚持现实主义路线，又同时汲取西方文艺中的营养，兢兢业业创作的精神。

12 日，北京人民艺术剧院在京演出四幕话剧《北京大爷》。编剧中杰英，导演任鸣，主演林连昆、韩善续、夏立言、杨立新等。剧本发表于《新剧本》第 3 期。

13 日，中国社会科学院文学研究所《文学评论》编辑部主办的“当代历史小说创作研讨会”在北京举行，唐浩明、凌力等参加。与会者总结了历史小说创作近年来取得的成绩，深入研究创作中出现的难点和问题。

17 日，《作家报》发表南帆的《人文精神：反抗的功能》一文，与该报 5 月 6 日发表的张颐武的《人文精神：最后的神话》一文商榷。

18 日，《文汇报》发表中外电影艺术研讨会上评论家与创作者对张艺谋新片《摇啊摇，摇到外婆桥》的发言部分摘录。

20 日，李准、蒋子龙率大陆文艺家访问团 16 人赴台访问。

《当代》第 3 期发表马识途短篇小说《专车轶闻》、李瑛的诗歌《青海的地平线》、晏明的诗歌《双桅船》、李华的诗歌《想起老家》、奇斌的诗歌《与鸟对话》。

22 日，第三届上海文学艺术奖揭晓，柯灵获杰出贡献奖。

23－28 日，《山花》等单位承办的“当代诗歌学术研讨会”在贵州红枫湖举办。与会者对当下诗歌写作、批评的有效性、“个人写作”等问题展开讨论。

24-26日，由天津社科院主办的“中外女性文学国际学术研讨会”在天津召开。会议云集了海内外女性文学作家、评论家170多人，提交论文60余篇。会议对中外女性文学作了介绍和比较，探讨了中国女性文学的特点和价值。会议结束时，通过了发展女性文学的十条对策。在会后编选、出版了大会论文选《论女性文学》一书，呈送第4届世界妇女大会。

28日，《剧本》第6期发表李景文的多场次话剧《警钟》。

本月，“妇女与文学”国际学术研讨会在北京大学举行。

中国社科院文学研究所与少数民族文学研究所共同举办“抗日战争与中国文学研讨会”。与会者指出，抗日战争中的中国文学，体现了现实性、大众性、民族性的鲜明特色，对当代文学仍有指导意义。

“抵抗投降书系”（萧夏林主编，包括张承志的《无援的思想》和张炜的《忧愤的归途》两卷）由华艺出版社出版。两书出版后反响强烈。

钱谷融就《20世纪中国文学大师文库》（王一川、张同道主编）中未列茅盾一事发表意见，认为最权威的评论家是时间和人民。这部书中列了鲁迅、沈从文、巴金、金庸、老舍、郁达夫、王蒙、张爱玲、贾平凹9位文学家而独缺茅盾，在当时引起轩然大波。

七月

1日，据《文艺报》报道：1995年上半年审批工作结束，全国29个省市自治区的176名文学工作者被批准加入中国作协。至此，全国会员总人数达5198人。

《作家》第7期发表陈东东的诗歌《时间：1985－1994》、刊载由张颐武主持的讨论会纪要《后新时期的文化空间》，参与者包括周亚琴、贺桂梅、谭五昌等。与会者在后新时期的文化语境中，讨论究竟什么是商品化与消费化。认为目前的商品化与从前的尤其是17年的相比，有两大特点：一是商品意识的普遍自觉与强化；二是作家创作心态的转变，作家由“立法者”般的高于大众的优越身份转向与大众平等的姿态，把自己看作大众中的一员。这种创作心态的转变是一个很大变化。陈东东（1961－），祖籍江苏吴江，生于上海。1984年上海师范大学中文系毕业。1980年代初开始写作，曾是诗歌民刊《作品》（1982－1984年）、《倾向》（1988－1991年）和《南方诗志》（1992－1993年）的主要编者。为80年代“海上诗派”主要成员之一，著有诗集《即景与杂说》、《解禁书》、《海神的一夜》、《明净的部分》，诗文集《短篇·流水》等。现居上海。程光炜评论说：“南方文人传统和超现实主义，成为陈东东写作的两个重要的出发点——犹如法兰西学院和巴黎街头之于福柯。在写作的经验中，陈东东追求干净，文字上略为带点南方花园的湿润和病态、幻想的性质……在一种近乎懒惰、腐朽的南方生活气息里，阿波利奈尔、布勒东是怎样渗透进陈东东的诗句中的，这实在是一个难解之谜。90年代初，当他提出‘喜剧气氛’这个诗学命题、并在长诗《炼狱的故事》中恣性所为加以试验时，我仿佛看见了他写作的用心。我们每个人不都生存在腐朽的心情中么？近于虚无，毫无生气。或者说，写作帮助我们反抗着，同时也观察着这一命运。这实际上也构成了中国现代诗歌的另一个传统：在20年代是李金发，30年代则是戴望舒，我们心灵的一半实际也浸渍在它的阴影之中。”（程光炜：《序〈岁月的遗照〉》，《程光炜诗歌时评》，河南大学出版社2002年版）

2日，《新剧本》第4期发表代路的话剧《我曾经爱过你》。

3日，池莉的中篇小说《化蛹为蝶》、阿来的中篇小说《月光里的银匠》、王祥夫的中篇小说《棉花》、伍陆柒的中篇小说《冬日狂奔》、马新朝的诗歌《大黄河》、杨扶堃的诗歌《四月赞美诗》、商震的诗歌《大漠孤烟》、树才的诗歌《站在水边》、海莲的诗歌《耳语的情诗》发表于《人民文学》第7期。

4日，王海鸰等10位女作家和10位女导演联手拍摄《中国十大女杰》，预备于第4届世界妇女大会上展出。

5日，《上海文学》第7期刊登张炜的作品小辑，包括评论《怀疑与信赖》、短篇小说《一个故事刚刚开始》、《怀念黑潭中的黑鱼》、《头发蓬乱的秘书》；范小青短篇小说《动荡的日子》、王蒙的短篇小说《白衣服与黑衣服》、汪曾祺的短篇小说《鹿井丹泉》，以及残雪与日野启三的对话录《创作中的虚实》、昌切的评论《我们时代的一种群体精神结构》。

《长江文艺》第7期刊载苏童的短篇小说《玉米爆炸记》、叶兆言的短篇小说《情人鲁汉明》，以及"90年代小说新人展"朱文的短篇小说《达马的语气》、《他们带来了黄金》。

张昊的短篇小说《海员于强》、《一摊血》、《募捐》，刘庆邦的短篇小说《小呀小姐姐》，刁斗的短篇小说《来客》发表于《山花》第7期。

6日，"纪念抗日战争胜利50周年抗战文艺回顾座谈会"举行，老中青三代文艺家共同回顾了抗战文艺。刘白羽、欧阳山尊表示要继续深入生活。

7日，田间诗歌研讨会在河北廊坊举行，90多位作家、学者参加。

10日，《花城》第4期发表林白的长篇小说《守望空心岁月》、韩东的中篇小说《障碍》、张旻的中篇小说《自己的故事》、蔡测海的中篇小说《轮回》、杨小滨的诗歌《日常悼歌》、杨益的诗歌《离子》、王一川的评论《从单语独白到众生喧哗——90年代审美文化新趋势》。

徐坤的短篇小说《传灯》、邱华栋的短篇小说《别墅推销员》、胡晓梦的短篇《逛来逛去》发表于《北京文学》第7期。

《诗刊》第7期发表杜运燮的组诗《海礁 牛女 树与鸟》、柳建明的诗歌

《细水》、徐放的诗歌《徐放诗选》。

《中国作家》第 4 期发表阎欣宁的中篇小说《走入 1937》、施放的中篇小说《最后一片净土》、汪曾祺的小小说《水蛇腰》。

15 日，谈歌的中篇小说《黑日》、何申的中篇小说《谷雨前后》发表于《长城》第 4 期。

《钟山》第 4 期“新状态小说专辑之七”刊登北村的中篇小说《还乡》以及散文《神圣启示与良知的写作》、高晓声的散文《家乡鱼水情》。

16 日，《文汇报》刊载贺嗣承关于长篇小说《柏慧》及其引起的争论撰写的文章《良知催逼下的声音》。

17 日，《世界反法西斯文学书系》已全部出版，研讨会在人民大会堂举行。

18 日，解放军总政治部在北京举行《中国抗日战争纪实》丛书（23 种）发行仪式，丛书由解放军文艺出版社出版。

25 日，由中宣部和中国作协联合举办的全国文学创作工作会议在长沙举行。会议中心议题是贯彻江泽民总书记关于繁荣文艺的重要指示，落实中宣部 1995 年工作要点，同时学习湖南省委加强领导繁荣文艺的工作经验，落实中国作协主席团四届九次会议的决定，进一步把繁荣长篇小说、影视文学和儿童文学创作工作落到实处。翟泰丰在会上发表题为《适应时代要求，繁荣时代文艺》的讲话。

《收获》第 4 期刊登何顿的长篇小说《我们像葵花》、张欣的中篇小说《掘金时代》、韩东的中篇小说《同窗共度》、刁斗的短篇小说《古典爱情》。

《当代作家评论》第 4 期发表“陈思和评论小辑”，包括王安忆的《重建象牙塔》、郜元宝的《文学批评中的历史匮乏症的救治》、汪凌的《人格之光映照下的理性之路——谈陈思和的巴金研究系列》等。王安忆的《重建象牙塔》高度评价了陈思和的文学研究工作和思想工作，“我觉得他是那样一种人，他是隔着文字去触摸这个世界的，他面对的是一个后天的人为的世界，一个思想和审美的世界”。“蒋韵评论小辑”包括韩石山的《走近蒋韵》等，“北村评论小辑”包括朱必胜的《由怀疑到信仰——北村的重担和他的小说》、北村的《我与文学的冲突》、南帆的《先锋的皈依——论北村小说》，“刁斗评论小辑”包括谢有顺的《旧小说与想象的可能》、郜元宝的《窥视者说》、张颐武的《刁斗与“新状态”写作》、刁斗的《绝望的写作》。

《大家》第4期发表周大新的中篇小说《瓦解》、何顿的中篇小说《无所谓》、张旻的中篇小说《审查》、半岛的中篇小说《办公室爱情》、王家新的散文《饥饿艺术家》。

28日，《剧本》第7期发表白雪生的多场次话剧《张鸣岐》和廖全京的创作问题研究《“爆炸”与“潜沉”——大后方戏剧历程简论》。

30日，《光明日报》发表王干的评论《文学找回失落的草帽》。

本月，《小说界》第4期发表陆文夫的长篇小说《人之窝》（下）、何申的中篇小说《县委宣传部》、王大进的中篇小说《偶像》、严歌苓的短篇小说《茉莉的最后一日》、王安忆的随笔《情感的生命——我看散文》。

《小说家》第4期发表韩向阳的中篇小说《斑斓的花冠》、李洱的中篇小说《动静》、刘庆邦的中篇小说《心疼初恋》、肖克凡的中篇小说《前朝之翳》。

《十月》第4期“百期专辑”发表演练可的中篇小说《朝着天堂走》、汪曾祺的短篇小说《兽医》、林斤澜的短篇小说《电话》、李国文的短篇小说《人物》、叶君健的短篇小说《两个朋友》、张承志的散文《心上关山》、张炜的散文《同一类声音》、肖复兴的散文《前门外》。

《小说选刊》沉寂6年之后复刊。

巴金的新作《再思录》由上海远东出版社出版，该书收录了巴金在《随想录》完成之后9年里写作的各类文章。

百花文艺出版社出版“当代名家散文精品文库”。

八月

1日，《作家》第8期发表斯妤的中篇小说《出售哈欠的女人》、夏商的中篇小说《我的姐妹情人》、于斯的中篇小说《双体陶罐》，本期还刊载“九十年代文学批评走向六人谈”，包括张未民的《文化诗学：寻找的起点》、王一川的《走向修辞论诗学》、张颐武的《新状态诗学：批评理论的转型》、王岳川的《九十年代中国的“后现代批评”》、陈晓明的《历史与位置》、张法的《有限性意识自觉》。

2日，《文汇报》刊登韩少功、叶兆言、池莉、林白等作家的创作谈《小说背后的故事》。

3日，《人民文学》第8期刊载“纪念反法西斯战争胜利五十周年”征文，包括邓友梅的小说《“猎户星座”行动》、关仁山的小说《胭脂地》，本期还发表欧阳江河的《诗四首》。

5日，邓一光的中篇小说《父亲是个兵》，虹影的短篇小说《六指》、《在人群之上》，以及刘心武、邱华栋的对话《在多元文学格局中寻找地位》，发表于《上海文学》第8期。

阿成的短篇小说《大崩溃》发表于《长江文艺》第8期。

《山花》第8期刊登海男的中篇小说《老虎的嚎叫声或杀手的故事》、李国文的短篇小说《胡子曹》。

白桦的中篇小说《血路——为纪念第二次世界大战死难者而作之二》、范小青的短篇小说《昨夜遭遇》、潘向黎的短篇小说《红唇殇》、吕约的诗歌《在南方幻想南方》（外一首）、俞心焦的诗歌《幸存》、南帆的散文《那一张床空了》发表于《作品》第8期。

6-7日，中国作家协会儿童文学委员会和《文艺报》在北戴河联合举办儿童文学座谈会。来自全国各地的作家、评论家汇聚一堂，共商如何认清形势，抓住机遇，创造条件，贯彻落实江总书记关于繁荣儿童文学的指示，提高儿童文学的思想艺术质量，促进儿童文学精品力作问世。11日，《文艺报》第31期作了报道。

10日，《诗刊》第8期发表“纪念抗日战争和世界反法西斯战争胜利50周年特辑”，其中有艾青的诗《他起来了》、臧克家的诗《从军行》、田间的诗《假使我们不去打仗》、李金发的诗《亡国是可怕的》、曹葆华的诗《西北哨兵》、戴望舒的诗《狱中题壁》、蔡其矫的诗《肉搏》、萧三的诗《敌后催眠曲》、刘向东的组诗《记忆的权利》。同期，还发表辛笛的诗歌《秋冬之际》、沙鸥的诗论《从八行诗到“新体”》。

为纪念中国人民抗日战争及世界反法西斯战争胜利50周年，北京人民艺术剧院在京演出前苏联话剧《军用列车》，编剧米·罗辛（前苏联），导演李六乙。剧本发表于《新剧本》第6期。

11日，《文汇报》发表王安忆散文创作谈《不要让大情感分解支离》。

16日，中国戏剧家协会、中国剧协创作委员会和《剧本》杂志社在京联合召开革命历史题材戏剧创作座谈会。座谈会在“继承和发扬抗日战争时期戏剧创作的优良传统，开创新时期革命历史题材戏剧创作的新局面”的宗旨下，对抗日战争时期戏剧创作的优秀传统、宝贵经验，以及当前革命历史题材戏剧创作的现状，进行了深入的探讨。在京的老、中、青30位戏剧家参加了座谈。会议由胡可同志主持。《剧本》第9期刊登了与会者在座谈会上的发言。

18日，中国传记文学学会举办的首届（1990-1994）中国优秀传记文学作品奖评选活动揭晓。《我的父亲邓小平》（毛毛）、《心路历程》（刘白羽）

等12部作品获奖。

20日，《十月》杂志出刊百期。

《当代》第4期发表范小青的短篇小说《今夜相逢》、张长弓的中篇小说《寒士行》、马识途的短篇小说《坏蛋就是我》、李鸣生的传记文学《走出地球村》、柳建伟"纪念抗日战争胜利50周年"的纪实文学《红太阳白太阳》、洪子诚的评论《记忆的价值》。

23日，中共中央宣传部文艺局、《人民日报》、吉林省作协在长春联合主办农村题材文艺创作会议。与会者总结了新时期农村题材文艺创作，分析了现状，深入探讨了新形势下农村题材文艺创作的若干问题。

24日，上海200余位文艺家举行"纪念抗日战争胜利50周年"座谈会，贺绿汀、孟波等发言。

26日，北京市政府主办的北京市首届舞台艺术"金菊花奖"优秀剧（节）目奖暨新剧（节）目评奖演出在京举行。"金菊花奖"是首次由北京市政府设立的北京市舞台艺术的最高奖。该奖由金菊花优秀剧（节）目奖和金菊花青年演员奖组成，其宗旨是鼓励市属艺术表演团体创作排演优秀的舞台艺术作品，促进优秀表演艺术人才成长。北京人艺的话剧《阮玲玉》、《天之骄子》、《北京大爷》等参加评奖演出。

28日，《剧本》第8期发表宋永魁、咏今的十场话剧《回声》。

本月，诗歌民刊《北回归线》第4期出刊，主编梁晓明、耿占春，参编刘翔、潘维、阿九、梁健等，收入潘维、刘翔、陈超、庞培、沈苇、陈勇、王家新、叶舟、伊沙、孙文波、张曙光、蓝蓝、臧棣、太王、马永波、黄翔、曾宏、黄灿然、南野、森子、梁健、严力、梁晓明等44人诗歌作品，以及刘翔、丁方、钟鸣、陈超、耿占春、陈仲义、杨克、陈旭光等人的理论与评论，并有张曙光译的里尔克诗歌与阿九译的苏菲主义资料集。

中央实验话剧院在京演出小剧场戏剧《放下你的鞭子·沃依采克》。该剧将中国抗日战争时期的街头剧与德国剧作家毕希纳的作品拼贴在一起，进行了“一个特殊形式的戏剧实验”。导演安琪·布德（德）和孟京辉。

《张承志文学作品选集》四卷本由海南出版社出版。

《池莉文集》（1－4卷），包括《紫陌红尘》、《一冬无雪》、《细腰》、《真实的日子》由江苏文艺出版社出版。

《严力诗选》由上海文艺出版社出版。

读书类杂志《书屋》创刊。

九月

1日，《作家》第9期刊载“纪念萧红作品小辑”，包括王小妮的《没边的大平原》、王肯的《三访呼兰》等。

2日，《光明日报》发表记者肖海鹰对12位抗战作家的访谈录《回顾的目的，正在于前进》。

《人民日报》载文《“文学湘军”重振雄风》。湖南文坛自进入90年代以来人才流失严重，当地作协在省委、省政府大力支持下，积极抓队伍建设和精品创作，文学创作出现好势头。

《新剧本》第5期发表王梓夫的话剧《妃子楼》和王士朋的话剧《亲情》。

3日，裘山山的中篇小说《追溯》、徐小斌的中篇小说《吉尔的微笑》、何玉茹的短篇小说《路上》、徐坤的短篇小说《离爱远点》、黎珍宇的短篇小说《追雨》、华康的短篇小说《阿巴巴拉》、李骞的诗歌《圣母》、翟永明的诗歌《称之为一切》、刘亚丽的《一九九五年的诗歌》、汪怡冰的诗歌《季节与情绪》、季红真的散文《又是春草芳菲时》、王英琦的《王楼长上任记》发表于《人民文学》第9期。

4日，联合国第4次世界妇女大会在中国北京举行。来自世界各地的189个国家的政府代表、国际组织代表、非政府组织论坛的参与者及记者达4万多人参加了本次大会。本次大会的主题为以行动谋求平等、发展与和平。

5日，诗人邹荻帆在北京病逝，终年78岁。邹荻帆（1917－1995），湖北天门人。早年就读于湖北省立师范学校。1936年发表长篇叙事诗《做棺材的人》和《没有翅膀的人们》。1938年后在武汉等地从事抗日救亡运动，在武汉成立中华全国文艺界抗战协会，与冯乃超、穆木天等创办诗刊《时调》，并出版了长诗《在天门》和《木厂》。1938年与臧克家、于丁等人在大别山从事抗日救亡的文化工作。1940年秋到重庆复旦大学外文系读书，诗作日益受到胡风的影响。抗战胜利后辗转于武汉、香港各地，曾用笔名"史纽斯"发表了大量讽刺诗。1949年后历任对外文化联络局办公室主任、《文艺报》编辑部主任、《诗刊》主编等职。1993年8月获"斯梅德雷沃"诗歌节"金钥匙"大奖，此奖迄今只颁给了世界上8位卓越诗人。著有诗集《青空与林》、《噩梦备忘录》、《尘土集》、《雪与村庄》、《在天门》、《木厂》、《走向北方》、《金塔一样的麦穗》《如果没有花朵》、《风驰电闪》等，另有长篇小说《大风歌》，译有《托马诗选》（罗马尼亚）、《伊克巴尔诗选》（巴基斯坦）等。

冯牧在北京病逝，享年76岁。"冯牧的文学批评活动从50年代即已开始。他有着革命的经历，因而，对于军事题材的艺术相当熟悉。从60年代开始，冯牧开始担任中国文联与作协的有关领导工作，因此批评视野也获得了很大拓展，开始广泛涉及小说、诗歌、电影、美术等方面的批评。但冯牧在20世纪文学批评史的真正位置实际上还是在文学新时期。""冯牧的批评对于完全新锐的探索性作品较少涉及，既不反对，也不支持。冯牧的这种态度是实事求是的。我们不可能为了适应新的创作，不断地改变内心建构起的一套文学价值观念。每个人都有其时代局限性。一味地跟随新潮的批评，不见得就能说出内心的创造性体验。像冯牧这样的批评家，内心始终有一个强大的信念，即批评必须为那些现实主义作品唱赞歌，社会主义文艺的主旋律必须反映正在变化的社会主义中国的新的精神风貌。因而，就冯牧个人而言，他十分欢迎那些反映中国农村和中国知识分子的新的精神风貌的作品。他坚信社会文艺必须具有社会主义的文艺精神。这种精神就在于勇敢地面对苦难的历史，积极地参与社会主义祖国的革命建设。在个人道德情感方面总是以奉献、忍耐、牺牲、不屈不挠的战斗精神作为一种支撑。因而，在动乱的岁月结束后，一些作家写出了人民战胜苦难、面对新时代、勇敢向前的作品，冯牧总是深情地为之歌唱。”（李咏吟：《智者的背影》，《当代作家评论》1996年第6期）“冯牧文学理论方面曾经是一面鲜明的开放的旗帜，他指导和帮助过许多文学青年，虽然他们在几十年后都已经成为赫赫有名的大作家，并不能因此否认他们曾经在冯牧门槛上留下过鞋底下的泥土。”（白桦：《悲情之旅》，湖南文艺出版社 1998 年版）

《上海文学》第9期刊载罗岗、摩罗的对话《记忆与遗忘——对文学中的“暴力”的思考》，郑敏、韩毓海的对话《清华同学录》，王安忆的散文《寻找苏青》。

《山花》第9期刊登刁斗的中篇小说《星期六扑克》、迟子建的短篇小说《岭上的风》、荆歌的短篇小说《麻醉》，同期还发表了王家新的诗学札记《维特根斯坦误读》。

8日，张爱玲被发现逝世于美国洛杉矶寓所，终年75岁。她的悄然辞世在大陆读书界产生强烈的反响，形成了一股“张爱玲热”。张爱玲从20世纪40年代初开始文学创作生涯。晚年从事中国文学和《红楼梦》研究。她的作品主要以上海、南京和香港为故事场景，在荒凉和颓废的大城市中铺张旷男怨女的情感故事，演绎着堕落及繁华。这些作品既以中国古典小说为艺术根柢，又突出运用了西方现代派心理描写技巧，并将两者融于一体，形成颇具特色的个人风格。张爱玲自己说："我发现弄文学的人向来是注重人生飞扬的一面，而忽视人生安稳的一面。其实，后者正是前者的底子。……超人是生在一个时代里的。而人生安稳的一面则有着永恒的意味，虽然这种安稳常是不安全的，而且每隔多少时候就要破坏一次，但仍然是永恒的。它存在于一切时代。它是人的神性，也可以说是妇人性。……我不喜欢壮烈。我是喜欢悲壮，更喜欢苍凉。壮烈只有力，没有美，似乎缺少人性。"（张爱玲：《自己的文章》，《张爱玲文集》第四卷，安徽文艺出版社 1992 年版）王安忆在短文《世俗的张爱玲》中评价张爱玲的小说："张爱玲的虚无与务实，互为关照，契合，援手，造就了她的最好的小说。""张爱玲小说里的人，真是很俗气的，傅雷曾批评其'恶俗'，并不言过。就像方才说的，她其实也是不相信这些俗事有着多大的救赎的意义，所以便带了刻薄的讥诮。而她又不自主地要在可触可摸的俗事中藏身，于是，她的眼界就只能这样的逼仄。"（王安忆：《王安忆说》，湖南文艺出版社 2003 年版）"张爱玲受弗洛伊德的影响，也受西洋小说的影响，这是从她的心理描写的细腻和运用暗喻以充实故事内涵的意义两点上看得出来的。可是给其影响最大的，还是中国旧小说。她对于中国的人情风俗，观察如此深刻，若不熟读中国旧小说，绝对办不到。她的文章里就有不少中国旧小说的痕迹，例如她喜欢用'道'字代替'说'字。她受旧小说之益处最深的地方是它对白的圆熟和对中国人脾气的摸透。《传奇》里的人物都是道地的中国人，有时简直道地得可怕；因此他们都是道地的活人，有时活得可怕。他们大多是她同时代的人，那些人和中国旧文化算是脱了节，而且从闭关自守的环境里解脱出来了，可是他们心灵上的反映仍是旧式——这一点张爱玲表现得最为深刻。"（夏志清：《中国现代小说史》，复旦大学出版社 2005 年版）王德威说："我认为张爱玲作品贯穿了三种时代意义：第一，由文字过渡（或还原?）到影像的时代。她对文字的意象处理，对电影、舞台、招牌、公共形象各种影音媒体的调弄、拒斥和展现，极富讨论余地。第二，由男性声音到女性喧哗的时代。在抗战的烽火里，张蜗居上海，与一帮女士——苏青、潘柳黛、炎樱、凤子等——唧唧喳喳谈着写着小儿女情事，预告着又一种政治书写方式，由张主导的女性叙事风格，到了90年代在两岸三地，依然方兴未艾。第三，由'大历史'到'琐碎历史'的时代。看多了政权兴替、瞬息京华的现象，张宁可依偎在庸俗的安稳的生活里。她却总是知道，末世的威胁，无所不在。她的颓废琐屑，成了最后与历史抗诘的'美丽而苍凉的手势'，一种无可如何的姿态。正是在这时代'过渡'的意义里，张爱玲的现代性得以凸现出来。"（王德威：《"世纪末"的福音——张爱玲与现代性》，陈子善编《作别张爱玲》，文汇出版社1996年版）

10日，《花城》第5期发表唐晋的长篇小说《夏天的禁忌》、陈然的中篇小说《破开》、鲁羊的中篇小说《黄金夜色》、王彪的中篇小说《致命的模仿》、东西的短篇小说《美丽的窒息》、毕飞宇的短篇小说《武松打虎》、张激的短篇小说《消解》、马永波的诗歌《眺望》、叶舟的诗歌《入城的羊群》、刘春荣的诗《乡村》、赵毅衡的评论《"后学"，保守主义与批判》。

《北京文学》第9期刊载刘庆邦新体验小说《泥沼》以及白烨对于"新体验小说"的评论文章《意义大于行动的文字实验》。

徐坤的中篇小说《女娲》、林斤澜的小小说《吃吃》发表于《中国作家》第5期。

《诗刊》第9期发表王小妮的诗歌《活着》、李琦的诗歌《纯银手镯》、梅绍静的诗歌《女人》、田晓菲的诗歌《落下》、刘畅园的诗歌《诗五首》、蓝蓝的组诗《流年》、方舟的诗《南方的情人》、南野的诗论《诗歌与小说》。

12日，根据茅盾同名小说改编，余华、刘毅然、于永和编剧，刘毅然导演的20集电视连续剧《霜叶红于二月花》在北京举行首映式。

15日，《钟山》第5期刊登夏商的中篇小说《酝酿》、林希的中篇小说《婢女春红》、储福金的中篇小说《寻找如水》，以及韩东的短篇小说《大学三篇》、张梅的短篇小说《记录》、张承志的散文《春来研墨三试举》、李国文的散文《三国三题》、王干的评论《诗性的复活》、王蒙的评论文章《作家话语与文学作品》。

20日，《小说评论》第5期发表张德祥的《人文精神与当代文学》是对人文精神讨论的一篇评论文章，作者认为“正因为对‘人文精神’内含理解的差异，引起了讨论”，然后对“人文精神”的内涵进行了界定，并且认为它在当代文学中具有重要作用，“它是从良知出发的一种理性要求，是良知基础上的一种理性建设，是个人与群体、人类与自然相谐调的一种精神追求，是金钱物质价值范畴之外的一种价值的追求——是利令智昏的清醒剂……时至今日，人文精神的重要性更进一步体现在对于‘现代化’、‘工业化’的‘解毒’作用”。同期发表南帆的《反讽：结构与语境——王蒙、王朔小说的反讽修辞》，从叙事学角度就文化氛围、语境与反讽之间的关系对王蒙和王朔的小说的反讽修辞特点进行了比较阅读，分别从言语反讽、情境反讽、反讽者与被反讽者之间的关系展开，认为造成二者采用反讽修辞手段的原因主要有两个：“作为六七十年代的一个反面遗产，怀疑主义的幽灵正在四处徘徊。另一方面，后现代主义式的碎裂与无中心又在一批理论家的推波助澜下方兴未艾。这种文化背景所形成的压力将分布于许多作家的笔端，无形地影响他们的遣词造句和修辞手段。”

21日，《文汇报》和上海文艺出版社、文学报共同召开长篇小说《苍天在上》研讨会，与会者呼吁有更多的作品能够高扬时代精神。

25日，格非的长篇小说《欲望的旗帜》、苏童的中篇小说《三盏灯》以及荆歌的短篇小说《口供》发表于《收获》第5期。《欲望的旗帜》发表后引起巨大反响，一向以先锋探索和玄理意味著称的格非，一下推出一部现实感很强的长篇小说，引发了批评界的热议。谢有顺评论说：“这个时代总是将它自己显现在它的宗教信仰里、社会形式里，最清晰的是，还显现在哲学与艺术里。沿着这条线索，就可以探查到我们这个时代的贫困本质：先是思想的贫困，再是情感的贫困，然后经由艺术世界与外在生活将其传达出来。这条由里到外的线索在格非的长篇《欲望的旗帜》中得到了很准确的表现，并且，格非在这部小说中显露出了中国作家少有的勇气、高贵和对当下境遇的深刻怀疑。就这点来说，我非常喜欢《欲望的旗帜》里的孤寂品质，它将人存在的脆弱、矛盾和危机，人在他的世界里的陌生与恐惧，爱情的浪漫与诚实的丧失，人与人、人与自我隔绝后而有的孤独，以及在欲望这面最后的旗帜下，最后一点来之不易的爱与美的期待等，都表现得晓畅有力。”（谢有顺：《最后一个浪漫时代——我读〈欲望的旗帜〉》，《当代作家评论》1996 年第 2 期）还有人评论道：“格非最近发表的小说《欲望的旗帜》显示出重新直面价值的倾向。这里并没有文化意义上的价值重构神话，而是在对形而上学价值的反讽中获得一种荒谬笼罩下的悲剧意识。陈晓明在《无边的挑战》一书中将他和其他一些先锋小说作家在 80 年代末的写作描述为‘后悲剧时代’的写作，指的是面对历史颓败、‘父亲空缺’的写作本身所具有的悲剧特征。这一特征主要表现在话语策略上，与‘历史’本身一样带有形而上学的性质。我这里所说的悲剧意识则是作者对悲剧的一种主动趋近：通过言说而将生存的荒诞置于悲剧的观照之中。”“作为一种反讽，《欲望的旗帜》显然暗含了‘总体反讽’的全部背景。但它在感性的层面上事实上排斥了‘宇宙或上帝所含的矛盾’，同时造成了现实、梦幻、意向如语言（叙述）的全方位偏离。这在当下的阅读中正好对应了世界的分崩离析：世界本身连矛盾都消隐了，只留下一些似是而非的意象或隐喻。”（沈嘉福：《〈欲望的旗帜〉：反讽与对话》，《当代作家评论》1996 年第 2 期）张柠评论说：“我没有认为格非的《欲望的旗帜》是欲望诗学的最恰当的分析文本，而是说在中国当代小说创作中，它为‘欲望’这个新的诗学问题提供了更多的分析可能性。”“格非的创作暗示了中国当代文学的一个普遍现象，即真正意义上的当代长篇小说形式，与短篇相比还欠成熟，多为一种《红楼梦》、《高老头》与《百年孤独》式的大杂烩。并且，这样一烩，原作之气荡然无存。故属于我们自己今天的成熟形式还没出现。我想，从‘炼精还气’到‘炼气还神’的过渡，将是小说创作和小说诗学共同面临的难题。”（张柠：《欲望的旗帜与诗学难题》，《上海文学》1996 年第 11 期）1996 年，江苏文艺出版社推出了《欲望的旗帜》的单行本。

《当代作家评论》第 5 期发表“纪念世界反法西斯战争胜利 50 周年”专栏，“王小明批评小辑”、“南帆评论小辑”、“张炜评论小辑”包括陈思和《“声音”背后的故事——读〈家族〉》、谢有顺《大地乌托邦的守望者——从〈柏慧〉看张炜的艺术理想》、张炜《创作随笔三题》等，“张抗抗评论小辑”包括张抗抗与张颐武的对话录《记忆与历史：关于〈赤彤丹朱〉的对话》等。

《大家》第 5 期开始刊载莫言的长篇小说《丰乳肥臀》，至第 6 期连载结束。本期还发表刘心武的《鲜豌豆》、苏童的短篇小说《蝴蝶与棋》、朱文的短篇小说《没有了的脚在痒》、朱朱的组诗《香水时代》。莫言的《丰乳肥臀》年底获“大家·红河文学奖”，奖金高达 10 万元，为新中国成立以来奖金数额最高的文学奖。《丰乳肥臀》所写的是 20 世纪从德国侵占胶东、抗日战争到改革开放和 90 年代，发生在高密东北乡上官家族中的故事。在《大家》第 5 期刊载了作品的前半部分后，就有人写文章对小说的名字提出质疑和批评。莫言认为是一种“误会”，于是写了一篇题为《丰乳肥臀解》（发表于 9 月 22 日《光明日报》）的 5000 字长文，为书名作“解”。莫言说，之所以将作品取名为此，其一就是为了寻找这“丰乳肥臀”最庄严的朴素，就是为了追寻一下人类的根本。“乳房是哺育的工具，臀部是生殖的工具。丰满的乳房能育出健壮的后代，肥硕的臀部是多生快生的物质基础。性是自然的行为，也是健康的行为，而自然和健康正是真美的摇篮。”其二，作者是为了“写一部长篇小说告慰母亲在天之灵”，要“为母亲歌唱”，“为天下的母亲歌唱”。其三，“丰乳与肥臀是大地上乃至宇宙中最美丽的、最神圣、最庄严，当然也是最朴素的物质形态，她产生于大地，又象征着大地。”文章发表后，《作品与争鸣》、《文艺评论》等杂志便刊登了不同意见的文章，与之展开争鸣。《作品与争鸣》发表署名温克寒的文章，对莫言的三条解释逐一反驳，并提出自己的三条见解。其一，指出莫言所谓的“庄严的朴素”，便是“两只硕大的乳房”“还有丰肥的腹与臀”；所谓“人的根本”便是“没被道德包装的”赤裸裸的“性”或“性行为”。“性是自然行为”，但“未必都是健康行为”，应该用道德规范它。只有以道德规范的性行为才是真正健康的“性行为”。其二，如果认为告慰母亲、歌颂母爱，就必得把母亲的“臀”与“乳”乃至“生殖器官”拿来大大“歌颂”或“展示一番”，并能得到天下人的认同，那就大谬不然。不管作家怎样解释，天下的母亲连同她们的子女大概是不会同意这样做的。其三，如果“丰臀与肥乳乃至生殖器官”等“物质形态可以作书名”，因而应当大大展示和歌颂，那么世界上还有什么“物质形态”不能展示和歌颂呢？照此说来假如有那么个娼妓从妓院里跑出来，那么她展示的也是“最美丽、最神圣、最庄严、当然也会是最朴素的物质形态么”？文章最后呼唤作家应当有高尚的道德情操，崇高的社会责任感和历史使命感，不辱“人类灵魂工程师”的光荣称号。（温克寒：《唤起作家的良知——读〈丰乳肥臀〉有感》，《作品与争鸣》1996年第7期）也有评论者在读完小说后，认为“这个书名在通常意义上，确实给人一种媚俗的感觉。当初听到这个署名就不免惊异，但看过小说后，觉得莫言给它赋予了小说的内容，并无什么不当。看了莫言在《光明日报》上解释书名的长文，反倒有一种小题大做的感觉”。（祝晓风：《怎奈何〈丰乳肥臀〉》，《中华读书报》1996年1月10日）

关于作品的总体评价，《大家》在刊登作品时就以“编者按”的形式，对作品给予了充分的肯定：“作家极为清醒明确地对长篇小说的意义所在进行了一次冷静深入的阐释，无论从小说的思想内涵、历史跨度、故事内容、时空容量等都进行了匠心独运的架构，使这部具有史诗品格的作品终于与读者见面了。”（《大家》1995 年第 5 期）也有的评论家赞赏《大家》在众多的作家作品中选择了莫言和他的这部作品给予重奖。“《丰乳肥臀》我读后大喜过望。”“这部作品由一家十口（母亲和八个女儿和一个儿子）的家族史，以点带面地勾勒了风云变幻的现代史，角度独特，内涵丰富，其中母亲含辛茹苦地抚养儿子而与政治生活充满了不期而遇的冲突本身，具有很深邃的人性触摸和很独到的人生领悟。可以说，这好似一部熔人性、母性、女性与爱情、亲情等人间至情于一炉的重型制作。”（祝晓风：《怎奈何〈丰乳肥臀〉》，《中华读书报》1996 年 1 月 10 日）还有人认为，《丰乳肥臀》“不如说是一部‘反史诗’来得准确，因为无论从哪个角度来看，它都有一种强烈的反史诗，或者说颠覆史诗的味道。这种味道，或许就是这部长篇得以成立的根本。这个根本可以包含以下几个方面：言说方式的爆炸性、情境构成的魔幻性和结构策略的戏仿性——而这些，则构成了《丰乳肥臀》的总结性反讽：浪漫反讽”。（张军：《莫言：反讽艺术家——读〈丰乳肥臀〉》，《文艺争鸣》1996 年第 3 期）当《丰乳肥臀》荣获《大家》巨额奖金，博得媒体一片喝彩时，也有读者、作家、评论家提出针锋相对的意见。有的文章认为，“作品从时间的跨度和小说所描写的社会生活的广泛性来看，确乎具有‘史诗式’的宏大规模，但是，十分令人遗憾的是，作品的总体倾向和基本思想内容却是严重地歪曲历史和丑化社会生活的。在某些方面甚至与历史和社会生活的真实截然相反”。（陶琬：《歪曲历史和丑化现实》，《中流》1996 年第 7 期）有的文章在列举了作品对共产党的描写后指出：“在《丰乳肥臀》一书中，共产党一无是处，不仅迫害母亲而且像土匪一样残害无辜……而国民党却好处不少。国共两党几十年的斗争，谁是谁非得到人民的拥护，谁给人们带来灾难早有定论，莫言不顾历史事实，把人民的苦难全部推给共产党，这是历史唯物主义的态度?”“他是在诅咒嘲讽近百年来千千万万仁人志士曾经为之抛头颅洒热血的人民革命事业：这样的叛逆者，把他的书洒向社会，只能误导年轻的读者。”（彭荆风：《视觉的瘫痪——评〈丰乳肥臀〉》，《作品与争鸣》1996 年第 7 期）对于《丰乳肥臀》的叙事与美学风格上的“审丑”问题，有人认为，“《丰乳肥臀》在一如既往地发挥莫言长于感觉描写的同时，更显得无拘无束、不避锋芒，甚至比过去更长于审丑了”。“这种语言方式与他描写的对象是相得益彰的，谈不上是否有意刺激读者的问题”。（祝晓风：《怎奈何〈丰乳肥臀〉》，《中华读书报》1996 年 1 月 10 日）有人持相反的意见，认为“小说对淫秽的性行为和对性的荒唐淫乱的思维活动的极力渲染和肆意描绘，已达到了荒谬绝伦的程度”。在小说里，人，只有男人和女人，女人只有丰乳和肥臀；男人只有“双腿间造孽的那个家伙”。其他一切的一切，什么国家命运、民族兴亡、人民的大众、道德伦理、兄弟姐妹、善恶美丑、是是非非，统统不存在了。小说中除了淫荡污秽、丑恶下流的描写之外，流话、痞话、丑话、匪话，随处可见，这可谓污言秽语集大成。文章认为，对这种现象“应予以认真严肃地对待，旗帜鲜明地予以实事求是地分析批评或批判”。（陶琬：《歪曲历史和丑化现实》，《中流》1996 年第 7 期）张清华为《丰乳肥臀》作了肯定评价，认为“这部问世之初颇以其‘艳名’而惊世骇俗的巨制同莫言以往的‘红高粱系列’等作品一样，是以历史和人类学的复调主题展开叙述的，但与以往稍有不同，有关性、潜意识情结、生殖繁衍、种族性质等等人类学内容在这部小说中只是感性的表层部分，而莫言所要认真探究和回答的却是‘历史上到底发生了什么’这样一个问题。他将一部近现代历史还原或缩微在一个家庭诸成员的经历或命运之中，把历史‘还原民间’，以纯粹民间的视点，写民间的人生，写他们在近世诸多重大历史事件中的命运，莫言所自称的‘献给母亲和大地’正是对这一观念的一种比较模糊的描述，并非如某些指斥者所说的是一种‘矫饰’。……《丰乳肥臀》在展开其关于历史的叙事时，不无‘暴力’倾向地将20世纪中国所发生的所有重大事件——从1900年德国侵占胶东、日寇侵华、国共战争、建国后的历次政治斗争，一直到改革开放市场经济的当代生活——都通过母亲上官鲁氏及其众多儿女所组成的家庭成员命运的描写而汇聚一起，这种通过家族和个人辐射历史的方法不仅是感性和鲜活的，而且也以极大的气魄与包容性恢复了历史的整一性。同时，在叙述的过程中，作家将官方的和民间的（国共不同政治力量的斗争和民间百姓的古老不变的生活观念与方式）、东方的和西方的（以母亲为象征的民族精神和以马洛亚牧师为代表的西方文明，当然，混血儿上官金童就更具有‘中西结合’的文化意义）、古老传统与现代文明的（“鸟仙”式的生活同美国飞行员所放的电影）种种截然不同的文化情境与符码有意拼接在一起，打破了单线条的历时性叙事本身的局限，而产生出极为丰富的历史意蕴与鲜活生动的感性情景，从而生动地实现了中国近现代历史烟云动荡、沧桑变迁和五光十色的斑斓景象的隐喻性叙述。这种表面看来有些荒诞和戏剧化的叙事，同以往线性的主流历史叙事，以及近年来具有过重的‘寓言’化倾向的虚拟和个人体验化的历史叙事相比，不但更为新鲜逼真，而且更加大气磅礴、富有表现力。从一定意义上说，《丰乳肥臀》是一个具有总括和典范意义的新历史主义小说文本”。（张清华:《中国当代先锋文学思潮论》，第202－203页，江苏文艺出版社1997年版）“《丰乳肥臀》不是当代小说中‘部头’最大的，但却是结构最宏伟和壮丽、最具历史辐射力的小说。”“《丰乳肥臀》对20世纪中国历史的充满血泪和诗意的波澜壮阔的书写是无人可比的，它对人民和知识分子命运的深切关注和感人描写，它的秉笔直书的勇毅与遍及毛孔的锐利在所有当代文学叙事中堪称是首屈一指的；它在把历史的主体交还人民、把历史的价值还原于民间、在书写人民对苦难的承受与消化的历史悲剧方面，体现出了最大的智慧。”“我不能说《丰乳肥臀》是二十世纪汉语小说史上的一个不可逾越的高峰，但我坚信时间将证明这部作品的价值，在它所体现的历史理念上，在它所体现出的美学意义上。也许很多年中将不会再出现具有这样气魄和品质的作品，因为就艺术的规律而言，它是可遇而不可求的。”（张清华：《叙述的极限——论莫言》，《当代作家评论》2003 年第 5 期）

28 日，《剧本》第 9 期发表莫江陵的大型话剧《男儿头女儿腰》和严肃、礼安的大型话剧《废墟》。

本月，余华在《今日先锋》第 3 期发表《传统 · 现代 · 先锋》一文指出，本世纪 20 年代到 60 年代，是先锋派在人类精神活动的各个领域里最为积极的时代，毕加索、马蒂斯，从立体派到抽象派的绘画，以及音乐、电影，还有哲学、心理学，甚至建筑等等，几乎都被先锋派征服了。在文学方面，本世纪最富想象力和洞察力的作家无一例外地加入了这场更新的潮流。在他们那里，没有统一的行动纲领，也没有统一的思想准则，他们之间唯一的共同之处是反对所处的时代，反对现有的文学规则，然后他们创造自己的时代，制定自己的文学规则。这时候他们不再是现有体制的破坏和反对者，而成为了现有体制的保护神。所以说，先锋派在任何时代，任何领域都只能成为一个过程，一次行动。他认为，这世界性的更新的潮流来到中国时，差不多是 80 年代了。而中国先锋文学的出现则是 1986 年以后。中国的先锋派只能针对中国文学存在，如果把它放到世界文学之中，那只能成为尤奈斯库所说的后锋派了。一代年轻的作家开始写作时，面对的就是这样的文学，事实上说它是文学都是迫不得已。中国的先锋文学基本上可以说是叙述中的一场革命。他认为中国的先锋派和西方的先锋派不同之处在于：西方先锋派是文学发展之中出现的，而中国先锋派是文学断裂之后开始的，并且在世界范围内不太可能出现先锋派的时候出现了，它的出现是不是表明中国文学已经和世界文学走到了一起？他认为，我们今天的文学已经和世界文学趋向和谐，我们的先锋文学的意义也在于此。文学在今后该向何处去？这是一个目前无法回答的问题，但有一点已经明确：今后的文学不会是20世纪的现代主义，现代主义到今天已经完成了，已经成为了权威，成为了制度，成为了必须被反对的现行体制，否则文学就不会前进。同期《今日先锋》还发表了王安忆的《感情和技术》一文，她指出，苏童这一批在80年代末起来的作家有一个非常好的东西，他们非常接近文学道路，就是比较接近她所赞成的小说观念，即“小说是创造”的观念。他们是非常有创造性的，他们的想象力远远超过现在40岁、50岁这批人。但是，他们的问题则是感情的问题。她希望人们注意一下余华，一开始的时候余华的作品给她的感觉是像烟雾一样充满情感的，余华不像苏童那样编故事——把故事编得很有美感很有内涵，他的故事世界起初缺少逻辑和秩序。而余华的《呼喊与细语》和《活着》，尤其是《活着》却使她震动，她觉得他是一个非常非常有感情的作家，而且他是一个有创造力的作家。不要将《呼喊与细雨》简单看成是一个自传。她认为，小说则是对个人的认识，为建立一个个人的情感世界，这世界只对他个人是真实的，逻辑完整的。王安忆认为新时期文学发展到了今天以后就有了两个问题，一个是由于这感情本身缺少了理念，缺少理性的支持和推导，它就慢慢衰退了，还有一个则是作家的现实处境越来越好，作家变成了不能说既得利益但确实也得到了不少利益的这么一个集团，感情的背景变得褊狭了。而另有少数的作家譬如张炜和张承志，他们有一种非常宝贵的东西，他们能在精神上把自己逼到绝路上。这个时代要是这样子发展下去，她觉得人的感情会越来越淡化，因为这种强烈的感情讲到底是对身心有害的。要保护自己的话须心情温和才行。现代人是越来越不会动感情了，这个时代对艺术的需要也真是越来越少了，但是，不管还有多少人哪怕只有一个人需要，也得要有艺术，否则，这个世界肯定是不平衡的。

《诗探索》第3辑由中国社会科学出版社出版。本期“女性诗歌研究”栏目发表臧棣的《自白的误区》、崔卫平的《在诗歌中灵魂用什么语言说话》、郑敏的《女性诗歌研讨会后想到的问题》，陈旭光《凝望世纪之交的前夜——“当代女性诗歌：态势与展望”研讨会述要》。在“结识一位诗人”栏发表伊沙的《饿死诗人 开始写作》、李震的《伊沙：边缘或开端——神话/反神话写作的一个案例》。“关于芒克”栏发表林莽的《芒克印象》、唐晓渡的《芒克：一个人和他的诗》等文。

《小说界》杂志第5期刊载李洱的中篇小说《抒情时代》、毕四海的中篇小说《万物都是生灵》、须兰的中篇小说《纪念乐师良宵》、王泽群的中篇小说《酒殇》、吴茂华的短篇小说《折腾》、姚鸿文的短篇小说《管道里的老鼠》、李洱的短篇小说《抒情时代》。同期，发表萧乾为《中国留学生文学大系》（近现代散文随笔卷）撰写的序言。

毕飞宇的中篇小说《生活边缘》、赖妙宽的中篇小说《消失的男性》、赵德发的中篇小说《止水》、鲁平的中篇小说《紊乱的火焰》、许谋清的中篇小说《南北挑战》、雪原的短篇小说《今夜无人入睡》发表于《小说家》第5期“第二届精短中篇擂台赛”专栏。

陈荒煤、冯牧主编的《文学评论家丛书》由人民文学出版社出版。

十月

1日，《作家》第10期发表韩东作品小辑包括短篇小说《失而复得》等，朱文的短篇小说《我现在就飞》、杨黎的诗歌《时间：我记不准》、陈家桥的长诗《时间1988：空气、皮肤和水》。本期还刊载张颐武、王宁、秦晋的对话《关于文学批评的对话》、王干的批评文章《理想主义者成为批判知识分子的可能》、《寻找一种南方文体》。

3 日，维吾尔文创作的最高奖项——第 5 届汉腾格里文学奖颁奖会举行。共有 32 篇作品获奖，是历届最多的一次。

李洱的中篇小说《缝隙》、丁天的短篇小说《活儿》、柏原的短篇小说《乡干部》、曹乃谦的短篇小说《山丹丹》、袁晞的短篇小说《插队纪事》、莫非的诗歌《莫非诗抄》、周涛的散文《岁月的墙》、叶延滨的随笔《人生在世》发表于《人民文学》第 10 期。

4 日，据《文汇报》报道，中国小说学会第 2 届年会在天津举行，与会者就人文精神的论争等问题进行了研讨，会长王蒙作了发言。

5 日，《上海文学》第 10 期发表赵和平的中篇小说《滚动的恋球》、许辉的中篇小说《秋天的远行》，在“知识分子与市民社会”栏中推出陈思和的理论文章《民间和现代都市文化》、李天纲的《近代上海文化和市民意识》。

王干的评论《小说处在边缘处叙述的可能》发表于《长江文艺》第 10 期。

《山花》第 10 期发表刘继明的中篇小说《溯流而上》、罗望子的短篇小说《好人难做》。

10 日，《诗刊》第 10 期发表柏桦的诗《河湾边的阿依古丽》、沙鸥的遗作组诗《无限江山》、蔡其矫的诗《在西藏》。

谈歌的中篇小说《天下荒年》发表于《北京文学》第 10 期。

13－15 日，中国马克思主义文艺学会、河北省文联、石家庄市文联等单位在河北西柏坡召开马克思主义与文化艺术遗产学术讨论会。与会者就当前的文化建设问题，尤其是民族文化传统的继承与发展革新问题展开讨论。

16 日－29 日，中国剧协与四川省人民政府在成都联合举办第 4 届中国戏剧节暨第 12 届梅花奖颁奖活动。来自全国各地的 25 台话剧、戏曲、歌舞剧参加了本次戏剧节的演出，其中话剧剧目有《最危险的时候》（总政话剧团)、《国魂》(成都话剧院)、《春秋魂》(广州话剧团)、《同船过渡》(武汉话剧院)、《巴山情》(四川省人民艺术剧院)、《辛亥潮》(四川省人民艺术剧院)。《最危险的时候》荣获戏剧节特别演出奖和集体优秀创作奖。共有 19 名戏曲、话剧、歌剧演员荣获“梅花奖”。《中国戏剧》第 12 期开辟专栏,介绍本次戏剧界盛况及演出剧目的剧评文章。

20 日,《当代》第 5 期发表张炜的长篇小说《家族——你在高原》以及李洁非的评论《圣者之歌》。李洁非认为,同时有两个“家族”的概念,一个是在情节当中经历着命运的拨弄和悲欢的家族,一个却是抽象的、精神的。这两个概念交织在一起,同时又互相否定着。作为血亲与人伦的“家族”,先于个体而在,将后者收纳于它的运数之中,从外部赋予个体某种“身份”和这样的身份所预示的一定后果。这并不是个人所能选择的。然而,最终而言,作为意志主体的人,必然以选择而终其一生。换句话说,他出生于何种“家族”,是次要的、偶然的,当他走完自己的一生时将会发现他处在另一种“家族”概念中,他将跟一些与自己毫无血缘关系或别的什么相同社会“身份”的人结成一个新的“家族”——这就是精神的“家族”。李洁非认为,在《家族》中,“历史”是一副骨架,然而它的神魂却在“历史”之外。一定程度上,这也是作者的一次悠长的精神自白,是作者梦化的世界。它始终交织着一个奇特的部分,那就是如歌如吟的“倾诉”。这些“倾诉”,它们属于宁珂却以第一人称出现,如果不细心辨别,很容易和作为叙述者的“我”相混淆,但不要紧,也许这正是作者追求的一种模糊,也许正是这两个“我”的合二为一才构成了小说的精神历程。在这些“倾诉”部分,作品离开了叙述,离开了事件和情节,而直指人的心灵;它们是非小说的,是诗,是人物跟自己的对话,是作者跟人物的对话,是面壁式的独思和自言自语。他认为,对大历史背景下个人灵魂的拷问,是《家族》写得最出色的地方,它提出了整体上的历史进步同个人灵魂不健康的反差这一矛盾,以及从事崇高正义的事业未必能够自发地提升、净化人的灵魂的问题。作为一部取自“历史”的小说，它出人意料地站到了“历史”之外，避开阔大的历史波澜，而从似乎微不足道的角度，亦即某一个人的内心和行为的特殊表现入手，这至少在中国以往写“历史”的小说中是独创了一种视野的。洪治纲评论说：“张炜的《家族》以宏阔的历史与现实的交织作背景，力图演示一种道德理想主义对于生命的不可或缺。如果我们稍稍地将叙事中的现实部分与家族的历史轨迹连接起来，便可看出张炜实际上是想表达在中国近百年的历史语境中人的心灵挣扎轨迹，并进而以此折射人对自身理想信念的惊心动魄的捍卫姿态，对苦难本体的承载能力以及生命自身的抗击打程度。小说的叙事从‘背叛’开始，然后又以‘背叛’终结，在那里，‘家族’作为一个相对牢固的、难以割舍的精神堡垒，既是人物赖以成长和生存的时空载体，又是箍住他们对存在进行必要探索和反抗的巨大绳索。”“一种来自于正义、道德和科学理性精神的终极理想，使这些人物共同组成了一种纯心灵式的家庭，而且其‘亲和力’永远也无法被时空所拆解，更不会被历史所吞没。诚如张炜自己所言，‘在长达一个世纪的时光中，一个家庭为了正义和理想，为了事业不断地牺牲。他们质询过，从未悔倦，始终前赴后继，保住了一份纯粹。这正是令人感动的高昂，也是一份真实。’”（洪治纲：《逼视与守望——从张炜、格非、余华的三部长篇近作看先锋小说的审美动向》，《当代作家评论》1996 年第 2 期）

21 日，“冰心文学馆”在福建长乐举行奠基典礼。

23－24 日，中宣部在上海召开 1994 年度精神文明建设“五个一工程”工作会议暨颁奖大会。会议强调，宣传思想文化战线要认真贯彻党的十四届五中全会精神，切实抓好精神产品生产，百花齐放，多出精品，把最好的精神食粮贡献给人民。丁关根、李铁映、黄菊出席会议并讲话。入选 1994 年度精神文明建设“五个一工程”的话剧有《鸣岐书记》、《同船过渡》、《徐洪刚》、《周恩来在南开》、《世纪风》、《甘巴拉》、《沙洲坪》和《极光》。

26 日，中宣部关于繁荣长篇小说、影视文学、儿童文学（简称“三大件”）座谈会在上海召开。会议强调要把“三大件”的创作和生产放在特别重要的位置，采取切实有效的措施，尽快拿出一批高质量的作品，努力推动“三大件”的繁荣和发展，让人民群众满意，为青少年的健康成长提供良好的精神食粮。28 日的《文艺报》对此作了报道。

28 日，《剧本》第 10 期发表仲克的大型话剧《草棚过客》。

30－11 月 1 日“首届世界华文女作家创作研讨会”在上海举行。会议由复旦大学主办，由上海宝钢集团协办。会上讨论了聂华苓、於梨华、喻丽清、吕大明、戴小华、淡莹、梦莉、张晓风、袁琼琼、周蜜蜜等多位华文女作家的创作。与会评论家与作家直接对话，相互交流、充分切磋，被称作是一次“高层次的对话”。

31 日，中共中央政治局常委、全国政协主席李瑞环在《中国京剧音配像精粹》发行座谈会上说，京剧是中国戏曲艺术的代表，是中华民族文化的瑰宝，是世界文化宝库中的珍品，我们要以弘扬民族优秀文化为己任，坚韧不拔，努力工作，把振兴京剧艺术的好事办好。京剧音配像工作是李瑞环同志 1985 年在天津工作时提出的。所谓音配像，就是选择著名老艺术家当年演唱的录音，组织他们的亲传弟子或后代为这些录音配上图像，请曾经参加或观看过演出的老艺术家具体指导，力求原模原样、原汁原味。《中国戏剧》第 12 期发表李瑞环的《在〈中国京剧音配像精粹〉发行座谈会上的讲话》全文。

本月，邓一光的短篇小说《我是一个兵》、《酒》发表于《芳草》第 10 期。

《啄木鸟》与《当代警察》杂志社合作举办 1995 年度笔会，与会作家探讨了公安文学的发展等问题。

人民文学出版社与河南《莽原》杂志社联合举办河南作家张宇的长篇小

说《疼痛与梦想》研讨会。此书是人民文学出版社“探索者丛书”中的一部。这部小说通过水家三代四个女子的婚姻和情爱的历程，表现了农村女性的命运。

十一月

1 日，首届“华扬杯”中国优秀传记文学作品奖颁奖。《我的父亲邓小平》作者毛毛等 14 位作者获奖。

《作家》第 11 期发表贺奕短篇小说辑包括短篇小说《树未成年》、《药犯》，半岛短篇小说辑包括短篇小说《无言即传达》、《跳远与返回》等，同期还刊有赵玫散文小辑。

2 日，中国作协、中华文学基金会、华艺出版社在北京联合举办纪念刘白羽从事文学创作 60 周年暨《刘白羽文集》首发式。此文集全面展示了刘白羽 60 年的创作风貌。

3 日，《人民文学》第 11 期发表梁晓声的中篇小说《荒弃的家园》，李冯的短篇小说《我的朋友曾见》、《感冒》，杨泥的短篇小说《简单的游戏》、《蜜月之旅》，半岛的短篇小说《老桥》，李洁非的评论《窥》，于坚的散文《治病记》，曲有源的诗《在边缘以外》，陈所巨的诗《鸽群飞走的日子》，潘虹莉的诗《启动的明天》。

5 日，《上海文学》第 11 期发表施放的中篇小说《传染病区》、南帆的理论文章《个案与历史氛围》。

《当代文坛》第 6 期发表孙先科的《“新历史小说”的意识形态特征》，认为有三种意识形态取向构成了目前文学历史话语意识形态的主要趋势。第一，一类小说表现出通过反顾，重构历史，重新衡估传统文化，再造历史与文化权威心像的价值趋势。第二，另一类重构历史的作品并不局限于文化层面或一种精神人格的拆解和建树，而是具有明显的政治意识，但它观察历史的视角明显不同于“正史”中以阶级斗争贯穿始终的常规思路，而是在表面的阶级斗争层面上渗透了家族/血缘这一新的认知角度。第三，在先锋作家笔下，历史话语同样渗透了作家独特的生命体验和生存体悟，是他们现实性话语的拓展与延伸。“新历史小说”之“新”不仅在于开辟了“家族史”或“近代史”这样的题材领域，更重要的在于它要传达的意识形态倾向。这二者注定了“新历史小说”会用自己的理由特别关注“人”的一些侧面而遮蔽人的另一些侧面，又为“新历史小说”的文本变化寻找到理由。除了孙先科的文章，本年关于“新历史小说”出现了较多评论。宋晓萍发表在《华中师范大学学报》第4期的《把玩旧瓶的游戏——“新历史小说”之我见》，认为“新历史小说作者有种种饶有趣味的把玩方式和感受，作为80年代后期逐渐兴起的一支内部混乱、背景复杂的创作队伍，发展到今天，它的实验性几乎饱和；作为一种过于普遍、充斥于各类报纸杂志以致鱼龙混杂、泛滥成灾的创作景观，在它吸足兴奋剂似的虚假繁荣以后，不能不让人担心它的强弩之末的运势。当个人纯粹精神游戏和心灵享乐的品玩活动，被泛化为大众的群体娱乐，它受到商业性的导引和诱惑，就几乎是不可避免的了”。事实上，就像电影和电视正在匆忙地抹去它的叛逆性和探索性，并涂上媚俗和感官的愉悦，使它最终成为取悦大众的娱乐工具一样，“新历史小说”亦将成为一种把玩旧瓶的大众娱乐游戏。张清华发表于1995年第5期《理论学刊》上的《走向文化与人性探险的深处——作为“新历史小说”一支的“匪行小说”论评》，讨论了小说家们在使用历史时空之壳，展开这些对于人性与文化的深入探求的时候，为什么要通过土匪一类人物来作为承载物。作者指出，“匪行小说”在中国可以说有着源远流长的历史，其以富有象征意味的“江湖”色彩，为人们展示了另一种不受权力社会所束缚的生存空间、行为方式和人格精神，使他们备受压抑的自由理想得到了艺术满足。这是一个完全独立和自足的秩序空间，人的一切行为和精神取向在这里都具有了更为广阔的探寻与实现的可能。就当代的源流来看，莫言的《红高粱》是一个划时代的标志，它是对一切传统道德标准和二元对立美学观的一个反叛。“匪行小说”两种大致的趋向，一是侧重于外部行为的文化观照，一是侧重于内部心理的人性分析。前者较多地注意揭示人物的行为与文化传统、种族命运之间的隐喻关系，在以文化溯源为主要目的的前提下，也注意一些文化批判因素，如杨争光的《黑风景》等；后者较多地注意到对人物的精神境遇的分析和对人性内容及其指向的检验，这类作品有较为浓厚的超验色彩，过多地投射了主体精神的感知意向，所以我们宁愿视其为一种“灵魂的历险”，如贾平凹的《晚雨》、尤凤伟的《石门夜话》等。“近年的匪行小说又表现出以下三个特点：一是多种认识视点和多种参照与评判标准，文化的多维性、结构性、悖论性特征决定了探求者视角的多样和对立”。“第二个特点是更加分散、多向、细腻的发展趋向。这也可看作是第一个特点的结果，主要表现在题材内容的扩展、人物身份的多样化、其经历和性格发展指向的多向性，以及它们所蕴涵的主题内容上，都呈现出一种由典范和核心向‘边缘’地带的逸出与扩张”。“第三，文化主题与人性主题在互为结合的前提下，人性主题的表达和揭示似乎更具有探险精神和意识深度，因为它比文化主题更少一些外在的历史限定，同时也由于文化主题在前些年已达到的高度确已较难超越，所以相形之下，人性主题便有了更多突破的可能”。卢颜发表在《南都学坛》1995 年第 1 期的《重铸历史——关于“新历史小说”的断想》中认为，“新历史小说”的一个显著的特点就是在叙述上常出现一个叙述者“我”。“我”是一个符号，在历史与现实之间来回跳跃，沟通历史与现实，把静态的发黄的历史，变成活灵活现的富有新鲜感的活的话语，它让读者意识到的是历史与现实的强烈反差和交融。历史是"我"眼中的历史，同时还是现实状态中的历史。因而历史故事不是在真实的基础上构造的，而是在"我"的强烈历史感的话语过程中被给予的，那些历史故事总是在现在与过去的交错网中得到显现。在作品中，"历史事件"被化解为一些瓦砾般的碎片。"新历史小说"对于历史抒写得大胆甚至放纵，得益于他们对性、暴力和死亡题材的偏爱。一种把并不遥远的往事改成"古老的传说"的讲述方式，正是改写现实的一种行之有效的手段。本年度新历史小说的评论文章还有吴戈发表于1995年第2期《广西社会科学》的《新历史小说的崛起与解读》、欧阳明发表于1995年第2期《晋阳学刊》的《历史的眼睛在这里格外明亮——新历史小说略论》等。

荆歌的短篇小说《云豹》发表于《长江文艺》第11期。

《山花》第11期刊登朱文的中篇小说《尽情狂欢》、赵玫的中篇小说《逃离猎人山庄》、毕飞宇的短篇小说《受伤的猫头鹰》，以及昌切、刘继明就张炜长篇小说《柏慧》的对话录《〈柏慧〉与当下精神境况》。

7日，中国文联为残疾作家王占君召开作品研讨会。王占君自下肢瘫痪以后，以惊人的毅力创作了大量作品，长篇小说《白衣侠女》发行162万册。王占君被中国文联"世纪之星工程"推荐为候选人之一。

10日，中国戏剧家协会主办，中国剧协创委会和《剧本》杂志社协办的'94曹禺戏剧文学奖颁奖大会在北京人民大会堂举行。共有5部话剧获奖，分别是《同船过渡》（沈虹光），《徐洪刚》（陈志斌、殷习华），《警钟》（李景文），《甘巴拉》（丁一三、王向明、张子影）和《午夜心情》（赵耀民）。

徐坤的新体验小说《从此越来越明亮》、余华的短篇小说《女人的胜利》发表于《北京文学》第11期。

《花城》第6期发表何立伟的长篇小说《你在哪里》、芮灿庭的中篇小说《芦林街》、宋海年的中篇小说《触摸死亡》、韩东的短篇小说《雷凤英》、臧棣的《臧棣诗歌六首》、西渡的诗歌《雾中的柏拉图》。

《诗刊》第 11 期发表南野的组诗《春天话语》、云逢鹤的诗《火山口》、杨克的诗歌评论《疏离的尴尬——当下诗歌的际遇》。

《中国作家》第 6 期发表肖复兴的小小说《尾灯》。

13－22 日，以陈建功为团长的中国作家代表团一行五人访问越南。

15 日，《文艺争鸣》第 6 期在题为“1995：文化论争的检讨与回应”的栏目中，发表了谢冕等人回顾人文精神讨论的笔谈文章，包括谢冕的《值得纪念的一个事件》、洪子诚的《“人文精神”与文学传统》、李书磊的《“人文精神”的真实含义》、旷新年的《对“人文精神”的一点考查和批评》、孟繁华的《精神传统与文化焦虑》和韩毓海的《活力与困境——作为组织形式的现代性：西方与中国》6 篇文章。谢冕以包容的态度肯定了人文精神讨论的价值，称其“已成为进入 90 年代以来中国文学最值得纪念的一个事件”。同时注意到了讨论在对现实问题表示所体现出来的意义，“提问的背后表明的只是对受到疏忽的价值观一种自然而然的关切——而这种价值观在中国文人写作中有着屈原以来非常久远的历史——这种关切的合理性和必要性理应受到尊重，它与‘话语霸权’的重建或指涉无关”。洪子诚同样肯定了人文精神讨论在当时的重要意义，他认为好的文学“在于有没有对这种精神失落的现象表现出一种深切的焦虑和关怀，以及对人的生活与人的自身，包括美、自由、灵性的存在及发展的可能性的探索的积极性”。随后他从文学传统与精神传统的关系展开谈了“文学的独立性问题”、“文学家、人文学者在动荡的社会生活中的位置和角色”、“大众文化的问题”三个问题。李书磊的文章试图通过评析人文精神讨论本身以及“二王”与“二张”之争，寻绎出“人文精神”的真实含义，作者最后强调指出“这次‘人文精神’讨论的真正含义乃在于知识分子的自我认知，对社会的评判只不过是其对自身位置的一种确认和对自己适当姿态的一种寻找”。

《钟山》第 6 期发表徐坤的中篇小说《游行》、刘心武的中篇小说《戳破》、朱文的中篇小说《三生修得同船渡》、毕飞宇的短篇小说《短篇三题》、刘剑波的中篇小说《梦境边缘》、张炜的散文《远逝的山峦与彤云》、林舟的评论文章《在爆破现实中拯救自我》，在“江苏文学新人小说小辑之二”中发表鲁羊中篇小说《存在与虚无》。

《中华读书报》以题为《人文精神，经济学家发言了》的文章报道，经济学家参与了1993年以来人文学者发起的“人文精神大讨论”，讨论参与者范围在整个知识界扩大。

17-24日，由文化部、国家广播电视部、天津市人民政府主办，文化部振兴京剧指导委员会、中国京剧艺术基金会、中国文化报社、中央电视台、天津市文化局共同承办的首届中国京剧艺术节在天津举行。李铁映、王光英担任本届艺术节名誉主席。来自天津青年京剧团的《秦香莲》、北京京剧院梅兰芳京剧团的《赵氏孤儿》、天津青年京剧团的《岳云》、上海京剧院的《曹操与杨修》等12台优秀剧目参加了本次艺术节演出。这次艺术节是继徽班进京200周年纪念活动和纪念梅兰芳、周信芳诞辰100周年活动后，国家为振兴京剧而实施的又一项重大举措。

25日，余华的长篇小说《许三观卖血记》发表于《收获》第6期。这部小说发表后很快引发评论。洪治纲认为：“余华的《许三观卖血记》一反往日对暴力与罪恶的迷恋，而直面人类赖以生存的许多优秀品质。小说以近乎冷漠的叙事语调再现了一个普通人的内心深处关于爱与牺牲、生存与苦难的真实表达。这种表达当然不是那种理性的哲学式的演说，而是通过许三观这个平凡市民一次次卖血来进行诠释。”“这里，余华以写实化的手段把许三观的生存境域完全投置在苦难的临界点上，让他直视不幸，以精神抗击不幸，然后以卖血拯救不幸。卖血，在许三观来说不是为了某种理想价值和道义需求，而是直面存在的唯一方式，是证明自己生存价值的一个重要砝码。”“也许从世俗的角度上说，许三观选择卖血的方式向生命挑战并进而以此完善自我所有生存的道德目标，是折射了荒谬年代对生命的残酷剥夺，余华正是以许三观的苦难生存际遇来演示沉重不幸的历史，但就人物的精神维度而言，余华却以朴实的语式穿透了朴实的生活外表，真正地触及到了人的类性本质——一种自救和发展的本能。在情与理、自我尊严与人间道义之间，许三观总是用令人敬慕的宽容释怀的生存的尴尬。这种温情终于使小说达到了一般作家难以企及的精神高度，直逼人性的可贵本质。”（洪治纲：《逼视与守望——从张炜、格非、余华的三部长篇近作看先锋小说的审美动向》，《当代作家评论》1996 年第 2 期）余弦指出，“《许三观卖血记》没有运用叙述方式来控制主题重复，第三人称的客观叙述贯穿了整部小说。对主题重复的叙事惯性的束缚，来自于作者对重复性事件的精心设计。”“经过作家的精心（或刻意）设计，重复的卖血事件所积累的那无法直面的生存悲凉和残酷，被控制在可以承受的水平上，就如一列快速驶向灾难的火车，经过多次减速和刹车，最后变成缓缓而行的一辆异常火车，滚雪球般指向重大主题的主题重复改造成钟摆式的往复。没有血淋淋的逼视以及触目惊心的结局，生活就是痛苦与欢乐俱存、崇高与卑琐共在的持续人生。如果说滚雪球式层层积累的主题重复仿佛命运由缓至疾的敲门声，预示某种出人意料的重大问题的逼近，那么，钟摆式的往复则意味着一种宁静、祥和、忍耐和达观的人生态度，这就是‘活着’。与《活着》一样，节制使《许三观卖血记》实现了作家的艺术意图。”（余弦：《重复的诗学——评〈许三观卖血记〉》，《当代作家评论》1996 年第 4 期）在 1998 年由南海出版公司出版的《许三观卖血记》单行本中，余华写了《中文本自序》，说，“这本书表达了作者对长度的迷恋，一条道路，一条河流，一条雨后的彩虹，一个绵延不绝的回忆，一首有始无终的民歌，一个人的一生。这一切犹如盘起来的一捆绳子，被叙述慢慢拉出去，拉到了路的尽头。”“在这里，作者有时候会无所事事，因为他从一丌始就发现虚构的人物同样有自己的声音，他认为应该尊重这些声音，让他们自己去风中寻找答案。于是作者不再是一位叙述上的侵略者，而是一位聆听者……当这本书完成之后，他发现自己知道得并不比别人多。”“这本书其实是一首很长的民歌，它的节奏是回忆的速度，旋律温和地跳跃着，休止符被韵脚隐藏了起来。作者在这里虚构的只是两个人的历史，而试图唤起的是更多人的记忆。……写作和阅读其实都是在敲响回忆之门，或者说都是为了再活一次。”在同一本书中也收入了余华为《许三观卖血记》的韩文本写的序，他说：“这是一本关于平等的书……我知道这本书里写到了很多现实，‘现实’这个词让我感到自己有些狂妄，所以我觉得还是退而求其次，声称这里面写到了平等。”

《当代作家评论》第6期发表“述平评论小辑”、“《落日之战》评论小辑”、“素素散文评论小辑”，以及杜书瀛、何西来、刘心武等人的对话录《理想和英雄——“北戴河对话录”之一》。该对话录引起广泛关注。其中，何西来觉得文学不应当把俗世、把红尘、把民众的一些需求，包括他们在日常紧张的工作之余的消闲要求、娱乐要求等拒之门外。但另一方面，这中间又要有一个度。度在什么地方呢？他主张“适俗”，而不主张“媚俗”。因为，在文学当中确实存在着“媚俗”的倾向。杜书瀛提出一个“原债说”作为它们的基础。人一出生就是负了债的，所以，他应该有“原债”意识，有“原债”感。每个人来到这个世界以后，对这个社会至少应还债，应对社会做些有益的事情。不损害这个社会，只是中性的概念，应当提倡一定的奉还。给这个世界增加些有价值的东西。刘心武认为从王朔的作品中时时可以感到，他解构的往往是旧的观念，我们都厌恶的、陈旧的观念。大概有时他把好的也解构了，而且含量也不小，不只是偶然的，少量的。对那些应该抨击、讽刺的东西，他的调侃是让人开心的，挺解气的，挺能博得你一笑的。

《大家》第6期发表叶兆言的中篇小说《古岭事件及其他》、苏童的短篇小说《亲戚们谈论的事情》。

28日，《剧本》第11期发表徐频莉的话剧《血亲》。

30日，由《小说月报》读者投票选举的第6届“百花奖”举行颁奖会。共19篇作品获奖。

本月，《大家》杂志宣布设立“大家·红河文学奖”并评出提名奖。该奖由云南人民出版社《大家》杂志社和云南红河卷烟厂共同设立，奖金额高达10万元人民币。每两年一届，每届一奖，每奖一人。大家·红河文学奖开启了九十年代文学大奖的序幕，引起极大的关注。

《小说界》第6期刊载叶广芩的中篇小说《风》、赵西学的中篇小说《一个叫冯道的人》、程巍的短篇小说《风筝》、江曾培的微型小说《呼唤标志性作家与作品》。本期还发表史铁生的《枪下短行》、王安忆的《墨尔本行散记》、赵丽宏的《古人的枕头》等随笔。

冯骥才的中篇小说《石头说话》、苏叔阳的中篇小说《落花逝水》、徐小斌的中篇小说《如影随形》、公刘的组诗《黄山外围》发表于《十月》第6期。

《小说家》第6期发表关仁山的中篇小说《裸岸》、张昊的中篇小说《犯戒》、吕志青的中篇小说《1990年的颂歌》、桂雨清的中篇小说《树孩》，以及华胄的中篇小说《走出废墟》、周绪白的中篇小说《凌阴河》、尚刚的短篇小说《撕碎后的拼凑》、刘国明的短篇小说《天伦之苦》。

人民文学出版社出版王蒙的系列长篇小说《恋爱的季节》、《失态的季节》。

十二月

1日，《作家》第12期发表王筠的中篇小说《不明飞行物》、叶延滨的诗歌《音乐会速写》、王彬彬的批评文章《文人：文与人》。

3日，邓一光的中篇小说《下一个节目》，吕志青的短篇小说《我们的埃玛》、《最初回旋的地方》，蒋原伦的短评《经典 谎言 裂缝》，储金福的短篇小说《落》，陶纯的短篇小说《钉子》，石舟的短篇小说《真传》，林莽的诗歌《诗六首》，匡满的诗歌《有标题音乐》，王学芯的诗歌《纪元与铁》，何来的诗歌《未经证实的弦》，蒋国鹏的诗歌《短章（七首）》发表于《人民文学》第12期。

5日，林白的短篇小说《似曾相识的爱情》，储福金的中篇小说《玩笑》以及薛毅主持讨论会记录《知识分子与市民意识形态》、薛毅的评论《日常生活的命运》、许纪霖的评论《崇高与优美》，程文超主持，张柠、杨苗燕等人参与的讨论会记录《此岸诗情的可能性》发表于《上海文学》第12期。

范小青的中篇小说《城市民谣》以及短篇小说《金黄的落叶》发表于《长江文艺》第12期。

6日，张炜长篇小说《家族》研讨会在北京举行。张炜说："这个家族的故事，早存于血液之中。我让它缓缓流出，流向远方和未知之地。……我只相信艰辛的劳动。"

10日，《诗刊》第12期发表雷抒雁的组诗《踏尘而过》、石英的组诗《过国耻纪念地》、伊沙的组诗《人间烟火》、杨晓民的组诗《鸟翅及其他的影子》、绿原的《伴灵絮语》。

11日，杨沫在京病逝，享年81岁。其代表作长篇小说《青春之歌》历来是当代文学研究与评论的热点。有评论说，"投身革命的知识青年千千万，为何独出一部《青春之歌》？事实上即便同是带革命印记的解放区作家，在步入新社会新秩序的过程中，每个作家的个人遭际、精神状态和艺术积淀并不相同。30年代左翼革命初期很快消退的'革命加恋爱'小说，时隔20年后由《青春之歌》重新衔接。政治化的时代与浪漫的爱情重新联手登场，在普罗文学的历史传承中算是空前绝后，这既有时代的必然性，又有个人的偶然性。对普罗革命生活的真正表现，需要一代人等待和准备的时间。杨沫既是这一代'革命儿女'的典型，她以半生经历积淀起丰厚的生活储备，又恰是个具有一定艺术储备和个性思想的革命者。在1958年的时间点上，疏离的独特状态、半生的个人经历、激越气质和时代语境，这四者恰好在《青春之歌》当中形成了合流。""落寞中年的追忆青春心理、死亡与疾病威胁下的价值观停滞、外倾气质与自我实现欲。这三要素建立起作家个人的心理逻辑和精神脉络。十七年意识形态的规训虽是普遍性的，但因作家个人的差异，所引致的创作结果则可能是不同的。"（任茹文：《论〈青春之歌〉的创作心理》，《文学评论》2007年第5期）李扬评论说："作者精心编织的'政治'神话被凡俗的'性'所拆解。虽然在政治话语上，小说中的众多男性主人公一直处于势不两立的对峙姿态，但是在以林道静作为自己的性对象这一点上，他们表现出完全相同的'男人性'。他们获得林道静的手法也惊人一致，那就是从'政治'到性，'政治'作为手段，'性'作为终极的目的。然而，这种策略并不仅仅与道德有关，这是历史的真实写照。事实上，如果把个体的林道静视为整体性的'知识分子'乃至民族国家'中国'的象征，我们不难发现在林道静成长的三个阶段中，余永泽代表的'资产阶级'人道主义与卢嘉川代表的理论马克思主义与江华代表的中国化的马克思主义无疑构成了引导林道静成长的主要话语类型，在中国现代史上，这三种话语之间的矛盾的确构成了中国知识分子的基本思想冲突，斗争的结果，就如同先是余永泽，既而是卢嘉川，最终是江华得到了林道静，马克思主义最终拥有了中国。"（李扬：《成长·政治·性——对"十七年文学"经典作品〈青春之歌〉的一种阅读方式》，《黄河》2000年第2期）

北京人艺举行纪念戏剧大师焦菊隐先生诞辰90周年大会。曹禺请夫人李玉茹读了自己的纪念发言，著名表演艺术家于是之作了题为《学习焦菊隐，继承焦菊隐》的报告，全面介绍了焦菊隐先生在发展民族戏剧艺术方面的杰出成就。李志坚、朱琳、林兆华等先后在讲话中表示要继承与学习焦菊隐的精神，为戏剧事业而努力奋斗。《中国戏剧》1996 年第 1 期发表曹禺的纪念文章《这样的戏剧艺术家》。

18 日，《文汇报》载文《当代童话——为什么难以赢得小读者》。文中说，童话界人士表示，远离儿童生活、盲目模仿国外，是当代童话不受欢迎的主要原因。

20 日，《当代》第 6 期刊载王蒙的中篇小说《郑重的故事》、阿成的散文《北人锁记》、阎欣宁的短篇小说《无情也罢》。同期公布"炎黄杯人民文学奖"获奖作者，王蒙、张炜、魏巍、宗璞、陈忠实、麦天枢、邓贤等 15 名作家发表感言。

26 日，上海作家协会举行研讨会，讨论"故事会"现象。在当今杂志销量纷纷下降之时，《故事会》销量今年猛增 100 多万，达 423 万，其奥秘在于坚持民族性、大众性和现代性的结合。

本月，洪治纲在《山花》第 12 期上发表《失位的悲哀：面对 90 年代先锋文学》一文，对 90 年代的先锋文学提出批评。他认为，当社会的转型历史地把知识分子推向边缘的时候，先锋作家本可以重新组成一个自由阶层，以独立的意识和智力的自治在社会生活中发挥着其批判、甄别、预测和文化建构功能。但他们并没把握住这一历史机遇，而是以一种被抛弃心态在饱受冷遇之后便或多或少地介人社会热点之中，使原本势头良好的先锋文学在近年来又不可避免地陷入一种失位状态。他指出，这种失位的显著表征便是先锋作家开始大力消解自我与现实的对立。苏童从他的《妇女乐园》系列开始，到《米》、《我的帝王生涯》已完全是一种世俗化的写作。《重返家园》之后，洪峰并没能重返人类精神的寓所，而是回到了世俗的热流之中，且不说那部典型的流俗之作《苦界》，单就他近年来的长篇

《和平年代》、《东八时区》、《喜剧之年》等而言，平庸变成了他无可回避的面貌。洪治纲认为，当代先锋小说的重要失位还表现在其自身话语体系的孱弱与不健全上。先锋作家一方面主张张扬个性，写出反映人类存在的历史风貌的史诗，另一方面又通过旁征博引的联想以及对历史传奇的各种改造和伪装来充实故事文本，表现出对传统十分眷恋的情态，如余华无论是《鲜血梅花》、《古典爱情》，还是《活着》、《呼喊与细雨》，都在很大程度上凸现了历史的执著和温情脉脉，他企图借助否定一切既成的价值体系，以一种先锋精神重新逼视人的存在，然而当他陷入历史话语的巨大时空之中，个人才能立即被既有的历史陈迹所吞没，使他不自觉地对历史产生快感，甚至，余华已觉得音乐要回到巴赫，绘画要回到达·芬奇，文学要回到莎士比亚。这种心迹是表明传统的影响太大无法超越，还是说明我们先锋本身的力量就相当孱弱呢？同时，他还指出，像格非、北村等人同样也在历史与个人才能的二元对立中表现出或多或少的屈服性。而孙甘露的纯技术主义写作，已完全失去了与现实、与历史对话的机会。同期，还发表西川的《诗学的九个问题》。

由评论家王干主编的“新状态小说库”由作家出版社出版，收入韩东《树杈间的月亮》、朱文的《我爱美元》、鲁羊的《佳人相见一千年》、张旻的《自己的故事》、张梅的《酒后的爱情观》等5部小说集。关于“新状态小说”，继1994年《钟山》、《文艺争鸣》等杂志展开讨论之后，1995年继续有较多讨论文章。

邱华栋的中篇小说《空心人舞蹈》发表于《芳草》1995年第12期。

《方方文集》（五卷本）由江苏文艺出版社出版。

河南省南阳市建成全国首家地方当代文学库。

黑大春编选的《蔚蓝色天空的黄金——60年代出生诗人诗选》由对外翻译出版公司出版。

本年

诗歌民刊《东北亚》于黑龙江创刊，主编为杨勇、杨拓。第1－10期为四开报纸，第11期后改为16开杂志，目前仍在继续出刊。《东北亚》同仁有肖开愚、张曙光、马永波、孙文波、秦巴子、哑石、南野、张执浩、清平、沈苇、庞培、孟浪、余怒、伊甸、伊沙、狼人（赵卡）、桑克、杨勇、麦可、孙磊、海上、贾薇、李轻松、阿毛、千叶、西篱、游刃、野马、曲铭、小海等。

浙江诗歌民刊《阿波利奈尔》创刊，主编蔡天新，创刊号内容分为访问记、诗歌、寓言、随笔、回忆录5个部分。刊出派司的译文，孟浪、俞心焦、王艾、李郁葱、陈子弘、余刚、黄灿然、蔡天新的诗，以及张远山、蔡天新、黄石的文章。

诗歌民刊《存在诗刊作品集》创刊于四川，前期为打印刊物，出版3期，后改为印刷版刊物。不定期出刊，以年鉴形式，至2008年出刊7辑。主要创编成员有陶春、刘泽球、吴新川、梁珩、谢银恩、索瓦等。

本卷主要作家人名索引

C

本卷主要作家人名索引

D

E

F

G

H

J

本卷主要作家人名索引

第七卷

N

O

P

Q

T

Y

本卷主要作家人名索引

Z

本卷后记

本卷是北京师范大学文学院现当代文学专业部分教师和研究生通力合作的结果。具体分工如下：

张清华：序言、全卷统稿；

刘江凯、焦红涛 、周航、谢刚、甘浩：修改、统稿助理；

1990 年：黄鹂、周航

1991 年：黄鹂、谢刚

1992 年：师娟

1993 年：刘乐新

1994 年：仇星瑜、刘江凯、焦红涛

1995 年：苗绿

在编年史初稿的基础上，有选择性地吸收了以下成果：

陈 晖教授主持的《中国当代儿童文学专题史料》；

秦艳华教授主持的《中国当代出版专题史料》；

谭五昌副教授主持的《中国当代诗歌专题史料》；

梁振华副教授主持的《中国当代报告文学专题史料》；

梁振华副教授主持的《中国当代影视文学专题史料》；

岳永逸博士主持的《中国当代民间文学专题史料》；

张国龙博士主持的《中国当代散文杂文专题史料》；

徐健主持的《中国当代戏剧专题史料》。

本书的出版是所有参与人员共同努力的结果，无论其编撰质量如何，都要对他们的辛苦劳作表示敬意。至于编写过程中可能存在某些疏漏，其责任部分由我承担。我们也真诚地希望诸位专家和广大读者给予批评指正。

张清华

2009年6月20日

于北京师范大学

本卷主编简介

张清华，1963 年 10 月生于山东博兴。先后就读于山东师范大学和南京大学，获文学博士学位。曾任教山东师范大学。现为北京师范大学文学院教授，中国现当代文学专业博士生导师，北京师范大学当代文学创作与批评研究中心主任。中国当代文学研究会理事。

长期从事中国现当代文学教学与研究，自 1990 年以来，先后出版过《中国当代先锋文学思潮论》、《内心的迷津：当代诗歌与诗学求问录》、《境外谈文——中国当代文学中的历史叙事》、《天堂的哀歌》、《隐秘的狂欢》、《文学的减法》、《存在之镜与智慧之灯》等著作；在《中国社会科学》、《文学评论》、《文艺研究》、《当代作家评论》、《文艺争鸣》等刊物发表理论与评论文章三百余篇，多篇文章被翻译为英、日、韩等文字发表；曾获省部级社科一等奖（1998 年）、《当代作家评论》优秀论文奖（2003 年）、《南方文坛》优秀论文奖（2002 年）等奖项。2000 年 10 月获德国海德堡大学学术奖学金，并赴海德堡大学客座讲学一学期。涉猎诗歌散文写作，出版有散文随笔集《海德堡笔记》。

图书在版编目（CIP）数据

中国当代文学编年史．第七卷，1990．1～1995．12/张健主编；张清华本卷主编．—济南：山东文艺出版社，2012．10

ISBN 978－7－5329－2958－0

Ⅰ．①中… Ⅱ．①张…②张… Ⅲ．①中国文学—当代文学—编年史—1990．1～1995．12 Ⅳ．①I209．7

中国版本图书馆 CIP 数据核字(2012)第 240664 号

中国当代文学编年史

第七卷（1990．1～1995．12）

张　健　主编　张清华　本卷主编

主管部门　山东出版集团
集团网址　www.sdpress.com.cn
出版发行　山东文艺出版社
社　　址　山东省济南市英雄山路 189 号
邮　　编　250002
网　　址　www.sdwypress.com

读者服务　0531－82098776（总编室）
　　　　　0531－82098775（发行部）
电子邮箱　sdwy@sdpress.com.cn

印　　刷　山东新华印务有限责任公司
开　　本　710 毫米×1000 毫米　1/16
印　　张　39.5　插页/2
字　　数　458 千字
版　　次　2012 年 11 月第 1 版
印　　次　2012 年 11 月第 1 次印刷
书　　号　ISBN 978－7－5329－2958－0
定　　价　90.00 元